凤凰文库
PHOENIX LIBRARY

本书系 2010 年度国家社科基金重大项目
"江南地域文化的历史演进"(10&ZD069)的阶段性成果
并得到南京大学人文基金的资助

凤凰出版传媒集团
PHOENIX PUBLISHING & MEDIA GROUP

凤凰文库·历史研究系列

主　　编　　钱乘旦

项目执行　　王保顶

凤凰文库·历史研究系列

衣被天下

明清江南丝绸史研究

范金民 著

江苏人民出版社

图书在版编目(CIP)数据

衣被天下:明清江南丝绸史研究/范金民著.--
南京:江苏人民出版社,2015.10
(凤凰文库·历史研究系列)
ISBN 978-7-214-16618-0

Ⅰ.①衣… Ⅱ.①范… Ⅲ.①丝绸工业-经济史-研
究-华东地区-明清时代 Ⅳ.①F426.81

中国版本图书馆 CIP 数据核字(2015)第 227245 号

书　　　名	衣被天下——明清江南丝绸史研究	
著　　　者	范金民	
责 任 编 辑	王保顶　张惠玲	
装 帧 设 计	黄　炜	
出 版 发 行	凤凰出版传媒股份有限公司	
	江苏人民出版社	
出版社地址	南京市湖南路 1 号 A 楼,邮编:210009	
出版社网址	http://www.jspph.com	
经　　　销	凤凰出版传媒股份有限公司	
照　　　排	江苏凤凰制版有限公司	
印　　　刷	江苏凤凰扬州鑫华印刷有限公司	
开　　　本	652 毫米×960 毫米　1/16	
印　　　张	31.5　插页 10	
字　　　数	420 千字	
版　　　次	2016 年 4 月第 1 版　2016 年 4 月第 1 次印刷	
标 准 书 号	ISBN 978-7-214-16618-0	
定　　　价	68.00 元	

(江苏人民出版社图书凡印装错误可向承印厂调换)

出版说明

　　要支撑起一个强大的现代化国家,除了经济、政治、社会、制度等力量之外,还需要先进的、强有力的文化力量。凤凰文库的出版宗旨是:忠实记载当代国内外尤其是中国改革开放以来的学术、思想和理论成果,促进中外文化的交流,为推动我国先进文化建设和中国特色社会主义建设,提供丰富的实践总结、珍贵的价值理念、有益的学术参考和创新的思想理论资源。

　　凤凰文库将致力于人类文化的高端和前沿,放眼世界,具有全球胸怀和国际视野。经济全球化的背后是不同文化的冲撞与交融,是不同思想的激荡与扬弃,是不同文明的竞争和共存。从历史进化的角度来看,交融、扬弃、共存是大趋势,一个民族、一个国家总是在坚持自我特质的同时,向其他民族、其他国家吸取异质文化的养分,从而与时俱进,发展壮大。文库将积极采撷当今世界优秀文化成果,成为中外文化交流的桥梁。

　　凤凰文库将致力于中国特色社会主义和现代化的建设,面向全国,具有时代精神和中国气派。中国工业化、城市化、市场化、国际化的背后是国民素质的现代化,是现代文明的培育,是先进文化的发展。在建设中国特色社会主义的伟大进程中,中华民族必将展示新的实践,产生新的经验,形成新的学术、思想和理论成果。文库将展现中国现代化的新实践和新总结,成为中国学术界、思想界和理论界创新平台。

凤凰文库的基本特征是:围绕建设中国特色社会主义,实现社会主义现代化这个中心,立足传播新知识,介绍新思潮,树立新观念,建设新学科,着力出版当代国内外社会科学、人文学科的最新成果,同时也注重推出以新的形式、新的观念呈现我国传统思想文化和历史的优秀作品,从而把引进吸收和自主创新结合起来,并促进传统优秀文化的现代转型。

凤凰文库努力实现知识学术传播和思想理论创新的融合,以若干主题系列的形式呈现,并且是一个开放式的结构。它将围绕马克思主义研究及其中国化、政治学、哲学、宗教、人文与社会、海外中国研究、当代思想前沿、教育理论、艺术理论等领域设计规划主题系列,并不断在内容上加以充实;同时,文库还将围绕社会科学、人文学科、科学文化领域的新问题、新动向,分批设计规划出新的主题系列,增强文库思想的活力和学术的丰富性。

从中国由农业文明向工业文明转型、由传统社会走向现代社会这样一个大视角出发,从中国现代化在世界现代化浪潮中的独特性出发,中国已经并将更加鲜明地表现自己特有的实践、经验和路径,形成独特的学术和创新的思想、理论,这是我们出版凤凰文库的信心之所在。因此,我们相信,在全国学术界、思想界、理论界的支持和参与下,在广大读者的帮助和关心下,凤凰文库一定会成为深为社会各界欢迎的大型丛书,在中国经济建设、政治建设、文化建设、社会建设中,实现凤凰出版人的历史责任和使命。

目　录

前　言

　　本书所说江南,大体上北界长江,南临杭州湾,东濒海,浩瀚的太湖镶嵌其间,基本相当于长江三角洲范围,包括今天江苏省的南京、镇江、常州、无锡、苏州五个省辖市,上海一个全国直辖市和浙江省的杭州、嘉兴和湖州三个省辖市。

　　在历史上,江南属《禹贡》扬州域。春秋属吴属楚,战国属越。秦属会稽郡、彰郡。汉属丹阳郡、会稽郡。三国吴晋南朝及隋属丹阳郡、吴兴郡、吴郡。唐属江南道,奄有升、润、苏、常、杭、湖六州。北宋属江南东路和两浙路,包括江宁、平江、镇江三府和杭、湖、常、秀四州;南宋属江南东路和浙江西路,包括建康、临安、平江、镇江、嘉兴五府和安吉、常州二州及江阴一军。元代属江浙行省的江南浙西道和江南诸道御史台,包括杭州、湖州、嘉兴、平江、常州、镇江、松江、江阴和集庆九个路府州。明代属南直隶和浙江布政使司,包括应天、镇江、常州、苏州、松江和杭州、嘉兴湖州八府。清代属江南和浙江二省,雍正三年(1725)太仓州由苏州属州升为直隶州,江南地区就为江苏、浙江二省的江宁、镇江、常州、苏州、松江、太仓、杭州、嘉兴和湖州八府一州。

　　江南八府一州之地,唐代中后期起,成为全国首屈一指的经济中心,北宋特别是南宋时代起,江南的经济和文化地位日益突出。以明代论,洪武末年全国 2944 万石税粮,江南多达 668 万石,占了将近 23％。以清代论,地丁银两占全国10％强,漕粮占34％强。

江南赋税的重要地位实际上是与当地的种桑织绸、植棉织布两大支柱产业的发展紧密相连的。渊源于远古、崛起于唐末的江南丝绸生产,到宋代三分天下有其一,到明清时期,江南地区的蚕桑之盛,丝绸之夥,质量之优,品种花样之繁,用途之广泛,地位之重要,声誉之隆盛,不仅在全国范围内独一无二,而且直到19世纪中期一直引领世界潮流。当经由秦陇古道通向中亚、欧洲的陆上丝绸之路的驼铃声逐渐消失后,满载江南丝绸的大帆船就日益穿梭在海上丝绸之路上,为亚洲、欧洲和美洲各国人民所期待。直到现在,江南丝绸仍是中国对外出口的重要商品。从这个意义上说,研究中国的丝绸发展史,江南是一个关键地区;研究江南社会经济史,丝绸是一个重要领域。

江南丝绸地位如此重要,因而历来为人所瞩目,研究成果极为丰硕。中国大陆学者,如著名的中国经济史学家彭泽益先生曾对明清江南官民营丝织业生产作过系统深入的研究,其他有魏东对于中国蚕业起源的探讨,刘兴林对于江南早期丝织业的考察,赵丰对于唐宋杭州丝绸的考察,张学舒对于两宋民间丝织业的研究,章楷对于明清江南蚕桑业的研究,段本洛对于近代苏州丝织业的研究,徐新吾对于明清江南丝绸生产方式及近代江南缫丝工业的研究,王翔对于近代江南丝织业特别是苏州丝织业的研究,徐仲杰对于南京云锦的研究,陈娟娟对于明代丝绸技术的研究,蒋兆成对于明清杭州丝织业的研究,陈学文、樊树志对于江南市镇丝织业的研究,严中平、张铠对于江南丝绸远销拉丁美洲的研究,李金明对于明代江南丝绸海外贸易的研究等。台湾有施敏雄对于清代丝织工业的研究,陈慈玉对于近代江南生丝出口和缫丝业的研究等。香港有全汉昇对于中国丝绸输向新大陆等地的系列研究。国外如日本有佐伯有一对于明代机户的研究,田中正俊对16—17世纪中国农村丝织业和城市机业帐房生产的研究,横山英对于清代城市丝织业的研究,小岛淑男对于晚清机户的研究,中山八郎对于明代地方织染局的考察等。美国有孙任以都(Sun, E-tu Zen)对于清代丝织业的描述,李明珠(Lillian M. Li)对于近代生丝出口的研究,伍若贤(Robert Y. Eng)对于近代上海丝业的研究等。特别需要指出的是,文博专家宋伯胤先生于20世纪50年代后期对于南京、苏州和盛泽等地丝织业的访谈和实地调查,提供了大量难得的宝贵资料;业师洪焕椿先生整理的苏州丝绸碑刻和其他城乡丝绸资料,泽被后学不浅;明清史专家陈学文先生精心搜集的杭州丝绸碑刻和嘉兴、湖州地区的丝绸生产资料,嘉惠学林良多。

上述海内外学者的丰硕成果,为我们奠定了进一步研究江南丝绸业的坚实基础;他们讨论的诸多议题,提供的大量资料,也使我们得以开阔眼界,提出一些新的问题,拓宽一些新的研究视域,从而获得一些新的认识。

在中国丝绸的起源问题上,前人或主张黄河流域,或主张长江领域,笔者认为,其实两者都是中国丝绸的起源地,不能顾此失彼,或厚此薄彼。在中国丝绸的中心问题上,前人多主张有一个逐渐南移的过程,而到南宋完成,笔者认为,江南在宋代只是全国丝绸生产的三大中心之一,并不是唯一的中心,后来成为全国的中心,并不是由北而南转移过来的,而是其本身发展或超过其他地区的结果。江南蚕桑区的面积到底有多大,前人从未估算。笔者从田地消长的角度入手,将江南桑区正常年景的桑地估算为160万亩,在此基础上,每亩产丝10斤,则每年产丝约为1600万斤。在明代的官营织造问题上,关于中央织染机构,既有研究的表述较为混乱,关于地方织染机构,前人殊少考察,笔者主要利用地方志书,对于中央和地方织染机构的盛衰,作了比较性考察。明代的官营丝织业生产,同赋税钱粮的加派一样,明代中期起,也存在不断加派的情形,而对此加派,学界却几乎从未述及。笔者系统辑录《明实录》中的材料,结合明人议论,表列了明廷加派江南地方不断增加丝绸生产的过程及数量,探讨丝绸加派对生产形式产生的影响。长期以来,学界普遍认为,明代的官营丝织业生产,在崇祯即位后即下诏停止。笔者分析崇祯帝的诏令,利用地方官员和地方志书的记录,认为所谓停止的实际上只是中央官营机构的生产而非地方官局的生产,终明之世,江南地方官局的额定丝绸生产任务始终存在,地方官营生产也始终未曾停止。在明清官营织造的生产规模问题上,前人笼统而言,认为日益缩小。笔者通过比较考察,认为就总体而言,明代中央和地方织染局明显大于清代,但就单个织染局来说,无论织局规模、机张设置,还是匠役人数、生产量,清代都明显超过明代。清代江南三织造,名气很大,但前人着重探讨织造官员本身,而对织局的丝绸生产反而略而不论。笔者系统搜辑了相关档案记录,分别对三织造的生产规模、额定报销钱粮、实际生产量等作了数量统计,基本复原出三织造正常生产时期的实际生产情形。在清代官营丝织业的生产形式和运行问题上,长期以来人们主张有"买丝招匠"和"领机给帖"两种制度。笔者利用档案,从制度规定和实际运作两方入手,通过考证工匠数量、报销口粮数和"领机给帖"的形式,认为两者完全是一回事,确切地说,前者指织造过程,后者指织造形式。在此基础上,笔者概括明清江南官营丝织业的生产形式:由明前期的徭役局织制,到明中后期局织与领织并存,再递变为明末清初的金派制,发展定型为后来的雇募局织制。对于明清时期的民间丝织业生产方式,学界有过长时期的讨论,却看法悬殊,表述各异。笔者通过考察江南各地丝绸生产的实例,特别是分析清代江南各地的帐房领织制后认为,民间丝织业除了家庭手工业的自给自足或小商品生产尤为突出,由明后期的简单协作发展到清前期的简单协作与包买主制相并存,并逐渐由后者占优势,这就是江南丝织业资本主义史前期的特征。在官民营丝织业的关系问题上,历来人们过分强调官营织造对民间丝织业的消极阻碍作用,笔者认为,实际是它们是互为影响的,官营对民营既有阻碍发展的消极的一面,也有促进发展的积极的一面,不能一概而论,而且从长时段来看,有利的一面更大于不利的一面,因而呈现出江南官营民营丝织业生产长期发展的历史现象。清代乾隆年间至咸丰初年每年解往新疆的"贸易绸缎",一直有人探讨,但对其具体数量和"贸易"过程,却一直没有明细统计;至于其"性质",国内外学者一直认为是由江南三织造生产的一种"供给"新疆少数民族头人的"俸缎"。笔者系统检阅了相关档案,表列了前后94年间每年的总数量、三织造的分配量,新疆六个点的分配量、贸易绸缎的价格和品种色彩等,清晰地勾勒出贸易绸缎的具体过程及其规模,并通过考证,认为"贸易绸缎"实际是由民间生产、经官局采办而解往新疆供贸易之用的商品性绸缎。对于明清时期的丝绸贸易,既有研究成果虽多,但形象模糊,不够具体丰满。笔者发掘各地商人商帮活动材料,对明清时期全国的丝绸贸易乃至对外贸易作了比较深入的探讨,从商品价值的角度,揭示出江南丝绸的重要地位。在明清丝织业工艺问题上,人们多主张织造机具到明后期再无大变化,笔者认为丝织业不但在明后期有了斜身式小花楼织机,以后更向斜身式大花楼织机方向发展,江南的丝绸生产,在工艺技术方面,到清中期也达到了鼎盛时期。

上述这些问题,笔者在明清时期江南丝绸业的七章及前此的一章内容中具体考察论述。弘治《嘉兴府志》谓,当地"衣被他邦而机轴之声不绝"①。万历中期浙江临海人王士性,介绍其时全国各地的代表性特色商品时,称"苏、杭之币"②,即丝绸。清初侨居吴门的思想家唐甄说,"吴丝衣天下"③。乾隆《湖州府志》的编者称,湖州的丝绸,"厌沃邻封,衣被海寓"。④ 清前期《盛湖志》标榜,吴江县盛泽一镇,"四海九州之绸帛皆来取资之……苏杭皆设局,天下之衣被资之盛泽"。⑤ 自明代起,江南成为全国最大的棉布和丝绸商品生产基地,两大支柱性商品棉布和丝绸,都在国内外拥有广阔的市场,改变着人们的衣着生活。有鉴于此,本书定名为《衣被天下:明清江南丝绸史研究》。

---

① 嘉庆《嘉庆府志》卷三二《农桑》引柳志,第1页。
② 王士性:《广志绎》卷一《方舆崖略》,中华书局,1985年,第5页。
③ 唐甄:《潜书》下篇下《教蚕》,中华书局,1955年,第158页。
④ 乾隆《湖州府志》卷四〇《物产》,第1页。
⑤ 仲沈洙纂、仲枢增纂、仲周需再增纂:乾隆《盛湖志》卷上《分野》,第1页。

第一章　江南丝绸业发展的历史前提

明清时期的江南,成为全国最为重要的丝绸生产区,其产品衣被天下,畅销海外,丝织业从蚕桑生产到丝绸织造,从工艺技术到生产关系,无论是官营织作还是民间生产,无论是生产规模还是商品贸易,都达到了中国帝制时代丝绸生产的最高峰,在国家财政、地方经济和民众生活等方面,具有极为重要的地位。江南丝绸这种在全国独一无二地位的获得,是有其深厚的历史渊源和重要的历史前提的。

一　源远流长的江南丝绸业

江南丝绸生产的历史源头很早。位于宁绍平原、距今约 7000 年的河姆渡文化可以代表江南蚕桑、丝绸发展的源头。

1973—1974 年和 1977—1978 年间,浙江省文物考古部门对余姚河姆渡遗址进行了两期发掘工作,出土的文化遗物提供了当时人们对蚕的认识的有关信息。在一件牙雕盅形器上,刻绘着四条蚕纹,每个个体皆作弓背、屈体向前蠕动状。该器口沿下另有一周编织纹(图 1-1);一件残陶片上有虫食叶纹,虫作弓背屈体状,并沿叶缘开始蚕食,形象生动。魏东通过观察认为,它"和现代昆虫的足式、运动方式比较,极似天蚕蛾科的幼虫",而遗址出土的较多的骨、木、石制蝶形器,既是艺术生活的反映,也揭示了"当时河姆渡地区生活繁殖着大量的不同种类的蝶蛾"[1]。尽管河姆渡遗址没有出土直接证明当时已经开始驯化野蚕的资料,但河姆渡人已经发现了善于吐丝的鳞翅目昆虫,并对它从成虫到幼虫进行了长期细致的观察,他们也一定会发现蚕丝的秘密并将其作为纺织的原料。该遗址出土的原始纺织工具,陶(石、木)纺轮、木质纬刀、磨光或刻纹的打纬骨机刀(匕状骨器)、骨制梭形器、木卷布棍以及骨针等等,与河姆渡人的丝织活动就有着直接的关系。同类纺织工具在河姆渡文化的其它遗址中也有发现,如1996年发掘的浙江余姚市鲻山遗址第9层出土了骨机刀[2],机刀由肋骨对剖后磨制而成,头部圆形,尾部有一小孔,长26厘米,宽3厘

图1-1 浙江余姚河姆渡遗址出土的带有蚕纹的牙雕盅形器

米,厚0.2厘米,与河姆渡遗址所发现的骨机刀如出一辙。鲻山遗址第9层的时代与河姆渡遗址第4层约略相当。河姆渡遗址以丰富的稻作遗存、骨、木生产工具和干栏式建筑体现的发达的木作手工工艺为特色,表明河姆渡先民已过着完全稳固的定居生活,这使蚕桑和原始丝织手工业的发展有着坚实的基础。

据王开发、张玉兰对沪杭地区史前气候的研究[3],公元前5500—前3050年是这里的第一个暖期,气候湿热,基本上相当于今天珠江流域的气候情况,这样的气候条件极宜于桑树的生长。河姆渡遗址孢粉分析和动植物的鉴定研究结果也都显示,桑是该地区重要的植被之一[4],上海崧

① 魏东:《略论中国养蚕业起源于长江三角洲》,《中国农史》1983年第1期。
② 浙江省文物考古研究所、厦门大学历史系:《浙江余姚市鲻山遗址发掘简报》,《考古》2001年第10期。
③ 王开发、张玉兰:《根据孢粉分析推论沪杭地区一万年来的气候变迁》,《历史地理》创刊号。
④ 浙江省博物馆自然组:《河姆渡遗址动植物遗存的鉴定研究》,《考古学报》1978年第1期。

泽遗址的孢粉分析报告也显示了同样的结果,这使河姆渡人利用蚕丝的证据更加充实。

按照事物发展的一般规律,先有野生蚕丝的利用,后有种桑养蚕,也就是说,人工种桑养蚕是丝织技术出现以后的事,从利用野生蚕丝到野蚕驯化为家蚕,还要经过很长的时间。原始先民在长期的采集活动中,通过采食桑椹和其它树上的野果,逐渐认识了野生蚕的蚕茧和蚕蛹,通过剥食蚕蛹而认识了蚕丝的奥妙。四川大凉山有一支藏族自称"布浪米"[①],意为吃蚕虫的人,直到近代,他们以吃蚕蛹为主,以抽丝织绸为副产品,或许就是这一认识阶段上的孑遗。原始纺织的产生以农业为基础,定居是实现农业种植的前提,无疑也是纺织活动的必要条件。江南新石器时代诸遗址普遍发现农业生产工具、稻作遗存和居址,有纺织遗物的,其农业文化也较为发达,房屋的设计考虑到永久居住的需要。人类实现定居和农业出现以后,家畜饲养业出现。家畜的驯养过程也必然会对野蚕的驯化产生启迪和影响。同时,纺织业的发展也对家蚕的驯化起着推动作用。河姆渡遗址出土大量的水牛等家畜遗骨[②],家畜饲养业较为发达,在稳固的定居生活中,河姆渡人利用野蚕丝织制衣物,并很可能开始了有意识驯化家蚕的工作。

分布于太湖地区、与河姆渡文化约略同时的马家浜文化虽然没有提供与蚕丝和丝织直接相关的信息,但江苏吴县草鞋山马家浜文化遗址的最下层出土3小块已经炭化的织物残片,织品为纬线起花的罗纹织物,有山形和菱形的斜纹,经鉴定其原料可能为野生葛。它不同于普通的平纹粗麻布,可能在织制时使用了简单的提花设备,显示了相当进步的织造工艺技术[③],成为该遗址除稻谷之外生产性的另一项重大成果。这决不是一个孤立的事件,纺织技术的进步同蚕桑的发展是相辅相成的,继

---

① 宋兆麟:《中国原始社会史》,文物出版社,1983年,第166—167页。
② 浙江省文物管理委员会、浙江省博物馆:《河姆渡遗址第一期发掘报告》,《考古学报》1978年第1期;河姆渡遗址考古队:《浙江河姆渡遗址第二期发掘的主要收获》,《文物》1980年第5期。
③ 南京博物院:《江苏吴县草鞋山遗址》,《文物资料丛刊》3,1980年。

承马家浜文化而来的良渚文化,已彻底完成了家蚕的驯化,正是纺织文化长期进化的结果。

良渚文化的年代为公元前 3100 年至前 2200 年,与嫘祖教民养蚕治丝、黄帝"淳化鸟兽虫蛾"的时代大致相当。1959 年,江苏吴江梅堰良渚文化遗址出土的一件黑陶器上,清晰地刻划着两个蚕纹图案①,其运动形态十分平稳,没有明显的弓背曲体,与河姆渡出土的蚕纹相比,有着明显的区别,"从外形上看,更像家蚕"②。该遗址还出土了 7 件扁平纺轮。

1958 年,浙江吴兴(今湖州)钱山漾良渚文化遗址出土了一批残绢片、丝带和丝线(图 1-2)③,经浙江省纺织科学研究所和浙江丝绸工学院鉴定,绢片的表面细致光滑,丝缕平整,明显是以家蚕丝捻合的长丝为经纬交织而成的平纹织物。绢片的经纬密度每平方厘米 48 根,茧丝的纤度偏细④,是缫而后织的,可见当时已懂得通过增加经纬纱数来增强绢织物的密度。这是我国乃至世界上迄今所见年代最早的以家蚕丝为原料的丝织品。同时出土的还有苎麻织物麻布残片和细麻绳,麻布为平纹,经纬密度为每平方厘米 16-24 根,有的是经线 31 根,纬线 20 根,密度约与现代细麻布相当⑤,反映出较高的织造水平。

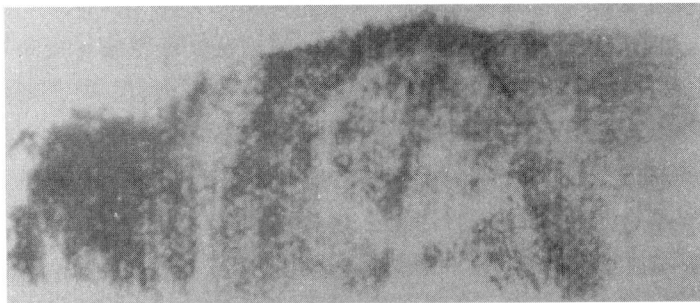

图 1-2 浙江湖州钱山漾遗址出土的绢片

---

① 江苏省文物工作队:《江苏吴江梅堰新石器时代遗址》,《考古》1963 年第 6 期。
② 魏东:《略论中国养蚕业起源于长江三角洲》,《中国农史》1983 年第 1 期。
③ 浙江省文管会等:《吴兴钱山漾遗址第一、二次发掘报告》,《考古学报》1960 年第 2 期。
④ 朱新予主编:《浙江丝绸史》,浙江人民出版社,1985 年,第 2—3 页。
⑤ 周匡明:《钱山漾残绢片出土的启示》,《文物》1980 年第 1 期。

良渚文化不但带来了家蚕丝利用的新时代，它所反映出的茧丝处理技术也是令人惊讶的。养蚕的目的是以茧缫丝，取得制帛的原料。但是蚕丝外面的一层丝胶把丝与丝紧密粘结在一起，形成坚韧的茧壳，要想从中抽出可用的蚕丝绝非易事。中国古代长期采用以水浸缫丝的方法，但若用冷水浸茧缫丝，所需时间长，且不易抽出优质的丝；用沸水煮茧，蚕茧外围的丝胶便能均匀地膨化和溶解，茧丝依次舒解，又减少了落绪蚕，避免成丝产生疙瘩。对钱山漾遗址出土绢片的鉴定结果表明，绢片经纬条干十分均匀，而且都用长丝织造，由 20 多粒茧丝缫制而成。得到这样的生丝，没有高超的溶解丝胶的技术是难以办到的。《礼记・祭义》："世妇卒蚕，奉茧以示于君，遂献茧于夫人。……及良日，夫人缫，三盆手。"郑玄注曰："三盆手者，三淹也。凡缫每淹，大总而手振之，以出绪也。"这是以沸水浸茧解胶抽取蚕丝的方法。直到汉代，沸水煮茧缫丝才明确见于记载。《淮南子・泰族训》："茧之性为丝，然非得工女煮以热汤而抽其统纪，则不能成丝。"董仲舒《春秋繁露・实性》也说："茧待缫以涫汤而后成丝。"许慎《说文》释"涫"为"灊"，即沸。这就是人们所称的"热釜"缫丝法。钱山漾绢片经纬丝的丝胶已经剥落，很像是在热水中缫取的。只有经过长期的实践和经验的总结之后才会出现如此先进的缫丝技术，从中我们也可以想见我国缫丝织绸的悠久历史。

良渚文化是我国纺造工艺大放光彩的时期。在良渚文化各遗址中还出土了不少陶纺轮，江苏常熟市练塘罗墩村墓地、浙江余杭瑶山墓地、海盐县龙潭港墓地还有玉质纺轮出土①，为纺织工具增添了新的内容，也是良渚先民重视丝织业和丝织业发达的重要标志之一。另外，良渚文化还有着较发达的原始编织业，出土的编织实物十分丰富，仅钱山漾一地发现的完整和残破的竹编器物就达 200 多件，有竹篓、竹篮、箅子、谷箩、刀篰、簸箕、倒梢（捕鱼用器）、竹席、篷盖、门扉、竹绳等，所用竹篾多经加

① 苏州博物馆、常熟博物馆：《江苏常熟罗墩遗址发掘简报》，《文物》1999 年第 7 期；浙江省文物考古研究所：《余杭瑶山良渚文化祭坛遗址发掘简报》《文物》1988 年第 1 期；浙江省文物考古研究所、海盐县博物馆：《浙江海盐县龙潭港良渚文化墓地》，《考古》2001 年第 10 期。

工,均匀细薄,编制方法随器而异,经纬篾条交织,按纬密经疏的方法编成一经一纬或二经二纬的人字形、十字纹、梅花眼和菱形花格,有的器口还用较细密的篾丝收结成"辫子口",既耐用又美观。编织和丝织在工艺上有着相似的原理,二者的发生、发展关系密切,编织可以给人以纺织的直接启发,而纺织生产在成长过程中又会借鉴和吸收许多编织技术。良渚文化编织业的发达从另一个侧面透视出丝织生产的发展情况。

钱山漾丝织品实物的发现,开辟了我国家蚕饲养和丝绸研究的新领域。新中国考古发现的确切的家蚕信息和家蚕丝实物,即在距今 5000 年左右,我国史学界公认距今 5000 年是家蚕驯化成熟的时期。昆虫学家周尧认为,5200 前中国人确实已经养蚕,并利用蚕丝来纺织了。①

江南的太湖平原和杭州湾一带,被人们称为我国远古以来的"金三角",其社会经济高度发展,蚕桑、丝织活动起步早,发展快,有关史前蚕形象和蚕丝织物的考古发现多集中在这一地区,并且从发展来看也较为连贯,这里是能够确定的中国蚕桑丝织业的重要起源地之一。

二 江南蚕桑生产的基本脉络

周代,仅《诗经》中提到蚕桑的就达 27 首 41 句,种桑的地区遍及秦、豳、魏、唐、郑、鄘、卫、曹、鲁等地,即今陕西、山西、河南、河北、山东一带的黄河流域。《郑风·将仲子》"无折我树桑",《鄘风·定之方中》"说于桑田"②,《魏风·十亩之间》"十亩之间兮,桑者闲闲兮",《礼记·月令》"季春之月……命野虞无伐桑柘",这些记载都说明当时桑树已人工种植,并且出现了大面积人工栽培的桑田和较为严格的管理措施,显示出商周时期黄河流域的蚕桑事业有了大的发展。

春秋时期,大量反映蚕桑的资料不断涌现。《史记·楚世家》记,吴王僚时,因吴国之边邑卑梁与楚之边邑钟离"小童争桑,两家交怒相攻",

---

① 周尧:《中国昆虫学史》,陕西武功昆虫分类学报社出版,1980 年,第 9 页。
② 说通税,即休息。"说于桑田"意即停歇于桑田之间。

诱发了吴、楚间一场声势浩大的战争,结果楚灭卑梁(今安徽凤阳县东北),吴取钟离(今安徽天长县西北)。《吴太伯世家》也记载了吴楚间这一因边邑争桑事件引发的"怒而相攻"的战争,透露了吴、楚重视蚕桑的信息。湖南衡东霞流市春秋晚期遗址出土了一件我国目前仅见的最早记录桑蚕生息图的文物——越式铜尊,铜尊腹部的主体花纹由四片图案化的桑叶组成,叶上布满了爬行、蠕动、啃食桑叶的小蚕。蚕纹无足,身短小,双目圆突。该铜尊应是扬越的遗物。① 又据《越绝书》卷四记载,吴败越囚勾践,勾践返国后,卧薪尝胆,起用自楚来奔的计然、范蠡,在其复国灭吴之策中便有"省赋敛,劝农桑";《史记·越王勾践世家》又说勾践"身自耕作,夫人自织",厚积钱币,最后亡吴而称雄。

战国时期,楚尽有江南、江东之地,是楚国蚕桑事业发展较快的时期,在列国中居于显著位置。春秋战国楚墓陆续出土了大量精美的丝织品,它所代表的发达的丝绸生产,显示了该地区厚实的蚕桑基础。如江陵藤店春秋战国墓、马山1号墓等都出土了绢、纱、锦等丝织品,数量、品种繁多,工艺技术精湛,保存相当完好,均属前所未见。马山1号墓更有"丝绸宝库"之美誉。江西贵溪春秋战国时期的悬棺中也发现有蚕丝织物。②

但是,先秦时期江南蚕桑生产的总体数量和水平同黄河流域相比还有很大的差距。当时,全国政治、经济和文化中心在黄河流域的中原地带,黄河流域在春秋战国时期,蚕桑业已成为农业生产的重要组成部分,受到统治者的高度重视,以农桑为本业,工商为末业,倡导耕织并重,"人君操本,民不得操末"③,"能事本而禁末者富"④。在此后相当长的一段时期内,我国蚕桑生产的重心一直都在黄河流域,只是在南北文化的交流中,黄河流域重视农桑的思潮和蚕桑生产的形势必然会对江南蚕桑业产生一定影响。

魏蜀吴三国鼎立,吴国为抗衡魏和蜀,长期争战,人力、物力所需,不

① 周世荣:《蚕桑纹尊与武士靴形钺》,《考古》1979年第6期。
② 江西省历史博物馆等:《江西贵溪崖墓发掘简报》,《文物》1980年第11期。
③《管子》卷二三《揆度》,《景印文渊阁四库全书》第729册,第250页。
④《商子》卷三《壹言》,《景印文渊阁四库全书》第729册,第575页。

得不大力发展蚕桑丝织生产。孙权立国之初,吴大帝孙权乃于赤乌三年(240)下诏:"自今以来,督军郡守,其谨察非法,当农桑时,以役事扰民者,举正以闻。"①诏令有利于农桑生产的恢复和发展。地方官也身体力行,督导农桑,如海昌(今浙江海宁)屯田都尉、领县事陆逊"劝督农桑,百姓蒙赖"②。吴国上下重视蚕桑生产,取得了十分显著的效果,"广开农桑之业,积不訾之储,恤民重役,务养战士,是以大小感恩,各思竭命"③。至孙权之子景帝孙休时,继续励精图治,发展农桑,永安二年(259)三月下诏:"今欲偃武修文,以崇大化。推此之道,当由士民之赡,必须农桑。"④并且他要诸卿尚书制订奖励田桑的措施,以免影响生产。然而至末帝孙皓时,又违先帝的良苦用心,用常州人华覈的话说,"军兴以来,已向百载,农人废南亩之务,女工停机杼之业"⑤,苏州人陆凯也在上疏中痛心地说:"今则不然,农桑并废。"虽然不无夸大,但反映了孙吴后期蚕桑生产有所衰落的状况。

从东汉末年至后魏,黄河流域历经战乱和割据,西晋永嘉年间(306—312)至南朝刘宋末,北方人民大量避乱南下,南方政局稳定,蚕桑事业处于发展的大好时期。处于东晋南朝统治中心的江南,成为京畿财赋重地,特别是东晋到梁侯景之乱前的二百余年中,江南地区很少受战乱影响,历朝统治者大力提倡农桑,客观上对民间蚕桑丝织业的发展起到了推动作用。

东晋立国之初,因长期战乱的影响,生产凋敝,"工商流寓僮仆不亲农桑而游食者,以十万计"⑥。为此,晋廷制定户调制,规定丁男之户,每年输绢三匹,绵三斤,女及次丁男之家每年输一半。⑦ 户调征收绢绵,强制民人种桑,客观上有利于蚕桑业的发展。与此同时,朝廷令地方官劝

---

① 《三国志》卷四七《吴书·吴主传》,中华书局,1982年,第1144页。
② 《三国志》卷五八《吴书·陆逊传》,第1343页。
③ 《三国志》卷六五《吴书·华覈传》,第1465页。
④ 《三国志》卷四八《吴书·三嗣主传》,第1158页。
⑤ 《三国志》卷六五《吴书·华覈传》,第1468页。
⑥ 《晋书》卷二六《食货志》,中华书局,1974年,第791页。
⑦ 《晋书》卷二六《食货志》,第790页。

课农桑。晋元帝于大兴元年(318)要求二千石令长"课督农功"。明帝又于太宁年间(323—325)采纳侍中温峤建议,恢复各州置设的田曹掾"劝课农桑,察吏能否"①,将是否重视农桑生产作为考核官吏能力高下的重要依据,迫使地方官实力奉行。宋文帝先后数次下诏,令地方官劝导百姓,尽力农桑,使地无遗利。宋孝武帝更于大明三年(458),在今玄武湖建上林苑,苑中广植桑树,令宫内妃嫔于次年前往"修亲桑之礼",皇后又"亲蚕于西郊"。② 次年,亲桑、亲蚕之礼一并举行,以示重视农桑。齐武帝于永明三年(485)诏令刺史巡行地方以严课农桑为首务,并实行奖惩制度。陈文帝天嘉元年(560)下诏则以劝课农桑为急务。南朝兴亡更迭频繁,各朝开国帝王注意吸取前朝败亡教训,都将重农兴桑视为首要大事,故重视农桑诏令屡下。

同时,晋室南渡后,大批士族流寓江南尤其是太湖地区,扩大了江南市场对丝织品的需求,"绵绢既贵,业蚕者滋,虽勤厉兼倍,而贵犹不息"③。丝织品价格居高不下,也大大刺激了蚕桑业的发展。属乐府《清商曲辞·吴声歌曲》类的民歌《子夜四时歌》,借农家妇女勤劳蚕桑事,表现其淳朴和笃于爱情的精神风貌谓:"田蚕事已毕,思妇犹苦身。当暑理絺服,持寄与行人。"

在统治者大力倡导下,东晋南朝江南各地蚕桑生产逐渐恢复。吴郡、吴兴等平原地区,田边塘岸多植桑树,呈现"嫋嫋陌上桑,荫陌复垂塘"的景象。乌程县东南还出现了较大面积的成坵桑林。南齐的竟陵王萧子良在论到当时的经济状况时说:"伏寻三吴内地,国之畿辅,百度所资。民庶凋流,日有困殆,蚕农罕获,饥寒尤甚。……机杼勤苦,匹裁三百。"④从他的话,可以隐约知道,当时江南不但蚕桑生产相当兴盛,而且

---

① 《晋书》卷六七《温峤传》,第 1789 页。
② 《宋书》卷六《孝武帝本纪》,中华书局,1974 年,第 124 页;《南史》卷二《孝武帝本纪》,中华书局,1975 年,第 62 页。
③ 《宋书》卷五六《孔琳之传》,第 1562 页。
④ 《南齐书》卷二六《王敬则传》,中华书局,1972 年,第 482 页。

在农家经济中占有举占轻重的地位。"连连文蚕茧"就是民间蚕茧生产有所发展的生动描述。史称:"扬部有全吴之沃,鱼盐杞梓之利,充仞八方,丝绵布帛之饶,覆衣天下。"①江南蚕桑在全国也有了相当重要的地位。

种桑养蚕治茧的技术也在此时有了较大的发展。东晋时,江南的优良桑种传播到了辽川边地。《晋书》记,前燕慕容氏政权通好于东晋,"先是,辽川无桑,及厖通于晋,求种江南,平州桑悉由吴来"。② 值得辽川大量引种的桑属优质品种无疑,反映出当时江南种桑养蚕业已较为发达。这也是江南向外地输出桑树的最早记录。

养蚕技术的发展主要表现为对家蚕认识的深化和蚕种的改良上。《齐民要术》引郑缉之《永嘉记》,永嘉有八辈蚕:"蚖珍蚕、柘蚕、蚖蚕、爱珍、爱蚕、寒珍、四出蚕、寒蚕。"永嘉即今浙江温州地区,八辈蚕就是这里培育的地方蚕种。据农史学家缪启愉先生《齐民要术校释》考述,八辈蚕中,除柘蚕是以柘叶为食与其它蚕无血缘关系外,其余七辈则有着明显的血缘关系。这是在不同温度条件下人工低温催青制种的结果,利用的是一种延期孵化的方法。一般一年中二化蚕第一次产卵以后,卵在自然状况下经过七八天便能孵化出第二代蚕,如果将一代蚕卵进行人工低温催青,则能延期至 21 天孵化出第二代蚕,这样能增加养蚕的次数。③《齐民要术》又载:"欲作'爱'者,取蚖珍之卵,藏内罂中,随器大小,亦可十纸,盖覆器口,安硎泉冷水中,使冷气折其出势。得三七日,然后剖生,养之,谓为'爱珍',亦呼'爱子'。绩成茧,出蛾生卵,卵七日,又剖成蚕,多养之,此则'爱蚕'也。"④由于人工低温催青技术的运用,永嘉地区出现一年养八辈蚕的记录,从而可实现多缫丝多织绸的目的。《齐民要术》又解

①《宋书》卷五四《孔季恭传》传末"史臣曰",第 1540 页。
②《晋书》卷一二四《载记·慕容宝》,第 3097 页。
③ 贾思勰原著、缪启愉校释:《齐民要术校释》卷五《种桑、柘》,中国农业出版社,1998 年,第 327、329 页。
④ 贾思勰原著、缪启愉校释:《齐民要术校释》卷五《种桑、柘》,第 327 页。

释:"蚖珍蚕,三月绩。柘蚕,四月初绩。蚖蚕,四月初绩。爱珍,五月绩。爱蚕,六月末绩。寒珍,七月末绩。四出蚕,九月初绩。寒蚕,十月绩。凡蚕再熟者,前辈皆谓之'珍'。养珍者,少养之。"①可见八辈蚕使一年中皆有蚕可养,有丝可缲,理论上确是一种优良品种(在实际生产中,养蚕季节还需与桑叶的供应相一致,而桑叶的供应一年中只有两个月左右)。永嘉八辈蚕,邻近的江南地区也有反映。公元三、四世纪,左思《吴都赋》极力称颂的浙江"乡贡八蚕之锦"就是指用八辈蚕所产之丝织成的锦。此后,八辈蚕大量出现在唐宋文人的诗词歌赋中。李贺《南园》诗描写江南吴地景色时写道:"宫北田塍晓气酣,黄桑饮露窣宫帘。长腰健妇偷攀折,将喂吴王八茧蚕。"王涣《惆怅诗》有"八蚕薄絮鸳鸯绮"之句。以八辈蚕丝为原料的丝织品名播一时。

蚕作茧成蛹后易化成飞蛾,突破茧壳,茧即成废茧,只能作为乱絮(绵)使用。因此抑制蚕蛹化蛾也是保证蚕丝产量和质量的重要问题。魏晋以前,人们通常采用日晒杀死蚕蛹的老办法,但是,"日曝死者,虽白而薄脆",到南朝时,浙江民间出现了"盐腌法"储茧,以盐水杀茧,所得茧"易缲而丝肕"②。"肕"即"韧"。名医陶弘景所著的《药总诀》首次记载了这种盐渍杀蛹储茧的方法:"凡藏茧,必用盐官盐。"用盐官盐也是实践经验的总结。盐渍杀蛹,提高了茧丝的产量和质量,同时也延长了缲丝的时间,人们不必在蚕茧收成后赶在出蛾前日夜缲丝,劳碌不堪,蚕农中一年一度的紧张劳动得到了极大的缓解,这是江南人民对我国养蚕缲丝业的一大贡献。后世将这种专门用于蚕处理的盐直接称为蚕盐。

隋代立国短暂,文献对江南等地蚕桑丝织业生产殊少记载。但依据《隋书·地理志》所称,江西豫章之俗,颇同吴中,"一年蚕四五熟,勤于纺绩"③,江西如此,江南与之相同,江南的蚕桑丝织生产应该较为兴盛。

唐代统治者非常重视蚕桑生产,在均田制中规定了桑田面积,多次

① 贾思勰原著、缪启愉校释:《齐民要术校释》卷五《种桑、柘》,第327页。
② 贾思勰原著、缪启愉校释:《齐民要术校释》卷五《种桑、柘》,第333页。
③《隋书》卷三一《地理下》,中华书局,1973年,第887页。

颁布栽种桑树的诏令,甚至还规定了栽种的数量。根据孟郊《织妇辞》"官家榜村路,更索栽桑树"①描写的情况来看,唐政府确实曾大力推行过栽桑养蚕的政策。唐武宗废佛,于会昌五年(845)八月制曰:"一夫不田,有受其饥者;一妇不蚕,有受其寒者。今天下僧尼,不可胜数,皆待农而食,待蚕而衣。"②由此可见唐政府对蚕桑丝织与国计民生的关系有着较为清醒的认识。人口形势的变化改变了社会经济包括蚕业发展的格局。江南地区人口逐渐增多,安史之乱后,北方人口大量南迁,扩大了对蚕桑丝绸的需求,一定程度上刺激着南方蚕桑业的发展。

从总体上看,直到唐代中期,江南的蚕桑生产较之北方还有相当大的差距,而唐后期起,江南蚕桑发展的形势发生了根本变化,在全国蚕桑生产中的地位大幅上升。唐人以农村景象、农民生活为主要内容的诗篇,形象地反映了其时江南蚕桑生产的兴盛景象。许浑《秋晚怀茅山石涵村舍》的诗句"村居风俗旧曾谙……篱上青桑待晚蚕"③、陆龟蒙《丹阳道中寄友生》中说的"新刈女桑肥"④、陆龟蒙《陌上桑》诗"邻娃尽著绣裆襦,独自提筐采蚕叶"⑤、施肩吾《春日钱塘杂兴》诗"酒姥溪头桑袅袅,钱塘郭外柳毵毵。路逢邻妇遥相问,小小如今学养蚕"⑥和白居易的"产业论蚕议"句(即以养蚕多少衡量家产的多少),都描写了晚唐江南各地的蚕桑盛况。陆龟蒙《奉和袭美见访题小斋次韵》中"四邻多是老农家,百树鸡桑半顷麻"⑦,皮日休"阴稀余桑间"、"停缫或焙茗"和"茧稀初上簇……尽日留蚕母"句,则描述了晚唐苏州养蚕缫丝的繁忙景象。顾况说湖州盛产柚桔纤缟茶纻等物,施肩吾吟"卿卿买得越人丝",说的是湖州盛产蚕丝和织物的情况。晚唐诗人、江南名士陆龟蒙隐居松江甫里

①《全唐诗》卷三七三,上海古籍出版社缩印本,1986年,第927页。
②《旧唐书》卷一八《武宗纪》,中华书局,1975年,第605页。
③《全唐诗》卷五三六,第1355页。
④《全唐诗》卷六二三,第1574页。
⑤《全唐诗》卷六二八,第1582页。
⑥《全唐诗》卷四九四,第1249页。
⑦《全唐诗》卷六二五,第1577页。

(今吴县甪直镇)期间,常常坐船往来于太湖中,作《甪里》诗赞美太湖洞庭山一带乡村景色:"山横路若绝,转楫逢平川;川中水木幽,高下兼良田;沟塍堕微溜,桑柘含疏烟;处处倚蚕箔,家家下渔筌。"①张籍《江村行》"桑林椹黑蚕再眠,妇姑采桑不饷田",也描写了江南水乡农民蚕桑劳动的情景。

江南蚕桑品种的改良同蚕桑生产一样,从唐代开始后来居上,逐渐形成影响全国之势。

唐代江南地区植桑以地桑树型为主,如陆龟蒙《丹阳道中寄友生》提到的"女桑"就是地桑的树型之一。郭璞注《尔雅》称,"俗呼桑之小而条长者为女桑"②。唐代太湖地区还广种鸡桑,陆龟蒙诗"百树鸡桑半顷麻",鸡桑这一品种采用的可能也是地桑树型。地桑是一种既方便采摘、桑叶产量又高、品质又好的树种,丝织生产的发展和丝绸的质量同桑树的品种有着密切的关系。

江南的蚕种早在魏晋时就已闻名,至唐代,诗词中又多有对吴蚕的描写,将吴蚕与越妇相对仗,李贺《感讽》诗"越妇未织作,吴蚕始蠕蠕"③,《春昼》诗"越妇楛机,吴蚕作茧"④;李白在金陵时,作《寄东鲁二稚子》,中有"吴地桑叶绿,吴蚕已三眠"句。⑤ 吴蚕是江南一带蚕的总称或地方蚕种,但是否指魏晋以来的永嘉八辈蚕,还有待进一步研究。它屡屡出现于唐诗中,说明吴蚕有别于其他地方的家蚕品种而有了相当的知名度。

同时期,北方的优质蚕种在江南也大有市场。有史料记,唐初已有南北优质蚕种的交流,北方的商品蚕种出售到浙江。贞观年间,监察御史萧翼奉唐太宗之命到越州永欣寺谋取辩才和尚珍藏的王羲之《兰亭

①《全唐诗》卷六一八,第1565页。
② 顾栋高:《毛诗类释》卷一五《释木》,第24页,《景印文渊阁四库全书》第88册,第149页下。
③《全唐诗》卷三九一,第977页。
④《全唐诗》卷三九二,第979页。
⑤《全唐诗》卷一七二,第405页。

序》真迹,假装的身份是北方卖蚕种人。《太平广记》述之甚详:"翼遂改冠微服,至洛潭,随商人船下至越州,又衣黄衫,极宽长潦倒,得山东书生之体。……翼就前礼拜云:弟子是北人,将少许蚕种来卖。"①萧翼为取得越州人的信任,以卖蚕种人的身份出现,从一个侧面反映了江南蚕市的繁荣和蚕业的发展情况。

南唐以金陵为都城,据有江淮 28 个州,江南的升州(今南京)、润州(今镇江)、常州均在其辖境。先主李昇有鉴于长期战乱,"地弗而不艺,桑陨而伴娘蚕,衣食日耗"的情形,推行轻徭薄赋、奖励农桑的政策,于昇元三年(940)四月下令:"民三年艺桑及三千本者,赐帛五十匹;每丁垦田及八十亩者,赐钱二万,皆五年勿收租税。"②调动了农民种桑养蚕的积极性,呈现出一派"桑柘满野"的景象。

与南唐接壤的吴越,以杭州为统治中心,将近百年之间,为"善事中国,保障偏方","竭十三州之物力以供大国,务得中朝心"③,一方面"善诱黎氓,服勤耕稼……再熟粱稻,八蚕桑柘"④,"闭关而修蚕织"⑤,大力发展蚕桑丝织生产。五代诗人贯休《偶作》诗云:"尝闻养蚕妇,未晓上桑树,下树畏蚕饥,儿啼也不顾。"⑥形象地描写了江南人民采桑养蚕的繁忙景象。江南农村出现了"桑麻蔽野"、"春巷摘桑喧姹女"的盛况。成片的桑林展示出江南地区蚕桑生产有了大的发展,正在形成新的蚕丝业中心。

宋代,江南进入蚕桑生产迅速发展的时期,开始成为全国蚕桑生产的重要中心。李觏描述其盛况道,东南各府,"平原沃土,桑柘甚盛,蚕女勤苦,罔畏饥渴,急采疾食,如避盗贼。茧薄山立,缫车之声,连甍相闻,

---

① 《太平广记》卷二〇八《书三·购兰亭序》,《景印文渊阁四库全书》第 1044 册,第 372 页。
② 吴任臣:《十国春秋》卷一五《南唐一·烈祖本纪》,《景印文渊阁四库全书》第 465 册,第 146、147 页。
③ 《十国春秋》卷八二《吴越六》,作者论,《景印文渊阁四库全书》第 466 册,第 109、109 页。
④ 李琪:《吴越王钱公生祠堂碑》,《全唐文》卷八四七,《续修四库全书》第 1648 册,第 406 页。
⑤ 袁枚:《小仓山房外集》卷八《重修钱武肃王庙记》,周本淳标校,上海古籍出版社,1988 年,第 2125 页。
⑥ 贯休:《偶作》,《全五代诗》卷四七,第 15 页,清涵海本。

非贵非骄,靡不务此。是丝非不多也,金尽出人用不足,盖用之者众也,丝虽多而帛不贱,盖不专以为帛也。"①形象地反映了东南一些地区蚕桑和丝绸生产的普遍化,这是符合当时实际情形的。杭州的富阳,"地狭而人稠,土瘠而收薄,通县计之,仅支半岁,半岁所食,悉仰客贩",人称"冬田之耕,一枝之桑亦必争护",因而"此邦之人,重于粪桑,轻于壅田"。②蚕桑生产作为普遍的家庭副业,就是先由人多地少之地起始的。属于苏州的太湖中的洞庭山人,"皆以树桑栀甘橘为常产"③。江南的其他地区也多蚕桑,因而不产绢帛的地方往往前往购买丝织品。

南宋时,苏州的洞庭东西二山之人仍然"多种柑橘桑麻,糊口之物,尽仰商贩"④。湖州则成为江南蚕桑最为发达的地区。桑树有青桑、白桑、黄藤桑、鸡桑等数种,"富家有种数十亩者",种植规模极为可观。与此相应的是养蚕极为普遍。嘉泰《吴兴志》概括当地情形道,本府"山乡以蚕桑为岁计,富室育蚕有至数百箔,兼工机织",到处是"渔舟荡漾逐鸥轻,呕轧缫车杂橹声"的别致景象。时人记载,当地人"育蚕,则以多为贵,有至数百箔者"⑤。杭州种桑养蚕也较盛,桑种有青桑、白桑、拳桑、大小梅红、鸡爪等类⑥。

元代在江南的赋税政策沿用了前代的两税法,元贞以前,夏税输纳丝绵等物,元贞二年(1296)以后,丝绢外兼征棉及棉布。在任土作贡的原则下,交纳丝的多少,大体上反映了当地丝绸生产的基本情形。为了显示元代江南蚕桑生产的地位,将江南各府州宋元明三代夏税丝绵及丝织品的数量列为表1-1,以资比较。

---

① 李觏:《直讲李先生文集》卷一六《富国策第三》,《四部丛刊初编》第183册,第107页。
② 程珌:《洺水集》卷一九《壬申富阳劝农》,《景印文渊阁四库全书》第1171册,第455页。
③ 苏舜钦:《苏学士集》卷一三《苏州洞庭山水月禅院记》,《景印文渊阁四库全书》第1092册,第92页。
④ 庄绰:《鸡肋编》卷中,上海古籍出版社,2012年,第44页。
⑤ 嘉泰《吴兴志》卷一九《井》,第1页,《宋元方志丛刊》第5册,中华书局影印本,1990年,第4851页。
⑥ 咸淳《临安志》卷五八《物产》,第11页,《宋元方志丛刊》第4册,第3873页。

表 1-1　江南各地宋元明三代夏税丝帛数量表

	宋	元	明初	资料来源
建康	344969	1096823	14060	景定《建康志》卷四〇,至正《金陵新志》卷七,万历《应天府志》卷一九
镇江	233218	108384	20310	嘉定《镇江志》卷五,至顺《镇江志》卷六,康熙《镇江府志》卷六
苏州	981332	358400	254300	《吴郡图经续记》卷上,正德《姑苏志》卷一五
常州	248596	150619	21688	延祐《毗陵志》卷二四,康熙《常州府志》卷八
湖州	328000	1364364	761693	嘉泰《吴兴志》卷二〇,《永乐大典》卷二二七七
松江		18974	12009	正德《松江府志》卷六七
合计	2136115（不计松江）	3097564	1072051	

注:1. 所有丝及丝织品一律折算成两,宋代各类丝织品以夏税绢每匹 12 两折算,明代绢以夏税每匹 10 两计算;2. 宋代数量取不同时代的平均值。

表 1-1 表明,如果不计杭州和确数无法比较的松江,江南征收的夏税丝及丝织品已由宋代的 2136115 两上升到元代的 3097564 两,上升了 50％左右,从总体情形看,元代在江南征收的夏税丝额远远高于宋代,这就是说,元代江南蚕桑业比宋代又有所发展。就各府州而论,镇江、苏州和常州三地虽然元代的税丝量较宋代有所下降,但比明代初年又要高得多。建康、湖州两地的税丝量元代比宋代都增加了 3 倍左右,增长幅度特别大,说明这两地的蚕桑业发展极为迅速,征收量占了总数的 80％,同时也说明统治者搜刮的重点已经由苏州、杭州等地转移到了建康和湖州等地。从明后期到清前期,全国的蚕桑生产几乎全部集中到苏杭嘉湖地区,从税丝反映的情形来看,可以说其基础是在元代奠定的。元代成了江南蚕桑生产由全国的中心向重心地位转移的过渡时期。

元代江南蚕桑业向着集中化、专业化和高档化方向发展,蚕区进一步向太湖流域集中,苏州沿太湖一带成为新的蚕桑区,湖州的蚕桑生产由山区向太湖平原扩展,而原来盛产丝绸的浙东地区相形衰落。盛产湖丝的湖州路,"土膏稻粱,岁无乏食。树墙下桑,老足衣食。蒸哉人民,各安一业"①,因种桑养蚕,经济实力较强。一代大书画家赵孟頫家除平陆田地种桑外,山地也广植桑树。他兴高采烈地吟诗:"纤纤女儿手,抽丝疾如风。田家五六月,绿树阴相蒙。但闻缫车响,远接村西东……妇人能蚕桑,家道当不穷。"②由此诗,可知湖州的蚕丝生产相当兴盛。杭州的海宁州,在至元中,一派"桑柘榆柳,交荫境内"③的景象。人称"一枝巢越鸟,八茧熟吴蚕"④,蚕桑生产盛况喜人。平江路二县一州,在元代栽桑多达27万株,较之明朝洪武初年的151700株还多出很多,比明代苏州蚕桑兴盛时期弘治年间的桑株24万余株还要多。⑤ 马可·波罗因而称苏州"产丝甚饶"。即使以前蚕桑不盛的建康,在元代似乎也有了起色。当太平于延祐三年(1316)任镇江路达鲁花赤时,"典织吏受丝于杭,道远,不时至,且交征利,府库受其弊,丝工人告病。公曰:'建业邻郡也,岁用有余,且输之上,若幸以给我,岂弗便。'闻之省,许焉。力简弊除,工释重负"⑥。建康的丝年有余剩,可拨付邻地镇江用于官营织造,说明蚕桑生产有了相当程度的发展。

在大力发展蚕桑业的同时,人们注意到对桑树品种的选育和改良。宋元时期出现了不少对种桑养蚕技术进行总结的著作,如北宋秦观《蚕书》、南宋陈旉《农书》、楼璹《耕织图》及诗、吴皇后题注《蚕织图》等,元代司农司则奉命遍求古今农家之书,删简撮要,结合实际,编成了《农桑辑要》,于至元二十年(1283)颁行全国,以指导农桑生产。元初东阳人李声继宋代楼璹《耕织图》之后,又归纳农人的生产经验,著

---

① 孛兰肹等撰,赵万里校辑:《元一统志》卷八《江浙等处行中书省》,中华书局,1966年,第575页。
② 赵孟頫:《赵孟頫文集》卷三《题耕织图诗·织十二首·六月》,上海书画出版社,2010年,第25页。
③ 《元史》卷一七七《臧梦解传》,中华书局,1976年,第4129页。
④ 汪元量:《水云集·杭州杂诗和林石田》,《景印文渊阁四库全书》第1188册,第260页。
⑤ 正德《姑苏志》卷一五《田赋》,第12页。
⑥ 至顺《镇江志》卷一五《刺守》,杨积庆等标点本,江苏古籍出版社,1990年,第603页。

成《农桑图说》,被司农苗好谦采录进朝,编撰成《栽桑图说》,延祐五年
(1318)由仁宗颁令刊行,散发民间。根据这些文献,我们可以知道宋
元时期江南从种桑到养蚕已经总结出一整套经验,在各方面获得了了
不起的成就,标志着其时江南蚕桑生产进入了全新的发展阶段。具体
包含以下几个方面。

一是选择桑种。陈旉《农书》说:"若欲种椹子,则择美桑种椹,每一
枚剪去两头,两头者不用,为其子差细,以种,即成鸡桑花桑,故去之。唯
取中间一截,以其子坚栗特大,以种,即其干强实,其叶肥厚,故存之。所
存者先以柴灰淹揉一宿,次日以水淘去轻秕不实者,择取坚实者略晒干
水脉,勿令甚燥,种乃易生。"①可见当时在桑树选种方面已采用株选加椹
选和粒选的方法。元代在桑树种植上注意选种"叶大如掌而厚,得茧厚
而坚,丝每倍常"的白桑。② 桑的品种光镇江一地就有数种。江南蚕农非
常注重利用天气晴雨变化来预卜桑叶价格的高低。谚语称:"三月初三
日,雨打石头扁,桑叶三钱片",或曰"四日尤甚"。杭州人则说,"三日尚
可,四日杀我"。意思是三月初三日若下雨,叶价将贵,四日下雨则更贵。
这些农谚,是江南人民长期积累的经验,至今还在流传。

二是桑树嫁接。陈旉《农书》载:"若欲接插,即别取好桑直上生条,
不用横垂生者,三四寸长截,如接果子样接之,其叶倍好,然亦易衰,不可
不知也。湖中安吉人皆能之。"③这是有关桑树嫁接的最早记录。桑树嫁
接是桑树栽培技术史上的一次革命,是争取桑叶高产稳产的有效途径。
而这种嫁接技术,至迟在南宋初年也即 12 世纪上半叶,江南蚕桑产区湖
州安吉人已经人人都会了。嫁接后的桑树"其叶倍好",说明当时江南人
已经摸索到了高产好叶的方法,并且已经广为推广。在元代,由《种桑
书》所载可知,已普遍采用桑树嫁接的方法。

三是浴蚕。江南浴蚕已分两次进行,一次是在腊月。陈旉《农书》

---

① 陈旉:《农书》卷下《种桑之法篇第一》,《景印文渊阁四库全书》第 730 册,第 187 页。
② 俞宗本:《种树书》,《丛书集成初编》第 1469 册,第 3 页。
③ 陈旉:《农书》卷下《种桑之法篇第一》,《景印文渊阁四库全书》第 730 册,第 188 页。

载:"待腊日或腊月大雪,即铺蚕种于雪中,令雪压一日。"秦观《蚕书》则说:"腊之日,聚蚕种,沃以牛溲,浴于川。"①腊月浴蚕主要为了增强蚕种的抵抗力。第二次在催青之前,陈旉《农书》说:"至春,候其欲生未生之间,细研朱砂,调温水浴之,水不可冷,亦不可热,但如人体斯可矣,以辟其不详也。"这一次浴蚕大概只是一种吉祥仪式,其时间约在谷雨前后。

四是养蚕控制温湿度。秦观《蚕书》说"居蚕欲温"②。陈旉《农书》更认识到蚕系"火类",而又怕热湿的特点,从而提出一整套控制温湿度的养蚕方法。该书卷下《育蚕之法篇》说:"用火之法,须别作一小炉令可抬,异升出入。蚕既铺叶喂矣,待其循叶而上,乃始进火。火须在外烧,令熟,以穀灰盖之,即不暴烈生焰。才食了,即退火,铺叶然后进火。每每如此,则蚕无伤火之患。若蚕饥而进火,即伤火;若才铺叶,蚕犹在叶下,未能循援叶上,而进火,即下为粪薶所蒸,上为叶蔽,遂有热蒸之患。又须勤去沙薶。最怕南风,若天气郁蒸,即略以火温解之,以去其湿蒸之气,略疏通窗户以快爽之。沙薶必远放,为其蒸热作气也。最怕湿热及冷风,伤湿即黄肥,伤风即节高,沙蒸即脚肿,伤冷即亮头而白蜇,伤火即焦尾。又伤风亦黄肥,伤冷风即黑白红僵,能避此数患乃善。"对蚕的特性,采取相应的控制温湿度的方法,以及道理所在,述说得极为详尽。对蚕的温湿的认识,前代已积累了不少经验,但观察得如此仔细,对蚕的特性如此熟悉,采取的预防措施如此周到,这是以往所没有的。陈旉细致入微的描述,说明江南人民不但已经熟练地采用了一套行之有效的养蚕办法,而且对几种主要的蚕病,即血液型脓病、胃肠型脓病和空头性软化病也已有了一定的直观认识,并懂得如何采取预防措施。元代在养蚕方面,已用"三光"理论指导喂蚕,即"白光向食,青光厚饲,皮皱为饥,黄光以渐住食"③。这对普及养蚕具有较高的实用价值。

---

① 秦观:《蚕书·种变》,《景印文渊阁四库全书》第730册,第193页。
② 秦观:《蚕书·制居》,《景印文渊阁四库全书》第730册,第193页。
③ 《蚕经》,元司农司《农桑辑要》卷四《养蚕·三光》引,《景印文渊阁四库全书》第730册,第244页。

五是上簇用火。以前一直主张"热则去火",而陈旉《农书》卷下《簇箔藏茧之法篇》说,上簇时,"微以熟灰火温之,待入网,渐渐加火,不宜中辍,稍冷即游丝亦止,缫之即断绝,多煮烂作絮,不能一绪抽尽矣"。说明南宋时江南蚕农上簇时不但注意到以火加温,而且讲究恒温,以利蚕吐丝,这不能不说是一个进步。而对蚕吐丝的认识,可以说距明末宋应星《天工开物》记载的"出口干"已相去不远了。

六是讲究缫丝用水。在宋元时期,缫丝工艺技术有生、熟之分,机具有南、北之别。从《蚕织图》看,当时江南使用的明显是南缫车和生缫工艺。生缫是吴皇后注明的工艺,即缫新鲜茧。用生缫法缫出来的丝柔韧有光泽。南缫车和北缫车差别不大,按照北宋秦观《蚕书》描述,缫车有架,架上承籰,由一脚踏曲柄连杆机构带动,车上有络绞机构,"当车床左足之上,连柄长寸有半,匪柄为鼓,鼓生其寅,以受环绳,绳应车运,如环无端,鼓因以旋。鼓上为鱼,鱼半出鼓,其出之中,建柄半寸,上承添梯"。添梯即今之络绞杆,有了这个机构,缫出来的丝就不会固定地绕于一直线之上。这种脚踏缫车在宋代基本定型后,到明清无大的变化,而《蚕织图》绘了目前所存最早的脚踏缫车图像。在煮茧缫丝方面,已经认识到"细圆匀紧"是关键。[①] 元代特别重视缫丝用水,并找到了不少宜于煮缫的水源。如湖州乌程县金盖山北麓的白云泉,"十里内蚕丝,俱汲此煮之,辄光白"[②]。又有人说,"归安之水宜茧丝"[③]。此后,人们往往自然地将优质湖丝与特殊的水质联系在一起。

宋元时代江南种桑养蚕的这些可喜成就,是江南蚕桑生产发展的经验总结,既反映了该地蚕桑生产发展的新趋势,也为明代后期江南成为全国最为重要的蚕桑生产区奠定了基础。

---

① 《士农必用》,王祯《农书·农桑通诀》集之六《蚕缫篇》引,农业出版社,1981 年,第 68 页。
② 光绪《乌程县志》卷四《水》,第 15 页。
③ 袁桷:《清容居士集》卷六《题李廷弼归安去思碑》,《景印文渊阁四库全书》第 1203 册,第 81 页。

三　民间丝绸生产的持续发展

《尚书·禹贡》分天下为九州：冀、兖、青、徐、扬、荆、豫、梁、雍，并记述了各州的物产土贡，出产和上贡丝物的有：兖州，"厥贡漆、丝，厥篚织文"；青州，"厥篚檿、丝"；徐州，"厥篚玄纤缟"；扬州，"厥篚织贝"；荆州，"厥篚玄纁玑组"；豫州，"厥篚纤纩"。《禹贡》成书的年代有西周至汉代各说，迄未定论，但其所记各州物产土贡为当地土产、名产或多产的物品，当无问题。从前述丝绸文物的出土情况来看，江南也是丝绸文物发现较为集中的地区。

然而，直到汉代，中国的丝绸生产地区，主要集中在黄河中下游和四川成都平原。孙吴时，丝织品的军需、赏赐巨大，统治者竞相服用锦绸，吴地中上层人士衣丝之风已渐盛行。孙权夫人赵氏据说就是一个丝织高手，她"能于指间以彩丝织云霞龙蛇之锦，大则盈尺，小则方寸，宫中谓之'机绝'"。又能"织为罗縠，累月而成。裁之为幔，内外视之，飘飘如烟气轻动，而房内自凉"[1]。罗是质地轻薄、丝缕纤细、经丝互相绞缠后呈椒孔的丝织物，在春秋战国以前就有了。縠是纱一类的平纹丝织物，且在表面起云雾状皱纹。罗和縠在当时正处于进一步发展的阶段。赵氏织造轻薄纤细的罗縠，历时数月而成，用它做成帐幔，犹如烟气飘然而动，这种织物的轻盈、用丝之细和透明度，都是极为突出的。上有所好，下有所效，民间在统治者的奢侈追求影响下，也刻意于丝织品生产。按照华覈的说法，孙皓时，"事多而役繁，民贫而俗奢，百工作无用之器，妇人为绮靡之饰，不勤麻枲，并绣文黼黻，转相仿效，耻独无有。兵民之家，犹复逐俗，内无儋石之储，而出有绫绮之服"[2]。绮是平纹地上起斜纹花的提花织物。绫是斜纹（或变形斜纹）地上起斜纹花的织物（也有人认为在平纹地上也起斜纹花），因其花纹看上去像冰绫的纹理，故名。绫是在

---

① 王嘉撰，萧绮辑编：《拾遗记》卷八，《景印文渊阁四库全书》第 1042 册，第 349 页。
② 《三国志》卷六五《吴书·华覈传》，第 1468 页。

绮的基础上发展起来的,汉代才开始崭露头角。吴末年民间已能竞为绫绮之服,说明绫绮等高级丝绸品种普及发展相当迅速。传统丝织品绢的生产则更为平常,在市场上交易甚多。所有这些,都从一定程度上反映了江南丝织业的发展水平,也为两晋南朝江南丝织业的进一步发展奠定了基础。

吴国丝绸的大量生产,为对外贸易出口提供了重要商品。吴国注重海外贸易,派遣使者到东南亚强国扶南,为海外贸易创造条件。吴国以丝和丝织品换取东南亚的犀角、象齿、翡翠和珠玑等物。当时印度对东南亚的海上贸易也较为发达,印度商人从东南亚国家获得中国的丝和丝织品后,不但载运回国,而且转手出口到西亚和罗马等地。中国丝绸除了通过传统的陆上丝绸之路,这时又由海道输向了东南亚乃至西亚和欧洲的一些国家,江南丝绸从吴国时起已享誉海外了。

两晋南朝时,特别是东晋和宋齐梁陈四代定都建康,江南成为京畿重地。东晋到梁侯景之乱前的二百余年间,江南地区很少战乱影响,统治者大力提倡农桑,实行征绢征绵的户调制度,客观上推动着民间丝织业的发展,江南丝绸生产进入了新时期。

如前所述,西晋征收“户调”,每一丁男之户,每年输纳绢三匹、绵三斤,女及次丁男之户输半数。南朝征取对象由户变为口,但征绢征绵的基本内容没有改变。统治者也有意识地提高绢布价格以推动丝布生产的发展。东晋立国之初,全社会物力艰窘,国库中“惟有练数千端,鬻之不售,而国用不给”,宰相王导甚为忧虑,“乃与朝贤俱制练布单衣,于是士人翕然竞服之,练遂踊贵。乃令主者出卖,端至一金”。[1] 明帝齐武帝时竟陵王萧子良也说:“昔晋氏初迁,江左草创,绢布所直,十倍于今,赋调多少,因时增减。永初中,官布一匹,直钱一钱,而民间所输,听为九百。渐及元嘉,物价转贱,私货则束直六千,官受则匹准五百,所以每欲

---

①《晋书》卷六五《王导传》,第 1751 页。

优民,必为降落。"①官价高于市价,有利于民间以丝布实物上交;而官方所收实物以较低价格准折钱文,则又有利于民间以货币上纳。"绵绢既贵,蚕业者滋"②,调绢政策通过市场极大地刺激了民间的丝绸生产,荆、扬之地出现了如《宋书》史臣称道的"丝绵布帛之饶,覆衣天下"的形势,江南的确成了东晋南朝时期的重要丝绸生产基地。

丝绸上交量和丝绸服用程度是观察民间丝绸生产发展状况的重要参照。刘宋大明年间(457—464),"斋库上绢,年调巨万匹,绵亦称此。民间买绢一匹,至二三千,绵一两亦三四百"③,朝廷通过户调大量征收绢绵,而民间往往以钱购买绢绵交纳。除了这种调绢,国家还以租钱尽量收买,每于"丝绵新登,易折租以市。又诸府竞收,动有千万"④。至于丝绸的服用,刘宋以前,军士只有在战时才能穿上绢帛做的袍袄,到刘宋后期,"仪从直卫及邀罗使命,或有防卫送迎,悉用袍袄之属,非唯一府,众军皆然"⑤。军士都能服用绢帛,产量不大是绝难办到的。505 年,梁大将韦俊攻破合肥时,见有绢帛充盈房屋 10 间,因获取数量甚巨,悉充军赏。这样数量巨大的绢帛应是从江南各地征调而来。梁天监时的周石珍,"建康之厮隶也,世以贩绢为业"⑥。建康下层之人,世代以贩绢为业,一定程度反映出当地丝绸生产的面貌。

这个时期江南从中国北方接受了较为先进的丝绸生产技术,又将这种技术输向了一衣带水的邻国日本。据日本古籍《日本书纪·雄略纪》载:"八年二月,遣身狭村主青、桧隈民使博德使于吴国。十年九月戊子,身狭村主等将吴所献二鹅,到于筑紫。十二年四月己卯,身狭村主青与桧隈民使博德出使于吴。十四年正月戊寅,身狭村主青等,共吴国使,将吴所献手末才使伎汉织、吴织、衣缝兄媛、弟媛等,泊于住吉津。是月,为

---

① 《南齐书》卷二六《王敬则传》,第 483 页。
② 《宋书》卷五六《孔琳之传》,第 1562 页。
③ 《宋书》卷五四《沈怀文传》,第 2104 页。
④ 《宋书》卷五六《孔琳之传》,第 1563 页。
⑤ 《宋书》卷五六《孔琳之传》,第 1562—1563 页。
⑥ 《南史》卷七七《周石珍传》,第 1935 页。

吴客道,通矶齿津路,名吴坂。三月,命臣连迎吴使,即安置吴人于桧隈野,因名吴原。以衣缝兄媛,奉大三轮神,以弟媛为汉衣缝部也。汉织、吴织、衣缝,是飞鸟衣缝部、伊势伊缝之先也。"①这一记载,将江南丝织工匠输技织造于日本的来龙去脉交代得相当清楚。长期以来,人们一直根据吴和吴国使等字样,以为三国吴时中国丝织工匠就已到了日本。其实当时日本和朝鲜将在建康立国的南朝宋、齐、梁、陈也称为吴。《日本书纪》中所记的"吴",是指南朝宋,具体年代相当于顺帝时。中国史籍对此并无明确记载,但在《宋书·顺帝本纪》和《南史·宋本纪》昇明二年(478)条下都记有倭国王遣使献方物,被封为安东大将军的内容。所谓"汉织"、"吴织"、"兄媛"、"弟媛",即汉土的机织工、缝衣女,应该是指宋代的丝织工匠。我们虽然不能肯定三国吴时是否已有江南丝织工匠传经海外,但可以肯定地说,南朝宋时江南丝织工匠已经远渡东洋,将辉煌的中国丝织技艺传播到了日本,而且成为日本丝织界崇奉的神祇。南朝丝织工匠继秦汉中国匠人之后,将先进的丝织技术传授到了日本,深刻地影响了日本人民的生活,在日本纺织史和服装史上具有十分重要的意义。日本的中日文化交流史专家木宫泰彦指出,原来日本的"纺织品恐怕只是些麻、楮、榖等植物纤维品的极粗糙的木棉或树皮之类的东西","后来,到了应神天皇时代,由于乐浪、带方二郡的秦、汉遗民移据日本,日本的养蚕、丝绸等业很快地发展起来,可能至少畿内地方贵族社会的衣服大有改进,后来又由于来自吴国的汉织、吴织,生产出丰富多彩的中国南方式样的美丽纺织品,并由于兄媛、弟媛,裁缝技术也有所改进了"。② 可以毫不夸张地说,江南丝绸在起步阶段,就对日本等邻国的纺织业予以了重大影响。

尽管如此,整个魏晋南北朝时期,南方民间丝织之盛总体上仍不如北方。江南丝织生产又大逊于当地的麻葛织物生产,官府对人民征收的

---

① 转引自木宫泰彦《日中文化交流史》,胡锡年译,商务印书馆,1980年,第31页。
② 木宫泰彦:《日中文化交流史》,第37页。

租调仍是绢、布兼收。晋明帝时,散骑常侍苏峻造反,攻陷宫城,见"官有布二十万匹……绢数万匹"①。府库所藏,绢、布数量对比悬殊,可见所谓丝织业的发展也是相对前代而言的。

唐代按任土作贡的原则,所谓"任土所出而为贡赋之差"②,以赋和贡的形式向各地征取土特产品,丝绸是贡赋中的重要产品。《唐六典》卷三所载的开元赋及开元贡,《元和郡县图志》所载八等绢及其产地,《通典·食货典·赋税下》所载天宝中贡,比较系统地记录了唐代前期各地交纳和贡献给中央的各种土特产品。

上述诸书所载唐代前期江南地区作为贡赋上交的丝织品有:润州的方纹绫(或称綦纹绫)、水纹绫(或称水文绫);常州的紫纶布、红紫二色绵布;苏州的红纶巾;杭州的白编绫、绯绫、纹纱;湖州的丝布等。当时江南属浙西观察使管辖,五州中都有丝织品上纳,比例高于江南道的平均水平,与浙东地区同是江南道的丝绸重点产区。但这些丝织品,就其种类仅是绫、纱等类;就其色彩来说,不过蓝、白、红、紫等色;就其纹样来说,也只是波浪纹和格子纹等,花样并不多。只有唐代最为盛行的丝织绫的品种较多。唐制规定,官服用绫,品位不同,所用绫的品种也不同,凡大驾行幸,三部帐幕等以朱绫为里;尚书郎入直,官方提供白绫被;皇帝崇尚文雅,"其书画皆用紫龙凤绸绫为表,绿文纹绫为里"③,绫的用途十分广泛。绫的种类也很多,如越州的吴绫,豫州的鸂鶒绫,兖州的镜花绫,青州的仙文绫,定州的绸绫,博陵的四窠云绫、两窠细绫,幽州的范阳绫、独窠绫,澧阳的龟子绫,梓州、遂州的樗蒲绫,阆中的重莲绫等。江南数州的几种绫,只是全国几十种绫中的一小部分,在全国并不突出。

如果将江南丝绸业放在全国考察,这种情形就更为清楚。唐代丝绸生产遍布 10 个道 100 多个州郡,绢、绵等收入曾占到中央政府财政

---

① 《晋书》卷一〇〇《苏峻传》,第 2630 页。
② 李林甫等撰:《唐六典》卷三《尚书户部·户部郎中、员外郎》,中华书局,1992 年,第 64 页。
③ 陶宗仪:《辍耕录》卷二三"书画裱轴"条,文化艺术出版社,1998 年,第 314 页。

收入的六分之一左右。① 唐前期丝织物出产最多的地方仍然在北方，根据《元和郡县图志》等书所载统计，唐代前期各道上纳丝织品的州在全国的比例为：河南道第一为 30.21％，河北道第二为 25.73％，剑南道第三为 14.55％，山南道第四为 14.23％，江南道第五为 9.04％，淮南道第六为 3.55％，河东道第七为 1.95％，岭南道第九为 0.74％。如果将各道所纳的绢、绸、絁、绵、丝称为一般丝织品，绫、罗、锦、缣等称为特殊丝织品，各按其州数和种类综合考虑，则上述比例仍然基本相同。

以绢赋税的记录也屡见于唐代诗人的笔下。白居易《重赋》诗道："厚地植桑麻，所要济生民。生民理布帛，所求活一身。身外充征赋，上以奉君亲。……织绢未成匹，缲丝未盈斤；里胥迫我纳，不许暂逡巡。……昨日输残税，因窥官库门，缯帛如山积，丝絮如云屯。"② 李贺《感讽》中有云："越妇未织作，吴蚕始蠕蠕；县官骑马来，狞色虬紫须。怀中一方板，板上数行书。不因使君怒，焉得诣尔庐？越妇拜县官：桑芽今尚小，会待春日晏，丝车方掷掉。越妇通言语，小姑具黄粱。县官踏飧去，簿史复登堂。"③ 陆龟蒙《蚕》赋说："逮蚕之生，茧厚丝美，机杼经纬，龙鸾葩卉，官涎益嚱，尽取后已。"④ 农民千辛万苦，伐桑业蚕，织成绸绢，为官府尽数掠去。官府纳绢，催逼严急，致使民间怨声载道。

唐后期，江南道上纳的丝织品已由唐前期的 9.04％一跃上升到了 19.23％。江南道贡一般丝织品虽只有 14 个州，不及河南道或河北道，但其贡特殊丝织品的则有 15 个州 30 种之多，远远超过河南道或河北道，其中江南地区的数州，其比例就更高。上贡的丝织品，有润州的衫罗，水纹、方纹、鱼口、绣叶、花纹等绫；常州的绸，绢，红紫绵巾，紧纱；苏州的丝葛、丝绵，八蚕丝，绯绫；湖州的御服、鸟眼绫，绵绸；杭州的白编

---

① 杜佑：《通典》卷六《食货六》，浙江古籍出版社影印本，2000 年，第 34—37 页。
② 白居易：《白氏长庆集》卷二，第 5 页，《景印文渊阁四库全书》第 1080 册，第 19 页下。
③《全唐诗》卷三九一，第 977 页。
④ 陆龟蒙：《甫里集》卷一四《赋》，第 4 页，《景印文渊阁四库全书》第 1083 册，第 371 页上。

绫、绯绫等。

同唐代前期一样，上述文献记录的贡赋丝织品，其实只是该地丝织品中的一部分，充其量只是富有代表性的特色产品，还有许多丝织品并未包括在内。如杭州的柿蒂绫，白居易在《杭州春望》诗中有"红袖织绫夸柿蒂"句，并自注云："杭州出，柿蒂花者尤佳。"可见柿蒂绫者质量在同地产的白编绫、绯绫之上。所谓柿蒂花图案，其实就是由四个花瓣组成的小花图案，经向图案循环一般仅在二三厘米上下，都是一上一下的平纹地上起三上一下的斜纹花。再如，根据《大唐国要图》的记载，苏州已贡绢、绫、衫、缎、罗等。① 这些丝织品，地理志中就有记载。苏州的方纹绫，其实也很有名。玄宗时，水陆运使韦坚数十里连舟载运各地特产进京，吴郡船上就有方纹绫。② 这种方纹绫，有龙凤、麒麟、天马、辟邪等祥瑞纹样。穆宗长庆初年，诏旨令"织定罗纱袍段及可幅盘绦缭绫一千匹"，浙西观察使李德裕上疏极谏，称玄鹅、天马、掬豹、盘绦、文彩珍奇，"只合圣躬自服，今所织千匹，费用至多"，要求节减。结果"优诏报之，其缭绫罢进"③。按照李德裕对缭绫的描述，大概方纹绫与缭绫是花纹相同或相近的织物。这些纹样，代宗曾于大历六年(771)禁织。

江南丝织业自先秦以来一直落后于黄河下游的北方地区。史载："初，越人不工机杼，薛兼训为江东节制，乃募军中未有室者，厚给货币，密令北地娶织妇以归，岁得数百人。由是越俗大化，竞添花样，绫纱妙称江左矣。"④薛兼训为江东节度使在代宗大历二年，越地丝绸生产虽然一直较为发展，直到唐中期，尚远不能与北方相比，所以地方统治者要千方百计利用北方的先进丝织技术。这样的情形同样发生于我们所说的江南地区。光绪二十二年(1896)刻立的《杭州重建观成堂

① 范成大：《吴郡志》卷一《土贡》引，江苏古籍出版社，1986年，第6页。
②《新唐书》卷一三四《韦坚传》，第4560页。
③《旧唐书》卷一七四《李德裕传》，第4513—4514页。
④ 李肇：《唐国史补》卷下"越人娶织妇"条，《景印文渊阁四库全书》第1035册，第450页。

记》碑文称："昔褚河南之孙名载者,归自广陵,得机杼之法,而绸业以张。"广陵即扬州,一直以产锦类丝织物著称。褚河南即唐初名臣大书法家褚遂良,褚载是其九世孙。褚载于乾宁四年(897)进士及第,看来他是在唐代末年成为杭州人的。碑文所载褚载从扬州得机杼之法,大概是指晚唐时期江南得到了扬州较为先进的丝织技术,而不能理解为是褚载传入了丝织法。由此二例,可知江南地区直到唐后期,丝织业仍处于吸收先进技术的过程中。这是江南历史上继东晋之后又一次传入北方先进丝织技术。正是由于吸收了各地的先进技术,江南丝织业加快了它的发展步伐。后述江南地区丝绸品种的增加、质量的提高,正与这一过程相一致。

　　唐后期江南丝织业尽管已经取得了一定的成就,但它仍不能与同时期的河北、河南道,四川的成都等地相提并论。唐后期河北、河南道大多被藩镇割据,山南及剑南道的一些地区,朝廷政令也难以落实,唐政府的赋税收入只能仰仗江淮地区,中央政府所掌握的一般丝织品和特殊丝织品也绝大部分来自江南道及淮南道,连用以交易回鹘马匹的大宗缣帛,也主要是江淮所产。但不能因为政府征取丝绸的重点在特殊情形下有所转移,就认为重点产区的丝绸生产已经落后。唐后期官营织造机构仍然在北方,绫锦坊中绫匠和织锦刺绣之工仍然动辄数百人,代表着丝绸生产的最高水平。民间为数不少的织锦户、织造户、绫户、锦户也大多出现在河南北、四川等地,而江南则几乎无闻。定州大富豪何明远家有绫机 500 张,如果此则记载可靠,则其生产规模简直令江南的丝绸生产者瞠目结舌。唐后期江南还需要从河北娶织妇传授技艺,从扬州移植织造先进方法。这两个事例本身就说明,当时江南丝绸业还不能与发达地区的丝绸业相比。丝绸技术的传播和推广需要一定的时间,不可能在输入的同时就已超过原来的地区。大量资料证明,其时中原和四川地区的丝织业仍在发展,只是发展速度相对于江南已稍为缓慢。综合上述因素考虑,唐代后期江南丝织业虽较唐前期有所提高,但仍然屈居于北方和成都地区,甚至还在邻近的扬州地区之下,江南丝绸业要赶上甚至超过传统地区的丝绸业,还要经受一个较长的时期。

南唐以金陵为都,据有江淮之地,奖励蚕桑生产,丝绸生产较为发展。这首先体现在丝绸数量上。昇元五年(941),邻境吴越国大火,南唐没有乘机攻掠,而是"遣使厚持金帛唁之"①。据说"金粟缯绮,盖车相望于道焉"②,显示出南唐的经济实力和丝绸之多。李昇去世时,库储戎器金帛达七百余万,丝绸之多可见一斑。中主李璟和后主李煜"善交邻国",先后向后周、北宋称臣,主要贡物就是千匹万端的各色丝织品。

南唐后期称臣于后周和北宋,我们从南唐向后周、北宋的贡物可见其丝织生产之一斑:南唐中宗保大十四年(956)向后周进贡,金银器之外,锦绮纹白千匹;中兴元年(958)向后周进贡银绢钱茶谷共百万以犒军;建隆元年(960)先后向宋贡绢2.5万匹、罗纨千匹及乘舆服御等物,而且"自是贡献尤数,岁费以万计";次年即贡纱罗彩绘3万匹;开宝六年(973)献帛20万匹,买宴帛万匹。③ 短短数年中,所贡丝织品次数之频、数量之多惊人,品种之繁则有锦、绮、罗、绢、帛、纨等光素和彩色多种。南唐以金陵等地为丝绸重点产区,这么多丝绸当有不少产自江南,一定程度上反映出江南的丝织业生产。

同样先后称臣于五代和北宋的吴越国,也不断向北方王朝提供大量的精美丝织物,甚至成为十国中进贡物品最多和最频繁者,说明其丝绸生产的规模及能力也在不断提高。后唐同光二年(924),钱镠遣使向后唐进贡的丝织物有越绫、吴绫、越绢、龙凤衣、丝鞋履子、盘龙凤锦、织成红罗縠袍彩缎、五色长连衣缎、绫绢御衣、红地龙凤锦被等;次年又进龙凤纱等物;应顺元年(934)进绢5000匹、绫绢7000匹;清泰二年(935)进锦绮500连。天福三年(938)向后晋进贡吴越异纹绫8000匹、金缕纱3000匹、绢万段、绵9万两;天福五年进缕纱500匹、绵5万两;天福七年

---

① 《十国春秋》卷一五《南唐一》,《景印文渊阁四库全书》第465册,第150页。
② 不著撰人:《钓矶立谈》,《景印文渊阁四库全书》第464册,第49页。
③ 《十国春秋》卷一六至一七《南唐二》至《南唐三》,《景印文渊阁四库全书》第465册,第164、166、168、169、171、175页。

进绢 5000 匹、丝 1 万两;开运三年(946)进绫 5000 匹。乾祐三年(950)向后汉进贡谢恩绫绢 2.8 万匹、绵 5 万两、御衣 2 袭。显德三年(956)向后周进贡绫 1 万匹,显德五年又先后进绫 2 万匹、绢 5.1 万匹、细衣段 2000 连。宋立国后,吴越丝绸进贡更巨,开宝七年(974)进锦绣 1000 段,次年又进锦彩 1 万段,九年更先后进绢 7 万匹 6 万段、绢绵各万匹,太平兴国三年(978),就在吴越灭国前两个月还进绫锦 1 万匹、绢 10 万匹、绫 2 万匹、绵 10 万屯(6 两为屯)。[1] 据说,仅钱俶一朝,就进贡了绫罗锦绮 28 万余匹,色绢 79.7 万匹,[2]甚至人称"锦绮色绵以万万计",而且"举朝文武阉寺,皆有馈遗"。[3] 进贡的这么多琳琅满目的丝织品,均是吴越国丝织业发达的反映。钱镠于天复元年(901)二月回乡,亲巡衣锦营,大会故老宾客,"山林树木皆覆以锦幄,表衣锦之荣也",升当年所居衣锦营为衣锦城,封石虎山为衣锦山。[4] 开平二年改其家乡为衣锦乡。四年十月巡衣锦军,制还乡歌。[5] 可见杭州其时织锦之多。《吴越志》载,钱镠有一次回临安,盛宴家乡父老,"山谷游钓之所,尽蒙以锦绣",名为十锦,甚至旧时贩盐的扁担"亦裁锦韬之"。[6]

吴越时期江南优美的丝织品也通过对外交往的形式出现在海外。当时杭州、明州等不但是繁华的工商城市,而且是对外贸易的重要港口。吴越国与日本有着频繁的政治、经济和文化往来。清泰三年(936,日朱雀天皇承平六年),吴越王钱元瓘即主动派遣蒋承勋出使日本,其后两国信使往还不绝。广顺三年(953,日天历七年),蒋承勋受吴越王钱俶之命,再次出使日本。由日本政府复信中"锦绮珍货,奈国宪何"[7]云云,可知蒋承勋出使是带了锦绮

---

① 《十国春秋》卷七八至八二《吴越二》至《吴越六》,《景印文渊阁四库全书》第 466 册,第 51—108 页。

② 钱俨:《吴越备史补遗》,第 27 页,《景印文渊阁四库全书》第 464 册,第 589 页。

③ 《十国春秋》卷八二《吴越六》,《景印文渊阁四库全书》第 466 册,第 109 页。

④ 钱俨:《吴越备史》卷一《武肃王上》,第 39 页,《景印文渊阁四库全书》第 464 册,第 517 页。

⑤ 钱俨:《吴越备史》卷二《武肃王下》,第 10 页,《景印文渊阁四库全书》第 464 册,第 529 页。

⑥ 文莹:《湘山野录》卷中,第 18 页,《学海类编》第 76 册,1920 年上海涵芬楼景印六安晁氏活字本。

⑦ 转引自木宫泰彦《日中文化交流史》,第 228 页。

等高档丝织品的。同时,民间交往也较多。中国商人架乘巍峨大船,横渡东海,经过日本肥前松浦郡的值嘉岛,进入博多津港。开运二年(945,日天历八年)吴越国商人蒋衮等一百人带了30斛货物到达日本。以后蒋衮等又屡次经商日本。中国"客商等输入的商品虽属不详,但可能和前代一样,以香药和锦绮等织物为主,而日本方面用来做交易的似乎以沙金等物为主"①。中日之间的这种贸易,既是江南丝织等手工业获得发展的明证,反过来又会促进丝织等行业的进一步发展。

宋代江南的丝绸生产,就地域来说,要比蚕桑生产广得多,很多州军都出产丝绸。《元丰九域志》和《宋史·地理志》记载了宋代各地进贡给中央的土特产品。江南进贡丝织品者为两浙路的杭州、润州、常州和秀州等地。

为了考察江南丝绸在全国的地位,现依据《宋会要辑稿》食货六四所列的北宋税租、上供、岁总数,列成表1-2,以观察宋代全国各类丝绸的收入比例。

依据表1-2所列产品和产地,可以将北宋全国丝织业分为三大区域,即黄河流域、四川地区和长江中下游流域。黄河流域主要是河北东路、河北西路、京东东路、京东西路和河东路,主要产品为绫、绢、纱、縠子、隔织。四川地区主要是成都府路、梓州路,主要产品为锦绮、鹿胎、透背、绫。长江中下游流域主要是两浙路、江南东路,其次是江南西路、淮南东路、淮南西路、荆湖北路和荆湖南路,主要产品为罗、绢、绸等一般丝织品,其中江南的比例明显突出,说明北宋江南的丝绸生产,无论高级丝织品还是一般丝织品及其数量和产量,在全国均居有重要的地位。

南宋时由于淮河以北沦陷于金人之手,朝廷所需丝织品主要来源于南方,而尤其集中在四川数路和东南4路。据《宋会要辑稿》食货六四记载的浙东等10路的合发布帛数如表1-3。

---

① 木宫泰彦:《日中文化交流史》,第226页。

表1-2 北宋各类丝织品地区分布百分比表

地区＼品种	锦绮鹿胎透背	罗	绫	绢	絁绫縠子隔织	绸	丝绵	丝绵茸线	杂色匹帛
在京	23	0.1			1.6			3.4	66.2
府界				0.8		0.4	0.9	1.3	
京东东路	14.4		0.5	8	0.1	11.1	2.7	1.7	0.2
京东西路			20.3	5.8	0.2	4.2	2.6	3.8	0.4
京西南路				1.3		0.9	0.4	1.1	0.2
京西北路				4.4	3	1.8	2.8	4.6	1.4
永兴军路								0.3	0.7
秦凤路								0.1	0.4
河北东路			34.8	4.3		2.5	3.4	8.3	2
河北西路	10.1			4.7		4.7	5.2	9.7	0.2
河东路					20.1	4.2			0.8
淮南东路		7.7	6.7	2.3	15.6	3.3	5.7	5.2	0.1
淮南西路			6.6	1.8	24.5	3.9	3.2	3.5	0.3
两浙路	0.1	82.3	2.1	30.3	0.5	22.1	4.5	15.3	0.4
江南东路		8.3	0.4	12.9		16.6	15.2	9.5	0.5
江南西路				7.6		6.8	3.8	2.7	
荆湖北路				4.4		6.1	1.1	1.7	0.4
荆湖南路				20.9		0.1		0.7	0.2
福建路				0.5	0.1			0.2	1.4
广南东路					0.1			0.2	0.8
广南西路					0.4				
成都府路	46.4	1.2	12	2.8	13	3.4	4.5	10.8	0.7
梓州路	6.5	0.2	15.3	5	0.6	4.3	2.4	9	18.9
利州路			0.6	2.5		2.4	1.1	6.2	2.6
夔州路			0.2	0.2		0.6	0.5	0.8	0.9

表 1 - 3　南宋上供丝织品产地分布百分比表

品种 地区	锦绮	罗	绫	绢	绸	丝	绵
成都府路	100		12				
潼川府路			40.3			9.5	
浙东路		99.8	15.5	24.7	17.4	12	38.7
浙西路			32.2	22.8	32.5	35.5	13.8
江东路				28.1	31.1	13.3	40.9
江西路				18.3	17.5	23.8	6.6
湖北路					5.9		

　　表 1 - 3 清晰地表明,南宋中央收入的各类丝织品,全部来自长江流域,其中主要来自两浙路和江东路,罗、绢、绸、丝、绵几乎均是由这几路提供的。

　　宋代仍然沿用唐中期开始实行的两税法,夏税主要输纳丝及丝织品和反映丝织品供办实力的和预买绸绢及折帛钱。具体而言,各地向中央输纳的丝织品不但数量庞大,而且有不断增长的趋势。苏州,在北宋祥符间岁输绢 54400 匹,绸 2700 匹,绵 4004 斤;元丰三年(1080)起年输帛 8 万匹,纩 2.5 万两。[①] 南宋淳熙十一年(1184)上交以丝织品为征收依据的折帛钱 439300 余贯。南宋夏税仅常熟一县币帛就达 12600 匹。[②] 建康,南宋时每年上交夏税绢 86071 匹,丝 5275 两,绵 339694 两。[③] 润州,北宋大中祥符年间夏税输纳绢 2642 匹,罗 1000 匹,丝 2079 两,绸 1439 匹,绵 63356 两,盐绢 3554 匹;南宋嘉定年间夏税绢增为 8974 匹,

---

① 朱长文:《吴郡图经续记》卷上《户口》,江苏古籍出版社,1986 年,第 7 页;正德《姑苏志》卷一五《田赋》,第 5 页。
② 范成大:《吴郡志》卷一《户口税租》,第 6 页;卷三八《县记》,第 542 页。
③ 景定《建康志》卷四〇《田赋志》,第 7—8 页。

罗增为 1043 匹,绵增为 68155 两,丝增为 15361 两,①二百年间绢增了
2.5倍,丝增了 6 倍多。这固然说明南宋对地方的负担重于北宋,也说明
南宋的丝绸生产比北宋有了新的发展。湖州,南宋时每年要上纳衣绢 1
万匹,绫 5000 匹,绸 4000 匹,丝 5 万两,绵 5 万余两。② 杭州,南宋时除
了由临近的婺州和徽州拨给部分丝织品外,每年还要交纳夏税绢 95813
匹,绸 4486 匹,绫 5234 匹,绵 58521 两,和预买本府绢 40399 匹,绸 795
匹,江阴军和买绢 72 匹。③ 常州,旧额绢 14541 匹,绵 103093 两,南宋宝
祐间为绢 13348 匹,绵 104241 两,咸淳间绢 9908 匹。④ 江南各府州上供
丝绵及各种丝织品的不断增加,又从另一个侧面反映出其时江南丝绸地
位的日益重要。

民间丝织业的生产,大体上可以分为两种形态。

一种是农家家庭副业型生产。同蚕桑生产一样,农家为了交纳繁重
的赋税和养家糊口,维持简单再生产,农耕之外,必须从事家庭副业,以
自给自足的形式勉强维持温饱。北宋司马光说,农夫"寒耕热耘,沾体涂
足,戴星而作,戴星而息",蚕妇"育蚕治茧,绩麻纺纬,缕缕而积之,寸寸
而成之",到了夏秋两税时节,"则公私之债交争互夺,谷未离场,帛未下
机,已非己有",⑤清楚地反映了农家在公私交征下从事男耕女织耕织结
合的基本状况。在这种情形下,农家从事家庭副业所得,绝大部分作为
赋税上交,留给自己日用的仅占一小部分,所谓"习俗务农桑,事机织,
纱、绫、缯、帛岁出不啻百万,缣由租调,归于县官者十尝六七"⑥。而且交
纳时还要受到吏胥的勒索,"丝成那望衣儿女,且织霜缣了官赋。不愁织

---

① 嘉定《镇江志》卷五《常赋·夏税》,第 8—9 页,《宋元方志丛刊》第 3 册,第 2250 页,中华书局
   影印,1990 年。
② 嘉泰《吴兴志》卷二〇《物产》,第 4—5 页,《宋元方志丛刊》第 5 册,第 4858—4859 页。
③ 乾道《临安志》卷二《税赋》,第 22 页,《宋元方志丛刊》第 5 册,第 3231 页。
④ 咸淳《毗陵志》卷二四《财赋》,第 1—2 页,《宋元方志丛刊》第 3 册,第 3168—3169 页。
⑤ 司马光:《温国文正司马公集》卷四八《乞省览农民封事札子》,《四部丛刊初编》第 181 册,第
   370—371 页。
⑥ 沈立:《越州图序》,孔延之编:《会稽掇英总集》卷二〇,《景印文渊阁四库全书》第 1345 册,第
   168 页。

尽杼柚空,只恐精粗不中度"①,就是真实的写照。农民在这种沉重的赋税压榨下,要维持一家所必需的生活就已十分困难,完全丧失了扩大再生产的能力,有时甚至连简单的重复再生产也难以为继,不可能或很少向市场提供商品性的丝织品。农民进行这种丝织生产,目的只是为了完成纳税任务,带有一定的强制性,因而有人认为这是一种"强制性家庭丝织业生产形态"②。

还有一种家庭丝织生产则较为复杂,作为家庭副业的丝织业的比重在有些农户中占了绝对优势,他们以此作为谋生的根本手段,产品的大部分作为商品出售,以绢易米,在耕织结合的道路上,谋生之方更依赖于这种家庭副业。有的个体农民是一些具有专门丝织技能的手艺人,如《夷坚志》所记"为人织纱于十里外,负机轴夜归"者③,只是利用工余或农闲外出寻找丝织活计以贴补家用的人,不能视为专业丝织业者,他们与土地仍然有着紧密的联系,其丝织生产实质仍以家庭副业的形态存在。

上述这些为交纳赋税和赡养家室而进行的丝织生产,很难说哪些是强制性的,哪些是自觉的,纳税和养家在生产过程中难以截然分开,因此我们将它们统称为家庭副业生产。这类生产在江南丝织业中范围最广,数量最大。

另一种是专业的小商品生产形态。"宋朝丝织业比前代有较大发展的具体标志,是出现了大量的专业化手工丝织者"④。继唐代的"贡绫户"、"织造户"等专门丝织生产者名称出现之后,宋代大量地出现了"机户"的名称。元丰间,成都府"岁额上供锦,预支丝、红花、工直与机户顾织,多苦恶欠负"⑤。吕陶更说,成都府每年上供锦帛,官府让民间领织,预先发放丝花与百姓,"往往有贫下机户,已请钱物破用,及其催纳,不免

---

① 周房:《山房集》后稿《蚕妇怨》,《景印文渊阁四库全书》第 1169 册,第 123 页。
② 陶绪:《论宋代私营丝织业的生产形态及地理分布》,《中国经济史研究》1990 年第 2 期。
③ 洪迈:《夷坚志》乙志卷八"无颏鬼"条,《续修四库全书》第 1265 册,第 52 页。
④ 张学舒:《两宋民间丝织业的发展》,《中国史研究》1983 年第 1 期。
⑤《宋会要辑稿》食货六四之二五,中华书局影印本,1957 年,总第 6112 页。

骚扰"①。可见当时成都地区已有大量专业"机户"。江南虽然到目前为止还未见有直接称"机户"的记载，但当时河东、京东、四川梓州、安徽徽州等地都有机户，处于与上述地区同样发展水平的江南地区机户应该也是大量存在的。如临安有"机坊周五家"，润州有范公桥织罗张八叔，秀州魏塘有"宓家"，这些就是类似于机户的专业丝织生产者。再如元丰初年，苏州祥符寺巷创立的机神庙，当是出现了机户后的产物。元灭宋后，曾在江南一举挑选精于丝织的10万余户工匠，其中当有不少是宋代的机户。

随着江南市镇的大量兴起和城市的进一步繁荣，机户也就主要集中在城镇从事专业性的丝绸商品生产。咸淳《临安志》中一再提到杭州城中的专业生产者生产的丝绸品种。在苏州，"绫绸之业，宋元以前惟郡人为之"②，说明独立的丝绸生产者集中在城市。独立的丝织手工业者的生产完全是为市场的商品生产，其产品作为商品投入交换，生产者与市场的联系十分紧密。这种小商品生产者的地位很不稳定，很有可能引起两极分化，产生出元明时代的机户和织工，但由于封建政府对富裕的机户百般勒索随意征取，又使得这种分化显得十分缓慢。同广大家庭副业的农民生产一般丝绸相对应，城镇中的专业生产者在人身上和时间上与官营保持着经常的联系，他们掌握了特殊的丝织技能，主要生产较为高级和精致的丝织品，以满足统治者的奢侈需要和民间的不断追求。

进入元代，民间丝织作为农村副业形式已经相当普遍，在江南地区尤其如此。元代江南民间丝织业最为兴盛之地要数提供税丝最多的湖州。后人追溯，该路双林镇普光桥东首有绢庄10座，每天清晨，乡人来镇出售绢匹的人摩肩接踵。③ 濮院的濮明之"立四大牙行，收积机产"，乘时射利。濮院也因集散丝绸而益见繁荣，有"永乐市"之称。其他如湖州紧邻嘉兴路和唐宋时丝织业就颇有基础的镇江路，元代民间丝织业也相当普遍。在传统的丝织业地区杭州，杨瑀《山居新话》说其"民藉手业以

---

① 吕陶：《净德集》卷四《奉使回奏十事状》，《景印文渊阁四库全书》第1098册，第35页。
② 乾隆《吴江县志》卷三八《风俗·生业》，第7页。
③ 民国《双林镇志》卷一六《物产》，第8页。

供衣食",常常通宵达旦干活。

13世纪后期即元朝初年来华的意大利旅行家马可·波罗的游记,为我们提供了当时江南丝绸生产极为丰富的内容。据他说,南京"出产生丝,并织成金银线的织品,数量很大,花色繁多"。镇江"制造丝绸和金线织物"。苏州"居民生产大量的生丝制成的绸缎,不仅供给自己消费,使人人都穿上绸缎,而且还行销其他市场。他们之中,有些人已成为富商大贾"。属于苏州的吴江,"这里也同样生产大量的生丝,并有许多商人和手工艺人。这地方出产的绸缎质量最优良,行销全省各地"。常州"盛产生丝,并且用它织成花色品种不同的绸缎"。杭州,由于"出产大量的丝绸,加上商人从外省运来的绸缎,所以,当地居民中大多数的人,总是浑身绫罗,遍地锦绣"①。马可·波罗的描写自然过于夸张,然而它或多或少地反映了元代江南丝织业的发展。

正是由于民间丝织业在元代获得了不断发展,才会在这一行业中产生如元末明初人徐一夔所记载的那种较为先进的生产形式。徐一夔记道:

> 予僦居钱塘之相安里。有饶于财者,率居工以织。每夜至二鼓,一唱众和,其声欢然,盖织工也。予叹曰:"乐哉!"旦过其处,见老屋将压,杼机四五具,南北向列,工十数人,手提足蹴,皆苍然无神色。进工问之曰:"以余观若所为,其劳也亦甚矣,而乐何也?"工对曰:"此在人心。心苟无贪,虽贫乐也;苟贪,虽日进千金,只戚戚尔。吾业虽贱,日佣为钱二百缗,吾衣食于主人,而以日之所入,养吾父母妻子,虽食无甘美,而亦不甚饥寒。余自度以为常,以故无他思。于凡织作,咸极精致,为时所尚,故主之聚易以售,而佣之直亦易以入,所图如此。是以发乎情者,出口而成声,同然而一音,不自知其为劳也。顷见有业同吾者,佣于他家,受直略相似。久之,乃曰:吾艺固过于人,而受直与众工等,当求倍直者而为之佣。已而,他家果倍其直佣之。主者阅其织果异于人,他工见其艺精,亦颇推之。主

---

① 陈开俊等译:《马可波罗游记》,福建人民出版社,1982年,第168、173、174、174—175、178页。

者退,自喜曰:'得一工胜十工,倍其直不吝也。'久之,又以吾业织且若此,舍此而他业,当亦不在人下,去事大官,善其逢迎之术,竭其奔走之力,富贵可得也,奈之何终为织家佣? 其后果事大官,厕在众奴中,服役于车尘马足者五年,未见其所谓富贵之机也。又如是者五年。一旦以事触大官怒,斥逐之,不使一再见。又所业已遂遗忘,人亦恶其狂不己分,不肯复佣以织,至冻饿以死。若人也,吾谨用以为戒,如之何而弗乐?"余叹曰:"工知足者也。"老子曰,知足之足常足,工之谓也。因著于篇。工凡十人,与余言者,姚姓云。①

对于这段史料,大多数史学家认为它是比较可靠的有关资本主义萌芽最早的记载。从徐一夔记述的口气和前后内容来看,"饶于财者"与"工"(所谓"居工",恐怕应理解成居住织工或安排织工等类意思的动宾结构),"主者"与"工",以及"织家"与"佣",都是互相对应的,都是指织家或机户和织工、主人和雇工之间的对应关系,如果不是生拉硬扯,这种关系应该说是比较清楚的,它绝不是如人所说的"封建社会行会手工业的老板和帮工之间在生产和生产关系中所处的一种依存关系",但《织工对》中"衣食于主人"云云就表明封建从属关系还较为明显。

纵观中国古代民间丝织业的生产发展过程,像《织工对》中描述的这种生产关系,在以前的丝织业乃至所有手工行业中,还是从未有过的。从唐代的"贡绫户"、"织锦户"、"织造户"等到宋代的机户,再到元末的织家和织工,一直到明后期的机户和机工或织工,发展脉络较为清楚,直接地反映了在丝织业发展的同时丝织专业生产者不断发展和分化的过程。织家和织工的出现,就是处于这个发展和分化过程过渡时期的必然产物。《织工对》中织家和织工相互结成的生产关系,即使不能肯定地说已是资本主义的萌芽,也至少可以说它已向资本主义生产关系的萌芽迈出了有力而又必需的一步。就这个角度来说,元代江南丝织业开始了由全国的中心向重心地位的转移。

---

① 徐一夔:《始丰稿》卷一《织工对》,徐永恩校注,浙江古籍出版社,2008年,第3—4页。

元代丝绸海外贸易的发展也从一定程度上反映了江南民间丝绸生产的普遍化。就现有的资料来看，其时海外贸易主要集中在南洋各国。为控制海外贸易，元廷设置庆元、广州等市舶提举司，制定市舶法，严加管理。按有关条例，丝绵缎匹、销金绫罗等丝织品与金银钱、铁货、男女人口等，都属出口违禁物品。据说"在忽必烈同他的后人时代，曾与马八儿、俱兰等地的国王订有商约。中国商船按期运载生丝、花绸、缎、绢、金锦于俱兰、锡兰等地，复由诸地运回胡椒、姜、豆蔻、纱布、珍珠、钻石诸物"①。如果这种记载可靠，则元廷在控制海外贸易的同时，试图垄断海外贸易，而仅仅允许官方的丝绸贸易存在。但丝绸等商品深受南洋各国人民喜爱，文老古（今马六甲群岛）人"每岁望唐舶贩其地"②，真腊（今柬埔寨）人欲得"唐货"甚多，"以唐人金银为第一，五色轻缣帛次之"③。因此，中国商人往往冒死犯禁，走私下海，将苏杭色缎、青缎与青白瓷器等商品载往南洋各国，再由当地或印度商人转贩其他国家，然后满载胡椒等物而归。海外商人也有直接来江南丝绸产地购买的，故有"蚕乡丝熟海商来"④的说法，充分显示了江南丝及丝织品对海外各国的吸引力。国外市场上也多中国丝绸。如印度的土塔、挞吉那、小呗喃、朋加刺、马八儿屿等地，交易的商品中都有中国的五色绢、五色缎和青缎等，其中当有来自江南出产者。

四 官营织造机构的地域分布

中国官营丝织机构产生甚早，至迟西汉时期即已有之。西汉主管官府丝织生产的官吏有少府属下的东织令丞、西织令丞，汉成帝河平元年（公元前 28 年）"省东织，更名西织为织室"⑤，这是有确切史料记载的最

---

① 格鲁塞著、冯承钧译：《蒙古史略》，商务印书馆，1934 年，第 84 页。
② 汪大渊：《岛夷志略》"文老古"条，苏继庼校释，中华书局，1981 年，第 205 页。
③ 周达观：《真腊风土记》二十一"欲得唐货"条，夏鼐校注，中华书局，2000 年，第 148 页。
④ 戴表元：《剡源集佚诗》卷四《寄阮严州》。
⑤《汉书》卷一九《百官公卿表序》，中华书局，1962 年，第 732 页。

早的官营织造机构。东汉和帝元兴元年(105)皇帝驾崩,诏令"御府、尚方、织室锦绣、冰纨、绮縠……玩弄之物,皆绝不作"①。是东汉时代,沿用西汉陈法,尚方令下也设有织室,织造各类高档丝织品。

在丝织业较发达的地方,汉皇室也设有官营的工场,有专职管理。有名的如齐郡临淄设服官,称为三服官,主管天子春、冬、夏三季所需丝绸,中有皇室所需的绮绣、冰纨、方空縠、吹絮纶等精细丝织品。汉元帝时,谏大夫贡禹上奏称:"方今齐三服官作工各数千人,一岁费数钜万。蜀、广汉主金银器,岁各用五百万。三工官官费五千万,东西织室亦然。"②三服官所属织工已达数千人,每年耗费工钱以亿计,远远超过少府东、西织室每年费钱五千万的数字,其生产规模之大自不待言。另外,在陈留郡襄邑县(今河南睢县)也设有服官,雇用大批工人从事丝织生产。按《华阳国志·蜀志》所记,汉文帝时卢江文翁为蜀郡太守,于成都城南建文学精舍讲堂,"其道西城故锦宫也",则东汉时期四川成都已有锦宫。

东吴孙策、周瑜偷袭皖城,得袁术百工、部曲三万人,中有织工若干,带回东吴为己所用。左丞相陆凯于末帝孙皓时上疏道:"自昔先帝时,后宫列女及诸织络,数不满百,……先帝崩后,……更改奢侈,不蹈先迹。伏闻织络及诸徒坐,乃有千数。计其所长,不足为国财,然坐食官廪,岁岁相承,此为无益,愿陛下料出赋嫁,给与无妻者。"③织络是江南历史上首次出现的有明确记载的官营织造机构。虽然其草创时的规模不大,但随着统治者生活的日益奢侈,到孙亮、孙休时,"织络及诸徒坐,乃有千数",短短几十年间,其规模就成倍扩大,出现了"坐食官廪,岁岁相承"的局面,说明官营织造自出现之日起,就有不断扩张的趋势。从陆凯量入为出放归织女的呼声和华覈"宜暂息众役,专心农

---

①《后汉书》卷一〇《和熹邓皇后纪》,中华书局,1965年,第422页。
②《汉书》卷七二《贡禹传》,第3070页。
③《三国志》卷六一《吴书·陆凯传》,第1402页。

桑"①的建议看,当时官营织室采用的是徭役劳动,织络工匠是应役性劳力,而且役使的都是妇女。前述孙权的夫人赵氏是一位丝织的行家里手,她在昭阳宫中亲自织作罗縠,"飘飘如烟气轻动,而房内自凉",赵氏织出如此精品,可能依赖的是官营织造技艺。

南朝宋设立的官营织造机构是"锦署"。东晋大将刘裕于义熙十三年(417)灭后秦,迁其百工于建康,利用这批技术工匠设立了锦署。《太平御览》引山谦之《丹阳记》载:"厨场锦署,平关右,迁其百工也。江东历代尚未有锦,而成都独称妙,故三国时魏则资于蜀,而吴亦资西道。"②锦署是继孙吴后又一个官营织造及管理机构,它的设立,结束了江南历代不产锦的历史。后世文献对于刘宋锦署的所在都有明确的记载。《六朝事迹编类》称:锦署,"图经云在县东南十里,宋迁百工于此也"③。元《至正金陵新志》卷一二《古迹》及清袁枚修《江宁新志》卷一三《古迹·官舍》部分都说"宋锦署在福城寺东"。所言"锦署"即山谦之《丹阳记》中的"斗场锦署"。福城寺东,约在今南京城东南角方向一带。④

锦署或织署由此成为南朝各代官府丝织手工业的常设机构,为少府下平准令所掌。其时锦署等官府织造工场内的织工,多属没入罪犯的奴婢或特养的"工巧婢",大多为女性。

织署类官营机构生产皇室所需的高档丝织物,一些用料考究的御用织物只有官营织署才能生产,高级织工也为织署独有。如齐时织成锦工极为有名,武帝永明年间,漠北柔然族首领向齐求取医工等,武帝以"织成锦工,并女人,不堪涉远"⑤为由,未予应允。梁武帝天监元年(502)下诏书称:"宋氏以来,并恣淫侈,倾宫之富,遂盈数

---

① 《三国志》卷六五《吴书·华覈传》,第1468页。
② 《太平御览》卷八一五《布帛部二·锦》引,第13页,《景印文渊阁四库全书》第900册,第272页上。
③ 张敦颐:《六朝事迹编类》卷下《宅舍门第七》,《景印文渊阁四库全书》第589册,第224页。
④ 徐仲杰:《南京云锦史》,江苏科学技术出版社,1985年,第20页。
⑤ 《南齐书》卷五九《芮芮虏传》,第1025页。

千……抚弦命管,良家不被躏;织室绣房,幽厄犹见役。"①诏书明言,自宋以来,官营织室规模日益扩大,工匠从事着徭役性的劳动。武帝后来的诏文中也有"公家织官纹锦饰,并断仙人鸟兽之形,以为亵衣,裁剪有乖仁恕"②,锦署织造各种纹饰的织物。锦署的人役日充,规模扩大,产量也颇为可观。梁武帝时侯景据寿春将反,"启求锦万匹为军人袍。领军朱异议,以御府锦署止充颁赏远近,不容以供边城戎服,请送青布以给之。"③侯景开口索锦万匹,只是因为用途不同才未能如愿,说明锦的库存量一定很大。这个事例也说明,锦署生产的丝织物除供最高统治者御用外,也用于远近左右的赏赐。陈宣帝太建七年(575)四月,监豫州陈桃根"表上织成罗又锦被各二百首,诏于云龙门外焚之"④。很可能中央织室生产的锦足敷使用,对于地方官员贡献的织成罗与织成锦被等不太在乎,故而宣帝将它付之一炬以表拒纳之意。

唐代中央官营丝织手工业机构庞大,官营产品供宫中或朝廷专用,属少府监管辖。据《唐六典》、《旧唐书》等记载,少府监五署,其中织染署是专门管理丝织作坊的机构,有令一人,正八品上,丞二人,正九品上,监作六人,从九品下,典事十一人,掌固五人。"织染令掌供天子太子群臣之冠冕,辨其制度,而供其职。丞为之贰"⑤。织染署除具有管理的职能,其下生产作坊有25个,分工细密:"织纴之作有十",专织布、绢、绝、纱、绫、罗、锦、绮、絁、褐等高级织物;"组绶之作有五",分为组、绶、绦、绳、缨带之工;"绸线之作有四",主绸、线、弦、纲制作;"练染之作有六",掌染青、绛、黄、白、皂、紫诸色。⑥ 另外,宫内还有内八作、

①《梁书》卷二《武帝本纪中》,中华书局,1973年,第35页。
②《南史》卷六《梁本纪上》,第196页。
③《梁书》卷五六《侯景传》,第841页。
④《陈书》卷五《宣帝本纪》,中华书局,1972年,第88页。引文中"首"字,张元济校勘记认为可作"端",其实并不误。
⑤《旧唐书》卷四四《职官三·少府监》,第1894页。
⑥《唐六典》卷二二《少府监·织染署》,第576页。

掖庭局等辅助织染机构。唐代官营丝织业不但有一个完整的管理体系,生产规模也很大。据说,武后时期织染署所领作坊有绫锦坊巧儿365人,内作使绫匠83人,掖庭绫匠150人,内作巧儿42人。将作监所领短番匠12744人,明资匠260人。玄宗宠信杨贵妃,"宫中供贵妃院织锦刺绣之工凡七百人"①。这些工匠均是以徭役形式征调而来的。短番匠每年轮番应役20天,因要对其进行专门的技术训练,所以短番匠制度对唐代纺织技术的普及和提高起到了一定的推动作用。长上匠、明资匠、巧儿等都是掌握特殊技艺和手工熟练的工匠,他们往往代表着当时丝绸生产的最高工艺水平。官府丝织作坊的工匠因手艺精湛,制作宫廷用品者不得纳赀使人代替,不得改业。官府甚至还要干涉到某些手工业者家属的婚姻,"凡官户、奴婢男女成人,先以本色媲偶……妇人巧者入掖庭"②。唐代官营织造机构发达,但集中在京师,江南未见有官营织造机构设置。

吴越国王钱镠在唐末起家时就于杭州西府设立了手工作坊,天复年间(901—903)网罗润州(今江苏镇江)技艺高超的织锦工匠300余人在官营作坊中劳作,从"王令百工悉免今日工作,遂放出城而发悬门"③的记载可知,这些工匠是官营作坊中从事徭役性劳动的工匠。这是历史上杭州有官营织造的开始,从此"精缣皆制于官,以充朝贡"④,浙江丝织物产量之高,品种之多,技艺之高,都远远超过了前代。

南唐建都金陵,重视丝织生产,但未见官营机构记载。据说南京出产一种闻名于世的"天水碧"色帛,是由后主李煜之姜发明的,说明可能有官营织造机构存在。

北宋的官营织造机构,《宋史》记载,"在京有绫锦院,西京、真定、青、益、梓州场院,主织锦、绮、鹿胎、透背,江宁府、润州有织罗务,梓州有绫

---

① 《旧唐书》卷五一《后妃上》,第 2179 页。
② 《唐六典》卷一九《司农寺》,第 525 页。
③ 钱俨:《吴越备史》卷二《武肃王下》,第 15 页,《景印文渊阁四库全书》第 464 册,第 531 页。
④ 朱国桢论忠懿王,《钱武肃功德史》。

绮场,亳州市绉纱,大名府织绉縠"①,无论中央织染机构,还是地方织染机构,官营丝织机构在各地设立。观其分布,可知主要集中在北方、四川和江南三个地区,与蚕桑产地相一致。中央织造机构和河北、四川的地方织造机构主要生产锦、绮、鹿胎、透背、绫、纱等织物,江南的地方织造机构主要生产绫、罗类织物。属于少府监的中央织造机构绫锦院规模庞大,"有锦绮机四百余",织工为四五百人,最多时达 1034 人②,显示出以国家所有制为基础的恢宏气派。

江南的地方织造机构,主要有如下几个:

湖州织绫务。史载太平兴国六年(981)四月,罢湖州织绫务,"工二十人送京师,女工五十八人悉纵之"③。停废时间离吴越纳土很近,可见湖州织绫务至迟于北宋立国之初即已建立了。如果吴越国时杭州生产锦织物的机构还不能视为江南地方织造机构的话,则湖州织绫务可能是江南最早的地方织造机构。

常州罗务。《宋会要辑稿》载,真宗咸平二年(999)四月,"废常州罗务"④,可见北宋初年常州也曾设立过生产罗织物的官营机构。

润州造罗务。该务设在润州州衙西门外,"旧课十二日成一匹",真宗时王子舆制置江淮,"匹减一日。自后功课不及,岁终颇以鞭笞督促"。景德三年(1006)五月真宗诏令规定,"人工仍旧,限十二日成一匹"⑤。从南宋绍兴二年(1132)"镇江织造务岁贡御服花罗数千匹"来看,北宋神宗时王岩叟所说的"见而知之者"的名产润州大花罗很可能就是织罗务生产的,而其产量当与南宋时所产不相上下。

杭州织务。杭州织务始设于太宗至道元年(995),"岁市诸州丝给其

---

① 《宋史》卷一七五《食货上·布帛》,中华书局,1985 年,第 4231 页。

② 《宋会要辑稿》食货六四之一八,职官二九之八,第 6108、2991 页。

③ 《宋会要辑稿》食货六四之一七,第 6108 页;参见《宋史》卷四《太宗一》,中华书局,1985 年,第 66 页。

④ 《宋会要辑稿》食货六四之一八,第 6108 页。

⑤ 《宋会要辑稿》食货六四之一八,第 6108 页;嘉定《镇江志》卷一二《公廨》,第 5 页,《宋元方志丛刊》第 3 册,第 2405 页。

用,后罢之"①,大概存在时间也不长。但到徽宗崇宁元年(1102)三月,"命宦者童贯置局于苏、杭,造作器用,曲尽其巧,诸牙角、犀玉、金银、竹藤、装画、糊抹、雕刻、织绣之工,曲尽其巧。诸色匠日役数千,而材欠所须悉科于民,民力重困。"②随着统治者的日益奢侈,杭州又恢复了织务,其间时开时罢,到宣和三年(1121)彻底"罢苏杭造作局"③,前后存在了20年。

上述官营织务虽然只有润州织罗务终北宋乃至南宋之世一直存在,大多则旋设旋罢,存在时间较短,但区区江南一地,先后有湖州、常州、润州和杭州等地的多个织造机构,标志着江南地方织造机构自其产生之日起,就显示出较为集中的气势,这在全国也是很少见的。以往各个朝代的官营丝织作坊,都设在京师,北宋才开始在地方设立丝织机构,这既表明统治者仅仅依靠京师的中央织造机构的生产已远远不能满足需要,同时也表明宋代全国形成了三大丝绸生产的主要区域,江南就是其中的一个。自此以后,江南地方丝织机构一直存在到清末。

南宋因定都临安,中央织造机构也就设在杭州。绫锦院有织机300张,人数达千。此外,文思院有绫作、尅丝作。④ 内侍省后苑造作所有尅丝作、织罗作;殿中省后苑有御服所、裹御所、丝帛所、腰带所,贮存御用丝绸衣物;东库有织染所。这些都是织造或织造附属机构。所有这些机构,就是咸淳《临安志》中多次提到的"内司"织造机构。

润州织务作为地方织造机构,在南宋时仍然保留,年贡花罗数千匹。淳祐年间,知州何元寿将织罗务改名为贡罗务,设提督、监拘、榷官三员及曹司、库子、织络作头等吏。只是规模有所收缩,"圣节绫罗三百二十

---

① 咸淳《临安志》卷八九《志·纪遗一》,第 7 页,《宋元方志丛刊》第 4 册,第 4182 页;参见《宋会要辑稿》卷六四之一八,第 6108 页。
② 冯琦原编,陈邦瞻增辑:《宋史纪事本末》卷一一《花石纲之役》,《景印文渊阁四库全书》第 353 册,第 319—320 页,参见陈均《九朝编年备要》卷二九《徽宗皇帝》,《景印文渊阁四库全书》第 328 册,第 786。
③ 陈均:《九朝编年备要》卷二九《徽宗皇帝》,《景印文渊阁四库全书》第 328 册,第 786—787 页。
④ 《宋会要辑稿》职官二九之一,第 2988 页。

匹,其大礼年分添造进罗五十匹"①。可见南宋时江南由于特殊而又重要的地位,织造机构既有中央的,又有地方的。这种情形只在后来的明代曾再现过。

宋代官营织造虽然机构设立遍及全国,在江南也为数不少,但它主要是提供御用丝绸和较高级的赏赐丝织物的,一般的、日常用的丝织物则由广大的民营生产者提供。就数量比重来说,民营丝织业要比官营高得多。

元代官营织造设置地域最广,数量之多,空前绝后,其分别属于工部、将作院、大都留守司、武备寺和地方各级政府以及储政院、中正院等管辖。全国刚统一,元廷就于至元十六年(1279)冬,授孙亮为正议大夫浙西道宣慰使兼行工部事,"籍人匠四十二万,立局院七十余所,每岁定造币缟弓矢甲胄等物"②。江南各织局随即先后建立起来。江南各织局归属于江浙等处财赋都总管府下设的平江、松江、建康等三处提举司。其设置情形及规模如下。

建康织染局。至元十七年(1280),即统一全国的次年,元统治者就分别在宋贡院旧地和旧侍卫马军司设置了东西织染局,隶属资政院管领。东西织局各设局使2员,局副1员,东局"人匠三千六户,机一百五十四张,额造段匹四千五百二十七段,荒丝一万一千五百二斤八两"③。如果按照"设官与东织染局同"的说法,西织局规模当与东局规模不相上下。至元二十一年又置溧阳州织染局,"织造进呈段匹一千八百二十段"。二年后,又设句容县生帛局,"造木绵大绫"。至正二年(1342),该局"改造纻丝斜纹,拨赴资政院交纳"④。其产量,地方志记载,句容县生帛局"造办枣褐、鸦青、明绿、白色纻丝斜纹肆伯玖拾伍段",溧阳、句容诸

---

① 至顺《镇江志》卷一三《公廨·务》,第552页。
② 王恽:《秋涧集》卷五八《大元故正议大夫浙西道宣慰使行工部尚书孙公神道碑铭》,《景印文渊阁四库全书》第1200册,第766页。
③ 至正《金陵新志》卷三下《金陵表七》,第4页;卷六上《官守志一》,第22—23页。
④ 至正《金陵新志》卷三下《金陵表七》,第5、6、22页。

局岁造缎匹 3200 件,财赋局岁造缎匹 1014 件。[①]

镇江织染局。至元十八年(1281),镇江路将坐落在仁和坊的有 185 间屋宇的旧都统司衙改建成织染局,又在丹徒县丁角镇建成生帛局。岁造缎匹 5901 匹,其中织染局 3561 匹,生帛局 1830 匹,丹徒县 510 匹。这些缎匹包括纻丝 1904 匹和丝绸 3997 匹,纻丝中又分暗花 1167 匹和素 437 匹,丝绸又分胸背花 331 匹和斜纹 3666 匹。缎匹色彩有枯竹褐、稗草褐、明绿、鸦青、驼褐、橡子竹褐等 6 种。[②]

庆元织染局。至元二十七年(1290)在宋贡院的基地上建造,泰定二年(1325)改造。有机房 25 间,染屋 4 间,络丝堂 14 间,打线场屋 41 间,有一定规模。岁织缎匹 3291 匹,其中各色纻丝 1726 匹(暗花 862 匹,素 864 匹),各色丝绸 1565 匹(胸背 313 匹,斜纹 1252 匹),色彩与镇江织染局所织相似。[③]

其他织染局。其他地方也多有织染局,如杭州,《元史》谓“杭州织染局大使、副使、相副官各一员”,与同书所记的建康织染局设官相同。《元史》又称世祖于至元十五年(1278 年)诏江浙行省左丞忽辛兼领杭州等路诸色人匠,以杭州税课收入岁造绸缎十万以进。织局设置与建康等局大约同时,规模当更为宏大。苏州则于至元十七年(1280)在平桥南改建宋提刑司为织染局。嘉兴等地也有织染局。

上述元代江南各织染局的规模,较之同时期的建昌等地织局要大得多,也比明代江南乃至全国各地方织染局的单位产量要高得多。如果说宋代江南地方的织造机构还间开间停,存在时间较短,那么到元代则自始至终存在,在全国的中心地位更为突出,说明随着元代统治者的奢侈需要,江南地方织造机构的作用更为重要,到明清时期终于导致了朝廷需要的丝织品主要倚靠江南的局面。元代江南地方织造尽管还没有像

---

① 至正《金陵新志》卷七《田赋志·岁贡土物》,第 24、30 页。
② 至顺《镇江志》卷六《赋税·造作》,第 257—258 页。
③ 延祐《四明志》卷一二《赋役考》,第 19—20 页,《宋元方志丛刊》第 6 册,第 6294—6295 页;至正《四明续志》卷三《城邑·公宇》,第 7 页,《宋元方志丛刊》第 7 册,第 6472 页。

宋代北方京畿地区和四川地区的织造机构那样地位突出,在全国也没有像明清江南地方织染机构那样独领风骚,但它的生产规模和发展速度却是十分惊人的,它为明清时期江南织造的兴盛打下了良好的基础。很明显,就官营织造来说,元代是江南丝绸业由中心向重心地位转移的过渡时期。

官局中的丝原料,主要来自夏税丝。元代改变宋代夏税丝及丝货并征而仅征丝,这就为官营织局的生产提供了充足而又可靠的原料。农家缫出来的丝,首先要满足官方的需要,元廷一再下令各地方织局必须选用高级细丝和上等染料,由手艺精湛的工匠染织。大德五年(1301)十月,工部呈称:"近年以来,各处局院凡关丝货,虽令选择上等细丝,其收差库官止是挨陈支放,不令拣选,及有折耗斤重。又知得各处行省和买丝货去处,官府上下、权豪势要之家私下贱买不堪丝料,逼勒交收,高抬时估,取要厚利,和中入官,以致所造段匹低歹。"对此,中书省下令:"今后局院合关正丝,须要各路官司预为遍晓人户,令依乡原例,趁时抽缲冷盆上等细丝纳官,库官另行收顿,以备拣选关发。行省和买丝料,省官一员提调,监勒深知造作人员辨验上好细丝,两平收买,毋致泛滥。仍照依累所事理,设法拘钤当该局官人等如法织造,务要堪好。"①官局织造需要的丝原料,竟然采用唐代和买的方式获得。对这种优先满足官局织造的掠夺行为,宋遗老郑思肖悲叹道:"江南丝尽入机房,欲此虚空彼富强。鞭挞别工皆学织,程量计日定成章。惊心蟠凤愁应死,泪手攀花痛不香。贫者只宜岩谷隐,草纫槲叶当衣裳。"②通过此诗,我们可以看到当时匠户和一般民户为了织造高档绸缎而遭受的苛剥之苦。

原料取自民间、动用了大量系官匠户的江南织局,在严格的管理下开展生产。在官员的设置上,织局除了大使、副使等官员外,还有头目、堂长人等。其职责,一是关拨丝料送纳缎匹。二是征发匠役,"禁约在局

---

① 《元典章》卷五八《工部一·造作一理》"选买细丝事理"条,陈高华等点校,天津古籍出版社,2011年,第1960页。

② 郑思肖:《心史》卷上《中兴集二·江南丝》,《四库禁燬书丛刊》集部第30册,第45页。

人匠,不得妄称饰词,恐吓官吏,扇惑人匠推故不肯入局,耽误工程,及一等不畏公法闲杂人等,辄入局院沮扰造作者,仰提调官常切禁治。如有违犯之人,痛行断罪"。三是监督生产,"局院造作,局官每日巡视,提调官按月点检,务要造作如法,工程不亏。违者随事究治。外路每季各具工程次第申部,工部通行比较,季一呈省,年终须要齐足";"各处官匠官吏、头目、堂长人等,每日绝早入局,监临人匠造作,抵暮方散。提调官常切点视,如无故辄离者,随即究治"[1]。一应措施特别细致。特别值得注意的是堂长一职,在此以前的文献似乎还没有记载过这一名称。中国历史上的官营作坊,在其内部都是分为作的,作有作头管理。北宋初年,绫锦院曾采用户头制,一个户头管理三四个女工,也即管理三四张织机。而元代的堂长,显然要比这种户头管辖范围大得多,从明清时期的情形溯推,它实际上相当于以前的作头。而堂长自元代产生后,历明清一直未变。

在缎匹质量方面,元廷规定,"须要经纬配搭均匀,如法变染。造到缎匹,亦要幅阔相应,斤重迭就,不致颜色浅淡,段匹粗缲。并照依已定额数,从实催办。非奉上位处分,不得擅自损减料例,添插粉糨。如送纳时辨验却不如法,定将局官断罪罢役,提调官吏责罚"。成宗大德四年(1300)江浙行省局院造送的夏季缎匹里,就被检验出粗糙次品3800余匹,责令自备工价赔偿。[2] 在工程时限方面,织局内"络丝、打线、缵坯、拍金、织染工程,俱有定例,仰各处局院置立工程文簿,标附人匠关物日期,验工责限收支,并要依限了毕。如违限不纳及造作不如法者,量情断罪"。交纳时间,"正月一日收工,年终织造齐足。年终织造齐足。每月造到工程,在都不过次月初五日,外路初十日已里,须要申报到部"。[3] 册报时年有总报,月有小结,要求极严。

这是我们所接触到的有关江南织局生产管理方面的最早的较为详

①《通制条格》卷三〇《营缮·造作》,方龄贵校注本,中华书局,2001年,第736—737页。
②《元典章》卷五八《工部一·造作一》"选买细丝事理"条,陈高华等点校,第1960页。
③《通制条格》卷三〇《营缮·造作》,第737页。

细具体的规定。由这些规定可知,元代江南织局同明清时期一样,其内部是有严格分工的,支用物料、产品质量、交纳时日等,都有一套相应的措施。织局工匠在封建官府的种种苛刻规定下,从事着繁重困苦的徭役劳动,并受到拘系和日事鞭扑等虐待。

如果临时派织,对民间的骚扰就更为严重。据说在江浙行省,每到年终,"省檄列郡横造绮段,而初不给其直。列郡取于民以应之,又不中废,危迫不知所为"。两浙都转运使孙思济"命民间有丝者借纳明年夏税,不日而丝具。召匠户并工成之,踰月而就。民不知有此役也"①。毫无疑问,元代官营织造是建立在对民间的大肆搜刮和对工匠的苛剥虐待基础上进行的。

在这种严格的管理下,江南各地方织染局的产品质量是相当高的。1965年,苏州文管会等单位发掘了张士诚母曹氏的墓,出土了以下丝织品:绫织料的夹袍2件,均为素地,花正反三枚组织,连续斜菱纹,填"卍"字为主纹,以四格成一组,各组又以双鱼、莲花、海螺、火轮八宝纹饰为中心。袄4件,其中1件为厚丝棉绫料,黄色素绸做里,地三枚斜经、花三枚纬经组织,织梅竹菊花纹;1件为薄丝棉绸袄,素黄薄绸为里,重纬组织,起绒花,以古钱纹和银锭纹为地,四瓣花嵌"卍"字纹为主纹,另外2件为薄丝棉缎袄,平纹素绸里,缎纹为五枚经缎纹心,花五枚纬纹组织,以连续曲尺云朵纹饰,间以如意、珊瑚、玉钏、银锭等八宝图案纹。裙6条,缎裙3条为五枚正反组织:1条以几何图案纹为地、菱花为主纹,1条以连续斜菱纹为地、云龙纹为主纹,1条以八宝纹为地、间以云龙纹饰;绫裙2条,均为三枚正反组织;洞裙1条,平纹素地,织凤戏牡丹枝花图案。此外还有各色素绸5匹,以丝织品为料的鞋、套袜、被褥、织锦袋等。② 观其纹饰和质量,这些丝织品当为官局织造。明人傅维鳞说:"国初破吴,

---

① 虞集:《道园学古录》卷四二《通议大夫签河南江北等处行中书省事赠正议大夫吏部尚书上轻车都尉追封颍川郡侯谥文肃陈公神道碑》,《景印文渊阁四库全书》第1207册,第593页。

② 苏州市文管会、苏州市博物馆:《苏州吴张士诚母曹氏墓清理简报》,《考古》1965年第6期。

获币无算，及破元都，亦无算，不假织造。"①虽然吴地之丝织品不一定全系该地所产，但其中主要出自江南，则是可以肯定的，而集中在官库的丝织品主要就是官营所产。南京织局产的官司纱也为他处所不及，孔克齐赞道："集庆官纱，诸处所无，虽杭人多慧，犹不能效之，但阔处三尺大数以上杂色皆作。近又作一色素净者尤妙，暑月之雅服也。"②官营织局丝织品质量之高于此可见一斑。

五　丝绸生产的技术与品种色彩

(一) 丝绸品种的增加，技艺提高

江南丝绸的生产技术与品种色彩，在早期殊少记载。前述孙权夫人赵氏是一个丝织高手，织成的罗縠如烟气般飘逸轻动，裁为帐幔，房内自凉，看来是一种特别轻薄至透明状的丝织物，要求的织造技术当非一般。

自唐代开始，关于江南丝绸的品种和色彩，可以较为具体地予以介绍考察。

《唐六典》、《新唐书·地理志》等罗列中唐以后全国著名的丝织品数十种，如定州(今河北定县)的独窠绫、兖州(今山东济宁)的镜花绫、青州的仙纹绫等，长江流域的各色锦、绫、罗、绢、纱等名品，蜀锦仍是该时期著名的产品，苏州的绯绫、越州的交梭绫、杭州的纹纱、润州的水纹绫、益州的单丝罗等脱颖而出，成为当时著名的土贡织物。江南地区的润州，上贡方棋绫、水波绫、方纹绫、花纹绫、鱼口绫、绣叶绫、衫罗等；常州上贡紫纶巾、红紫二色绵、绸、绢、紧纱等；苏州上贡红纶巾、丝葛、丝绵、八蚕丝、绯绫等；湖州上贡御服鸟眼绫、绵、绸等；杭州上贡白编绫、纹纱绫、绯绫等。③

绫。绫与绮都是用本色丝线起花的丝织物，所不同者，绮是平纹地

① 傅维鳞：《明书》卷八二《食货志二·织造》，《四库全书存目丛书》第39册，第106页。
② 孔克齐：《至正直记》卷一"集庆官纱"条，上海古籍出版社，1987年，第24页。
③《唐六典》卷三《户部尚书》，第64—73页；《新唐书》卷四一《地理五》，第1056—1059页。

上起斜纹花,绫是斜纹或变化斜纹地上起斜纹花。唐文献中绫、绮并举,如《元和郡县图志·元和贡》载,宣州自贞元后,别进绫、绮等珍物;施肩吾《古诗五首》之一,"夜裁鸳鸯绮,朝织葡萄绫";织染署绫作、绮作分设,说明绫、绮虽为同类织物,但也不像有人所说的,汉以前称为绮的,到魏唐及以后则称为绫,绮的名称最终为绫所取代。① 唐玄应《一切经音义》卷六六引《埤苍》云:"绫似绮而细也。"颜师古说"织素为绮",而玄应《一切经音义》说绮为"二色彩丝织为文花",厚于绫,次于锦,并且唐代绮出吴越、江东一带。②

绫、绮都是丝绸中的珍品,唐代盛行斜纹织物,文献中所见的丝织物,以绫最为多见,绫是唐代最为盛行的丝织品,又以江南地区最为习见。《唐国史补》述其因由:"凡造物由水土,故江东宜纱绫、宜纸者,镜水之故也。"③镜水即今绍兴的鉴湖,又称镜湖。

唐代以绫为贵,官服必用绫,依《旧唐书·舆服志》所记:三品以上,大科绸绫及罗,其色紫。五品以上,小科绸绫及罗,其色朱。六品以上,服丝布,杂小绫,其色黄。七品以上,服龟甲双巨十花绫,其色绿。九品以上,服丝布及杂小绫,其色青。④ 按职官品位确定用不同花纹、色彩、规格的绫。当时皇帝的"书画皆用紫龙凤绸绫为表,绿文纹绫为里"⑤,相当考究。流外官及普通百姓不用绫,而服用一般的绸、绝(一种粗绸)、布等。

唐代绫的品种最多,仅以纹样命名的花绫就有鹤绫、缭绫、独窠绫、两窠绫、四窠绫、鱼口绫、鸟眼绫、镜花绫、樗蒲绫、云花绫、龟甲绫、双距绫、仙纹绫、葡萄绫及柿蒂绫等等。就长江流域来说,徐州有双丝绫,荆州有交梭绫、方纹绫,扬州有独窠绫,润州有纹绫、方纹绫(方棋绫)、水纹

① 赵丰:《丝绸艺术史》,浙江美术学院出版社,1992年,第37页。
② 释玄应:《一切经音义》卷一:绮"用二色彩丝织成文华,次于锦,厚于绫";卷四:绮"以二色彩丝织为文花,出吴越。次于锦也";卷八:"绮古出齐郡,今出江东。有以二色彩丝织成,次于锦也。"
③ 李肇:《唐国史补》卷下"造物由水土"条,《景印文渊阁四库全书》第1035册,第450页。
④《旧唐书》卷四五《舆服》,1952页。
⑤ 陶宗仪:《辍耕录》卷二三"书画裱轴"条,第314页。

绫(水波绫)、花纹绫,苏州有绯绫、方纹绫,湖州有御服鸟眼绫,杭州有白编绫、绯绫、纹绫、柿蒂绫,睦州有纹绫,越州有吴绫、白编绫,出产以下游江南之地最多,成都、蜀州、汉州、遂州等地亦有生产。

隋代越州进贡的耀光绫,绫纹突起而有光彩,组织精巧,成为一时名品。唐时苏州、润州的土产方纹绫也很有名。如前所述,玄宗时,水陆运使韦坚载运各地特产进京,舟船数十里,吴郡船上就有方纹绫,会稽郡有吴绫、绛纱、罗等。[①] 方纹绫有龙凤、麒麟、天马、辟邪等祥瑞纹样,花纹题材与缭绫相同或相近,方纹可能是布置各种祥禽异兽之骨架。

吴越地区所产绫又有吴绫、越绫之称,这是丝绸以产地为名的典型事例。中唐以后这里每年进贡的缭绫应是吴绫之一种,这是一种最精细的高级丝织品,元稹《阴山道》诗云:"越縠缭绫织一端,十匹素缣工未到",说明缭绫织制的费时费工。缭绫既是江南名产,就成了唐朝重要的土贡,前述长庆初年,诏旨令织定罗纱袍缎及可幅盘绦缭绫一千匹,浙西观察使李德裕上疏极谏,结果其缭绫罢进。可知缭绫是一种相当贵重的丝织品,上面织有各种珍禽异兽。白居易新乐府《缭绫》诗又有生动描绘:"缭绫缭绫何所似? 不似罗绡与纨绮,应似天台山上月明前,四十五尺瀑布泉。中有文章又奇绝,地铺白烟花簇雪。织者何人衣者谁? 越溪寒女汉宫姬。去年中使宣口敕,天上取样人间织。织为云外秋雁行,染作江南春水色。广裁衫袖长制裙,金斗熨波刀剪纹。异彩奇文相隐映,转侧看花花不定。昭阳舞人恩正深,春衣一对直千金。汗沾粉污不再着,曳土踏泥无惜心。缭绫织成费功绩,莫比寻常缯与帛。丝细缲多女手疼,扎扎千声不盈尺。昭阳殿里歌舞人,若见织时应也惜。"可见缭绫织工、织纹之精妙。白诗所述的缭绫大概是一种费时费工价格昂贵的高级白地小团花织物,是用来制作宫女舞衣的,与李德裕进谏的皇帝用的缭绫图案又有所不同。唐时江南缭绫的生产非常普遍,穆宗时曾诏令江南织造缭绫 1000 匹,若非千家万户生产,织造这么多耗费时日的丝绸简

---

①《新唐书》卷一三四《韦坚传》,第 4560 页。

直是不可想象的。1987年陕西扶风县法门寺地宫发现的碑载《物帐》上，记载了武则天、懿宗、僖宗以及惠安皇太后等赏赐的丝织物700余件，都是来自全国各地的著名织品，大部分为服饰和鞋帽之类的生活用品，约40个品类，其中有："缭绫浴袍五幅各二事"，"缭绫影皂（罩）二条"，"缭绫食帛十条"。[1] 可见缭绫深为当时上层统治者所喜好，时常作为馈赠的礼品，用量肯定不少。后来，缭绫成为装裱书画的理想材料。

柿蒂绫出于杭州，白居易《杭州春望》诗中有"红袖织绫夸柿蒂"句，并自注云："杭州出，柿蒂花者尤佳。"所谓柿蒂花，就是由四个花叶对称组成的花纹图案，汉代以来广见于漆器、铜镜纹饰。唐绫上的柿蒂纹都是在一上一下的平纹地上起三上一下的斜纹花。杭城素产白编绫、绯绫，而柿蒂花者尤佳，可见柿蒂绫当在白编绫、绯绫之上，也体现了唐代以纹样区分绫之等级的做法。

锦。锦历来是丝绸中的名贵品种，大约唐人对锦的喜好程度不如绫，产锦和贡锦的地区只有少数的几个州，如河北道的赵州，淮南道的泗州，江南道的扬州和剑南道的益州、蜀州、绵州等。扬州和益州是长江流域产锦最盛的地区，益州、蜀州一带是锦的传统产区，《唐国史补》载："蜀人织锦初成，必濯于江水，然后文彩焕发。"[2] 所以人称"蜀锦之得江津"[3]。新疆吐鲁番阿斯塔那——哈拉和卓出土的大批精美的织锦，其中有不少是隋唐时期来自成都的蜀锦，就武敏先生所举标本有：球路对雀"贵"字锦，大窠马大球锦，真红地菊花球路锦，黄地球路小宝照（镜背）锦，球路斗羊锦，真红宝相花纹锦，球路鹿纹锦，球路对马锦，球路对鸭锦，海蓝地宝相花纹锦，真红穿花凤锦，球路花树对鹿锦等。[4] 蜀锦不但织造精良，更以纹样取胜。

扬州、润州、益州所产番客袍锦、被锦、半臂锦等，各以其用途为名，

---

① 韩伟：《法门寺地宫唐代随真身衣物帐考》，《文物》1991年第5期。

② 李肇：《唐国史补》卷下"造物由水土"条，《景印文渊阁四库全书》第1035册，第450页。

③ 李吉甫：《元和郡县图志》卷一七《河北道二·赵州》，中华书局，1983年，第491页。

④ 武敏：《吐鲁番出土蜀锦的研究》，《文物》1984年第6期。

为当时著名土贡。其中"蕃客袍锦"在《南史》中已见记载，唐代文献所见增多，主要是广陵（扬州）、成都的土贡。这种锦又有粗细之分。① 《唐六典》《通典》记，扬州每年织造蕃客袍锦 250 件，成都每年织造 200 件，供朝廷作为赠送的礼品使用。当时的扬州城内居住着许多来自大食（阿拉伯帝国）、波斯商人，蕃客袍锦也应是中外贸易中的大宗商品。

半臂锦用于制作隋唐时流行的一种短袖上衣的专用锦，是一种质地优良的锦。玄宗时曾命皇甫询在益州织制"半臂背子"②，半臂背子同扬州的土贡半臂锦都是优等的丝织品。

织金锦在唐时已较为多见。唐文宗称："朕尝闻前时，内库有两领锦暖子，其上饰以金鸟，一领玄宗皇帝幸温汤时著，一领与杨贵妃著，当时贵重如此。如今奢靡，岂复贵之？料今富家，亦应往往而有。"③织金锦至文宗时一般富裕人家皆能有之，其普及程度可见一斑。

隋唐时期的织锦就其组织来看，有平纹经锦、斜纹经锦、斜纹纬锦、双层锦等名色。纬锦的出现是我国织锦工艺发展中的重大转折。隋时出现了介于平纹经锦和纬锦之间的斜纹经锦，同过去的经锦相比，虽然它只是在技术上增加一片地综，但却是由经锦向纬锦的过渡形式。④ 迄今所知的唐代纬锦的实物多出于新疆、青海一带和日本正仓院的珍藏，几乎所有的实物都是三枚斜纹纬锦，吐鲁番阿斯塔那以及青海都兰县唐墓出土的纬锦实物，都是纬线显花的斜纹纬二重组织，改过去经锦中的夹纬为夹经。唐代织锦的纹样争奇斗艳，由于纬锦的出现，其色彩、图案也更加多样，最能体现唐锦成就的也是纬锦和纬锦上的丰富多彩的花纹图案。

---

① 玄宗开元六年六月，"朝敕少府监，锦袍宜令益州每年粗、细织十五领送纳，以供赐诸藩守领。"（王钦若等：《册府元龟》卷六三《帝王部·发号令第二》《景印文渊阁四库全书》第 903 册，第 203 页。）

②《旧唐书》卷一七四《李德裕传》，第 4513 页。

③ 王钦若等：《册府元龟》卷三一四《宰辅部·谋猷第四》，《景印文渊阁四库全书》第 907 册，第 405 页。

④ 武敏：《吐鲁番出土蜀锦的研究》，《文物》1984 年第 6 期。

缎。缎在古籍中作段,汉代始见其名,唐代以前多用作织物的单位名称。张衡《四愁诗》:"美人赠我锦绣段,何以报之青玉案。"扬州土贡"半臂锦",及崔致远所言"当道织造中和四年以前御衣罗折造布并绫锦等,除先进纳外,续织造九千六百七十八段",以及"进奉绫绢锦绮银等一十万匹段"等①,均以"段"为织物单位名称。但《唐六典》等文献已把段与罗、锦、绫、绸等名并列,所记成都、彭州、汉州等地土贡中也明确说"段"若干匹,显然是指缎纹织物。缎纹组织的出现是唐代丝织技术又一创新。缎的经纬线交织点分布均匀,不相连续,两者仅一种显现织物表面。根据后世文献,缎有提花的"花缎"和无花的"素缎",其特点是厚实坚固,光亮平滑,适于做各种外衣。花缎的主要品种有闪缎、蟒缎、库缎、暗花缎、织金妆花缎等,多用于贵族衣物,也常用作士庶男女服装的滚边。唐代土贡缎的产地主要是长江流域的彭州、汉州、越州和成都府,说明长江流域缎类织物发育早,发展快。现存缎纹实物以敦煌莫高窟藏经洞所出唐代遗物年代为最早,宋代以后的实物有较多发现,文献中屡见称述。闪缎是一种具有闪色效果的素缎和缎地提花丝织物,前蜀花蕊夫人《宫词》中有"盘凤鞍鞯闪色妆"之句,说明五代时四川地区已经使用闪色织物,联系唐代成都府贡缎的记载,此闪色织物即缎纹织物无疑。至此,织物上的三原组织(平纹、斜纹、缎纹)已臻完善。

罗纱。罗纱类织物(绉纱为縠)深受唐人喜爱,特别是罗,仅次于绫和锦。唐廷少府监下织染署有罗作、纱作,专职罗、纱织制。出产罗、纱的地方南方多于北方,江南的润州、常州、杭州和越州、益州、蜀州、绵州等地,均大量织制和进贡纱罗。

唐代纱罗织造较之汉魏时期技艺更高,而尤以越罗、蜀罗和亳州轻纱最为知名。张籍《酬浙东元尚书见寄绫素》诗:"越地缯纱纹样新,远封

---

① 崔致远:《进御衣段状》、《进绫绢锦绮等状》,陆心源辑:《唐文拾遗》卷三六,《续修四库全书》第1651册,第500页。

来寄学曹人。便令裁制为时服,顿觉光荣上病身。"越罗纹样新、织制精,产量亦高,时有"越罗蜀锦"之称。① 唐后期,兴元元年(784)镇海节度使韩滉一次进献朝廷绫罗 40 担。

罗织物至轻者有单丝罗,益州、蜀州出产。汴州刺史王志愔令商客"买单丝罗,匹至三千,愔问:'用几两丝?'对曰:'五两。'愔令竖子取五两丝来,每两别与十钱手功之直"②。按唐制,丝织品幅宽 1 尺 8 寸,4 丈为匹,合今制宽 54 厘米,长 12 米,每匹 6.48 平方米,重 5 两(约合 200 克),足见其轻薄和缫丝织制工艺之精湛。不惟质轻,所织花纹亦为一绝。中宗安乐公主出嫁武延秀,"蜀川献单丝碧罗笼裙,缕金为花鸟,细如丝发,鸟子大如黍米,眼鼻嘴甲俱成,明目者方见之。"③张祜《送走马使》诗中有"新样花纹配蜀罗,同心双带蹙金蛾"的句子,称道蜀罗之精美。

唐人贵轻纱,常以轻纱为馈赠之物。白居易《寄生衣与微之》诗:"浅色縠衫轻似雾,纺花纱袴薄于云。莫嫌轻薄但知着,犹恐通州热杀君。"又《元九以绿丝布、白轻容见寄,制成衣服,以诗报知》:"绿丝文布素轻容,珍重京华手自封。贫友远劳君寄附,病妻亲为我裁缝。袴花白似秋云薄,衫色青于春草浓。欲着却休知不称,折腰无复旧形容。"唐代贵夫人尤喜轻容,王建《宫词》有"嫌罗不着爱轻容"之句。从纱罗名目来看,唐代有花、素和各种不同工艺之纱罗。

宋代江南丝绸的种类又有创新,品种大为增加。前述表 1-2 依据《宋会要辑稿》食货六四所列的北宋税租、上供、岁总数,北宋各种丝织品的分布地大体如下:锦、绮、鹿胎、透背集中在四川和京畿地区,分别为52.9%和47%,几乎囊括了这类产品的全部,其中成都府路最高,为46.4%,京城次之为23%,再次为京东东路14.4%,河北西路10.1%,梓州路6.5%。罗集中在长江下游,占全部的98.3%。绫主要分布在京畿和四川地区,分别为55.6%和28.1%,长江下游也有少量分布。绢全国

① 杜甫:《白丝行》:"缫丝须长不须白,越罗蜀锦金粟尺。"(《全唐诗》卷二一六,第 510 页)
② 张鷟:《朝野佥载》卷三,《景印文渊阁四库全书》第 1035 册,第 251 页。
③ 《旧唐书》卷三七《五行志》,第 1377 页。

都有分布,但江南有绝对优势,两浙路和江南东路占43。2%。绝、绫、縠子、隔织主要分布在河东路、淮南东路和西路、荆湖南路和成都府路,分别为20.1%、40.1%、13%,共为73.2%。绸全国都有,但两浙路和江南东路占有明显优势,共为38.7%。丝绵主要集中在长江下游,为72.9%,其中两浙路和江南东路占19.7%。丝绵茸线全国分布较均衡,但江南稍占优势,两浙路和江南东路占24.8%。杂色匹帛最多是京城,为66.2%,其次是梓州路,为18.9%,江南甚少。江南丝绸几乎在各个种类中均占有较为重要的地位。

元代江南地区丝绸生产又有不少新品种推出。如嘉兴路,丝绵以外,还出产绢、绫、罗、纱、克丝、绸、绮、绮绣等①;镇江路有与唐时方纹绫、水纹绫相类似的杜绫,捻绵缕织成的绵绫,白丝织成的大绫,浙人贵重的纱,捻绵而成的绵绸、南绸等。② 建康则仍以纱为特色,有纱、花纱、四紧纱、纺等,有罗、绢、丝绵等数类。③

下面结合有关文献,辅之以出土文物,对宋元时期江南丝绸的品种分别说明。

绫。绫在唐代生产最盛,到宋代,杭州生产白编绫、柿蒂绫、绯绫,湖州、润州出鸟眼绫,湖州等地产樗蒲绫。④ 史载,"绫,杭州出,柿蒂花者为佳,内司有狗蹄绫,尤光丽可爱⑤。"柿蒂"和"狗蹄"都是绫的纹样,看来后者是由官营织造机构生产的,质量特别讲究。宋代文思院织造的官诰和度牒都用绫,有色背销金花绫纸、白背五色绫纸、大绫纸、中绫纸和小绫纸之别。这种绫每匹约重20两,比当时一般的绢要重1倍。绫上除织有图案外,还织有文字,质量要求较高。官营之外,绫在民间也有制作精良者。南宋绍兴二十六年(1156),宋高宗曾下令,临安府岁贡御服绫

---

① 至元《嘉禾志》卷六《物产》,第3页,《宋元方志丛刊》第5册,第4453页。
② 至顺《镇江志》卷四《土产·布帛》,第116—117页。
③ 至正《金陵新志》卷七《田赋志·物产》,第30页。
④ 嘉泰《会稽志》卷一七《布帛》,第49页,《宋元方志丛刊》第7册,第7048页。
⑤ 咸淳《临安志》卷五八《物产》,第8页,《宋元方志丛刊》第4册,第3871页。

100 匹,此后特予免除。① 这种制作御服的绫,显然是上等品。南宋时湖州一次发上供绫 5000 余匹,说明产量仍较大。绫织物近年来出土甚多。1975 年,金坛南宋周瑀墓中出土的缠枝花绫,地是 3/1↗斜纹,花是 1/3↖斜纹,织物光泽柔和,左右斜路清晰可辨。该绫纹样以中型牡丹、山茶花为主体,间饰天竺、桃花等。② 1973 年,在湖南衡阳县何家皂北宋墓中出土了地平纹花斜纹的金黄色菱形点花绫、金黄色方格小点花交梭绫、斜纹组织的黄褐色回纹绫、棕色富字狮子滚绣球藤花绫、黄褐色缠枝花果童子绫,具有缎组织效果的深褐色仙鹤藤花绫、金黄色牡丹莲蓬童子绫。③ 1976 年和 1978 年,又在江苏武进县南宋墓中出土了米字纹绫、梅竹文绫和松纹绫等。④

锦。江南在南朝刘宋时已生产锦,杭州吴越时已丛集锦工,南宋又有绫锦,锦的生产有一定基础,民间街坊也产锦,都“以绒背为贵”。从字面看,绒背锦是一种起绒锦,可能与宣州的红线毯和北方的毯类纺织品相类似。南宋时官方用锦种类甚多,仅四川锦院与茶马司锦院所织,就有真红、青绿、鹅黄、紫皂、绯等各种色彩的各种纹样的锦二三十种,如八答晕锦、盘球锦、簇四金雕锦、葵花锦、六答晕锦、翠池狮子锦、天下乐锦、云雁锦、大窠狮子锦、大窠马大球锦、双窠云雁锦、宜男百花锦、瑞草云鹤锦、天马锦、飞鱼锦、金鱼锦、聚八仙锦、孔雀锦等。⑤ 元代盛行织金锦,现在四川省博物馆收藏的一幅元代织金蜀锦残片,斜纹地,纬浮花,地呈紫红色,花纹由蓝、黄、银色组成,花样特征是由金银线织成 1.3 公分宽的直条,在条纹的间隔处,纵向排列单个的万年青变形图案,显得庄重大方。马可·波罗游记中所说镇江、南京、扬州等地的金线织物大约也属此类。

纻丝。纻丝即后世所说的缎。江南较早生产缎类织物的地区是杭

---

① 咸淳《临安志》卷五九《贡赋》,第 3 页,《宋元方志丛刊》第 4 册,第 3879 页。
② 镇江市博物馆、金坛县文管会:《周瑀墓发掘简报》,《文物》1977 年第 7 期。
③ 陈国安:《浅谈衡阳县何家皂北宋墓纺织品》,《文物》1984 年第 10 期。
④ 陈晶、陈丽华:《江苏武进村前南宋墓清理纪要》,《考古》1986 年第 3 期。
⑤ 费密:《蜀锦谱》,黄宾虹、邓实编《美术丛书》三集第五辑,江苏古籍出版社,1997 年,第 1642—1643 页。

州。咸淳《临安志》说南宋杭州产"纻丝,染丝所织,有织金、闪褐、间道等类"①。人称北宋咸平、景德以后,服用奢侈,全社会上下织物崇尚用金,方法有金箔、金钱、销金、贴金、缕金、间金、饰金、圈金、解金、剔金、撚金、陷金、明金、泥金、榜金、背金、影金、阑金、盘金、织金等二十来种。②织金就是这些用金方法中的一种,是指在缎子中织入捻金或片金,缎子的色彩似应以金色为主。闪褐指的是缎的色彩或缎具有闪色的效果。间道则指色彩间隔排列的织物。这些缎类织物后来在元代江南就广为生产了,各地织局皆大量织造缎类织物。元时游历中国的伊本·拔都鲁在他的游记中说泉州出产的华绿缎较杭州和北京产者为优,说明杭州所产织品颇为有名。

缂丝。缂丝唐代已经出现。北宋时,缂丝以定州最负盛名。文思院中也有克(缂)丝作。刻丝因"承空视之,如雕缕之象",故名。由于其"纬丝非通梭所织","虽作百花,使不相类亦可",而且织制费时费工,"如妇人一衣,终岁可就"。③咸淳《临安志》载,缂丝有花、素两种,择丝织者,故名。"择丝织者",正说明它可以随意选择纬丝织造,因非通梭所织,因此百花之样可不相同。南宋时临安、苏州和秀州的华亭都是缂丝产地,缂丝名家辈出。淳熙三年(1176)的克丝作金龙装花软套阁子一幅,就是文思院中克丝作所制。宋代缂丝精品至今仍能见到。如苏州刻丝名家沈子蕃所作的刻丝花鸟图轴,现藏台北故宫博物院。图中双鸟栖息枝头,意态悠闲,梨花盛开,树梢抽芽,生机盎然。构图设色,清新可喜。右下角有"子蕃"二字款识(参考图版1-1 宋"沈子蕃缂丝花鸟图")。清姚际恒曾论沈氏另一幅缂丝榴花双鸟图是"花叶浓淡,俨若渲染而成,树皮细皴,羽毛飞动,真奇制也。面背如一"④。此论用于这幅花鸟图,同样十分贴切。沈子蕃的另一杰作缂丝梅花寒鹊图,收藏于北京故宫博物院。

---

① 咸淳《临安志》卷五八《物产》,第8页,《宋元方志丛刊》第4册,第3871页。
② 王栐:《燕翼诒谋录》卷二,《景印文渊阁四库全书》第407册,第727页。
③ 庄绰:《鸡肋编》卷上,上海古籍出版社,2012年,第27页。
④ 姚际恒:《好古堂家藏书画记》卷下,《美术丛书》三集第8辑,第1804页。

图上苍劲老梅一枝,簇簇梅花绽开在枝干间,两只孤冷的寒鸦相互偎依伫立在枝头,一头埋翅下,一昂首远视,预示着春寒料峭,大地回春。画幅左下方缂有"子蕃制"和"沈氏"两方印。另一缂丝名家云间人朱克柔的缂丝莲塘乳鸭图,图中红渠白鹭、绿萍、翠鸟、子母鸭各二,游嬉其中,间以蜻蜓草虫等类,一派恬静景象。怪不得历代都视宋代缂丝为至宝。如元代大书法家赵孟頫说,宋代缂丝和刺绣,"真足夺天孙之巧,极机杼之工",如米芾临唐太宗书,"镂织之精,无毫发遗憾"。① 明代画家董其昌也说:"宋人刻丝,不论山水人物花鸟,每痕剡断,所以生意浑成,不为机经掣制。如妇人一衣,终岁方成,亦若宋绣,有极工巧者"②观江南缂丝实物,元明诸家所论,毫不过分。

　　罗。就丝织品而言,宋代可以说是罗的时代,而江南就是盛产罗的地区。两浙路的湖州、临安、建康、润州、常州等地均产罗。北宋两浙路占全国上供罗产量的 65.4％,罗的岁收总数的 81.6％;南宋浙东路上供罗占总数的 99.8％,为 21124 匹③。北宋润州之罗,12 日才能织成一匹,岁贡御用,大花罗则颁之人口。宣和二年(1120)镇江府和婺州买花罗等,用钱 25.3 万余贯④,可见罗的生产量较大。南宋杭州则有结罗、博生罗、蝉罗、生色罗等。其中的结罗分花、素两种,"染丝织者名熟线罗,尤贵"。据研究,结罗是四经相交的罗织物,是链式罗的一种。链式罗是指相邻的经线均通过纬线而彼此环环相扣的罗织物。罗一般是先织后染,染后一色,依靠组织结构来显示花纹,但被称为熟线罗的织物却是染丝而织。专家由此推知,"这是一种多色彩的罗织物,或类似于以后的妆花罗,其水平应在结罗之上"⑤。宋代的罗近年多有所见,使我们可一窥它

① 赵孟頫:《米芾临帖跋》,载张照等奉敕撰:《石渠宝笈》卷五《贮乾清宫五》,第 41 页,《景印文渊阁四库全书》第 824 册,第 154 页。
② 董其昌:《筠轩清秘录》卷中"论宋绣刻丝"条,《丛书集成初编》第 1558 册,第 22 页。
③ 陶绪:《论宋代私营丝织业的生产形态及地理分布》,《中国经济史研究》1990 年第 2 期。
④《宋会要辑稿》职官四二之四二,第 3255 页。
⑤ 赵丰:《织染缂绣 奇葩纷呈——杭州丝绸》,载周峰主编《南宋京城杭州》(修订版),浙江人民出版社,1997 年,第 124 页。

的风貌。1978 年,苏州市瑞光塔内发现了北宋时期的一批丝织品,其中的几种链式罗特别引人注目。金坛南宋周瑀墓中发掘出来的衣物中,各式罗也不少。其中的几何小花罗编结方法非常巧妙,上下左右,联结自如,如鱼网般环环相扣。它利用两种链式罗组织的骤散差异,形成了疏密的孔眼,以孔眼大者为地,小者为花。织物虽为单色,花地却依然分明。缠枝牡丹花罗,花部采用三枚经斜纹,地组织以三根经线为一组,一根纠经、两根地经同穿一筘。织造时利用纠综与提花束综装置相配合,使纠经在地经两侧按组织左右纠转,两根地经则分别以一上二下之顺序与纠经同时形成梭口。用这种方法织出来的罗,不需间隔平纹,就会自然形成三梭一组的横条效应,组织结构极为巧妙。武进南宋墓中出土的罗织物则有素罗、花罗和印金罗三类。素罗又分米黄、浅绛、烟色、浅棕色、香色和深棕色 6 种。花罗又有四经绞、三经绞和二经绞 3 种组织结构,花形多达 9 种。各地发现或出土的罗,显示出江南地区生产罗的高超水平。

　　纱。宋代江南建康、常州、湖州、越州和杭州等地皆产纱。南宋建康产纱种类甚多,有素纱、花纱、四紧纱等名目[①]。除了府城,句容县的来苏乡,就是个"俗织纱为业"的地方[②]。越州出茜绯花纱、轻容纱。轻容纱就是唐代"纱之至轻者"。杭州则生产素纱、天净、三法、新翻粟地纱等。《梦粱录》中又有茸纱和三法暗花纱。素纱指一般的无花纹的纱。天净指纱的色彩。"三法"为佛语,据说是指三行出形纹为基础的图案。新翻粟地纱是新设计的一种走皱效应的纱,效果类似后来的皱纱。茸纱,在古代少见,可能是杭州设计的新产品。轻薄成为宋代纱的显著特点。宋代纱近年来出土也较多。湖南衡阳何家皂北宋墓中出土了素纱和花纱。花纱表面有明显的凸条纹效果,织花时三经不绞,平织,显三枚经斜纹,没有纱孔,织物外观地明花暗,可能就是《宋史·地理志》土贡条中提到

---

① 景定《建康志》卷四二《物产》,第 19 页。
② 方回:《桐江续集》卷一四《夜宿白土市》,《景印文渊阁四库全书》第 1193 册,第 395 页。

的暗花牡丹花纱。周瑀墓中出土的矩纹花纱是以一绞一组织为地、平纹为花的大提花织物,地明花暗,属于亮地纱;缠枝花卉纱织造工艺要比一般提花品种更繁杂,上机时需要有提花束综装置与绞综装置相配合,两人协同操作。武进南宋墓中出土的绉纱经纬以强捻相间织成,中间有孔,与上述新翻粟地纱同属同一类品种。元代苏州则"女工织作……必殚精巧","纱有数等,暗花为贵。暗花者,素纱之上,花纹隐然,即之若无,望之则有。他处少传其法,惟平江机工能之"。[①] 这种暗花纱质量要求相当高,明代十分流行,说明苏州丝织业不但继承传统名产的生产,而且已有所创新,开始领先了。

绢。绢仍是宋元时期最普通的丝织品,两浙路的绢特别有名。湖州产绢主要集中在安吉州和武康县,据说这两地的绢"最佳",南宋时年交衣绢达万匹。秀州产一种"宓机绢,极匀净厚密,嘉兴魏塘宓家,故名宓机"[②],元画家赵孟頫、盛懋、王若水等人多用此绢作画,即是由著名的专业绢织户生产的名产。杭州机坊则"多织唐绢,幅狭而机密,画家多用之"。唐绢即唐时之绢,宋徐照《乐府》诗云:"拆破唐人绢,经经是双丝。"说明唐绢为双丝作经,古称之为"缙",特别致密。唐皮日休也有诗云"双丝绢上为新样",说明唐绢适用于绘画。按照明董其昌的说法,唐绢粗而厚,宋绢细而薄,元绢与宋绢相似,这些绢,用以作画,"纵百破极鲜明,嗅之自有一般古香可掬"[③]。北宋时湖州产的重面绢,大概与唐绢相类。可见宋代杭州多织唐绢,主要供作书画之用,因此质量要求比一般的绢要高。

绸。绸是纺丝而织者,质地厚重,价格低廉,因而深受下层人民的喜爱。宋代两浙路的镇江、杭州、苏州等地均产绸或绵绸。北宋咸平五年(1002)左藏库监官郭守素言:"淮南升润州绸绢价高,望不给冬服,留充

---

① 洪武《苏州府志》卷四二《土产》,第15页,《中国方志丛书·华中地方》第432册,台北:成文出版社,1983年,第1724页。
② 曹昭:《格古要论·古画论》"古画绢素"条,《景印文渊阁四库全书》第871册,第90页。
③ 董其昌:《筠轩清秘录》卷中"论古纸素绢"条,《丛书集成初编》第1558册,第23页。

郊祀、赏给,可获数倍之利。上曰:'朝廷方覃大庆,岂复规小利也。'罢之。"事虽不行,但镇江所产绸绢价格昂贵,一转手间可获利数倍,大概质量不差。南宋杭州"有绩绵绩线为之者,谓之绵线绸,土人贵此"。可见当地除生产一般的绸外,还有颇具特色的绸。周瑀墓中出土的绸织物,外观较粗犷,质地厚实,绵线绸可能与它相似。

缬。宋代文献多见鹿胎和透背之名,据咸淳《临安志》载,"鹿胎,次者为透背,皆花纹突起,色样不一。"按照元人王思绎的说法,鹿胎织物绘画方法是"鹿胎,用白粉底,紫花样"。看来鹿胎是紫白相间的模仿鹿胎斑的印染织物。再从"花纹突起,色样不一"的特点来看,它与绞缬的效果相似,故沈从文先生认为鹿胎和透背可能是缬的一种。缬是我国古代丝绸印染产品的总称,出现较早,宋代盛行不衰,宫中与民间多有服缬者。杭人服饰中有"绯锦缬彩"、"红缬锦团搭"、"红罗缬衫"、"彩缬幕"等,可见缬在当时使用是很广泛的。另外我们还能看到它所染的各种纹样,如"方胜缬",图案是一个个方形环,"红缬团花衫"的图案是团花,"玛瑙缬绢"的图案是鲜红色的玛瑙状纹样。这些缬织物,当有不少是江南所产。

宋代江南还盛产丝及其他各种丝织品。如丝,湖州安吉丝尤好,南宋上供丝 5 万两。绵,北宋湖州武康产鹅脂绵,上供收贮内藏库,南宋时上供年达 5 万余两;杭州临安、于潜二县产的绵"白而丽密",极为珍贵。帛是南京的传统名产,南宋时建康号称"帛冠他郡"[1],闻名全国。

与丝织技术水平的不断提高相适应,江南的丝绸染色技术至迟自晚唐起突显起来。南唐时,金陵出产绚丽多彩的"五色帛",其中更有一种闻名于世的"天水碧"。这种"天水碧"色帛的产生,据说纯粹出于偶然:后主李煜之姿染造碧帛,晾晒在外,一夜未收,不料经受露水后色彩更加鲜明艳丽,李煜十分喜爱,从此宫中女子竞收露水染碧色,称为"天水碧"。此色出现后,"建康市中染肆之榜多题'天水碧'",有李重光者,

---

① 景定《建康志》卷四二《物产》,第 19 页。

染造的就大多是这种色彩。① 此色后来一直颂之人口。

进入宋代，江南的染色技术在全国似有领先之势。有文献载，仁宗时，"有染工自南方来，以山矾叶烧灰，染紫以为黝，献之，宦者泊诸王无不爱之。乃用为朝袍，乍见者皆骇观，士大夫虽慕之，不敢为也"②。联系当时的染色水平，这里的染工当系江南人。南宋中期人王明清幼年时，其母制道服，说曾见北宋人黄鲁直所服绝胜，时在杭州，王家人"呼匠者教令染之，久之始就，名之曰'山谷褐'。数十年来则人人教之，几遍国中矣"③。可见两宋时期，往往是南方染业影响北方，江南染色技术向北方推广流行。大约在北宋时，湖州就能在绫罗上印染深红、浅红、淡红等色彩，即有名的"湖缬"。凡此种种，说明颇有基础的江南染色业，在宋代又有所提高。

反映丝织水平的织造技术和机具，明代以前也在不断变化改进。

远古时期，人们根据草编和结网的原理穿插编织布帛，《淮南子·氾论训》追述说："伯余之初作衣也，缕麻索缕，手经指挂，其成犹网罗。""手经指挂"是与远古丝织技术水平相适应的手工编织方法。河姆渡遗址出土的纺织工具表明，这里的先民在距今约7000年前就已脱离了"手经指挂"的初始状态，开始使用当时较为先进的踞织机。属于马家浜文化的江苏吴县草鞋山遗址最下层出土的纬线起花的葛麻织物，花纹有山形和菱形斜纹，如此复杂的织物说明当时的原始织机上已使用简单的提花机件。良渚文化钱山漾遗址出土的残绢片光滑细密，经纬密度每平方厘米48根，表明距今约5000年的钱山漾人已掌握了织造平纹丝织物的技巧，并在增加经纬纱数以提高织物密度方面积累了丰富的经验。

中国传统的木制丝绸织机，经过了原始织机、综踞织机，发展到花楼

①《十国春秋》卷一七《南唐三》引《五国故事》和《南唐拾遗记》，《景印文渊阁四库全书》第465册，第180页。
② 王林：《燕翼诒谋录》卷五，《景印文渊阁四库全书》第407册，第745页。
③ 王明清：《挥麈录·后录》卷一一，上海书店出版社，2009年，第169页。

提花机。原始织机的结构非常简单,实际组成部件仅为几根木棍,即前后两根相当于现代织机上的卷布辊和经轴的横木;一根兼具开口和打纬,薄而光滑形似刀的木棍;一个引纬的纡子;一根直径稍粗的分经棍,一根直径稍细的综杆。织造时,先利用分经棍形成一个自然梭口,将木刀放入梭口,竖起,用纡子把纬纱从梭口引过,再用木刀将引过的纬纱打紧后抽出。织下一梭时,提起综杆,形成前一梭的下层经纱变为上层经纱的梭口,再重复固定梭口、纡子引纬、木刀打纬的工作。待织完一定长度后,翻转经轴放出若干长度的经纱,卷布轴卷入相应长度的织物。综蹑织机是带有脚踏提综开口装置纺织机的通称,简单的综蹑织机按经面角度可分为斜织机和立机两类,多综多蹑织机是一种可以制作比较复杂几何花纹织物的织机,是在简单综蹑织机基础上发展出来的,其特点是机上有多少综片便有多少脚踏杆与之相应,一蹑(踏板)控制一综,综蹑数量可视需要随意增减。[1] 现有研究表明,春秋时期已用简单综蹑织机从事丝织生产,西汉时期已用多综多蹑织机从事生产。汉宣帝时,"霍光妻遗淳于衍蒲桃锦二十四匹,散花绫二十五匹。绫出钜鹿陈宝光家,宝光妻传其法,霍显召入其第,使作之。机用一百二十镊,六十日成一匹,匹值万钱"[2]。对于这种多综多蹑织机,《三国志·方技传》裴松之注也有记载,谓:"马先生(指马钧——引者),天下之名巧也。……为博士居贫,乃思绫机之变……旧绫机,五十综者五十蹑,六十综者六十蹑,先生患其丧费日,乃皆易以十二蹑。其奇文异变,因感而作者,犹自然之成形,阴阳之无穷。"尽管学界对于马钧革新织机,到底是仅减少了踏杆数量而综片数量未变,还是改革后的织机踏杆和综片均减少到了 12 根,用 12 根踏杆控制 12 片地综,把地综的提花任务交给了衢线、衢脚,存有不同看法,但丝织机具由原始织机的十分简单向功能日臻完善的综蹑织机发展,又从多综多蹑织机的过分复杂趋向简化的过程是相当清晰的。

---

① 赵承泽主编:《中国科学技术史·丝织卷》,科学出版社,2002 年,第 187、188、192 页。
② 刘歆撰、葛洪辑:《西京杂记》卷一,《景印文渊阁四库全书》第 1035 册,第 3 页。

　　花楼提花是中国古代纺织工艺中极为重要的技术，它将复杂的织机提花信息用花本形式贮存并释放出来，通过花楼提花和织造配合生产出精美的丝织品。花楼机在战国、秦汉时期已经出现了，东汉人王逸在其《机妇赋》中就详细地描述了一种花楼提花机[1]，也有人将这种提花织机称为花楼束综提花机。[2]

　　文献对于整个隋唐五代时期的织造技术和织机的改进殊少记载，但从出土实物分析，小花楼机的出现应在隋唐时期。[3] 唐代绫锦有双丝、交梭、白编、二包等体现工艺的织物名称，纹样有盘龙、对凤、拱麟、狮子、天马、孔雀、仙鹤、芝草、万字、双胜、小花、大花、团窠、四窠、两窠、独窠、大独窠以及梵文等等，题材类型多种多样，图案单位变化复杂，这些都与提花机的不断革新是分不开的。

　　小花楼提花机的图像资料，发现最早的是在南宋时期。国家历史博物馆所藏南宋吴皇后所绘的《蚕织图》中，描绘有一台高楼束综提花机。画面中的提花机，有高起的花楼，中间托有衢盘（目板），下面垂吊衢脚步（铅锤），上有两老鸦翅（提刀），并有卷布轴等。花楼上坐一少年，正忙于挽提经线，机前坐一妇女，正准备投梭。尽管人们对这种提花机的种类看法不尽一致，如有人认为它是"当时南宋规模宏大的罗织物生产的缩影和见证"，因而是一台罗织机[4]；有人则认为"这应是一台绫机，用于织绫，机制比《天工开物》中的缎机更简单些，仅用两片地综。这些特征均能与南宋杭州织绫业的发达和出土南宋绫实物的组织结构相吻合"[5]。但无论如何，《蚕织图》中的提花机图像，正是宋代江南丝绸技术发达的重要标志。江南丝绸生产从南宋时起在全国的地位迅速上升，应该与小花楼提花机织造技术的推广有关。

---

① 参见赵承泽主编《中国科学技术史·丝织卷》第 195 页。

② 陈维稷主编：《中国纺织科学技术史（古代部分）》，科学出版社，1984 年，第 210—211 页。

③ 赵承泽主编：《中国科学技术史·丝织卷》，第 197 页。

④ 张培高：《南宋楼璹〈耕织图〉上的提花机》，中国纺织科学技术史编委会：《中国纺织科技史资料》第 12 集，1983 年 12 月。

⑤ 赵丰：《织染缂绣 奇葩纷呈——杭州丝绸》，载周峰主编《南宋京城杭州》，第 122 页。

第二章　江南蚕桑生产的发展

中国古代的蚕桑生产，元代以后地域上开始收缩。明中期到清中期，相对于全国蚕桑生产不同程度的衰落，江南和四川西部的蚕桑生产却继续向前发展，而且形成了商业化与专业化的特色。鸦片战争后，随着生丝出口的激增，农民为利润所刺激，江南蚕桑生产地域上更为扩大，农家蚕桑生产更为普遍，商业性特征更为突出。江南蚕桑生产独盛的局面成了该地丝织生产特别兴盛的有利先决条件，商业化与专业化的特色体现了蚕桑生产在当地农家生活中的重要地位，而战后蚕桑生产地域扩大的过程，则是其重要性更为突出的反映。

一　全国蚕桑生产最盛的地区

明清时期，确切地说，是明到清前期，全国各地的蚕桑生产普遍处于不断衰落的过程中，而棉花种植的迅速推广，实际上加速了这一过程。宋时，棉花已在闽广及陕西地区种植。入元以后，植棉技术逐渐由江南传入北方，到元中后期棉花已在全国较大范围内种植。进入明朝，"其种乃遍布于天下，地无南北皆宜之，人无贫富皆赖之，其利视丝枭盖百倍焉"①。所谓"遍布天下",实际上主要集中在河南、山东、湖广和江南的松江、太仓、嘉定、常熟等地,到清前期才逐步扩大到全国各地。

植棉利厚,不少传统的蚕桑产区改为从事棉花生产。历史上曾经较长时间独占蚕桑丝织鳌头的齐鲁之地,六府都广植棉花,其中兖州府所产棉花,"地亩供输,与商贾贸易,甲于诸省"②,"木棉转鬻四方,其利颇盛"③。其所产丝绸,"不过绸绢丝绵而已"④。该府郓城县,"其地广衍饶沃,土宜木棉,贾人转鬻江南"⑤。北方自古是蚕桑之地,清初陈尚古说,"其为桑土甚辟,今燕、齐间桑绝少连亩者"⑥。清中期包世臣说:"且如兖州,古称桑土,今至莫识蚕丝。青齐女红甲天下,今至莫能操针线。"⑦山西潞安府以出产潞绸著名,直到明初颇多桑树,洪武初,潞州六县桑8万多株,弘治时9万多株,嘉靖年间桑丝折绢280匹。⑧但到明后期,"桑蚕渐废",织造潞绸所需之丝,皆"来自他方,远及川、湖之地"⑨,蚕桑生产从此一蹶不振,清初修纂府志,干脆将蚕桑之事删除,因其地不宜桑。清前期潞绸维持生产,但地方官奏称,当地"不宜栽桑,民鲁不知养蚕",在顺治年间,"旧时之机户,大半逃亡,仅存十数家,零丁凋瘵,欲逃不能,欲存不可。每岁织造之令一至,比户惊慌,本地无丝可买,远走江、浙买办湖丝打线染色,改机挑花,顾工募匠"⑩。陕西历史上曾为蚕桑重要产地,但

---

① 丘濬:《大学衍义补》卷二二《治国平天下之要·制国用·贡赋之常》,《景印文渊阁四库全书》第712册,第307页。

② 万历《兖州府志》卷二五《物产》,第43页,《天一阁藏明代方志丛刊续编》(山东)第54册,第968页。

③《古今图书集成》职方典卷二三八《兖州府物产考》,第81册,第48页,中华书局影印本。

④ 万历《兖州府志》卷二五《物产》,第44页,《天一阁藏明代方志丛刊续编》(山东)第54册,第969页。

⑤《古今图书集成》职方典卷二三〇《兖州府风俗考》,第81册,第16页。

⑥ 陈尚古:《簪云楼杂说·桑》,《四库全书存目丛书》子部第250册,第509页。

⑦ 包世臣:《安吴四种》卷二六《齐民四术·农二·庚辰杂著二》,同治十一年刻本。

⑧ 乾隆《潞安府志》卷八《物产》,第15—16页,《中国地方志集成·山西府县志》第31册,第93—94页。

⑨ 顺治《潞安府志》卷一《物产》,第74页,台北:学生书局影印,1968年,第178页。

⑩ 于公允:《条议潞绸详》,乾隆《潞安府志》卷三四《艺文类》,第5—6页,《中国地方志集成·山西府县志》第31册,第125页。

直到清前期,蚕桑一直不兴。乾隆初年,巡抚陈宏谋倡率地方官,"广植桑株,雇人养蚕,并于省城制机,觅匠织缣",据说全省增种桑树已及数十万株①,但其后一直未见复兴。湖北,如荆州,一向出产绫绢丝布,所需生丝取之于本省,但乾隆二十年(1755),湖广总督开泰奏报,若是选觅荆州工匠到省,设立机局,而令江、浙工匠教以染造,或许丝织业可兴。② 可见其地蚕桑生产并不兴盛。江西在明代蚕桑无闻,清雍正时,瑞州知府赵世锡召募浙湖蚕师,采买桑秧,仿照苏、杭养蚕法,绘图分发乡里,数年后稍有成效。

　　福建泉州、漳州二府虽也有绸缎生产,但蚕丝要靠江南,当地蚕桑生产几乎绝迹。明代广州也产粤缎、粤纱,颇为著名,地方文献称,"粤缎之质密而匀,其色鲜华,光辉滑泽,然必吴蚕之丝所织,若本土之丝,则黯然无光,色亦不显,止可行于粤境,远贾所不取。粤纱,金陵、苏、杭皆不及,然亦用吴丝,方得光华,不褪色,不沾尘,皱折易直,故广纱甲于天下,缎次之"③。甲于天下的粤缎、粤纱,均依赖吴丝为原料而织成。广州还以土丝织成丝纱、佛山纱等,但价格较贱,牛郎绸、女儿绢等,均是女红所出,产量有限,而且到明后期即质地疏薄。西南地区只有贵州的遵义府以槲蚕丝稍为出名。乾隆初年兴起放养山蚕于槲树,乾隆八年获茧多达800万斤。稍后,府属正安州从浙中引进蚕种,民间开始种桑,"州人遂获织纴之利"④。广东珠江三角洲地区,据说在嘉庆后期,南海县属毗连顺德县界之桑园围地方,"周回百余里,居民数十万户,田地一千数百余顷,种植桑树,以饲春蚕,诚粤东农桑之沃壤也"⑤。个别地区较为兴盛,但范围十分有限。明初设立的 23 个地方织染局,本是建立在当地产丝的基础上,可到明后期真正用当地丝作原料的,除了江南和四川,可谓寥若晨

①《清高宗实录》卷二六五,乾隆十一年四月乙未,第 32—33 页,中华书局影印本,1986 年。
②《清高宗实录》卷三六九,乾隆二十年闰五月癸丑,第 13 页。
③ 乾隆《广州府志》卷四八《物产》引嘉靖《广州府志》,第 21—22 页。
④ 刘汝璆:《种桑议》,葛士濬:《皇清经世文续编》卷三五,光绪十四年上海图书集成局铅印本。
⑤ 张鉴:《雷塘庵主弟子记》卷五,《续修四库全书》第 557 册,第 276 页。

星,很难见到。

明后期到清前期,江南之外,只有四川一地,蚕桑生产较为兴盛。明后期人唐枢总论全国蚕丝生产谓:"湖丝绝海内,归安为最,次德清,其次嘉之崇德、桐乡,杭之仁和,此外取于四川保宁。又顺庆之南充、渠县、广安、蓬州亦次之。而山东次之。河南又次之。"①明后期,四川阆中蚕丝除了满足当地需要,还供山西织造潞绸。明末清初战乱,四川蚕桑业一度荒废。清康熙年间逐渐恢复,以后不断发展。川西、川北蚕桑最盛,主要分布于成都平原、岷江和嘉陵江流域的潼川、顺庆、保宁、嘉定、成都诸府。四川蚕桑不如太湖地区集中,但分布面广。到清代中叶,许多州县的蚕桑达到了一定规模,在农家经济中居有重要的地位。据嘉庆、道光地方文献记载,成都府温江县"多桑",农家养蚕获茧,贩往成都。同府彭县,"多桑柘,务蚕事"。同府汉川,四乡妇女蚕桑。绵州绵竹县,乾隆时经知县劝种,民知蚕桑之利。潼川府三台县,民务蚕桑,四月为忙月,也忙缫丝。同府盐亭县,乾隆县志称,"男女惟知力穑,勤蚕桑,一岁之需,公私支吾,总以蚕之丰啬,为用之盈缩","无产之人,均以植桑养蚕为业。城乡有丝市、蚕市,远近商贾云集货买,本地亦有用以织绢者"。② 清中期,以蚕桑著称的阆中县,县中种棉种麻,均不及种桑,"地利物产,固当以蚕桑为甲","至人家隙地在在皆种者,则无过于桑"。所出水丝,匀净腻滑。③ 清中期,当地商品贸易,也以蚕丝为最,县志称"利之厚者,无过于转贩丝布,收本地之丝,转载至湖北沙市、汉口变卖"④。嘉定府,各县均有蚕桑,"惟乐山最多,其细者,土人谓之择丝,用以作绸,或贩至贵州,转行湖地,冒称湖丝;其粗者,谓之大夥丝,专行云南,转行缅甸诸夷"⑤。所产蚕丝销行邻近省域乃至缅甸等国。四川尽管蚕桑兴盛,但实际集中

① 唐枢:《木钟台集》亨卷《冀越通》,第 44 页,日本内阁文库景印本。
② 乾隆《盐亭县志》卷一《土地部·风俗》,第 13、13—14 页。
③ 道光《阆中县志》卷三《物产》,第 32 页。
④ 道光《阆中县志》卷三《风俗》,第 25 页。
⑤ 嘉庆修、同治重修《嘉定府志》卷七《方舆志·物产》,第 8 页。

在川西。明清之际，川东各府殊少蚕桑，人称"未闻有致力于是，一丝一帛之需，上取给西川，下资之吴越"[①]。直到同治时期，地方官引进湖州养蚕技术，川东蚕业才兴盛起来。

概观其时全国的蚕桑生产，除了江南和四川，多数传统产区均处于不同程度的衰落过程中。江南的蚕桑生产不但没有衰落，反而更形发展，走向极盛。

这一特点当时就引起了人们的注意。明人严书开说，随着棉花在全国普遍种植，"自此而天下之务蚕者日渐以少。独湖地卑湿，不宜于木棉，又田瘠税重，不得不资以营生，故仍其业不变耳。"[②]郭子章在《蚕论》中也说："今天下蚕事疏阔矣。东南之机，三吴、越、闽最夥，取给于湖茧；西北之机潞最工，取给于阆茧。予道湖、阆，女桑、棟桑，参差墙下，未尝不羡二郡女红之廛，而病四远之惰也。"[③]严、郭两人在总结这一特点的同时，探讨了湖州地区蚕桑兴盛和全国蚕桑衰落的原因。农民勤惰之说自然不能成立。湖州濒临太湖，地形低洼潮湿，土壤呈粘性，确实利于桑树而不利于棉花生产；湖州赋税虽不最重，但较为突出也是事实，种桑养蚕较之种稻收益也高得多。在这种情况下，湖州等地的江南农民选择种桑养蚕这一谋生的最佳途径，应该说具有较为充分的合理性。

康熙初年，闽浙总督刘兆麒说："杭郡各邑乡村以及嘉、湖等处一年所望，首在蚕桑。"[④]康熙三十八年(1699)，康熙帝玄烨说："朕巡省浙西，桑林披野，天下丝缕之供皆在东南，而蚕桑之盛惟此一区。"[⑤]乾隆时，有人描写，太湖"岸西属吴之震泽，岸东属浙之秀水……阡陌间强半植桑"，抵达杭州郊区塘栖镇，"桑益多，盖越蚕土地，故皆树桑"。[⑥] 清中期湖州

---

① 费密：《荒书》附载《重庆府佛图关志新建蚕神记》，抄本。
② 乾隆《湖州府志》卷四一《物产》引《逸山集》，第20页。
③ 徐光启：《农政全书》卷三一《蚕桑》引，上海古籍出版社，1979年，第836页。
④ 刘兆麒：《总制浙闽文檄》卷四《禁强买茶丝》，《官箴书集成》第2册，黄山书社，1997年，第490页。
⑤ 乾隆《杭州府志》首卷一《宸章》引，第4页。
⑥ 张仁美：《西湖纪游》，第1页，《武林掌故丛编》第8集。

人程岱葊说:"浙江杭、嘉、湖三府,皆蚕桑之地,定例钱粮奏销皆展限一月,每年四月,有司出示停征停讼,胥役不得下乡,如学使者蚕月按临,亦出示停止升炮。"①清代康熙皇帝和官员的上述描述,高度概括了清代江南蚕桑盛况及其在全国的重要地位。

江南蚕桑种植主要集中于杭嘉湖平原与苏州的沿太湖地带,即清初人唐甄所说的"北不逾淞,南不逾浙,西不逾湖,东不至海,不过方千里"的范围。② 每当小满时节,江南蚕桑区,缫丝的丝车、榨油的油车和车水的水车一齐开动,民间俗称"小满动三车"。自明到清前期,这个地区蚕桑生产的盛况体现在如下几个方面。

一是种桑养蚕的普遍。明清时期苏、杭、嘉、湖四府的 30 余个县中,种桑养蚕的达 25 个,极为普遍。其中尤以杭、嘉、湖三府为最,几乎县县都业蚕桑。

湖州府是种桑养蚕最盛的地区。明人王士性说:"浙十一郡惟湖最富,盖嘉、湖泽国,商贾舟航易通各省,而湖多一蚕,是每年两有秋也。……农为岁计,天下所共也,惟湖以蚕。蚕月,夫妇不共榻,贫富彻夜搬箔摊桑。……官府为停征罢讼。竣事,则官赋私负咸取足焉。是年蚕事耗,即有秋亦告匮,故丝绵之多之精甲天下。"③王士性的描述,形象地概括了当地蚕桑生产的盛况及其在农家经济中的重要地位。谢肇淛说:湖州人"力本射利,计无不悉,尺寸之堤必树之桑……富者田连阡陌,桑麻万顷"④。谢又称,湖州人于种桑养蚕,"尤以为先务,其生计所资,视田几过之"⑤,超过了种田收入。朱国桢说,湖州之人种桑养蚕,缫丝卖银,为绵为线,蚕粪可以肥田,"皆资民家切用,此农桑为国根本,民之命脉也"⑥。徐献忠说,湖州"蚕丝物业饶于薄海,他郡邑咸藉以毕用","田

---

① 程岱葊:《西吴蚕略》卷上"功令"条,《续修四库全书》第 978 册,第 150 页。
② 唐甄:《潜书》下篇下《教蚕》,中华书局,1955 年,第 158 页。
③ 王士性:《广志绎》卷四《江南诸省》,中华书局,1981 年,第 70 页。
④ 雍正《浙江通志》卷九九《风俗上》引《西湖枝乘》,第 16 页。
⑤ 乾隆《湖州府志》卷三七《蚕桑》引《西湖枝乘》,第 15 页。
⑥ 朱国桢:《涌幢小品》卷二"蚕报"条,中华书局,1959 年,第 45 页。

中所入,与蚕桑各具半年之资"①。养蚕缫丝辛勤 40 多天,其实际收入可供农家半年生活。明后期,号称"树艺无有遗隙,蚕丝被天下"②。王道隆说,当地人"以此为恒产,傍水之地,无一旷土,一望郁望"③。入清后,湖州人程岱葊称颂"吾湖擅其利独甲天下","吾湖则比户养蚕"④。乾隆时,该地"所赖者专在于桑。其树桑也,自墙下檐隙以暨田之畔之上,虽惰农无弃地者"⑤。嘉庆二十二年(1817),山阳人李宗昉游历湖州,见其地"野多宜稻之田,户讲育蚕之法,桑畦万顷,苇箔千门"⑥。同治时,湖州府乌程人汪曰桢说,湖人尤以蚕桑为先务,种桑"自墙下檐隙以暨田之畔、池之上,虽惰农无弃地者",蚕桑随地可兴,"而湖州独甲天下"。⑦

湖州府的蚕桑以附郭归安、乌程两县最盛。明后期人宋雷说:"湖州蚕丝有头蚕、二蚕,头蚕为上,细而白者谓之'合罗',稍粗者谓之'串五',又粗者谓之'肥光'。合郡俱有,而独盛于归安,湖丝虽遍天下,而湖民身无一缕。"⑧洪武二十四年(1391)湖州府共税丝绵 661702 两,其中乌程税至 227214 两,占丝绵总额的 34.3%;归安税至 213616 两,占总额的 32.3%,两县合计高达 66.6%。嘉靖元年(1522),湖州府丝绵税额增为 826262 两,乌程税至 256015 两,占总额的 31%,归安税至 229134 两,占总额的 27.7%,两县合计占 58.7%。⑨ 可见,大约三分之二的湖丝由这两县提供。归安县的蚕桑又以菱湖和双林两地为最。明前期,归安丝市以菱湖镇为最盛。弘治府志称:"丝,菱湖第一。"万历时,"桑麻环

① 徐献忠:《吴兴掌故集》卷一三《物产类》,第 1 页,卷一二《风土类》,第 6 页,《四库全书存目丛书》史部第 188 册,第 849、845 页。

② 万历《湖州府志》,董份序,第 22 页。

③ 乾隆《湖州府志》卷四〇《物产》引《菰城文献》,第 4 页。

④ 程岱葊:《西吴蚕略》卷上《治桑地》条、卷下《妇功》条,《续修四库全书》第 978 册,第 151、162 页。

⑤ 乾隆《湖州府志》卷三七《蚕桑》,第 15 页。

⑥ 李宗昉:《游浙草·蚕事二十咏并序》,稿本。

⑦ 汪曰桢著、蒋猷龙注:《湖蚕述注释》卷一"总论"、"栽桑"条,第 1、14 页。

⑧ 宋雷:《西吴里语》卷三,《四库全书存目丛书》子部第 241 册,第 692 页。

⑨ 万历《湖州府志》卷一一《赋役》,第 9—10 页,《四库全书存目丛书》史部第 191 册,第 226 页。

野,西湖之上无隙地,无剩水"①,仅苏漾角一处,"堤根桑树万千株"②。
双林则有后来居上之势。吴玉树说:"吴兴蚕桑甲天下,东林又甲于吴
兴。"③东林在双林镇境内。清初人唐甄也总结道:"吴丝衣天下,聚于双
林。吴越闽番至于海岛,皆来市焉。"④聚于双林的丝,主要是由当地生产
的。乌程县的蚕桑以南浔为最,几乎"无不桑之地,无不蚕之家"。董蠡
舟说:"蚕事,吾湖独盛,一郡之中,尤以南浔为甲。"⑤仅次于归安、乌程二
县蚕桑生产的是同府德清县,地方志书称,该县赋税繁重,"所资惟桑"
等⑥,全县自明代永乐、宣德年间起植桑兴起,"各乡桑柘成阴,蚕缲广获",
到清初,虽"穷乡僻壤,无地不桑,季春孟夏时无人不蚕,男妇昼夜勤苦"⑦,
其自诩"吴中育蚕,本邑四乡尤多"⑧,盛产合罗丝、串五丝、二蚕丝、三蚕丝、
车头丝等各种丝。因为所产经丝质量优,清代德清成为江南三织造采买经
丝之地。长兴县东北滨太湖一带,"无一农不精于治桑者"⑨。

　　嘉兴府是仅次于湖州府的蚕桑兴盛之地。弘治《嘉兴府志》谓,其地
"衣被他邦而机轴之声不绝"⑩。清末地方志书称其地"生民之利莫大于
农桑"⑪。明代登记在册的征税额桑为88044株,实际栽桑量当远高于此
数。七县中以石门、桐乡为多,其下依次为海盐、嘉兴、秀水、嘉善、平湖。
明代崇德(即清石门)县,弘治年间,"民以蚕桑为恒业,务稼穑,勤织纺",
"桑林稼陇,四望无际"。⑫ 万历时,"语溪无间,塘上下地必植桑,富者等

① 光绪《菱湖镇志》卷一《舆地略·疆域》,第2页。
② 光绪《菱湖镇志》卷一《舆地略·疆域》引孙宗承《菱湖纪事诗》,第2页。
③ 吴玉树:《东林山志》卷一三《土风》。
④ 唐甄:《潜书》下篇下《教蚕》,第158页。
⑤ 汪曰桢:咸丰《南浔镇志》卷二一《农桑》引《蚕桑乐府自序》,第23页。
⑥ 康熙《德清县志》侯元棐序,康熙十二年十一月。
⑦ 康熙《德清县志》卷四《食货考·农桑》,第3页。
⑧ 康熙《德清县志》卷二《舆地考·风俗论》,第18页下。
⑨ 同治《长兴县志》卷八《蚕桑》,第11—12页。
⑩ 嘉庆《嘉庆府志》卷三二《农桑》引,第1页。
⑪ 光绪《嘉兴府志》卷三二《农桑》,第1页。
⑫ 弘治《嘉兴府志》卷二五《崇德县·疆域》,第2页,《上海图书馆藏稀见方志丛刊》第95册,第
　　507页。

封侯,培壅茂美,不必以亩计。贫者数弓之宅地,小隙必栽,沃若连属,蚕月无不育之……今农桑视昔更盛"①。该县原有桑树 6.94 万株,到万历时,"民皆力农重蚕,辟治荒秽,树桑不可以株数计"②。明中期起,"蚕桑纺绩甲于他邑"③。万历时,县志称,该县"田地相埒,故田收仅足支民间八个月之食,其余月类易米以供。公私仰给,惟蚕息是赖,故蚕务最重,凡借贷契券,必期蚕毕相偿"④,种桑养蚕,是该县的头等大事。桐乡县,"田地相匹,蚕桑利厚",弘治间有征税桑树 21351 株,明末张履祥描写,其地"田地相匹,蚕桑利厚","春桑之利,厚于稼穑,公私赖焉。蚕不稔,则公私俱困,为苦百倍"。⑤ 秀水县"土著耕桑,十室而九"⑥。嘉兴县,"柔桑千树绿云屯"⑦,植桑极为普遍。海盐县,人多地少,但天启县志称,"盐邑素不习于蚕,近三四十年中蚕利始兴。今则桑柘遍野,无人不习蚕矣"⑧。入清后,则是"力耕不足糊口,比户养蚕为急务。……蚕或不登者,举家聚哭。盖农家全恃蚕以为耕耘之资,蚕荒则田芜,揭债鬻子,惨不免矣"⑨,种桑养蚕极为普遍。

杭州府是江南蚕桑的又一个重点产区。地方文献称:"九县皆养蚕缫丝,岁入不赀,仁和、钱塘、海宁、馀杭贸丝尤多。"⑩明洪武时,全府九县夏税丝 409448 两,成化十八年(1482)增至 674889 两,隆庆六年(1572)

① 万历《崇德县志》卷二《物产》编者论,第 60 页,抄本,《南京图书馆藏稀见方志丛刊》第 76 册,第 117 页。
② 万历《崇德县志》卷二《田赋》,第 11 页,抄本,《南京图书馆藏稀见方志丛刊》第 76 册,第 21 页。
③ 万历《崇德县志》卷一一《风俗》,第 9 页,引正德志,《南京图书馆藏稀见方志丛刊》第 77 册,第 209 页。
④ 万历《崇德县志》卷一二《丛谭》,第 15 页,《南京图书馆藏稀见方志丛刊》第 77 册,第 300 页。
⑤ 张履祥辑补、陈恒力校释、王达参校增订:《补农书校释》,农业出版社,1983 年,第 101、108 页。
⑥ 万历《秀水县志》卷一《方域》,第 2 页,《中国地方志集成·浙江府县志辑》第 31 册,第 545 页。
⑦ 陆钱:《条桑圃》,正德《嘉兴志补》卷九《嘉兴县·题咏》,《四库全书存目丛书》史部第 185 册,第 299 页。
⑧ 天启《海盐县图经》卷四《方域篇·物产》,第 13 页。
⑨ 乾隆《海盐县续图经》卷一《方域篇·县风土记》,第 6 页。
⑩ 光绪《杭州府志》卷八〇《物产》引《馀杭县志》,第 22—23 页。

更增至 684616 两,前后增了 67%。税丝的不断增多,固然说明统治者对人民负担的不断加重,但同时也反映了蚕桑生产的不断发展。万历初年高濂说:"桑麦之盛,惟东郊外最阔,田畴万顷,一望无际。春时桑林麦浪,高下竞秀,风摇碧浪层层,雨过绿云绕绕。"①写尽了杭州东郊桑林翳日的景象。清康熙初年,闽浙总督刘兆麒说:"杭郡各邑乡村以及嘉、湖等处一年所望,首在蚕桑。"②乾隆时也有人说杭州城东"蚕桑之利甲于邻封,织纺纠绞之声不绝于耳"③。府属仁和县,塘栖镇一带,"遍地宜桑,春夏间一片绿云,几无隙地,剪声梯影,无村不然。出丝之多,甲于一邑,为生植大宗"④。馀杭县,明代时"男务稼穑,女勤织纴,尤善御蚕"⑤。富阳县,"桑树高而叶大,土人名荷叶桑,东南、正南两乡最盛。每有新涨沙地,皆种桑树"⑥。馀杭县,以蚕丝为最大宗物产,四五月间,"男女日夜勤作,比室水火不相通,故每岁蚕时停征,谚云'闭蚕门'"⑦。新城县,明后期也是"桑麻弥望,任力勤作,无旷土"⑧。

苏州府的蚕桑生产主要集中在环太湖的吴江、震泽毗邻嘉湖的地区和吴县一带,常熟县也有少量种植。全府元代栽桑达 27 万株,"兵余无几",明代洪武初年减为 151700 株,弘治十六年(1503)又增加到 240903 株,⑨基本恢复到元代水平。其中吴江的蚕桑生产发展尤为迅速,蚕桑经济比重最为突出。地方文献称:"邑中田多洼下,不堪艺菽麦,凡折色地丁之课及夏秋日用皆惟蚕丝是赖,故视蚕事綦重。"⑩洪武时,该县有桑仅

① 高濂:《四时幽赏录》"登东城望桑麦"条,第 2 页,《武林掌故丛编》第 15 集。
② 刘兆麒:《总制浙闽文檄》卷四《禁强买茶丝》,《官箴书集成》第 2 册,第 490 页。
③ 朱点编辑:《东郊土物诗·序》,《武林掌故丛编》第 8 集。
④ 光绪《唐栖志》卷一八《物产》,第 16 页。
⑤ 万历《杭州府志》卷一九《风俗》,第 23 页。
⑥ 光绪《富阳县志》卷一五《物产》,第 11 页。
⑦ 嘉庆《馀杭县志》卷三八《物产》,第 7—8 页。
⑧ 万历《杭州府志》卷一九《风俗》,第 25 页。
⑨ 正德《姑苏志》卷一五《田赋·农桑》,第 12 页。
⑩ 乾隆《震泽县志》卷二五《风俗一·生业》,第 13 页。

18033 株,宣德七年(1432)就增为 44746 株,增了 150％。到清乾隆年间,"丝绵日贵,治蚕利厚,植桑者益多,乡村间殆无旷土。春夏之交,绿阴弥望。通计一邑,无虑数十万株云"①,种桑以成倍的速度增长。清前期,吴江、震泽之地,"桑,所在有之,西南境壤接乌程,视蚕事綦重,故植桑尤多,乡村间殆无旷土,春夏之交,绿阴弥望。别其名品,盖不下二三十种云"②。所缲之丝,多用以织绫绸,俗称绸丝。吴县植桑养蚕主要是洞庭东、西两山。明中期,该地即"以蚕桑为务。地多植桑,凡女未及笄,即习育蚕。三四月谓之蚕月,家家闭户,不相往来"③。清中期,吴县"环太湖诸山,乡人比户蚕桑为务。三四月为蚕月,红纸粘门,不相往来,多所禁忌。治其事者,自陌上桑柔,提笼采叶,至村中茧煮,分箔缲丝,历一月而后弛诸禁"④。蚕俗与湖州相同。所产桑叶,还能调剂到嘉兴一带。入清以后,吴县仍以东、西两山为盛,无论"贫家富室皆以养蚕为岁熟"⑤。

其他地区,如应天府溧水县,明代设桑枣主簿,一度时期境内桑树达20.7 万株。⑥ 镇江府溧阳县,也稍有蚕桑。乾隆县志载:"育蚕植桑,向唯姜笪、新昌两村鼓舞利导,近且缲声遍轧轧矣。"⑦

二是种桑面积不断扩大。江南蚕桑区到底有多少面积,至今无人估算过。在杭嘉湖地区,田一般用来种植粮食作物,地种植桑树等经济作物,地的面积可以作为植桑面积的参考。明清之际,湖州府地约 54 万亩,嘉兴府地约 50 万亩,杭州府记载地高达 80 万亩。⑧ 考虑到杭州府栽桑次于湖州、嘉兴二府,估为桑地 50 万亩。地未必尽种桑树,但计入宅

---

① 乾隆《吴江县志》卷五《物产》,第 32 页。
② 乾隆《震泽县志》卷四《物产》,第 14 页。
③ 王鏊:《震泽编》卷三《风俗》,第 1 页,《四库全书存目丛书》史部第 228 册,第 689 页。
④ 顾禄:《清嘉录》卷四"立夏三朝开蚕党"条,江苏古籍出版社,1986 年,第 90 页。
⑤ 王维德:《林屋民风》卷七《民风·蚕桑》,第 6 页,康熙五十二年刻本,《四库全书存目丛书》史部第 239 册,第 442 页。
⑥ 金鏊:《金陵待征录》卷八《志事》引,第 3 页,光绪二年刻本。
⑦ 乾隆《溧阳县志》卷四《风俗》,第 2 页,《上海图书馆藏稀见方志丛刊》第 50 册,第 226 页。
⑧ 参见乾隆《湖州府志》卷三六《田赋》,康熙《嘉兴府志》卷八《田赋》,嘉庆《嘉兴府志》卷二一《田赋》,万历《杭州府志》卷二九、三○《田赋》,康熙《杭州府志》卷一○《田赋上》。

地、小隙旁地所栽散桑,总面积当不致有大出入。苏州府种桑主要在吴江、吴县二县。吴江县明清两代耕地面积约 130 万亩,1950 年代初调查,该县桑田为 7.4 万余亩,占耕地总面积 112 万余亩的 6.64%。如果以此比例折算,则明清两代吴江种桑兴盛时面积约为八九万亩。吴县种桑集中在洞庭东西两山,估计一万余亩,已差不多。合计江南上述四府植桑之地,共为 164 万余亩。明后期,种桑养蚕利厚,各地纷纷改田为地,种桑植烟,田地面积互为消长,可以视为种桑养蚕发展的反映。自明后期到清康熙二十年(1681)前后,杭州府田减了 30 顷,而地升了 184 顷;湖州府田减了 79 顷,而地升了 28 顷;嘉兴府降升幅度最大,田减了 1354 顷,地升了 1459 顷。如嘉兴县,"土高水狭而浅,颇不利于田,因多改之为地,种桑植烟"[1]。考虑到江南蚕桑面积由明入清这一不断增加的事实,假如以 160 万亩作为明清之际江南桑地的基数,那么明代后期以前远低于此数,而清代康熙以后要远高于此数。前述各府税丝数量的增加,实际上也意味着植桑面积的扩大。

三是种桑养蚕区域范围不断扩大。明后期到清前期的江南,同清后期一样,也有一个种桑养蚕的推广过程。如嘉兴府原来只有石门、桐乡盛行蚕桑,而海盐则"素不习于蚕",后从乌程等地学习养蚕技术,"蚕利始兴",到万历年间已是"桑柘遍野,无人不习蚕矣"。[2] 到清初,朱彝尊更称"五月新丝满市廛,缲车响彻斗门边"了[3]。乾隆时则成了"比户养蚕为急务"[4]的重点蚕桑区了。再如杭州府的海宁县,原来桑树不多,"间有十中一二,亦不过一二亩",万历时则"遍地皆桑"[5],发展非常迅速。当然,这一扩展过程远没有鸦片战争后蚕桑扩展的规模大。

四是桑树品种增多。桑树品种的优劣,影响到桑叶产量的高低。江

---

① 康熙《嘉兴县志》王庭序,光绪《嘉兴府志》卷末《旧序》,第 12 页。
② 天启《海盐县图经》卷四《方域篇·县风土记·饲蚕》,第 13 页。
③ 朱彝尊:《棹歌》,光绪《嘉兴府志》卷三二《农桑》引,第 33 页。
④ 乾隆《海盐县续图经》卷一《方域篇·县风土记》,第 6 页。
⑤ 许敦俅:《敬所笔记》,转引自陈学文《中国封建晚期的商品经济》,湖南人民出版社,1989 年,第 320 页。

南农家对桑树的品种要求在宋代已较为讲究,元代桑种已有多种。明清时期,江南桑种已达数十种。如乾隆初年,震泽县、吴江县的桑树,如前所述,"别其品名,盖不下二三十种云"①,或称"邑多栽桑,以畜蚕故,西南境之农家颇善治桑,桑凡一二十种"。其中以大种桑、密眼青为优,而以大种桑嫁接成的新品种,"其叶尤大而厚,且止一二年而盛"②。农家收效速,获益厚。吴江、震泽接壤嘉兴、湖州,养蚕深受两府影响,后者桑种其实更多。单是乌青一镇,康熙前期,"桑之种类不一",已有密眼青、白皮桑、荷叶桑、鸡脚桑、扯皮桑、尖叶桑、晚青桑、火桑、山桑、红头桑、槐头青、鸡窠桑、木竹青、鸟桑、紫藤桑、望海桑等16种。③ 农户对种类繁多的桑树种植,颇为讲究,都已形成一套固定的培植方法。

五是蚕种得到改良,养蚕技术提高。蚕种的好坏,直接影响到蚕的成活率和强壮程度,最后影响到茧产量及丝质量。明清时期江南农家已十分注意蚕种的选择,各地多引进高产优质的蚕种。原来江南只有养蚕之家自留蚕种,称为"家种"或"杜种",大约至迟到雍正、乾隆之际已形成几个固定的蚕种产地。乾隆时的《吴兴蚕书》载:"蚕之种不一,所出之地亦不一。丹杵种出南浔、太湖诸处,白皮种、三眠种、泥种出千金、新市诸处。馀杭亦出白皮及石小罐种。"④这些新蚕种,每斤较家种产丝多数十斤,缲丝也重数两。如海盐一带,乾隆时地方志书称:"向只有家种,十余年来有自馀杭、湖州带归者,食叶猛,每斤较家种多数十斤,缲丝亦重数两。愚民第利其多丝也,竞弃家种而养客种。"⑤这种蚕就是崔应榴《蚕事统纪》中所说的"山种",也就是道光《嘉兴府志》所说的三眠蚕,食叶粗猛,兼耐燥湿,缲丝分两比普通蚕种多。蚕种的不断推陈出新,是江南农家为求更高利益而不断探索养蚕技术积累经验的结果。至于养蚕做茧,

----

① 乾隆《震泽县志》卷四《物产》,第14页。
② 乾隆《震泽县志》卷二五《风俗一·生业》,第12—13页。
③ 张炎贞:康熙《乌青文献》卷三《农桑》,康熙二十六年序刊春草堂刻本。
④ 同治《湖州府志》卷三一《舆地略·蚕桑下》,第18页。
⑤ 乾隆《海盐县续图经》卷一《方域篇·县风土记》,第7页。

自护种到摊乌、看火、初眠、二眠、出火(三眠)、大起、上簇、炙山、落山等各个环节都有一套相当成功的经验,如"寒热、饥饱、稀密、眠起、紧慢"的"十体"和"戒贪"、"戒懒"的"二戒"经验;在蚕结茧时总结出的"出口干"三字诀等,明清江南蚕农的经验较之前代又有所提高,标志着到清前期江南养蚕业又进入了新的发展阶段。

六是缫丝经验的积累。明清时期江南蚕农对茧的出丝率和丝的质量极为重视,已总结出一套超过前代的经验。为提高出丝率,人们强调缫丝时"打绪宜速,脚踏宜紧,眼辗转觑窝,手频拨茧添搭,紧踏紧转,即时绎尽而不煮熟,缫成自增铢两"。对丝片的干燥,明代已有"出水干"的三字诀,即"治丝登车时,用炭火四五两盆盛,去关车五寸许。运转如风时,转转火意照干,是曰'出水干'也"①。也就是适当加温,使丝随缫随干。产丝名区南浔多缫丝高手,"同此茧,同此斤两,一入良工之手,增多丝至数两,而匀称光洁,价高而售速"②。为增加蚕丝的光洁度,人们精心选择缫丝用水。湖丝之所以名闻天下,与当地水质大有关系。人们普遍懂得,缫丝用水,山水不如河水,止水不如流水。水的关键在于清,而且河水、泉水各不相同。"缫茧以清水为之,泉源清者最上,河流清者次之,井水清者亦可。"③同样的水,"山水性硬,其成丝也刚健;河水性软,其成丝也柔顺,流水性动,其成丝也光润而鲜;止水性静,其成丝也肥泽而绿。山水不如河水,止水不如流水"④。如辑里湖丝,是利用雪荡穿珠湾优质水缫成的。南浔镇南的穿珠湾,"近辑里村,水甚清,取以缫丝,光泽可爱,所谓辑里湖丝,擅名江浙也"⑤。长兴的箬溪,"其水较他处之水清而且重,取以缫丝,则色白而光润,又增

① 宋应星:《天工开物》,乃服第六,《治丝》,潘吉星译注本,上海古籍出版社,1992年,第255页。
② 同治《湖州府志》卷三一《舆地略·蚕桑下》引《吴兴蚕书》,第14页。
③ 卫杰:《蚕桑萃编》卷四《缫政·缫法类·清水》,第1页,《四库未收书辑刊》第肆辑,第23册,第614页。
④ 汪曰桢:《湖蚕述》卷四"生蛾"条引《吴兴蚕书》,第90页。
⑤ 道光《南浔镇志》卷三《食货志·物产》引《研北居琐录》,第1页。

分两也。每缫丝时,乡人荡舟装载,往来不绝"①。双林镇丝好是因"汲龙山泾水汗之,以其水清,丝绵特肥白也"②。镇西五里许有凤凰泉,"水深而冽,乡人取以缫丝,洁润异常",人称"汲得凤凰泉畔水,一堆白雪晃新丝"。③ 德清用西苕漾水,"其水清澈,蚕时村民多取以缫丝";半月泉,蚕农取水缫丝,"泉清丝亦洁,价可增锱铢"。④ 同县新市镇所出生丝,号为"独正",镇有"蔡家漾,蚕时取其丝以缫,所得丝视他水缫者独重,盖水性然也,故缫时取丝于此"。⑤ 郑子霞《新溪棹歌》称,嘉兴新塍镇有缫丝泉,"在能仁寺西,蚕妇以泉缫丝,色倍洁"。万历末年,嘉兴人李日华记,"硖石人来,言用雪水澡茧作绵,有天然碧色。织以为绸,谓之松阴色,甚雅观,但不易多得也"。⑥ 桐乡县用甑山下泉水。馀杭用狮子池水。仁和县塘栖镇龙泉井,"水甚莹洁……居民取以缫丝,多利赖之"⑦。如果没有好水,只好利用天然雨水,如明后期海宁"硖石人积梅雨水,以二蚕茧缫丝织绸,有自然碧色,名曰'松阴色',享上价"⑧。特殊的水质造福于江南人民,为杭嘉湖蚕区生产优质湖丝提供了天然的有利条件。

因为江南各地特别是浙江湖州、嘉兴二府蚕丝生产最为突出,海内闻名,因而直到清末,二府还在向朝廷提供贡丝。这种贡丝,黄白二色,供京师一切祭祀奠帛之用。其数量,原来共为每年 8000 斤,二府各办4000 斤,太平天国战争后,随漕粮减额,贡丝也减为 4000 斤。每当新丝

---

① 同治《长兴县志》卷八《蚕桑》,第 31—32 页。
② 吴玉树:《东林山志》卷二一《方产志》。
③ 民国《双林镇志》卷二《水道》,第 7 页。
④ 万历《湖州府志》卷二《山川》,第 33、34 页,《四库全书存目丛书》史部第 191 册,第 51、52 页。
⑤ 正德《新市镇志》卷一《山川》,《中国地方志集成·乡镇志专辑》第 24 册,第 7 页。
⑥ 李日华:《味水轩日记》卷四,万历四十年五月二十四日,上海远东出版社,1996 年,第236 页。
⑦ 民国《杭州府志》卷二四《山水五》引《卓微甫集》,第 31 页。
⑧ 李日华:《紫桃轩杂缀》卷三,凤凰出版社,2010 年,第 294 页。

上市,由官丝行向县领价购丝解缴。[①]

二　蚕桑生产的商业化与专业化

明中后期起,江南蚕桑生产日益发展,商业化与专业化的特色日益明显。如前所述,明人多认为种棉之利百倍于种桑,因而各地植棉日盛,种桑日衰,嘉湖地区因不很适合植棉,故仍然普遍种桑养蚕,那么它较之种植传统作物水稻是否更为有利呢?

明清江南蚕桑产区桑叶、蚕的计量单位各地并不一样,称呼也不尽一致,计算方法更五花八门。对桑叶,有称个的,有称斤的;对蚕,或以筐而计,或称斤而算,用秤则有 15 两 3 钱为一斤者,有 16 两为一斤者,甚至有以 24 两为一斤者。然而尽管各种记载互有高下出入,若一律以 16 两制计算,自明代直到清后期,大体上出火(当地人将蚕长到三眠称为出火)蚕 1 斤,需食叶 160 斤,可结茧 10 斤,可缫丝 1 斤。如此,则江南蚕桑区,正常年景出丝当在 1600 万斤。

当时当地人曾依据各种记载计算过种桑养蚕的收益量。湖州人徐献忠说,种桑一亩,"计其一岁垦钼壅培之费,大约不过二两,而其利倍之。自看蚕之利复稍加赢,而其劳固已甚矣"[②]。他认为种桑除了工本,可获一倍纯利。嘉兴人张履祥更将种田与治地、种粮和种桑作过比较,他说:"田壅多,工亦多,地工省,壅亦省;田工俱忙,地工俱闲;田赴时急,地赴时缓;田忧水旱,地不忧水旱。俗云'千日田头,一日地头'是已。况田极熟,米每亩三石,春花一石有半,然间有之,大约共三石为常耳(原注:下路湖田,有亩收四五石者,田宽而土滋也。吾乡田隘土浅,故止收此)。地得叶,盛者一亩可养蚕十数筐,少亦四五筐,最下二三筐(原注:若二三筐者,即有豆二熟)。米贱丝贵时,则蚕一筐,即可当一亩之息矣

---

① 光绪《桐乡县志》卷六《食货志上·贡丝》,第 7 页。
② 徐献忠:《吴兴掌故集》卷一三《物产类·蚕桑》,第 1—2 页,《四库全书存目丛书》史部第 188
册,第 849 页。

(原注:米甚贵,丝甚贱,尚足与田相准)。"因而他得出结论:"多种田不如多治地。"[1]张履祥的比较较为精细,考虑到天时、价格等各种因素,其不足是缺少正常年景种粮种桑的收益比较。

今人也多根据有关材料作过粮桑收益的探讨,但因相关材料的缺乏和比较方法等方面的问题,各家得出的数据高低极为悬殊,令人难以相信。实际上,既然知道了每亩桑叶的产量、养蚕量及其产丝量,只要依据同时同地的丝价和米价,我们就能计算出种粮与种桑的经济收益比。

根据江宁织造曹頫、苏州织造李煦、浙江巡抚王度昭和朱轼等人的奏报,康熙五十年(1711)苏州丝价为每两6分5厘,米价为每石8钱5分;康熙五十四年浙江丝产地丝价平均为每两7分5厘,米价平均为每石1两零5分;次年江宁丝价平均每两为7分6厘,米价平均每石8钱2分;五十六年浙江丝价平均每两7分5厘,米价每石平均1两3钱;五十七年苏州丝价平均每两7钱7厘,米价每石平均9钱5分;五十八年苏州丝价每两7分5厘,米价每石8钱;五十九年苏州丝价平均每两7分1厘,米价每石平均8钱6分5厘。[2]康熙后期这几年丝价和米价都比较正常,前后变动应很少。取其历年平均数,则丝价为每两7分3厘4毫,米价为每石1两1钱零6厘。如果以良地桑叶亩产1600斤,养蚕10斤,结茧100斤,缫丝10斤计算,则农家种桑1亩,养蚕售丝可得银11两7钱4分;每亩种稻,加上春花以3石计,则可得银3两3钱2分。由此可知,在正常年景,种桑1亩是种稻收入的3.5倍。如果桑间套种其他作物,则收入还要高些。由明入清,丝米价格大体上按正比例上升。这一比例与明后期的实际情形也相符合。万历四十四年(1616),桐乡知县胡舜允就说:"地收桑豆,每四倍于田。"根据以上丝米价格,可知每丝1.5

[1] 张履祥:《补农书》下卷《补〈农书〉后》,陈恒力校释本,农业出版社,1983年,第101页。
[2] 散见《关于江宁织造曹家档案史料》、《李煦奏折》(分见中华书局1975年、1976年本)历年奏折,以及中国第一历史档案馆编《康熙朝汉文朱批奏折汇编》,江宁织造曹頫康熙五十四年七月初三日奏,第6册,第343页,档案出版社,1984年,浙江巡抚朱轼康熙五十六年五月十八日奏,第7册,第907页。

斤,大约可抵1石米的价格,而丝贵年份往往相等于或超过米价。如康熙四十九年(1710)因春寒歉收,蚕丝较往年稍贵,"每斤价银一两二三钱不等"①。所以张履祥说,米贱丝贵时蚕一筐就可抵一亩稻之息。

当地也有另外一种算法。如前所述,徐献忠《吴兴掌故集》称:"蚕桑之利,莫盛于湖。大约良地一亩,可得叶八十个(原注:每二十斤为一个),计其一岁垦钼壅培之费,大约不过二两,而其利倍之,自看蚕之利复稍加赢,而其劳固已甚矣。"②地方文献载:"大约良地一亩,可得叶千三四百斤,计一岁垦锄壅培之费,多不过三两,利则算常值,亦有倍称焉。"③如果种桑,扣除工本,可得一倍稳利,而若种稻,可能实际获益无几,如果种桑后自养蚕,虽然更加劳苦,但收益更高。自明至清,种桑收益倍于种稻,一直未变。

正是这成倍至数倍于种稻的收益,才驱使着广大农户纷纷改田为地,种桑养蚕,趋之若鹜。郁郁葱葱的桑林后面,潜伏着人们获利的动机。种桑养蚕所得数倍于种稻,又以一月之苦而抵植棉种稻的半年之劳,这就是全国棉利大兴种桑日衰而江南蚕区植桑仍然兴盛的根本原因。

明中后期起,在获利目的驱使下江南农民的蚕桑生产,已不同于同地区历史上的蚕桑生产。宋代江南蚕桑区的农户绝大部分完成从种桑养蚕到缫丝织绢的生产全过程,生产的产品主要用于交换口粮,是绢米之间的物物交易,农户根据食用的多少安排种桑养蚕生产,只求维持简单再生产,而无发财致富的企图。明清时期江南农民的种桑养蚕,并不一定完成生产的全过程,产品的绝大部分作为商品出售,农民与市场发生经常的密切联系,经济生活日益受市场所支配,生产随经济效益而转

---

① 浙江巡抚黄秉中奏,康熙四十九年七月二十七日,《康熙朝汉文朱批奏折汇编》,第 2 册,第 968 页。
② 徐献忠:《吴兴掌故集》卷一三《物产类·蚕桑》,第 1—2 页,《四库全书存目丛书》史部第 188 册,第 849 页。
③ 乾隆《双林镇志》卷二《农桑》,第 7 页,《中国地方志集成·乡镇志专辑》第 23 册,第 237 页。

移,受市场机制所支配,其种桑养蚕是商业性农业,其缫丝织绸是商品性生产,不但为了维持简单再生产,而且含有追求利润扩大再生产的动机。宋代农学家陈旉的计算是围绕食米进行的,明清之际农学家张履祥的计算是围绕商品效益进行的。这就是二者本质区别所在。明清时期,农家蚕桑生产的各个环节都打上了商品经济的烙印,并形成了一定的专业分工。蚕桑商品化和专业化的特征,就是桑秧、桑叶、蚕种乃至蚕都已逐步成为商品,在固定的地区固定的市场出售。

桑秧行。在江南,至迟至明中期,桑秧已成为商品,并有专门的桑秧行。明嘉靖时,黄省曾说:"有地桑,出于南浔,有条桑,出于杭之临平。其鬻之时,以正月之上中旬。其鬻之地,以北新关内之江将桥。旭旦也,担而至,陈于梁之左右,午而散(原注:大者株以二厘,其长八尺)。"①桑秧已有固定产地和固定销售场所。清前期,《西吴蚕略》载,"凡桑秧,产于南路德清、杭郡诸处"②。其后桑秧市场更为众多,规模较大的市镇多有桑秧行。如在乌青镇,清康熙时,桑秧"其鬻之也,于冬之杪春之初,远近负而至,大者株以二厘,其长八尺,所谓大种桑也,密眼青亚之"③。后来有独条和双枪之分,来自长安,还有广秧,来自苏州,其桑株甚小,数十株扎成一把。镇上西栅徐鼎和,北栅陆三泰等,均为桑秧大行,收取用金,代为买卖。④ 在吴江一带,桑有一二十种,也多桑秧出售,"冬杪春初,远近多负而至,其大者长七八尺,买之,株二三厘"⑤。在双林镇,"岁之正二月,东路贩客载桑入市,有桑秧行,亦有不就行而售之者"⑥。自桑籽播种到采叶,一般需时七年,若购买桑秧,则只要三年。农家通过购买而并不自己培植桑秧,显然是为了缩短载桑到采叶的时间和提高桑叶质量,购买桑秧要比自留桑种培植桑树合算得多。明清时期之所以能培育出几

---

① 黄省曾:《蚕经》,《丛书集成初编》第 1471 册,第 1 页。
② 程岱葊:《西吴蚕略》卷上"种接桑树"条,《续修四库全书》第 978 册,第 152 页。
③ 张炎贞:康熙《乌青文献》卷三《农桑》。
④ 董世宁原修、卢学溥续修:《乌青镇志》卷二一《工商·桑秧行》,第 21 页。
⑤ 乾隆《震泽县志》卷二五《风俗一·生业》,第 12 页。
⑥ 民国《双林镇志》卷一四《蚕事·栽桑》,第 3 页。

十种桑秧,与桑秧作为商品看来颇有关系。

叶市。嘉湖地区将桑叶径称为叶。农家种桑原是为了养蚕,有余则卖,不足则买,当地人说:"湖之畜蚕者多自栽桑,不则预租别姓之桑,俗曰'秒叶'。"①所谓"秒叶",或作"稍叶",也作"梢叶",即不自栽桑树之家向别家预定桑叶。稍叶有现稍和赊销两种,"梢者先期约用银四钱,谓之现梢。既收茧而偿者,约用银五钱,再加杂费五分,谓之赊梢"。现稍先期付银,价格稍低,赊稍收茧后付银,价格稍贵。很明显,稍叶原是农家调济桑叶余缺的产物,是蚕农定购桑叶的手段。由于栽桑养蚕收益丰厚,诱使人们广为种桑养蚕,而稍叶的方式又使桑叶有可能作为商品大量地进入交换领域,种桑多少,产叶多少,也就并不一定制约养蚕量,换句话说,产叶多者可少养蚕而出售桑叶,桑叶少者甚或不栽桑者也能通过买叶而养蚕。在这种情形下的稍叶,成了支配农家种桑还是养蚕或种桑养蚕多少的调节杠杆。

频繁而又大量的桑叶交易,使为数众多的叶市因运而生。王道隆《菰城文献》说:"立夏三日,无少长采桑贸叶,名叶市。"叶市所在多有,尤以乌青、双林、濮院、新市等镇和吴县洞庭山为著名。崇祯七年(1634)五月二十五日,马元调旅游到杭州近郊,"是日叶市乍开,水中男妇夜半起摘叶入西溪市,以故埠无留船"②。叶市一般是立夏后三日开市,有头市、中市、末市。因蚕有头蚕、二蚕,故称叶市为头叶、二叶。每一市凡三日,也有地方如双林镇是头市三日,中市五日,末市七日,为时较长。三个市日,叶价不同,即使一日之间,早市、午市和晚市,叶价也迥然不同。所以朱国桢说叶"随时高下,倏忽县绝,谚云'仙人难断叶价'"③。民间谚语称为"仙人难断叶价",又有"朝金暮土"之说④,即形容其贵贱起于倏忽之间,不可预定。桑叶价格的贵贱,完全取决于供求量。如清中期濮院镇上,每当四月中旬,"青叶行盛开,自晓至辰,放叶接

① 朱国桢:《涌幢小品》卷二"蚕报"条,第 45 页。
② 马元调:《横山游记》"入六松社"条,第 4 页,《武林掌故丛编》第 7 集。
③ 朱国桢:《涌幢小品》卷二"蚕报"条,第 45 页。
④ 正德《新市镇志》卷一《物产》,《中国地方志集成·乡镇志专辑》第 24 册,第 8 页。

叶,踵接肩摩,叶价贵贱,判于俄顷,有早间百斤千文逾时不值百钱者"①。《西吴蚕略》说:"蚕向大眠,桑叶始有市。有经纪主之,名青桑叶行,无牙帖牙税。评价不论担而论个,个凡二十斤(原注:南浔以东则论担)。市价早晚迥别,至贵每十个钱至四五缗,至贱不值一饱。议价既定,虽黠者不容悔,公论所不予也。"②清中期,叶市兴盛,叶价仍然瞬息变化,人称"叶之贵贱,顷刻天渊,甚有不值一钱委之道路者,蚕之成亏,斯须易态。甚有竭产供蚕毫无获茧者"③。每当叶市开张时节,各地买叶者纷纷前往,谓之"开叶船"。通过叶市,石门、桐乡的桑叶大规模北运到苏州的吴江、震泽等地。沈廷瑞《东畲杂记》称,每当"采叶时,下乡客船买叶者云集。每日暮,如乌鸦野鹜争道而来"。吴县洞庭山的桑叶则穿过太湖南贩乌程等县。乌程人朱国桢说:"本地叶不足,又贩于桐乡、洞庭。"④按照明后期人的说法,蚕时奔忙于太湖中的船只,没有一只不是为运载桑叶而服务的。盛泽镇上的施复,缺乏桑叶时,就是到洞庭山去购买的。入清后,洞庭桑叶继续南输,地方文献称,"桑出东西两山,东山尤盛,蚕时设市,湖南各乡镇皆来贩鬻",有诗描写其盛况,"洞庭山叶满装船,载到湖南价骤昂"。⑤ 而在湖州蚕区,如晟舍镇,"头、二叶行店皆是半贩洞庭山桑叶来售与乡民。当育蚕时,帆樯梭织,人集如云,填街塞路,终日喧哗"⑥。吴县桑叶销向太湖南岸的流向大体未变。到清末,各地的叶市和叶行规模更大。光绪年间,仅乌青一镇,四栅均设有叶行,黄世茂、徐鼎和、徐永丰、黄万丰、潘恒丰、陆三泰、张合盛等均为大行,南浔、镇泽、坛邱等地农家投行售叶,当地四乡蚕户入行采购,叶市兴盛时约有10万担规模。⑦

兴盛的叶市给广大蚕农从事栽桑养蚕提供了极大的便利,也为有些农户投机取巧、发财致富提供了可能。当地人将蚕多叶少或有蚕无

① 杨树本:乾隆《濮院琐志》卷六《岁时》,《中国地方志集成·乡镇志专辑》第21册,第486页。
② 程岱莽:《西吴蚕略》卷上"叶市"条,《续修四库全书》第978册,第155页。
③ 乾隆(四年)《湖州府志》卷四〇《物产》引《东林山志》,第5页。
④ 朱国桢:《涌幢小品》卷二"蚕报"条,第45页。
⑤ 金友理:《太湖备考》卷六《物产考》,第34页,清刻本。
⑥ 同治《晟舍镇志》卷六《杂记》,第76页,《中国地方志集成·乡镇志专辑》第24册,第1126页。
⑦ 董世宁原修、卢学溥续修:民国《乌青镇志》卷二一《工商·桑叶行》,第19页。

叶称为"看空头",或称"做心思"。尽管人们将自栽桑和稍叶视为最稳当的做法,但在市场价值机制的驱动下,不少农家却习惯于看空头这种投机行为,而且屡屡冒险成功。这种情形,明后期已很盛行。朱国桢就描写其邻家章姓,"豫占叶价,占贱即畜至百余斤,凡二十年无爽,白手厚获,生计遂饶,鼓乐赛谢以为常"①。万历年间,武康县有个徐姓大族,因叶价昂贵,弃蚕于水,而"鬻桑操其奇赢,明年桑贱,益多育蚕,业多累累"②,就通过叶价的贵贱来决定养蚕的多少。康熙年间,桐乡东门外曹升畜蚕30筐,因当年叶价昂贵,养蚕未必如卖叶得利,竟将所有蚕倾倒于地,而将桑叶全部出售。大量小农受市场行情的支配和影响,往往因稍叶过多或不足,造成亏折。这些事例说明,是养蚕还是卖叶,农家随市场行情作出抉择,而与栽桑产叶量不一定有关,农家的行为受商品经济的摆布。所以明末人李乐对这种"本无桑叶,多收小蚕,意图叶贱,可获大利"的投机行为颇有訾议,认为这是"民间好利心痴"的结果。③ 诚然,通过这种冒险的投机方式能够成功获利的只是少数,而多数人则失利亏本,难以为生,因此时人又将"并不养蚕,亦盈千买卖者",断为"虽似贸易,实同赌博,究之得利者少,失利者多"。④ 不少人往往是"去有腰缠返垂橐,乌戍归来唯一哭"⑤。到乌青镇叶市上去投机,很可能血本无归。清中期,地方文献描述,嘉兴"近乡之人开设叶行,买卖数千万担,均非真实,徒致市价低昂,害人不浅"⑥。叶市的规模在不断扩大,入市投机的人也在增多。

在叶市上,与农户的冒险行为相应,囤积桑叶从事贩卖的牙人十分

---

① 朱国桢:《涌幢小品》卷二"蚕报"条,第 45 页。

② 乾隆《湖州府志》卷五〇《旧闻》引《苕逸闲谭》,第 37 页。

③ 李乐:《见闻杂记》卷九,第九十四条,上海古籍出版社影印本,1986 年,第 740 页。

④ 民国《双林镇志》卷一四《蚕事·稍叶》,第 5 页。

⑤ 董蠡舟:《稍叶》,咸丰《南浔镇志》卷二二《农桑二》引,第 6 页,《中国地方志集成·乡镇志专辑》第 22 册,第 246 页。

⑥ 项映薇辑,王寿增辑,吴受福续辑:《古禾杂识》卷一,第 7 页,《中国华东文献丛书·华东民俗文献》第七卷,第 127 册,第 75 页,

活跃。乾隆三十五年,陈璨描述:"春时开桑叶行,鬻桑叶者有牙侩评其值。"①牙人以较为雄厚的资本,贱价收进桑户的桑叶,谓之"顿叶",又以高价出售桑叶给农户,转手之间往往能获厚利。蚕从出火到大眠,生长最速,重量增加四分之三,食叶量大,需要桑叶最多。蚕农争分夺秒,"轻舸飞棹,四出远买,虽百里外一昼夜必达,迟到叶蒸而烂,不堪喂蚕矣"②。鲜叶不易贮存,桑户必须当日脱手。在这种情形下,无论蚕户还是叶户都只得任凭牙人上下其手而倍受抑勒,他们的命运就操在这些投机商人之手。同样,牙人在控制小生产者的同时,也要受到价值规律的支配,"虽似贸易,实同赌博,究之失利者多,得利者少,有亏本而无力弥缝者,有已得利而仍归乌有至受累者"③。

这样的叶市,就不能视为仅是农家调剂桑叶余缺的场所。叶市既是种桑和养蚕户内部分工的产物,又是种桑区和养蚕区形成一定区域分工的产物,是蚕桑商品化和农户从事商品生产的必然结果。叶市的存在,又使种桑养蚕的专业化和商品化特征更加明显。透过它,人们可以窥见小商品生产者追求消费价值外的利益,企求发财致富的动机与行为。

蚕种买卖。如前所述,清前期江南蚕区已培育出近十种优良蚕种,并形成了南浔、新市、千金、洞庭东西山和馀杭县等出售春种的固定场所,而且有逐渐扩大的趋势。馀杭是江南最大的蚕种制造和销售中心,鸦片战争前后,所产蚕种不但满足杭州本府各县的需要,而且远销到嘉兴、湖州等地。由于蚕种制造较养蚕技术要求更高,专业生产有利于保种蚕种质量,出售蚕种又比养蚕缫丝更为有利,于是在养蚕农户中就分化出蚕种的专业生产者和售卖者。《吴兴蚕书》载:"有以卖种为业者,其利浮于卖丝。当出蛾之后,乡人向各处预购之,谓之'定种'。每幅纸小者值钱千文,大者千四五百文。亦有购取诸种向各村镇鬻卖者,谓之'拦

---

① 陈璨:《西湖竹枝词》,第 13 页,《武林掌故丛编》第 17 集。
② 乾隆《海盐县续图经》卷一《方域篇·县风土记》,第 6 页下。
③ 民国《双林镇志》卷一四《蚕事·稍叶》,第 5 页。

路种',其价颇贱"。① 可见蚕种的买卖完全是一种商品性行为,而且在清中期已相当普遍。所以地方志书不无得意地说:"俗谚云'一年之计在于春',馀杭县则缲丝之外又专养蛾哺子,故蚕种惟购自馀杭,八县皆仰给焉。"②培育蚕种以供市场,成为馀杭人的专业。

随着蚕种制造与养蚕户形成专业上的分工,在他们之间就出现了专门贩卖蚕种的人,所谓"拦路种"就是经由贩夫提供的。乾隆时地方文献载:"乡人狡猾者往唐栖、西溪诸处贩之,沿村放卖,利不赀,贩者益众。彼处苦无以应,反向吾邑收取绵茧生子,以畀贩夫,贩夫以贱值持归,仍昂价以给乡愚,其贻害匪浅鲜也。"③嘉庆时,崔应榴《蚕事统纪》也说:"馀杭人又有于收茧后以厚桑皮纸生蚕子其上,携卖海盐、桐乡等处,其价自四五百文一张至千余文不等,获利甚厚,且有开行收买以转售者。近年以来,贩鬻者日多,良苦莫辨,买者卖者均稍衰歇矣。"④蚕种不仅有买卖,还有转卖,甚至还有开行转卖者,蚕种市场极为发达,其销路不仅包括杭州一府,还延及嘉兴一带。蚕户因蚕种专业生产而获得了便利,也因蚕种商品生产而必须承担更大的风险。

蚕的买卖。由于桑叶和养蚕生产的相对分离,蚕的买卖成为可能。如前所述,清前期馀杭县一带培育出一种食叶粗猛、抵抗力强、生长迅速而出丝率高称为"山种"的三眠蚕。乾、嘉年间,馀杭县因桑叶不多,将这种蚕养到二眠,就由各地蚕户来购买归养。崔应榴《蚕事统纪》说:"蚕有杜种,有山种,山种皆买之馀杭。其蚕食叶粗猛,兼耐燥湿,比杜种易养,缲丝分两亦较杜种为重,乡人牟利,趋之若鹜。每当蚕将二眠之际,各乡买蚕之船衔尾而至。"⑤蚕种销路广大,交易兴盛。嘉、道时苏州人顾禄也记,当地人"往往于立夏后,买现成三眠蚕于湖以南之诸乡村。谚云:'立

① 同治《湖州府志》卷三一《舆地略·蚕桑下》,第 18 页。
② 光绪纂、民国续纂《杭州府志》卷八〇《物产三》引《馀杭县志》,第 23 页。
③ 乾隆《海盐县续图经》卷一《方域篇·县风土记》,第 7 页。
④ 嘉庆《馀杭县志》卷三八《物产》引,第 13 页。
⑤ 同上。

夏三朝开蚕党'（原注：开买蚕船也）"①。买三眠船，开买蚕船，成为谚语，可见已非个例。可以肯定，到清中期，随着桑蚕生产分工的进一步扩大，蚕的生产也开始商品化了。

鲜茧买卖。长期以来，人们一直认为，农家种桑养蚕是为了获得蚕茧，自缫蚕丝，而从未有过出售鲜茧者，直到鸦片战争后产生了茧行，无锡等地的蚕户多将鲜茧出售给茧行，而很少自缫生丝。然而有材料表明，至迟到嘉庆、道光年间，嘉兴、湖州地区已有出售鲜茧和购茧缫丝的农户。道光《南浔镇志》载："绵，四五月间，居民竞相营治，或从外方买茧为之，或有将茧鬻于镇者。"②咸丰《南浔镇志》援引说："近时多有往嘉兴一带买茧归缫丝售之者，亦有载茧来鬻者。"③可见到清中期，出售鲜茧或购买鲜茧缫丝的现象已较为常见。为什么到了近代采用烘茧技术的茧行设立后，仍然习惯于自缫生丝而很少售茧的嘉、湖地区在这时已有鲜茧买卖？鲜茧贮存为时大约只有一周，过则出蛾，如果农家养蚕结茧太多，不能在一周时间内缫丝，就需采取措施。传统的处理方法是盐渍，但这会影响丝的光泽，从而影响丝价。因而蚕户尽量不用此法，而是利用全家劳力日夜并工，或者雇请高手缫制。但旧式缫车一天大约只能缫丝8斤，出丝1斤。在这限定的缫丝时间内，蚕茧多的农户就必须处理掉自缫以外的部分蚕茧。从现有史料来看，明后期江南即已产生应雇专门养蚕或缫丝的高手。黄省曾《蚕经》载："养之人，后高为善，以筐计，凡二十筐，庸金一两；看缫丝之人，南浔为善，以日计，每日庸金四分，一车也，六分。"④养蚕以后高人有名，缫丝则南浔人水平最高，均能四出应雇，而接受工资报酬。可见养蚕与缫丝的一定程度的区域与专业分工促使了蚕茧生产的商品化，而蚕茧生产的商品化又为广大农户从事蚕丝的商品生产提供了可能。到后来，双林等镇也有专门买茧缫丝者。民国初年的

① 顾禄：《清嘉录》卷四"立夏三朝开蚕党"条，江苏古籍出版社，1986年，第90页。
② 道光《南浔镇志》卷三《食货志》，第1页。
③ 咸丰《南浔镇志》卷二二《农桑二》，第20页。
④ 黄省曾：《蚕经》，《丛书集成初编》第1471册，第12页。

《双林镇志》的编者说:"乡农蚕少人多,有往嘉兴曹王附近买茧缫丝者,亦有载茧来鬻者,颇有微利。此则勤农所为,惰农不屑也。"①需要指出的是,这些买茧缫丝的农户还不是独立的手工业者。有人据此材料认为当时嘉湖地区已有茧行,由上面的分析可知,农户购进蚕茧只是为了自缫,而不是为了烘制干茧,并不一定要有茧行;即或有收茧和贮茧场所,与后来专事烘制干茧的茧行性质也完全不同。即使晚清时无锡、绍兴等地盛兴茧行,南浔等地仍以传统方法缫丝,卖丝而不卖茧。②

无论如何,明中期起,江南桑秧、桑叶、蚕种、蚕茧等蚕桑市场的发育与兴盛,为广大蚕农从事栽桑养蚕提供了方便,产生了种种获利致富的可能,从而持续推动着蚕桑生产的不断发展。

三　鸦片战争后江南蚕桑生产的新格局

鸦片战争后,随着西方列强资本势力的不断渗透,并廉价地收购中国的生丝,蚕丝价格逐年看好,蚕丝出口量迅速增加,种桑养蚕有利可图,刺激了广大农民从事蚕桑生产的积极性。另一方面,在镇压了太平天国后,清廷和各级地方政府都将发展蚕桑作为恢复经济的重要方面,大力推广蚕桑生产技术,依靠官府和民间的力量兴办蚕桑事业,鼓励人民种桑养蚕。在这样的历史背景下,江南各地的蚕桑事业先后恢复或兴起。

清代末年全国的蚕桑生产情形为:"以江苏、浙江、广东、四川为最盛,次湖北,次湖南、江西、安徽、福建、广西。江苏养蚕区域为苏州、常州、镇江、江宁、松江诸府,南通亦有,产额全省产茧约二三千万斤。浙江以杭州、嘉兴、湖州三府属称极盛,次则绍兴、宁波、金华、台州,最近茧产年约八九千万斤,称全国第一。四川以成都平原为主,保宁、顺庆、崇庆

---

① 民国《双林镇志》卷一四《蚕事·缫丝》,第10页。
② 温鼎《见闻偶录》(民国《南浔志》卷三〇《农桑一》引,第21页)谓:"无锡、绍兴率皆售茧,我浔则无不售丝者。"

诸属次之,产茧年约六七千万斤。广东以珠江三角洲为最多,顺德、南海、番禺等县其中心也,茧额年约七八千万斤。湖北以汉川、沔阳、嘉鱼、当阳、宜都等县为主要,茧额年约一千万斤。此外为湖南之长沙、辰州、永州,福建之延平、邵武、兴化,安徽之池州、宁国、太平,均有相当之产额。茧之集散市场,以苏州、无锡、湖州、杭州、成都、重庆、顺德、佛山为著名,最盛当推无锡市场。此外,贵州之贵阳,四川之嘉定、顺庆、保宁,湖北之汉口、沙市等,茧市亦颇重要。"[1]范围相当广泛,盛极一时。

广东的珠江三角洲,是清后期仅次于江南的蚕桑生产基地,气候、雨量以及土质、交通等十分有利于蚕桑生产,很早就有"岁七蚕,闰则八蚕"之说,但可以说直到近代,蚕桑未曾大兴。咸丰后期,太平军占领江浙产丝区后,华南成长为向国际蚕丝市场供应生丝的重要地区,蚕桑业迅速发展起来。为了满足蚕丝出口需求,19世纪六七十年代,珠江三角洲桑树栽种面积扩大了好几倍,呈现出"禾田尽变基塘"[2],"桑株鱼塘,禾稼生计尽矣"[3],"新堤上皆植桑"、"低者养鱼,高者种桑"[4]的蚕桑生产兴旺景象。1903年,华南已有53个茧市,年成交额为银2627万两。鸦片战争前,估计出口蚕丝所需的种桑面积只有5万亩左右,出口生丝2500担左右,而到1860年,同类桑树面积已达11.4万余亩,出口生丝5571担,到了辛亥革命爆发前后,植桑面积更高达80万亩左右,出口生丝近4万担,[5]种桑面积增加了15倍。珠江三角洲出丝最多的是顺德县,县志载:"桑田鱼池之利,岁出蚕丝,男女皆自食其力","桑麻乡遍种桑株"[6];桑叶生长每年六造,六造完后为寒造,"咸同以前,丝业未盛,少养寒造蚕者,

① 刘锦藻:《清朝续文献通考》卷三八五《实业八》,浙江古籍出版社影印本,2000年,第11328页。
② 民国《顺德县志》卷四《建置》,第22页。
③ 同治《南海县志》卷七《江防略补》,第1页。
④ 同治《南海县志》卷一四《列传·潘进》,第27页。
⑤ 苏耀昌:《华南丝区:地方历史的变迁与世界体系理论》,陈春声中译本,中州古籍出版社,1987年,第121—122页。
⑥ 咸丰《顺德县志》卷三《舆地略·风俗》,第35,46页。

往往任人采摘。光绪中叶，洋庄丝盛，行茧价日昂，农人多养寒造蚕，爱惜桑叶"①。其次是南海和新会县。宣统《南海县续志》记载，一年三造桑叶，平均每年一亩之田收叶 3400 斤，得银 40 多两，桑地一亩租银值 20元，"农人植桑者无不养蚕"②。每年出口生丝，年成丰收及洋庄生意旺时，约有 300 余万斤，当时全省土丝出产 4000 万斤，顺德县占一半，番禺、香山、新会各县占四分之一，南海县也占四分之一，其中九江、西樵、大同、沙头各乡出产最多。③ 蚕桑生产极为兴盛。

四川作为传统的蚕桑区更为兴盛。在保宁、顺庆、潼川、成都、绵州五府的 46 个州县中，产丝的有 35 个州县，加上雅州府、眉州、嘉定府及资州等重要产丝区，蚕桑生产普遍兴盛。④ 地方文献称，"蜀号蚕丛，蚕固蜀之利也。今顺、潼诸州县家以为业，而眉州亦多。成属之利不在蚕，然饲者亦十室而四。新繁之南十五里有蚕市。……凡乡村墙隙种桑数十百株，为养蚕资"⑤。即使川东重庆府的綦江县，原无蚕桑之利，道光初年经官府提倡，其人"始学为之"，到同治年间，"种桑养蚕者渐多"。⑥ 如潼川府的三台县，是近代四川机械缫丝业的先驱，宣统元年至三年（1909—1911），桑田面积依次为 2.5 万亩、2.8 万亩、3.3 万亩，产茧数依次为21285 担、24500 担、33970 担。⑦ 资州直隶州的井研县，产丝丰于往昔。地方文献称，"井研丝，在城都市称上品，织户争购，取名曰'东路丝'，以别异于嘉、眉、潼、绵等郡。其类分二等，价视细粗为高下。细倍粗，贾什二，赀本费亦如之，岁入丝贾殆数十万金。农民资以为生计甚众，凡国赋田租及一切馈遗叩唁、偿负、赁佣之费，常取给于此，命曰'丝黄钱'"⑧，蚕

---

① 民国《顺德县志》卷一《舆地略·物产》，第 23 页。

② 宣统《南海县续志》卷四《舆地略·物产》，第 34 页。

③ 同上书，第 40 页。

④ *The Maritime Customs. Special Series：Silk*, p. 33，转引自彭泽益编《中国近代手工业史资料》第 2 卷，中华书局，1962 年，第 89 页。

⑤ 同治《新繁县志》卷三《地舆志·风俗》，第 34—35 页。

⑥ 道光修，同治补修《綦江县志》卷一〇《物产》，第 25 页。

⑦ 章有义编：《中国近代农业史资料》第 2 辑，三联书店，1957 年，第 190 页。

⑧ 光绪《井研县志》卷八《食货四·土产》，第 1 页。

丝成为仅次于盐的大宗收入。原来几乎不业蚕的川东地区,同治后期,湖州人姚彦在川东负责军事,迎请家乡人携带桑苗教以蚕桑之事,数年之后,获收成效。同时人大足知县王德嘉设局养蚕,购买桑苗 10 万余株,分植四境,教民树桑养蚕之法,其利遂溥。这些地区种桑养蚕开始兴起。据外商统计,全省生丝产量在 1880 年约 60 万斤。①

两湖蚕桑也有起色。光绪十九年(1893),湖广总督张之洞与湖北巡抚谭继洵上奏,主张大兴蚕桑之利,后又设立蚕桑局,制定章程 26 条,推广蚕桑。在大吏的推广提倡下,湖北蚕桑发展较快。湖北出产蚕丝地区较多,较为集中的产地为黄州府,尤以地势较高的东缘山地为多。如麻城县以蚕丝为出产大宗。黄冈县也是"东利桑蚕,西利纺绩","清明育种,妇人始治蚕事……缫之以供机织"。②罗田县民"治蚕治丝"。蕲水县"妇女以蚕织为常业,所得丝布多贸之以输正供"。武昌府属通城、通山、嘉鱼、崇阳等县均产丝。如通城县,"春务蚕事,甚或栽桑购叶,养数十箔,丝缫四五斤不等"。③湖北比较重要的蚕丝产地还有荆门直隶州属当阳、荆门、远安等县,汉阳府属沔阳州、汉川县、宜都县、枝江县等,都有蚕丝及丝织品输出。郧阳府郧阳县也颇知蚕事。湖北的蚕丝质量以黄州府沔阳州、当阳县所产最佳,洋商购买最多。在 20 世纪最初的 5 年中,这些地方输出的蚕丝在 4000 担上下,价值达 130—140 万两。据《海关十年报告》,清末湖北年产蚕茧约 15 万石,清末,沔阳州、河原、黄州等地黄丝,均是上海出口的中国丝的大宗。湖南只有湘北、湘中的一些县份栽桑养蚕,但直到光绪三十三年(1907),全省蚕茧产量仅为 2.5 万石。④

在全国蚕桑兴起的大背景下,作为历史上最为兴盛的地区,江南的

① The Maritime Customs. Special Series: Silk, p. 35. 转引自彭泽益编《中国近代手工业史资料》第 2 卷,第 91 页。
② 光绪《黄冈县志》卷二《地理志·风俗》,第 69 页。
③ 同治《通城县志》卷六《风俗》,第 10 页。
④ 参见龚胜生:《清代两湖农业地理》,华中师范大学出版社,1996 年,第 173—174 页。

蚕桑业较之以前更为发达,地域范围也有所扩大。

　　蚕桑最盛的湖州府,太平天国战争后人口大减,土地荒芜,而在生丝外贸需求的刺激下,蚕桑生产恢复极为迅速,盛况空前。刘大钧说:"辑里丝(产于南浔镇)既为西人所欢迎,外销较洪杨乱前逾盛。故大约自1870年左右而后,至1920年前后止,为时计五十年,丝业贸易兴畅,蚕桑区农民繁荣,乃造成湖州蚕桑事业之全盛时期。"①湖州府属乌程县,战后"乡人惰于稼而勤于蚕,无不桑之地,无不蚕之家。……迩来洋商购经居其半,浔地业丝兼经行者为多经之名,有大经,有绞经,有花车经等名。凡做经之丝必条纹光洁,亦胜常,故乡人缲丝之法日渐讲究"②。可见,随着西方列强对生丝需求的旺盛,江南蚕桑生产再度兴盛。长兴县,"自夷人通商,长兴岁入百万计。粤匪之乱,民穷财尽,赖以稍苏。官军军饷,善后之需,咸取给焉。乾、嘉之际大利未兴,前志田蚕统归物产,而数十年来其利倍蓰,故桑谱蚕述之书其视言稼穑较详",各地"自墙下檐隙以暨田之畔池之上,虽惰农无弃地"。特别是该县东北滨太湖一带,"溪流环绕,陂塘饶衍,素称沃野,无一农不精于治桑者"。③ 因蚕桑地位重要,地方志编纂将其从物产中独立出来而另成一卷。另一属地安吉州,到同治年间,"迩来山乡亦皆栽桑",清明后,"育蚕之家禁往来省视,谓之'蚕天'。谷雨蚕始眠,俗云'谷雨撞头眠'。自此二眠、三眠,以至作茧治丝,辛勤约四十日"。④ 其地主要集中在该州西北乡,东南乡则近州20里范围内"皆育蚕,山乡甚少"。所出丝有细丝、绸丝、串五、肥光等名目。细丝最多,"新丝将出,南京贸丝者络绎而至",同治时,"细丝西洋贾客贸去者为多"。⑤ 可见湖州的蚕桑生产因外销旺盛,较之以前又有所发展,即使战前少产蚕桑的山区也多植桑树、产丝出售。

---

① 刘大钧:《吴兴农村经济》,中国经济统计研究所,1939年,第121页。
② 温鼎:《见闻偶录》民国《南浔志》卷三〇《农桑一》引,第21页。
③ 同治《长兴县志》卷八《蚕桑》,第1、6、12页。
④ 同治《安吉州志》卷七《风俗》,第14页。
⑤ 同治《安吉州志》卷八《物产》,第58页。

嘉兴府嘉善县,蚕桑业"向来惟西乡有之,至道光时东南乡有树桑饲蚕兢为治丝之事者,今则西北乡间有之矣"①。说得很清楚,原来只有邻接嘉兴县的西乡栽桑养蚕,鸦片战争后才向东南乡、西北乡扩展。咸丰八年(1858),王韬游历抵石门湾,"自嘉兴至此,沿河皆种桑麻,养蚕采丝,其利百倍,诚东南生民衣食之源也"②。另一与嘉兴相邻的属县平湖县,原来"罕及"蚕事,光绪时,县志称,"桑叶宜蚕,向惟西南乡树之,今则城东二三十里近水处,绝无旷土,小民以此为恒产焉";丝,"向时邑人治丝者尚少,今则栽桑遍野,比户育蚕,城乡居民无不育此者,其利甚大"③。

老的蚕桑区外,蚕桑生产区向北向西迅速推进。在新蚕区,兴起较早、发展最快、规模最大的是无锡。无锡原来只有西南部开化乡一带养蚕产丝,太平天国战争后期的咸、同年间,受湖州的影响,各地兴起栽桑养蚕之风。县志记载,原来只有开化乡有桑,"自同治初经乱田荒,人多植桑饲蚕,辄获奇羡,其风始盛,延及于各乡"④,东北部的蚕桑业也逐步兴起。到后来甚至超过了吴江、吴县一带的老蚕区。人称:"自兵燹以来,该处荒田隙地尽栽桑树,由是饲蚕者日多一日,而出丝亦年盛一年。近来苏地新丝转不如金、锡之多,而丝之销场亦不如金、锡之旺。"⑤又因茧行设立,农民只养蚕而不必缫丝,劳动力的矛盾得以解决,自苏州至无锡,"一望无际,皆桑也",以致出现"家家育蚕,不问男女,皆从此业"的兴旺景象。⑥ 光绪中期,无锡生丝质量超过了苏州丝⑦,光绪二十二年,无锡一地的茧行,请帖开办者已达100家,每年价值共计关平银300万两。到宣统元年(1909),人称"无锡一带桑亦缺乏,多有将稻田改种桑树,冀

---

① 光绪《嘉善县志》卷一二《食货志·物产》,第29页。
② 王韬:《漫游随录》,《小方壶斋舆地丛钞》第11帙,第534页。
③ 光绪《平湖县志》卷八《食货·物产》,第36、39页。
④ 光绪《无锡金匮县志》卷三一《物产》,第1页。
⑤《申报·无锡丝盛》,光绪六年五月十四日。
⑥《中国蚕桑情形》,原载日本《农事新报》,译载《农学报》第8期,光绪二十三年七月下。
⑦《光绪二十二年苏州口岸洋贸易情形论略》,载《通商各关华洋贸易总册》下卷,第41页,中国第二历史档案馆、中国海关总署办公厅编:《中国旧海关史料》(1859—1948)第24册,第175页,京华出版社影印,2001年。

收效果"①。据1913年的统计,无锡养蚕农户已占总户数的85.44%,占农业户的99.91%,几乎所有农户都已种桑养蚕。无锡成了又一个极为重要的蚕丝产地,与湖州成了太湖南北交相辉映的两大蚕丝产地。

在老蚕区嘉湖地区和新蚕区之间,蚕桑业由两边向中间普及。苏州近郊原来只有吴县的洞庭东西山、香山、光福等地种桑养蚕,"通商以来,丝茶为出口大宗,人人皆知其利,长洲县所辖之西北境凡与无锡、金匮接壤者,遍地种桑治蚕"②。昆山县一向无蚕桑,自同治六年(1867)昆山知县王定安、新阳知县廖伦提倡,捐俸购桑栽种,延请桑农教以树桑养蚕煮茧调丝之法,从此种桑养蚕"渐次风行"③。

一向只是植棉织布的松江府、太仓州等地,也渐多植桑之地。如嘉定县钱门塘,自同治间官府提倡,乡民"每岁育蚕缫丝,获利颇厚,自是乡人多植之。光绪中叶,里无不桑不蚕之家,时号'小湖州'"④。如向来不与蚕事的上海县,自巡道沈秉成著《蚕桑辑要》大力推广后,西乡也多栽种,"光绪十五年后丝厂林立,乡民饲蚕者渐多,桑叶之用亦渐广"⑤。即使"向不解蚕桑"的南汇县,经地方官的倡导,到光绪时,"周浦、新场、六灶各镇已树桑遍地,而蚕利尤为溥焉"⑥。奉贤、华亭、宝山各县,地方志书也多有植桑记载。另一植棉区江阴县的蚕桑生产兴起于同治年间。同治七年(1868)当地人吴孔彰购买湖桑数百株,试种而获成功。次年,知县汪渔垞大批购桑散发贫民,延请浙人传授育蚕缫丝法,并特意汇编《蚕桑辑要》一书,分送乡民,以俾学习。20余年后,"东南各乡几能家喻户晓"。光绪后期,西乡人苏道然提倡蚕桑,按期宣讲种桑养蚕之法,制定种桑章程,西北各乡也有了蚕桑。到民国初年,全县已有茧行47处,

① 上海通商海关造册处译印:《宣统元年通商各关华洋贸易论略》,第72页,宣统元年(1909)十二月印。
② 民国《吴县志》卷五二《风俗一》,第8页。
③ 光绪《昆新两县续修合志》卷一《风俗》,第23页。
④ 民国《钱门塘乡志》卷一《乡域志·土产》,第15页。
⑤ 民国《上海县续志》卷八《物产》,第5页。
⑥ 光绪《南汇县志》卷二○《风俗志·风俗》,第3页。

茧灶 1187 具,前后 50 余年,传播不可谓不快。但上述地区推广蚕桑总的来说成效并不太大,当地仍以种植棉花为主。

自无锡以西,新兴的蚕丝产地是镇江府属的丹徒、丹阳等地和南京近郊江宁。丹阳的蚕丝业原来只有县南黄丝岸等处才有,"兵燹后,闲田既多,大吏采湖桑教民栽种,不十年桑阴遍野,丝亦渐成,岁获利以十数万计。西北乡民在湖州业机坊者归,仿湖式织之,几可乱真。但水色不宜练丝,或稍逊于湖耳"①。细绎起兴起原因,乃受湖州府丝绸生产的影响。丹徒县直到道光时种植桑树不广,同治初年经巡道沈秉成设课桑局倡导,购买湖桑教民种植,"而桑园桑田遂遍境内"②。金坛县,光绪县志载:"桑,各处俱载,比前增倍。"③桑利大兴。在南京,同治四年(1865)涂宗瀛设种桑局,愿植桑者官给桑秧 35 株。同治十年总督曾国藩设桑棉局,在南京城西北及城南广植官桑,并教民种桑,颁发种桑规条,附郭内外种者甚多。④ 此局虽于光绪六年裁撤,但"民间渐知育蚕"⑤,所产之丝不如浙丝优良,称为土丝,源源供给城中机户作纬丝之用。但据候补知府尹绍烈等禀称,"今设局数月,已种活桑树数千棵,种成地桑二百棵,布植桑秧数万棵。秋分可散民领种,明年春分照此散给。如有乡民不谙接桑,准赴局邀桑匠,顺带桑芽代为斫接,不得索取分文"⑥,看来规模相当有限,成效也不大。其他地方如溧阳、武进、宜兴、金坛、句容、江宁、江浦县,以及苏北的高邮、宿迁、睢宁等县种桑养蚕也稍见讲求。

鸦片战争后,江南蚕桑生产格局的另一个重大改变是养蚕和缫丝的分离。战前,蚕茧只在自养自缫的农户中需要调济余缺时才作为商品出现,蚕户的茧主要是自缫的,售丝而不售茧,茧的商品化还没有取得普遍意义,养蚕和缫丝还没有分离。自 19 世纪 60 年代后期外国资本在上海

① 光绪《丹阳县志》卷二九《风土》,第 7 页,《中国地方志集成·江苏府县志辑》第 31 册,第 378 页。
② 光绪《丹徒县志》卷一七《物产》,第 19 页。
③ 光绪《金坛县志》卷一《土产》,第 40 页。
④ 同治《上江两县志》卷一一《建置》,第 5 页。
⑤ 光绪《续纂江宁府志》卷六《实政》,第 4 页。
⑥ 薛福成:《薛福成日记》,蔡少卿整理,同治十年六月十一日,吉林文史出版社,2004 年,第 76 页。

设立新式缫丝厂和 80 年代初上海的第一家民族资本的公和永丝厂建立后,外国资本和民族资本的新式缫丝厂先后在江南各地建立起来。光绪三十四年,四川也开始建有机械缫丝厂。为满足丝厂对茧子的需求,各地烘制干茧的茧行相应建立起来,广大蚕户在出售鲜茧比出售生丝更为合算的情形下,纷纷直接售茧给茧行,而不再自己缫丝,养蚕和缫丝形成了专业上的分工而完全分离。

无锡等新蚕桑区的农户大多是直接出售鲜茧的。如前所引,温鼎所说"此外又有缫丝厂收茧作丝,不缫丝可售茧。无锡、绍兴率皆售茧"①。茧行的迅速增多和分布的普遍,可以反映无锡蚕户出售鲜茧的程度。无锡"蚕事以西北乡为丰",县中"商业以丝、米两项为大宗"。② 无锡自光绪十二年(1886)设立茧行,到 20 世纪初年,因蚕丝"价值猛涨,茧业发达远过以前,沿西南北三门外茧行之大者,凡七十余处,茧灶共七八百副。茧市之盛,吾邑所以为最也"③。据当地人回忆:"一九○○年前后,全县各乡镇已普通设立茧行。至收茧时各茧行在乡村中设出庄,每行少则数处,多则一二十处,以抢收鲜茧,运回茧行加工烘干。农村中凡有二三百户以上的村镇都有出庄设立。由于茧行及出庄多,收购时间短,若遇歉收年成,各茧行拼命抢收,互相哄抬茧价,以致造成茧市混乱。"④老蚕区特别是湖州则仍以出售生丝为主。如最大的丝市南浔,"无不售丝者"⑤。但杭、嘉、湖地区只卖茧不售丝的蚕户也不少。湖州人描写,"近时多有往嘉兴一带买茧归,缫丝售之者,亦有载茧来鬻者"⑥。据统计,清末每年各地鲜茧产量是,杭州 16 万担,嘉兴 14.3 万担,湖州 17 万担,占浙江全省出产鲜茧的 80%。1909—1911 年 3 年中,杭州出售的鲜茧达 3995 担,下脚茧达 1519 担。这一方面反映了西方列强对江南蚕茧原料的掠夺,

---

① 温鼎:《见闻偶录》,民国《南浔志》卷三○《农桑一》引,第 21 页。
② 宣统《锡金乡土地理》上卷,第 3,5 页。
③ 光绪《锡金乡土地理》上卷,第 9—10 页,光绪三十二年文苑阁木活字本。
④ 高景岳、严学熙:《近代无锡蚕丝业资料选辑》,江苏古籍出版社,1987 年,第 22 页。
⑤ 温鼎:《见闻偶录》,民国《南浔志》卷三○《农桑一》引,第 21 页。
⑥ 汪曰桢:《湖蚕述》卷三"缫丝"条引董恂《南浔志稿》,第 73 页。

同时也反映了当地蚕农出售鲜茧的程度。据日本人当时的统计,1909—1910年间江苏无锡、常州、江阴的茧行多达250家,浙江杭、嘉、湖、绍等地的茧行为92家。江、浙两省不同的茧行数,一定程度上反映了新老蚕区售茧和售丝的不同比例,但都反映了养蚕与缫丝的分离程度。

在蚕户自养自缫时,养蚕缫丝季节与劳力之间存在着矛盾,养蚕数量受到缫丝能力的限制,养蚕与缫丝分离后,农家不必考虑季节与劳力的因素,而可以尽其地亩种桑,尽其能力养蚕。一般来说,清代后期生丝的价格是逐年上涨的,茧价也不断上升。各丝厂为获得鲜茧竞设茧行,提高茧价,纷纷抢购,农户养蚕卖茧不存在销路问题,得益较多。这也就是近代江南蚕桑生产不断发展的一个重要原因。这样有利的条件本可以使一些土地多、实力厚的农户从自然经济状态的小农中脱颖而出,发展成农业资本家式的人物,但是江南人均占有耕地量极低,一田二主、永佃权等租佃关系又极为发达,农家又习惯于先种植保证全家口粮的水稻。这样,对每一家农户来说,可以用于种植桑树的土地面积就极为有限,养蚕量也就受到严格的限制。一个典型的农户,一般产茧30斤—80斤,生产300斤以上的只是极个别的。从这个意义上说,近代江南种桑养蚕业的繁盛是以从事该业农户的增多和范围与地域的扩大形成的,而不是以规模的扩大形成的,尽管它的专业化和商品化较之以前获得了大的发展,但它仍然是建立在广大小农的小商品生产的基础上的,而不是以农业资本家的经营式农场生产为基础的。

第三章　明代江南兴盛的官营织造业

明代用于织造官用缎匹和宫廷织品的,有中央织造机构和地方织染局两大系统。但长期以来,中央织染机构的数量、生产规模和生产织品等,既有研究未能清楚说明;明代南北两京设置了哪些中央织造机构,学界长期以来有不同看法。由于解释不同,不但织染机构设置情形不明,而且因张冠李戴,各织染机构的具体情形更纠缠不清,其演变状况就难以知晓。地方织染系统的具体情形也多不清楚,各个织染局的前后运作和织造形式的变化等也无从谈起,这就根本上无从了解明代官营织造生产的基本情形。

一　中央织染机构的设置与运作

江南地区历史上较早设有官营织造机构,进入明代,南京成为全国都城,中央织造机构也就在京城建立起来。永乐十九年(1421)明廷迁都北京,随后也设有中央织造机构。对此复杂情形,前人一直未曾厘清。

有关明代中央机构的设置,《明会典》载:"两京织染,内外皆置局。内局以应上供,外局以备公用。南京又有神帛堂、供应机坊,苏州、杭州等府亦各有织染局。"①《明会典》的这一陈述被《明史》卷八二《食货六·织造》所沿用。学界对于上述内容的解释,不外乎三种。一种解释是:"所谓'两京织染'是指分设在南京和北京的织染局。设在南京的叫内织染局又名南局,隶工部……设在北京的叫外织染局,即工部织染所。"②另一种解释是:"内局,指内织染局……外局,指工部都水司所属两京织染局。"③第三种解释是:"除京师(北京)设有内局(织染局)外,全国各行省之外局,共有二十多处。"④基于上述解释,一般人也就认为明代中央织染机构只有南京内织染局、北京外织染局、南京神帛堂和供应机房四处,并以此来考察明代官营织造的规模和产量。

上述第一种解释将中央织染机构设在南京的称为内织染局,隶属于工部,设在北京的称为外织染局,不但没有将"内外皆置局"的意思解释出来,而且将内外局的主管部门混淆起来,曲解了真正的"内""外"织染局。万历《明会典》不但在卷二〇一中有"内织染局"条和"外织染局"条,而且在卷二〇八《南京工部》中有"南京内织染局"条。"内织染局"和"南京内织染局"的内容不同。可见这里的"内织染局"不是"南京内织染局",而是指迁都后的北京内织染局,不能将在南京的内织染局直接称为内织染局。成化时,因加派渐多,应天巡抚王恕奏称:"今后上用并宫中所用及赏赐诸王龙凤等项花样衣服,无只著两京内织染局织造。其合用预备赏赐等项纻丝,合无照依原额行移各该司府织染局织造。"⑤明言两京各有内织染局,其织造内容为上用并宫中所用及赏赐诸王缎匹。由此更可见《明会典》记载的内织染局系指北京内织染局。

第二种解释基本正确,只是据此仍无法知晓内局是指北京内局抑或

---

① 万历《明会典》卷二〇一《工部二十一·织造》,扬州广陵刻印社影印,2007年,第2703页。
② 彭泽益:《从明代官营织造的经营方式看江南丝织业生产的性质》,《历史研究》1963年第2期,第33、34页。
③ 李洵:《明史食货志校注》,中华书局,1982年,第280页。
④ 朱新予主编:《浙江丝绸史》,浙江人民出版社,1985年,第88页。
⑤ 王恕:《王端毅奏议》卷五《奏报灾伤因言织造进贡劳民伤财奏状》,《景印文渊阁四库全书》第427册,第537页。

南京内局,内局是一个还是有两个。在万历会典的"内织染局"条中,又云:"隆庆元年题准,凡有传奉急用龙袍等件,本局果难独支,方许奏行南局织造,不得违例陈请。"①将"本局"与"南局"对称,又可见会典中的内织染局这"本局"乃指北京内织染局,因位于京城,与京师其他的营造机构一样,不必冠上北京字样,而南京者却必须有南京字样以示区别。因此,永乐迁都后的内织染局即指北京内织染局,与南局对称。惟其如此,则北京与南京均有内织染局,而非以内外为南北之分甚明。

第三种解释,将设在北京者称为内织染局,设在全国各地者称外局,更误解了原文之意。前引文字很清楚,内局、外局指中央织造机构,此外又有苏、杭等地方织染局。这与会典同卷中"内织染局"和"外织染局"外复有"各处织染局"即全国各地方织染局,以及正德《明会典》卷一六一在内局、外局后具列天下织染局是完全一致的。而且万历《会典》明载,洪武二十六年定,"凡供用袍服段匹及祭祀制帛等项,须于内库置局,如法织造,依时进送。每岁供用段匹,务要会计岁月数目,并行外局织造";所用物料,苏木、明矾,从官库中取用,红花、蓝靛等项,"于所产去处税粮内折收",槐花、栀子、乌梅,"于所产令民采取,按岁差人进纳该库支用"。②若外局为地方织染局,所需物料又何会"进纳该库(指内承运库——引者)支用? 况且"外局以备公用",地方织局以备赏赐,其分工在万历会典中载之甚明。洪武二十三年(1390),诏令"罢天下岁织缎匹。凡有赏赉,皆给绢帛",表明地方织局原为织造赏赐缎匹而设。弘治九年(1496),"内承运库缺供用赏赐缎匹,分派各司府改织各色纻丝纱罗",赏赐缎匹即由地方织局承造。

如此说来,外局既非指北京内织染局,又非指各地织染局,则应当另有所指。万历《明会典》卷一八九《工部九》记工匠数时,在内织染局外又有"工部织染所",此可与同书卷二〇一《工部二十一》所载内局、外局相

① 万历《明会典》卷二〇一《工部二十一·织造》,第 2704—2705 页。
② 万历《明会典》卷二〇一《工部二十一·织造》,第 2703 页。

对应,外局即工部织染所。由《明太祖实录》洪武三十年十一月庚午"改工部织染局为织染所",可知其由来。万历《明会典》卷二〇八《工部二十八·南京工部》载:"凡每年包裹御览等历销金包袱合用柘黄线罗,行南京织染所织造送用。"①《明史》卷七五《职官四》叙南京官职时列有工部织染所官员。由此二则,可知南京在内织染局之外,复有工部织染所。明末太监刘若愚《酌中志·内府衙门职掌》中有工部织染所,而且声明"此所,工部亦有监督,有大使,有办颜料诸项商人。此所不隶内织染局"②。至其地址,在德顺门三座桥之北,与位于北安门里街南的内织染局不但归属不同,而且地址不同。可见,北京除内织染局外,又有工部织染所。

综上所述,"两京织染,内外皆置局"意指北京和南京都有内织染局和工部织染所,内织染局即内局,工部织染所即外局,内外之名,因官司隶属不同而起。只有作如是解释,才符合历史实际,语义上才说得通,也才不致于将内外局混淆,影响对明代官营丝织业的研究。

"两京"、"内外"之意既明,具体考察明代官营织染机构也就有了可能。

(一) 南京内织染局

有关南京内织染局的记载最早可推到吴元年(1367)。是年十二月,明廷置尚染等四局,设局正一人,局副二人。洪武四年(1371)闰三月,定局正为正六品,局副为从六品。洪武十七年四月更定内官品秩,"织染局设大使一人,正九品,副使一人,从九品"。洪武二十八年重定内官品秩,内织染局与其他由内官掌管的局库一样,"设大使一人,正五品,左、右副使各一人,从五品"③,官秩较前大为提高。后内织染局成为内官"八局"

---

① 万历《明会典》卷二〇八《工部二十八·南京工部》,第 2771 页。
② 刘若愚:《酌中志》卷一六《内府衙门职掌》,《丛书集成初编》第 3967 册,第 125 页。
③《明史》卷七四《职官三》,中华书局,1974 年,第 1820 页。

之一,内局之名因是而起。内织染局官因系太监担任,也就直接称为管事太监、织造太监等。

　　南京内织染局的具体地址不甚清楚。万历《明会典》卷二〇一《工部二十一·织造》载,洪武二十三年,"罢天下有司岁织缎匹。有赏赉,皆给绢帛,如或缺乏,在京织造。"①《明史》等据此以为局址就在后湖。罢天下岁织事在洪武二十三年十二月。《明太祖实录》载:"诏工部罢天下有司岁织段匹。凡有赏赉,皆给绢帛,如或匮乏,即就京织造。尚书秦逵因奏各布政司府县岁造弓箭,有司多假此扰民,若以工匠轮班赴京造之,可免有司科扰之患。上以为然,亦令于后湖置局造之。"②实录明言后湖所造者是弓箭,绢帛则仅言"在京织造"。谈迁则说得更明确:"洪武二十三年十二月壬申,罢天下岁织缎匹,造弓矢。赏赉用绢帛,有匮乏,即织于京师。置后湖局,专造弓矢。"③因此后湖之局,专造弓箭,与织局似乎无涉,织局置于何处,尚难断定,所谓于后湖置局织造云云,理由并不充分。北京皇城规制同南京,北京内局设在北安门外,如果北局形制同南局,则南局当应在南京北安门一带。

　　南京内织染局是明代最为重要的中央织染机构,朝廷极为重视。明初,朝廷任命织局官员时,即颁给敕谕,委以重任。其文为:

　　　织染局官敕

　　　织染之工浩大,所用者皆民之岁供,若官良臣以司之,则民无横科,色匹如式;若非良臣而贪汙职者,则民之受扰,物不如式。古者因是设局命官,使工无旷日,物不妄费。今朕亦体为之,命尔某为某官。尔当公务业,诚保身。慎哉!④

敕文只强调了织造官员职责和织造钱粮的重要,而对织品并未提出具体

① 万历《明会典》卷二〇一《工部二十一·织造》,第 2703 页。
② 《明太祖实录》卷二〇六,洪武二十三年十二月壬申,第 3 页,台湾"中央研究院"历史语言研究所校印本,1962 年,总第 3074 页。
③ 谈迁:《国榷》卷九,中华书局,1958 年,第 714 页,
④ 陈仁锡:《皇明世法录》卷一二《圣制》"织染局官敕"条,第 83 页,崇祯刻本。

质量要求。

南京内织染局的生产任务是什么呢? 通观明朝一朝,南京内织染局的织造内容,主要包括如下几项。

一是织造上用龙衣等各色纻丝纱罗绫织物。这是该局最重要的任务,具体数量可见前述。天顺八年(1464)宪宗即位诏书所言"内织染局节次坐派织造上用供用赏赐用纻丝纱罗绫绢丝线经纬"等①,成化时南京内织染局兼署局事司设监左少监温善呈报,"本局工程,皆系节奉钦依织造上用供用各王用并赏赐预备等用各项段匹,及钦差送染刻限守取绢布,并年例织造赴京文武品官照出等项,数该五万六千有余,皆是紧要工程"②。成化十六年(1480),广东左布政使彭韶上疏提到,南京有内织染局,"专以织造上用龙袍鞠衣及诰敕命轴等项"③。由这些说法可知,南京内织染局主要织造上用、内用并赏赐缎匹等,范围较为广泛。

明末《南枢志》记载,南京司礼监负责解送织染局龙衣并起运各色纻丝纱罗绫,原来年例龙衣、各色花素纻丝、纱绫等件,用船4只。后来定为每年春秋二运,每运多至3400余匹,每厢装25匹作一扛,每船可装40扛,嘉靖九年(1530)题准,约用船4只;嘉靖三十一年(1552)题准,43扛,用船1只;隆庆六年(1572)等年起运4400余匹,计281厢,拨装黄船2只、马快船7只;万历十五年(1587)添运各色彩金纻丝纱罗绒线等件350匹段,装盛22厢扛,添设小黄船1只;万历十九年添造纻丝等件1769匹段,添拨马船1只;当年春秋二运,每运拨黄船4只、马快船7只。④ 在丝织品加派的过程中,南京内织染局的织造量也不断上升,特别是自万历中后期到天启初年,丝织品加派达到登峰造极的地步,南京内织染局承织的缎匹更有增无已。

① 《明宪宗实录》卷一,天顺八年正月乙亥,第7—8页,总第14—15页。
② 王恕:《王端毅奏议》卷四《覆奏南京六科陈言弭灾事奏状》,《景印文渊阁四库全书》第427册,第521页。
③ 邓球:《皇明泳化类编·财用类》卷八九,隆庆刻本,第6页。
④ 范景文:《南枢志》卷六一《职掌部第八·车驾司一》,《中国方志丛书·华中地方》第453种,第4册,第1539—1540页。

二是织造文武官员诰敕。凡用于官员封赠的诰敕,洪武二十六年规定,照依品级制度,如式织造。永乐迁都后,诰敕仍由南京内局织造,定例:"凡文武官员应给诰敕,俱该内库印绶监题行,本部(即工部——引者)转行南京内织染局,照依品级制度如式成造。"①成化时重申,"诰敕轴俱系南京织造",敕令"工部转行南京设衙门,令依宣德、正统以前旧轴如法织造,有不堪者,究治之"②。诰敕式样皆有规定:诰用五色纻丝,正面织文曰"奉天诰命",敕用纯白色绫织成,正面织文曰"奉天敕命"。左右两旁以升降龙纹片绕,反面有织造年月日字样。文职诰命按品级长短各有差等,用料也有多少;武职诰命与敕命规格一律。每年额织诰敕共1000道。其具体尺寸,诰轴:一品文职,长1丈2尺,用料丝1斤12两6钱1分2厘5毫;二品,长1丈,用料丝1斤6两8钱6分2厘5毫;三品,长8尺5寸,用料丝1斤4两1钱8分7厘5毫;五品,长6尺,用料丝1斤5钱1分2厘。敕命一轴,用料丝13两6钱9分2厘5毫;诰轴,武职者用料丝13两1钱3分8厘。③ 其质量要求为"诰身细密,颜色鲜明,花样篆文合式"④。织造诰敕所用的丝料在南京丙字库支取,如临时缺乏,支取南京工部天财库铜钱行令应天府买办。由明后期人记载可知,迁都后,朝廷所需诰敕,仍是由南京内织染局与南京工部共同织解的。诰敕的实际织解,在局设有官诰堂人匠,凡遇传织,以十分为率,分派正匠织完四分,送南京印绶监装裱,内织染局差官起运;工部外雇人匠织造六分,工部自行装裱,差官起运,解交北京内织染局。⑤ 起运诰敕,原来用船1只,每运不过1200道,嘉靖九年题准,用船1只;隆庆六等年起运40厢,拨船2只;万历十五年添运1080道,添船2只;万历十九年添运

---

① 何士晋:《工部厂库须知》卷九,《北京图书馆古籍珍本丛刊》第47册,书目文献出版社,第610页。
②《明宪宗实录》卷一九四,成化十五年九月壬戌,第2页,总第3421页。
③ 谈迁:《北游录·纪闻上》"诰轴"条,中华书局,1960年,第320页。
④ 万历《明会典》卷二〇八《工部二十八·南京工部》,第2772页。
⑤ 丁宾:《丁清惠公遗集》卷三《题怜织造苦役归并苏困疏》,《四库禁燬书丛刊》集部第44册,第101—102页。

诰敕命 300 道,拨船 1 只;万历四十二年起运 2400 道,拨马快船 3 只;以后每 800 道用船 1 只①,数量也在不断增多。

三是生产各色绢布。最初定为十年一题,料造进宫各色绢布 5 万匹,其中阔生绢、染练生熟绢 2 万匹,送至南京承运库;白布 1.6 万匹,苎布 1.4 万匹,送至南京甲子库。嘉靖十四年以后,改为七年一题,隆庆四年仍以十年为例。所用物料,苏木于南京丁字库支取;靛青、红花、乌梅等物由上元、江宁二县召集商人买办。② 隆庆元年,内织染局太监刘安提前数年奏请预给染料,工部覆称,"嘉靖中每十年一奏料,少亦不下柒年,今四年预请,非故事,不可从。上是其议"③。看来料造年限与奏请物料在实行过程中不尽一致。

四是织造一些零星织物。如织造画绢,据说"长阔各贰丈余,日用二十余工,织不满尺"④。又如织造关卡符验,"凡双马、单马起关符验,印绶监开数,移咨本部料计,转行南京印绶监、内织染局织造"⑤。

为织造上述各种织物,南京内织染局"额设机三百余张,军民人匠三千余名"⑥。但这只是额定数,事实上随织造任务大小时有变化,总的趋势是人匠越来越多,而多被内监役占。嘉靖十一年,给事中丘九仞题准,本局军民人匠只留 2785 名,分作两班上工。⑦ 匠役原系洪武、永乐时住坐的军民匠,后屡有投充者,到嘉靖三年,"命南京织染局军匠自洪武、永乐中选用者,皆存留勿他役;近年投充者如例兼役之;旧额阙者亟命解补"⑧。到嘉靖后期,南京织染局长期积负数多,司局长随陈宪添设机张,召募工匠,遭到南京户科给事中岑用宾弹劾,奉召革去。可见在原来的

①《南枢志》卷六一《职掌部第八·车驾司一》,《中国方志丛书·华中地方》第 453 种,第 4 册,第 1537—1538 页。

②万历《明会典》卷二〇八《工部二十八·南京工部》,第 2772 页。

③《明穆宗实录》卷一三,隆庆元年十月乙未,第 6 页,总第 358 页。

④《明孝宗实录》卷一九〇,弘治十五年八月己酉,第 4 页,总第 3506 页。

⑤万历《明会典》卷二〇八《工部二十八·南京工部》,第 2772 页。

⑥万历《明会典》卷二〇八《工部二十八·南京工部》,第 2772 页。

⑦邓球:《皇明泳化类编·财用类》卷八九,第 7 页。

⑧《明世宗实录》卷四三,嘉靖三年九月丁丑,第 7 页,总第 1122 页。

匠役之外,南京内织染局一度还动用了雇募工匠。隆庆初年,南京内局太监刘安又以上供急需,奏请恢复增募匠役,南京兵科给事中李崧上疏禁止而不果。后来织造量不时增加,动用召募工匠当成经常之举。

(二) 南京工部织染所

有关南京工部织染所的材料甚少,这可能与其后来的地位不甚重要有关,以致人们怀疑它是否存在。

南京工部织染所隶属工部都水司,原称工部织染局,洪武三十年改为织染所。① 永乐时都城北迁,"增设内外各织染织造局"②,未见裁撤该所,可见该所与其他南京中央机构一样仍然保留,后来仍习称南京织染局。南京工部织染所与文思院、龙江抽分竹木局、瓦屑坝抽分竹木局一样,各设大使一人。嘉靖三十七年仅革文思院大使,说明仍有织染大使一职,工部织染所尚存。南京工部织染所额设工匠 40 余名,"专为织造奉先殿器皿项下罗纱及御览历日包袱黄罗而设",产量不大,规模较小,工匠十年方轮一次。③ 此外,该所还主要染造内官所需衣料等。成化二十一年,应天巡抚王恕奏,在京针工、巾帽二局,"每年各差内使二名,管送布绢等物,前来南京染造,却装回京,与内官做造衣被、巾帽等件"④。弘治十八年,马文升题奏,其任职南京兵部尚书时,内府针工局递年将"在南京内官内使所陈铺陈衣服,该用绢布,俱于在京该库关出,用马快船装载,差内官或内使管运,前去南京织染局染造……待其染完,南京兵部复拨马快船装运来京",而且说这种做法"岁以为常"。马文升认为这种做法往来劳扰,主张只需就近于南京该库支送,由南京织染局染造完

---

① 《明太祖实录》卷二五五,洪武三十年十一月庚午,第 6 页,总第 3688 页。
② 夏燮:《明通鉴》卷二二《纪二十二》,正统元年闰六月,《续修四库全书》第 365 册,第 42 页。
③ 丁宾:《丁清惠公遗集》卷三《题怜织造苦役归并苏困疏》,《四库禁煅书丛刊》集部第 44 册,第 101—102 页。
④ 王恕:《王端毅奏议》卷六《同南京吏部等衙门应诏陈言奏状》,《景印文渊阁四库全书》第 427 册,第 577 页。

备,由南京守备太监差内官管运进京交纳。① 说明其主要职掌直到明后期未变,仍以染造内官所需衣料等为主。嘉靖八年,明廷下令浙江湖州府额办丙字库串五丝 1250 斤,"自本年为始,径解织染所,听科道官、本部委官监同秤收,神帛堂自行拣验应用"②。前述南京内织染局织造诰敕丝料也取之丙字库,可见至嘉靖年间,南京工部织染所除了零星织造外,实际上成了储存制帛、诰敕所用丝料的堆放地了,其地位逐渐无足轻重。万历末年,因为正匠逃故数多,只遗徐弼等数人,贫困无聊,经题奏,该所所需黄罗等归并内织染局织造解进。

(三) 南京供应机房

《明史》谓,明初设"南京供应机房"③。又刘若愚《酌中志》载,"南京供应机房太监一员,则本库外差,有敕谕关防,所谓汉府织造是也"④,其署即汉庶人高煦遗址。据此可知,供应机房隶属北京内承运库。汉王高煦废于宣德元年(1426),则供应机房设置时间当在此之后。而具体地点,成化时广东左布政使彭韶言,"南京有供应机房,近皇城之西华门"⑤;万历《上元县志》所附京城图上标示的供应机房所在方位,在同治《上江两县志》卷二七所附江宁城区图上标示成了竹桥小织造,因此清代竹桥小织造处即系明供应机房处,正好是明代宫城西华门,也即约今逸仙桥和汉府街迤北竺桥一带。

供应机房的织造任务不定,"原备不时织造,工料取之南工部"⑥,所以嘉靖九年南京兵部尚书王廷相上奏谓,南京内织染局"龙衣、彩锦、纱、罗、绫、段诸物,既有织染局之岁办,则当省南京供应之机房"⑦。隆庆二

① 马文升:《马端肃奏议》卷一一《传奉事》,《景印文渊阁四库全书》第 427 册,第 816—817 页。
② 万历《明会典》卷四二《户部二十七·南京户部》,第 794 页。
③ 《明史》卷八二《食货六》,中华书局,1974 年,第 1997 页。
④ 刘若愚:《酌中志》卷一六《内府衙门职掌》,《丛书集成初编》第 3967 册,第 117 页。
⑤ 邓球:《皇明泳化类编·财用类》卷八九,第 6 页。
⑥ 《明神宗实录》卷四八九,万历三十九年十一月己酉,第 1 页,总第 9212 页。
⑦ 《明世宗实录》卷一一七,嘉靖九年九月庚子,第 5 页,总第 2771 页。

年,钦降织造花样四函,令南京供应机房照式督造,结果无人主管其事。工部请令南京内织染局太监刘安并任其事,而穆宗命太监赵玢前往提督织造。① 看来供应机房确与内染局、神帛堂等有固定织造任务者不同,但其机构却一直未撤销。随着明廷丝织物加派激增,皇帝不断钦降花样令供应机房开织,不时织造事实上成了经常之举,而且规模甚为可观。早在正德八年,户、工二部官员就声称,"机房岁造,动至数万,及内官冬衣并赏赐各项衣段,折银不止十余万两"②。数万两银子用于织造,其缎匹之多可以想见。嘉靖时,供应机房每年进一起,各色缎匹 1600 匹,用船 7只。③ 嘉靖二十四年,供应机房织造"上用纻丝、纱、罗、织金、彩装膝襕胸褙暗花五爪龙"袍料共 1125 匹,物料工价银 17878 两④,均是上用高档龙袍织品。天启三年,朝廷传派改造缎 2.65 万匹,其中大红青绿只逊纻丝1.15 万副,大红青绿通袖膝襕 9500 副,新添大红青绿改机绸 6500 副,由应天等府织造者,"听南京供应机房织造,内监兼督"。⑤ 崇祯时,南京供应机房纻丝纱罗达 34290 匹,其中上用纻丝纱罗 4290 匹,上用升降龙拥祥云,升降龙骨朵云,升降龙祥云嵌八宝,团龙骨朵云,团龙庆喜嵌八宝,团云龙界地嵌八宝,四侧、六侧骨朵云,大四金莲宝相花,六侧金莲宝相花,方胜八吉祥宝相花,上用色:柘黄、柳黄、元色、真紫、大红、福青、鹦哥绿、翠蓝、玉色⑥,质地高档,各种龙纹色彩繁复,数量更超过往昔数倍。

由皇帝临时差遣派织,可知供应机房所织主要是供上用的纻丝、纱、罗缎匹与各色花样袍服,但也织造供赏赐用的各色缎匹。天启元年,机房太监李凤以上供袍服应付迟误奏参任丘等县官。定陵出土的大量丝织品中,也有不少明确标明"南京供应机房造上用"字样。

① 《明穆宗实录》卷二〇,隆庆二年五月丙子,第 10—11 页,总第 562—563 页。

② 《明武宗实录》卷一〇〇,正德八年五月丙子,第 3 页,总第 2075 页。

③ 祁承㸁:《明南京车驾司职掌》卷一《都吏科·差拨事例》,商务印书馆,1934 年,第 21 页。

④ 邓球:《皇明泳化类编·财用类》卷八九,第 14 页。

⑤ 周起元:《周忠愍奏疏》卷下《题为只逊派增太滥地方匮乏难支疏》,《景印文渊阁四库全书》第430 册,第 277 页。

⑥ 孙承泽:《思陵典礼纪》卷四,《丛书集成初编》第 3972 册,第 47 页。

供应机房虽系临时派织，钱粮工料却取之于南京工部。隆庆二年太监赵玢抵任供应机房后，"请议处织造工料银两。工部言，供应钱粮，部臣自当措处，不必仓皇请给。宜令会同南京户、工二部及科道估计。"得旨："应用钱粮工部即行南京该部处给，不得迟误。"①然而在派织量过大，或工部钱粮不敷时，往往动用其他钱粮。正德十四年，在屡屡动用盐引销银拨付织造的年代，"以长芦运司盐四千引，给南京供应机房太监刚聪以供织造"②。嘉靖七年，又是这个刚聪，疏请每年拨给两淮盐课银3万两及扬州钞关船料银为工作费，遭到世宗斥责，勒令回京。次年，提督南京机房太监李政也"乞两淮银为织造费，上责政妄乞，不允"③。可是到了嘉靖十一年，李政以事完疏请回京，世宗却"命支南京承运库银三万两照旧织造"④。到万历后期，为筹措供应机房与其他机构的织造银两，更是"借及户部，借及漕粮"⑤，百计搜罗，与原来规定也就相去日远。

南京供应机房动用的工匠，其身份目前还不太清楚，但基本上可以确定是民间机户。正德、嘉靖时应天府上元县丝绸业者李昌，当供应机房"选富民为丝绵铺户，公私侵扰，往往困乏破家"时，列举铺户艰苦情状，奸蠹悉去。⑥万历三十一年，供应机房左少监杨志疏参"织匠项举等预领工银，刁诬侵赖，有妨作工"⑦。织匠预领工银，应是民间机户。这些事例，说明供应机房的工匠可能临时选自民间机户。供应机房因备不时织造，似乎也不可能额设应用机户，遇有织造物事，才临时由民间机户领织。定陵出土的缠枝莲花纹锦2匹，D66腰封题记为："嘉靖肆拾贰年陆月　日南京供应机房织造"。J61，在机头一端的下部有墨书题字"傅文子"三字，当是织匠姓名。出土的回纹地妆花团龙纹罗匹料一匹，绿色回

①《明穆宗实录》卷二一，隆庆二年六月戊子，第4页，总第573页。
②《明武宗实录》卷一七五，正德十四年六月乙亥，第3页，总第3381页。
③《明世宗实录》卷九七，嘉靖八年正月壬寅，第1页，总第2261页。
④《明世宗实录》卷一三四，嘉靖十一年正月戊辰，第3页，总第3174页。
⑤《明神宗实录》卷四八九，万历三十九年十一月己酉，第1页，总第9212页。
⑥何良俊：《何翰林集》卷二三《李松村生圹志铭》，《四库全书存目丛书》集部第142册，第185页。
⑦《明神宗实录》卷三八一，万历三十一年二月己酉，第5页，总第7173页。

纹地,用红、蓝、黄、白四种彩绒妆花,团龙纹,六则,匀罗摆。残存有腰封题记为:"南京供应机房织造上用银丝□莺哥……龙壹匹长伍丈阔□尺……府上元县,织匠张鸾……张科 万历贰□年　月　日。"①织匠均不以织造场所的局房具名,而以户籍所在的地域具名,也大体可知他们都是民间机户。既是民间机户领织,也就存在侵吞工银的可能。如此说来,供应机房的工匠,其身份和地位与明中后期苏、杭等地方织染局的领织工匠是大体相同的。

(四) 南京神帛堂

神帛是皇帝用于祭祀天地、祖宗、神祇、历代帝王、功臣及孔子等的丝织品。其名称在洪武三年即经钦定,共有五种,即郊祀制帛、奉先制帛、展亲制帛、礼神制帛和报功制帛,以白、青、黄、赤、黑五色为别。这些名色一直延用到清代。其具体尺寸,每"制帛一段,长十八尺,料丝十五两,每尺该丝八钱三分三厘强"②。

神帛堂至迟在洪武二十六年即已设立。每十年料造一次,原来共帛13690段,其中运赴北京各样制帛1096段,南京太常寺关领各样制帛255段,运赴显陵奉先白色制帛18段,每年实为1369段。到万历三年屡次增加了1912段,合之年例三万有奇。万历四十三年司礼监太监李恩"复称缺乏,巧添钦取名色具题"③,工部也奏"制帛急缺,命增织速解,不许迟误"④,实际上每年织解了3000段左右,较之额定已多了一倍以上。制帛用料,由南京工部委官支给,如遇缺乏,行应天府支天财库铜钱令铺户办纳。嘉靖六年后,一度曾于南京丙字库支用,不久复旧。随制帛量增加和织造太监的贪婪,丝料铺户办纳的比例也就不断

---

① 中国社会科学院考古研究所、定陵博物馆、北京市文物工作队:《定陵》,文物出版社,1990年,第64页。
② 谈迁:《北游录·纪闻上》"诰轴"条,中华书局,1960年,第320页。
③ 何士晋:《工部厂库须知》卷九,《北京图书馆古籍珍本丛刊》47,书目文献出版社,1988年,第608页。
④《明神宗实录》卷五三七,万历四十三年九月丁丑,第1页,总第10176页。

上升。

迁都后,南京制帛运到北京。南京司礼监负责起运制帛,每运500段,每25段作1厢,约重50斤,共计20扛。嘉靖九年题准,用船3只;嘉靖二十一年钦取595段,每25段作1扛,每22扛用船1只;万历四年添运制帛1912段,添拨船2只;后起运3007段,拨黄船1只,马快船3只。

神帛堂属南京司礼监太监管辖,堂长负责具体事务。额设织机40张,食粮人匠1200余名。但也有以户计算的,如"神帛堂原额四百四十户","南京司礼监神帛堂匠役,洪武时额定四百户,后太监安宁奏增四十户"。大体上每户食粮人匠3名,每机10户,食粮人匠30名。匠役待遇"粮月三斗",并"俱免杂差"。① 为逃避沉重的徭役负担,富户"多投内监神帛堂以避"②。主管太监也不断奏增食粮人户以作弊弄奸,以致陆续增至1114户。嘉靖初,下诏革去189名,"而该监仍复护留",南京守备魏国公徐鹏举等为此议奏,"请查旧例,复四百四十户之数,余尽革之"③。后御史司马泰清查出各官营机构内无籍人户2300余户,其中不少系窜籍神帛堂者。到万历时,经屡次清查革退,仅存800余名。

至于神帛堂的具体地址,清代南京设有神帛诰命堂,太平军兴,清王朝将诰帛制造移于杭州织造局,在此之前,其地址应即明代神帛堂旧址。同治《上江两县志》卷一三《秩官》载,"往时又有神帛堂,在驻防城北安门内",这与光绪《续纂江宁府志》卷一《秩官》所记"神帛诰命堂,向在皇城厚载门内"也大体吻合。由此推断,神帛堂当在今后宰门内及中山东路南京博物院一带地方。

---

① 《明世宗实录》卷一九,嘉靖元年十月癸酉,第1页,总第559页;《明武宗实录》卷一三,正德元年五月丙申,第8页,总第404页;《明世宗实录》卷二二,嘉靖二年正月辛未,第10页,总第649页。
② 康熙《江宁府志》卷一八《宦蹟传一·王爌》,第27页。
③ 《明世宗实录》卷二二,嘉靖二年正月辛未,第10页,总第649页。

（五）北京内织染局

永乐迁都北京，新设一应官僚机构。内织染局为内官八局之一。如前所述，该局坐落在北安门里街南，并在朝阳门外有浣濯袍服的外厂，在都城之西有外署蓝靛厂。北京内织染局设大使一人，正九品，副使一人，从九品。后内官添设渐多，弘治十七年，管事及监工多达 22 员，较之以前增加数倍。万历时，"总理、佥书、掌司、写字、监工数十员"[1]，事少而冗役杂沓。

北京内织染局主要织造御用及宫内应用缎匹绢帛之类。如冬至大祀御用十二章衮服、皮服。织造此类物品，由钦天监择日，礼部题请遣大臣祭告，隆重之至。嘉靖三年，因织造上用大祀衮冕袍服、皮弁等完工，太监刁永、潘杰竟为织造工匠乞恩升职。如龙袍，前曾提及，隆庆元年规定，"凡有传奉急用龙袍等件，本局果难独支，方许奏行南局织造，不得违例陈请"，说明按照定例龙袍的织造本来应在北京内局，但同时说明，在当时龙袍已在南局织造。事实上到后来，龙袍织造几乎集中在南局和苏、杭二地织染局。内织染局还织造一些式样新颖的上用服饰。如内局曾进呈一种名叫海天霞的新装，有诗描写道："局官呈进夏前罗，雨霁轻霞漾海波。衫子未裁先借问，彩棚何处牡丹多。"（原注：海天霞，内织造局所造新色也。）[2]大概这是一种夏令御用丝织品。总的说来，北京内织染局的织造任务和生产能力在不断下降，因而原来由该局负责织造的缎匹逐渐改由南京内织染局和苏、杭等地方织染局承造。局内工匠的不断减少也显示了这一点。

北京内织染局的工匠是住坐匠，额定人数不详。根据历朝实录和会典的记载，成化二十一年有匠官 110 人；嘉靖四年军匠 2164 名，嘉靖十年减为 1317 名，嘉靖四十年为 1416 名；隆庆元年匠官 87 名，军民匠

---

① 刘若愚：《明宫史》卷二《内织染局》，第 16 页，宣统三年国学扶轮社铅印本。
② 秦元方：《熹庙拾遗杂咏》，第 31 页，钞本。

1343 名。工匠来源主要有三：一是由地方解送。定例："织染局织罗匠役，前件如遇缺乏，内官题行本部查实，行南直隶、浙江抚按，于苏、杭二府内照依旧例，拣选年力少壮，艺业精通者，随带妻子解部，转送该局。"①天顺四年七月，英宗拟遣中官往苏、松、杭、嘉、湖五府增造彩缎 7000 匹，工部奏言"其处巧匠多取赴内局"②。凡此皆可说明织造工匠是由江浙苏、杭等地丝绸生产发达地区解送的。嘉靖四十四年，苏、松二府就曾各取织罗匠 20 名，随带家小赴局。二是从军队中选取的军匠。北京内染局军匠较多。弘治七年，"内府织染局以匠役逃亡者多，乞于京卫军余拣选壮丁一千名习学工作，兵部执不可"，请就本局人匠中选幼丁 300 名，皇帝允准。③ 此次内织染局拟从军籍中拣选壮丁以补工匠，事虽不行，但参照南局，可知军匠系内局匠役之一途。三是在本局人匠的后代中选取幼丁，如弘治七年选幼丁 300 名，弘治九年选幼丁 270 人，月米各 7 斗，弘治九年增给幼匠 429 名，月米各 1 石。

(六) 北京工部织染所

北京工部织染所即外织染局，外局是相对于内局而言的俗称，正式名称是工部织染所。设大使一人，正九品；副使一人，从九品，品秩同内局。此所原属工部都水司，明后期改由内官兼管，"织染所掌关防太监一员，佥书十余员，职掌内承运库所用色绢"④。其地址在德胜门里，到万历时，所内空地堪为园苑，一派萧条荒芜景象，其衰落状态不言而喻。

北京工部织染所主要染练绢帛，十年一题，染练阔生绢 15 万匹，其中供用绢 3 万匹，赏用熟绢 12 万匹。⑤ 万历时，上用绢改由顺天府宛平、大兴二县变染，织染所仅染赏夷净衣绢布。所谓赏夷净衣绢布，是皇帝

---

① 何士晋：《工部厂库须知》卷九，第 610 页。

② 《明英宗实录》卷三一七，天顺四年七月癸卯，第 9 页，总第 6623 页。

③ 《明孝宗实录》卷八七，弘治七年四月辛巳，第 4 页，总第 1618 页。

④ 刘若愚：《酌中志》卷一六《内府衙门职掌》，《丛书集成初编》第 3967 册，第 125 页。

⑤ 万历《明会典》卷二〇一《工部二十一·织造》，第 2705 页。

赏赐给各地民族头人所需的绢布。这类赏赐衣服定制每年题造两次,每次皆有定数。所用纻丝、阔生绢由内承运库放支,织染所变染。

织染所的匠役,永乐时额设758名,成化年间仅存其半。嘉靖十年,住坐匠只有195名。[①] 匠役的不断减少,既在于染造任务的日渐减少,也由于督理官员的大量役占。旧官去任,又多带匠役。成化八年,织染所监督改莅他职,一下子带走匠役37人,而当时织监多至9员,役占人匠多达200余名,每作实存5-7人。匠役的不断减少,表明该所逐渐形同虚设,其地位就越来越低。

二　地方织染局的设置与运作

明代全国的地方织染局,在正德和万历两部《明会典》列名的有:浙江杭州府、绍兴府、严州府、金华府、衢州府、台州府、温州府、宁波府、湖州府、嘉兴府,南直隶镇江府、苏州府、松江府、徽州府、宁国府、广德州,福建福州府、泉州府,江西布政司、四川布政司、河南布政司、山东济南府,共22处,加上明初的山西太原府,合计应为23处。这些地方织染局与元代全国各地遍设不同,主要集中在南直隶和浙江布政司,多达16处,占总数的60%,而尤其集中在江南,八府中只有常州府无织染局。可以说,明代的官营织造机构特别是地方织染局,基本就集中在江浙地区,如果将中央织染机构合并考虑,江南地区显然是官营织造设局最多和最为集中之地。

(一)会典所载各地地方织染局的岁造量

《明会典》记载的承担岁造缎匹的地域和织染局的分布地域不尽一致,但岁造额前后变化不大,原来约为3.54万匹,闰年增为约3.8万匹,嘉靖七年江西、湖广、河南、山东四省以折征形式解送,织造范围收缩至

---

① 万历《明会典》卷一八九《工部九·工匠二》,第2583页。

南直隶苏、松、广德等府州和浙江布政司,岁造数量减为 28684 匹,遇闰加织 2061 匹。所有缎匹"俱以十分为率,二分织金,八分光素"①。会典所载各局具体岁造数量如下:

浙江布政司,纻丝 10403 匹,线罗 520 匹,生平罗 1000 匹,纱 366 匹,色绸 528 匹,共 12817 匹,闰年加织纻丝 812 匹,线罗 31 匹,生平罗 25 匹,共加织 868 品。嘉靖七年实征 12662 匹,闰年加征 838 匹。

江西布政司,纻丝 2803 匹,闰年加征 245 匹。嘉靖七年折征价银 10651 两,闰年加征银 931 两。

河南布政司,纻丝 800 匹,闰年加征 67 匹。嘉靖七年折征价银 3169 两,遇闰不加。

山东布政司,纻丝 720 匹,闰年加征 60 匹。嘉靖七年折征价银 2170 两,闰年加银 180 两。

湖广布政司,纻丝 1939 匹,闰年加征 169 匹。嘉靖七年折征价银 7526 两,闰年加银 648 两。

福建布政司,纻丝 2392 匹,闰年加征 191 匹。嘉靖七年实征 2258 匹,闰年加征 188 匹。

山西布政司,绫和绢各 500 匹,闰年加织 86 匹。

四川布政司,阔生绢 4516 匹,闰年加织 377 匹。

南直隶苏州府,纻丝 1534 匹,闰年加织 139 匹。

松江府,纻丝 1167 匹,闰年加织 97 匹。

常州府,纻丝 200 匹,闰年加织 17 匹。

镇江府,纻丝 1440 匹,闰年加织 120 匹。

徽州府,纻丝 721 匹,闰年加织 48 匹。

宁国府,纻丝 796 匹,闰年加织 47 匹。嘉靖七年起闰年加织 58 匹。

池州府,阔生绢 211 匹,闰年加织 20 匹。嘉靖七年起闰年加织 19 匹。

---

① 万历《明会典》卷二〇一《工部二十一·织造》,第 2706 页。

太平府,阔生绢 500 匹,闰年加织 42 匹。

安庆府,阔生绢 608 匹,遇闰不加。

扬州府,纻丝 131 匹,阔生绢 701 匹,绸 300 匹,共 1132 匹,闰年加织 72 匹。万历时征纻丝 230 匹,闰年加织 1 匹,生绢 701 匹。

广德州,纻丝 240 匹,闰年加织 14 匹,万历时加织 20 匹。[①]

以上南直隶的 11 府州合计每年织造 8549 匹,其中纻丝 6229 匹,阔生绢 2020 匹,绸 300 匹,闰年加织 616 匹。

统计以上南直隶和浙江等 8 个布政司的织造量,每年实为 35536 匹(比会典所载多 100 匹),遇闰加织 2679 匹,其中南直隶和浙江布政司的织造量为 21366 匹,闰年加织 1484 匹,占全国额定织造量的 60%。

(二) 各地地方织染局的设置与兴衰

万历《明会典》等政书只是记载了南直隶下各府州和浙江等 8 个布政司每年的额定岁造量,而于各织染局的设置情形,浙江布政司下各府织染局的具体岁造数等,概付阙如。日本学者中山八郎,有专文考察明代的织染局[②],但不少地方织染局未曾提及,或者语焉不详,并认为明后期各地织染局衰落一因宦官到地方买办,阻碍了官营工场的运营,二因各地匠役凋零,而殊少论及各地的实际生产情形。现主要利用地方志书,简要考察各地织染局的设置及其开张情形。

河南织染局。在省城钟楼南。[③] 所需丝料每年五月于所属各县存留夏丝内派征。该局每年额定岁造纻丝 800 匹,宣德五年河南布政使魏源奏报,织染局岁造缎匹皆用所属州县税丝,自永乐二十年起至宣德四年间,因民众逃徙,逋欠税丝 22520 两,"遂致纻丝五百六十三匹未纳"而蒙

① 万历《明会典》卷二○一《工部二十一·织造》,第 2706—2707 页。

② 中山八郎:《明代の织染局》《明代に於ける传奉织造の起源について》,均载氏著《中山八郎明清史论集》,东京:汲古书院,1995 年。

③ 顺治修、康熙增修《河南通志》卷一五《公署》,第 2 页,《上海图书馆藏稀见方志丛刊》第 162 册,第 462 页。

恩蠲免,请求凡是宣德三年以前未纳缎匹无丝织造者,一体蠲免。宣宗旨令:"丝既无征,又在赦前,其悉免之。"①可见该局明初即因当地不产丝而未能完纳岁造任务,是以屡奉蠲免。到弘治时,由于"该局匠作多非织手,重以饥馑荐侵,死徙几半,所造纻丝亦难上供,仅堪充赏外夷而已"。据河南道监察御史陈宽奏报,弘治二年拖欠岁造缎匹827匹,当地"欲效苏、杭雇倩工匠,而汴人素拙,自来又无织造之家,益用焦劳,猝难为计"②。如此则其时该局生产已很不景气。

山东织染局。设在省会济南府府治西北,建于正统元年③,每年岁造纻丝720匹,闰月增织60匹,用丝33464两,由当地供给。④

福建布政司,下有福州府和泉州府两个织染局。

福州府织染局。洪武八年建于府治东南光泽坊内。天顺时,针对"岁造供用段匹,民为奸利,多不如法"。六年,知府毕亨"作局于府门之右,立法督责,于是所费如旧,而精好百倍"⑤。成化十六年,太监尚春在其地改建市舶司,又将织染局移建于府治西南怀德坊地平寺之东。⑥ 明末人黄景昉也说:"闽藩岁造段匹,听民自办,不如法,往往累及二司。太守毕亨始于府门之右,设织造局。时加省视,费非增而紧致中程度。凡良守令之有造于闽者,余多录示劝。"⑦说明直到明中期知府毕亨重建织造局时,福州府的岁造缎匹是交由民间织解的,局织生产基本可以忽略不提。

---

① 《明宣宗实录》卷七二,宣德五年十一月庚子,第2页,总第1677页。

② 徐恪:《少司空主一徐公奏议》卷二《乞缓织造疏》,《天津图书馆孤本秘籍丛书》第2册,中华全国图书馆文献缩微复制中心,1999年,第165页。

③ 《明英宗实录》卷二一,正统元年八月戊寅,第6页,总第413页;嘉靖《山东通志》卷一五《公署》,第10页,《四库全书存目丛书》史部第188册,第108页。

④ 嘉靖《山东通志》卷八《田赋》,第12页,《四库全书存目丛书》史部第188册,第13页。

⑤ 刘健:《明故正议大夫资治尹都察院右副都御史毕公墓表》,弘治《河南郡志》卷二九《墓志铭》。

⑥ 弘治《八闽通志》卷四〇《公署》,标点本,福建人民出版社,1990年,第845页;王应山:万历《闽都记》卷六《郡城西南隅》,第9页。

⑦ 黄景昉:《国史唯疑》卷一二,上海古籍出版社,2002年,第365页。

泉州府织染局。《明史·食货六》谓设于正统时,其地在府治左忠厚坊内,正统三年知府尹宏建。景泰五年(1454)织染局大使李敬增建。嘉靖六年裁革副使一员[1],嘉靖三十三年移建于府治后东畔,说明其时还存在。内有清玉泉井,据说"染色为天下最"[2]。

南直隶苏州府织染局。元至正末年在平桥南,由宋代提刑司改建。洪武元年建立于城东北隅天心桥东,"庶务草创,堂舍卑狭",看来规模不宏,匠役不多。洪熙间,太监阮礼、罗玉辈先后督织,鼎新堂舍,增建房屋近 300 间,"厅庑垣宇,蔚然弘丽",各色人匠多达 1700 余名。[3] 这是明代苏州织局最为气派的时期。到嘉靖中期,织局重新调整,规模大为缩小。作房及库厨厅屋共计 246 间,其中织作 87 间,分为 6 堂,额设机张 173,各色人匠 667 名,岁造纻丝 1534 匹,"俱青红二色,花素相半,在城织染局攒织",每年价银 5078 两,闰年加织 139 匹[4],每匹用银 3.31 两。

松江府织染局。洪武初开设于府城南杂造局,三十一年改建于府城东南旧军储东仓。织染大使臧秉中开始营建廨舍。永乐十二年大使郝震添建织房。岁造各色纻丝 1167 匹,其中大红织金云鹤狮子 50 匹,青绿织金熊罴海马犀牛 222 匹,青绿光素 895 匹,闰年加织浅色素缎 97 匹,每年价银 5181 两,闰年加银 382 两[5],每匹用银 4.43 两。

镇江府织染局。该局沿用元织局旧基,在仁和坊大街,崇祯间废除。岁造各色光素串四串五纻丝 1440 匹,闰年加 120 匹,其中大红暗花细花八宝骨朵云地 144 匹,每匹价银 7.3 两;织金胸背犀牛海马熊罴青绿 259 匹,闰年加织 24 匹,每匹价银 4.1 两;光素青绿 1037 匹,闰年

① 《明世宗实录》卷七六,嘉靖六年五月辛巳,第 2 页,总第 1690 页。
② 乾隆《泉州府志》卷一二《公署》,第 26 页。
③ 隆庆《长洲县志》卷五《公署》,第 5 页。
④ 文征明:《重修织染局记》,孙佩:《苏州织造志》卷三《官署》,江苏人民出版社,1959 年,第 13—14 页;正德《姑苏志》卷一五《田赋·土贡》,第 13 页。
⑤ 正德《松江府志》卷八《田赋下·土贡》,第 1 页。

加织 96 匹，每匹价银 3.6 两，加上缎匹解扛银，三项合计共用银
6446 两。①

徽州府织染局。元至正十九年(1359)即每月为朱元璋生产纻丝 42
匹。洪武六年改为造绸绢，每月额造绢 292 匹，绸 25 匹。洪武二十二年
工匠起赴京师住坐，机张房屋倒塌无存。永乐元年复设织染局，置立堂
长作匠，官买荒丝颜料织造，即《明史·食货六》所谓永乐中复设的歙县
织染局。岁造青红绿三色光素串四纻丝 721 匹，闰月加造 59 匹，以后额
造 724 匹，用价银 2266 两多，坐派六县里甲办纳。② 宣德六年工部官员
奏称，该局工匠每匠有三五丁、七八丁多至十余丁者，只一丁赴局，其余
亦不轮班，而每年佥点县民 11 人为堂长，负责丝料出纳；又佥点歙、休宁
二县民 400 余人为络丝，而工匠余丁既免徭役，堂长出纳勾结官吏作弊
弄奸，民受其害，请求如应天府例，以匠户丁多者为堂长，余丁络丝，以便
于民。请求获准。③ 可见其时生产管理即显乱象。正统二年，应天巡抚
周忱奏言，徽州府地不产丝，每年夏税丝绢于各处营买织纳，请求每匹折
银五钱解京准作俸粮。④ 夏税丝绢因无丝难以完纳，岁造缎品恐更难以
织造。到嘉靖三十九年，徽州府织染局与宁国府织染局同时裁撤副使一
员，大概其时局织生产已经很不景气。

宁国府织染局。在府治西街东，知府杨观建。杨观任职于洪武四年
至六年，是则该局建于洪武初年。成化时，知府刘槃重修。该局大使、副
使、吏各一员以外，有堂长 9 人，络丝匠 98 人，染匠 45 人，织匠 45 人，纺
线匠 15 人，络纬匠 9 人。岁造缎匹 696 匹，其中青、红、绿素缎 557 匹，织
金等缎 139 匹，闰年增织 58 匹，其中素缎 470 匹，织金缎 11 匹，动用工价
银 1719.8 两。⑤ 弘治后工匠日益贫困，人数减耗，岁造缎匹由官府买纳，

---

① 万历《镇江府志》卷七《赋役志》，第 2 页；康熙《镇江府志》卷一六《公署》，第 5 页。
② 弘治《徽州府志》卷二《食货·土贡》，第 55 页。
③《明宣宗实录》卷八五，宣德六年十二月庚申，第 9—10 页。
④《明英宗实录》卷三〇，正统二年五月丁未，第 6 页，总第 602 页。
⑤ 嘉靖《宁国府志》卷三《秩统纪》，第 4 页，卷四《次舍纪》，第 6 页，卷六《职贡纪》，第 11—12 页。

织局遂废为公馆。嘉靖十年才由知府屠应坤重新恢复如初。其恢复局织的办法，"遣富人贸丝，捐资有至数百金者"，但因为工匠不熟悉丝织生产，而出资雇人完工，造成很大负担，难以为继，至其去任，"仍令商领织充贡"，仍通过市易的途径完成岁造缎匹的交纳。隆庆时，知府锺一元议请裁革织局官吏，其堂长、匠户"量征丁银充价如故"[1]，说明其时已彻底停织。

广德州织染局。州志载，织染局在谯楼东。[2]

浙江杭州府织染局。洪武二年初建于凤山门内斯如坊朱家桥，永乐中因地形卑湿，分拨工料在涌金门内亭后桥街元御史台基址建新局，称北局，而旧局称南局。正统间建大门一座，正厅三间，东西二库，提调府厅局等房屋70间；又置围墙，立中门，内有房屋120余间，分为织罗二作。弘治间，织局修葺，东至西河街，西至运司河街，南至藩司墙，北至台后桥河一带。后南局尽废，工料并归北局。布政司东旗纛庙两侧另有东西二织造府，庙左为东府，右为西府，织造御用袍服。织署之制，东西二府相同，中为正堂，堂前为露台、甬路、仪门，东西两厢，正堂后为穿堂、后堂，东别门之外为机房，仪门之外东为土地祠、大门。后来因为织造岁造缎匹的织局"虽郡属而实织造御用袍服，规制宏敞"，堂宇多达百余间，均系"丹漆藻绘，大都同内制"，历年增建房屋更多。有堂名"经纶"，系督织太监督程销工处，总督胡宗宪为之题记。隆庆时，又在积善桥改建赵文华宅第为新局，"督织岁造于此"[3]。杭州府岁造缎匹3694匹，其中纻丝1980匹，纱366匹，罗820匹，绸528

---

① 嘉庆《宁国府志》卷一二《舆地志·古迹》上，第20—21页。

② 万历《广德州志》卷二《建置志》。

③ 万历《杭州府志》卷三七《公署一》，第10页，卷三九《公署三》，第6页，《中国方志丛书·华中地方》第524号，台北：成文出版社影印，1983年。江晓《织染局碑记》，乾隆《杭州府志》卷一二《公署》。承中国丝绸博物馆赵丰先生告知，胡宗宪所撰碑记1995年在红局地方施工时出土。由碑文可知，该碑由督织太监郭秀于嘉靖四十一年竖立。

匹,闰年加织 165 匹,用丝 172076 两,隆庆六年用丝 181252 两。① 所需生丝均由府属各县提供。额定岁造之外,杭州织染局也织兜罗绒。兜罗绒是琉球、日本等国所贡,明中期起,杭州织局曾经仿织,为珍品,"外方罕睹"②。

嘉兴府织染局。永乐间在府治西北旧嘉兴仓址建成。有门、厅、堂、库房、织房、络丝房等,有织机 62 张,纴丝机 32 张,细绸机 4 张,绢地纱机 8 张,包头纱机 1 张,银丝纱机 10 张,共为织机 117 张。③ 在织染局服役的工匠,有织罗匠、打线匠、挽花匠、染匠、篾匠、络丝匠、篚匠、络经匠等 8 种行当,共 427 户。④ 岁造各色缎匹 1086 匹,其中串四纴丝 886 匹,串五纴丝 200 匹,闰年加织 73 匹,每年用银 3978 两,闰年加 250 余两,每年用丝 54853 两⑤,每匹用银 3.66 两。

湖州府织染局。局址在府学东,建置年代不详,如果此局与相邻各府织染局设立年代相当,则当在洪武、永乐时期。岁造纴丝纱绫 1380 匹(嘉靖《浙江通志》称 1080 匹),其中纴丝 520 匹,银丝纱暗花 300 匹,熟绫暗花 560 匹,闰年加织 115 匹,每年用丝 4167 斤 3 两,由所属 7 县提供。⑥

严州府织染局。在府治东南,洪武九年建,二十三年革除,不久恢复。岁造各色光素纴丝 800 匹,其中串四 320 匹,串五 480 匹,闰年加织 67 匹,其中串四 27 匹,串五 40 匹。⑦

---

① 成化《杭州府志》卷一八《风土·土贡》,第 24 页,《四库全书存目丛书》史部第 175 册,第 274 页;万历《杭州府志》卷三〇《田赋下·土贡》,第 47—48 页。
② 田汝成:《西湖游览志余》卷二三《委巷丛谈》,上海古籍出版社,1998 年,第 333 页。
③ 嘉靖《嘉兴府图记》卷二《邦制一·公署》,第 13 页。
④ 嘉靖《嘉兴府图记》卷九《物土四·户赋》,第 17—20 页。
⑤ 万历《嘉兴府志》卷八《课程》,第 9 页,《中国方志丛书·华中地区》第 505 号,台北:成文出版社影印,1983 年。
⑥ 万历《湖州府志》卷一四《廨署》,第 7 页,卷一一《赋役·课程》,第 16 页,《四库全书存目丛书》史部第 191 册,第 284、229 页。
⑦ 嘉靖《浙江通志》卷一五《建置志二之三》,第 1 页,万历《严州府志》卷三《公署》,第 3 页,卷八《食货志·贡赋》,第 16 页,《中国华东文献丛书·华东稀见方志文献》第 17 卷,第 57、176 页。

金华府织染局。金华在宋代即以产婺州罗著名。朱元璋据有金华后,改为宁越府,于至正十八年设立宁越府织染局。[1] 局址在府治西北宋资福仓故址。有厅库门房 6 间,织造房 30 间,工匠有织匠、络丝匠、染匠和打线匠等,岁造缎匹 2448 匹,闰年加织 163 匹。[2] 该地"有机籍而执役于府之织染局者","隶于织染者,则拘役在官,递年织造缎匹,以供国用"。[3] 属县义乌县存留本府织染局机匠户中,就有织匠 8 户、染匠 48 户、络丝匠 8 户。[4] 可见工匠是存留匠。正统二年,金华县机户"进岁造纻丝罗千匹赴京,船坏湿其半",朝廷"令别市以偿官","湿损者,斥还之"。[5] 说明该府织染局的岁造丝织品,主要是纻丝和罗等。万历府志载,"织染局匠旧领段匹,价多负所输,即输皆不如式,有司往往以此获谴",嘉靖初年,知府张钺"亲验追完,革弊殆尽"[6],说明金华府采用的领织形式,到明后期生产并不景气。此外,万历《明会典》载,凡亲王之国合用乐器、祭器并乐舞生、乐工衣服冠袍内一字襕、纻丝、纱、只孙、褐裙等,也由该局织造[7]。

衢州府织染局。在府治西北隅宋贡院故址。元至正间设,明洪武二十四年革除,永乐元年重建[8],后来直到崇祯九年(1636)改为试士馆。岁造缎匹 1308 匹,闰年加织 109 匹[9]。"力出于局,料出于民",所需生丝由府属五县输往织局,名为荒丝[10]。吏胥在收贮各地输纳的丝料时,重入轻出,且不能按时,弊端很多。

① 《明太祖实录》卷六,至正十八年十二月,第 8 页,总第 0075 页。
② 嘉靖《浙江通志》卷一七《贡赋志三》,第 14 页。
③ 万历《金华府志》卷九《役法》,第 8 页,《中国方志丛书·华中地方》第 498 号,台北:成文出版社影印,1983 年。
④ 嘉庆《义乌县志》卷六《田赋下·匠班》,第 13 页。
⑤ 《明英宗实录》卷三〇,正统二年五月辛卯,第 3 页,总第 595 页。
⑥ 万历《金华府志》卷一四《宦绩·张钺》,第 8 页。
⑦ 万历《明会典》卷二〇八《工部二十八·南京工部》,第 2773 页。
⑧ 弘治《衢州府志》卷四《公宇》,第 3 页。
⑨ 嘉靖《浙江通志》卷一七《贡赋志三》,第 17 页。
⑩ 方豪:《题林公德惠祠记》,天启《衢州府志》卷一三《艺文志》,第 4 页,《北京大学图书馆藏稀见方志丛刊》第 145 册,第 416 页。

绍兴府织染局。在大江桥北。岁造缎匹 954 匹,闰年加织 63 匹[1]。

宁波府织染局。在府治西南河利桥东。洪武二十三年工匠起赴京师,廨宇遂废。建文四年大使涂茂叔重建。岁造缎匹 480 匹,闰年增加 40 匹[2],品种有青、红、绿三色纻丝等。

台州府织染局。在府治东北二里,嘉靖十年革除。岁造缎匹 247 匹,闰年加织 21 匹。[3]

温州府织染局。在县治东北德政坊。每年额造常课各色花素串五纻丝 265 匹,闰月加 23 匹,其中织金胸背花 54 匹,闰月加 5 匹,六侧八宝骨朵云 7 匹,闰月加 4 匹,光素 204 匹,闰月加 14 匹。[4]

上述全国各地地方织染局中,江南苏州、松江、镇江、杭州、嘉兴和湖州 6 个地方织染局,共额定岁造纻丝等丝绸 10309 匹,闰年加织 685 匹,按苏州和嘉兴两织染局额定产量和织机数计算,额设织机约 1150 张,岁造缎匹占了全国总数将近三分之一,说明明廷在地方织染局的设置及其承担的织造任务上,是以江南为重点的,而就江南地方织染局的生产总量而言,也超过了以往历代规模。其所织丝绸,更均是织金、暗花纻丝、纱等各色高档丝织品,远非有些地方只是绢类织物可比。江南各地织染局,其内部多分设织堂,通过采用机户领织的方式完成织造定额,所需原料生丝主要来自所属各地的农桑丝。成造的缎匹,为了保证质量,每匹缎匹的腰封上,注明经收官吏及堂长诸役姓名[5],以专责任。

如果考察其他地方织染局的运作情形,江南地方织染局的重要地位

---

[1] 嘉靖《浙江通志》卷一六《建置志二之四》,第 1 页;卷一七《贡赋志三》,第 21 页。
[2] 成化《宁波府志》卷五《廨舍考·织染局》,第 3 页,卷四《贡赋考·岁贡》,第 39 页,《中国方志丛书·华中地方》第 496 号,台北:成文出版社影印,1983 年。
[3] 嘉靖《浙江通志》卷一六《建置志二之四》,第 20 页;卷一七《贡赋志三之一》,第 27 页。
[4] 弘治《温州府志》卷二《公署》,第 3 页;卷七《土贡·岁造》,第 16 页。
[5] 嘉靖《嘉兴府图记》卷九《物土四·户赋》(第 20 页)载:"近岁夷人兀良哈尝讼其滥恶于朝,始定为每匹轻重之制,识以白端,备书经收官吏及堂长诸役姓名,奸弊稍戢矣。"

就凸显出来。

一种情形是，如前所述，原来设有地方织染局的江西、湖广、河南、山东四省因为无法保质保量织造额定丝织品，到嘉靖七年改为以折征的形式解交银两。

另一种情形是，即使仍然以本色交纳岁造丝织品的很多地方织染局，到明代中后期，或者废圮，或者停产，大多并不正常生产，所产者质量日益下降。早在宣德年间，各地解交的岁造缎匹，质量明显不合要求。宣宗专门敕令行在工部道："洪武、永乐间，各处府县岁贡彩段，工部验中方送内库，且无贿嘱及包揽之弊，故皆精密鲜明，足称朝廷赏赉，亦不虚费百姓财力。近年以来，徒见糜费民财，而段匹多不堪用，此皆有司通同工匠侵盗易换，且听人包揽解纳，及至京，该部该库官吏人等从而求取贿赂，一得其利，遂不辨美恶，悉送内库，此积年之弊也。今特命司礼监取洪武、永乐间纻丝纱罗绫绢之类，与尔工部及各布政司府县，务以此为式成造。其起送至京，令监察御史同尔工部官辨验，仍委司礼监官参视。敢有漫不知省，仍蹈前弊者，通治以重罪不宥。尔工部其榜谕各处，使咸知之。"①这大概也是后来岁造缎匹日益集中在以苏州、杭州织染局为中心的江南地区生产的重要原因。到后来，很多地方织染局干脆不再自行生产而改行委托织造。嘉靖十一年，工部题奏提高赏番缎匹质量，下令："除湖广、河南、江西三省岁造段匹议解价银照旧外，其例后题派改织等项本色纻丝纱罗及各司府应该岁织段匹……俱要查照原行丈尺花样颜色，定拟价织，预呈巡按御史，选委廉干官员，公同领价，督令各该织造局官，拘集机户，一如招商之法，照依原定官价，责令织造。如无机坊去处，巡按御史备将原价，给文委官，赴织造地方巡按御史处告投，着落该管官司召匠议价，令其每样先织一匹，计其丈尺斤两，封寄在官，以为定式，严限如法织造。"②朝廷认

---

① 《明英宗实录》卷九，宣德十年九月癸未，第 4 页，总第 173—174 页。
② 《条例备考》刑部卷三《赏番段匹稀松》，日本内阁文库藏本。

可有岁织定额而已无织造能力的地方,为完成缎匹织解任务,可到丝织生产地区去定织。次年六月,工部强调岁派缎匹如额织造解送时,再次下令:"通行各该衙门将岁派段匹除飞龙鱼凤等项必须织造者,仍要着落殷实人户如例织造外,其余各色纱罗段匹,着落各该司府掌印,选委公廉佐官一员,每样扣除脚价使用外,各色每匹算该实价银若干,先买样段一匹,公共印钤,贮之官库,然后出榜召商,令其自行上纳。"①按照工部的要求,当时各地无织造能力的地方,解送的岁派缎匹干脆直接召商买纳了。到嘉靖末年,甚至浙江的不少地方"织染局衙门,间多颓废,且各该匠作往往不谙艺业,全系省城积年夤缘包揽"②,地方织局处于衰废状态。

如宁国府织染局,岁造的各色纻丝,早在弘治时期,即因"匠益贫耗,岁币官为买纳,局遂废为公馆"。虽然嘉靖初年恢复重织,但"凡织造,惟素缎局匠自为之,织金非其所习,故常买诸他郡",织金类高档缎匹是从别府采买的。此是额定织造,若有临时派织,"朝旨别有所需,非局所常业者,则府给重货,市易以供"③,更通过购买以交差。再如徽州、广德等地,岁造缎匹同样买自江南。时人言:"若徽州、宁国、广德三府州,皆系雇觅浙省并苏州等处积棍包揽承造,往往以稀松之缎抵塞,一奉驳换而玩视如故,搬运往返,艰苦万状,且动以料价不敷为词。"④福州府的岁造缎匹,很少时间内听民织解,其中所贡罗,按照正德府志所载,"往年俱于苏、杭售以充贡,近年有织者,然亦不逮远矣"⑤,明中期时即已靠向苏、杭购买充贡。浙江严州府织染

①《条例备考》刑部卷三《严出纳以杜侵欺》,第38—39页。
②庞尚鹏《百可亭摘稿》卷一《题为革积弊立会局以便织造事》,《四库全书存目丛书》集部第129册,第117页。
③嘉靖《宁国府志》卷三《秩统纪》,第4页,卷四《次舍纪》,第6页,卷六《职贡纪》,第12页。
④陈起龙《题请整顿缎匹军器疏》,光绪《富阳县志》卷二二《艺文上》,第32页。
⑤乾隆《福州府志》卷二六《物产二·布帛之属》引正德府志,第18页,《中国地方志集成·福建府县志》第1册,第535页。

局,嘉靖二十八年知府庄壬春即在其地建察院①,可见织局事实上已废圮。江西、福建、浙江南部的一些地方织染局,原来"各随土产茧丝,岁造段匹,以充高下之用",后来或因土丝质差,或因工艺不举,或因织局废圮,成化初年起即在南京、苏州等地收买或督织,以完岁造缎匹交纳任务,以致引起当地丝绸"价值腾贵"。南京各衙门官员为此纷纷上奏,要求各令"本处依旧织造"②。工部为此规定,"各司府设有织染衙门去处,不许另科价银转往别处织买缎匹,因而侵克钱粮,违者从重究治"③。但这个规定根本未曾也难以切实执行,当时朝廷就曾率先在苏松一带收买缎匹。湖广、河南、山东等地因为"不善织造",而其"岁造段匹例差官赍银于南京织解,中途既防盗贼,机户复为抑勒,及内库验收,重以不堪蒙罪",纷纷请求"如近例折银每匹银三两三钱解部,以苏民困"。工部同意,"山东及河南织造俱宜折价,惟江南照常织解",获旨允准。④ 可见,各地改织解本色为折征价银,只是那些地区实在没有织造能力的无耐之举。嘉靖七年,刑科给事中王经鉴于各地不善织造而完纳岁造困难重重的事实,干脆主张"各省如金、衢、温、台、常、镇郡不习挑织者,皆佣他处工匠,宜令诸郡征价,赴苏、杭等处机匠领织,官为督发"⑤。全国凡有织染局和岁造的地方几乎都改为到江南收买岁造缎匹,清晰地反映出江南以外全国官营由设局到逐渐不景气到彻底衰落的过程。

三　明代宫廷丝织品加派及其生产

明代后期,赋税钱粮有加派,其实朝廷对丝织品的需求,也存在严重

---

① 万历《严州府志》卷三《经略志·公署》,第 3 页,《中国华东文献丛书·华东稀见方志文献》第 17 卷,第 57 页。

②《明宪宗实录》卷一〇四,成化八年五月甲辰,第页,总第 2035—2036 页。

③ 万历《明会典》卷二〇一《工部二十一·织造》,第 2707 页。

④《明武宗实录》卷一七六,正德十四年七月丙辰,第 17 页,总第 3440 页。

⑤《明世宗实录》卷一七二,嘉靖十四年二月乙巳,第 4 页,总第 3740 页。

的加派。按定制,明代中央和地方官营织造机构承担的丝织品生产,"每岁造解,有定数"。但随着生活奢侈和赏赐激增,丝绸用品大增,额定岁织数量日益不敷所需,朝廷遂屡屡加派江南地方织染局生产缎匹,以满足其日益增长的奢靡需要。这就是正德《姑苏志》所说的"出于正供之外的一时派纳"①,也就是后来《明会典》所说的丝织品"坐派"。万历《明会典》称,每年额定织造,"数内有奉钦降花样改织者,然未尝增派。后于岁造之外奉旨题派织解者,曰'坐派'。一时急缺,令部买办者,曰'召买',间一行之"②。这种先是间一行之后来发展成为几乎年年行之的坐派,实际包括上用缎匹定额之外的派造和原为岁造中的改造缎匹③,严重影响到地方财政和丝织生产,极为重要,但因为每次其数不定,一向少人注意。④ 今扒疏材料,略作考述如下。

明代丝织品加派始于何时呢? 英宗天顺四年,明廷于苏、松、杭、嘉、湖五府织造常额外,增织彩缎 7000 匹,超过定额数一倍。此次加派,《明史》卷八二《食货六·织造》称其为"增造坐派于此始"。实际上,可能要早得多。洪熙元年八月,行在工部奏,内府供用纻丝、纱、罗9000 匹,请下苏、杭等府织造。宣宗下旨:"供用之物,虽不可缺,然当念民力,今百姓艰难,可减半造。"⑤定额岁造之外派织苏、杭等地 4500匹,即已开明廷丝织品加派之例。成、弘年间,供用赏赐诸项增加,加派渐多。所以苏州人王锜称,其时"上供锦绮……岁有所增"⑥。

---

① 正德《姑苏志》卷一五《田赋·土贡》(第 13—14 页)载:"又有一时派纳,出于正供之外,如织造之类,其数莫定,不能具载。"
② 万历《明会典》卷二〇一《工部二十一·织造》,第 2703 页。
③ 改造缎匹虽是额定岁造,但因其织造费用数倍于岁造,负担大大加重,故实际上也是派织。顺便提一下,有人将此岁造中的改造称为"岁改"或"岁造",甚至将其与龙袍混为一谈,显然完全没有弄清其间的原委。
④ 日本学者中山八郎有《明代に於ける傳奉織造の起源について》一文,(载氏著《中山八郎明清史論集》第 301—305 页,東京:汲古書院,1995 年),对丝织品加派的起始年代作了简单考述。
⑤ 《明宣宗实录》卷七,洪熙元年八月庚午,第 4 页,总第 187 页;徐学聚:《国朝典汇》卷一九七《工部十二·织造》,第 1 页,天启四年刊本。
⑥ 王锜:《寓圃杂记》卷五"吴中近年之盛"条,中华书局,1984 年,第 42 页。

对于丝织品加派的数量,《明史》卷八二《食货六》织造条载:"自万历中,频数派造,岁至十五万匹,相沿日久,遂以为常。"①对此记载,既有研究大多信而不疑,因袭其说。李洵《明史食货志校注》出注:"岁至十五万匹,据《明神宗实录》万历十五年六月丙寅条载申时行题奏,则作十二万匹。"②黄云眉《明史考证》谓:"惟云岁至十五万匹,岁至字不妥,以十五万匹,非一岁所完之数也。"③一年加派 15 万匹,黄先生已看出问题,视为表述不妥。遗憾的是,论者不察,均信《明史》所载为实,主张万历中丝织品加派达到每年 15 万匹。如 20 世纪 60 年代初,彭泽益就主张,"又据《明史》所记,苏杭织造,'自万历中,频数派造,岁至十五万匹。相沿日久,遂以为常'。这就不是一个很小的数目,并且还要靠领织才能完成它"④。不但依据《明史》认为每年加派 15 万匹,而且理解为仅限于苏杭织造范围内。80 年代,许涤新、吴承明等人也认为:"不过,据说这以后,'频数派造,岁至十五万匹,相沿日久,遂以为常'。"⑤虽称"据说",但未质疑。90年代,徐新吾说:"到万历(1573—1620)中竟达到每年 15 万匹,并且'相沿日久,遂以为常'。"⑥蒋兆成说:"至万历中(1573—1620)达到每年十五万匹。"⑦两人均认为整整万历一朝每年加派多达 15 万匹。后来出版的王毓铨主编的《中国经济通史·明代经济卷》还持此说,谓:"嘉靖晚间开始加派,在万历十五年以前,大约平均每年万匹,而后愈来愈多,最高至15 万匹,加上常额 3 万匹,每年达 18 万匹,'相沿日久,遂以为常'。"⑧

万历时丝织品加派真有如许之多,明代的丝织品加派到底有多大的规模呢? 今将相关数据列表如次,以求究竟。

①《明史》卷八二《食货六·织造》,第 1998 页。
② 李洵:《明史食货志校注》,中华书局,1982 年,第 283—284 页。
③ 黄云眉:《明史考证》第 3 册,中华书局,1984 年,第 752 页。
④ 彭泽益:《从明代官营织造的经营方式看江南丝织业生产的性质》,《历史研究》1963 年第 2 期,第 55 页。
⑤ 许涤新、吴承明主编:《中国资本主义的萌芽》,人民出版社,1985 年,第 145 页。
⑥ 徐新吾:《近代江南丝织工业史》,上海人民出版社,1991 年,第 30 页。
⑦ 蒋兆成:《明清杭嘉湖社会经济史研究》,杭州大学出版社,1994 年,第 490 页。
⑧ 王毓铨主编:《中国经济通史·明代经济卷》,经济日报出版社,2000 年,第 534 页。

表 3-1　明代丝织品加派数量表

年　代	地　区	数量(匹)	种　类	资料来源
洪熙元年八月	苏杭等地	4500	纻丝纱罗	《宣宗实录》卷七
正统十一年十一月	苏松杭州等地	9000	织金纻丝纱罗绫绸	《英宗实录》卷一四七
天顺四年五月	苏州等五府	7000	彩缎	《英宗实录》卷三一五
天顺四年七月	浙江苏松徽常	10000	纻丝	《英宗实录》卷三五三
成化十九年	苏州	512	五毒纱	《王端毅奏议》卷五
弘治七至十三年	南京苏杭	84760	上用纻丝	《孝宗实录》卷一六二
弘治十三年前	苏杭等	11500	改织	《孝宗实录》卷一五八
正德元年	苏杭等	18505	上用	《武宗实录》卷一三
三年	浙苏松南京	17400	加派	《武宗实录》卷一三四
嘉靖十一年	南京	银3万两	加派	《世宗实录》卷一三四
二十三年	浙江等	?	?	《世宗实录》卷二八五
三十年	浙苏松等	86300	?	《世宗实录》卷三七八
三十三年	浙闽苏松等	30150	?	《世宗实录》卷四一四
隆庆二年	苏杭	银40万两	上用	《穆宗实录》卷一八
三年	苏杭	1860	袍服	《穆宗实录》卷二九
四年	南京	100000	加派	《穆宗实录》卷四三;陈堂《议处急缺段匹银两以宽民力疏》
六年	苏杭	甚巨	袍服	《穆宗实录》卷六六
万历三四年	浙苏南京	127620	加派	《神宗实录》卷四二、四八等
四年	浙苏南京	56366	袍缎	《周忠愍奏疏》卷下

续　表

年　代	地　区	数量(匹)	种　类	资料来源
七年	浙苏南京	36400	加派	《神宗实录》卷一二一
九年	浙苏松	146100	袍缎	《万历邸抄》十七年己丑卷
十年	？	？	改造	宋一韩《织造太烦物力难继疏》
十一年	浙南直闽	2000	改造	《神宗实录》卷一四三
十五年	浙苏松	84877	加派	《神宗实录》卷一八七
十七年	？	？	改造	宋一韩疏
二十三年	松江	？	加派	《江南疏稿》卷三
二十七年	浙南直	41900	加派	《神宗实录》卷四七五
二十九年	浙苏州	？	加派	《神宗实录》卷四二二
三十二年	浙南直	26000	补派	《神宗实录》卷四七五
三十三年	浙南直	25600	袍缎	《神宗实录》卷四〇五
三十三年	浙南直	90000	改造	《神宗实录》卷四〇五
三十八年	苏杭	26667	袍缎	《神宗实录》卷四七五
三十九年	浙南直山西	43390	改造	《神宗实录》卷四八九
四十六年	苏杭	？	袍缎	《熹宗实录》卷一四
泰昌	南京等	32900	改造	《光宗实录》卷三
天启元年	浙江	57506	改造	《熹宗实录》卷八;王洽《抚浙疏草》卷二
二年	浙江南直	23333	袍缎	刘一焜《抚浙疏草》卷九;《熹宗实录》卷二〇
三年	苏杭南京	26500	改造	《周忠愍奏疏》卷下

　　表中只是反映了历年派织的主要部分,远远低于实际派织数。如《明史》称"居正卒……二三年间,费至百万"①,表中就无法列入。若此语

———————————

① 《明史》卷八二《食货六·织造》,第 1998 页。

不虚,当也不在少数。又如浙江原来五年一派绫纱 3000 匹,万历二十九年增至 3 万匹,系常年性加派,也未列入。① 尽管如此,该表已反映出明廷派织缎匹的程度。

该表反映出,自洪熙年间开启丝织品加派的先例,至正德、嘉靖年间,支用更大,加派数激增。隆庆改元,首罢织造,未几而太监复奉督织之旨,几乎年年有派织之命。自嘉靖三十三年至隆庆六年的 22 年中,至少每年派织平均达 6287 匹。万历一朝 48 年中,加派不已。自万历三年至三十九年的 37 年中,前后派织改造共 696920 匹(其中改造 45390 匹),平均每年为 18836 匹,为嘉靖后期至隆庆年间加派的 3 倍,也正好等于浙江全省、南京、苏州和松江的岁造总数。直到天启初年,增造坐派达到登峰造极的地步。前 3 年中,平均每年派织改造 53779 套匹,则几乎是万历年间派织的 3 倍。《明史》所云"万历以后,营建织造,滥经制数倍",洵非虚语。由该表统计,在万历、天启两朝,即使以远远缩小的数额而论,明廷在东南地区的派织平均每年约近 1.6 万匹,已正好等同于江南地区的额定岁造数(含中央织染机构所织),苏州等地则为原定岁造数的数倍。如果将改造各种缎匹、派织龙袍所花费的料价银要比岁造缎匹多四五倍考虑在内,因派织而造成的负担实际就更重。

然则明廷加派的绸缎,就有《明史》和既有研究主张的那么多吗?兹将万历一朝历次丝织匹加派数考述如次,以观其实。

万历三年四月,内承运库题开绽丝绫绸 97940 匹。九月,工部议覆行应天等府动支无碍官银织造。四年三月,内库题奏加派上用绽丝纱罗 59360 匹,工部奏请量减一半,获得批准。一半则为 29680 匹,后来实际织完。这两次加派,共为 127620 匹,就是工科都给事中李廷仪所谓"万历三、四两年该库坐派缎匹一十二万六千余匹,七年又坐派三万六千四百余"之说。②

---

① 刘一焜:《抚浙疏草》卷七《题绫纱分运疏》,日本内阁文库景照明刻本。
②《明神宗实录》卷一二一,万历十年二月甲寅,第 7 页,总第 2265 页。

四年五月，以大婚需用，内织染局题造袍缎 58766 匹，后蠲免 2400 匹，实织为 56366 匹。

七年，坐派缎匹 36400 余匹，称"供用赏用"，当非上用缎匹。

九年，"传造袍缎十四万六千一百余匹，派行浙江、苏、松为二十六运，计总该工价银一百六十余万两"①。此即万历三十八年工科给事中马从龙所谓大婚袍缎"至万历九年不知何故复题派一十五万套匹"②，也即万历十年李廷仪所谓"八、九二年又题造一十三万余匹，上用固不缺也"③。每年春秋二运，26 运，需要 13 年也即到万历二十二年才能织完。实际因地方灾伤等，常停缓一二运，到万历二十七年才基本织完④，直到万历四十六年皇帝仍要求补织，而终万历之世仍未全部织完。

十五年六月，内承运库题奏坐派各色纻丝等 127315 匹段，因大学士申时行、科臣常居敬进言派数太多，有旨减三分之一，则应为 84877 匹。以后有暂停，或减半织造之旨。

二十七年，加派袍缎 4.19 万余匹，分为十运，至万历三十三年秋运才织完。

三十三年正月，为备办皇长子婚礼袍缎，内织染局传派袍缎 1.6 万余套匹，婚礼缎 9600 余套匹。其中包括万历九年派织而未织完袍缎 1 万余匹，未完及新增分十运解进。此即万历三十八年工科给事中马从龙所谓"三十二年复传补二万六千余匹"⑤。因故减缓而未织完的袍缎 1 万余匹，直到万历四十六年皇帝还下旨补织解进。⑥

三十八年九月，内织染局题织上用龙袍纻丝纱罗 4 万套匹，因工部

① 工部尚书石星《为东南灾荒异常恳乞停织造以广圣恩以甦民困事》，《万历邸抄》十七年九月，台北：学生出版社影印本，1968 年。
② 《明神宗实录》卷四七五，万历三十八年九月戊申，第 2 页，总第 8963 页。
③ 《明神宗实录》卷一二一，万历十年二月甲寅，第 7 页，总第 2265 页。
④ 《明神宗实录》卷四七五，万历三十八年九月戊申，第 2 页，总第 8964 页。
⑤ 《明神宗实录》卷四七五，万历三十八年九月戊申，第 2 页，总第 8964 页。
⑥ 《明神宗实录》卷五七五，万历四十六年十月丁卯，第 4 页；刘一焜：《抚浙疏草》卷八《题请停织袍缎疏》。

右侍郎刘元霖、大学士叶向高相继以停止减额上奏,得旨减三分之一,实为 26667 套匹,后全部织完。

在此其间还常有改造缎匹之举。如万历十年素纻丝改织金胸背,十一年改织 2000 匹,十七年素纻丝改织红云虎豹,三十年派织金花改缎,三十三年新派改缎 18.5 万匹,因料价难处,宽减一半,四十年新派改缎 13049 匹。改造缎匹价银数倍于岁造,同额外加派一样,大大加重了地方和生产者的负担,但此类织品,原属岁造之额,单就数量而言,并未增加。

加派不但数量日益增多,而且集中在江南一地,凸显出江南在明廷缎匹生产中独一无二的地位。

统计上述所举,万历一朝前后共加派 9 次,加派量为 545530 匹,平均每年加派多达 11365 匹,实际织造量应该略少于此数。这些加派缎匹主要是由南直隶的苏松二府和浙江的杭嘉湖三府四六分织的,并不仅限于苏杭二府。五府的岁造缎匹额为 8861 匹,加派数已远超岁造额。岁造缎匹每匹价银不到 4 两,而每次加派价银大约 3 倍于岁造,以致由太监督织的加派缎匹,成为"最为民害者"①,江南地方称为"织造一项,尤为最苦"②。但加派只有万历九年一次接近 15 万匹,而且分 26 运织解,《明史》所谓"岁至十五万匹",是以一次派织分运织解误认为一年派织量,今人不加推敲,更将"万历中"理解为整整万历一朝每年派织多达 15 万匹,并进而理解"相沿目久,遂以为常",就更与事实相去愈远。李洵《明史食货志校注》是将万历十五年六月加派数误认为万历九年加派数。事实上,岁造改造之外,上述每年 1 万余匹加派缎匹,因为织造要求奇高,花工花银数倍于岁造,已经无法如期完成,万历九年一次派织的近 15 万匹袍缎,终万历之世也未能全部如数织解。额定岁造,阔 1 尺 8 寸 5 分,长 3 丈 2 尺,改造也不过阔 2 尺,长 3 丈 5 尺,而加派缎匹,纻丝纱罗绫绸等"每匹长四丈二尺,内膝襕长四丈五尺",锦"每段长二丈二尺,俱阔二

---

① 《明史》卷八二《食货六》,第 1989 页。
② 周孔教:《江南疏稿》卷三《地方困极织造难支疏》,《续修四库全书》第 481 册,第 369 页。

尺",又"务宜丝缕缜密,颜色鲜明,花样真正,长阔如式",①袍缎中的绒品更耗工费时,据说"盘梭改妆及剜样暗花等绒,每机日织一寸二分,二机合织八月余方成一袍"②。如这样的缎匹,每年派织 15 万匹,完全超过了江南丝织业者的生产能力,加派缎匹也很少另拨织造钱粮,通常由地方政府自筹,这就又完全超出了江南地方的财政供办能力,决无可能。

明廷派织的重点,是当时丝织业生产最为发达的江南南京、苏州、松江和杭州、嘉兴、湖州等地。尤其是苏松二府,万历后期应天巡抚周孔教曾说,二府弹丸之地,"织造一节,传派不已,继以改造;急缺不已,继以绫纱;红纱未完,继以只逊,而机房供应等项层出叠见,岁岁不休"③,给江南地方造成的负担是极为繁重的。

加派实际包括上用袍缎和岁造中之改造,与原来额定岁造合称袍缎、改造和岁造三大项。

上用袍缎在加派中数量大、料价多、要求高,一向由南直隶的苏松和浙江的杭嘉湖五府分织,一般采用浙六直四的办法,即浙江分织十分之六,苏松合织十分之四,其中苏州又占 25%—30%,所谓"直浙四六分织,彼此各不牵连"④。万历四年,传派袍缎 58766 匹,后来减免 2400 匹,其中浙江分织 35266 匹,到万历七年先后织解过 17772 匹,当年织监撤回,停织 17488 匹。万历九年,传派袍缎 146100 匹,浙江、苏松分 26 运织解,其中浙江分织 95359 匹套,至万历十四年三月未完,总数总共准减 1 万匹,浙江应减 6000 匹;苏松每运应为 2248 匹,而苏州在十年至十二三年中留织银两为 115024 两。按当时每匹所费料价计算,可织袍缎一万二三千匹,平均每年约 4000 余匹。

袍服一项,原定每年织造 1 万—1.2 万匹,万历十三年才应浙江巡抚王世扬之请减为 8000 匹,分二运解进。8000 匹之数,以五府平均已达

---

① 《明神宗实录》卷一八七,万历十五年六月己巳,第 6 页,总第 3501 页。
② 《明神宗实录》卷三六一,万历二十九年七月丙申,第 1 页,总第 6733 页。
③ 周孔教:《江南疏稿》卷三《地方困极织造难支疏》,《续修四库全书》第 481 册,第 370—371 页。
④ 刘一焜:《抚浙疏草》卷二《题议直省分运袍缎疏》。

1600 匹。但临时派织数更远超此额,加上每运 300 匹的内帑袍服数就更多。万历三十三年派织袍缎 2.56 万余匹,苏州分织 6199 匹,将近四分之一。万历三十九年,传派袍缎 26667 匹套,其中苏松二府分织四分,共计 10667 匹套;浙江杭嘉湖分织六分,该缎 1.6 万匹套,估计价银 392289两多,分为十运,五年解完,每年春秋二运。到万历四十一年秋运,浙江未织解部分只有 18675 匹,其中万历四年停织数中有 12675 匹,万历九年停织数 6000 匹。① 万历四十二年又明旨添织本色、葱褐、月白润三色袍缎 2940 匹,约计价银 38345 两。② 天启初年,传派浙直织造袍缎23333 套,其中浙江分织 10303 匹,大约需银 2667027 两。为了织造数量巨大的袍服,动用各种钱粮,事实上也减少了地方税粮的交纳,影响了明代国家财政。如万历四十二年,为织解袍服,神宗下诏"运司盐税俱准蠲免,各商税减免三分之一"③。

其次是定额织造数内的缎匹改造,即岁改。岁改缎匹用于赏赐内外官员及少数民族头人所需。岁改始于天顺三年,是年将扬州岁造绸 300匹改织纻丝 100 匹。弘治九年,内承运库缺供用赏赐缎匹,令以岁派丝料分派各地改织各色纻丝纱罗绫绸 5.55 万匹。嘉靖五年,因赏用不敷,题准行令各地织造地方将原额岁造丝料改织纻丝纱罗暗花 1.8 万匹,规格长 3 丈 5 尺,阔 2 尺。④ 改造原来数量并不多,按照浙江巡抚刘一焜的说法,万历四年曾有一次题派改缎,"旋复停止",可到万历中后期,随着加派数多,改造缎匹也迅速增多。万历三十年,浙江派织金花改缎,以供册封婚礼之用。万历三十二年派造浙直急缺缎匹 2.6 万余匹,苏州承织7000 匹,超过总数的四分之一。万历四十年,浙江新派改缎 13049 匹,估价 156137 两⑤,每匹高达银 12 两。到万历四十三年,浙江织解自三十四

---

① 刘一焜:《抚浙疏草》卷九《题请停织袍缎疏》。
② 刘一焜:《抚浙疏草》卷一《题留袍缎钱粮疏》。
③ 刘一焜:《抚浙疏草》卷三《题减进岁银疏》。
④ 万历《明会典》卷二〇一《工部二十一·织造》,第 2707—2708 页。
⑤ 刘一焜:《抚浙疏草》卷一《题留改缎钱粮疏》。

年分起始的岁造缎匹纻丝绸纱罗绫共 32725 匹外,解进改造缎匹 12157
匹。① 传派改造 2.65 万匹,其中大红青绿只逊纻丝 1.15 万副,大红青绿
通袖膝襕 9500 副,新添大红青绿改机绸 6500 副。② 浙江又奉派织造改
缎 59741 匹段,大约该银 60 余万两,其中新颁花样非旧时所有者,其料
价又难以确计。③ 此外,浙江还每年派造糊饰各处宫殿所用绫纱 3000
匹,料价 10800 余两,万历三十年起,一度每年增至 3 万匹,增为 10 倍,而
且丈尺花样大增。④ 万历四十三年浙江奉派绫纱 1.5 万匹,该银 141529
两。绫纱加上袍缎、改造缎匹,所需银两需 100.9 万余两。⑤

　　定陵出土的大量丝织品,由上封签⑥可知,有不少就是由苏州、杭州
等地织造的属于加派的急缺缎匹。如苏州加派,匹料机头墨书题记:
J57,一端上部为"钦差督理三省织造御马监太监鲁保,右佥都御史周孔
教监制苏松兵道副史(应为使——引者)杨询",下部为"苏州府织完万历
年坐派急缺长肆丈阔贰尺,提督知府李右谏,督造通判周官,机户";另一
端上部为"右佥都御史周孔教……史杨廷筠,苏松兵备副史杨询",下部
与另一端文字相同。⑦ 由这些题记可知,这是万历三十四年至三十六年
间由苏杭织造太监鲁保督织的加派急缺缎匹,地方官上自巡抚下至知府
通判都需承担责任。J33,上有"朱爕元,带管通判曹进可、周一□、黄□,
攒丝堂长顾杰,染堂长丁□,织匠沈阿狗挽花匠……丈量堂长顾……万
历三……直隶苏州府织造……婚……子"字样。⑧ 万历二十七年二月,神

---

① 刘一煜:《抚浙疏草》卷三《恭进岁改缎匹疏》。
② 周起元:《周忠愍奏疏》卷下《题为只逊派增太滥地方匮乏难支疏》,《景印文渊阁四库全书》第
　430 册,第 277 页。
③ 刘一煜:《抚浙疏草》卷九《题请停织袍缎疏》。
④ 刘一煜:《抚浙疏草》卷七《题绫纱分运疏》。
⑤ 刘一煜:《抚浙疏草》卷九《题请停织袍缎疏》。
⑥ 所谓封签,即注明督造官员及工匠姓名的标记,正统十二年奏准:"岁造段匹,俱令腰封编号,
　开写提调及经织造官吏、匠作姓名,不堪用者,照号问罪,责其陪偿。"(万历《明会典》卷二〇
　一《工部二十一·织造》,第 2707 页)
⑦ 中国社会科学院考古研究所、定陵博物馆、北京市文物工作队:《定陵》,第 44 页。
⑧ 同上。

宗皇长子婚礼并册立分封,曾颁发式样分派各地织造缎匹,此处字样即是苏州府所织缎匹。W121,腰封上"□□匠"是事先在纸上印好的,其他是墨书填写的:"上用大红织金细龙纻丝一匹长三……织匠祖安振,挽花匠薛孝,染匠邹贤,络丝匠□文。"[①]莲荷纹罗2匹,其中J56,匹料,残存有腰封题记:"花罗一匹……尺……司分守官左参……官金事谢时参……司吏陈儒……周阿狗……历二十六……"[②]W248:1整匹为织成料,在匹料中间贴有腰封,残存字迹为:"万历三十八年闰三月□日,织完……龙襕直……线边云地绸绢一匹长五丈五……"[③]D72,机头竖行织有"杭州局"字样,是由杭州织造局织造的缎匹。

当然,明代后期起的丝织品加派,南直隶和浙江五府之外,其他地方也有零星派织任务。如山西,也派织潞绸。定陵出土匹料,D65腰封书有:"大红闪真紫细花……巡抚山西都察院右副都御史陈所学,巡抚山西监察御史……官";匹料一端墨书为:"大红闪真紫细花潞绸壹匹。巡抚山西都察院右副都御史陈所学,山西布政司分管冀南道布政司左参政阎调羹,总理官本府通判黄道□,辨(疑为办字——引者)验官督造提调官山西布政使司左布政使张我续,经造掌印官潞安府知府杨检,监造掌印官长治县知县方有度。巡按山西监察御史……山西按察司分巡冀南道布政司右参政兼按察司金事阎溥。长伍丈六尺阔贰尺贰寸伍分。机户辛守太。"自上而下盖有阳文朱色印记三个,可能是官印。[④]由此腰封文字可知,此匹5.6丈余的大红潞绸是万历末年朝廷交由长治县机户辛守太定织的,自巡抚至县令以及巡按都具名以示承担责任。

加派不但数额巨大,而且织造要求极高,所费价银高出岁造四五倍。按《明会典》规定,额定岁造,阔1尺8寸5分,长3丈2尺,每匹造价不过银四五两。改造缎匹阔2尺,长3丈5尺,每匹造价银12两左右。隆庆

① 中国社会科学院考古研究所、定陵博物馆、北京市文物工作队:《定陵》,第43页。
② 同上书,第75页。
③ 同上书,第45页。
④ 同上书,第44页。

时派织各色缎匹将近 10 万匹,分限三年解运,以备供用赏赐,其中应天府坐派各色纻丝纱罗绫锦等件 9500 匹段,每匹估计料价工银 12 两多,总计需银 12 万两多。[①] 万历时派织的纻丝纱罗绫绸等织匹,如前所述,每匹长 4 丈 2 尺,其中膝襕长 4 丈 5 尺,皆阔 2 尺;万历后期加派浙江的绫纱,"每匹长至八丈以上,阔至二尺五寸,且以生改熟,以素改花,以白色改柘黄、大红",造价增加数倍。[②] 龙袍则造价更是不菲,核算其造价,每匹高达二十几两银。袍服大红一匹,用银 74 两;玄黄青黑绿一匹,用银 63 两;鞠衣膝襕一匹,用银 64 两[③],造价特别昂贵。

明廷加派丝织品,专门敕令,凡派遣太监督织上用龙袍及婚礼缎匹等件,"宜会同各该抚按官遵照钦定传降式样,斟酌估计合用物料机张箱柜并一应公费,俱查照旧规,行各该衙门措办支用,仍行司府,各选委廉能官一员,提督工匠如法上紧织造,遵依钦限径进御前。各项钱粮都要查算明白,严革扣减冒破等弊,原额人匠给与月粮,免其差徭,除应用机户外不许指称佥派,扰害平民。……待婚礼袍段织完即随运回京复命"[④]。实际则与定规大有出入。

明代岁造有定数,钱粮有定额,而改造加派无一定,故钱粮无额编,所谓"原非会典所载,并未设有正项钱粮,每奉传派,东那西移,捉襟见肘","袍缎料价,原无额编正项钱粮,一奉开织,俱系设处"[⑤]。仅靠户、工二部和地方官府临时筹措。加派丝织品数倍于额定岁造,生产所需的钱粮却毫无正常或可靠来源,这正是最为时人和后人诟病的。改造加派愈多,钱粮筹措愈难,给地方造成的负担愈重。大致说来,筹集加派织造银两的来源有如下几种。

---

① 陈堂:《议处急缺段匹银两以宽民力疏》,载《皇明留台奏议·财储类》卷一三,《四库全书存目丛书》史部第 74 册,第 746 页。
② 刘一焜:《抚浙疏草》卷七《题绫纱分运疏》。
③ 杨循吉:《杨循吉集·苏州府纂修识略》卷一《诸色蠲免》,上海古籍出版社,2013 年,第 641 页。
④ 刘一焜:《抚浙疏草》卷四《题驳吕监条陈疏》。
⑤ 刘一焜:《抚浙疏草》卷一《题留改缎钱粮疏》、《题留袍缎钱粮疏》。

库银。嘉靖八年,南京织造太监李政奏请动用宝藏库贮银 1.89 万两"以佐工价",工部执奏勿许,而圣旨准给其半。[①] 嘉靖十一年,神宗又命支南京承运库银 3 万两照旧织造。[②] 万历七年由内库发出的织造袍服的内帑银,本质上也属于此类。

关税银。万历三、四两年,因派织数多,动用浙江南新关商税银 3 万两,以致到万历十年浙江巡抚要求照例留存户、工二部关税银用于织造。[③] 这类银两同库银一样,一般不准动用。万历十一年浙江和十四年苏州以及二十四年应天等地奏留关税银以济织造,皆未获允准,理由即是"关税系边需,难以准从"[④]。但随着加派数量巨大,关税银也屡屡动用。万历三十三年派织后,苏州就曾先后动用关税银 5.4 万余两用于织造。[⑤]

赃罚银,也名开纳事例银。往往是最先动用之银。万历四年,工部同意将工部的四分赃罚银额数留织,如或不敷,再用其他银两。[⑥] 十一年,浙江织造龙袍及坐派赏缎共需银 129.12 万两,"尽括库藏,尚不足用",请求"将税银存留,漕粮改折"。[⑦] 工部批复:"先尽本部开纳事例银两动支,不足,方许于议留工料银内凑补。"[⑧]十五年,"准留苏松等处开纳事例银一年,以备织造"[⑨]。二十四年有旨:"东南地方灾困,织造钱粮难以措办,赃罚银两准免解三年。"[⑩]然而从实行来看,此款银两一直未曾明定为织造之银。

---

① 《明世宗实录》卷一〇二,嘉靖八年六月丁亥,第 8 页,总第 2414 页。

② 《明世宗实录》卷一三四,嘉靖十一年正月戊辰,第 3 页,总第 3174 页。

③ 《明神宗实录》卷一二三,万历十年四月辛亥,第 7 页,总第 2302 页。

④ 《明神宗实录》卷一七三,万历十四年四月乙丑,第 3 页,总第 3165 页;《明神宗实录》卷一三九,万历十一年七月癸卯,第 7 页,总第 2596 页;《明神宗实录》卷一四〇,万历十一年八月癸丑,第 3 页,总第 2606 页。

⑤ 周孔教:《江南疏稿》卷三《地方困极织造难支疏》,《续修四库全书》第 481 册,第 369—370 页。

⑥ 《明神宗实录》卷四二,万历三年九月癸丑,第 7 页,总第 956 页。

⑦ 《明神宗实录》卷一三九,万历十一年七月癸卯,第 7 页,总第 2596 页。

⑧ 《明神宗实录》卷一四〇,万历十一年八月壬子,第 3 页,总第 2606 页。

⑨ 《明神宗实录》卷一九一,万历十五年十月乙亥,第 12 页,总第 3598 页。

⑩ 《明神宗实录》卷二九六,万历二十四年四月辛丑,第 3 页,总第 5504 页。

工部四司料价银。四司即营缮司、虞衡司、都水司和屯田司。此项银两原来从里甲银内出办，因征解不前，工部于嘉靖三十六年以四司名目提出，计亩征银，实际是额外增派。提出时声称"待朝廷大工停止以后免派"，后在万历三年、十年时偶尔动用，但到十一年"明文留抵织造支用，有余仍听解部"。① 按照万历三十三年应天巡抚周孔教的说法，"四司之料银又不许概留"，则实行时此银有时并不能全部留用。然而实际上不到所在年份，此银便已抵用净尽，甚至借及他处。万历十五年坐派各色急缺缎 7000 匹，合用银 5 万余两，工部将万历十五年以后四司料价银题留抵织解进；万历二十三年又坐派急缺纻丝纱罗各色缎匹 1.4 万匹，需银 10 万余两，粮价银不敷，更动用库贮无碍砖料匠班麻胶税契等银。如前所述，万历二十四年南京织造所需银两，皇帝下旨赃罚银两免解，"还命抚按官督征粮银供用"②。万历二十九年奉派羊皮金花缎 2280 匹，只逊缎 1000 副，需用银 6 万余两，即将万历二十九年以后料价银供织。③万历三十三年派织后，苏州"先议留本府三十五六两年四司料银抵给，因工部已留抵急缺，议借应天府事例银两凑用。……计无所出，按旧例议留太平、安庆、池州三十六七两年四司料银，用此补还前借，勉完后运"，所以周孔教说："工部只有四司料银，见年者议留已尽，所留者率皆以后年分钱粮"④。随着加派数量持续激增，这笔银两实际上总是提前借支。如天启元年派织浙江织造袍缎 5750 匹套及零星活计，需袍价 1015470 余两，毫无正项，浙江巡抚王洽题留四司料银等各种银两，已预算至天启十一年份，仍缺三分之一以上。⑤ 诚如天启三年应天巡抚周起元疏称，"段匹原无正派，今就苏、松两府而言，止于四司粮银支用"⑥。四司料银因其每年有定额，征自民间，反而成了加派织造的固定钱粮来源。

① 康熙《镇江府志》卷七《赋役二》引万历经赋册，第 28 页。
②《明神宗实录》卷二九六，万历二十四年四月辛丑，第 3 页，总第 5504 页。
③ 万历《常州府志》卷五《钱谷二·赋额二》，第 27—28 页。
④ 周孔教：《江南疏稿》卷三《地方困极织造难支疏》，《续修四库全书》第 481 册，第 371 页。
⑤ 王洽：《抚浙疏草》卷一《题织造钱粮偏累疏》，第 25—27 页，明天启五年序刊本。
⑥ 周起元：《题为织造旧例当循滥需宜节疏》，《景印文渊阁四库全书》第 430 册，第 276 页。

户部借支银。此银主要是所谓济边银,不得轻易动用,只在万般无奈时才借支协织。万历十二年,"因大婚袍服及赏用段匹共留过济边银九万三千零凑织,事出权宜,节经本部题明,业奉不许那借之旨"①。然而三十三年,传派苏、松袍服一项,该银 31 万余两,"分毫无正额,分毫皆设处,见今借支给织者皆户部京边正额"②,只得大量动用此银。到四十六年,据户部尚书李汝华报告,苏州府已题借户部米草布折等银 15.2万余两,松江府借米草布折等银 5.39 万余两,浙江龙袍历年借支本部京边银 296760 两,苏、松织造借 30 万余两。③ 这种借支银,按照万历三十九年工科右给事中张凤彩所说,"近年借及户部,借及漕库,一经那移……名虽云借,几时办还,究归朘削闾阎"④,最终是无法归还的。

此外,在南直录,还有长芦盐课银、减兵扣省银、变易书院银、江西协济银、漕粮改折银、匠班银、麻铁银等;在浙江,有京库麦米折银,户部派剩米折银、草蜡银、折盐钞富户等银,兵部缺官柴马等银,部拨他省应解工料银及缎价协济银等,也常移作加派织造之用,十分广泛。浙江万历四十年承织改缎,就曾设法动用南税杉板银、免解弓张军器折银、四司工料银、匠班银、事例银、鹿狐皮麻铁课铁等银。万历四十年、四十二年浙江织造袍缎,照例议留工料匠班、狐皮、课铁及运司并税等银。天启元年浙江加派袍缎 57506 匹,需工料银 1015470 两,题留天启二年至十一年漆木、槐花、松香课钞余银、白猪鬃等银 54436 两,八年至十一年本省工料、匠班银、鹿狐皮麻课铁及江西工料缎价等银 347852 两,三年至五年猫紫竹银 3610 两,四年至八年杉板料银 23912 两,三年至八年工例银 12万两,户部税契银等若干,每年仍缺银 2830 两。⑤

明廷一味加派缎匹于地方,而又毫不提供织造钱粮,地方官员因此

① 《明神宗实录》卷一五二,万历十二年八月甲辰,第 1 页,总第 2813 页。
② 周孔教:《江南疏稿》卷三《地方困极织造难支疏》,《续修四库全书》第 481 册,第 371 页。
③ 《明神宗实录》卷五七一,万历四十六年六月戊寅,第 10 页,总第 10776 页。
④ 《明神宗实录》卷四八九,万历三十九年十一月己酉,第 1 页,总第 9212 页。
⑤ 王洽:《抚浙疏草》卷二《请宽减织造酌处钱粮疏》,第 49 页,明刻本。

一奉加派诏令,便惶急不知所措。万历末年浙江巡抚刘一焜说:"即织造上用龙袍婚礼袍段及各项添织色样,每一传派,题留钱粮动辄数十万,持筹之臣至蒿目不知所出。"①在百计筹措无着的情形下,只得以刻剥小民来满足皇帝的贪欲。如在苏州府,加派缎品所需的银两,原来"俱于秋粮加耗内征办",每石加二三斗,多则四五斗,到弘治后期每石耗米加至七八斗,与正耗将近持平。②隆庆三年工部也曾如实招认,"料额不充,势须加派,加派不已,民力难堪"③。到后来,更扩大范围,在每年正常的赋税额外加增。苏州府,除了四司料银,就曾增加了绫纱料价银 7288 两,此银万历四十六年加派时原定到四十八年即止,后改为五年一征;岁造缎匹加扛银 920 两,局匠口粮银 1989 两。松江府仅加增绫银一项,就多达 7289 两。镇江府增加"不时坐派工部本色成造婚礼各色纻丝纱罗彩织锦绶练鹊共五百九十五匹副","急缺段匹各色纻丝纱罗通共五百五十匹",共需料银 7983 两。④嘉兴"嘉靖间改织、上用袍服岁派不常……因岁用不敷,另于均徭内编派备差银三千三百两凑织缎匹,春秋二运解京"⑤。万历后期,浙西分守道张朝瑞疏中就曾提到,浙江夏绢"额供九万八千余匹,迩年蚕桑失利,新颁绢式改样改造,赔费尤多,一役牵十余年,一年所破数百十家,是民隐可恤也"⑥。这种为了筹措钱粮而穷极搜罗的做法,说明到明后期维持织造的钱粮已完全得不到可靠保证,但也说明官营织造是在备足织造钱粮的前提下进行的。无论是借支各种银两,还是加派地方,与作为织造的直接生产者机户关系并不很大。

诚然,朝廷不断传派数量日益增多的加派丝织品,而不作出相应的

---

① 刘一焜:《抚浙疏草》卷七《题绫纱分运疏》。
② 杨循吉:《杨循吉集·苏州府纂修识略》卷一《诸色蠲免》,上海古籍出版社,2013 年,第 641 页。
③ 《明穆宗实录》卷二九,隆庆三年二月辛卯,第 12 页,总第 775 页。
④ 康熙《镇江府志》卷七《赋役二》,第 14 页。
⑤ 嘉靖《嘉兴府图记》卷九《物土四》,第 20 页。
⑥ 张朝瑞疏,乾隆《湖州府志》卷四一《金石之属》,第 1 页下。

财政安排,到头来必然是加重了江南各地政府和民间的负担,料价筹措无着,结果必然是价不时发,直接或间接剥夺机户。天启六年,"浙江苏杭等府机户张选等呈称:先年织造钱粮,省直司府预给办料,近来解给衍期,解户赍段上纳"①。松江人陈继儒说,松江在织造银粮有保证时,"县无欠额,匠无罣牵,接济后运,从容裕如",后来因为"料价拖阁经年,充是役者只得捐产揭债,赊料织完",并遭层层盘剥克扣,最后则往往资本无着,亏空累累。② 在这种工价"每发后期,且多扣克,以胺削之余,市腾涌之料"③的情形下,公私交困,机户遭无端掠夺,从而影响了其生产的维持和发展。所以应天巡抚周孔教说,色彩斑斓的丝织品,"千丝万缕皆剥民肤髓而成之"④。万历末年的浙江巡抚刘一焜则说,当地"比年以来灾浸频仍,民生日困,兼之疲于织造,杼柚几空,公私交匮,未有甚于此时者也"⑤,"浙省之供输惟额外之织造最苦,以区区一隅之地,椎肌剥髓无米而炊者且叁拾余年矣"⑥。到天启时,浙江因"织造之催督日急,而藩司之据拮益艰,杼柚几空,襟肘渐露"⑦,地方政府陷入筹资困境,机户等百姓更承受无穷无尽的榨取。

派织品既多,劳动率又低,原来的额定岁造反而年年拖延,大打折扣。据工部奏报,成化十五年至十八年,各地拖欠坐派各色花素纻丝纱罗绫细锦 6380 匹,成化十四年至弘治元年,更拖欠岁造缎匹 135372 匹。⑧ 嘉靖七年工部报告,全国自正德十年以后积负至 22.7 万余匹,甚

---

① 《明熹宗实录》卷七三,天启六年闰六月辛丑,第 1 页;陈有明:《织造经制记》,顺治四年十二月,苏州历史博物馆等编:《明清苏州工商业碑刻集》,江苏人民出版社,1981 年,第 6 页。
② 崇祯《松江府志》卷一五《织造》,第 2 页。
③ 陈有明:《织造经制记》,顺治四年十二月,《明清苏州工商业碑刻集》第 6 页。
④ 周孔教:《江南疏稿》卷三《推广节爱俯陈困罢疏》,《续修四库全书》第 481 册,第 377 页。
⑤ 刘一焜:《抚浙疏草》卷一《题留袍缎钱粮疏》。
⑥ 刘一焜:《抚浙疏草》卷二《请停遣织造内臣疏》。
⑦ 王洽:《抚浙疏草》卷一《请止川贵调兵增饷疏》,第 21 页。
⑧ 徐恪:《少司空主一徐公奏议》卷二《乞缓织造疏》,《天津图书馆孤本秘籍丛书》第 2 册,第 164 页。

至"有自正德初年至十六年止,全无解报者"①。所以到隆庆四年尚衣监传旨加派时,工部复言,"加征不如趣正供之为易,新派不如责旧通之为速"②。这种情形,愈到后来愈益严重。万历十一年至十四年,各地岁造又欠2.6万余匹,累计前数,"节年不下四万匹"③。大臣时有停行新派但征旧通之请,然而从未见诸施行。

　　因明廷奢糜生活需要而起的加派缎匹反而影响岁造的事实,说明为数浩繁的丝织品加派,是建立在江南官民营丝织业相形发达的基础上的,它一方面反映了明廷对江南地方丝织品的无限制搜刮,同时也反映出明中后期起不但全国的官营织造独盛于江南,而且民营丝织业的发展也以江南为最。江南已经成为全国惟一的丝织业重心,它在全国丝织业中独占鳌头的历史也从此开始。

四　江南地方织染局生产形式的演变

　　江南地方织染局原来织造供赏赍用的岁造缎匹,每年有定额,其织造采用局内生产的形式,以后尽管织造内容发生根本变化,但直到天启七年罢织,局织的形式一直实行不辍。

　　局织生产,在内部实行堂长制,苏州、松江、镇江和嘉兴等局,均是如此。如苏州织染局,在嘉靖中期分别以天、地、元、黄、宇、宙为号,设为东纻丝堂,织机48张;西纻丝堂,织机24张;纱堂,织机42张;横罗堂,织机18张;东后罗堂,织机24张;西后罗堂,织机17张,共计6堂173张织机。④ 又如松江织染局,到明后期实存机匠370余名,分为织、挽、络、染、打线、结综、篦7作。⑤ 虽名作,实际与苏州的堂相同。堂或作,均设有堂长。在苏州,"每岁令六堂长、高手等役造办";在松江,"每遇开造时,内

①《明世宗实录》卷九〇,嘉靖七年七月戊子,第11页,总第2070页。
②《明穆宗实录》卷四三,隆庆四年三月甲申,第9页,总第1090页。
③《明神宗实录》卷一八七,万历十五年六月己巳,第6页,总第3501页。
④ 孙珮:《苏州织造局志》卷四《机张》,第17—18页。
⑤ 崇祯《松江府志》卷一五《织造》,第1页。

中举选殷实者,充堂长之役,肩任应办丝料,分发小匠领造,段完解京"①。看来担任堂长的是机户中之殷实者。可见实行这一制度,与明代粮长制、塘长制有十分相似之处。这种佥选殷实机户为堂长的办法,清代初年仍然沿用。织染局所用丝料,原由各府属县交纳,嘉靖十七年赋税折征后,大多改成纳银,因此堂长的职责原来只要督责机户"在城织染局攒织"②,后来还要预领价银办纳丝料,从明后期"料价拖阁经年,充是役者只得捐产揭债赊料织完"可知,堂长还要在料银无着落时预垫资金买丝。除了堂长,织局内的督织和管理人员有大使1员、副使2员,司吏、写字等人。

在织染局中应役的工匠,从苏州局来看,分为高手、扒头、染手、结综、掉络、接经、画匠、花匠、绣匠、织缎匠、挽花匠等。这些工匠,基本上是以存留形式供役的轮班匠。这就是所谓"局籍"。这种局籍,在山西孟县和浙江金华等地,被称为"机籍",仅仅为"存留本府而执役于织染局者"③所有,在苏州等地,即是"机户皆隶籍于局者"④,是专门应役官局织造的丝织工匠。在堂长制下,各地织局内部实行严格的责任制管理。缎匹按照所发花样要求,符合长、宽及重量规格,上缴时,缀上封织,"备书经收官吏及堂长诸役姓名"⑤,以便查勘。

轮班匠一旦以存留形式执役于织染局,就与其他轮班丝织工匠有别。这就是:前者执有机籍,织染局根据机籍佥补工匠,后者只有所有工匠都有的匠籍;前者"拘役在官,递年织造段匹以供国用"⑥,后者除了三年一班供役于京师一季外,其余时间在家里为市场生产,与当地织局无

---

① 崇祯《松江府志》卷一五《织造》,第1页。
② 正德《姑苏志》卷一五《田赋》,第13页。
③ 顾炎武辑:《天下郡国利病书》原编第17册《山西》引《孟县志·匠役》,第51页,《四部丛刊》三编史部;嘉靖《嘉兴府图记》卷九《物土四·户赋》,第19页;康熙《金华府志》卷九《役法》(第6页)更明言:"工匠役于京师,有轮班,有存留,又有机籍而执役于府之织染局者。"
④ 叶绍袁:《启祯记闻录》卷七,第11页,《痛史》本。
⑤ 嘉靖《嘉兴府图记》卷九《物土四·户赋》,第20页。
⑥ 康熙《金华府志》卷九《役法》,第7页。

涉。这就是所谓"苏松额有局匠"、"匠役自有定籍,局匠自有定制"①的由来。

局籍机匠和非局籍机匠在明代典籍中又被称为在官织户和民机,在官即指隶籍官局;民机也并不是说不属匠户,而仅指非隶织局。官局利用他们的办法是不同的:遇有派织任务,织局需要金派人户时,例由督织太监牌行地方有司,转行局官,依据局籍,勾补匠役,局匠就需进局应织。相反,民匠只在派织任务过大,官局仅凭局匠无法完织而采用领织时,才"止愿就近领造"②。否则,"稍有不公,众匠得而哗之"③。万历四十四年,苏杭督织太监吕贵欲搜括民机,工科右给事中徐绍吉援引敕书"应用机户外不许金派,扰害平民"的规定,上言暴吕贵恣意朘削的"诳旨"之罪。④ 天启初年,织造太监李实竟然敢冒不韪,"开密访之门,捉民机为匠"⑤,工科都给事中周士朴随即上疏,揭露李实"侵权抚按,辖制有司,凌虐机户,惟所欲为而后快"⑥之劣迹。李实与地方官及民间丝织业者形成冲突,正是在于他不分是否局匠,而一概金补的违背法典的做法。大量事例表明,明代江南地方织局是依靠局籍工匠来开展织造的。

如前所述,自明中期起,明廷在江南地区大规模坐派丝织品,而坐派主要集中在苏、松、杭、嘉、湖五府,数额成倍于岁造原额,织造要求高,限时紧,耗银多,地方织造绸缎负担数倍于原额,显然不可能由织局在原有的规模上开展生产。但此时织局在一般情况下,既不雇募,也不金补,并不扩大生产规模,就只能专织要求甚高的加派绸缎,这样一来,反而将每

① 周起元:《周忠愍奏疏》卷下《题为匠役自有定籍局匠自有定制宜听有司之核实难凭织监之渎陈疏》,《景印文渊阁四库全书》第 430 册,第 278 页。
② 周起元:《周忠愍奏疏》卷下,《题为料银滥取难徇府佐被诬非罪疏》,《景印文渊阁四库全书》第 430 册,第 281 页。
③ 周起元:《周忠愍奏疏》卷下《题为匠役自有定籍局匠自有定制宜听有司核实疏》,《景印文渊阁四库全书》第 430 册,第 279 页。
④ 《明神宗实录》卷五四七,万历四十四年七月戊子,第 6 页,总第 10369 页。
⑤ 周起元:《周忠愍奏疏》卷下《题为微臣荷恩有愧属吏重襥可矜疏》,《景印文渊阁四库全书》第 430 册,第 284 页。
⑥ 《明熹宗实录》卷三三,天启三年四月戊辰,第 11 页,总第 1697 页。

年额定的岁造生产排挤到了局外,改由民间机户领织。这就在局织制外,又出现了领织制。

明代领织始于何时?确切时间尚难确定。至迟在成化十九年,领织的做法已在苏州初见其端。当时太监王敬威逼苏州府长、吴二县,勒令机户织造彩妆五毒大红纱 512 匹,每匹工价银高达 15 两,而只给 6 两 5 钱,机户每织一匹,赔银 8 两 5 钱,而且"看不中者,又令重织,及其交纳,每匹反要机户解扛银五两,负累机户,揭债破产,苦不可言"①。太监口含天宪,到地方搜括高档绸缎,采用领织的办法,而又从中盘剥机户。只是这时派织为数不多,次数不频,看来领织还不经常,所以正德《姑苏志》仍称其时岁造在局进行。但也正是在此后不久,随着频数派织和岁造改造缎匹的大量增加,领织取得了经常的形式。嘉靖十四年,刑科给事中王经奉命到苏杭督查缎匹,条陈织造十二事。在"禁分例"中指出:"往年织造缎匹,估价过高,奸胥黠吏扣除需索,无所不至,故机匠仅得其半,而织造滥恶。宜酌定价值,著为成规。"这既说明苏州等地采用的是领织制,又说明还无一定成规。在"审织户"中,王经又主张:"所司籍机户之贫富,分为上中二等,编排甲头,分派领织,官为督发。"上述各条,"上纳其言"②,均获采纳。在这里,第一次明确领织的是岁造。显然,额定的"岁造"缎匹生产移到了局外。王经的见解在嘉靖二十六年的《重修苏州织染局记》中得到证明:岁造,"往年惟用本局匠役织造",后来改"用民间机户,到府领织"。因此,文征明紧接着记的"在局工作"的 600 余名人匠已不再从事岁造了。

领织包括岁造和改造等,但改造是因库中缺乏合适缎匹而令地方织染局在岁造之数内改织,原有"以省另派扰民"之意,因此领织实际上就主要领的是岁造。

领织分两种方式进行。一种是由机户到官局或官府领取丝料,代织

---

① 王恕:《王端毅奏议》卷五《纠劾奸人拨置中使扰乱地方奏状》,《景印文渊阁四库全书》第 427 册,第 555 页。
② 《明世宗实录》卷一七二,嘉靖十四年二月乙巳,第 4—5 页,总第 3740 页。

成匹,缴还时领取一定的工价。另一种是领取价银包织,而领银时间又有先后,或先领后织,或先织后领。第一种是加工方式,第二种是订货方式。现在看来,以第二种方式居多,尤以先织后领较为普遍。

领织者有在官织户和民机两种。前者主要是在派织量还未超过岁造时,由官府依据局籍、审定身份而领织。这似乎是一种权利,贫猾者无法享受。后者主要是官府在依靠局籍工匠还无法完成织务时,只好利用它来为自己服务。在官府和机户二者间不时出现的收头机户是一种揽头人,一遇机会便四出活动,侵牟取利,其身份是不合法的。当官府认真行事时,经常遭到禁革。

领织缎匹的料价,一般来说是定得较高的。嘉靖十四年,王经发现"往年织造缎匹估价过高"。万历三年,工部复查发现,苏杭地方官奏称领织的缎匹料价每匹需 12 两,"实价则多者七八两,少者仅三四两"[①]。这种情形看来是很普遍的。天启三年,应天巡抚周起元也在查核后指出,"段价原估浮时值数倍"[②]。清初工部侍郎苏州织造陈有明说"明季粉段每匹三两八钱"[③],大概是当时领织的标准之一,它远较苏州局中岁造纻丝料价为高,也较多数织局定价为高。其中当然明显地存在着"奸胥黠吏扣除需索"的侵吞行为,以致机户往往实际上"仅得其半"。但贪污克扣是与机户作弊弄奸,"以浇薄赝货塞责报命"[④]同时存在的,应作具体分析。

岁造、改造采用领织方式的同时,苏杭等织局专门从事袍服等生产。苏杭等五局由于历次加码而派织的每运 4000 匹袍服(其价银在松江府"于三县四司银解给"),是由各府织染局"食粮额匠"织造的。由此形成了一种新的生产格局:"织造龙袍,皆在官食粮织染局世役之官匠;织造

① 《明神宗实录》卷四二,万历三年九月癸丑,第 7 页,总第 956 页。
② 《周忠愍奏疏》卷下《题为织造旧例当循疏》,《景印文渊阁四库全书》第 430 册,第 276 页。
③ 苏杭织造陈有明揭,顺治四年七月,中国社会科学院经济研究所藏清代钞档,转引自彭泽益《从明代官营织造的经营方式看江南丝织业生产的性质》,《历史研究》1963 年第 2 期。
④ 陈有明:《建总织局记》,顺治四年,《明清苏州工商业碑刻集》,第 8 页。

岁改,皆闾阎编户府州县召募之民机。"①在松江府,从事这种上用袍服生产的织房叫"内号",由督织太监管理;从事岁造缎匹生产的机房,叫"外号",一向属知府衙门管理。

另有一种所谓"内帑袍服",指的是由内库发银织造的袍服。万历七年,神宗"从中发银五千两畀孙隆织造"②。这种内帑袍服因为是临时性的加派,局中匠役一时难以增加,孙隆便召募民机进局织造。崇祯《松江府志》称:"又如内帑进用之段,此系五局,总归苏、杭两府民匠织造,各府堂长出银,随段解进。若有帑赍发,折本尤可,若无帑银,化为乌有。此苦上又苦也。"③是说内帑袍服名义上由皇帝出银向苏、松、杭、嘉、湖五府派织,苏杭督织太监随即雇募两府民匠生产,但所需银两由苏、松、杭、嘉、湖五府堂长出银,随缎匹解交,因此,若帑银真正到位,堂长或民间顶多折本受点损失,若无帑银,则完全赔贴,苦上又苦。到万历十四年,孙隆奏请"内帑袍服归并五府织染局四千匹数内,通令食粮额匠织造,则前项见行民匠可免顾募,而每岁工费可省数千余两。得旨:内帑织造袍服每运三百匹,准并大运四千匹内派织解进"④。内帑袍服原来是由皇帝出银,其他袍服等加派缎匹均是由地方出银,现在内帑袍服也纳入每年的4000匹上用袍服内,不但生产由民间领织改为局织,而且朝廷还省了5000两价银,实际上更加重了地方的负担。

此外,织局偶尔也生产其他临时派织品。如万历中,"传造太岳太和山各顶帐费以万金……严行新旧各堂添设机张人匠并工织造"⑤。这就是说,局内生产一直是由额粮人匠进行的,只有在临时派织内帑袍服等时才招募局外匠役,而且为时仅数年。因此局内生产的方式在明代几乎一直未变。不能因为出现了领织制,就认为明代江南局织改成了领织,

① 《明熹宗实录》卷三〇,天启三年正月辛丑,第 6 页,总第 1506 页。
② 《明神宗实录》卷八九,万历七年七月乙丑,第 6 页,总第 1845 页。
③ 崇祯《松江府志》卷一五《织造》,第 2 页。
④ 《明神宗实录》卷一七一,万历十四年二月壬辰,第 12 页,总第 3114 页。
⑤ 逯中立:《两垣奏议·论罢太和山织造疏》,《景印文渊阁四库全书》第 430 册,第 252 页。

而否认局织的存在。同样,领织实际上是明廷丝织品加派的产物,而不是如人所说的是"在各地织染局日趋衰落的过程中逐步兴起"的[①]。领织制与局织制同时存在,前者的盛行并不要以后者的衰落为前提。

事实上,直到崇祯帝即位后罢遣苏杭督织太监,江南各织局不但没有衰落,而且督织宦官时有扩大规模的举动。先是,隆庆年间加派龙袍后,督织太监将江南各地的劝农厅改为织造馆。[②] 万历三十一年太监鲁保兼管岁造,试图采用"既欲解银,又欲解机户"的办法,一心扩充局织,由于地方官的激烈反对,阴谋未能得逞。天启年间,李实又演鲁保故伎,而且手段更为穷凶极恶,受害面也更广。针对苏杭机户抗织,李实金派匠役赴局,并在实行过程中不分是民是匠,凡是殷实富户便一概金派,"势不至概松江殷实之家而尽匠焉不止……惟其以殷实故,是以不匠而匠"。这对广大机户百姓是噩耗,对奸棍参随是福音。如青浦县奸棍顾松就曾因先年卖田与人索银不遂,乃密嘱参随所官,诬人为局匠,使其后人列名其中。这样一来,弄得"吴民之殷实者人人自危,而参随之私报者人人饱欲"。所以巡抚周起元称其祸害无穷,而"金报之间又是宵人一番利薮矣"。[③] 这就是明季的金报,它本质上也是局织。由于贪财好货的皇帝庇护,给江南人民带来了无穷灾难。

在不同的生产形式下,机户的待遇也不同,在局织和领织的不同织造形式下,机户的实际待遇既要看价银筹措的难易,又要视督织的是地方官还是内监,不可一概而论。

按令典规定,岁造由地方官府督织。如在浙江,岁造缎匹,原由杭嘉

---

① 彭泽益:《从明代官营织造的经营方式看江南丝织业生产的性质》,《历史研究》1963 年第 2 期,第 47 页。

② 沈德符《万历野获编》卷一二《户部》"劝农"条(中华书局,1959 年,第 318 页)载:"本朝宣德初年,添设浙江杭、嘉二府属县劝农主簿……嘉靖六年,诏江南府州县治农官,不得营干别差,其重农如此。至穆宗初,大珰出领江南龙袍,遂改劝农厅为织造馆。然余初有识时,尚见劝农旧扁于府署之门,今改换已久,问之人,不复晓各郡曾有此官矣。"

③《周忠愍奏疏》卷下《题为匠役自有定籍局匠自有定制宜听有司核实疏》,《景印文渊阁四库全书》第 430 册,第 279 页。

湖三府管局官管理,织造完日,呈报布政司会同按察司看验,如合式,送巡按用印,布政司给价垫支,差官解进,一套程序相当严密。① 后因需用剧增岁造移到局外后,局内织造就由内官督理,而局外的岁造、改造缎匹,"督造专责司府掌印官,办验委巡按御史"②,权责仍在地方有司而不属内监宦竖。地方官督织,虽然也存在克扣工价等问题,如万历末年杭州府通判庄成允,留复机户60名,每名送银20两或30两;每年改造缎匹数千匹,通过机户李一敬敛送例银,每匹1钱或1钱5分,甚至吓诈赵敏多造缎匹,受银200两,置之不问。③ 但总体而言,官府、官员与生产者的矛盾还未曾激化。当时人的看法是,"岁造、改造原属有司,抚按之法得以加之"④。显然,由地方官府督织,则官员多少要念民情,多少考虑到地方经济发展,多少照顾到治下百姓的利益,而不敢一味诛求。承织缎匹料价额定既高,地方官府又预给机户钱粮或丝料以供织造,对那些领织的小生产者来说,就可以不必为缺少资金无力购丝而发愁,却可以在经济境遇十分恶劣的情形下,免除破产失业的危险,通过领织获得微薄报酬,赖以维持简单再生产。所谓"领一段料,举家惊持,妻络子馈,日工夜宿,所系者一月四斗"⑤。对较为富裕的小业主来说,因为从官府那里预领到丝斤,就可以减少生产资金,特别是原料资金的投资,减少堆积丝料的库房等设施,减少因买丝而支付的劳动人手乃至运输设备等,相应地可以增加雇工人数,扩大经营规模。因此,明人议论道,督织"事权归之抚按,则有司奉行惟谨,公私两利"⑥。这无疑对民间丝织业的发展是有利的。

---

① 参见刘一焜《抚浙疏草》卷二《请停遣织造内监疏》。
② 万历《明会典》卷二○一《工部二十一》,第2707页。
③ 刘一焜:《抚浙疏草》卷八《大计纠劾有司疏》,万历四十六年十一月奏。
④ 《明神宗实录》卷四八九,万历三十九年十一月己酉,第2页,总第9213页。
⑤ 崇祯《松江府志》卷一五《织造》,第2页。
⑥ 李如楚:《为循祖制广圣恩恳乞停遣织造内臣并酌议督织事宜以济上供以惜东南民力事》疏按语,董其昌辑:《神庙留中奏疏汇要》工部卷一,第32页,清抄本,《续修四库全书》第471册,第200页。

如果督织之权掌于宦官,则祸害无穷。宦官行事,多不足道,织造太监,尤其不齿。太监来自皇帝身边,倏忽来去,又"由贿而得,计非贪黩,无以偿之"[1],故一到地方,便极尽贪酷搜刮之能事。掠取民利之手段无所不用其极,约而言之,大要有三。

一是借端中饱。如屡屡乞请盐引,成化年间织造,准与长芦盐引五万引,弘治年间织作,又准与长芦盐引三万引,"所费多而用于织造缎匹者实少"。太监以织造缎匹的名义乞请盐引,"驯至盐法大坏,边饷不充"[2],"遂至盐法阻坏,机户逃亡,国本有伤"[3]。如兼管岁造。岁造由地方督织,载在令典。万历中期太监鲁保试图扩充局织不成后,又要各府解银到局,而缎匹仍由各府自织。很明显,这是掌握钱粮可以中饱而无督织缎匹之责的卑劣伎俩,诚如巡抚周孔教所说,这是"放银者而不知织造之事,织造者而不知给价之事"的荒唐做法,到头来必然是机户遭殃,地方得咎。其后刘成、李实接任,贪婪甚于前任,貂珰之迹更遍及广大地区。织造太监吕贵病故后,浙江审查其手下随从侵吞的用于织造龙袍的内帑银两,纪光先得 1.6 万两,田禄得 6000 两,毛登、徐文学、李典、高四得 9000 两,梁士溥得 1750 两,陆三、茅承勋、茅闻益、仲联登、胡一宠各得 1000 两,密六得 250 两,茅茹得 1 万两。[4] 不少织造钱粮事实上并未用于织造缎匹,而是被织监及其爪牙分肥了。如编造名目,多列开支。姜洪在巡河后发现,缎匹"以内官监运,其弊始多。假如木犀龙衣,二船装载足矣,额外多讨船,少者七八号,多者十余号"[5],通过增加定额以扩大开支谋取好处。

① 傅维鳞:《明书》卷八二《食货志二·织造》,第 8 页,《四库全书存目丛书》史部第 39 册,第 107 页。
② 韩文:《题为恳乞停止卖盐织造事》,《明经世文编》卷八五,中华书局影印本,1962 年,第 762 页。
③ 乔宇:《题为暂停差官织造以慰穷民以溥圣惠事》,张卤辑《皇明嘉隆疏抄》卷四,第 53 页,万历刻本,《四库全书存目丛书》史部第 72 册,第 461 页。
④ 刘一焜:《抚浙疏草》卷四《请撤织监并究奸棍疏》。
⑤ 姜洪:《陈言疏》,《明经世文编》卷一二二,第 1176 页。

　　二是明目张胆,公行攫取。成化十九年,如前所述,太监王敬令苏州等地机户织造五毒大红纱,几乎全不给价。正德时,廖鎏等督织,"假此大肆科取,算及铢镏,剥民骨髓"①。嘉靖时太监吴勋、少监张志聪二人监织杭州,"恃宠骄悍,纵其舍中儿厮养诸役,推剥工匠,恫愒郡县,无所顾忌",地方官钤束不住,工本丝料价银均由杭州府库银支出,这些人索取"羡金什之二三"。② 天启时,织监李实"参铺商,参机户,参驿递,参有司,广行胺削,万民怨嗟"③,祸害地方最烈。不仅织造太监本身,甚至织监招揽的司房、书吏、长随人等,均给地方带来极大负担。

　　三是巧立名目,诈取勒索。如百般需索,人称正德以后的织造太监,"或万金而使一人,或数人而守一缺,参随狼虎,名色繁多。初任有拜见,岁时有节礼,各行有分例,科派有解扛。样缎动以数千,带造多逾本数,稍不称意,辄遭毁裂,故有变产鬻子抵赔者。诸凡苦状,不可胜言"④。织监节外生枝,生出种种勒索名目,"多一匹织造,则若辈多一匹侵牟,机户堂长有常例,给发验收有克索,往往藉上供为名,阴以饱无涯之溪壑"⑤。织监大多不懂织造,乃分派左右随从督造,而这些人不是地方之豪猾,就是"远方之亡命投入府中"者,依仗织监声势,千方百计谋取私利,"金拨堂长有堂长之常例,分拨机户有机户之常例,给发工价有领价之常例,解验段匹有验收之常例。公费自有额银,交际取诸堂长。司房、书门、长随等役,人人张口欲吞,人人果腹思饱"。如傅时、傅晓二人,只是内监之司房,而家资竟至百万,其百万之私产,浙江巡抚刘一焜揭露"皆小民千敲万比鬻男责女之财也"⑥。

① 吉棠:《题为暂停织造以苏边民事》,张卤辑《皇明嘉隆疏抄》卷四,第70页,万历刻本,《四库全书存目丛书》史部第72册,第470页。
② 徐学聚:《国朝典汇》卷一九七《工部十二》,第5页,天启五年刊本。
③《明熹宗实录》卷三〇,天启三年正月辛丑。第6页,总第1506页。
④《明世宗实录》卷三四,嘉靖二年十二月庚戌,第4页,总第0867页。
⑤ 林如楚:《为循祖制广圣恩悬乞停遣织造内臣并酌议督织事宜以济上供以惜东南民力事》,董其昌辑《神庙留中奏疏汇要》工部卷一,第29—30页,《续修四库全书》第471册,第198—199页。
⑥ 刘一焜:《抚浙疏草》卷二《请停遣织造内监疏》。

　　织监及其无数爪牙或违例越制，或明火执仗，榨取劫夺民间丝织业，不但令"有司供给繁苦，民间大扰"①，而且使机户"手指瘁于拮据，皮肉残于鞭朴"②，这就严重阻碍了民间丝织业的发展。明后期的局面是，"民力告匮，杼轴皆空"③，民间以至于"家家闭户割机"，以示抗织。万历中期，苏州织工就因不堪忍受税使参随广派税额而两度展开罢织等斗争。民间织工将斗争矛头对准织监，正是由于织监尽情吮吸地方及民间织户脂膏的结果，地方官员敢于一次次为民请命，禀控织监的贪虐行为，也正反映了广大民间机户在地方官府或内监督织下的不同境遇。

　　由上可见，织造归谁督织，直接影响到机户的利益，地方与织监的矛盾，焦点也一直在由谁督织缎匹的生产。工部尚书姚思仁在天启三年得出结论道："有司畏抚按之综核，银两尽行给发，机户有利，接迹而来；内监挟朝廷之威权，银两不免减削，机户无利，掉臂而去。使内监亦如有司之尽给，何故畏避不前；使内监不利钱粮之侵渔，何为争执不已？"④可谓一针见血。看来这决非无根据的议论，崇祯《松江府志》也曾作过比较："往例本府发银，便而省费。今紊乱旧规，解银监给，司房奸蠹任意扣除，领银者十无二三，到手复有本监衙门下役、皂快、门子、舍人、军牢、班头、轿夫、所官跟随人役，蜂屯蚁聚，打骂婪诈，不遂不已，乃致罄身而回，宦债不能偿，商丝不能了，东逃西窜，涕泣相视而已。"⑤时人多认为由地方官督织还是内监插手，结果完全两样，机户处境不啻霄壤。地方官督织也确实官民两便。如松江知府许某，规定完缎给银，官不烦而匠无累。有明一代，反对宦官督织而要求归还地方者不知凡几，却很少有人反对地方织造岁造缎匹，原因正在这里。

　　凡此种种，表明领织机户的待遇在一般情况下比局匠高，其身份也

① 孙珮：《苏州织造局志》卷一《沿革》，第2页。
② 逯中立：《两垣奏议·论罢太和山织造疏》，《景印文渊阁四库全书》第430册，第252页。
③ 孙珮：《苏州织造局志》卷一《沿革》，第1页。
④ 《明熹宗实录》卷三〇，天启三年正月辛丑，第6页，总第1506页。
⑤ 崇祯《松江府志》卷一五《织造》，第2页。

较局匠自由，而督织者不同，实际处境更迥然有异。如果联系清代官局生产的形式，甚至可以这么说，领织方式成了由明代局织的应值形式向清代局织的雇募形式发展的过渡，体现了历史的进步。而织造钱粮是否宽裕，或是否有着落，是比由谁督织更为基本的问题。

五　明廷停止官营织造问题

长期以来，人们一直认为，明代江南官营织造的历史结束于天启七年崇祯即位。这是误将停止上用织造当成了停织岁造。岁造是无法停止的。从崇祯的诏书称上用钱粮移入岁造内应用即可明了，岁造仍然散在民间织造不辍。

崇祯即位后，命撤苏杭织造，止苏杭织作。《崇祯长编》卷三（第 25 页）载：

> 命撤苏杭织造。谕工部曰："连年加派络绎，水旱频仍，商困民扰，苦不聊生，朕甚悯焉。今将苏杭织造暂行停止，朕不忍以被组绣工重困此一方民。稍加轸念，用示宽仁。"

谈迁《国榷》卷八八（中华书局，1988 年第 2 次印刷本，第 5403—5404 页）载：

> 谕曰："朕自临御以来，孜孜民力艰苦，思与休息。惟是封疆多事，征输重繁，未遑苏豁。织造虽上供急需，朕痛念连年加派络绎，东西水旱频仍，商困役扰，民不聊生，朕甚悯焉。今将苏杭见在织造，地方官解进，梁栋不必候代即回，员阙暂停。朕不忍以衣被组绣之工重困此一方民。稍加轸念，用示宽仁。俟东西底定之日，方行开造，以称朕敬天恤民至意。"

这两段文字，一繁一简，其意相同，均系于天启七年十一月己丑条内。然同一谕文，又见于孙承泽《春明梦余录》卷四六、《天府广记》卷二一和崇祯《松江府志》卷一五《织造》，均系于崇祯元年，且文字内容稍有出入。

孙承泽《天府广记》(北京古籍出版社,1983年,第289页)载:

> 崇祯元年二月谕:"朕自临御以来,孜孜民力艰苦,思与休息。惟是封疆多事,征输重繁,未遑苏豁。乃有织造钱粮,虽系上供急需,朕痛念连年加派络绎,东西水旱频仍,商困役扰,民不聊生,朕甚悯焉。今将苏杭现在织造钱粮上紧成造,着地方官解进。梁栋不必候代,即着驰驿回京。<u>其改织钱粮仍入岁造内应用</u>,织造员缺暂行停止。朕不忍以衣被组绣之工重困此一方民,稍加轸念,用示宽仁。俟东西底定之日,方行开造,以称朕敬天恤民之至意。"(文中着重号为引者所加)。

崇祯《松江府志》(第10页)载:

> 崇祯元年,工部接出圣谕:"朕自临御以来,孜孜民力艰苦,思与休息。惟是封疆多事,征输烦重,未遑苏豁。乃者织造钱粮,虽系上供急需,朕痛念连年加派络绎,东西水旱频仍,商困役扰,民不聊生,朕甚悯焉。今将苏杭在机织造钱粮上紧成造,着该地方官解进。梁栋不必候代,即着驰驿回京。<u>其改织钱粮仍入岁造内应用</u>,织造员缺暂行停止。朕不忍以衣被组绣之工重困此一方民力,稍加轸念,用示宽仁。俟东西底定之日,方行开造,以称朕敬天恤民至意。特谕。"(文中着重号为引者所加)

这两段文字虽间有小异,但意旨完全相同。值得注意的是,其中均有"其改织钱粮仍入岁造内应用"字样。

对于崇祯的上述谕文,长期以来,论者均理解为自发布谕文之日起,明代的官营织造即全部停废了。如彭泽益认为,"到1626年,即明代官营织造以停止苏杭织作正式宣告结束的前夕","从1628年后,由于明代封建官府需用段匹的织造停止"。[①] 许涤新、吴承明主编的《中国资本主

[①] 彭泽益:《从明代官营织造的经营方式看江南丝织业生产的性质》,《历史研究》1963年第2期,第55页。

义的萌芽》认为，"到崇祯元年（1628），'止苏杭织作'，所有官局都停止生产了"①。蒋兆成认为，"天启七年（1627）十一月二十六日，朝廷发布'止苏杭织作'的谕旨，明代杭州等官营织造的历史宣告终结。崇祯元年（1628）后，各地官营织作已完全停废"。② 后来推出的方行主编的《中国经济通史·清代经济卷》也沿袭前人说法，认为"明代的官营织局自明中叶开始衰落，到天启七年全部停废"。③

论者的上述看法，均未注意到谕旨中"其改织钱粮仍入岁造内应用"的内容，均将停止太监督织苏杭理解为停废所有官营织造。明代的官营织造，如上所述，在中央有内织染局、外织染局、南京内织染局、南京工部织染所（即"内局"、"外局"）、南京供应机房和神帛堂，在全国各地有 20 多处地方织染局，其织造的缎匹，"内局以应上供，外局以备公用"，地方织局的岁造缎匹以备赏赐，其分置情形有如上述。中央内、外织染局分属宦官衙门和工部管理，动用住坐和轮班人匠，在局内从事生产，岁造有定额，定额见前述。

增造坐派，岁造之外多了上用织造，苏杭等地方织局变为上用缎匹督织处，督织太监专驻苏州或杭州，苏杭织造成了督织宦官的代名词。以致崇祯《松江府志》卷一五《织造》谓："江南织造，惟浙直杭嘉湖苏松五府设局。祖制差内官一员专任，或在杭，或在苏。"江南织造，如前所述，镇江府也有局，所以所谓"五府设局"，仅指宦官督织上用缎匹的苏、松、杭、嘉、湖五府织染局，而非指承织岁造的全部地方织染局。如前所述，坐派缎匹，自正德时起，其数渐多，至于万历天启，臻于顶峰，地方不堪重负，坐派成为最为民害之弊政。于是自宪宗到神宗，每个皇帝即位，均有撤回督织宦官之命。其间遭逢灾伤变故，也有类似举措。值得注意的是，每次都只是撤回督织上用缎匹的太监，每次又都是将未完织造钱粮"准作岁造之用"，所以暂停或停止的只是在苏杭织造的上用缎匹，而非

---

① 许涤新、吴承明主编：《中国资本主义的萌芽》，人民出版社，1985 年，第 146 页。
② 蒋兆成：《明清杭嘉湖社会经济史研究》，杭州大学出版社，1994 年，第 238 页。
③ 方行主编：《中国经济通史·清代经济卷》，经济日报出版社，2000 年，第 536—537 页。

全国各地每年正常织造的岁造缎匹。岁造缎匹是不能、也不会停织的。同样，崇祯即位暂停的也只能是苏杭织造的上用缎，而非定额岁造，撤回的仅是苏杭督织宦官，而不包括南京内织染局等太监。崇祯谕文称，上用坐派缎匹停织，其织造钱粮"仍入岁造内应用"，说得很清楚，岁造并没有停织。耐人寻味的是，系于崇祯元年的谕旨，均比系于天启七年的谕旨多了"改织钱粮仍入岁造内应用"的内容。这可能是有司在请示织造未完钱粮的处置时崇祯帝补充的内容，也可能是阁臣拟旨时依据规制补入的内容，所以工部"接出"的谕旨就稍有不同。无论如何，不经意间却透露出岁造并未停废的信息。

修刻于崇祯初年的《松江府志》是这样看待停止苏杭织造的："顷皇上践祚初年，首停织造，三县额设加编渐可望减。"①只可望减而未望取消。又在叙及岁造缎匹时载，"近又奉文以崇祯元年为始，于扛垫六钱内免茶果银九分五厘，亦已详免，其大红缎价每两又减二钱"②。崇祯时岁造缎价扛垫银减低，可见其时罢撤织造的苏杭等地岁造仍在照常织解。孙承泽《思陵典礼纪》记崇祯时事，载崇祯后期内府各衙门职掌称，"南京供应机房纻丝纱罗共三万四千二百九十匹，上用纻丝纱罗四千二百九十三匹"③，似表示其时南京供应机房仍在生产。

崇祯谕旨后江南地方官营织造并未停止，也多具体史实。

松江织染局是明代江南官营织局五局之一。崇祯九年十一月，应天巡抚张国维纠劾松江府通判朱启元，说他"经手织造，不察美恶，一概混收，以致局匠、堂长朱国琮等冒破工料，见奉部查"④，"局匠、堂长"正是官营织局存在的明证，可知松江一府崇祯中期官营织造正盛，官营局匠冒破工料，以致户部查核。

镇江也是明代江南官营织局之一。崇祯十年十二月，应天巡抚张国

---

① 崇祯《松江府志》卷一五《织造》，第 1 页。
② 同上书，第 4 页。
③ 孙承泽：《思陵典礼纪》卷四，《丛书集成初编》第 3972 册，第 47 页。
④ 张国维：《抚吴疏草·九年大计纠劾疏四》，《四库禁煅书丛刊》史部第 39 册，第 256 页。

维纠劾镇江知府印司奇,据当地经承书吏机户等供认,缎匹"驳价,原解充饷,无陋规可扣,若放给机户,有加一加二扣头,故乐于放不乐于解"。当年印知府发"放岁造等银三千二百有奇,且克扣银三百二十余两",引起"织染局机户呈控"。① 既然官营织造岁造银两仍在发放且被官员克扣,既然有织染局机户在承织岁造,毫无疑问,该地织染局岁造生产并未停织。

浙江杭嘉湖三府织染局是明代浙江最重要的地方织染局。崇祯十二年十月,浙江巡按御史王范上疏,奏劾浙江左布政使姚永济,疏文中称:"有言其信任库书范玉台、段君甫等,交通内外,将岁改钱粮对给段价,银不入库,即发批回者……有言段匹屡经驳退,小机户赔补极苦,本官听信机总张容等私发钱粮数千两,指称进京调停,诈骗烹肥者矣。"② 王范又在崇祯十三年二月进一步疏劾姚永济,称姚在任内,"经收岁段价银共二十七万有奇,内解崇祯九年分改折岁造充饷银一万八千两,又解给输饷垫费门库工食三万八千余两外,计给过岁造价银一十九万有奇。又经收料匠并江西协济等银共二十五万有奇,内除……外,计给过段价银一十六万有奇。每有机户守催协济及工料银到司,银不收库,即领作段价,任库书范玉台、段君甫等通同索受陋规,此其极确者也。一,本官宠遇机总,以致张容等托称装箱会验等费,及上京水陆盘缠交纳使用等名目,克敛散机,张容等京回诉苦,尚欲索取于众,本官私发钱粮千两以优之,不知作何销算,众机至今呶呶。此其极确查者也。"③ 崇祯十三年十月,王范第三次题参,文中提到:姚永济于崇祯七年十一月到任,与段君甫、范玉台、陈士贞等,承管收放一应钱粮事务,"沿袭陋规,每千两扣三十两,永济任内共计放过段匹银三十五万两,共计扣一万五百两"。④ 王

---

① 张国维:《抚吴疏草·再参镇守疏》,《四库禁燬书丛刊》史部第 39 册,第 457、458 页。
② 王范:《焚愈草》卷一《纠劾左藩疏》,第 51—52 页,崇祯十四年序刊本。日本庆应大学图书馆藏。此书承京都大学人文科学研究所岩井茂树教授惠示,深致谢意。
③ 王范:《焚愈草》卷二《遵奉确参左藩疏》,第 67—68 页。
④ 王范:《焚愈草》卷六《勘问犯官姚永济并衙役招拟疏》,第 71 页。

范疏文明确提到直到崇祯中期,浙江布政司仍然"经收岁段价银",作为"岁改钱粮",而且机户织造这种岁造改造缎匹,领取织造钱粮,往往屡被官府驳退,以致赔累不堪,或者经办吏胥挖空心思索取额外费用,克敛机户。如果官营织造已经停止,这一切就根本无从说起。王范的疏文说明,浙江范围内的岁造缎匹,直到崇祯中后期一直未曾停止。

崇祯十三年五月,王范又在上疏中称,浙江嘉兴府旧设通判三员,"一为总巡,督造兼水利,职专上供岁段及胖衣修浚海塘运河缉盐盗办课额,种种职掌,俱系繁重之事,其不可议裁"。[①] 明代设有官营织局的各府,上供缎匹织造正是由通判职掌的,由此疏文可知,嘉兴府直到崇祯十三年官营织造仍行不辍,而且因为织造等事重要,在裁撤其他通判时,织造专职官员仍予保留,看不出任何停织的迹象。

崇祯帝虽一再标榜服浣濯之衣,但17年间不可能不添新衣,内府享用,朝廷公用,官员服用,军官战将及民族头人赏赐,17年间需要大量绸缎,官营织造完全停止决无可能。崇祯帝顾念入不敷出,与其列祖列宗不同的是,停止苏杭织作后确实未遣宦官再行督织,上用缎匹有所限制,但今人仅仅根据止苏杭织作的谕文,便想当然地理解为从此明代的官营织造即全部停废,恐怕不独于事理不通,而且更与事实难符。

考察明代江南的官营织造,可以得到这样的认识:明代的官营织造,分为内外织染局等中央机构和各地府级地方织染局,内局所织缎匹以备上用,各局所织缎匹以备官用,地方织局所织缎匹以备赏赐。江南各地织局最初同其他地方织染局一样,仅织岁造,采用徭役制的局织生产。自朝廷加派缎匹产生后,特别是15世纪后期随着加派改造的巨量增加,原有的织局规模已无法完成繁重的织造任务,织局只得仅织袍服等加派缎匹,而原有的岁造和岁造中的改造缎匹只能在局外由民间领织。这就形成了局织和领织同时进行的格局。崇祯即位谕令停织,裁撤苏杭督织太监,从此停罢的只是由太监督织的苏杭织造,而非各地地方织局,岁造

---

① 王范:《焚愈草》卷三《回奏裁练事宜疏》,第 91 页。

丝织品仍照常生产。官营织局事实上直到明末一直较为兴盛,苏杭等地方织染局,其织造生产可以说与明代相始终,一直存在。因此,明代江南官营织造衰落的说法,并不符合实际情形,更不能用其他地区明后期织造的不景气,来证明江南织造官局也在逐渐衰落。

第四章　鼎足而立的江南三织造
——清代官营织造

　　清廷底定江南后,立即在明代丝织生产最突出的三个城市即江宁、苏州和杭州恢复重建了织造局,而在全国其他地区,只保留了北京的一个内织造局。内织造局工匠稀少,规模不大,产量不高,后来更形同虚设,于道光二十三年(1843)被裁撤。清代的官营织造,几乎全部集中到了江南一隅①,江南三大织造局气势恢宏,地位重要,江南成为历史上官营织造最为集中和发达的地区。

　　对于清代江南的官营织造,学界成果较为丰硕,特别是对于清代前期的江南织造,著名中国经济史学家彭泽益先生在 20 世纪 60 年代发表过极为重要的论文,就清代前期江南织造的经营形式、设备规模、织造经费来源、生产劳动组织形式、局匠的身份地位、对民间丝织业控制等基本

---

① 清代的官营丝织,除了江南三织局和北京内织造局,只有山西潞安府长治、高平二县在顺治初年岁织潞绸 3000 匹;顺治十五年起岁织 300 匹;康熙六年起减织大潞绸 100 匹,而改织小潞绸 400 匹;康熙十四年起大小潞绸各减去 100 匹,每年长治县织解大潞绸 62 匹,小潞绸 168 匹,高平县织解大潞绸 38 匹,小潞绸 114 匹,总数为 382 匹。按照康熙十七年题准的报销标准,大潞绸每匹银 12 两 5 钱,小潞绸每匹银 2 两 7 钱 5 分,则每年潞绸销银数为 2025 两 5 钱(嘉庆《大清会典事例》卷七○九《工部·织造》,第 14—15 页,嘉庆二十三年刻本)。

问题作了较为深入的探讨。① 时至今日,有关论著对这一专题的研究尽管或多或少有所进展,但从总体上看,可以说皆无出其右。对于清代后期的江南织造,学界却殊少关注,以至于常有论著将江南织造前后期的情形互相混淆,得出一些不切实际和不符实情的结论。

一 江南织局的草创及其生产

清前期②江南织局的恢复及其生产形式的确立,经历了一个较为复杂的过程。

顺治二年(1645),江宁织造局率先由大学士洪承畴经理恢复。后来江宁织局分为三处,一是明代内织染局基址,即汉府织造,所谓"尚方华衮",正常年间设有纱、绸、妆蟒等机554张(参考图版4-1 清江宁织造汉府机房图);二是在驻防城北安门内的神帛堂,即明代神帛堂原址,设有诰命神帛机65张;三是常府街的倭缎堂,有倭绒、素缎等织机46张。③

顺治三年,苏州和杭州织造局由工部右侍郎督理苏杭织造陈有明着手经营恢复。在苏州,陈有明在明代织染局的旧基上建成织染局,在明朝外戚周奎的旧宅上创建成总织局(参考图版4-2 清苏州织造署内《陈有明去思碑》)。继任织造侍郎周天成又于织造府后收买民房盖造机房,扩充总织局,称南局,改织染局为北局,又于濂溪坊西洞桥内购置民房设立机张,为南新局,于顾家西民居添设机张为北新局。在杭州,陈有明添修涌金门内的内造织局(俗称红门染局,亦称西府局),在回回新桥营盖岁造机房(即外造织局)。明末苏、杭岁造都散处民居,并无织局,陈有明改岁造散处为局织,织局规模从而远超明代。

恢复后的江南三织局,清廷在各局设置监督、笔帖式、库使各一人,三年更代,于顺治五年起差户部官员管理。苏州、杭州二织局,原来由一

① 彭泽益:《清代前期江南织造的研究》,《历史研究》1963年第4期。
② 本章所指清前期,依据江南织造的实际情形,将下限定在咸丰三年太平军占领南京。
③ 同治《上江两县志》卷一三《秩官》,第9页。该书将神帛机载为68张。

人兼任,顺治十年才分任管理。十三年,改差内十三衙门太监,每年一更代。十五年,又改为三年一易任。顺治十八年,又改为一年更代。康熙二年(1663),织造属官笔帖式增为二名、库使增为三名。同年,朝廷专门颁给织造敕书。康熙三年五月初三日,内务府咨前事,内开:"康熙三年二月初三日,准工部来文,内开:本部责令地方官织造段匹,及户部见织段匹,一并责令内庭差去织造官员织造,每年同上用缎匹赍解。等因。具题。奉旨:部织段匹,着交与内庭官监造。内庭官不必轮流差遣,着选能干官各一员久住监造。等因。移文到府。今二部钱粮,或即责令见去官员织造,或责令久住官员。等因。康熙三年二月初三日奉旨:即责令见去官员织造。钦此。钦遵。相应移咨。"①内务府的咨文非常清楚,江南三织造官员于康熙三年开始,由原来的三年一任或一年一任固定为不拘年限的久任。② 这也是于康熙二年始任江宁织造的曹玺后来久任 20余年的制度背景。

为了恢复织造,以应上供,清廷厘定了三处织造的钱粮:苏州织造动支工部四司料银及岁造缎银 142822 两 8 钱,户部绢折银 12832 两 5 钱;杭州织造动支工部四司料银、岁造缎银及局租、荒丝等项银 104422 两零5 分,户部绢折及盐课银 121886 两;江宁织造动支户部岁供织造银70337 两 4 钱余,三织造共动支工部项下银 247244 两 8 钱 5 分,户部项下银 205055 两 9 钱 4 分。清初用于织造的钱粮,表面上看起来相当充

---

① 韩世琦:《抚吴疏草》卷四一《报销江宁织造工料食米疏·题为请旨事》,《四库未收书辑刊》第捌辑,第 7 册,第 733 页。

② 关于江南织造官员的任期,相关记载不尽相同。光绪《大清会典》卷一一九〇《内务府·库藏·广储司六库》载:"顺治初年定,江宁、苏州、杭州织造诸局,各设监督、笔帖式、库使各一人,三年更代。十八年奏准,一年更代。"《钦定总管内务府现行则例·广储司》卷二《三处织造员役》载:"初,江宁、苏州、杭州织造处监督官一员、笔帖式一员,库使一员,三年一次更换。顺治十八年议覆,奏准织造官员笔帖式、库使等一年一次更换。康熙元年正月奏准,三处织造各添库使一名。二年二月遵旨议覆,奏准三处织造各派贤能官一员、笔帖式二员、库使三名,令其永远居住。是年三月奏准,给三处织造关防敕书。"而乾隆《江南通志》卷一〇五《职官志·文职七》(第 13 页)载:"督理织造,江宁始于前明时,用太监管理汉府事,国朝照旧。织造,顺治五年差户部员管理。十三年,改差内十三衙门,每年一更代。十五年,改为三年一易任。康熙二年,遂定专差久任。"虽详略不一,但均不尽准确。

裕,实际根本上难于如数征解,不等于有如许多钱粮可用于织造。清初朝廷又规定,织造钱粮事宜俱隶户部,八年改隶工部。九年,工部将项下银 247244 两分拨三处织造。直到康熙三年明确,织造事宜隶工部,钱粮复归户部。[①]

清廷恢复织局,其立意是要"额设钱粮收丝招匠"[②],去明末佥派之弊,并变岁造散处民居为局织,以更有效地织造缎匹。这从陈有明的话可以看得很清楚:"佥报滋奸,本部稔知其弊,莅任之初,严行禁革";"且向来机设,散处民居,无监督典事之人,率以浇薄赝货,塞责报命。上积弛而下积玩,织染之流弊,侵淫已极,皆由无总织局以汇集群工。此明季之所以坐废也。"[③]因此一当织局重新建成,各地便着手结束地方领织的状态,改为集中织局生产。[④]

但事属草创,织局隶属、督织官员、钱粮来源,以及织造格局等项,不时在变动中,三织局乃各自筹措经费,临时完成派织任务。

在江宁,档案反映,顺治年间的织造事务,同明代一样,是由太监管理的。江宁织造太监车天监题称,其"自顺治五年六月内,奉旨兼理督造制帛诰轴钱粮"[⑤]。按规定,江宁每年额织制帛 279 段,预年春秋二季起解到部,诰轴则照依所颁式样,查明明季岁额数目造解。顺治六年六月车天祥题,完成顺治六年分秋运和七年分春运制帛 139 段,诰轴 700 道,专差太江山尚邦泰管运解交。[⑥]顺治十年,车天祥又题称,"江宁织造岁用钱粮共计七万有奇",原属户部时,除了倭缎、制帛、诰命各另设机张

---

① 雍正《大清会典》卷二〇一《工部五·都水清吏司·织造》,第 3—4 页。
② 户部尚书噶达洪《题为请敕免派机户以苏江浙民困事》,顺治八年四月二十日,中国第一历史档案馆藏档案,顺治朝题本,第 477 函,第 21 号。以下凡未注明出处者,同此。
③ 陈有明:《织造经制记》,顺治四年十二月,《建总织局记》,顺治四年,苏州历史博物馆等编:《明清苏州工商业碑刻集》,江苏人民出版社,1981 年,第 5、8 页。
④ 江宁织局则仍然沿用明末陈法,由太监督织,到顺治五年才改为工部官员督织。
⑤ 江宁织造太监车天祥《为额征额织夏税丝斤已征在官不解仰祈敕法不职以免积欠以无误上供事》,顺治八年七月十三日,顺治朝题本:11-2-9-6,第 474 函,第 5 号。
⑥ 江宁织造太监车天祥《为织造奉先郊祀各样制帛事》,顺治六年六月十一日,顺治朝题本,第 474 函,第 2 号。

外,额设缎纱机300张,一半专供上用,一半织造蟒缎,需用料工在户部项下动支,"原未扣定数目,亦未坐定项款,俱系通融,预年给银织造"。自顺治九年户部将江宁钱粮尽行撤去,工部将苏、杭二处料价等银分作苏、杭、江宁三处织造,拨给江宁料价"虽有伍万七千之数,实不敷机房之织造也"。车天祥提出,"应将原协济织造各项钱粮归还工部,抵补缺额之数"。① 此外,其时确定,江宁织造每年织造诰命2000轴,顺治十年,该局奉令预织4000道解京,日后在年例2000道数内陆续扣除,但后来奉令"尽行停止,候式样到日另行织造",只将织完的580道诰命解运。②

在苏州,陈有明采用的办法是:"惟按计机杼,酌定人数,躬自慎选,派给分理。"说这样一来,可"人得其平,而金报之弊其永杜矣"③。实际情形却大为不然。当时织造废弛年久,"局房倾毁,机户逃亡殆尽"。陈有明对此叙述道:"臣之忧心如灼,日与抚按诸臣计议,多方召集,始得机户十余名,机杼百余张。"④靠派给分理显然无法应织急如星火的缎匹。因此,所谓慎选派给,根据明代遗老叶绍袁顺治五年的记载,原来只是饰词,而实际的做法是:"恣拿乡绅及富室充当机户,上户派机八只,以次而降,下下派一只。"⑤顺治八年刑科给事中袁懋功揭露这种金派:"皆巧立机户名色,率访富家,坐名报官。始派之时,如拏重犯,科敛多端。如拜见分例,恭随节礼,先索不赀,继而又呈样使用,豀欲未足,虽良不收。及关领工价,半为胥役侵肥,得不偿失。甚至机户而下更有帮户,虽中产之家亦所不免,是以民多破产求脱。此家贿免,又报别家,蔓延不已,祸可倾家,人怀重足。其实机户既非出丝之家,又非能织之匠,不过好胥贪吏,

---

① 江宁织造太监车天祥《为敬陈协济钱粮仅敷织造缺额恳乞圣明敕部请覆以济急需事》,顺治十年二月十八日,顺治朝题本,第474函,第8号。
② 江宁织造太监车天祥《为织造诰轴专差运京事》,顺治十年二月十八日,顺治朝题本,第474函,第11号。
③ 陈有明:《织造经制记》,顺治四年十二月,《明清苏州工商业碑刻集》第5—6页。
④ 苏杭织造陈有明《为恭报抵苏料理情由仰祈圣鉴事》,顺治四年三月二十五日,顺治朝题本,第474函,第1号。
⑤ 叶绍袁:《启祯记闻录》卷七,第11页,《痛史》本。

借此逞其饕餮。"袁懋功要求"敕下部议,永为禁革。止责专设官,广集丝牙,督役精造"。后来户部议覆:"织造工料,原有额设钱粮。乃金报富户,又报帮帖,奸胥借端科敛,大为民厉……今后凡织造地方,惟照额定钱粮,买丝招匠,按式织造。如有仍前滥报里甲者,查出定行参处。"①依据叶绍袁和袁懋功的揭露,清初的织造金派,对象其实并不是真正的机户,而只是一般平民,特别是乡绅富户,织造局利用他们的财力,以完成缎匹的织解任务。显然,这完全违背了"额设钱粮收丝招匠"的定制。

陈有明在奉旨"买丝招匠"后题称,"苏州、镇江三局,见在机户俱已停工解散"。但金派实际上仍行不辍,只是遮遮掩掩,以改头换面的形式出现。到顺治十年又被刑科右给事中刘馀谟告发。刘疏道:"昔年姑苏织造,金点机户,苏、松、常、镇四府波累甚惨。……今年八九月间,复闻金派,有一县至数十名者。如顾成之等以堂长被拘矣,朱鸣虞、张元钦等以管事被拘矣。祸起于一二奸吏投身入局,自谓情愿,阴行诈害,拘拏良民,勒写情愿投状。又巧避机户名色为堂长、管事,不知堂长、管事非他,即机户中殷实之尤者耳,非机户外别有堂长、管事也,拏堂长、管事即拏机户也。夫机户之害,一人充当,赔累数百金以至数千金,不至赤贫不止;四郡金报扳扯数十名以至数千人,不致蚕食不休。……且江宁、杭州皆有织造,未报机户,何独苏州一处有之!"②后来孙珮记为苏州的两织局,"金报苏、松、常三府巨室,充当机户"③。刘馀谟奏疏后,苏州织局重新整顿,金派才彻底结束。

从上述朝中官员的奏疏和陈有明的规划,我们可以了解清初金派机户织造的基本内容和特色。

金派在顺治八年前后稍有不同:在前,不论是否为机户,稍为殷实,即在被金之列;在后则仅为机户中之殷实者。金派范围,在前为江、浙二

① 噶达洪:《题为请敕免派机户以苏江浙民困事》,顺治八年四月二十日。
② 刘馀谟:《特陈江南蠹民之害疏》,顺治十年,琴川居士:《皇清奏议》卷六,《续修四库全书》第473册,第67页。
③ 孙珮:《苏州织造局志》卷一《沿革》,江苏人民出版社,1959年,第3页。

地的有关府州,在后则主要是苏州一地。原因之一是苏州钱粮较之杭州更为难筹,杭州额征钱粮两倍于苏州。[①] 金派主要在苏州两织局实行,但被金派人户却广及苏州、松江、常州和镇江四府。

金派的具体做法是,金报人户分别编进总织局,分为苏州堂、松江堂和常州堂,负责雇募匠役进局织造。各堂分别编设若干号,共达 23 号。每号铺机最少 5 张,最多 31 张,总共 3 堂额设花素缎机 400 张,织匠 1160 名。织染局分为天、地、元、黄等 19 号,额设花素机 400 张,织匠 1170 名。[②] 用于织造的丝料,按规定由织造官员"每于三四月间预期催取钱粮,丝出之际,分头市买,点验贮库,陆续照依原价,给发各机",也即由金报人户从官局领取后给发机匠,交纳缎匹算取工价时从中扣除。但官府究竟能否备足丝料,却大有问题。如果丝斤不足或未备,当然皆由金报人户负责供给机匠。名义上,金报人户领取工价,然后发给雇募工匠,但"大抵给发官价,仅及其半,机户赔补其半。刻期定限,雇机匠织成异品金彩龙凤蟒段,解往燕京,以供宫中诸族属服用。凡任机一只,每年约价百二十金,而进局诸费及节序供馈在外"[③],"一人充当,赔累数百金以至数千金"。这种压低工价或干脆由被金人户无偿赔贴的做法,在南京等地也是存在的。这样,金派人户在丝料和工价方面都得赔贴。这正是金派之宗旨。陈有明在顺治五年抱怨道:"开创之初,苦于机张之未备;今机张已备,又苦钱粮之不敷。"[④]在顺治八年买丝招匠谕旨下达后,陈有明又诉苦说工料匠粮"两相缺乏,已及半载",并发问,"岂有缺粮半载,而欲责其枵腹供役"[⑤]。因此,清初金派本质上同明末金派一样:是在

① 苏杭织造陈有明《题为恭报任内收过钱粮解过段匹并陈钱粮不敷情由事》,顺治五年四月初一日,顺治朝题本,第 513 函,第 643 号。

② 孙珮:《苏州织造局志》卷四《机张》,第 18—22 页。

③ 叶绍袁:《启祯记闻录》卷七,戊子年,第 11 页,《痛史》本。

④ 陈有明《题为恭报任内收过钱粮解过段匹并陈钱粮不敷情由事》,顺治五年四月初一日,顺治朝题本,第 513 函,第 643 号。

⑤ 陈有明《为遵旨招匠织造料价口粮交匮事》,顺治八年五月十六日,顺治朝题本,第 474 函,第 2 号。

织造钱粮工价极其匮乏的情形下,通过金派人户招募匠役,由其包织赔补,既解决织造人手,又克服钱粮不足,而利用和坑害金派人户的恶劣行径。

在金派制下,实行严格的管理。一是分别责成。"机户、染作、织匠各有攸司。如经纬不细净,缺乏料作,致误织挽,责在管事、机户;颜色不鲜明,责在染房;织造稀松,丈尺缺少,错配颜色,责在织匠。"匠役各有所司,不致推诿。二是规定期限。各种缎匹织造,"给以工票,责令依限交纳"。三是确立赏罚。凡"织挽精美者,立赏银牌一面。造作不堪者,责治示罚"。四是点卯制度。规定匠役"卯进酉出","设立所官三员,专司点闸;管事十一名,分头料理;管工十二人,催趋工程高手十二人,指导织挽"。①

这种由织局预为购买丝料,按市价陆续发给机户的规定,以及一整套管理方法,使清初的金派在形式上又有别于明末的金派,而与后来的买丝招匠制有某些相似之处。

顺治八年买丝招匠制的谕旨,虽然并没有马上得到切实执行,而在以后不是"奉旨裁省",就是"奉旨停织"②,几经波折,直到康熙初年才相对稳定下来,却有着划时代的意义。它从法典上宣布了数千年来官营丝织业生产徭役制的基本结束,标志着官营丝织业者因人身隶属而无端服役的时代行将就木。

顺治十三年(1656),"买丝招匠"才得以正式实行③(十一年令暂停两年)。从此,江南三织局在整整有清一代一直主要实行这种制度。

停织期间以及续后数年,清廷实际上一直通过向民间采买的形式完成解交缎匹的任务。江南各织初建阶段,难以满足清廷下派的缎匹量,因此往往是通过采买的形式。顺治十七年,工部咨称,江南布政司先年

---

① 陈有明:《织造经制记》,顺治四年十二月,《明清苏州工商业碑刻集》第6页。
② 孙珮:《苏州织造局志》卷一《沿革》,第3页。
③ 顺治十一年诏令停织二年,而据时人的记载,实际停织的时间自十一年四月至十三年五月(韩世琦:《抚吴疏草》卷七《覆挑倒匠工食疏》,《四库未收书辑刊》第捌辑,第5册,第572页)。

采买上用金钱飞金绒线绫子纺丝蒙古缎等项及织造驾衣缎匹,采买户部派用缎匹等,均未将用过工料细数动支过钱粮分晰数目题销。此"先年",实即顺治十一年。[①] 顺治十二年间,江南省也曾"奉文采买过户、工二部段匹绸绫杭细各三千三百匹,俱经完解户部查收"[②]。后来,顺治十五、十六、十七、十八年分大蟒等缎共 1.06 万匹,都是采买的。[③] 康熙元年应用各色蟒缎,户部于顺治十八年十二月题请敕江浙二省,动支当年杂项钱粮,令三织造"均分,照数采买上好鲜明长阔缎匹作速办完,解部应用",其中江南省承买缎匹 2400 匹,因藩使徐为卿和承办官员张羽明贻误疏玩,商人李植领银后侵欺缎匹 250 匹,解进缎匹则"奉部验看不堪,驳回更换"[④]。康熙二年,户部派织缎匹 7800 匹,据苏州织造副理事官报告,"户部向年采买段匹,今改织造"[⑤]。综合上述可知,直到康熙元年,清廷所需的缎匹,其中的户部派织缎匹,均是通过采买办解的,清代江南三织造,在其设立之初,曾经由采买向局织的转变过程。如此说来,"买丝招匠"制的真正实行,则是康熙二年以后的事了。

二　江南织局的生产形式及其生产者的身份

长期以来,人们几乎普遍认为,在"买丝招匠"制的同时,江南织局还实行"领机给帖"制。如前引彭文云,清代江南三局织造使用的招募工匠,按其来源有以下两种形式。一是通过官府招募而来并成为"世

---

① 韩世琦:《抚吴疏草》卷四〇《报销顺治十一年采买缎匹价值疏》,《四库未收书辑刊》第捌辑,第 7 册,第 685 页。

② 韩世琦:《抚吴疏草》卷四五《覆顺治十二年段匹用过工属钱粮疏》,《四库未收书辑刊》第捌辑,第 8 册,第 166 页。

③ 韩世琦:《抚吴疏草》卷四二《请发原任司府各官审追段价疏》,《四库未收书辑刊》第捌辑,第 8 册,第 5 页。

④ 韩世琦:《抚吴疏草》卷四〇《覆元年采买缎匹各官职名疏》,卷四八《覆奸商李植段匹系起解侵欺疏》,《四库未收书辑刊》第捌辑,第 7 册,第 678、679 页,第 8 册,第 311 页。

⑤ 韩世琦:《抚吴疏草》卷三九《报销苏州织造二年段匹疏》,《四库未收书辑刊》第捌辑,第 7 册,第 636 页。

业相传"。二是织局招收幼匠学艺从而成为养成工。除此之外,织局还用承值应差和领机给帖种种方式,占用民间丝经整染织业各行手工业工匠的劳动,作为使用招募工匠的补充形式。在这里,彭先生是将招募工匠与领机给帖作为两种制度看待的,而且后者是前者的补充形式。① 又如,后来段本洛先生更一再申说:"入清以后,苏州织造局最初实行'金报巨室,以充机户'制度,而后实行'买丝招匠'制度,丝经整染加工实行'承值'制度,织挽实行'领机给帖'制度";"清朝,苏州织造局实行'买丝招匠'制度和'承值'制度、'领机给帖'制度"。② 很明显,尽管时隔20余年,段文与彭文的观点是一脉相承的,只是前者比后者说得更为明确。

然而"买丝招匠"与"领机给帖"确属两种制度?抑或只是论者判断的失误?

我们先考察"买丝招匠"制度。所谓"买丝招匠"制,即由织局预买丝斤,通过领机机户雇募匠役,在局按式织造,缎匹由机户缴与织局。这种制度虽然正式实行是在顺治十年以后,却在顺治初年即已具雏型。顺治四年,苏杭织造陈有明在擘划织造事宜时厘定:"每于三四月间预期催取钱粮。丝出之际,分头市买,点验贮库,陆续照依原价,给发各机,以供织挽。"③到顺治十年后正式定型,形成制度。

实行以雇募制为特征的"买丝招匠"制度,首要的是确定领机机户。领机机户的确定,从清初金派机户的对象和同治时期恢复织造后的领机对象看来,主要是那些自有织机,熟悉丝织业务,家境较为优裕的丝织生产人户。领机机户产生的确切时间现在尚难断定,大概在金派停止后不久即已有之。清廷派任织造官员,照例要下一道敕谕。现在所见最早的

① 彭泽益:《清代前期江南织造的研究》,《历史研究》1963年第4期,第104页。
② 段本洛、张圻福:《苏州手工业史》,江苏古籍出版社,1986年,第21页;段本洛:《苏州丝织手工业中资本主义萌芽的孕育》、《论明清苏州丝织手工业》,分见《历史教学》1986年第10期和《苏州大学学报》1986年第4期。
③ 陈有明:《织造经制记》,顺治四年十二月,《明清苏州工商业碑刻集》第6页。

敕谕是康熙二年。该敕谕为：

> 敕谕内库理事官常明，兹以织造事务，所需钱粮，关系重大，以尔能干，特命前往杭州管理上供缎匹，兼户、工二部官缎织造事务。首在严管跟随，稽察匠役，使之恪遵法纪。岁造缎匹，悉照颁去颜色式样织造。尔须督率机户人等，拣选丝料，用心织挽，务要经纬匀停，阔长合式，花样精巧，颜色鲜明，毋得短窄松稀，潦草油粉。应用钱粮，移文浙江布政使司，于正项银内动支。如机杼不敷，查数报部酌议。机房机杼损坏，机户不足，移文该抚酌量修理招补，如法成造。春秋二次解进缎匹，每一次除三船外，若携带商船及余船者，其罪匪轻。如有积年奸蠹，投充机户丝房，须严加访革禁绝。年终将用过钱粮解过缎匹各数目，造册报部销算。尔当精勤，以尽职掌。此外地方事务不得干预。如或职业不修，所织缎匹违式，缎匹不堪，及纵容下役扰害地方，国宪具存。尔其慎之。故敕。"①（参考图版4-3　清嘉庆元年任命苏州织造敕谕）。

此敕谕比日后几件敕谕文字较为烦琐，但基本内容相同。敕谕将织造官员的职掌、职责，以及钱粮来源、缎匹质量、缎匹解送等，说得非常具体清楚。由敕谕也可知道，其时不但已有领机机户，而且已经存在领机机户透支经纬等弊，因而清廷敕谕织造官员细心慎择。这同清初苏州人孙珮所说的"伏读织造敕书，机匠缺额，移文巡抚召募"②相吻合。但是这时领机机户的确定尚未制度化，以致在招补机户的过程中经常受到行头的干扰。康熙六年，局中缺机170张（指缺少承领170张机杼的领机机户），行头王斗山等就曾提出"均机"之议，原议民机20张均当官机1张，后因贿脱者多，改为民机9张均当官机1张，"遍处搜刮，科敛津贴，借端勒索，假公济私，城乡大扰"。康熙十二年，巡抚都御史马祜"访闻斗山等恶，檄府正法，革去行头名色，驱逐出境，勒石长洲县

---

① 《内库理事官常明任杭州织造敕谕》，康熙二年四月二十九日，大库史料2·1-2，敕谕二。
② 孙珮：《苏州织造局志》卷一〇《人役》，第99页。

花桥东堍,永禁民机津贴"①。据此,可知官局招补机户尚未定型,官府只好听任行头把持,实行均机。后因行头为害太甚,引起公愤,终于在康熙十二年竟行革除,永禁民间均当官机。民间均当机户,对民间来说,每次均当也不可能,而行头乘机需索渔利,反而加重负担。因此,很可能是官局在革除行头名色后,规定部分民机承领官机,由他们召募工匠,官局既无招补之累,民间也无推诿贿脱之弊。这就是乾隆《长洲县志》和《元和县志》所称的"机户名隶官籍"②。所谓机户名隶官籍,毫无疑问,被招募工匠在织局中是备案挂名的,招募是有较固定范围的。

确定"名隶官籍"的领机机户数,将有利于我们论证"买丝招匠"制和"领机给帖"制之间的关系。乾隆五年(1740),两江总督郝玉麟称,乾隆四年苏州织造"南北两局,共有七百二十机户。每局设头目三人管辖,名为所官。机匠一名,日给口粮四升"。当年,苏州织造海保与所官奚廷秀贪图扣克食粮不成,诬称"机户多有顶冒,随行察点。又据各所官开报,顶替旷工机匠三十七名,俱于八月十六日示革"③。在这宗"海保贪婪犯纵"案中,机户机匠同称,无法辨明其身份。按令典规定,"织、挽各匠,每名日给工银五分,月给食米四斗"④。因此案中的日给口粮四升,每月能得一石二斗米粮的是指领机机户,而不是工匠。因为清代的口粮是按机发放的,所谓"每机应月支口粮米一石二斗"⑤。当年的口粮奏销册也清楚地反映了这一点。据后任苏州织造安宁称:"查前任参革织造臣海保,于八月十六日革退范机三十四张,素机三张。自革退之日起至九月底,

① 孙珮:《苏州织造局志》卷四《机张》,第18页,卷一〇《人役》,第99—100页。
② 乾隆《长洲县志》卷一一《风俗》,第5页;乾隆《元和县志》卷一〇《风俗》,第7页。
③ 江南江西总督郝玉麟题,乾隆五年四月初六日,转引自彭泽益编《中国近代手工业史资料》第1卷,中华书局,1962年,第94—95页。
④ 乾隆《大清会典则例》卷三八《户部·库藏》,《景印文渊阁四库全书》第621册,第182页。
⑤ 江宁布政使强勇巴图鲁梅《咨为移复事》,同治十一年七月三日,三织造·缴回,第173号。

计四十四日,各革退机匠未经放给口粮,扣存米六十三石三斗六升。"①说明革退的 37 名机匠正是 37 张机的领机机户,扣除的 63 石余月粮也接近37 名领机机户 44 天的口粮。同样,根据安宁的报告,当年在革除 37 名机匠后,实发该年口粮共 11153.32 石,加上扣除的 63.36 石,按照顺治八年和乾隆十年平均一机付以匠役口粮 16.28 石的比例推算②,当年织局实际织机为 689 张。此数与稍后几年即乾隆十年的实际数 663 张相去不远。由此看来,名隶官籍的领机机户数虽然略高于局中实际织机数,但两者大体保持一致,局中织机与领机机户是基本对应的。这种情形,直到织局撤除,一直未变。如此说来,既然领机机户的职能是雇募匠役进局应织,而他们又承领了局中所有织机,织局就不可能再有除此之外的招募制度,工匠也不可能有非经领机机户招募的工匠,也就是说,金派结束后的清代织造,并不存在如人们所说的与"买丝招匠"并存的"领机给帖"制。

这可从"领机给帖"制方面再作进一步考察。"机帖"又称"机单"、"机照"、"执照"。"领机给帖"说是清末始有的,今人论及它时,依据的只是清代后期南京和杭州二地的机帖与上世纪 50 年代后期当地丝织工人的习惯说法,但至今尚能看到清代前期的机照和关于"领机给帖"的记载。

乾隆二十五年杭州内造官机执照(参考图版 4-4):

官 机 执 照

钦命督理杭州织造部堂兼管南北新关税务户科给事中加一级军功加二级西为清查给帖以杜积弊事:照得织造衙门额设内造官机三百张,外造官机三百张,崇司织办正供,月给常糈,以济匠食,节经领给印帖,令其执守。讵有不肖机匠,罔顾法纪,每多典机戤米,借

---

① 苏州织造安宁题《为恭报用存实数以清钱粮事》,乾隆五年闰六月十六日,内阁户科题本·工业类,第 5269 函。

② 孙珮:《苏州织造局志》卷六《口粮》,第 37 页;同治《苏州府志》卷一九《田赋八·织造》,第 32 页。

帖射利,并有辗转顶替失帖难稽种种恶习,深可痛恨。本院剔厘诸弊,吴容蔓延,除将现在的匠姓名年貌籍贯造册存案,并追旧帖缴销外,合行清查给帖。为此帖,仰内造机匠周又良收执,尔等务须恪遵法纪,实力当差,所有本名口粮,准其按月支领。自给帖之后,倘有玩匠复蹈故辙,胆将此帖戥押花消,或绅襟富豪希图坐食月粮,私相授受者,察出立拿,与受一体治罪,将帖追缴入官,另募补。咸宜凛遵,慎勿违犯。须至帖者。

计开

内造官机吴云,现织机匠周又良,年肆拾柒岁,身中,面黄,微须,系杭州府钱塘县人,住太平坊都

图　织染局　地方　管工王湘　　高手　　何锡麒

右帖给内造织染局官机吴云,现　匠　周又良。准此。

乾隆贰拾伍年贰月　廿五　日给

织造部堂　　　　　内机参拾玖号①

此官机执照也即由织染局颁发的印帖,由机匠收执,机匠凭此按月领取匠食。执照载明机匠姓名年貌、籍贯、住居地方。由执照可知,实际生活中常有凭借机帖典机戥米、借帖射利及辗转顶替现象存在。

江南三织局的织机,原额 2108 张,其中苏州 800 张,杭州 770 张,江宁 538 张;雍正三年降为 2017 张,其中苏州降为 710 张,杭州降为 750 张,而江宁增为 557 张。乾隆年间,江宁继续增加,元年增阔机 28 张,到十年时为 600 张、机匠 1780 名,以后最高时曾达到 668 张。②苏、杭二局继续减少,乾隆十年分别为 663 张和 600 张,机匠分别为

---

① 转引自朱栋霖、周良、张澄国主编:《苏州艺术通史》,江苏凤凰文艺出版社,2014 年,第799 页。

② 户部《为补支米折银两事》,乾隆二年二月十二日,内务府·来文·织造,第 2431 包;江宁布政使强勇巴图鲁梅《为移复事》,同治十一年七月三日。

1932 名和 1800 名。此时三局织机合计为 1836 张。① 以后大体维持在这一规模。

同治十二年(1873)，江宁织造庆林溯述太平天国战争前的江宁织局道："向例额设机六百六十余张……向来设机一张，即照案挑补机匠三名，发给印谕入卯。平时间有闲机，均蒙皇恩豢养，并无挹彼注此之例。停机养匠，以备传奉活计。"②细绎其语意，太平天国前江宁织局每机一张，即有一张机照。幸运的是，档案中还保留了这样的机匠机张花名簿（参见本章之末附录），可以完全坐实。由此花名簿，可知同治初年江宁织局恢复后，即是沿用战前的办法，并以战前的机张机匠名册为依据，从而选派机户，发给执照。同治四年起，江宁织局严格按照设机一张，发给印谕入卯的前例行事，而且每次专门发出《委发机单由》，札令机户如期到局，当堂领取。同治四年，织局设机百张，便分别"刊发执照谕单，造册存案，以杜朦混等弊"③。九年，织局添设上用蟒缎机 33 张，妆缎匠 10 张，官用蟒缎机 7 张，"应将机单印发，合行札委，札到该员，即将发下机单五十张，于三日内在局按名给领，以专责成，切切。计发机单五十张"④。十一年十二月，织局又添设上用官用缎绸纱机 50 张，"选得领匠，合行给予执照，编号注册，以备查考。……即将发下机照，遵于本月二十一日巳刻，前赴织局，按名给领，不得贻误，切切。计发机照五十张"⑤。直到同治十三年，共陆续添设织机到 294 张⑥，此法一直实行不辍，均是一机一照，机张与机照相符。晚清织局给发的领机织照，如今还能见到。兹分别移录如下。

---

① 雍正《大清会典》卷二〇一《工部五·都水清吏司·织造》，第 4—5 页，台北：文海出版社影印雍正刻本，1994 年，《近代中国史料丛刊》三编，第 79 辑，第 787 册，第 13515—13516 页；乾隆《大清会典则例》卷三八《户部·库藏》，《景印文渊阁四库全书》第 621 册，第 182 页。

② 江南织造庆林《为咨复事》，同治十二年六月十一日，三织造·缴回，第 91 号。

③ 江南织造祥祐奏，同治四年十二月六日，《为局房修盖工竣谨将选择机匠制办各事》，中国第一历史档案馆藏档案。

④ 江南织造忠《为札委事》，同治九年二月三十日，三织造·缴回，第 183 号。

⑤ 江南织造庆为《为札委事》，同治十一年十二月十九日，三织造·缴回，第 173 号。

⑥ 江南织造庆林《奏稿》，同治十三年四月二十七日，三织造·缴回，第 903 号。

同治三年杭州内造官机执照：

官机执照

钦命督理杭州织造部堂兼管南北新关税务鹤 为清查给帖以杜积弊事：照得织造衙门额内造（"造字"原文无，据乾隆二十五年官机执照补入——引者）官机三百张，外造官机三百张，崇司织办（"办"字原文作"辨"，据乾隆二十五年官机执照改正——引者）正供，月给常糈，以济匠食，节经颁给印帖，令其执守。讵有不肖机匠，罔顾法纪，每多典机戤米，借帖射利，并有辗转顶替失帖难稽种种恶习，深可痛恨。本部堂剔厘诸弊，岂容蔓延，除将现在的匠姓名年貌籍贯造册存案，并追旧帖缴销外，合行清查给帖。为此帖，仰内造机匠徐君收执，尔等务须恪遵法纪，实力当差，所有本名口粮，准其按月支领。自给帖之后，倘有玩匠复蹈故辙，胆将此帖戤押花消，或绅襟富豪希图坐食月粮，私相授受者，察出立拿，与受一体治罪，将帖追缴入官，另行募补。咸宜凛遵，慎勿违犯。须至帖者。

计开

内造官机徐君，现织机匠何采，年三十六岁，身中，面白，无须，系杭州府钱塘县人，住（原文作"往"，据乾隆二十五年官机执照改正——引者）都　图　　地方　管工邹华　　高手朱凝

右帖给内造织染局官机徐君，现匠何采。准此。

同治三年七月十五日给

织造部堂　　　　　内机第二百三十八号①

江宁织局领机执照（参考图版4-5）：

执照

钦命督理江南织造部堂兼管龙江西新关税务祥 为给发执照事：

----

① 杭州领机执照，转引自坂本菊吉《清国绢织物事情第三回报告》第47—48页，明治三十四年（1901）一月，堀田道贯印刷。

照得金陵省城被贼窃发十有余年,从前织匠逃散他方,文卷册档遗失,无凭查考。本部堂奉命莅任,整顿织务,改建机局,事同创始,理合择选熟谙各项织务匠人,另行取具切实保结,发给执照,填写年貌籍贯,作为官匠,月给粮米,遇有事故,随时追缴更换,以杜朦混冒滥等弊。须至执照者。

　　系上元县人　年五十五岁

　　身　面　须　□

　　汉府堂总柳天培名下

　　上用暗花缎机壹张 右给领机苏炳　散匠陈之 戴玉。准此。

　　同治肆年拾月 初 □日给发

　　部堂①

　　以上杭州织局于同治三年和江宁织局于同治四年分别颁发的官局领机执照,其基本内容与乾隆年间的领机执照没有区别,其领机方式前后完全一样。这就清晰地表明,同治克复后,两处织造官员立即着手恢复织局生产,采用太平天国战争以前的老办法,选择熟悉织造事务的机匠,承领官局织机,织局给发机户领机执照,每机一张,给发机照一张。

　　江宁和杭州织局如此,苏州织局应该并无例外。据曾在苏州总织局工作过的吕绶卿老先生回忆,晚清苏州"总织局下设六个所,每一所管四十多个机户。每一机户至少有一张织机,领有'机照'。大部分机户是自己领口粮,雇工织挽"②。晚清苏州织局每张织机均是有"机照"的。机户或领匠承领机张后,凡遇工程,即从官局领取丝料,雇募工匠进局织作。如有拖欠贻误,织品不符要求等情,织局便要求"承织机匠,从新赔补,追销机单,不准复充"③。这种领匠,就是领机机户;接承谕帖(单)从而承领的机张,就是局中的织机(参考图版4-6 清江宁织造谕帖,4-7 清江

---

① 江宁领机执照,转引自南京博物院民族组《清末南京丝织业的初步调查》附图片,《近代史资料》1958年第2期。
② 宋伯胤:《苏州清代织署调查简报》,《文物参考资料》1958年第9期,第34页。
③ 江南织造锡銮《晓示织局匠作谨慎织办由》,光绪三年六月十八日,三织造·缴回,第71号。

宁织造委发机单札)。通过这种形式从事的织作,与"买丝招匠"制下开展的生产毫无二致。既然领匠就是领机机户,他们承领了织局内全部机张,而且所开展的生产也是招募制的生产,那么,"领机给帖"又怎么会是同"买丝招匠"并存的一种制度呢?

至此,可以这么说,清代江南织局的生产并不存在如人们至今仍认为的所谓两种制度,"买丝招匠"制与"领机给帖"制完全是一回事。承认"买丝招匠"制,也就意味着承认"领机给帖"制,说"领机给帖"制,也实际指的是在这种形式下从事的"买丝招匠"制,所谓"买丝招匠"制,实即"领机给帖"制。确切地说,前者指织造过程,后者指织造形式。具体而言,清代江南织局的生产是这样进行的:织局选定领机机户,发给机张执照(又称机单、执照、机帖),作为领机凭据。同时织局备好丝料,责令领机机户雇募工匠进局织造,缎匹织成后由机户负责缴还织局。只有作如是解,才不致作出不是互相抵牾便是基本雷同的解释,才符合历史实际,有利于江南织造研究的深化。

上述从金派到买丝招匠制的生产形式,只是江南各织局一种最主要的和最基本的生产形式,同时它还存在一些其他辅助形式。

在江宁织局,顺治八年定,设神帛机 30 张,每年织造神帛 400 端,又准部移文额造 2000 端。康熙元年定,江宁织局内还设官诰机 35 张,凡遇应用之时,由部预期行文该局如式织造。康熙二十九年议准,湖州府每年向江宁织造解运诰敕丝斤 3832 斤 15 两。[1] 这些神帛、官诰机房,其生产形式,清初采用金派制,"除丝颜等料照时采办外,其一应匠作工价,比因开织之初,惟期撙节,所定工价甚寡,较之段匹、倭段,仅十之二三"[2],在买丝招匠制实行后仍沿用旧制。直到康熙四十七年在江宁织造曹寅和苏州织造李煦的联合经理下,确定了机匠 370 名,父子相传,每年计银 2700 两,实行养匠银式的世袭顶补制。在江宁织局的摇纺匠中,则

---

① 光绪《大清会典事例》卷九四〇《工部九七·织造》,中华书局影印本,1991 年,第 780—781 页。

② 李煦:《与曹寅会陈织造事宜六款折》,《李煦奏折》,中华书局,1976 年,第 58 页。

实行养成工制。原因是这些摇纺匠"皆自幼在局习成,与民间外户各别,难以临时募补",因而到乾隆十二年"仍按旧例,以在局学成之幼匠,补充斥革病故之原数,照旧按名月给食米三斗"。①

在苏州,实行买丝招匠的同时,还采用"轮值"和"承值"的办法,以配合织造任务的完成。轮值指在正运之外,"凡有特用袍服,拣选殷实机匠造办,贫匠概不轮值"②。显然,这是要利用富裕机户的财力,以确保临时派织缎匹的如期织造。这近似于清初的佥派富户,但因为传造数量仅为数十件,而且并不常举,所以只需富匠轮值即可,机户付出的代价就远比佥派人户为小。承值是在车匠、染匠和圆金、扁金、色绒铺户等织造辅助工序内进行的,但与一般意义上的承值不同。就车匠、染匠而言,名为"额设",实际却"例不给粮",而给工价,"遇工雇募",只是这种雇募是有固定范围的,"有死绝逃亡及改业者,历经另募补充"。③ 车匠以"包足"的形式领价摇丝,雍正七年额定的报酬是"上用经丝,每两准销银四分,官用经丝,每两准销银二分。其纬绒丝不分上用、官用,每两准销银一分六厘"④。染匠,江宁定例是"给粮给料,计工给银",而苏州则"值产靛时整顿给银买料,以供一岁之用"。⑤ 待遇为"每丝一两,支工价银自一分至二分不等"⑥。苏州的这种车匠、染匠,就其名为"额设织造人匠",着籍于局,系于承值之列来说,类似于买丝招匠制下的领机机户;但就其直接承值,而可取得一定报酬来说,又颇类似于明代领织制下的机户。至于圆金、扁金、色绒诸铺户,由色绒铺户的据说因"查苏城绒铺繁多,最易承值",故织局"遍给编号招牌悬挂,概免一应差役"⑦来看,则与清初的佥派

① 乾隆《大清会典则例》卷三八《户部·库藏》,《景印文渊阁四库全书》第 621 册,第 183 页。
② 孙珮:《苏州织造局志》卷七《段匹》,第 39 页。
③ 孙珮:《苏州织造局志》卷一〇《人役》,第 92、98 页。
④ 乾隆《大清会典则例》卷三八《户部·库藏》,《景印文渊阁四库全书》第 621 册,第 182 页。但《苏州织造局志》卷五《工料》所载工价稍有不同,这可能在于时间不同,标准有所不同。
⑤ 孙珮:《苏州织造局志》卷一〇《人役》,第 98 页。
⑥ 乾隆《大清会典则例》卷三八《户部·库藏》,《景印文渊阁四库全书》第 621 册,第 182 页。
⑦ 孙珮:《苏州织造局志》卷一〇《人役》,第 99 页。

人户相似，只是编号承值，似乎负担均衡且轻；由其通过承值可以免除其他徭役，并获取一定的报酬来看，又同明代领织机户相像，且颇有点按质论价的味道。

在买丝招匠制实行的同时，上述这些辅助形式的存在，表明清代江南织局在不同的地区、不同的行业采取的生产形式是不同的，不能不加具体分析，将它们混为一谈，以致得出似是而非的结论；也不能过分强调其中的某一种生产形式，以致得出大相径庭的结论。从总体上来看，买丝招匠制外的各种织造形式，主要在一些摇、染等辅助行业中，不仅范围极为有限，而且范围有逐渐减少的趋势，如江宁的染，杭州的摇纺、染等工种，乾隆十年后也改为"遇工雇募"了。可以说，自停止佥派后，江南各织局实行的主要是占主导地位的买丝招匠制或者说领机给帖制。

三　清代前期江南织局的生产格局及其生产量

清代江南三大织造局几乎承办了清王朝所需的全部丝绸精品。举凡帝后王公的服用，百官和外藩头人的赏赐，国家庆典的装饰，乃至祭祀天地祖宗所需的制帛、封爵的诰轴、校尉的驾衣、军士的绵甲等，几乎无不取之于三织造。

从清廷令典的规定和历年实际织造内容看来，三局之中，除了织造相同的部分外，侧重点略有不同。如大红蟒缎、大红缎匹、金拆缨等项主要由江宁局承造。江宁局还专门制织各种制帛，各色驾衣、丝绸和线罗等。纺丝、绫、杭细、各色丝线和长短不一的画绢，主要由杭州局织办。苏州局则承担各种绣活和各类布匹的采买。[1]　故乾隆二十九年江宁织造

---

[1]《内务府造办处·各作成做活计清档》载："乾隆十七年四月二十日，总管马国用、首领张玉交红青地四通团龙褂面二件，红青芝麻地四团龙褂面一件，传旨着海望将此纱褂拨回，传与（江宁织造）安宁，苏州做上用衣服□□，江宁织造的好。嗣后宁细纱缎俱在江宁织好，在苏州绣做。钦此。"

彰宝诉苦,说该局"奉派者均系缎纱大件,向非苏、杭二处搭有绸布等件,堪以外办者可比。"[1]道光二十八年(1848)杭州织造毓祺则说:"向例每年分派三处织造织办缎纱绸绫,皆系预备敬神并内传成做上服活计,及内庭主位宫分表里之件,例用杭州缎绸居多。"[2]他们的抱怨,反映了三织造各自的织造重点。如果将清代三局历年织造的缎匹统计出来,我们可以发现上用缎比例最高的是江宁局,内用缎是杭州局,户缎则是苏州局。

　　然而,上述织造格局的形成,经历了较为漫长的过程。由时人记述和历年缎匹奏销册可知,康熙初年,"织造驾衣原系江、浙分办"[3],乾隆元年杭州织办过户、工二部派织的红绸地驾衣 4212 件,次年苏、杭二地奉命各织红绸驾衣 1000 件。[4] 日后专门由江宁局织造的驾衣,在这时仍由苏、杭二局织造,说明织造格局尚未最后形成。这和织造局的其他规制进程是大体一致的。三织造每年各自织办上用、官用缎匹额定报销银43333 两,在顺治十八年二月奉旨始为明确。[5] 乾隆元年,议定苏、宁两地花本线斤十年更换一次。[6] 乾隆四年,三局织造各色妆缎的尺寸和用料方告划一。[7] 而直到乾隆七年,三处织造修理机房银、备公银两的来源和库平纹银的申余折数才一体办理。[8] 总之,无论从报销银两,还是其他种种做法的整齐划一,清代江南织局直到乾隆初年才最后完成草创,进入稳定时期。

　　现在再来考察,江南三织局在这种格局形成前后至咸丰初年织局重

---

① 江宁织造彰宝《为呈明事》,乾隆二十九年十二月二十八日,内务府·来文,第 2434 包。

② 杭州织造毓祺《为遵札呈复事》,道光二十八年二月二十八日,内阁户科题本·工业类,第2462 包。

③ 韩世琦:《抚吴疏草》卷三六《覆驾衣价值疏》,《四库未收书辑刊》第捌辑,第 7 册,第 484 页。

④ 杭州织造苏赫讷《为织办驾衣销算钱粮事》,乾隆元年八月初四日,内阁户科题本·工业类,第 5257 函;苏州织造海望《为恭报织造添派缎匹以清钱粮事》,乾隆三年三月十日,内阁户科题本·工业类,第 5264 函。

⑤ 韩世琦:《抚吴疏草》卷五《奏报江苏二织造用过工料匠粮疏》,《四库未收书辑刊》第捌辑,第 5 册,第 486 页。

⑥ 户部《为遵旨议奏事》,乾隆四年七月初二日,中国第一历史档案馆藏档案。

⑦ 乾隆四年十月二十四日,户部主事俞《为恭报等事》,内务府·来文,第 2431 包。

⑧ 苏州织造图拉《为遵旨会议具奏事》,乾隆十三年八月二十八日,内务府·来文,第 2431 包。

新调整之前每年具体的生产量。清代江南三织造的缎匹生产量,或者说其生产规模到底如何,从未见他人作过探讨。有关论著一旦涉及江南织局的实际生产量,不是尽力避开,便是语焉不详,如要作个大概的估计,则高低悬殊至令人不可相信的程度。这对于与清代几乎同始终,生产量几乎囊括了全部官营丝织品的江南三织造的研究,不能不说是一个较大的缺陷。美国学者李明珠先生曾经在其《中国近代蚕丝业及外销》(1842—1937)中认为,江南三家织造局的生产能力在清朝康熙时期已达顶峰,接着就下降了,而织造局产量的确实情形已难以得到,之所以难以得到,是因为织造局的资金来源是混乱的。[1] 今将笔者从中国第一历史档案馆收藏的有关汉文档案中摘录到的有关材料,结合他人已经得到的数据,将江南三织局的生产量,整理成表4-1,以观其实。

表4-1　清代前期江南三织局历年奏销织造银两表　　　单位:两

织局 年代	苏　州	杭　州	江　宁
顺治十四	29936(仅户缎)	13684(仅户缎)	42942(仅户缎)
十五		79479	
康熙元		43333(上用缎)*	43333(上用缎)*
二	72303*		79033*
康熙四十七 —五十二	50000～60000		
五十三	58021*		
五十四	58021*		
五十五	57733*		
五十六	61480*		
五十七	57752*		

---

[1] Lillian M. Li,*China's Silk Trade:Traditional Industry in the Modern World*(*1842 - 1937*,Harvard University:Cambridge,1981(李明珠:《中国近代蚕丝业及外销》(1842—1937),徐秀丽译,上海社会科学院出版社,1996年,第47页)。

织局\年代	苏　州	杭　州	江　宁
五十八	57752*		
五十九	57753*		
六十	43333		
雍正元	58763		
十三	54380	51397	73118
乾隆元	57857 或 70473	72707	
二	63080(仅户缎与驾衣)		108888
三	13148(仅补派部缎)	53974	
四	53805	54464	73731
五			40726(无部缎制帛)
七			41655(无部缎)
八	44201 或 46443		
十	38169(无部缎)	36153	22229(无部缎制帛)
十一		33426	33426
十二	49061		49527
十三	40350	53457	
十四		65874	72682
十五	42832	46790	49596
十六		51546	
十七	51605	51173	
十八	59628	56500	54672
十九		39856(无部缎)	117912
二十		49530	59561
二十一	53554	64014	70510
二十二	53004	72116	62396
二十三	41035	71091	

续 表

年代＼织局	苏 州	杭 州	江 宁
二十四	45578		48406
二十五	61276	72763	72814
二十六	58260		69646
二十七	53531	64521	91353
二十八	62621	71509	74968
二十九	63853		40045（无部缎）
三十	41921（无部缎）	82360	58593
三十一	56735	82870	53133
三十二	42980	34729（无户缎）	42267
三十三		66686	46755
三十五	52093		41758（无部缎制帛）
三十六	45969	69066	53383
三十七	51157	93938	94537
三十八	19114（仅缎）	57066	27019
三十九	26200	35018	18765
四十	26554	44685	49080
四十一	41384		42972
四十二	38890	52049	51593
四十三	46443	55962	109208
四十四	35579	66929	45215
四十五	31393	53315	51784
四十六	42490	46979	85421
四十七	25316	74439	
四十八	29613（无部缎）		42518
四十九	31751（无部缎）		41654
五十		95121	53974

续　表

织局\年代	苏　州	杭　州	江　宁
五十一	41828	84751	65799
五十二	46078	34549（无部缎）	50274
五十三		31720（无部缎）	59599
五十四	48645	96794	76089
五十五	39767	43193（无部缎）	
五十六	44061	87642	66232
五十七	37105	83824	39817
五十八	34168	80692	37396
五十九	34554	66319	46531
六十		56369（无部缎）	
嘉庆元	40402	75760（无部缎）	71200
二	40724	86483	135411
三	32170	68071	62846
四	51844	95934	43333
五	28649		58848
六	22494		37839
七	36869	27225（无部缎）	96994
八	35377		73565
九	36117		
十	26404		59976
十一	35469	64269	
十二	15951	24513	49188
十三	20320	50507	
十四	14606	43644	49222
十五	11820（无部缎）	19689（无部缎）	24166
十六	33943		

续　表

年代　织局	苏　州	杭　州	江　宁
十七	18497		44824
十八	22738		48540
十九	16839	67483	
二十		37358	17843
二十一	15577	33248	21760
二十二		24620（无部缎）	37894
二十三	17944	51729	29487
二十四	26050	49449	40119
二十五		33318（无部缎）	133744
道光元	较往年增多		
二		40963（无部缎）	60539
三	45156	93457	52180
四	42987	94875	116306
五	38800 或 38637		36994
六	43114	104910	47445
七		94837	61448
八		82755	32057
九	32271	50646	87651
十	29921		67881
十一	30102	45821	18450（无制帛）
十二	29963	46591	57431
十三	41438	36444（无部缎）	41712
十四	35919	48214	49524
十五		91438	68107
十六			112998
十七	46729	95810	44375

续　表

织局 ＼ 年代	苏　州	杭　州	江　宁
十八	46858	84712	65546
十九	38668	58380	32713
二十一	45340	35871（无部缎）	37895
二十二	34780	33750	
二十三	31798	34187	
二十四	36826	37871	23054（无制帛）
二十五		34984（无部缎）	
二十六	31728（无部缎）	46127	
二十七	40777	43782	72486
二十八	39922	54637	48527
二十九	40545	39807	
三十	64112	98641	147201
咸丰元	52268	95735	55294
二		82335	
三		47677（无部缎）	

注：表中＊为引自韩世琦《抚吴疏草》卷五《题为奏报江苏二织造用过工料匠粮疏》，卷三九《报销苏州织造二年段匹疏》，卷四一《报销江宁织造工料食米疏》，《四库未收书辑刊》第捌辑第五册第487页，第七册第636页，第七册735页；＊＊为转引自高振田从内务府满文《上传档》中译出内容，高振田编译：《查弼纳奏报查抄李煦家产及审讯其家人史料·两江总督查弼纳为审讯李煦家人及查其家产事奏折》，《历史档案》1985年第4期，第4页。

上表所列的银两数不一定是各局历年实际报销数。这是为求三局统一和反映实际织造产量的缘故。江宁局有诰命神帛养匠银2634两或2700两，其他二地无，故扣除；杭州局匠工食折银计算，而其他二地基本以本色支给，故扣除；自乾隆二十五年至咸丰三年（1760—1853），三局分办新疆贸易绸缎，只有江宁报销时计入，又因这种缎匹主要通过采办购自民间，实行独立核算，不能反映生产量，故所有三局贸易绸缎的报销银两未曾计入，表中也就一律扣除；每十年一次报销的六七千两花本线银，如果计入报销的

193

那一年,则容易产生假象,造成织造产量不符实际的起落,因此也没有计算在内。但表中所列也并不全系织造丝织品所花费的银数,在江宁局中有绦缓等,在苏、杭二局有各色布匹线纫等,不知详数,无法扣除。总之,三局每年实际报销的银两要略高于表中所载,用于丝织品织造的银两则可能略低。

上表表明,三局自乾隆时起,杭州报销钱粮最多,江宁次之,苏州最少,其比例依次为39.04%、36.66%和24.3%。苏州最少的原因是,自乾隆四十八年起,每年织办各种差使活计。[1] 因此,在乾隆四十年前,苏州较之南京,悬殊还不大。但从苏州历年制办活计的实际情形来看,3万两额银,造解报销多则2万余两,少则只有几千两,通常在1万两左右。即使将此一并算入,也不会改变苏州殿后的地位。说明其生产任务越来越少,重要性日渐减弱。相反,杭州不但基本上一路遥遥领先,而且扶摇直上,以压倒优势傲视其他二局。可以说,就织造种类而言,南京优于苏、杭二地,而就织造数量而言,杭州则雄居第一。这与前述杭州织造内容有关。杭州承织的绫绸、宫绸、杭细等,主要用于宫廷各种庆典,清廷越到后来庆祝名堂越多,次数越频,规模日盛,需用丝绸也就一年多于一年。

就三局整个情形观察,由上表可知,自乾隆时起,每年平均各承织5.47万余两价银的缎匹。这个数字尽管没有包括平时的零星派织物,而计入了布匹、色线、颜料和生丝等花费的银两,因此与实际专门用于丝织的钱粮当无大出入。这甚至也可视为整个清代前期的历年报销钱粮数。因为康、雍之际苏州每年报销银数正好约等于此数,而其时三局之间生产量无甚高低。也就是说,清代前期清廷每年派织江南三织局的丝织品价值约在16.41万两之谱。任何高于或低于此数的估算,恐怕都有悖于实际情形。

考察三局织造产量的总趋势,如表所示,不是如人们所说的任务越来越少,生产量越来越低。恰恰相反,除了苏州,宁、杭二地的生产量都呈现出不同程度的增长,而且越到后来越明显,而苏州在三局中又是最无足轻

---

[1] 苏州织造四德《为解送办差银两事》,乾隆四十八年六月二日,内务府·来文,第2439包。

重的。① 如果以道光元年为界,将清代前期的织造产量分为两期的话,则在此之前,每年报销银为 53367 两,而在后则为 57653 两,后者高于前者。后者即使与织造较为兴盛的乾隆中期相比,也逊色不了多少。总之,根据历年实际生产量,所谓清代前期织造能力逐渐下降之说与实际不符,恐难成立。官营织局的生产能力和生产量,主要不在于其经营状况的好坏,而在于织造经费的盈绌和统治者需要的多少。统治者趋向奢糜,用宏取多,只要经费有可靠来源,织造量只会增加而不会减少。

　　再看各织局的情形。苏州,可以分为乾隆三十七年前、三十七年后至嘉庆九年、嘉庆十年至末年和道光至咸丰四个阶段。报销钱粮数高低依次为第一、第四、第二和第三,分别为 52828 两、40452 两、37196 两和 22028 两,年平均为 39879 两。其中第一第四两阶段在平均线上,其余在线下。通观苏州织局前后生产量,乾隆三十七年前最高,自后迅速下降,到嘉庆末年减到最低程度,道光时开始回升,到咸丰初年超过乾隆后期,呈现出中间低、两头高的形状,而不是逐渐下降的趋向。杭州,可以分为嘉庆十一年前、十一年后到末年和道光到咸丰三个阶段,平均每年销银 64049 两。第一阶段为 65671 两,略高于总平均数,其中乾隆二十一年至三十七年较高,为 73721 两;第二阶段 44741 两,远低于平均数;第三阶段 67796 两,高出总平均数,其中道光十五至十八年高达 90653 两,道光三十年至咸丰二年高达 92237 两。这反映出杭州织造的产量,形成乾隆中期、乾嘉之际、道光初年和咸丰初年的四个高峰和乾隆十年前后和嘉庆二十年前后的两个低谷,总趋向是不断增加,道光初年是其最为辉煌时期。江宁,前后变化不大,每年平均为 60152 两。有的年份特别高,是由于驾衣、制帛和彩绸在起作用,逢派特多之年,报销银数也就特多。最低时期同其他二地一样,是在嘉庆二十年,而最高点也在道光初年和咸丰初年,总趋向不是逐渐减弱,而是跌宕起伏,略有上升。

　　需要指出的是,上述织造产量是与清廷规定的三局分配额银不相一致

---

① 直到咸丰四年,三织造用于报销的价银限额一直未变,因此,销银数与物价变动无关。

的。彭泽益先生根据《清会典》苏州局额定报销钱粮的分配额由雍正初年的最少增加到嘉庆中期 6.45 万两为最多的记载,认为"这表明自 18 世纪后期以来苏州局的织造任务和生产能力又占首要地位"①。上表表明的实际情形与此结论正好相反。事实上,清代政书的记载与实际做法是有一定距离的。苏州准销额银 6.45 万两,并不始于嘉庆十七年(1812)。早在雍正元年(1723),苏州织造胡凤翚即"遵照部文于江苏藩库支领银六万四千五百两为织办等项之用"②。以后,历任织造官即以此为例,支银报销。到雍、乾之际三处划一,宁、杭二局每年准销上用和官用(杭州为内用)缎匹银43333 两,而苏州仍然每年报销上用、官用、部派缎匹银 6.45 万两,三局都是有余缴还藩库,超支截留归入下运报销。由此可见,清代织造的钱粮来源和分配比例及其报销定额,仅表示各织局可供织造的钱粮额数,既不反映其实际生产能力,也不反映其实际生产量,无法据以判定各织造的派织任务和生产能力。

如果说历年销银数还未直接反映江南各织局的实际生产量,那么缎匹进解数则具体记录了各织局的年产量。为明晰起见,以下依次对三局分别考察。

(一)苏州织局历年产量考

苏州织造局由工部右侍郎陈有明在顺治三年底开始重建,到次年大体完成。在织局恢复前后,陈有明沿用明代的办法,在当地采行领织制。自顺治三年底到五年三月,苏州与镇江、松江等地共造解蟒、妆、补服、织金、抹绒、闪色、成伯、光、素、平花等缎纱 6205 匹③,其中苏州应是织造重点。一当织局重新建成,陈有明便看手结束地方领织,改为集中织局生

---

① 彭泽益:《清代前期江南织造的研究》,《历史研究》1963 年第 4 期,第 101 页。
② 苏州织造胡凤翚《为恭报用存实数等事》,雍正元年十二月十五日,雍正朝题本,第 732 函,参见同治《苏州府志》卷八《田赋八·织造》,第 32 页。
③ 苏杭织造陈有明《为恭报任内收过钱粮解过段匹并陈钱粮不敷情由事》,顺治五年四月初一日,顺治朝题本,第 513 函第 643 号。

产。如前所述，当时由于战事孔殷，钱粮短缺，机张不敷额数，直到顺治十年，采用金派制。在金派制下织造了多少缎匹，现在无从知晓。顺治九年，缎匹库共收进各色缎、纱、罗26413匹。[1] 顺治十年春运，苏州进解上用袍缎等503匹(件)，岁造各种缎、纱3096匹。[2] 实行"买丝招匠"制下，顺治年间的缎匹产量也难稽考。只知顺治十一年春运，苏州织解了上用袍褂缎匹509匹(件)和值银41436两的岁造缎匹[3]，估计约为3600匹。顺治十四、十五年间，苏州又进解了户部于十四年派织三处织造的应用预备缎7800匹中的蟒缎、大小闪缎、补缎、大缎、帽缎、衣素、蓝素、蟒纱等2600匹，用银29936两4钱。[4] 现在所知顺治年间的产量仅如上述。由于具有临时性和过渡性的特点，织造方式前后变化，解交可能也无明确年限规定，因而无从估算其产量。但由上述几年看来，当时每年织解的缎匹为数已经不少。

康、雍时期，苏州织局年产量仍只有零星记载。康熙前期，国内统一战争正在进行，织造银两仍未完全落实，织机时增时减，规模或大或小，其产量无从查考。康熙元年，苏州只同江宁和杭州三局合织了部派缎匹7800匹，其中苏州分织3300匹，为数最多。[5] 康熙二年，苏州织造户部应用缎3200匹，上用袍缎1000匹件、官用缎3000匹件。[6] 康熙二十四年，内务府总管噶鲁题奏，江南三处织造共解送御用缎、纱各1000匹，与缎

---

① 户部尚书车克《为顺治九年分库藏钱粮出入数目事》，顺治十年三月十六日，顺治朝题本，第477函，第25号。

② 户部尚书车克《为江宁苏杭织解袍段恭进内库事》顺治十年七月十二日，顺治朝题本，第474函，第10号。

③ 督理苏州等处织造工部右侍郎奏，顺治十一年四月十五日，转引自彭泽益《清代前期江南织造的研究》，《历史研究》1963年第4期，第96页。

④ 浙江巡抚佟国器揭帖《为销算织造钱粮事》，顺治十六年四月二十四日，顺治朝揭帖，第467号。

⑤ 韩世琦：《抚吴疏草》卷三一《参江宁段匹疏》，《四库未收书辑刊》第捌辑，第7册，第636页。

⑥ 韩世琦：《抚吴疏草》卷三九《报销苏州织造二年段匹疏》，《四库未收书辑刊》第捌辑，第7册，第22页。

匹同期解送的洋缎、绫子、纺丝、杭细、杭绸、金钱及各种绒等 800 余斤。[①]
如果三局平均分摊,苏州当在 1000 匹之谱。康熙四十四年,苏州织造李煦
与江宁织造曹寅联合题请,"在两淮盐课羡余内支银二十一万两,给两处织
造","苏州织造每年支用钱粮移取两淮羡余银十万五千两"。[②] 康熙四十
七年奉部文裁减缎匹,"苏州每年止用银六万两不等,下剩银四万两有
零"[③]。自此,除了一年用完此数,其余"每年支用五万两有余六万两以内",
而被"李煦每年拖欠银四万六千七千两不等"。[④] 这个题奏与实际进解数
是相吻合的。康熙五十年,苏州织造解送上用满地风云龙缎等 334 匹,官
用大立蟒缎等 2451 匹,共 2795 匹。[⑤] 康熙五十三年至六十年 8 年中,苏州
织局依次用银为 58021、58021、57733、61480、57752、57722、57753、43333
两。[⑥] 参照顺治和乾隆年间的缎匹用银数,估计自康熙四十七年至康熙末
年,苏州每年平均织解上用官用部派缎匹在 4500 匹左右。自雍正元年起,
苏州每年"于江苏藩库支领银六万四千五百两为织办等项之用"。当年织
解上用缎纱 981 匹,官用缎纱 1600 匹,户部派织大蟒等缎 1661 匹。[⑦] 雍正
十三年,苏州织解上用缎纱 456 匹件,官用缎纱锦 3606 匹,部派纱宫绸
片金锦 1157 匹。[⑧] 这两个产量记录一始一末,具有一定的代表性。因
此,估计雍正一代年织缎匹与康熙后期相近,约在 4300 匹左右。

自乾隆时起,尽管材料仍然残缺不全,毕竟较为系统,按其年数估算
缎匹生产量,当无大出入。现将搜集到的缎匹产量列成表 4 - 2。

---

① 《噶鲁等为遵旨会议三处织造解送御用缎纱等项事宜的题本》,康熙二十四年十一月二十二
　日,辽宁社会科学院历史研究所译编:《清代内阁大库散佚满文档案选编》,天津古籍出版社,
　1991 年,第 192 页。

② 嘉庆《两淮盐法志》卷二〇《课程四·商课下》,第 6 页。

③ 李煦:《请再赏浒墅关差折》,康熙六十一年三月初八日,《李煦奏折》第 287 页。

④ 嘉庆《两淮盐法志》卷二〇《课程四·商课下》,第 6 页。

⑤ 《内务府总管赫奕等奏御用缎匹跳丝落色请令江宁织造赔补折》,康熙五十年十一月十五日,
　《关于江宁织造曹宁档案史料》,中华书局,1975 年,第 94 页。

⑥ 高振田编译:《查弼纳奏报查抄李煦家产及审讯其家人史料·两江总督查弼纳为审讯李煦家
　人及查其家产事奏折》,《历史档案》1985 年第 4 期,第 4 页。

⑦ 苏州织造胡凤翚奏《为恭报用存实数等事》,雍正元年十二月十五日,雍正朝题本,13,2 - 11 - 2。

⑧ 户部尚书张廷玉《为恭报用存实数以清钱粮事》,乾隆元年二月二十七日,雍正朝题本,第 5258 函。

表4－2　清代前期苏州织局历年缎匹产量表　　　　单位：匹

年代＼类别	上用	官用	部派	年代＼类别	上用	官用	部派
顺治十	503		3096	乾隆三十一	632	885	2100
十一	509			二十二	551	770	740
十五			2600	三十	471	1990	1530
康熙元			3300	三十六	522	2130	1050
二	4000		3200	三十八	80	1000	
五十	334	2795		三十九	108	230	650
雍正元	981	1600	1611	四十	110	300	870
十三	456	3606	1157	四十一	195	1168	1150
乾隆元	556	2391	1898	四十二	492	1260	1150
二	驾衣1000件		7820	四十三	464	1344	
四	602	1576	1257	四十四	618	975	1430
八	790	2896	60	四十五	51	882	1150
十	550	1400		四十六	458	1694	1770
十三	1175	1270	435	四十七	278	1080	1270
十五	981	1366	770	四十八	875	670	
十七	1171	1350	785	四十九	542	1535	
十八	906	2028	1230	五十二	612	1345	1770
二十二			940	五十四	544	1980	2000
二十三	554	780	870	五十七	550	1250	1300
二十四	954	1110	880	五十八	595	980	1450
二十六	2302	876	1670	五十九	470	630	940
二十七	2080		1175	嘉庆二	550	980	1780
二十八			2180	三	342	814	2220
二十九	619	1270	1970	四	580	1742	1300
三十	619	1889		五	267	550	1460

类别 年代	上用	官用	部派	类别 年代	上用	官用	部派
嘉庆六	288	280	1600	十	130	540	1200
七	452	400	1400	十一	130	540	1200
八	421	760	2200	十二	160	495	1100
十	292	900	1100	十三	150	520	
十一	30		840	十四	110	580	1100
十二	51		800	十七	120	315	1850
十四	20	38	800	道光十八	605	370	1450
十五	75	334		十九	200	410	1400
十六	123	784	1900	二十一	290	470	1400
十七	84	274	900	二十二	260	470	
十八	145	434	1700	二十三	310	540	
十九	194	850	500	二十四	310	510	460
二十一	119	540	400	二十六	350	520	
二十三	124	288	1130	二十七	250	3840	1000
道光三	260	510	1700	二十八	210	590	1100
四	244	380	1900	二十九	220	560	1000
五	240	720	1900	三十	205	4610	2000
六	380	1060	2000	咸丰元	465	410	2000
九	180	590	1400	二	340	3280	

　　表中所载,至少有如下二项缎未曾列入或列入很少。一是临时零星派织物:如乾隆三十三年先后两次派织三处织造 83 匹,苏州分织宁绸、纱等 33 匹①;又如乾隆四十年广储司派织展宽加长宁绸,苏州织办 10

---

① 苏州织造舒文《题为恭报用存实数以清钱粮事》,乾隆三十六年四月二十九日,内阁户科题本·工业类,第 5362 函。

匹①；再如乾隆四十七年织办"工次浩繁"的孝贤皇后陵寝用丝织物②，都未曾列入表中。二是在档案中有销银数而无具体匹数的绫、纺丝绸等。这一项在道光时特别突出，数量甚多。如道光二十七年，表中加入这一项，则增了3300匹③；道光三十年，列入后增了4100匹④。又如道光二十九年解运，除先解外，水运又解送了缎纱340匹，绫、纺绸2450匹⑤，因为不知与前解数是否重复，不敢贸然收入。其他年份与此相似，或有缎匹数而难以分辨；或干脆只有销银数，又与布匹、经线等项非丝织物混在一起，为慎重起见，概未收入，估计为数甚为可观。

根据历年织造缎匹数及其销银数，可以将上表分为乾隆元年至三十七年、三十八年至嘉庆九年、嘉庆十年至末年和道光至咸丰四个阶段。缎匹产量多少顺序为：第一阶段、第二阶段、第四阶段和第三阶段，分别为3885匹、2843匹、2620匹和1614匹。

就缎匹的种类看，上用、官用和部派缎匹依次为412匹、1051匹和1400匹，分别占14.39％、36.71％和48.9％。上用、官用和部派缎匹的比重在不同阶段也有所变化。第一阶段，依次为801匹、1535匹和1549匹，分别占20.62％、39.5％和39.87％；第二阶段依次为414匹、993匹和1436匹，分别占15.46％、34.93％和50.51％；第三阶段依次为114匹、493匹和1007匹，分别占7.06％、30.55％和62.39％；第四阶段依次为255匹、951匹和1414匹，分别占9.73％、36.3％和53.97％。很明显，部用缎匹比例一直最高，嘉庆中期至末年尤为突出；直至嘉庆末年，上用缎匹比例迅速下降，道、咸时虽有一定回升，但还不到乾隆前期的一半。

如将历年缎匹销银数统计出来，可以发现其顺序与此稍有差异：道、咸时期将会移到第二。依据销银数推算，道光年间没有列出具体匹数的

---

① 苏州织造《题为恭报匠粮收放事》，乾隆四十一年四月二十一日，内阁户科题本·工业类，第5389函。
② 工部《咨为知会事》，乾隆四十七年七月八日，内务府·来文·织造，第2440包。
③ 大学士潘世恩《题为报销等事》，道光二十八年十二月十日，内阁户科题本·工业类，第5442函。
④ 苏州织造毓泰《题为照会事》，咸丰元年六月二十八日，内阁户科题本·工业类，第5446函。
⑤ 苏州织造庆(年)《为派织事》，道光二十九年五月十九日，内务府·来文·织造，第2463包。

绫、纺绸等约有 2500—3000 匹。加入这个可变量,道、咸时期织造缎匹数量就很可能超过乾隆前期。因为乾隆前期销银虽多于道、咸时期,但前者有相当部分是采办的布匹、线经等,且上用缎匹远较后者为多,上用缎所费料工银较多,这样,后者的缎匹数就要高些。

按照单项计算,通观苏州织造乾隆至咸丰初年的缎匹数为 2815 匹,如将道光时的未知数以年均 760 匹计算,则约为 3500 匹。将此视为乾隆至咸丰初年苏州织局的历年造解数,当与实际出入不大。

(二) 杭州织局历年产量考

杭州织造局较苏州织造局早一个多月同由苏杭织造陈有明经手恢复。重建织局前后,也沿用明代的领织制。据陈有明题报,自顺治三年十月到五年三月,浙江一共织解了上用龙袍 628 匹,蟒妆、补服、织金、抹线、闪色、平花等缎并纱绢共 18073 匹。[1] 杭州因系省会,又有明后期十府会织于斯的基础,这次进解物中杭州所织必定较多。织局恢复后,杭州织解缎匹的确数,同苏州一样无法得知。早在顺治四年初,陈有明即厘定每年岁造缎匹(即后来的内用和部派缎)11162 匹;明时由杭、嘉、湖、衢、严五府织解的黄白生绢 97300 匹,除保留 6000 匹原样外,其余改织蟒缎、补缎、大平花缎 11927 匹,二项合计共为 29089 匹。[2] 这将近 3 万匹缎匹如果全系杭州织局织办,看来有相当部分通过采办完解。故历年实际织解多少,无从知晓。可以确切知道的是,顺治十年春运,杭州织解了上用缎纱等 502 匹(件),岁造缎纱等 2229 匹。[3] 顺治十四年秋运和十五年春运共织解上用袍缎 1206 件(副),官用缎 3973 匹,采办绸绫金绒手帕等 1160 匹(斤、把、个),用银 28631 两多;十五年又织解了户部派往三处织

---

① 苏杭织造陈有明《题为恭报任内收过钱粮解过段匹并陈钱粮不敷情由事》,顺治五年四月初一日。

② 工部左侍郎佟国胤揭帖,顺治四年正月,《明清史料》丙编第 3 本,中央研究院历史语言研究所铅印本,1931 年,第 286—287 页。

③ 大学士潘世恩题《为报销等事》,道光二十八年十二月初十日,中国第一历史档案馆藏档案。

造的缎匹 7800 匹中的 2600 匹,用银 13684 两。① 由上述两年的情形看,织
解数皆无陈有明厘定的那样高。同样,由这两年上用缎和户派缎的织造情
形看,杭州顺治年间织解数与苏州差不多。

　　康熙年间杭州的织造量,可以说所知甚少,只知康熙元年同江宁和
苏州三局合织了部派缎 7800 匹,其中杭州分织 3083 匹②;康熙五十年
织解了绫、春绸等 6050 匹。③ 顺治年间定例,杭州可动支织造钱粮
226308 两,比苏州多 7 万余两,比江宁多 15.6 万两。④ 这是因为杭州
在清初时沿用明代做法,进解的京绢较多,因此这个数字不能视为杭
州织造缎匹的销银数,而只说明杭州可供织造的钱粮较江宁、苏州宽
裕。这从陈有明的话可以看得很清楚。顺治初年陈有明奏道:"苏、杭
两处额派钱粮多寡悬殊,杭州每年额征岁造京绢银一十五万四千四百
二十八两,又题留四司工料盐课杉板等银七万一千七百二十七两,苏
州等府每年额征岁造京绢银五万三千一百一十七两。"⑤雍正三年定,
杭州每年报销银 97055 两(比苏州 3.9 万余两,比江宁多 3.8 万余两),其
中织办上用缎银 40719 两,户部缎绸 56336 两。⑥ 这个数字显然偏高,因
为至雍正末年三处划一,各处限定报销上用、官用(内用)缎匹银 43333
两,户部所派织缎银杭州也不特别多。但从后来实际织造情形看,当时
杭州织解有可能多一些。

　　自乾隆时起,杭州历年织造缎匹如表 4-3 所示。

① 浙江巡抚佟国器揭帖《为销算钱粮事》,顺治十六年四月二十四日。
② 韩世琦:《抚吴疏草》卷三一《参江宁段匹疏》,《四库未收书辑刊》第捌辑,第 7 册,第 22 页。
③《内务府总管赫奕等奏御用缎匹跳丝落色请令江宁织造赔补折》,康熙五十年十一月十五
　日,《关于江宁织造曹寅档案史料》,第 94 页。
④ 雍正《大清会典》卷二〇一《工部五·都水清吏司·织造》,第 3 页,《近代中国史料丛刊》三
　编,第 79 辑,第 787 册,第 13514 页。
⑤ 苏杭织造陈有明《题为恭报任内收过钱粮解过段匹并陈钱粮不敷情由事》,顺治五年四月初
　一日。
⑥ 雍正《大清会典》卷四八《户部·库藏三·织造钱粮》,第 49 页,《近代中国史料丛刊》三编,第
　77 辑,第 768 册,第 2833—2834 页。

表4-3　清代前期杭州织局历年缎匹产量表　　　单位：匹、件

年代＼类别	上用	官用	部派	年代＼类别	上用	官用	部派
顺治十	502	2229		乾隆二十八	496	1085	1480
十五	1206	3973	2600	三十	800	1905	1680
康熙元			3083	三十一	840	710	5000
康熙五十	上用官用 6050 匹			三十二	655	2370	1740
雍正十三	460	6550	2655	三十三	505	2652	1340
乾隆元年	驾衣 4212		14904	三十六	480	4805	900
二年	彩绸 2000 驾衣 1000			三十七	352	5060	1610
三	290	4620	3230	三十八	75	1530	1050
四	288	3180	2057	三十九	75	450	620
十	300	4780	200	四十	95	1020	860
十一	370	4250	221	四十二	360	2090	
十三	505	4490	4340	四十三	395	3230	1220
十四	420	4550	5150	四十四	187	1465	940
十五	270	4130	600	四十五	180	740	1120
十六	799	5020	740	四十七	230	1140	1100
十七	560	1991	690	五十	225	1840	1740
十八	840	2391	1040	五十二	313	2640	
十九	345	3763		五十三	388	2370	
二十	345	3763	780	五十四	195	1257	2150
二十一	415	3570	760	五十五	205	1215	
二十二	462	1880	710	五十六	128	2005	1500
二十三	472	2742	770	五十七	370	3200	1300
二十五	430	4460	940	五十八	340	2605	1400
二十七	428	1128	1200	五十九	260	1860	950

年代＼类别	上用	官用	部派	年代＼类别	上用	官用	部派
乾隆六十	230	1127		道光九	605	1940	1450
嘉庆元	252	1600		十一	400	1520	1300
二	200	1710		十二	645	1750	1100
三	290	1070	1200	十三	645	1950	
四	182	2670	1180	十四	470	1930	1100
七	520	3810		十五	450	1870	1600
十一	65	33	840	十七	550	1700	1900
十二		45	600	十八	585	4850	1500
十三	60	49	400	十九	550	1100	1400
十四		123	800	二十一	590	1810	
十五	288	1252		二十二	650	1790	150
十九	260	2430	6900	二十三	650	1790	150
二十	253	2380	1000	二十四	660	1450	460
二十一	245	3410	500	二十五	760	1170	
二十二	303	2110		二十六	740	1530	
二十三	304	1515	250	二十七	760	1050	2300
二十四	224	1630	1150	二十八	770	1925	
二十五	224	1630		二十九	690	1970	2300
道光三	510	2870	1700	三十	1240	2488	3000
四	385	2960	2000	咸丰元	1080	2070	3500
六	645	2210	2050	二	2820		1150
七	640	2220	1150	三	660	1580	
八	600	1920	1900				

上表所载,同苏州一样,杭州历年零星派织物和无确数的正运缎匹皆未收入。前者如乾隆三十四年织办宫殿对联需用金黄色绫 307 匹[1];乾隆四十年织办《古今图书集成》需用香色绫绸 494 匹[2];道光三十年三织造分织活计,杭州织解各色缎 104 匹[3];咸丰元年三处分织宣宗升祔大典所用活计,杭州分织各色缎、片金 90 匹[4],表中只有道光二十八年至咸丰二年列入。未知确数的各类织物前后多少不一,估计年平均约在 1000—1500 匹之间。因此,杭州实际织造数要比表中所列为高。

根据历年织造缎匹数及其销银数,可以将上表分为乾隆元年至嘉庆十一年、嘉庆十二年至末年和道光至咸丰年间三个阶段。其织造量依次为第一阶段、第三阶段和第二阶段,分别为 4683 匹、4207 匹和 3197 匹。

观其缎匹种类,上用、内用和部派缎依次为 440 匹、2235 匹和 1681 匹,分别占 10.1%、51.31%和 38.59%。最高的是内用缎匹。这与苏州最高是部派缎不同。上用、内用和部派缎在各阶段的变化情形为:第一阶段依次为 361 匹、2541 匹和 1781 匹,分别占 7.75%、54.24%和 38.01%;第二阶段依次为 240 匹、1507 匹和 1450 匹,分别占 7.51%、47.14%和 45.35%;第三阶段依次为 651 匹、1977 匹和 1579 匹,分别占 15.48%、46.99%和 37.53%。内用缎匹比例一直最高,而上用缎匹上升幅度较大。

若同苏州一样,将历年缎匹销银数统计出来,则两处历年织造缎匹的三阶段顺序相符。据上表单项计算得知,杭州织造自乾隆到咸丰初年历年织造缎匹数平均为 4356 匹。若加入未知确数缎匹约 1000—1500 匹,则约为 5350—5900 匹,约略言之,即 5000 匹—6000 匹。

(三) 江宁织局历年产量考

江宁织造局率先于顺治二年恢复重建。顺治三年到五年苏、松等七

---

① 工部《为知照事》,乾隆三十四年九月十日,内务府·来文·织造,第 2436 包。
② 承办四库全书事务处咨,乾隆四十年五月,中国第一历史档案馆藏档案。
③ 杭州织造惠龄《为呈请展限事》,道光三十年十一月初八日,内务府·来文·织造,第 2463 包。
④ 杭州织造惠龄《为呈请展限事》,咸丰元年十月二十八日,内务府·来文·织造,第 2464 包。

府一州织解的 6205 匹缎匹,是否也有江宁织造者,难究其蕴。现在所知,最早的是顺治十年织解了上用各色缎、纱、片金等 1000 匹。① 顺治十五年与苏、杭二地一起共织了 2600 匹户部缎匹,用银 42941 两。顺治十五、十六、十七年共"采买"大蟒等缎 10600 匹,价银 68200 两,按照时价报销。顺治十八年"采买"缎匹,用银 18800 两,因价格驳减,实销 15195 两。② 康熙元年,织解了上用绉丝纱倭缎龙袍并采办绸绫等项 4185 匹,并与苏、杭二处共织了户部派缎 7800 匹,其中江宁局织造 1417 匹。③ 此外,每年额定织解制帛 400 端、诰轴 2000 道和数量不等的校尉驾衣。④ 顺治六年秋运和七年春运解交了制帛 139 端,诰轴 700 道。⑤ 康熙五十年,江宁织造解送上用满地风云龙缎、蟒缎、妆缎、宫绸、宁绸、纱等 945 匹,官用大立蟒缎等 2815 匹,共 3760 匹。⑥

除上述这些零星记载,直到雍正末年,再没有更为详细的资料,因而我们很难估计出这个时期的缎匹织量。但织造销银数为我们提供了一些线索。如前所述,据清初江宁织造太监车天祥题奏,"江宁织造岁用钱粮共计七万有奇",顺治九年户部将江宁织造钱粮尽行撤去,工部始将苏、杭二处料价等银分作苏、杭、江宁三处织造之用,当年拨给江宁料价银 5.7 万两,"实不敷机房之织造也"。因而车天祥题请将江宁等六府一州的协济银和明末南京户部的协济银 13356 两也专拨江宁织造之用。这样,"庶缺额

① 户部尚书车克《为顺治九年分库藏钱粮出入数目事》,顺治十年三月十六日,顺治朝题本,第 477 函,第 25 号。
② 韩世琦:《抚吴疏草》卷三五《题为遵谕具奏事》,《四库未收书辑刊》第捌辑,第 7 册,第 423、424 页。
③ 韩世琦:《抚吴疏草》卷五《题为奏报江苏二织造用过工料匠粮疏》,卷三一《参江宁段匹疏》,《四库未收书辑刊》第捌辑,第 5 册,第 487 页,第 7 册,第 22 页。
④ 嘉庆《大清会典事例》卷七〇九《工部·织造》,第 12—13 页,嘉庆二十三年刻本。
⑤ 江宁织造车天祥《为织造奉先郊祀各样制帛事》,顺治六年六月十一日,顺治朝题本,第 474 函,第 2 号。
⑥《内务府总管赫奕等奏御用缎匹跳丝落色请令江宁织造赔补折》,康熙五十年十一月十五日,《关于江宁织造曹宁档案史料》,第 93 页。

可敷,尽银织造而解运依期上供无惧矣"①。说明每年织造约 7 万两银的缎匹。康熙中期,经题准,苏、宁二局各支取两淮巡盐羡余银 10.5 万两为织造之用。两处既同样对待,而苏州每年织造缎匹实用银"五万两有余六万两以内"②,余留较多,江宁大概也不会用完。雍正三年,额定报销银江宁为 58700 两,苏州为 57588 两。③ 苏州与康熙末年织造缎匹实销银相符,江宁与苏州又一体对待,额银相近,可见在康熙后期至雍正初年,江宁每年织解缎匹与苏州实际织造缎匹相近,而比顺治时有所减少。雍正十三年,江宁共织办上用缎 2265 匹,官用缎 1610 匹,部缎 1157 匹,年例制帛 400 端,驾衣 4206 件,线罗 8 匹,不计匠银,销银 73118 两。④ 似乎又比上述为高,但主要是多了驾衣一项,所以不能作为每年织解数。

江宁织局历年织造缎匹数量见表 4-4。表中未计入零星派织物。如乾隆十九、二十两年中共织解了御览展宽加长宁绸、妆缎等 153 匹,耗银 2069 两。⑤ 乾隆二十一年又同其他二处合织了展宽加长宁绸、纱 45 匹。⑥ 乾隆二十五、二十六年间又织办了展宽加长缎、宁绸、纱 50 匹。⑦ 嘉庆十年,又织解造办处派织实录馆用的价银 9594 两的金黄、云凤花绫和素绫等。⑧ 看来次数甚频,数量较多。但与苏、杭二局相比,由于基本没有未知确数的大笔缎匹,因此表中所列较苏、杭二地为高,也即较接近于实际。至于表中所列的户部年例制帛、工部奉派制帛、诰敕、驾衣、各色彩绸、线罗等项,除年例帛外,其他皆无一定年限和额定数量,各年派织甚为悬殊,故略去不论。

---

① 江宁织造车天祥《为敬陈协济钱粮仅敷织造缺额恳乞圣明敕部请覆以济急缺事》,顺治十年二月十八日,顺治朝题本,第 474 函,第 8 号。
② 嘉庆《两淮盐法志》卷二〇《课程四》,第 6 页。
③ 雍正《大清会典》卷四八《户部·库藏三·织造钱粮》,第 40 页,《近代中国史料丛刊》三编,第 77 辑,第 768 册,第 2831—2832 页。
④ 户部尚书张廷玉《为报销织造钱粮并匠工食米事》,雍正朝题本·工业类,第 5258 函。
⑤ 江宁织造高晋《为呈明事》,乾隆二十年十二月十八日,内务府·来文·织造,第 2432 包。
⑥ 江宁织造讬庸《为钦奉织造事》,乾隆二十二年四月二十八日,内务府·来文·织造,第 2432 包。
⑦ 江宁织造彰宝《为呈明事》,乾隆二十六年十一月二十八日,内务府·来文·织造,第 2433 包。
⑧ 咨户部《为派织等事》,嘉庆十年七月二十四日,内务府·来文·织造,第 2449 包。

表4-4　清代前期江宁织局历年缎匹产量表

类别 年代	上用 (匹)	官用 (匹)	部派 (匹)	制帛 (端)	诰敕 (道)	驾衣 (件)	彩绸 (匹)	线罗 (匹)
顺治七				139	700			
十	1000			50	580			
十一						2000		
十五			2600					
十五—十七		10600						
康熙元	4185		1417			2000		
二	1000		1840					
五十	945	2815						
雍正十三	2265	1610	1157	400		4206		8
乾隆二	1468	1200	5271	1460	10000		袍60件	19
四	988	1916	1256	400	10000			15
五	1672	2286						
七	1023	2635		400				16
十				2000				
十一	795	1940	147	2400				11
十二	1550	1685	263	2400		1856		11
十四	1594	1610	950	2400		3228	3323	16
十五	1880	1920	770	1400				14
十八	1262	2692	1080	2400				
十九	982	3013	2930	2400	30000	228	23	
二十	1219	3376	810	400		2800	280	
二十一	1285	3270	940	2400		625	1663	
二十二	1463	2920	950	400			1600	
二十四	1441	2245	880	2400				
二十五	1875	2605	1255	3000		3201	46	
二十六	2045	2790	2755	1800		456	46	
二十七	2089	2160	1175	600	17000			

续 表

年代＼类别	上用（匹）	官用（匹）	部派（匹）	制帛（端）	诰敕（道）	驾衣（件）	彩绸（匹）	线罗（匹）
二十九	1984							
三十	1323	2550	1970	1400				
三十一	943	1940	2100	2400		456	46	
三十二	743	1810	1740	400		631	64	
三十三	793	1735	1330	2400				
三十五	803	2907						
三十六	522	2130	900	3000		1900	191	
三十七	553	2440	1620	400	27000	536	191	
三十八	53	1185	1050		2200			
三十九	162	200	650	2400		456	46	
四十	178	723	870	2400	5000	4631	464	
四十一	327	1127	1150	2400		4256	446	
四十二	736	1154	1150	1950		5000	500	
四十三	683	1500	1400	2800	28000	6124	2613	
四十四	832	1766	1430	2400		631	64	
四十五	240	1426	1500	2400	4442		445	
四十六	648	1450	1770	2170	18900	2256	246	
四十八	643	1030	1170	2200		228	23	12
四十九	536	1512	1700	400				12
五十	588	1340	1830	1900	7000	2338	234	10
五十一	588	1645	1830	2900		4000	2400	9
五十二	780	1286	1770	2400		631	64	9
五十三	464	1135	1570	2900	600	2110	211	9
五十四	571	1130	2150	2800		4346	435	7
五十五						456	548	
乾隆五十六	715	1559	1450	2600		3197	321	7
五十七	593	1310	1300	2400				7

续　表

年代 类别	上用（匹）	官用（匹）	部派（匹）	制帛（端）	诰敕（道）	驾衣（件）	彩绸（匹）	线罗（匹）
五十八	665	1150	1450	400		256	46	6
五十九	553	880	940	400		2566	257	6
嘉庆元	488	950	970	2900		512	92	9
二	803	1350	1790	2900	20000	6228	623	14
三	193	760	1224	3400		256	46	13
四		3430						
五	702	200	1490	3900		256	46	11
六	473	392	1600	400		3374	339	10
七	610	680	1400	3400	30000			11
八	320	800	2200	3900		8456	846	13
十	453	640	1100	3500	3000			10
十二	71	600	600	9450		2220	422	9
十四	120	119	978	3600		5064	507	9
十五	133			400				2
十七	167	205	900	400		1151	116	
十八	213	370	1600	1600				9
二十	123	360	850	400				9
二十一	133	360	400	400		520	52	9
二十二	133	360	300	2200		4463	447	9
二十三	153	250	1257	1400		1151	116	9
二十四	153	250						
二十五	433	1010	1330	1030	20500	13000	1300	9
道光二	698	1704	2050	3600		840	84	15
三	269	2325	1700	3100		1447	145	14
四	223	2720	1900	2900	41600	8840	3884	3
五	223	1500	1900	400		631	64	13
六	583	1370	2000	3400				15

续　表

年代 \ 类别	上用（匹）	官用（匹）	部派（匹）	制帛（端）	诰敕（道）	驾衣（件）	彩绸（匹）	线罗（匹）
七	223	970	1900	7000		4520	452	15
八	353	930	1850	400		520	52	15
九	353	1250	1400	3600	29000			15
十一	363	490	500					
十二	433	940	1100	4600		5520	552	15
十三	369	1340	1100	5200		350	35	15
十四	323	1463	1000	400		5763	577	15
十五	333	1290	1000	400		5000	5500	15
十六	333	1300	1750	5400	33100	720	70	15
十七	432	1471	1850	2100				15
十八	873	1400	1450	3200		5520	550	3
十九	373	1470	1400	400				15
二十一	460	1634	1400	400				3
二十四	630	1270						
二十七	580	1480	1000	400	38870	2110	21	15
二十八	570	1490	1100	5400		520	5	15
三十	632	1865	2250	3200		3447	6005	3
咸丰元	698	2285	2000	400		2110	21	15

　　根据历年织造缎匹数,同苏州一样,可以分为乾隆元年到三十七年、乾隆三十八年至嘉庆十年、嘉庆十一年至末年和道光至咸丰年间四个阶段。缎匹多少依次为第一、第四、第二和第三阶段,分别为5096匹、3596匹,3027匹和1467匹。这种顺序与苏州相同。

　　上用、官用和部派缎匹依次为682匹、1481匹和1422匹,分别占19.02%、41.31%和39.67%。这个比重在不同阶段有所变化:第一阶段依次为1292匹、2324匹和1480匹,分别占25.35%、45.61%和29.04%;第二阶段依次为521匹、1081匹和1425匹,分别占17.21%、35.71%和

47.08%;第三阶段依次为 166 匹、388 匹和 913 匹,分别占 11.32%、26.45%和 62.23%;第四阶段依次为 453 匹、1567 匹和 1576 匹,分别占 12.60%、43.58%和 43.82%。

上表表明,江宁织局的上用和官用缎匹在乾隆元年至三十七年都最高,在嘉庆中期至末年的比例为最低,而部派缎匹正好相反,乾隆前期为最低,嘉庆后期为最高。根据单项计算,可知江宁织局自乾隆元年到咸丰初年,不计制帛、诰敕、驾衣等特殊缎匹,平均每年织造缎匹 3585 匹,如果加上零星织物,大致不会超过 4000 匹。

根据以上数表及其简要分析,可以作出这样的估计:

第一,自乾隆年间至咸丰初年,江南三织造每年平均织造各类缎匹共为 1.3 万匹左右。顺治到雍正年间,根据零星的缎匹记载和有关销银规定与实际做法,平均年产量应该略高于此数,可能有 1.4 万—1.5 万匹。

第二,各类缎匹在各局中的比例是各不相同的。在苏、杭、宁三局中,其比例:上用缎依次为 14.39%、10.1%和 19.02%,江宁局最高;官用或内用缎依次为 36.71%、51.31%和 41.31%,杭州局最高;部派缎依次为 48.9%、38.59%和 39.67%,苏州局最高。这说明各局织造各有重点,江宁局是上用,杭州局是内用,苏州局是部派。这种织造格局,是与《清会典》的规定和实际做法相一致的。需要指出的是,一直有人将顺治年间的规定理解为上用缎只有江宁局才织,此乃大错。有清一代,江南三局除非停织,无论何局何年,都同时织了大批上用缎,只有多少之别,而无有无之别。再看杭州局,内用缎匹系国家庆典、宫殿装饰、书画裱褙等所用,需用浩繁。杭州既然主要承造此项缎匹,其数必巨。如各宫殿等处门神对联一年一度更换需用金黄色绫,各类书籍封面所用的绫等,宫中成捆成匹耗用的宫绸等,用途广泛,数量众多,例由杭州织造承办。至于苏州部派缎比例最高,可能因为明后期苏州是派织重点,虽然同杭州一样,但杭州既织内用缎,作为主要用于赏赐的户缎,苏州部缎比例稍高,也属自然之理。

第三,因为江宁、苏州局上用缎比例偏高,而且江宁局(不计制帛等)与杭州局的销银数距离没有缎匹数那样大,苏州局部缎的价银比杭州局内用缎为高,因此,就质地而言,江宁最优,苏州次之,杭州最劣。然而就数量而言,情形恰好相反,杭州 4356 匹,雄居第一;江宁 3585 匹,稳居中间;苏州 2815 匹,落在最后。如果将未知确数的缎匹一并计入,江宁与杭州间距将更大,而与苏州的距离将缩小。但无论如何,这种次序不会改变,甚至整整有清一代,都无变化。这与历年织造价银的实销数是完全一致的。这说明,杭州织局的任务最重,产量最高,地位最显赫。怪不得道、咸时期的杭州织造官常常得意地说清廷"例用杭州缎绸居多"[①]。在乾隆中期,比苏州稍胜一筹的江宁织造则对苏州缎匹先期织解颇不服气,认为那是"苏城原数目亦少"之故。[②] 这正好与依据清廷额销缎匹银数而认为自 18 世纪后期起苏州的地位越来越重要的观点相反。额销银只能视作可供织造的钱粮及其来源,而不能无条件地视为织局的实际生产量和生产能力。

第四,如果绘出上述数表历年织造缎匹及奏销钱粮的升降示意图,可以获得这样的认识:清代前期江南织造的生产量,不是如人们所说的逐渐呈衰落趋势,而是跌宕起伏,有高峰,有低谷,高峰不在最初,低谷也不在最后。自乾隆初到咸丰初的 130 余年间,织造缎匹及销银数出现了乾隆元年前后、三十年前后、五十年前后、嘉庆二十五年前后和咸丰初五个高峰,乾隆十年前后和嘉庆二十年前后两个低谷。最高峰在道光初年和咸丰初年,最低谷在嘉庆二十年前后。江南三局,无一例外。杭州、江宁不但没有衰退,反而有某种上升的迹象,苏州虽然在道光末年没有超过乾隆时,但同样没有直线下落,而且其在三局中缎匹数及销银数都最少,不会影响对整个织局情形的观察。这实际上反映了这样一个事实:织局产量的高低,与其本身经营好坏无大关系,而取决于织造经费的盈绌和缎匹需求程度,甚至后者是最关键的因素。这就是清代前期织造没有不断下降、道咸时期缎匹织造数量庞大的真正原因。

---

① 杭州织造毓祺《为遵札呈复事》,道光二十八年二月二十八日;户部《为恭折事》,咸丰三年十一月二十六日,内务府·来文·织造,第 2449 包。
② 江宁织造彰宝《为呈明事》,乾隆二十九年十二月二十八日。

根据上表，我们还可发现这样的特点：在各个阶段，当部派缎匹比例相对较低时，该阶段织造总数就较高，江南三局，局局如此。这说明当需求增长而增加的派织品，主要是供统治者直接消费的上用和官用缎匹。从某种意义上说，反映了统治者奢靡需要的程度。

顺便提一下，本章自始至终没有提到自乾隆二十五年至咸丰三年历年运往甘肃的贸易绸缎。这是因为尽管这种缎匹为数甚巨，但可以确定的是，它主要不是在织局内织造，而主要通过采办购自民间。如果将此笼统计入，于江南织局实际织造量的估计，不但丝毫无补，反而有害，以致得出不可靠和不切实际的结论，关于贸易绸缎，本书另辟第七章，予以论述。

四　清代后期江南织造的演变

鸦片战争后，中国社会性质开始发生变化，江南三大织造局却仍以原有的生产规模和生产形式生产。经过太平天国期间的战争，江南织局从织造格局到生产规模、从生产形式到织造内容都发生了较大的变化。对于这些变化，以往有关论著殊少涉及，以致常有论者将江南织造前后期的生产情形互相混淆。

咸丰三年太平军攻占南京，江宁织局生产完全停顿，织工四散谋食。咸丰十年、十一年，太平军先后占领苏州、杭州，苏、杭二地织局又先后被迫停歇，杭州连续数年大运绸缎未能织解。[①] 在战争中，江南各织局毁坏殆尽。江宁织局，地方官奏称，"西华门内外、常府街，向设织局三处，铺机六百余张，经乱以来，片瓦无存，机具亦尽毁失"[②]，"额设各项机六百六十八张，自兵燹后全数无存"[③]。苏州织染、总织"两局房屋机张器具及花

[①] 翁心存咸丰十一年九月廿一日记："内务府奏杭州织造大运绸缎三年未解，请饬催。"（《翁心存日记》，张剑整理，中华书局，2011 年 6 月，第 1649 页）

[②] 李鸿章等《会奏稿》，同治四年七月，三织造·缴回，织 903 号。

[③] 江宁布政使强勇巴图鲁梅《为移复事》，同治十一年七月初三日，三织造·缴回，织 173 号。

本等项,件件皆遭毁失无存,匠役随亦星散",死于战火"及往他处别业营生者,亦复不少"。[1] 杭州织局在咸丰十年太平军攻打杭州时,机匠迫令上城防守,战后清点,"匠役死伤无数,机张尽毁……衙署册档案卷等奉到硃批折单尽遭残损"[2],次年外造织局又"俱毁于兵"。

清廷镇压了太平天国后,立即着手恢复江南各织局。同治三年,杭州织造鹤昶将毁于战火的外造织局并归到经乱尚存的西府染局,"茸其残毁,重事修建,以栖匠役",建成房屋 203 间。到同治七年又先后重建了织造衙门及库舍等房屋 234 间和司库、库使、笔帖式各署。[3] 与杭州织局恢复的同时,苏州"租赁民房,重开织局"。到同治十一年又用钱 4.2 万余串,重建了毁于战火的织造衙门房屋 400 余间,司库、库使和笔帖式各署也一律修缮。同治四年,即晚于苏、杭织局一年,江宁织局在李鸿章等人的经理下移建于珠宝廊。李鸿章等在那里购买民房,添盖成机房 49 间,仓房 6 间,以后续经修旧扩建,房屋共达 143 间。到同治十一年,织造衙署也重新建成。由于经济拮据,筹措经费困难,各织局衙署的恢复重建经历了较长时间。

自咸丰三年太平军占领南京到织局恢复前后,江南织局的生产格局较之战前有了很大的变化。

如前所述,江南各局的织造重点是各不相同的,咸丰三年前,上用缎主要由江宁局织造,内用缎主要由杭州局织造,户部缎主要由苏州局织造。咸丰三年后,根据统计出的各织局的历年产量,可以发现上用缎最多的是杭州局(参考图版 4-8 清杭州织造所织上用匹料腰封),内用缎最多的是苏州局,户部缎最多的也是杭州局(参见表 4-5 清后期江南各织局历年贡纳缎匹数量表),织造内容与以前完全不同。

咸丰三年前,各种制帛、诰敕、各色驾衣、彩绸和线罗等由江宁局专

---

[1] 苏州织造锡(祉)《奏为敬陈现在织务情形恭折奏祈圣鉴事》,同治四年六月初三日,三织造·缴回,织 1041 号。

[2] 杭州织造恩麟《为呈明事》,咸丰十年三月十四日,内务府·来文·织造,第 2467 包。

[3] 光绪《杭州府志》卷一九《公署二》,第 31 页;卷一八《公署一》,第 18 页。

门织造。太平军占领南京后,这些特殊织品立即改由杭州局织造。当年清廷下令,"彩绸库各色制帛,向由江南织造织办。现在库存不敷支放,江南办理军务,势难赶办,暂交杭州织造织办。俟江南军务告竣,仍由江南织造办理"①。当时因军兴而不得不临时转移地点,并指望事定后仍归原局。可光绪三年(1877)御史世泰以织造各有专责,按照任土作贡原则,诰帛应仍归江宁局织造,江宁神帛堂匠反复吁请时,工部却以"杭州自举办以来二十余年,房间机具等项均已添设,若复改派江南,则前件均属无用"为由反对。② 清廷议准,"神帛等件,业经杭州织造办理有年,所有房间机张均已添设,毋庸改归江南"③,制帛等仍由杭州织造。诰敕各件,也正式明确改由杭州织造办理。江南织局生产格局的上述变化,反映出江宁局在三局中的地位由战前的最为显赫降到了战后的最微不足道。

此外,江宁织局织造所需的经纬丝原来一直全部在湖州府德清县的新市、乌程县的南浔等地购买,清后期除了经丝在浙江选购外,纬丝则多就近在无锡购买,如历年在无锡选购纯熟白亮纬丝,光绪七年为 30 担,十年为 20 担,十七年为 30 担,二十五年为 20 担,二十八年为 20 袋。④ 可见随着战后新的蚕丝产区的形成,官局为节时省费,购买丝斤的地点也与前有所不同。

在内部生产格局发生上述变化的同时,江南织局在全国丝织业中的地位也发生了变化。如前所述,清前期,江南三大织造局几乎承织了清王朝所需的全部丝绸精品。清后期,朝政江河日下、经济入不敷出捉襟见肘,既要搜刮为数日多的巨量缎匹,又无力恢复战前气势恢宏的织造局,也不能完全不顾人民死活而采用清初金报富室承织缎匹的陈法,便一改清前期几乎单靠江南一地官局织造的做法,采用局织与市买相结

---

① 光绪《大清会典事例》卷九四〇《工部七九·织造》,第 780 页。
② 工部奏,光绪五年闰三月初二日,中国第一历史档案馆藏档案。
③ 光绪《大清会典事例》卷九四〇《工部七九·织造》,第 780—781 页。
④ 历年江南织造赴无锡采办丝斤并给护照由,中国第一历史档案馆藏档案。

合、江南与全国其他地区同时利用的办法,以满足对缎匹的需要。

清后期兴盛的民间丝织业已不限于江南。传统丝绸产区四川再度崛起①,河南的汴绸颇负盛名,这就为清廷在这些地区市买缎匹提供了可能。清廷在四川、河南采办缎匹于同治初年就开始了。御史欧阳云说:"臣窃思咸丰三年以后江南织造久虚,然十余年中尚无采办及四川之事。自同治四年始行采办,近则数渐增而为期亦渐急。"②光绪三年四川总督丁宝桢也说:"况分派四川、河南采办缎绸等项,业经照办十余年之久。"③起初这种采办并非年年都有,如同治四年至十二年只有 6 次,后来则几乎不稍间断,而且数量渐多,为期愈紧。如同治十三年十二月,清廷敕令四川添制大缎 800 匹,其中大红二则龙 200 匹,宝蓝二则龙 200 匹,明黄二则龙 100 匹,深灰色五湖 50 匹,深灰色福寿 50 匹,大红福寿 200 匹,耗银 89461 两。光绪元年十二月旨令添制大缎 1000 匹,限于次年秋间解交。次年八月,又令采办四川锦 10 匹,大卷花缎 500 匹,大卷云缎 100 匹,大卷素缎 100 匹,大卷江绸 100 匹,江绸 100 件,线绸 100 件,平绸 100 件,湖绸 400 匹,川绸 500 匹,川绢 400 匹,色绫 100 匹,纺丝 400 匹。短短两年间,仅在四川一地采买就多达 3710 匹,用银 85716 两。光绪三年清廷又令四川采买锦缎绸绢等 2900 余匹。④ 采办缎匹次数频,数量大,耗银多。在河南,光绪四年采办汴绸、汴绫各 1000 匹;宣统二年采办汴绸、汴绫、汴绢和本色绵绸各 300 匹,用钱 14626 串 500 文,合市平银 9751 两。⑤ 仅此二例,即可见清后期在四川和河南两省采办的缎匹占了清廷所需缎匹相当高的比例,用银数甚至超过同期江南的一个织造局。所以同治《成都县志》说当地所产各种绸缎,"每年采办运京,常以供织造

---

① 刘锦藻:《清朝续文献通考》卷三八五《实业八》(浙江古籍出版社影印本,2000 年,第 11329 页)载:清后期四川的丝绸生产,以成都、嘉定、顺庆、保宁、潼川、重庆等地最为兴盛。光绪年间,成都有机房 2000 处,织机万余架,机工 4 万人,丝织品占全省总额 70%,嘉定占 20%。

② 沈惟贤编:《皇朝政典类纂》卷一五四《国用一·节用》,第 6 页,光绪二十八年铅印本。

③ 四川总督丁宝桢《为详请事》,光绪三年八月十四日,内务府·来文,第 2477 包。

④ 沈惟贤编:《皇朝政典类纂》卷一五四《国用一·节用》,第 6 页。

⑤ 度支部《为钦奉事》,宣统二年六月初一日,内务府·来文,第 2503 包。

之不足"①。清廷在四川、河南等地采购缎匹，表明到清后期江南垄断官营缎匹生产的局面实际上已不复存在。

重建后的江南织局不但生产格局有所变化，而且生产规模远比战前为小。江宁织局原来有汉府、倭缎堂和神帛诰命堂三处，重建后合并为一。战前额设织机 665 张，乾隆时匠役多达 2557 名。同治年间重建之初，拟设机 100 张，而当时"机匠之回籍者仅有数百名"，李鸿章和织造祥祐等即于"归籍机匠内选择熟习挑花、摇纺、织挽各匠并局役人等六百余名，取具切实保结，分别刊发执照谕单，造册存案"。又"于局役中择其从前熟谙织务之人，优给工食，分充三局案书堂总"，觅得素机 41 张，花机 59 张。② 自同治五年至同治十年陆续添设织机到 294 张，以后直到光绪三十年织局裁撤未变。施敏雄将同治《上江两县志》和光绪《江宁府志》两书所载清前期江宁织局织机数 600 余张误以为是战后织机数③，李明珠(Lillian M. Li)将清前期汉府缎纱堂的 554 张织机误以为是战后江宁一局机数④，不仅混淆了额设和实际机数之间的区别，而且没有注意到织局的前后变化以致前后倒置。同治中期江宁织局匠役为 1111 名，而光绪中期据说有 1320 名。额设机张不增，实际开织者更少，而匠役增加，显然是局官为多报钱粮在弄虚作假吃空头粮。

苏州织局乾隆时额设织机 663 张，织造匠役 2175 名。重建后，同治四年时"因经费不敷，民房亦不宽敞，仅造得新机十二张，安设开工。所有织匠杂役人等，先后招集共有二百二十七名"，此外"仅招得旧时熟手挑花匠八名，又学习六名，共十四名，倒花匠亦招得十八名，画匠二名"，⑤与所需织机人匠要求甚远。同治六年织局织机添设至 78 张。到同治末

① 同治《成都县志》卷二《舆地志·风俗》，第 2 页。
② 江宁织造祥祐奏，同治四年十二月六日。
③ 施敏雄：《清代丝织工业的发展》，(台北)商务印书馆，1968 年，第 24 页。
④ Lillian M. Li: *China's Silk Trade: Traditional Industry in the Modern World 1842 - 1937*，P. 42. (徐秀丽译：《中国近代蚕丝业及外销》(1842—1937)，第 48 页)
⑤ 苏州织造锡(祉)《奏为敬陈现在织务情形恭折奏祈圣鉴事》，同治四年六月初三日，中国第一历史档案馆藏档案。

年,"陆续招募匠役,尚未足额"①。据说在光绪六年时有织机 240 张,织匠 300 名。② 所谓织匠当指领机机匠。光绪三十二年登记在册的织局机户为 320 名。③ 匠役似稍有增加。

杭州织局在乾隆时额设内造外造官机共 600 张,匠役 2330 名。重建时的织局战后存机 38 张,新制缎机 20 张,总共只有 58 张。织局沿用清前期陈法,与江宁、苏州二局一样,选定领匠,领机给帖。光绪六年仍然只有织机 122 张、织匠 220 名。④

由上可见,同治初年恢复后的江南各织局,其生产规模根本无法与战前同日而语,织机和匠役平均只是原来的三分之一左右。

上述各局的织机和匠役数还仅是册籍所载,实际开工的机张和织作的匠役还要少得多。档案记载,江宁织局光绪六年开织织机仅为 86 张,其后大率如此。据光绪二十四年日人小此木藤四郎亲眼所见,江宁和杭州织局实际开织的机张仅为额设的六分之一。两年后,另一日人坂本菊吉也说,当时杭州真正运转的织机平均每年只有二三十台。⑤ 可见到清末江南三局常年开织的织机平均只有百台左右,较之清前期稳定生产时的 2000 台有天壤之别。其时各织局官员仍然每年照额设机张匠役报销钱粮,因此额定数实际上成了织局官员堂总等人吃空头粮的利薮,所谓"开机则务从其少,领款则务从其多"⑥。如江宁织局同治四年至光绪二年"该织造历届大运册报匠役浮开一百五十名"⑦,此系遭部驳核出者,部官与织造官互相串通作弊,未被察出者更不知凡几。

---

① 同治《苏州府志》卷一九《田赋八·织造》,第 32 页。

② *The Maritine Customs*, *Special Series*: *Silk* pp. 83-84, Shanghai, 1917.

③《江苏织造府所辖机户姓名碑》,江苏省博物馆编:《江苏省明清以来碑刻资料选集》,生活·读书·新知 三联书店,1959 年,第 9—10 页。碑名原拟为江苏织造府,显然有误,应为苏州织造府。

④ *The Maritine Customs*, *Special Series*: *Silk* pp. 83-84, Shanghai, 1917.

⑤ 山内英太郎:《清国染织业视察报告》,东京:有邻堂,明治三十二年(1897),第 27 页;坂本菊吉:《清国绢织物事情第三回报告》,堀田道贯,明治三十四年(1901),第 49 页。

⑥ 江宁织造定《为札委事》,光绪六年十一月初一日,中国第一历史档案馆藏档案。

⑦ 户部《题为报销事》,光绪二年四月十三日,内务府·来文,第 2477 包。

　　江南织局生产规模既较前大为缩小,其缎匹产量也就大为减少。由于材料的缺乏和织造与市买的相互混淆,要如实地反映清后期江南各织局的历年缎匹生产量似乎已不太可能。现将各局销算钱粮时上缴的缎匹数列为表4-5,以作参考。

　　毋庸讳言,表中所列年份很不完备,所录材料也残缺不全。如同治七、八、九年杭州各派织了二次以上,因而那几年显得数量特别高,而其余年份很可能也有类似情形,但无法反映出来;一些临时派织的零星织物更未曾列入;为避免各年之间的高低悬殊影响分析,表中一概未将三局每年分织或轮织的230余匹青海郡王俸锻和杭州织局专织的神帛、诰敕等特殊丝织品列入,因此表中所列要比各局每年实际解送的缎匹数低一点。尽管如此,通过这些统计数字,我们仍能了解到清后期江南各局织解缎匹的大致情形。

表4-5　清代后期江南各织局历年解交缎匹数量表　　　　单位:匹

织局缎匹种类 / 年代	苏州			杭州			江宁	
	上用	官用	部派	上用	官内用	部派	上官用	部派
咸丰四	300	360	1600	820	1930	1800		
五	300	620	2690	870	2320			
六	195	360	1500	1020				
七				1060				
八				1160				
同治四	100	1230	400				310	300
五							620	400
六	130	1630	800	460	1320	1420	665	400
七				1210	2782	3029		
八				1168	2320	3200		
九				1083	3240	3200		
十	130	1930	2000	632	1410	940	678	400

织局缎匹种类 / 年代	苏州			杭州			江宁	
	上用	官用	部派	上用	官内用	部派	上官用	部派
十一	130	1930	2000				663	400
十二	134	1930	2000				681	400
十三	150	3480	2000				874	478
光绪元	2120	3220	2000				909	919
二	172	3618	1000				900	426
三	152	3618	410				891	272
四	152	3618	800				891	284
五	320	5370	800				1125	400
六	872	4018	2000					
七	172	3518	1540				1340	410
八	190	3710	1800				1170	410
九	610	2810	1570					
十一	230	3566		525	1270	1600		
十二	370	3270	1540	560	1400	1600	2160	400
十三	470	3950	1800	690	1380	1800	2830	1130
十四	270	3800	1700	630	1530	1800	2970	520
十五	985	4640	630	650	1470	2000	2430	1030
十六	400	4910	2960	670	1640	800	2350	1210
十七	520	4330	1340	620	1540	860	2630	1000
十八				640	1820	1840	3028	460
十九				600	1590	1800	2960	450
二十				570	1630	1720	2460	900
二十一				600	1700	2250	2460	970
二十二							3000	430
年平均	383	3017	1537	773	1794	1862	1640	576

由上表可知,清后期江南各局解交缎匹年平均总数为 11572 匹,如果匡算大数,约在 1.2 万匹之谱,其中苏州为 4937 匹,杭州为 4417 匹,江宁为 2216 匹。高低顺序依次为苏州、杭州和江宁,这同清前期的杭州、江宁和苏州的顺序大不相同。但是如将杭州生产的诰帛等件计入,则实际上杭州毫无疑问应为第一,顺序应为杭州、苏州和江宁。与清代前期相比,杭州年产量最高的地位未变,苏州则跃居中间,缎匹上交量还略高于以前,只有江宁局一落千丈,年纳缎匹大约只是以前的一半,既无法与清前期相比,又不敢望同时期其他二局之项背。缎匹解交量多寡的前后变化,说明清代江南各局的地位前后迥异,不能不分时代一概而论。就缎匹的种类而言,清后期上用缎数量最高的是杭州,为 773 匹;其次是苏州,为 383 匹;江宁如果将上用、官用分开(奏销册中未分),上用缎数量当会很低。官用缎苏州最多,为 3017 匹,杭州其次,为 1794 匹,江宁上用官用总数仅为 1640 匹,官用自然也最低;部派缎杭州最多,为 1862 匹,苏州其次,为 1537 匹,江宁最低,仅为 576 匹。缎匹种类不但反映出各局的织造重点与前期不同,而且也反映出各局织造地位的前后变化。

如果仅就解交缎匹的数量而言,江南三局的总数好像与前期差不多,说不定有些年份还要多于清前期,而且历年之间有逐渐增长的趋势。从年销织造银两来看,光绪十一年为 616940 两,十七年超过 100 万两,二十年达 150 万余两[①],扣除物价因素,仍体现出增长的势头。然而,同缎匹购买自他地一样,清后期即使由江南三局承办的缎匹,相当大部分也购自民间。也就是说,清后期织局缎匹来源发生了变化,或者说,织局的生产形式在领机给帖局织的同时,也兼用局外定织的形式。

以江宁局为例,按照江宁织造文琳的说法,光绪年间仅"岁运缎纱较

---

① 沈惟贤编:《皇朝政典类纂》卷一六一《国用八·会计》,第 10、13 页。

旧制不过三成"①,"办理二三成运务"②。这就是说,当时织局承办的缎匹主要是靠购买完成的。事实也确实如此。早在同治四年,李鸿章等在筹设局房时上奏说:"江宁久遭蹂躏,甫经克复,尚无大商设局开织。且上用倭缎、大缎、部用龙蟒妆缎等款,花样颜色尺寸,半多民机所无,实属无从采买,惟春绸纺丝产自苏、杭,尚堪购办",因此"倭缎、大缎等项,先系民机所无织者织办,其春绸、纺丝之尚可采买者,仍视拨款之多寡,量加采买"。③看来织局恢复之初主管官员便立足于有则购买,无则局织。根据档案记载,江宁织局择机定织地域较为广袤,其缎匹种类大体上是:盛泽镇为杭细、彩绸、素纺丝、串绸、熟绢、熟罗等;杭州为串绸、大小卷江绸、大小卷春罗、线绉、袍褂料、杭宁绸、春纱、春罗、库纺、库纱等;苏州为花春绸、彩绸、纱等;湖州为湖绉;镇江为宫绸等。定购的丝绸主要是彩绸、杭细和素纺丝等,因而在盛泽镇购买者最多。定织缎匹需有一定的手续:织造衙门发给采办员役护照,开明定织缎匹的品种、数量及地点,并咨会两江总督、江苏巡抚、金陵厘捐总局、苏省牙厘总局、苏松太兵备道、常镇通海兵备道等,以便沿途关卡查照免税放行。如光绪二十一年的采办护照载:"兹奉内务府传办添派缎绸款内杭细三百匹,应饬承会商在于苏属盛泽出产地方定织,并发给织字第二十一号护照一张,饬往守候,炼染齐全,由苏常内河正站运宁,以昭慎重。惟查采办钦工要件,例不输厘纳税,除咨明督抚部堂院转饬一体查照放行,并于照内饬令俟办齐赶紧旋宁外,合先咨会。为此合咨贵局道请烦查照,转饬产地厘局及沿途经过关卡,一俟前项杭细到境,即行照例免捐,迅速查验放行,幸勿稽延阻滞。如有数外货物,分别查办。望速施行。"④为明了江宁织局在各地购买的丝织品种类及数量,今列为表4-6。

---

① 户部《题为报销事》,光绪二年四月十三日,中国第一历史档案馆藏档案。
② 江宁织造文(琳)《为札饬事》光绪七年三月初十日,三织造·缴回,织214号。
③ 李鸿章等《会奏稿》,同治四年七月,三织造·缴回,织903号。
④ 江宁织造文(煦)咨,光绪二十年十一月二十四日,三织造·缴回,织13号。

表 4-6　光绪朝江宁织局采购缎匹数量表　　　　　　　　单位:匹

缎匹名称／年代	杭细	彩绸	串绸	素纺丝	湖绉	其它	合计
三	80	133		510			723
六	100	60		780			940
十	400	100		600	300	2230	3630
十二						360	360
十三	600	700		1000	240		2540
十四		700		200			900
十七	1260	700		1600	120		3680
十九	200	700					900
二十	500	1000					1500
二十一	300		100	100			500
二十二	200		100	700	200		1200
二十三	840			800	200	20	1860
二十四	400	800				3660	4860
二十五	1540	800	100	1540	500		4480
二十六	200		100	400		760	1460
二十七					100		100
二十九	880			980	300		2160

上表表明,清后期江宁局在各地购买的缎匹平均每年多达 1870 匹。如果前述所估江宁局每年解交缎匹数无大出入,则采购者占了其缎匹总数的 80% 以上。

这种情形也存在于苏、杭二织局。同治九年,苏省牙厘总局称,"盛泽镇为绸绫出产之区,凡各织造衙门奉办大运及部派绸绫物料在盛采办者甚多。除江宁织造向系咨请宪局转饬验放外,其余苏州、杭州织造办运物料,历奉径行札饬卑局验放"①(参考图版 4-9　清江宁织造采办绸缎护照)。光绪三年,御史世泰题奏,杭州织造暂行代办的神帛,"不无雇募民机,权宜采买,物料既欠精良,采购尤多弊窦,工价数倍于昔,活计反不如初"②。神帛就是从民间采购的。可见苏、杭与江宁一样,都在盛泽镇等地大量定购缎匹。

鉴于各织局设置的机张多为上用缎机,数量又极少,织造能力有限,

---

① 苏省牙厘总局《为咨会事》,同治九年八月初一日,三织造·缴回,织 1075 号。

② 内阁钞江南道监察御史世泰《奏为清复旧制事》,光绪三年十二月二十七日钞出,内务府·来文,第 2477 包。

而每年上交的缎匹数却较多,可以断言,除了一些特殊的上用缎匹外,凡是织造要求较低、民间有能力生产或市场上有的丝织品,清后期江南各局主要是通过择机定织或购买的形式来完成上交任务的。因此,每年的缎匹解交量,并不是各织局的实际生产量,也就是说,清后期的缎匹上交量并不反映该局的生产能力。这是清后期缎匹生产量上的一个特点,也是清代织局前后期在产量问题上的根本区别。弄清了其间的原委,才能理解至今保存在北京故宫博物院的清后期的丝绸藏品,有不少既有江南织局的局名,又有民间机坊的款识,如"浙杭嘉祥泰号本机选置"、"牡丹牌求裕本机真库缎"、"夏庆记源号本机真赤金银镜面缎"、"金陵刘广兴本机库缎"、"金陵涂东元玉记本机"等类。很明显,这些丝织品就是通过官局之手向民间定织或购买的。

即使是为数不多的非定织的缎匹,实际上也不全是局织的。平常年份,因为额设机张不敷织办,"一经奉有特传活计,必须招雇民机帮织"①。可见织局因机张不全,遇有特殊用途的缎匹,就需雇用民机织造。每当派织量超过局中织机的生产能力,定购又不能满足需要,织局同样要雇用民机生产。如同治九年,为备办同治大婚需用缎绸,派织江宁局各类缎匹1700余匹件,其中有妆蟒闪缎1000匹。当时织局仅设这类缎机30余张,而"每机一张,每日仅织四五寸,虽勒限严催,亦不过五六寸,每匹须至六七十日"。南京各铺户也无如式织妥之件。于是织局一方面"即就民机购织",一方面奏请添设机张。② 同治十三年,传办大运绸缎及甘肃俸缎等项,织办工程吃紧,江宁织局"拟雇觅民机昼夜加工攒办,以免迟延"③。光绪二十年,慈禧六十岁庆典,"奉传活计倍于往昔,料巨工繁。更兼三织造同时赶办,民间机匠实有应接不暇之势"④。由于江南各局设

---

① 江宁织造奎(俊)《为咨请事》,光绪二十年二月二十五日,三织造·缴回,织1182号。
② 江宁织造忠(诚)《为大婚典礼应用期限紧迫仰祈圣鉴事》,同治九年,三织造·缴回,织903号。
③ 江宁织造庆林奏,同治十三年四月二十七日,三织造·缴回,织903号。
④ 江宁织造奎(俊)《为咨请事》,光绪二十年二月二十五日,中国第一历史档案馆藏档案。

置机张都极少,苏、杭二局的情形当也大致相似。至此,可以说,清后期江南织局的缎匹有不少是直接雇用民机生产的,这种情形在清前期是很少有的,这表明清后期江南织局的生产方式也发生了某种程度的变化。

值得注意的是,即使是织局生产的极少量缎匹,其炼染等辅助工序也是由民间在局外进行的。如江宁织局的丝经摇纺,原来实行养成工制,在局内的摇染堂中进行,同治恢复织造后,"凡有应行采办摇染一切公务,分别设立采办公所","在于织局附近地方,饬由账房分别交商练染,雇匠纺摇"。①

所有这些变化,表明清后期江南织局的生产规模已降到极低的程度,生产量极为有限,生产方式或多或少有所变化,官营生产渐见式微。

清后期江南织局在造解巨量缎匹而机张人手又极为不足的情形下,既没有像明末清初那样金报富室进局承织,也没有在买丝招匠的基础上一意扩充局织,而是尽量依靠民间的力量,以定织或采购的形式完成缎匹交纳任务。这既与清政府的财政拮据有关,又与织局经营及民间丝织生产的特点有关。

局织生产的宏大规模是建立在雄厚的经济基础上的。清前期江南三局气势宏伟,久盛不衰,是因为其时织造钱粮有充足而可靠的保证。明后期的领织和明末清初的金派,多少都与织造钱粮无着有关。清后期政府财政捉襟见肘,要恢复清前期厅堂宏敞、长年安设 2000 余张织机、6000 余名工匠,仅就经费而论,已经极为困难。清廷的奢侈挥霍又丝毫不稍收敛,派织缎匹年甚一年。主管官员就只好既满足清廷的贪欲,维护其体面,又不得不反复核计,尽量撙节。典型的事例是,同治九年,江南三织造奉文分织彩绸 10 万余匹,如果局织,需银百万余两,而户部拨款仅为 39 万余两,根本无法承织。织局官员便主张将市面上民间的八两绸稍为加长加宽,定织百万匹之数只需银 51 万余两,而且据说杭州织

---

① 江宁织造明(熏)《为谕承办掌案事》,光绪四年四月十五日,三织造·缴回,织 456 号。

造茂林前此 8000 匹彩绸就是如此办理的。① 这也说明市买反而比局织省力省钱。

清前期，为防止主管官员中饱私囊虚报钱粮，清廷定有丝斤报销例价。这种例价较为固定，它并不随市价的涨落而随时调整。乾隆二十年的例价实行了一百数十年而未曾更改过。因例价而购买丝斤的不足部分，织造官员可用办差银两等补偿。同治恢复织造后，市价已是例价的二三倍，织局根本无法照例价购买到丝斤。江南三织造因而联合上奏诉苦道："迨至近年，百物昂贵异常，津贴又已无著，一切工料势不能以例价强民。"②要求按市价购买丝斤，有关地方官也纷纷附和。清廷默许，并实行了 20 余年。直到光绪十二年，户部认为照市价报销浮报太多，厘定按光绪七年"经纬丝市价减一成作为上用定价，减一成五厘作为官用定价；绒丝照纬丝价值减一成二厘作为上用，减一成七厘作为官用"③，自光绪十年开始实行。虽然又重定例价，但也是以市价为基础的。织局既以市价购买丝斤，局织花费又比定织多，向民间购买就成了最省力省钱的途径。这也许就是改局织为市买的由来。

织局承办的大多数缎匹，当时的民间丝织业都能生产。清廷举行庆典时用于搭盖彩棚张灯结彩的彩绸、杭细、素纺丝等，江南各地城镇大量生产。特别是盛泽镇，更以出产盛纺闻名。同清前期的贸易绸缎一样，在产地定购，不但办理方便，价格便宜，而且质量有保证(参见本书第七章)。织局官员利用苏州染色和绣作特别发达的特点，将定购自盛泽、湖州等地的丝织品运至苏州后整理，这就充分利用了丝绸产地和加工地各自的优势。这样的定购，较为明智，效果较好。更何况，织局可以钦派活计的名义，以大批量业务压价定购民间丝织品。

相反，织局增设机张，选择匠役，购买丝斤，分发织造，工序繁杂，旷日持久，固定不变的为数有限的织机，根本无力承织派织不常、数量惊

---

① 三织造《奉办彩绸会衔奏稿》，同治年，三织造·缴回，织 903 号。
② 同上。
③ 户部《奏为厘定丝斤价值仰祈圣鉴事》，《厘定三织造料工章程》，第 1 页。

人、品种繁多的丝织品。清后期的江南织局,内部经营管理也混乱不堪。名册上的匠役与实际人头往往不相符合,职役和工匠私织民货之事经常发生,丈尺短少,掺粉搀杂,缎匹质量低劣不堪,民间市买原以局货自我标榜,而这时的局货反而成了品质低劣不堪使用的代名词。缎匹解交迟延,越拖越久。织造事务之简单,以致民间谚语称织造官为"吃饭官"①。日人小此木藤四郎所见,江南三局都是柱倾壁斜,机台尘封,杂草丛生,鸡犬出没。② 如此境况下的织局,自然不可能完成急如星火的缎匹生产任务,而舍市买则别无他法。

织局的这种衰败景象,既反映了清后期官营生产机构落后腐败和难以维持的一面,又间接地说明了织局在向民间定织占主导地位时逐渐形同虚设的情形。它表明,官营织造同其依附的清王朝一样已走到了历史的尽头。

五　江南织局对民间丝织业的影响

学术界有这样一种倾向:论述官营织局的规模务求其大,探讨其对民间丝织业的影响则着力于其落后、消极的一面。说官营织局不利于民间丝织业的发展,无非指在劳动人手上控制民间丝织业者,减低了他们生产商品的时间和能力,不利于商品生产的发展;在工价待遇上克扣勒索工匠;在人身地位上虐待工匠,使他们为织局从事落后的强制性和徭役性劳动。原则上讲,这当然是对的。但仅仅到此为止,是远远不够的。为什么明清时期在官营织局最集中、官营力量最强大的江南地方,民间丝织业不是萎缩困顿,而是不断发展;而未曾设立织局,却有发展丝织业极有利条件的其他地方,民间丝织业反倒没有设有官局的地方兴盛? 这就需要我们以审慎的态度,对官营织局的影响尽量作恰如其分的历史的分析。

---

① 冯桂芬:《校邠庐抗议·汰冗员议》,上海书店出版社,2002 年,第 4 页。
② 山内英太郎:《清国染织业视察报告书》,第 27 页。

先看控制织作人手。清代废除匠籍,工匠地位较之明代有所提高。废除佥派后的"买丝招匠"制,以雇佣生产为特点,但为了确保进贡缎匹的如期织解,清廷采用领机给帖的形式,选择部分民间机户承领官机,为官局招募工匠。领机机户的人数,前曾述及,大致与织局实际机张相等。三织局的机张,如前所述,清初原额2108张,其中苏州800张、杭州770张、江宁538张。雍正三年降为2017张,其中苏州降为710张,杭州降为750张,而江宁增至557张。乾隆时,苏、杭二局织机有所减少,乾隆十年分别为663张和600张,机匠分别为1932名和1800名(苏州另有挑花、拣绣等匠243名,杭州另有摇纺、染匠、挑花匠等530名);江宁织局乾隆元年增阔机28张,到乾隆十年时定为665张(含诰敕、神帛机65张),机匠1780名,摇纺、染匠等777名,以后最高时织机曾达到668张。此时三局合计织机为1836张,机匠5512名。① 这是清代稳定时期的机张机匠数。领机机户与织机相符,不会超过2000名。

这不到2000名的领机机户,在三大城市的民间丝织业者中,占的比例很小。乾隆时,苏州"在东城,比户习织,不啻万家。工匠各有专能,计日受值。匠或无主,黎明林立以候相呼,名业'唤找'"②。即使认为这是一家一机式的列屋而居的丝织业者,织机也达万台。早在康熙时,局中缺机170张,行头倡均机之议,以民机20张均当1张。后因贿脱者多,仅以9张均当1张。可见,当时民机多达3400余张,至少也有一千五六百张。到乾隆时,丝织生产又有发展,机张增加乃属自然。在江宁,据说"乾、嘉间机以三万余计,其后稍稍零落,然犹万七八千"③。如上述记载可靠,江宁与苏州民机竟是官机的30余倍。杭州无细数可查,但据称"东城机杼之声,比户相闻"④,观其规模,当与苏州不相上下。

---

① 雍正《大清会典》卷二〇一《工部五·都水清吏司·织造》,第4页;乾隆《大清会典则例》卷三八《户部·库藏》,第19页。
② 乾隆《元和县志》卷一六《物产》,第10页。
③ 同治《上江两县志》卷七《食货》,第9页。
④ 厉鹗:《东城杂记》卷下"织成十景图"条,第10页,《武林掌故丛编》第6集。

综上所述，"名隶官籍"的机户只是全部机户中很小的一部分，不能一论到官局控制机户，便动辄以"名隶官籍"来解释。官局控制仅占民间丝织业者3％—4％比例的机户，其对民间丝织业的限制程度也就绝不会如人们想象的那样大。

再看机户工匠的身份。领机机户因为"名隶官籍"承领官机，而一般自己家中又设有织机，因而兼具官匠和民匠的双重身份，有着世代相袭的义务。但领机机户名义上虽为织局役使，却并不直接进局生产，官局控制他们也只是旨在通过他们雇募工匠进局，保证织作人手。这样，领机机户一方面因为沦为官匠，是官局织机的人格体现，在官局只得低三下四，忍气吞声；另一方面又因为或大或小是业主，在官局以外，在召募工匠面前，又不失为资本的人格体现，可以神气活现，颐指气使。就召募工匠而言，他们本身与织局并无法定的隶籍关系，却必须终日在局劳作。他们应织所得的工价和口粮，都须经领机机户之手转手发给，工匠并不关心本身与官局是什么关系，而只考虑是否被雇。因此，当织局官员克扣工匠食米时，"啧有烦言"鼓噪的，"身背黄布冤单、头扎神马"鸣冤诅咒的，"闹至经管粮书"家的，都是机户，[①]否则，短少工匠食米，赔累的是他们。工匠在织局既无名籍，又须由领机机户雇募才进局，织作完工，也就另找活计。说他们有顶补的义务，具有世业相传的特征，只是推论臆测，并无充足的史料依据。通观清代织造，只有神帛堂匠役"世传供役"的规定，而无织、挽匠世业相传的记载。到目前为止，人们引用的织、挽匠顶补的材料，实际上稍加分析，便可明了那是指的领机机户，而不是织、挽人匠。织、挽匠世代承袭，不但与机户招募的做法不符，也有违"买丝招匠"之宗旨。

在织局中的待遇如何，更反映了机户工匠的实际地位。机户承领官机，没有任何报酬。毫无疑问，这是清廷强加给机户的封建徭役义务。论者往往认为领机机户享有比工匠更高的月粮。这始自上世纪50年代

---

① 江南江西总督郝玉麟题，乾隆五年四月初六日，转引自彭泽益编：《中国近代手工业史资料》第1卷，第94—95页。

调查时当地织工的说法。但现存历年钱粮奏销册中,只有按机或按工匠的口粮。如前所引乾隆四年苏州革除机户的例子,机户每月1石2斗的口粮,按规定是要转发给该机的3名工匠的。所谓多于工匠的口粮,便是指此而言,并不是说在此之外另有一笔口粮。按规定,织机停织时,匠粮照发,仍由机户领取而不再转发给工匠。如在光绪初年,江宁有领机290余张,而实际开织的只有80余张。① 机户领粮而不必发给工匠乃是经常之事,人们也就误以为这是匠粮之外的机户口粮。即使织局开工,机户在转手发放工匠口粮时,或许也能以各种理由克扣一部分。除了在工匠口粮上可以从中获益外,机户还可同工匠一样免除徭役。顺治四年,陈有明在擘划织造事宜时厘定:"管事、机户、织匠等役,拮据王事,办造钱粮,则徭役似应优免。见在各役,凡有差徭者,本部皆行文府县豁免,以示优恤,则役无旁扰,皆安心于机杼矣。"② 能够因为领机而不服其他徭役,在杂役繁兴的清代,对机户来说也是至为重要的。正是这些成文与不成文的好处,领机机户典机戤米,借帖射利,辗转顶替之事,也就时而有之。当被官局革除,便被认为是失业,而官局也往往以"吊销机单,不准永充"相威胁。乾隆四年苏州织造"将机匠朱裕章等示革,以致各户失业",便是典型的例子。当机户的子孙要求按章顶补时,也常遭受局中胥役的种种需索。③ 很难设想,机户领机完全是一种强行佥补的野蛮行径,而机户还会担心因革除而失业,为顶补而吁请,愿意领机往火坑里跳。

工匠因为不隶籍于局,待遇要优于机户。以织局中最基本的工匠为例,定例,"织、挽各匠,每名日给工银五分,月给食米四斗"④。这样的报酬,较之当时其他官营和民间行业要高。江西官营窑业,匠役报酬较丰,画匠每日银2.5分,龙缸大匠和敲青匠每日3.5分⑤,与江南的织、挽匠

---

① 江宁织造定昌《为札委事》,光绪六年十一月初一日,中国第一历史档案馆藏档案。
② 陈有明:《织造经制记》,顺治四年十二月,《明清苏州工商业碑刻集》第6页。
③《苏州织造府严禁织造局管事恣意需索碑》,乾隆六年二月,《明清苏州工商业碑刻集》第17页。
④ 乾隆《大清会典则例》卷三八《户部·库藏》,《景印文渊阁四库全书》第621册,第182页。
⑤ 乾隆《浮梁县志》卷五《物产志·陶政》,第8页,江西图书馆据抄本翻印,1960年。

相比,要低一半或 30%。苏州民间纸业,按工论酬,推工为 2.4 分,刷工以工种论,分别为 4 分、2.1 分和 2.4 分,全部工种比织、挽匠低得多。[①]平心而论,就不能将这种获取较高报酬的工匠进局织作说成是当差服役而带有浓厚的封建徭役性。确定工匠的地位,应该考虑当时的具体条件,而不能无视他们的实际境遇,动辄冠以服役的定语。必须指出,在清代苏州,并不存在工匠在乾隆时的待遇比康熙时显著降低的事实。这是持此论者误解史料所致,究其原因,多少也与尽量低估工匠待遇的心理有关。

机户工匠的实际境遇,还取决于国家财力的强弱,织造钱粮的盈绌。清初因钱粮不敷,在苏州实行金派,旨在吞噬富裕机户乃至一般富户的脂膏;在南京,则通过压价勒索机户,如织造诰帛,"其一应匠作工价,比因开织之初,惟期撙节,所定工价甚寡,较之段匹、倭缎仅十之二三。此各匠虽有工价名目,实皆民间各户雇募应工"[②];在杭州,"工价载有额定经制,即匠役纷纷告苦,总无增减"[③]。在官府的强行金派和百般勒索下,机户遭受巨大损失,阻碍了民间丝织业的发展。以牺牲机户的利益达到搜刮缎匹目的的做法,在织造钱粮不足时,屡见不鲜,明末和清后期都曾出现过。然而清初金派机户为时并不长,顺治十年正式买丝招匠,虽不一定有充足的钱粮用于官营织作,但随着三藩告平,经济好转,钱粮也就有了基本保证。如前所述,康熙四十七年,经李煦与曹寅联合题请,"在两淮盐课羡余银内动支银二十一万两给两处织造",各半平分。苏州一地只有一年用完此数,其余"每年支用五万两有余六万两以内"[④],余款被李煦拖欠。自雍正元年起每年支用地丁正银 6.45 万两专门织作,对照上表,没有一年用完,而每年余剩 2 万余两,缴还藩库。宁、杭二地每年用于织造上用官用缎匹的 43333 两,只有少数几年用完,绝大部分年份

① 《元长吴三县严禁纸坊把持停工勒增工价碑》,乾隆二十一年闰九月,《明清苏州工商业碑刻集》第 90—91 页。
② 苏州织造李煦《与曹寅会陈织造事宜》,康熙四十七年六月,《李煦奏折》第 58 页。
③ 浙江巡抚佟国器揭帖《为销算织造钱粮事》,顺治十六年四月二十四日。
④ 嘉庆《两淮盐法志》卷二〇《课程四》,第 6 页。

不超过 3 万两,余银缴库。即使在缎匹大增的道光、咸丰时,"内动用料工外,按年均有剩银一万余两解交藩库"①。即使上述江宁的神帛、诰敕工匠,自康熙四十七年起,无论有无派织,每年付给养匠银 2700 两,"民间帮贴概可革除"②。三织局官员的俸廪银在各属县地丁银内支取,备公银在浒墅关、龙江关和北新关税银及两淮盐税盈余中取给。这说明,清代前期的织造,除了清初的短时期外,完全是建立在国家财力基础上的,与地方经济并无大关系,不会出现明后期那样惟以加派地方为能事的现象,也少见明末和清后期那样晚发少发或不发工价的现象。这无疑有利于民间丝织业的发展。

诚然,织局控制了机户,占用了部分工匠的劳动时间,因为生产皇家贡品而减少了他们生产商品的机会,不利于商品经济的发展。然而在封建社会里,无依无靠、资金短缺的小生产者勉强度日的企求比发财致富的冒险更为直接、更为持久,维持简单再生产的目的比扩大再生产的可能更为客观、更为经常。工匠既有口粮和工价待遇,应募进局也未尝不可。织局保持较大规模,吸纳五六千名工匠,这对时常被饥饿威胁着的大批丝织工匠来说,无疑是增加了就业机会,而织局的较高待遇,也迫使局外的丝织业主必须以较为相等或相近于织局的报酬雇用劳动者,否则工匠便以叫歇、停机相要挟。这也正是手工业主和统治者常常相互联合起来对付广大工匠的奥秘。

如果说,官营织造对民间丝织业的影响就织造生产主体机户工匠而言,还必须视其身份和国家织造经费是否充裕而定,那么,官营织造对民间丝织业技术的提高则是无条件的。

官营织造因为生产皇家贡品,集中了技艺娴熟的工匠,这就在丝织技术的提高和织造品种的改进上,刺激民间丝织业。清廷一再下令,官局所织缎匹,"务要经纬匀停,阔长合式,花样精巧,颜色鲜明"③。明代苏

---

① 户部题《为报销事》,道光二十年五月初五日,中国第一历史档案馆藏档案。
② 苏州织造李煦《与曹寅会陈织造事宜》,康熙四十七年六月,《李煦奏折》第 58 页。
③ 敕谕二,康熙 4,大库史料 2·1-2,中国第一历史档案馆藏。

州织的海马、云鹤、宝相花、方胜等类锦,已经令名扬天下的蜀锦自惭逊色了,到清代隶织造,"精妙绝伦,殆人巧极而天工错矣"①。纻丝,有素有花纹有金缕彩妆,"其制不一,皆极精巧",在明代已是"四方公私集办于此"的佳品,但清代"织造府所制上供平花、云蟒诸缎,尤精巧,几夺天工"。② 绢,名目繁多,宽窄不一,在明时"四方皆尚之",而清代织局"制上供绢,另置机杼三人运梭,有阔至二丈者"。③ 织造幅阔二丈的绢,同时运梭的三人不但各自技术熟练,而且还需和谐配合。即如湖州府,明代所产有官绢、生绢两大类,但地方志记,"惟局绢有五色,可同嘉兴"④。在江宁织局中的工匠,都具有"接得平,领得平,捻得平,络得平、发得平"等本领。⑤ 这种技术在局外生产时必定会发挥出来,有利于民间织作技术的整体提高,更加趋向于精益求精。

正是官营织局在民间丝织业的发展中起了推波助澜的作用,才使苏、杭、宁三大城市形成了独步全国的丝绸生产和销售中心。将他们与其他地方作比较,就可更清楚地看出这种作用。浙江湖州是号称"蚕丝物业饶于薄海,他郡邑藉以毕用"的织造重地,但时有"技巧之精独出苏、杭之下"⑥之叹,原因就在于该地明代的官营织造没有苏、杭那样地位重要,清代未曾设局。盛泽镇在乾隆年间,"居民百倍于昔,绫绸之聚亦且十倍,四方辇金至者无虚日",其繁阜兴盛,为全县"诸镇之第一"⑦。是"薄海内外,寒暑衣被之所需,与夫冠婚丧祭黼黻文章之所用,悉萃而取给于区区之一镇。入市交易,日逾万金。人情趋利如鹜,摩肩侧颈,奔走恐后,一岁中率以为常"⑧的丝织巨镇,有迹象表明,其繁盛某种程度上得

---

① 康熙《长洲县志》卷五《物产》。
② 正德《姑苏志》卷一四《土产》,第14页;乾隆《苏州府志》卷一二《物产》,第15页。
③ 康熙《苏州府志》卷二二《物产》,第18页。
④ 万历《湖州府志》卷三《物产》。
⑤ 南京博物院民族组:《清末南京丝织业的初步调查》,《近代史资料》1958年第2期,第12页。
⑥ 徐献忠:《吴兴掌故集》卷一三《物产类》,《吴兴丛书》本。
⑦ 乾隆《吴江县志》卷四《镇市村》,第16页。
⑧ 乾隆《盛湖志》仲周霈跋。

力于官营织造的影响。南京本无发展丝织业之条件,周围不产生丝,原料远购自嘉、湖,但民间织作却经久不衰,没有官营织局的存在是很难想象的。镇江、松江在明代设立织局,众星拱月,民间丝织业有一定力量,清代不再设局,民间丝织业并没有因为没有官局的控制而兴旺,反而渐渐湮没无闻。直到近代,镇江江绸才稍稍占有一席之地。清末织局撤除后,苏、杭、宁三大城市民间丝织业也并没有因为解除官局的负担而更形发展,南京等地反而被湖州、绍兴后来居上。各地民营丝织业的盛衰起落,正体现了与官局的设立与否、规模大小相一致。

江南织局的存在并以较大规模生产,对蚕丝生产更有极大的刺激和促进作用。三织局织造所用的经丝和纬丝,几乎全是买自湖州的。清廷规定,每当新丝上市,织局"按照时价,公平采买,以供织作"[1]。为了防止织局官员虚报丝价以少取多,清廷制定了丝价报销限额,这种限额,人们往往认为是官局压低丝价的表现。在乾隆十年调整后,直到咸丰四年一直未变。这就使人们很容易得出官局压价收购蚕丝的结论。实际上,织造丝料购买和价银报销是这样进行的:一般年景,即或不足,由专门银两贴补不足部分,丝价昂贵的特殊年份,织局奏请清廷实报实销。前者是,杭州主要以盐引"引分津贴丝价";江宁主要在"两淮闲款项下拨给";苏州主要是"每年呈缴内务府用存罚料及漏税补正银两"。[2] 后者如乾隆二十年,因丝价"计比销价,每两贵至三分六七厘不等"[3],在三织造奏请下,清廷覆准,"实不能通融办理,准其照产丝地方价直,分别经纬,据实报销"。[4] 近代江南三织造自织以外的缎匹,更是通过市场按市价选购的。因此,不管价贱价贵、银两出自何处,织局是以市价与全国各地商人乃至

---

[1] 户部尚书阿里衮《为本年丝价昂贵据实奏折》,乾隆二十年九月十二日,中国第一历史档案馆藏档案。
[2] 内阁抄嘉禄奏《为织造采办丝斤颜料仰祈圣鉴事》,道光二年四月初三日,内务府·来文,第2450包。
[3] 户部尚书阿里衮《为本年丝价昂贵据实奏折》,乾隆二十年九月十二日,中国第一历史档案馆藏档案。
[4] 乾隆《大清会典则例》卷三八《户部·库藏》,《景印文渊阁四库全书》第621册,第183页。

洋商抢购丝料的,湖丝昂贵日甚一日的局面正是在官私争购下形成的。①
这样,三织局每年收购一万余斤的蚕丝,对生产者来说是利多于害的。
至于有的织局官员恃皇差而诈取勒索之事,肯定存在,但与此所论完全
是两回事,不能纠缠进来。

综上所述,清代织局机户工匠的实际地位,需视国家财力强弱、织造
经费盈绌而定:织造经费不敷,织局刻剥机户工匠,就抑制、阻碍民间丝
织业的发展;织造经费充裕,机户工匠特别是工匠获得较高报酬,客观上
促进、有利于民间丝织业的发展,不可一概而论。局事停、局工散,就导
致民间机工星散,机业萧条;而官营织造正常生产时,又使机户汇聚,民
间机业兴盛。这可以由一个简单的事实来说明:江南民间丝织业的真正
大发展时期,是在官局稳定生产之时,而不是在局事停、局工散的停织或
不景气时期。这也就是为什么民间丝织业最为兴盛发达的地区,不是摆
脱官营织局控制的地区,而是织局最为宏丽、官营势力最为集中和强大
的苏杭宁三大城市的重要原因。

附:江宁织局三局备用机匠花名簿(三织造·缴回)

谨查汉府缎纱堂,额设五百五十四机,除殉难故机不计外,现奉挑选
试办各色机七十八张,余存各机,前蒙恩谕概行注册立案,俟有添设,即
行选派。理合遵奉开明,呈候鉴核。

计开:

上用暗花缎机三十三张 内除挑选试办十八机,余存后添。

李富 秦龙 杨长发 李贵 杨俊 胡荣 王马铉 王棋 王馥 范永兴 范永大
范长元 王兴

官用暗花缎机七十张 内除挑选试办二十七机,余存后添。

王西 陈春 顾松 张其 顾蔚堂 王全 王文见 李涛 陶荣 何章 田生

---

① 苏州织造文治解释丝价高昂原因认为,民力未复,物价难平,厘捐未裁,百货成本加重,售价
难以轻减,更因"洋商贸易,巧计多端,到处包揽射利,抑又垄断居奇"(《为呈请宽限事》,光绪
元年九月十二日,内务府·来文,第 2476 包)。

邵长发 赵鸣梧 李德元 顾生 柳兴 张怀信 柳松 吴锦（红票原注：未到）
李亭 吴裕 马鸿藻 朱生 吴顺祥 席文 李恭 陈长春 李云龙 李云 高鉴
张同春 陈春 范长松 戴永一 陈（王凤）马长福 马华龄 张林 张丙华
张永兴（红票原注：三堂暗花缎领匠高炳南 三堂官用暗花缎领匠高兰）

官用妆花机四十五张 内除挑选试办八机，余存后添。

马宏 马金鉴 顾坤 马牲 王怀西 王成 马加荣 徐永 王喜 张子香 童善
童义 柳福 毛尚 尚夕永 柳德元 柳雨田 柳天林 朱荣 王廷杰 王天福
王法曾 马天宝 陈德贵 陈芝荣 周茂林 胡锦华 陆顺 王永 周延林 王加
王曾涛 王吉 张珍龄 张德禄 陈长聚

官用素缎机一百二十二张 内除挑选试办十五机，余存后添。

王吉成 陈一龙 王贵 毕涛 顾蔚 毕举 顾松涛 毕永 王祥 顾松盛 陈光
毛启英 顾大奎 顾永年 陈受田 史发 李德彝 顾筠 邵林 邵兴 吴煊 项中
吴成 王家辅 庞宏 顾恒山 庞启元 陶永寿 李春 王文 张悦升 胡启 张容
胡其 张爕容 胡歧 孙焕 夏文中 王炳 夏文斗 李林 伍长 柳庚 夏裕 杨礼
夏裕其 杨汜 李得 夏长松 夏长喜 夏长 刘广 李亮功 柳世荣 彭春 柳松年
席庚 程永春 陈华 林玉 席松 杨永元 吴中 范德昌 董祥 王天宝 孙煜
顾起顺 陈寿田 范万春 王章 范万盛 王瑞 李长松 范长庆 李长春 吉为禄
张明善 宋长华 张同喜 苏炳福 庞永汇 范万中 王锡 范万成 王和 李召曾
范丙南 张同兴 范维南 李龙 赵鉴堂 朱玉公 范万林 庞永顺 张万成 王锡麟

官用彭缎机二十张 内除挑选试办六机，余存后添。

文如 何起章 李松 马同云 童山 毛英 汪年 茅香 黄桂 贡天恩 汪源
吴心汇

上用妆花机三十三张

张丙宏 张政之 杨雨潮 马铎 王斌 邵干城 李长久 徐福 刘毓 毛义
孙如 张如 李祥 吴顺发 刘松 王国祥 王毓芳 王廷松 杨永兴 王洪曾 许怀
李元 黄模 李汝勤 王麟趾 王学竹 李加荣 王德源 李青

上用妆蟒机十张

王郝 王培 王增 石楚 马瑢 马文远 马士麟 马长年 谢永涛

上用御览机八张

苏丙 柳锡 李今 蒋仁 王廷生 王绍曾 王涌 龚锡宗

上用阔补褂机四张

刘加善 李勤 王廷禄 沈方

上用片金机四张

刘贞 高起中 范永顺 宋方荣

上用云缎机八张

柳服 刘栋 孙兆林 沈丙 李涌 张玉树 张周 杨源

上用江绸机十九张

石连方 王保机 萧永祥 罗洪 吴怀 周涛 王廷福 孙汝林 赵在荣 陈长林 陈福 吴林 范长发 范万年 李荣 李德言（红票原注：二堂领匠陈实，江绸，三堂宋启，江绸）

官用片金机十五张

张偃修 项金门 张忠 张海容 胡应之 王德华 王德魁 王德和 朱万年 彭退龄 彭寿龄 马珩 张同福 赵鉴全

官用杨缎机七张

毕澄之 徐树 王益 李和章 范万全 包泰 苏炳容

上用妆花纱机六张 内除预设一张，余存后添。

毛起庆 刘玉 刘沛 张钺 陆坤

上用阔褂纱机四张 内除预设一张，余存后添。

王裕堂 李福 毛家瑾

上用御览纱机六张

毛尚琨 毛耀廷 汪祺佑 汪淇成 王启明 毛启昌

上用纱蟒机三张

王介 杨承祠

上用暗花纱机六张

汪振声 张其 李昆 王裕 赵富 赵兴

官用妆花纱机十张

毛启发 汪仝志 金莲花 毛家珍 王奎 毛启 杨培 胡捷 毛永 毛尚仪

官用暗蟒纱机三张

余德龙 傅永

官用暗纱机十四张 内预设一机，余存后添。

陆贤 毛汇川 毛启元 王启云 毛起张 毛启福 王履之 毛礼堂 李福 毛家琛 毛家瑚 汪士宏 毛家璋

官用素纱机四张 内除预设一张，余存后添。

王文 王玉 毛起桂

陀罗经被机三张

李德 赵福 刘荣 王禄 张祺 王汇

倭缎堂 额设倭绒机二十张 内除挑选试办四机，余存后添。

洪恒荣 魏松林 章润年 蔡玉 章连 洪沛恩 蔡维 洪沛泉 李子久 章钰 洪沛双 江坼 洪潮 江垣 翁加瑞 江均

额设倭缎机二十六张 现遵领办十机，余俟后添。

神帛堂额设制帛机三十张 内除挑选预设八机，余存后添。

陈洪霖 庞永潮 马正荣 庞永顺 马元旭 徐兆洪 徐金万 陈延杰 陈长年 陈长森 毛章宏 朱有福 徐金泉 李万发 何长松 陈润保 贾世全 陈李刘 钱长林 陈涌保 陈鹤龄 陈永兴

额设诰轴机三十五张

刘永年 孙如年 孙兆林 范彭年 高永年 胡发 方合毕 段林 欧明山 高起忠 高王 陈欧文 何长焕 高有年 李长青 徐如春 陈永保 胡长林 胡长生 高长兴 李得仪 朱长春 陈长年 高长印 李合高 朱得金 陈耕星 高长庚 李仪 王星恒 张子金 王有兴 陈禹田 陈合扬 杨斌

又汉府额设硬纱等机一百张，查此款机张米石，前经提存八十机，为添补部费，一切以二十机贴补摇纺，合并声明。①

---

① 以上各式织机实为568张，但加上汉府额设硬纱等机100张，共为668张，正与乾隆时额定最高织机数相符。

第五章　江南民间丝织业的发展

官营织造的兴盛要以民间丝织业的发达为基础。前述明清时期官营织造独盛于江南一地的事实,本身就已说明江南的民间丝织业也居全国之首。同蚕桑生产一样,自明到清前期,相对于全国大多数地区丝织生产的不景气,江南由于盛产优质生丝,交通特别便利,以及商业贸易兴盛等有利条件,民间丝织业持续获得发展。道光后期起,特别是经过太平天国战争,江南的民间丝织业与官营织造生产一样,逐渐走向衰落。

明清时期,江南民间丝织业的地域远比蚕桑生产区域广大。在南京、苏州、杭州、镇江和湖州等都会之地,苏、杭、嘉、湖、常、镇的广大乡村,以及城乡间星罗棋布的市镇,民间丝织业都较为发达,有着极其重要的地位,与棉织业一起成为江南的两大支柱手工业。具体说来,民间丝织业的产品种类、生产规模远非往昔可比,生产方式发生了前所未有的质的变化,生产技术也不是如人所说的几乎没有任何发展,而是继续有所进步,形成民间丝织业发展的最为辉煌的时期。

对于明清时期江南民间丝织业,特别是其生产方式,在上个世纪50年代后期到80年代中期关于资本主义萌芽的讨论中,成果极为丰硕,各种表述纷纭繁复,为我们进一步探讨打下了相当雄厚的基础。现在看来,无论哪一种观点,都没有将江南民间丝织业的发展特征清晰地揭示出来,不少问题还有待深化。本章仅考察明清时期江南民间丝织业生产的基本情形、发展阶段和生产方式的前后变化,至于生产技术、品种色彩等问题,将结合官营生产状况,在第八章中阐述。

一 民间丝织业的兴衰

明清时期江南民间丝织业的发展,依其生产情形、织机规模、生产方式和技术品种,可以分为明中期前、明后期到清中期及晚清三个阶段。

自元明之交,直到明正德年间,大致为明清江南丝织业的初兴阶段。江南民间丝织业与当地的蚕桑生产一样,大约到明中期,已全面恢复甚至超过了元代的水平。由于材料的缺乏,我们对于这个阶段民间丝织业发展的具体情形知之甚少。

南京。南京因为都城,征调了全国的轮班匠和住坐匠,又集中了最多的中央织造机构,丝织业特别发达,民间丝织生产在明代有大的发展。成化年间,南京发生了两起外国贡使违禁定织缎匹的案件,为我们提供了到目前为止有关明代南京民间丝织业的最详细材料。成化十二年(1476),暹罗国王遣使坤禄群谢提等到明朝进贡。十三年八月,贡使经运河北上时,特意绕道南京,抵泊龙江关,将带来的象牙、苏木等委托当地人石聪、石彦璋、周璋等变卖银两,定织各色绫缎,拟由京返程时收取。十四年正月十六日,使臣回到龙江关,石彦璋等交还各色缎匹一半,周璋则图谋诓骗银两而未交缎匹,使者廪食无着,告至南京鸿胪寺丞马全处。周璋见图谋败露,于正月二十六日控告至南京兵部尚书王恕处,声称石聪等谋银设计害人、纠众私结番船织造违禁缎匹。王恕审实结案。成化十三年十一月初六日,安南国行人裴准进贡,也特意停泊上新河,由南京金吾左卫右千户的退役老军阮福将带来的象牙作价,到各机户家定织各色绫绸缎匹。周璋首告时,受牵连事发。[1]

---

[1] 王恕:《王端毅奏议》卷四《参奏南京经纪私与番使织造违禁纻丝奏状》,《景印文渊阁四库全书》第 427 册,第 524—531 页。

案件反映出民间丝织业定织的复杂过程。案中涉及的当事人,有经纪3人,揽户7人,中人1人,机户9人,共达20人。定织缎匹的过程是:先由经纪介绍、引领揽户到贡使船上揽织,揽户领银后,将银两散与机户,并与机户签订合同,约定收回缎匹日期。很明显,直接生产者是机户,但他们与客户之间没有直接的联系,而只为揽户负责。经纪和揽户获取一定的用费,但并不直接生产。值得注意的是,在丝织行业中,经纪和揽户同时出现,参预加工生产过程,这是前所未见的。它一方面说明经纪势力的无处不在,另一方面也说明丝织行业中分工的细密,在工艺要求较高的丝织行业,经纪之外,还必须有熟悉业务知识的揽户来组织客户和机户之间的加工生产。其分工情形,我们在清末的南京丝织业中,可以看得更为清楚。案中揽户和机户双方书立合同的形式,也是前人未曾提过或不甚清楚的。案中的每一个机户,几乎都与揽户签订了承织合同。这表明,在其时的南京民间丝织业加工生产中,仅凭个人信誉或原始的中间人等道德的行为,已经被合同的契约形式所取代,机户和揽户就需要通过契约文书来有效地约束对方。这种形式,为我们考察江南丝织业乃至其他行业的加工定货生产的手续提供了直接资料。

案件还标明了机户的身份。机户林寿是南京锦衣卫镇抚司鞍辔局分调军匠户内寄住余丁,何通、虞文端是镇抚司余丁,张文是南京留守右卫右所军匠,陈荣、王宣是上元县民,石聪、石彦璋是江宁县民匠。陈昂身份不详,王恕仅说他是在城机户。这里的丝织工匠,有民匠、军匠、卫所余丁、寄住余丁等。余丁是军籍户中金补外的多余人丁,属军匠,寄住余丁则是冒籍人户。因此,就匠役身份而言,有军匠和民匠;就户籍类别而言,有在籍人户和流动人户。揽户委托军匠织造,都是在军匠家中进行的,可见从事官局丝织生产的军匠,在自己家中也有机张从事丝织生产。这种生产属民间的商品生产,与官局无关。所以,考察民间丝织业,不仅要注意非隶局籍和匠籍的人户,还应注意官局织作的在官人户,因为后者的局外生产实际上构成了民间生产的一部分。

需要指出的是,这类贡使违禁私织缎匹案,在这二案前后均曾发生过。成化七年,琉球国使臣蔡璟以织金蟒龙罗衣雇匠缝制,被锦衣卫校尉缉获与之交通的市民[1];弘治七年(1494),又有安南国进贡使臣私自交易及织造违禁缎匹,纵容者通事鸿胪寺序班范峻因而被逮治。[2] 这类案件直到清代乾隆时不时发生。它们均发生在南京,从一个侧面说明南京丝织业在技术和规模上较为领先的地位。

成化、弘治以后,南京的民间丝织业似有所发展。正德《江宁县志》载,其时南京有 104 种铺行,其中直接属于丝绸铺行的,有缎子、裱绫(原书作"表绫")、丝绵、布绢、改机、腰机、包头(原注:有机户,有铺户)、纻丝、罗、纱(原注:并机户)、绉纱等 11 种,如果加上颜料、染坊、金线、打线等间接与丝绸有关的铺行,种类就更多。该书又载:纻丝,俗称为段子,"有花纹,有光素,有金缕彩妆,制极精致,《禹贡》所谓'织文'是也";纱,"旧志有花纱、绢纱、四紧纱,今又有银条纱、有绉纱,其彩色妆花,亦极精巧,别有土纱、包头纱";罗,"有花有素,出京城者谓之'府罗',又有刀罗、河西罗,其彩色妆花与纻丝同";绢,"有云绢、素绢、生绢、熟绢,彩色妆花亦与纱同"。[3] 据此可知,其时南京丝绸品种较前略为增多,而且缎、纱、绢等,均有彩色妆花高档织品。尽管如此,我们还是难以知道当时南京民间丝织业的具体程度。

明嘉靖到清嘉庆的这个阶段,整整三百年间,江南民间丝织业获得了长足发展,规模大为扩大,品种不断增多,工艺水平持续提高,达到了帝制时代民间丝织业的鼎盛阶段。

如前所述,明中后期数量越来越多的丝织品加派,到嘉靖时定型为主要由民间领织。清顺治十三年(1656)正式实行的买丝招匠制,也以民间丝织工匠之多为基础。这些事例本身说明了其时民间丝织业的雄厚实力。现在再

① 《明宪宗实录》卷八九,成化七年三月戊戌,第 10 页,台湾"中央研究院"历史语言研究所校印本,1962 年,总第 1741 页。
② 《明孝宗实录》卷九〇,弘治七年七月丁亥,第 6 页,总第 1664 页。
③ 正德《江宁县志》卷三《铺行》,第 7—8 页;卷三《物产·帛之品》,第 14 页,《北京图书馆古籍珍本丛刊》第 24 册,书目文献出版社影印本。

从民间丝织盛况及其工匠人数的变化作些探讨。先看民间城市丝织业。

　　苏州。洪武《苏州府志》记丝织品,纱、绢、绫等只述历史上的名产,看来其时殊少新品。惟在吴绫后特意强调,"今时织纻丝细花绫,亦龙凤等样,练染光彩耀日"。又在纱类下,注录较详,称"纱有数等,暗花为贵。暗花者,素纱之上花纹隐然,即之若无,望之则有,他处少传其法,惟平江机工能之";又有三法纱,"绢边纱地,克丝花也。其花纹疏而不密者,曰天净"。还有彩线、绣线,"吴中为最,他郡不及"。① 可知明初时,元代即已有名的暗花纱仍是苏州的特色丝绸产品,厚重的绫状缎类织物的炼染也颇为精工。到明中期,正德《姑苏志》对当时的丝绸生产记载转详,称"帛之属"有:锦,"蜀锦名天下,今吴中所织海马、云鹤、宝相花、方胜之类,五色炫耀,工巧殊过,犹胜于古。宣德间尝织《昼锦堂记》,如画轴,或织词曲,联为帷障,又有紫白落花流水,充装潢卷册之用";纻丝,"出郡城,有素有花,纹有金缕彩妆,其制不一,皆极精巧。《禹贡》所谓'织文'是也。上品者名清水,次帽料,又次倒挽,四方公私集办于此";罗,"出郡城,花纹者为贵,素次之,别有刀罗、河西罗";纱,"出郡城,素者名银条,即汉所谓方空也,花纹者名夹织,亦有金缕彩妆诸制。轻狭而縠文者曰绉纱";绫,"诸县皆有之,而吴江为盛","其薄而鸾鹊纹者,充装饰书画之用";绢,"今郡中多织生绢,其熟者名熟地,四方皆尚之。花纹者名花绢。又有白生丝织成,缜密如蝉翼,幅广有至四尺余者,名画绢。又有罗底绢,稍厚而密";绸,"诸县皆有之,即缯绞线织者曰线绸,撚绵成者,曰绵绸,比丝攒而成者,曰丝绸"。② 是书所载,显示出其时苏州府城出产各种缎、罗、纱等高档精品,苏州一府各县均出绫、绢、绸等丝织品,品种较前增加,名声更著,市场扩大。隆庆《长洲县志》称,民间"惟以织造为业者,俗曰机户"③。而嘉靖《吴邑志》载:"绫、锦、纻丝、纱、罗、绸、绢,皆出郡城

---

① 洪武《苏州府志》卷四二《土产》,《中国方志丛书·华中地方》第 432 号,台北:成文出版社影印本,总第 1724 页。
② 正德《姑苏志》卷一四《土产·造作》,第 14 页。
③ 隆庆《长洲县志》卷一《风俗》,第 8 页。

机房。产兼两邑,而东城为盛,比屋皆工织作,转贸四方,吴之大资也。"①丝织业成为苏州府城的支柱产业和主要收入来源。该书还载,纻丝,"以光密轻细为贵";罗,"尤尚轻细";锦,有紫白、缕金、五彩诸品,主要用于帐褥被面;纱,有数等,"暗花为贵",纹路疏者称"天净纱";绫,自古以来当地擅长织造;绢,有生绢、熟地花绢,还有用白生丝织成的画绢,幅广者达 4 尺多;绸,绞线织的称线绸,撚绵织成的称绵绸,比丝攒而织成的称丝绸。② 崇祯《吴县志》罗列丝织品,多达 32 种。③ 但前后比较,丝绸品种和技艺等没有明显变化,说明苏州丝织业发展到明中期已臻相当高度。

明后期,按照应天巡抚曹时聘万历二十九年(1601)的说法,当时苏州是"家杼轴而户纂组",其人数,"染坊罢而染工散者数千人,机户罢而织工散者又数千人"。这还是经税使横征暴敛,"吴中之转贩日稀,织户之机张日减"④后的数字。另一个材料说该年参加起事的有"二千余人"⑤。临近苏州的昆山人顾炎武则称万历末年"城中机户数千人,以年荒罢织"⑥。诚然,起事的未必全是丝织生产者,但同样,起事者和罢织者也未必包括所有机户工匠。

入清以后,苏州民间丝织业更快速发展,到乾、嘉时期形成高峰。康熙府志载:"郡城之东皆习机业,织文曰缎,方空曰纱。工匠各有专能,匠有常主,计日受值,有他故则唤无主之匠代之,曰'唤找'。无主者,黎明立桥以待,缎工立花桥,纱工立广化寺桥,以车纺丝者曰车匠,立濂溪坊,什佰为群,延颈而望,如流民相聚,粥后散归。"⑦每日清晨待雇的情形,到道光时更甚,地域更广。但主雇有定和无常主的工匠究竟有多少,则不

① 嘉靖《吴邑志》卷一四《物货》,第 1 页。
② 嘉靖《吴邑志》卷一四《物货》,第 13 页。
③ 崇祯《吴县志》卷二九《物产》,第 36—37 页。
④ 《明神宗实录》卷三六一,万历二十九年七月丁未,第 5 页,总第 6741 页。
⑤ 乾隆《吴县志》卷四一《弥变》,第 18 页。
⑥ 顾炎武:《顾亭林诗文集·亭林余集》,《中宪大夫山西按察使副使寇公墓志铭》,中华书局,1959 年,第 156 页。
⑦ 康熙《苏州府志》卷二一《风俗》,第 7 页。

得而知，而且工匠也未必全系私人作坊内的劳作者。乾隆《元和县志》称："在东城，比户习织，不啻万家，工匠各有专能，计日受值。"①"不啻万家"，确数尚不清楚。早在康熙六年（1667），局中缺机170张，行头王斗山倡均机之议，以民机20张均当官机1张，后因贿脱者多，仅以民机9张均当1张。② 这就是说，当时民机最多为3400张，至少也有一千五六百张，在"贿脱者多"的情形下，尚有1530张民机分摊了官机的额数。如以最高数而论，参照前期织局每机2.9名和清末民间3名工匠的比例，则机户工匠数达万人。如以最少者论，也应有机户工匠5000人左右。这是康熙初年的状况。乾隆时，苏州民营丝织业更为发达，称不啻万家，似有夸大之嫌，但较之康熙年间，民间丝织业者有所增多则是可信的。嘉庆九十年（1796—1797）间，苏州大灾，"东城机匠失所，比户殍流"，周夔芳等"力募绅富，按户赈恤，全活万众"。③ 这是仅就东城而言，西城机户虽少，但在明代就曾"产兼两邑"，说明也有一定数量。道光十六年（1836）后，因丝损机业停工，机工饥死沟壑，城中绅富潘筠浩、王有庆等倡捐，赈恤机匠共3600余口，花费制钱1000万，后来尚有极苦匠户，绅商复捐，续济一二④，机工至少在4000人以上。光绪初年海关税务使说苏州在太平军兴以前有织机1.2万台。其时苏州机业已不如前，尚有如许多织机，可见兴盛时民间丝织业更是一番兴旺景象。

杭州。反映明代杭州民间丝织业的材料极少，但当地人张瀚说杭、嘉、湖一带"桑麻遍野，茧丝绵苎之所出，四方咸取给焉"⑤，民间丝织力量显然不弱。入清后集中于城东的杭州民间丝织业呈现一片繁荣景象。沈廷瑞《东畲杂记》称"杭之机杼甲天下"。雍正时的厉鹗说："杭东城，机

① 乾隆《元和县志》卷一六《物产》，第10页。
② 孙珮：《苏州织造局志》卷四《机张》，卷一〇《人役》，江苏人民出版社，1959年，第18、99—100页。
③ 顾震涛：《吴门表隐》卷一九，江苏古籍出版社，1986年，第309页。
④ 顾震涛：《吴门表隐》附集，第352页。
⑤ 张瀚：《松窗梦语》卷四《商贾纪》，上海古籍出版社，1986年，第75页。

杼之声比户相闻。"①当时官私丝织业者纷纷出资捐修位于庆春门北的机神庙,殿堂巍丽,反映出其时丝织业者实力有所增强。乾隆时朱点说:"城东蚕桑之利甲于邻封,织纺纠绞之声不绝于耳。"②后来的杨文杰也说:"杭郡为东南财赋渊薮,杼轴之利甲于九州,操是业者较他郡尤夥。"③他们都强调杭州为丝织业最发达的地区。光绪年间,日人小此木藤四郎从杭州地方官那里得知,当地有织机一万余台。民国时人追溯,也说"杭城机户昔以万计"④。同苏州一样,杭州民间丝织业最盛的乾、嘉年间,织机至少达万台以上。

南京。丝织业是南京最重要的手工业,在明清时期发展到极盛。明清时期南京人总是自诩当地虽少产丝,但织工是全国人数最多水平最高。嘉庆府志载,"其人工所为,则机工为天下最","织工在江宁,殆千余人。所织曰缎,曰绸,曰纱,曰绢,曰罗,曰剪绒。……商贾之载,遍及天下"。⑤ 地方志称,"乾、嘉间机以三万余计,其后稍稍零落,然犹万七八千"⑥。也有人说太平军入城前,"司织者数万人",太平军占领南京后,前往领机织缎的,"竟有万余人"。⑦ 可见南京丝织业盛时织机达3万余台。

湖州。号称"以丝绸为土产"⑧。明人徐献忠称,该地"蚕丝物业饶于薄海,他郡邑咸藉以毕用"⑨。

嘉兴。崇德县,明后期,丝市时,时人描述:"坐贾持衡,行商麇至,资

① 厉鹗:《东城杂记》卷下"织成十景图"条,第10页,《武林掌故丛编》第6集。
② 朱点辑:《东郊土物诗·序》,《武林掌故丛编》第8集。
③ 杨文杰:《东城记馀》卷上"机神庙碑"条,第64页,《武林掌故丛编》第25集。
④ 建设委员会调查浙江经济所编:《杭州市经济调查》下编,十五《机户》,1932年,中国社会科学院历史研究所藏。
⑤ 嘉庆《江宁府志》卷一一《物产》,第8页。
⑥ 同治《上江两县志》卷七《食货》,第9页。
⑦ 佚名:《粤逆纪略》,《太平天国史料丛编简辑》第2册,中华书局,1962年,第36页。
⑧ 戴熙艾:《五湖异闻录》卷一,钞本,中国社会科学院历史研究所藏。
⑨ 徐献忠:《吴兴掌故集》卷一三《物产类》,第1页,嘉靖三十九年刻本,《四库全书存目丛书》史部第188册,第849页。

以懋迁……民间纺绸、花绸、绫罗纱织者轮囷，贸者辐凑，机杼可谓勤矣。"①

镇江。宋代丹徒等县提供夏税绢、罗、绸、绵等，正德《丹徒县志》载罗、绫、绢、纱、绸等②，说明该地也出产一定量的丝织品。

明中期起，江南丝织业的发达，更体现在市镇丝织业生产的兴盛。

苏州府吴江县盛泽镇。地方文献称："绫绸之业，宋元以前，惟郡人为之，至明熙、宣间，邑民始渐事机丝，犹往往雇郡人织挽。成、弘以后，土人亦有精其业者，相沿成俗，于是盛泽、黄溪四五十里间，居民乃尽逐绫绸之利。"③盛泽镇、黄溪镇一带的丝织业，是在周围农村蚕桑发达的基础上，于明代中期开始兴起的。明后期，《醒世恒言》描述："镇上居民稠广，土俗淳朴，俱以蚕桑为业，男女勤谨，络纬机杼之声，通宵彻夜。那市上两岸绸丝牙行，约有千百余家，远近村坊织成绸匹，俱到此上市。四方商贾来收买的，蜂攒蚁聚，挨挤不开，路途无伫足之隙；乃出产锦绣之乡，积聚绫罗之地。江南养蚕所在甚多，惟此镇处最盛。"④此小说家言，但描摹盛泽镇集散丝绸的盛况以及周围农村普遍种桑养蚕的情景不在地方志书之下。清朝初年，盛泽镇盛产绫罗纱绸，地方文献描述，"有力者雇人织挽，贫者皆自织，而令其童稚挽花，女工不事纺绩，日夕治丝，故儿女自十岁以外皆蚤暮拮据以糊其口，而丝之丰歉、绫绸价之低昂，即小民有岁无岁之分也"⑤。丝织收入成为盛泽镇最为重要的经济来源。盛泽绫绸以其所产地形成品牌，如溪绫、荡北绫、南滨绫之类。名声在外，销售市场广袤，市镇规模迅速发展。盛泽镇在明初只是个小小村落，居民只有五六十家，嘉靖年间因为丝绸生产，而户口成倍增长，开始称为"市"。

---

① 万历《崇德县志》卷二《物产》，第59—60页，《南京图书馆藏稀见方志丛刊》第76册，第117—118页。

② 正德《丹徒县志》卷一《物产》，第30页，《原国立北平图书馆甲库善本丛书》第319册，第962页，国家图书馆出版社，2013年。

③ 乾隆《吴江县志》卷三八《风俗一·生业》，第7页。

④ 冯梦龙：《醒世恒言》第18卷《施润泽滩阙遇友》，上海古籍出版社，1992年，第230页。

⑤ 乾隆《吴江县志》卷三八《风俗一·生业》，第7页。

康熙时，"商贾远近辐集，居民万有余家，蓄阜气象，诸镇中推为第一"①。随后，当地志书称其"万家烟火，百倍于昔"②，其热闹等于苏州阊门。乾隆初年，凡吴江所产丝绸多集中于镇上，是以"天下衣被多赖之，富商大贾数千里辇万金来买者，摩肩连袂，如一都会焉"③。当时"居民百倍于昔，绫绸之聚亦且十倍，四方大贾辇金至者无虚日。每日中为市，舟楫塞港，街道肩摩"④，出现了"薄海内外，寒暑衣被之所需，与夫冠婚丧祭黼黻文章之所用，悉萃而取给于区区之一镇。入市交易，日逾万金，人情趋利如鹜，摩肩侧颈，奔走恐后。一岁中率以为常"⑤的繁盛景况，成为闻名于世的极为繁盛的丝绸巨镇。镇中及周围农村出产绫罗纱绸各种丝织品，"或花或素，或长或短，或重或轻，各有定式，而价之低昂随之。其擅名如西机、真西、徐绫、惠绫、四串之类，经纬必皆精选，故厚而且重。若南浜、荡北长绢、秋罗、脚踏、小花等较稍轻"⑥。到清中期，"绸、绫、罗、纱、绢，不一其名，或花或素，或长或短，或重或轻，各有定式，而价之低昂随之。绸即绫也，花之重者曰庄院、线绫，次曰西机、脚踏；素之重者曰串绸、惠绫，次曰荡北、扁织。今则花纹叠翻新样。罗袛有素而无花，曰秋罗、银罗、锦罗、生罗。纱则花者居多，素亦有米统、罗片、官纱之类。绢有元绢、长绢。其余巾带手帕亦皆著名。京省外国悉来市易"⑦。其时，盛泽镇"丝绸之利日扩，南北商贾咸萃焉，遂成巨镇"，当地"居民竞治丝枲，以澼以洸，以染以织"，⑧机业日盛。今人估计，"在乾隆三十五—四十五年（1770—1780）间，盛泽镇周围的农村有织机八千多台"⑨。八千台之数是

---

① 康熙（二十三年）《吴江县志》卷一《市镇》，第22页。
② 顺治十年仲沈洙纂、康熙五十五年仲枢增纂、乾隆二十五年仲同需再增纂：《盛湖志》卷上《沿革》，第3页。
③ 乾隆《吴江县志》卷五《物产》，第34页。
④ 乾隆《吴江县志》卷四《镇市村》，第16页。
⑤ 乾隆《盛湖志》仲周需跋。
⑥ 道光《黄溪志》卷一《土产》，第6页。
⑦ 仲廷机纂、仲虎腾续纂：《盛湖志》卷三《物产》，第1页。
⑧ 仲廷机纂、仲虎腾续纂：《盛湖志》，陶保廉序、周庆云序。
⑨ 宋伯胤：《盛泽镇丝织手工业历史调查随笔》，《中国历史博物馆馆刊》1983年第5期，第92页。

光绪初年海关税务使所说,盛泽镇的丝织业不同于嘉、湖等地的市镇丝织业,太平天国战争后反而更形兴盛,因此乾隆时未必就有这么多织机,但可见其盛况。

嘉兴府的桐乡县与秀水县共辖的濮院镇是与盛泽齐名的丝织巨镇。该镇兴起于元代,而兴起的支柱产业即丝绸。据说濮姓子孙,"经营家业,臧获千丁,俱督树桑蚕织,轻纨素锦,日工日盛,濮院之名,遂达于天下"。濮鉴在元大德年间出粟赈饥,升为淮安路屯田打捕同提举,"输万金,立四大牙行,收积机产,俟远商大贾,旋至旋行",该镇遂有"永乐市"之名。① 明代弘治、正德年间,"机杼之利,日生万金,四方巨商负赀争委"②。万历时,"肆廛栉比,华厦鳞次,机杼声轧轧相闻,日出锦帛千计,远方大贾携橐群至,众庶熙攘于是集往"③,是嘉兴县的一个巨镇。清初人称,"万历中,改土机为纱绸,制造尤工,擅绝海内,拓街衢,广庐舍,五十年来,绵亘踰倍"④。乾隆时杨树本说:"全镇生涯以丝绸为恒产,织挽为良田"⑤,并总结濮院丝织业发展过程道:"他邑之织多散处,濮川之织聚一镇,比户操作,明动晦休,实吾乡衣食之本。自南宋淳、景以后,濮氏经营蚕织,轻纨素锦,日工日多。元时濮明之立四大牙行,收积机产,远商云集,爰有'永乐市'之名。万历间,改土机为纱绸,制造绝工,濮绸之名驰于海内。本朝康熙间织业最盛,由此致富者甚众……机杼为阖镇恒产。"⑥其时"居人栉比,烟火万家,向称日出万绸,良非虚语"⑦。镇上丝绸生产各业分工细密,有络丝、织工、挽工、牵经、刷边、运经、扎扣、涑坊、接头、接收、修绸等,交易有看庄、覆庄等,"或人兼数事,或专习一业",

① 康熙《濮川志略》卷一《开镇说》,第5页。
② 康熙《濮川志略》卷一《开镇说》,第7页。
③ 李培:《翔云观碑记》,杨树本:乾隆《濮院琐志》卷八《文咏》,《中国地方志集成·乡镇志专辑》第21册,第524页。
④ 康熙《濮川志略》卷一《开镇说》,第7页。
⑤ 杨树本:乾隆《濮院琐志》凡例,《中国地方志集成·乡镇志专辑》第21册,第427页。
⑥ 杨树本:乾隆《濮院琐志》卷一《机杼》,《中国地方志集成·乡镇志专辑》第21册,第441页。
⑦ 杨树本:乾隆《濮院琐志》卷一《地宇》,《中国地方志集成·乡镇志专辑》第21册,第429页。

"于是绸无花素,各直省客商熙熙攘攘,按期采买,而可以衣被海内矣"①。稍晚的胡琢也说:"本镇人以机为田,以梭为末"②;"吾里机业十室而九,终岁生计于五月新丝时为尤亟,富者居积,仰京省镳至,陆续发卖,而收买机产。……日中为市,接领踵门,至于轻重诸货,名目繁多,总名曰绸。而两京、山东、山西、湖广、陕西、江南、福建等省,各以时至,至于琉球、日本,濮绸之名几遍天下。"③"嘉锦之名颇著,而实不称。惟濮院所产纺绸涷丝熟净,组织亦工,是以一镇之内坐贾持衡,行商麇至,终岁贸易不下数十万金,居民藉此为利。"④清中期,人称"近来风气学苏州,热闹真如大码头。南北两京十三省,满装行李买花绸。"⑤卢存心《嘉禾杂咏》谓:"宋锦人传出秀州,清歌无复用缠头。如今花样新翻出,海内争夸濮院绸。"⑥曹锡柜《梅泾曲》:"春衣未制冬衣典,北客不来西客归","谁家多买密花绸,大利重洋信可牟。"⑦"绸行之名曰京行,曰建行,曰济宁行,曰湖广行,曰周村行,各以其地所宜之货售于客。客赍谓之行李。"⑧直到晚清时,濮绸生产仍然兴盛。沈涛《幽湖百咏》:"绸市原称永乐乡,万家烟火尽机坊。自从番使通商后,日下镳来百万装。"自注引沈廷瑞《东畲杂记》:"凡机户短于赀本,五月新丝最为青黄不接之时,富者于此时居积,一待京省镳至,市价腾贵,最获厚利。其开行之名有京行、建行、济行、湖广、周村之别,而京行为最。京行之货有琉球、蒙古、关东各路之异。其机户自镇及乡,北至陡门,东至泰石桥,南至翟家桥,西至永新港,皆务于织。货物

---

① 杨树本:乾隆《濮院琐志》卷一《机杼》,《中国地方志集成·乡镇志专辑》第21册,第441、443页。
② 胡琢:乾隆《濮镇纪闻》卷首《总叙·风俗》,《中国地方志集成·乡镇志专辑》第21册,第556页。
③ 胡琢:乾隆《濮镇纪闻》卷首《总叙·风俗》,《中国地方志集成·乡镇志专辑》第21册,第558页。
④ 金淮等:嘉庆《濮川所闻记》卷三《人物·织作》引,《中国地方志集成·乡镇志专辑》第21册,第296页。
⑤ 张宏范:《幽湖竹枝词》,乾隆《濮镇纪闻》卷四《风诗》,《中国地方志集成·乡镇志专辑》第21册,第664页。
⑥ 金淮等:嘉庆《濮川所闻记》卷五《诗》,《中国地方志集成·乡镇志专辑》第21册,第374页。
⑦ 金淮等:嘉庆《濮川所闻记》卷五《诗》,《中国地方志集成·乡镇志专辑》第21册,第383页。
⑧ 金淮等:嘉庆《濮川所闻记》卷三《人物·织作》引《濮院志》,《中国地方志集成·乡镇志专辑》第21册,第298页。

益多,市利益旺,所谓日出万绸,盖不止也。"①仲成杰《光绪庚子施赈记》:
"我乡以丝绸为大宗出产,阖镇生计系焉。业机工者以千计,承平之日运
输无阻,绸销畅旺,饱食暖衣,晏如也。一遇时局不靖,机工停织,生计断
绝,饥寒随之。"②"近年绸销除闽、广、两湖及附近城镇外,犹以京货为多。
光、宣间,有设分庄于苏、沪以便京帮客商之接洽者。今苏、沪无分庄,业
绸者虽不下二十余家,但四出兜售而已。镇上业丝者无不兼业绸,而业
绸者虽不业丝,亦必购买新丝以贷于机户,而收其绸,谓之拆丝。惟绸价
涨落,向由机业团体做行市,而绸庄无权。有时内地行市不与外盘相应,
而绸销反滞。"③濮院镇人口在地方文献中自万历至光绪一直统称万余
家。如按市镇人口占乡镇总人口的20%计,根据上述说法和各种记载,
濮院镇从事丝织业的可能有二三千人,织机在3000张左右。

丝织业稍次于盛泽和濮院的是秀水县的王江泾镇和湖州府归安县
的双林镇。王江泾属嘉兴府,界于秀水和吴江二县之间,地处运河沿岸。
万历年间成为大镇,"多织绸,收丝缟之利,居者可七千余家,不务耕
绩"④。天然智叟《石点头》描述,该镇"近镇村坊,都称桑养蚕,织绸为业,
四方商贾,俱至此收货,所以镇上做买做卖的,挨挤不开,十分热闹"⑤。
清人唐佩金《闻川缀旧诗》称其时镇民"多织缯为业,日出千匹,衣被数州
郡"。嘉庆、道光时,"烟户万家",丝绸业达到鼎盛,有"日出万绸"之谚⑥。
双林镇兴起较早,明成化时,"溪左右延袤数十里,俗皆织绢,于是四方之
商贾咸集以贸易焉"⑦。地方文献称:"通行天下"的包头绢,"正、嘉以前,
南溪仅有纱绢帕,隆、万以来机杼之家相沿比业,巧变百出,有绫有罗,有
花纱、绉纱、斗绸、云缎,有花有素,有轻至三四两者,有重至十五六两者,

---

① 岳昭垲:同治《濮录》卷二《衢巷》,《中国地方志集成·乡镇志专辑》第21册,第811页。
② 夏辛铭:民国《濮院志》卷九《任恤》,第2页。
③ 夏辛铭:民国《濮院志》卷一四《农工商》,第15页。
④ 万历《秀水县志》卷一《舆地志·市镇》,第34页。
⑤ 天然智叟:《石点头》卷四《瞿奴凤情愆死盖》,上海古籍出版社,1985年,第92页。
⑥ 唐佩金:宣统《闻川志稿》卷一《地理志·沿革》、卷五《食货志·农桑》。
⑦ 张廉:《重建化成桥碑铭》,民国《双林镇志》卷一二《碑碣》,第1页。

有连至数丈者,有开为十方者,每方有四尺五尺至七八尺不等。其花样有四季花、西湖景致、百子图、八宝、龙凤,大小疏密不等。各直省客商云集贸易,里人贾鬻他方,四时往来不绝。又有生绢、官绢、灯绢、裱绢,俱付别工小机造之。今买者欲价廉,而造者愈轻矣"。绸即湖绸,有细花、斜纹、绵经丝纬兼丝绸、素丝绸、踏花绸、水绸等。纱则素者称直纱,花者称葵纱、巧纱、夹织纱等,最轻而适宜暑日用的称水纱,每匹不过重一二两。罗有三梭、五梭、七梭、间罗等。① 明末清初全镇有 3000 余户,嘉、道间增至近万户,"尤称富庶"。清初镇上有衣庄 70 余所,乾隆时尚存 40 余所,可见产绢之多。镇上"丝织物也有专门黑坊染之,量轻者曰海丈,销福建及温、台等处。沿海舟人用以裹头,盛时销至十余万匹。量重者曰狭贡、顶贡,妇女以之包头,江、浙等处习用之,盛时所销岁值十万元。又有帽绉、泉丈、泉九等名。近今销场大不如前,约仅十分之三四,织机各户悉已改织裱绫、裱绢。又有所谓绫包者,分花素两种,染以皂,胶以粉,巨石研之,使有光。业此者为皂坊,盛时工作常数百人。其人大率为安徽泾县产。镇有泾县会馆始此。近作此货者仅一二本地人,销场其微矣。我闻苏、皖人每用此以为敛服,近以他物代之,销路遂绝"②。估计两镇织机盛时有 3000 张左右。

再次一点的丝织市镇是嘉兴县的王店镇和杭州近郊的临平镇等。王店兴起于明中叶,手工业生产首推纱布,据说"蚕丝之广,不下吴兴,户勤纺织,人多巧制"③。万历时,即以褚绸名重于世。乾隆时"居民稠密",丝绸生产进一步发展。临平出产轻绸,在雍正时"轻绸机不下二三百张,每机一张,每日出绸一匹"④。两镇织机约有 1000 张。德清县新市镇,所产有丝绸、绵绸、线绸三等,丝绸是织丝而成者,绵绸则撚绵而成者,线绸

① 茅应奎:乾隆《东西林汇考》卷四《土产志》,《中国地方志集成·乡镇志专辑》第 22 册上,第 778 页;参见民国《双林镇志》卷一六《物产》,第 7 页,其中"有重至十五六两者",乾隆《东西林汇考》作"有重至五六两者",据民国《双林镇志》改正。
② 民国《双林镇志》卷一七《商业·绫绉包头纱》,第 3 页。
③ 光绪《梅里志》卷七《物产》,第 20 页。
④ 雍正《北新关志》卷六《利弊》,第 4 页。

则绞丝成缕而织成者①。

　　至于乌青、菱湖、南浔等镇，均是丝业巨镇。乌青镇，据说"向无经行，各乡所产细丝，一名运丝。均由震泽经行向本镇丝行抄取，车户成经，转售上海洋庄，为出口货，名辑里经。经牌有克郎、二八、宏孚、源金、风车等名。清同治及光绪初年，每年出丝七八千包，每包八十斤。光绪十年后犹有三四千包。民国以来自一千一二百包，少至七八百包"②。

　　归安县的菱湖镇，是丝业巨镇，明后期，"市廛家，主四方鬻丝者，多廛临溪。四五月间，溪上乡人货丝船排比而泊，自菱湖前后左右三十里"③。地方文献称："土产以蚕丝为最饶，贸易倍他处，栽桑以饲蚕，一望郁然，遍野皆是。"④清后期，该镇出丝，每 80 斤为一包计，"每岁约近万包，为一郡冠"⑤。

　　乌程县的南浔镇，五口通商后，镇上丝业更加兴旺。周庆森《家庭琐语》称："自海禁大开，外商咸集上海。湖丝出口以南浔七里丝为尤著，其初出洋有丝而无经。经以丝纺成，取双根合而为一，摇成小条，以若干条为一庄，苏州织缎用之，名曰'苏经'。吾浔早有之，独无出洋者。余家先世业丝，同治季年，向乌镇购丝十余件，每件一千二百两，重八十斤，装运来浔，因风覆舟。航主不能偿所失，而浸湿之丝无可为计。先叔父味六公向夷商取日本国经条，令震泽之双杨镇人向做经者为之仿摇。苏经则顺摇，由左旋右，惟日本经则逆摇，由右旋左，且条分粗细不同。改制大车，即将失水之丝纺成东洋经，每条约重四两。其二十五条成经，百两为一把，以一千二百两为一包，销与夷商。次年，番信转华，大为称许。盖丝佳而工廉，洋经于是盛行。法兰西、米利坚各洋行，咸来购求。嗣又增出方经、大经、花车经等名称，至今风行。巨商业此者固皆获利，而双杨

① 陈霆：正德《新市镇志》卷一《物产》，《中国地方志集成·乡镇志专辑》第 24 册，第 8 页。
② 民国《乌青镇志》卷二一《工商·丝业》，第 7 页。
③ 董斯张：天启《吴兴备志》卷二九《璅徵》引《乌衣佳话》，第 48 页，《吴兴丛书》本。
④ 同治《菱湖志》卷二《物产》，第 1 页。
⑤ 光绪《菱湖镇志》卷一一《物产·布帛之属》，第 5 页。

一带之工作人均感嗣父特开风气,衣食所资,子孙攸赖,故叔父殁后,彼乡之人在社庙中别营一龛,谨奉先叔父栗主而祀焉。时在光绪十一年冬令也。"①近代南浔兴起东洋经,丝市更盛,学界研究已多,于此不赘。

综上所述,江南民间丝织业最为兴盛时,南京、苏州和杭州三大丝织城市的织机总共在 5 万—5.5 万张之间,盛泽等市镇和乡村织机约为1.5万张,总计约为 7 万张。如果加上无法估计的镇江、嘉兴和湖州等城市,菱湖、乌镇、长安、硖石、新市等市镇及其周围乡村,江南民间织机总数有可能达到 8 万张。如果按照轮班匠三年一班和上述苏州明末织工人数推算,明后期江南民间丝织织机约在一万台之谱,最多不会超过 1.5 万台。假如这个推断无大出入,则从明后期到清前期的二三百年间,民营力量又增加了三四倍,不能不说速度是相当惊人的。

自道光到清末这一阶段,江南丝织业虽然在某些方面有一定程度的发展和在某些方面稍有起色,但由于水旱频仍,战乱不息,西方列强控制丝价,丝价上涨而织户生产利润减少,外国丝织品的大量涌入占领了江南丝织品的传统市场等原因,总体上处于不断衰退之中。

南京、苏州和杭州三大城市的民间丝织业衰退尤为明显。同官营织造业一样,生产规模大为减小,织机的不断减少直接反映了这种衰落的过程。南京兴盛时的 3 万余台织机,到太平天国占领南京的咸丰三年,已减为 14510 台,在其后的十余年战争中,机户或失业,或迁徙到南通、上海一带,多就流寓之地募匠兴织,南京本地机声寂寥。清廷镇压太平天国后,在南京设桑棉局、善后局,劝谕机户复业,稍见成效。同治十一二年间,因同治帝大婚典礼需用缎匹浩繁,南京缎机添至 16700 余张。然而这种好景随着同治帝婚礼的结束也就烟消云散。光绪六年,据统计全城只有织机 4500 张,从业者 7600 余人,光绪十一年为 8367 张,次年底稍稍上升到 12281 张。苏州在太平天国前织机达 1.2 万台,光绪六年降为 5500 台,而且许多织机并不全年开织。到光绪二十二年上升为 8000

---

① 民国《南浔志》卷三二《物产》,第 21—22 页。

台,义和团兴起时大致恢复到战前水平达 1 万台左右,次年即降为 7500 台,清亡时仅为 7000 台。① 杭州的情形与苏州相似,战前盛时原有织机万余台,清廷镇压太平天国期间,机户"遂致星散,幸存者不过数家。事平后,渐聚集于下城一带",后来扩散至西北隅大营前,及中城西大街等处。② 光绪六年增加到 3000 台左右,每年制造丝织品 7000 匹。三十二年机户工匠为万人左右。1909 年前后增为 4300 张织机,年织 20 万匹左右,但还不到战前的一半。总计三大城市的民机到清亡时大约只有以前兴盛时的一半。光绪年间,镇江也有织机三千余台,一度时期出品甚盛。其销路以朝鲜为主,市场销售额每年约三百万两。③

近代江南民间丝织业虽然一度出现过兴旺景象,但几经波折,终于逐渐衰落。其衰落过程和萧条状况可以光绪年间南京人陈作霖用机户口吻所作之诗为证:

> 秣陵老人吞声泣,自道今年过九十。生小学得织缎机,一家八口资供给。花样翻成色色新,流波杂沓间迴文。夔龙鸾凤麒麟鹿,云霞楼阁八仙人。升平幸值乾嘉际,西走秦凉北燕蓟,滇黔岭峤与湖湘,销售常逾十倍利。道光之末多水灾,民间匮乏无余财。鸣梭非复当时盛,俄看江上楼船来。此时比户机声寂,关隘屯营习斗击。鸣鞭跃马图生涯,绝艺可怜无处觅。一隅沪渎最繁华,扬通苏泰争相夸。流民寄寓求口食,开机织作将千家。本业重兴利亦厚,工拙由来判好丑。家山恢复事招徕,免捐德政传人口。欧洲可奈贩新丝,价高价贱自居奇。来源衰旺无能必,年来此业强支持。况复旱蝗灾遍地,大贾于今多负累。装成折叠未开箱,积滞几如道中弃。

---

① 《清国商况视察复命书》(日本外务省通商局编,元真社,1902 年,第 247 页)称,据调查,机数大约在一万台内外(公开完纳机捐的不过三千台),特别是苏缎路销最多,向全国贩卖,今举其销路,满洲第一,广东、福建、浙江、江苏、湖南、湖北各省次之,每年输出额三百万两,秋冬各省商贾前往该地购买,销路最多。

② 建设委员会调查浙江经济所编:《杭州市经济调查》下编十五《机户》,1932 年。

③ 宇鸣:《江苏丝织业近况》,《工商半月刊》第 7 卷第 12 号,1935 年。

我今老迈无他能,且凭手技谋斗升。煤草铁山竞开采,行将改业命孙曾。①

此诗追溯了南京丝织业由盛转衰的过程及其原因:乾、嘉年间因为销路畅达家庭经济较为殷实,同治中兴时期丝绸生产一度恢复,晚清时期受世界经济波动迅速衰落,堪为整个江南传统丝织业由盛到衰的缩影。

晚清江南民间丝织业的衰落,究其原因,大要有四。

一是水旱频仍,战乱不息。早在嘉庆时期,南京、苏州就因水灾歉收,丝价上涨,绸缎滞销,民间丝织业遭受沉重打击,机户歇业,工匠无以为生。道光十六年起,连年灾荒,苏州机户"丝损停工,匠户嗷嗷莫济,死于沟壑,惨不忍言"。当地绅富责成纱缎帐房大事赈恤,光"专救善良"者就达三千余人,耗资一千余万,而且善局捐赈停止后,"尚有极苦匠户,绅善复捐,续济一二,以待接手"。② 民间织户境况之惨可以想见。道光末年,南京水灾,"民间匮乏无余财"。咸丰三年,太平军攻占南京,机户纷纷逃避он乡。后来清廷镇压了太平天国,江南各地因"大宗商贩裹足不前,即土产湖丝,亦因各路绸缎滞销,机多歇业"③。江南当地的战乱和自然灾害,直接地影响乃至破坏了丝织业者的再生产能力,而各地的自然灾害和战乱,则堵塞了江南绸缎的销路,同样影响和削弱了江南丝织业者的再生产能力。华北广袤大地是江南丝绸的重要销场,自咸丰至光绪时期,山西、河南、山东等北方数省迭遭严重自然灾害,江南绸缎销路大受影响,光南京一地,"大帐房倒闭者不可胜计"④。光绪初年,在苏州缎庄从业的学徒徽州人汪鹤卿致信家人道:"外地生意自今春以来,亦有半年仍未见起色,惟属丝经昂贵,货价难增,乃因不出生意之故也。……所有苏地客岁各行生意清淡,吾庄机业亦然。……所是缎业入冬以来,甚属清淡,而荒处亦有数省,尽皆奢华之地,穿绸着缎之所。惟目下官在苏

① 陈作霖:《可园诗存》卷一四《上计草·秣陵织业行》,第9—10页,宣统元年刻本。
② 顾震涛:《吴门表隐》附集,江苏古籍出版社,1986年,第352页。
③ 杭州织造庆连奏,咸丰七年六月二十七日,中国第一历史档案馆藏档案。
④ 《申报·金陵机业》,光绪十二年二月十六日,第2版。

地捐银钱，往山西、河南各处济饥。所捐银钱，我业为主，而生意真无［为？］寥落也。今冬观此光景，不但无余，而难免亏蚀之虑。"①山西、河南等省均为江南绸缎的传统市场，其地大饥，江南绸缎无销路，直接影响生产。光绪九年，苏州因"庄号不消，客货停办，遂致歇业者十居七八"②。

与此同时的几次大规模战乱，对江南丝织业的打击更大。如甲午中日战争，因主要销路东三省受战争影响，镇江江绸滞销，"机户歇者十居其七，因是工夥纷纷歇手难以谋生"③。后来的义和团运动以及随之而来的清廷和西方列强对义和团的联合绞杀，北方大地征尘不息，江南绸缎销路严重受阻。时论描述："金陵缎匹之销路，以北五省为最。自北地乱起，致无销路。加以省垣各典铺凡遇缎匹丝纱等物，值十不能当一，因之各缎号一律停机，机工失业者不下四五万人。"④南京"是时机户率多闭歇，织匠失业者甚众"⑤。苏州"绸缎机户则因定货完全停止而陷于严重的苦境"⑥。苏州原来据说帐房大者有一百余户，中者有五百余户，小者有六百余户，因为此次战争，"其大者减为十余户，中者降为小者，小者更降为现卖者"⑦。时人描述，苏州因生丝价格上涨，丝织业成本昂贵，以致生意清淡，"若绸缎织工，最为可怜，亦最为可虑。当人心惶惑之时，各绸庄停止进货，各放料机坊以织出之货无处销售，相率停工，以致机工失业者数千人"⑧。绸缎销路不畅，帐房收歇，直接影响到机户的生计。苏州

① 徽商信底，引自王振忠《徽州社会文化史探微 新发现的 16—20 世纪民间档案文书研究》，上海社会科学院出版社，2002 年，第 326 页。
②《申报·机户把行》，光绪十年正月三十日。
③《申报·南徐春色》，光绪二十一年正月三十日。
④《机户有赖（七月苏报）》，《江南商务报》第 17 期，1900 年 8 月 5 日。
⑤《光绪二十六年南京口华洋贸易情形论略》，载《通商各关华洋贸易总册》下卷，第 34 页，中国第二历史档案馆、中国海关总署办公厅编：《中国旧海关史料》（1859—1948）第 32 册，第 163 页，京华出版社影印，2001 年。
⑥ Returns of Trade and Trand Reports，1900，p. 336，引自彭泽益编《中国近代手工业史资料》第 2 卷，中华书局，1962 年，第 452 页。
⑦《苏州市情》，译东一月东西汇纂，引自彭泽益编《中国近代手工业史资料》第 2 卷，第 452 页。
⑧《光绪二十六年苏州口华洋贸易情形论略》，载《通商各关华洋贸易总册》下卷，第 46 页，《中国旧海关史料》（1859—1948）第 32 册，第 163 页。

其时织工约为一万余人,竟有数千人失业,可见织业不景气状况。而且受八国联军侵入北京的战争影响,江南绸缎难销的困境仍在持续。光绪二十七年,湖北商报记载:"苏州机业,去年春间,计城厢内外共有织绸缎机一万一千张至一万二千张,本年春间不过七千五百张,比上年约少四千张。按每机一张每年约织绸缎四十匹核算,一年约少织十五万匹。直至本年下半年间,上年余货将近售罄,机数始渐复旧,观与去春无甚悬殊云云。"①到清朝覆亡前夕,苏州绸缎织机减少至 7000 张。② 镇江"城乡机户共有五六百户之多,所织江绸销路以北省为最多",因京津地区"匪警日亟,南北不通,各庄皆停止收买,故各机户无所事事,所雇之工相率歇业"。③ 杭州各丝行,接上海等处洋庄信息,"暂停收买,故积货如山"④,以致"机坊工人停歇,民生无计"⑤。在此期间,江南丝织业一直处于极不景气状态,机户歇业,工匠生活无着,工匠对于帐房的斗争,机工要求增加工资的歇业斗争几乎不稍间断,少数勉力维持开织的机户也不时要求赈济。生产取决于消费,销售地域的水旱洊饥、时局扰攘严重影响了绸缎的生产和销售,因此近代江南民间丝织业的衰退,不能不说与天灾人祸时局动荡大有关系。

二是西方列强控制丝价,损害了中国丝商及丝织业者的利益。鸦片战争后,西方列强大肆抢购中国生丝,并操纵丝价,上下其手。苏州织造文治在光绪元年上奏说:"洋商贸易,巧计多端,到处包揽射利,抑又垄断居奇。"⑥杭州织造锦麟也于光绪三年上奏抱怨道:"迄今民业尚未复旧,又兼年岁歉收,加以厘捐抽收,洋商采购,皆昔年所未有之事,以致价值

---

① 《光绪二十七年苏州口华洋贸易情形论略》,载《光绪二十七年通商各关华洋贸易总册》下卷,第 49 页,《中国旧海关史料》(1859—1948)第 34 册,第 200 页。
② 《宣统三年苏州口华洋贸易情形论略》,载《宣统三年通商各关华洋贸易总册》下卷,第 88 页,《中国旧海关史料》(1859—1948)第 57 册,第 334 页。
③ 《镇江机户停工》(六月苏报),《江南商务报》第 16 期,1900 年 7 月 26 日。
④ 《杭市近情(汇录各报)》,《江南商务报》第 14 期,1900 年 7 月 7 日。
⑤ 《光绪二十六年杭州口华洋贸易情形论略》,载《通商各关华洋贸易总册》下卷,第 51 页,《中国旧海关史料》(1859—1948)第 32 册,第 197 页。
⑥ 苏州织造文治《为呈请宽限事》,光绪元年,内务府·来文,第 2507 包。

总难平减。"①官营织造有清王朝作后盾,尚且不免受洋商居奇之苦,小本经营的丝业商民,自然只能听任洋商摆布。在洋商的垄断把持下,江南丝织业不是渐形繁荣,而是"商贾日失志,市肆日减色",形成"华商之业丝茶者,反仰洋商鼻息,厘毫不能主持",②经营者大多破产,时人都说这是"利柄操于夷人,华商不能与争所致"③。深受抑勒之苦的中国商民面对洋商的奸黠谋利,一直试图摆脱这种被控制局面,以胡光墉为代表的丝商与洋商的斗争就是典型事例。19世纪80年代初,胡光墉有感于外商挑剔抑价的种种不正当竞争行径,愤然寻求抵制之策,他筹集资本银2000万两,遍收江、浙两省所产生丝,洋商出高价也不转售,试图迫使洋商就范,提高丝价。无奈华商众心不齐,来年洋商尽买新丝,胡光墉亏折本银800万两。全国各地尤其是上海、苏州、杭州等地钱铺票号深受牵连而纷纷倒闭,震荡所及,"铺户饮泣吞声",苏州因而"闭商数月",杭州"机坊一业,自夏至今停闭者已十有五六,今则几乎十叩柴扉九不开矣"。④ 从此,洋商操纵丝市更得心应手。胡光墉的失败,并不仅仅是他个人的失败,而是全体中国丝商与列强商人竞争的失败。它说明,丝市的兴衰在近代并不仅仅取决于国内丝织工业的需求,而且取决于生丝对外出口以至世界生丝市场的需要,中国丝商和丝织生产者根本无法把握自身的命运,面临洋商的不正当竞争,很难维持简单再生产,更不可能扩大再生产。

三是丝价不断上涨,利润减少,直接影响丝织生产。鸦片战争后,江南丝价总的趋势是不断上涨,而且涨幅特大。1829—1834年平均每担为222两,1833—1837年上涨为286两,1853年至贱也达300两,1862—1866年涨至407两,1867—1871年上升至497两,1887—1891年稍稍回

---

① 杭州织造锦麟《为织务需用丝斤事》,光绪三年,中国第一历史档案馆藏档案。
② 商霖:《整顿丝茶策》,陈仲倚辑《皇朝经世文三编》卷三二《户政十》,第15页,光绪二十八年刻本。
③ 欧阳昱:《见闻琐录·胡雪崖》,岳麓书社,1986年,第117页。
④ 欧阳昱:《见闻琐录·胡雪崖》,第122页;《申报·市面日紧》,光绪九年十一月十六日。

落至 312 两,1902—1906 年迅速回升为 537 两,1906 年更高达 545 两。①
1906 年的丝价较之鸦片战争前翻了将近一番。特别是 19 世纪 70 年代
到 20 世纪初,上涨速度尤其迅猛。生丝和食品价格成倍上涨,绸缎价格
却未以相应的速度上涨,从 1902—1911 年,绸缎价格的提高大约在
30％—50％之间。这就是说,丝织机户的生产成本大大增加,而生产利
润降低,经受不住物价的冲击,只得破产。光绪二年,苏州就曾因"丝价
奇涨,各处机房大半停织"②。二十三年,南京机户因"丝经大涨,亏折良
多"③。二十八年湖丝开市时,每百两 43 元,后贵至 54 元,不但价格上
涨,而且涨幅大,勉力生产待售者,又因商贩不前,北边商客皆不往办货,
销路不畅,到秋后"各帐房存货甚多,无从出售,未至年底,即不给发丝
经,各织工因皆停歇"④。帐房生产成本增加,销路不畅,减小生产规模,
机户、织工依次大受牵连,丝绸生产自然日形萧条。

四是外国丝织品的大量涌入,逐渐占领了江南丝绸的传统市场。鸦
片战争后,洋货源源输入中国,丝织品也不例外。外国织品花样新,光泽
好,价格廉而深受欢迎。江南绸缎系手工织造,成本高,价格无法降低,
产品滞销,消费者又日益崇尚洋货,生产者只能破产失业或改业。如苏
州,绸缎为出产大宗,"近因物力艰难,又人情喜用外国货,致销路日形减
色。虽大陆、源丰、永余纶、永昌等绸庄减价招徕,而过问者仍稀少,各庄
经理不堪赔累"。如杭州,大量绸缎"向来运销各省,获利颇巨,自近年各
社会嗜用洋货,杭绸遂致滞销,业此之家无不连年折阅"⑤。海关报告也

---

① 马士:《中华帝国对外关系史》第 1 卷,第 191—192 页;吴绍箕:《四梦汇谭》卷二,《申报馆丛书余
　集》本;Lillian M. Li, *China's Silk Trad*:*Traditional Industry in the Modern World*(*1842 -
　1937*), p. 82;《申报·商务总志·丝》,光绪三十二年五月初二日,第 13 版。
②《申报·平江杂闻》,光绪三年八月十三日,第 2 版。
③《总核丁酉年金陵商务情形》,倚剑生:《中外大事汇记》卷七《商业汇》,第 1 页,光绪二十四年
　刻本。
④《光绪二十八年南京口华洋贸易情形论略》,载《光绪二十八年通商各口华洋贸易总册》下卷,
　第 43 页,《中国旧海关史料》(1859—1948)第 36 册,第 186 页。
⑤《民立报》1911 年 2 月 16 日,转引自小岛淑男《清末民国初期苏州府の绢织业と机户の动
　向》,《社会经济史学》第 34 卷第 5 号,1969 年 1 月。

承认,"近几年因洋缎输入,此业颇受影响",杭州"几年以前靠做织绸匠为生的有五万人,此数现已减为二万人了"。① 如南京,原来每年要从浙江购入湖丝 30 万斤左右,光绪后期因丝织机户歇业,输入量大减,光绪三十三至三十四年度,只购入湖丝 18 万斤,探求其故,概"由泰西缎及东洋缎之膨胀",以致国人发出"倘不亟谋抵制,恐一蹶不能复振"的警告。② 如镇江,光绪以前每年丝绸销售额有 250 万两之多,机户全部依恃此业为生,到光绪年间"本地销场已尽为杭货洋货所夺……今则停歇殆尽"③。可见江南丝织业受外国丝织品的影响是有普遍性的,后者的涌入,夺走了前者的市场,间接地打击了前者。

诚然,江南各地丝织业本身,较长时期墨守陈规,未能跟上时代步伐谋求质量的提高和花样的更新,导致产品难以与他地乃至世界其他国家的同类产品竞争。上述 20 世纪初年镇江江绸业的萧条衰败,就是"因材料与花样皆有所不及故也"④。在新的时代条件下,人心思变,西式服装引进,"旧式绸缎,人不乐用,因人人意中以为全国之人将要废去国服改装洋服也……各种绸缎即不免因此大跌其价也。由是绸业生意寥寥,有多数绸庄均停止交易"⑤。江南绸缎业行将走入变革、竞争的新时代。

二　民间丝织生产方式的变化

明清时期民间丝织业发展的各个不同阶段,其生产方式也各不相同。

在明初到正德的这一个阶段,大体上在城市中还只是个体机户的专

---

① 《海关十年报告》(1902—1911)第 2 卷,第 49 页,转引自彭泽益编《中国近代手工业史资料》(1840—1949)第 2 卷,中华书局,1962 年,第 453 页。

② 《成都日报》光绪三十四年十月初三日,转引自小岛淑男《清末民國初期蘇州府の絹織業と機户の動向》,《社會經濟史學》第 34 卷第 5 號,1969 年 1 月。

③ 《各省商业汇志·江苏》,《东方杂志》1904 年第 2 期,第 39、40 页。

④ 同上。

⑤ 《中华民国元年苏州口华洋贸易情形论略》,载《民国元年通商各关华洋贸易总册》下卷,第 92—93 页,《中国旧海关史料》(1859—1948)第 60 册,第 340—341 页。

业性小商品生产,在农村仍以家庭副业生产为主。南京成化年间贡使违禁私织缎匹案,反映出了当地民间机户的生产规模。案中机户的生产场所称为"机房"。多数机房的规模看来并不大,9家机户一般都仅仅接受几匹缎匹的织造业务。只有陈异实力最为雄厚,独自承接了100两银子的36匹纻丝的织造,到案发时已交了8匹,"机上有各色纻丝五段"未织完。这说明陈异家至少有5台织机,动用织作人手至少在5人以上。这种单个机户的生产规模,在明前中期的民间丝织业中是不多见的。然而就案件分析,南京机户似乎还未形成如日后那种新的生产方式,还只是一种专业性的小商品生产。

在明嘉靖到清嘉庆的这一个阶段,民间丝织业持续稳定发展,自明后期开始民间丝织生产方式出现了某些新的变化,这就是在广大的丝织专业生产者中已经分化出一些发财致富了的业主和失去生产资料靠出卖劳力为生的雇工。

明代丝织轮班匠,绝大部分是三年一班。三年中有二年可无他役,自由织作,即使轮班年应值三个月,平均每年不过一个月。这较之元代的在官织户,无论从身份地位,还是供自身支配的时间,都要优裕得多。自15世纪后期为始,轮班匠尽管还由于隶于匠籍,而需要无端交纳代役银两,但根据成化二十一年、嘉靖八年和四十一年的法典,终于争得了全部支配自己时间的条件。轮班丝织工匠远远多于隶籍于局并执役于局的工匠,局外匠役就可以全部时间从事商品生产,并在政府对丝织品种的限制远比元代宽弛的情形下,进行变换品种、翻新花样等技术提高和改造活动。在白银成为交换和支付手段、地租可以折纳成货币上交的外部环境下,劳动人手的多寡强弱,技术水平的高低,家庭负担的轻重,经营是否得法,有可能使列屋而居的专业商品生产者分化出贫富的两极,形成新的生产方式的起点,而技术要求较高的丝织手工业更容易率先出现这种分化。

经营丝织业能够"渐致饶富",这是明后期人较为一致的看法,典型的事例也较为散见。万历时官至吏部尚书的杭州人张瀚曾颇为得意地说:"余尝总览市利,大都东南之利,莫大于罗、绮、绢、纻,而三吴为最。即余先世亦以机杼起,而今三吴之以机杼致富者尤众。"①张瀚的话是符合当时实情的。

在杭州,"蚕妇红女所积,不啻万箱……益以天府岁币,四方绮縠文章之服胥此焉出"。早在正德前,就有林益庵的先世,"始以造币,杼轴不可胜用焉",后又以从事贩运商业成巨富,"故乡人称富贳者,必曰林氏云"。② 既云不可胜用,大概生产规模不小。张瀚也描写其先祖发迹过程道,家道中落,以酤酒为业,后遭水灾,却得一笔横财,"因罢酤酒业,购机一张,织诸色纻币,备极精工,每一下机,人争鬻之,计获利当五之一。积两旬复增一机,后增至二十余。商贾所货者常满户外,尚不能应,自是家业大饶。而四祖继业,各富至数万金。"③此"暮夜授金"的故事,张瀚并不相信,但其转述先人口耳相传的发迹经历,从事丝织不断获得利润扩大生产的过程极为真切,实是当时丝织户由小生产者上升为作坊主的一般过程。在苏州,万历时,有"潘氏,起机房织手,至名守谦者,始大富至百万"④。又有长洲县草桥王鼎者,"以织机为业,家颇饶"⑤。又有一个接受千金定货的"织人周甲家",一个大商下千金定织绸罗⑥。能够应承千两银子织造缎匹,生产规模当不会小。在南京,有李昌者,"精悍有心计",居武定桥,利用"里中工组纴,凡锦绮缯縠之属,上供之外率衣被天下"的丝绸生产基地的有利条件,从事蚕织,"收其赢利,不三四年,果大饶裕"。⑦ 又有织罗俞鉴,富而忠信可托,太监钱宁"将银二三万与之织

① 张瀚:《松窗梦语》卷四《商贾纪》,上海古籍出版社,1986年,第76页。
② 邵经邦:《弘艺录》卷一八《林益庵先生传》,《四库全书存目丛书》集部第77册,第436页。
③ 张瀚:《松窗梦语》卷六《异闻纪》,第105页。
④ 沈德符:《万历野获编》卷二八《果报·守土吏狎妓》,中华书局,1959年,第713页。
⑤ 李乐:《见闻杂记》卷一一,第二十一则,上海古籍出版社影印本,1986年,第15页。
⑥ 凌濛初:《二刻拍案惊奇》卷三九《神偷寄兴一枝梅 侠盗惯行三昧戏》,浙江古籍出版社,1997年,第429页。
⑦ 何良俊:《何翰林集》卷二三《李松村生圹志铭》,《四库全书存目丛书》集部第142册,第185页。

造,又曾寄物数箱于其家",俞之子"用银如粪土"①,其织造能力和富裕程度可以想见。在明中期开始兴起的丝绸名镇盛泽,嘉靖年间有个施复,原来是个小户,本钱不多,妻络夫织,织得三四匹,便上市售卖。后来由于他精择蚕种,所缫之丝细圆匀紧,洁净光莹,织的绸光彩润泽,因而商贾增价竞买,同样一匹要多卖一钱多银子。不上几年,就添了三四张织机,家境颇为饶裕,"且说施复是年蚕丝利息比别年更多几倍,欲要又添张机儿,怎奈家中窄隘,摆不下机床。……施复刚愁无处安放机床,恰好间壁邻家住着两间小房,连年因蚕桑失利,嫌道住居风水不好,急切要报来出脱,正凑了施复之便。……夫妻依旧省吃俭用,昼夜营运。不上十年,就长有数千金家事。又买了左近一所大房居住,开起三四十张绸机,又讨几房家人小厮,把个家业收拾得十分完美"②。在盛泽邻镇黄溪镇,也是明中期开始兴起丝织之利,按地方志的记载,当时"绸绫价每两值银八九分,丝每两值银二三分,业此者渐致饶富"③。从事丝织业生产,有可能渐致饶富,其中当有从事雇佣生产者。这些散布在苏州、杭州、南京三大城市以及盛泽、黄溪等市镇上的事例,都是由丝织小生产者上升为业主的典型,可见这种情形在江南带有普遍性。

上述这些材料,并没有表明丝织业主经营所依靠的劳动人手的身份。判明劳动者的身份,将有助于我们分析这种丝织生产方式的性质。苏州人陆粲的同乡郑灝,"其家绵帛工及挽丝佣各数十人"④,不但生产规模殊为可观,而且用的是雇佣工匠。万历二十四年(1596),苏州发生入室偷盗案,经审讯,有机工潘二,又名潘应祥、潘忠,系苏州府长洲县民,"习机房手艺,向在在官失主杨遇春家接经工作,因而知伊家道颇过"⑤。案中的潘忠,是应雇在殷实之家从事丝织的工匠。前述盛泽镇上的施

---

① 周晖:《金陵琐事》卷四"钱宁后身"条,南京出版社,2007年,第163页。
② 冯梦龙:《醒世恒言》卷一八《施润泽滩阙遇友》,第238—239页。
③ 道光《黄溪志》卷一《风俗》,第4页。
④ 陆粲:《庚巳编》卷四"郑灝"条,中华书局,1987年,第43页。
⑤ 祁彪佳:《祁彪佳文稿·宜焚全稿》卷一八《题为直陈六曹之政事》,书目文献出版社影印本,1991年,第646页。

复，原来妻络夫织，是家庭作业，饶富后，“依就省吃俭用，昼夜营运”，后来才“讨几房家人小厮”收拾家业。可几房家人小厮看来不是用于丝织的，而且即使有充作织作人手的可能，也远远不敷三四十张绸机之用。可以估计施复所动用的丝织工匠当主要依靠雇佣。在明后期的苏州，雇佣工匠为数不少。应天巡抚标下游击将军姜良栋记万历后期苏州的情形说：“又如东半城，贫民专靠织机为业，日往富家佣工，抵暮方回。”[①]也有人说：“吴中多机杼之家，小民籍工佣以糊口。”[②]如陆粲的里人石乙，因为贫困，就“为人佣织”[③]。雇佣劳动力的较多存在，为丝织业主采用雇佣劳动提供了可能。以雇佣劳动力经营丝织业的情形，在明后期的苏州是较为普遍的。万历二十九年苏州织工起事后，当地人说：“我吴市民罔籍田业，大户张机为生，小户趁织为活。每晨起，小户百数人，嗷嗷相聚玄庙口，听大户呼织，日取分金为饔飧计。大户一日之机不织则束手，小户一日不就人织则腹枵。两者相资为生久矣。”[④]应天巡抚曹时聘也奏称，苏州“机户出资，织工出力”，织工“朝不谋夕，得业则生，失业则死”。[⑤] 毋庸讳言，以奴仆等为劳力进行织作也是存在的。如苏州府长洲县草桥王鼎，开张机杼，“值俭岁，以臧获不足供驱使”[⑥]，乃雇觅佣工。但这样的经营方式是与以雇佣为主的方式同时存在、并行不悖的。

丝织业主既然有绵帛工与挽丝佣在家中，或者是张机为织，由小户趁织，或者是取纯利20%，经20日方能增添一张织机，那么生产必然是在业主家中进行无疑。也就是说，丝织业主是以扩大生产设备、增加生产资料的形式来进行这种生产的。在这方面，施复的例子很具典型性。冯梦龙以其形象的笔调描绘了施复扩大机房的苦心经营过程。虽然文

① 姜良栋：《镇吴录·条议·条议巡守机宜弭盗便民诸稿》，第1页，明刻本。
② 吴安国：《累瓦二编》卷八《求野下》，第9页，中国国家图书馆编：《原国立北平图书馆甲库善本丛书》第537册，第246页。
③ 陆粲：《庚巳编》卷一“揣骨僧”条，第5页。
④ 蒋以化：《西台漫记》卷四“纪葛贤”条，《北京图书馆古籍珍本丛刊》第66册，第277页。
⑤《明神宗实录》卷三六一，万历二十九年七月丁未，第5页，总第6741页。
⑥ 钱思元：《吴门补乘》卷五《人物补》引《吴门往哲记》，嘉庆二十五年刻本。

学作品不等于实际情况,冯氏之言也有夸大之可能,但我们不必拘泥于施复是否实有其人、他究竟有多少织机,否则反有以说部为信史的危险。冯氏的描绘在于为我们勾勒了一个小生产者因经营得利而逐渐上升的基本情节和从事丝织生产的基本形式。对照其他材料,这一情节应该是事实的反映,足可凭信。对这样的材料,只能得出这样的结论:施复的机张是安置在自己家中的,丝织生产是在扩大了的机房内进行的,而决不可能如有人所云是以领织等其他形式进行的,也不是为官府的生产,而是一种为市场的商品生产。

马克思在考察资本主义的简单协作时,将"劳动者便是所有者",或者"所有者是劳动着的"这一趋于解体的历史过程作为资本对劳动的关系的前提。每天清晨嗷嗷相聚待雇于苏州玄庙口的工匠,既"罔籍田业"("籍"字当是"藉"字之误——引者),又"一日不就织则腹枵","得业则生,失业则死",而必须"日往富家佣工",很明显,他们与"作为生产的自然条件"的土地和作为劳动工具的所有者的关系已经趋于解体,他们是"贫民",并且只有在出卖劳动力以后才能"日取分金",获得自己的消费品。他们获得消费品,并不是人身被占有的结果,而是劳动力被出卖的结果,也就是说,他们作为"直接属于生产的客观条件"的劳动者本身,"作为劳动能力的体现者"而被占有的这种关系也已趋于解体。马克思所说的资本对于劳动的关系的四个前提已经全部具备了。① 马克思又指出,资本对于劳动的关系体现为"劳动条件作为某种独立的东西而与工人相对立"②。具备资本对劳动关系的前提的小户或佣工,已经丧失了"劳动条件",翘首以待大户的"呼织",而随时准备"趁织"。"趁织"表明他已经"作为别人所有的财产出现"在"劳动条件"所有者那里。这样的劳动者,在"作为劳动力的出卖者和资本家进行交易时,是自己劳动力的所有者,他只能出卖他所占有的东西,出卖他个人的、单个的劳动力"③。

---

① 马克思:《资本主义生产以前各形态》,人民出版社,1963年,第35—37页。
② 马克思:《资本论》第1卷,人民出版社,1975年,第362页。
③ 马克思:《资本论》第1卷,第370页。

这种劳动力将自身的劳力出卖以后，"他们的劳动的联系，在观念上是当作资本家的计划，在实践中作为资本家的权威，作为他人意志——他们的活动必须服从这个意志的目的——的权力，而和他们相对立"①。劳动者出卖劳力的目的仅在于"日取分金"，为了这个目的，只好"嗷嗷相聚"，枵腹待雇。相反，在佣工的对面，"代表社会劳动体的统一和意志"②的，将他们安排在适合于自己条件下的，就是业主。业主由于掌握了生产资料，获得了对雇佣工匠的指挥权，从而表现为这样一个事实形式上的结果："工人不是为自己劳动，而是为资本家，因而是在资本家的支配下劳动。"③郑灏、施复辈正是这种使数十名雇佣工匠为他们的利益，在他们的支配下工作的资本家。正是这些资本家"在同一个劳动过程中同时雇用较大量的雇佣工人，构成资本主义生产的起点"④。丝织业主不是凭借封建的权威，而是凭借资本的权威，以日工资的"分金"来招募工匠的；他们只在于占有佣工的劳动，却全然不在于占有佣工本身。

因此，在丝织业主家中进行的生产，不但十分清楚地标明了掌握生产资料从而开张经营与失去生活资料凭借出卖劳力为生的双方的界限，而且表明了大户的"呼织"和佣工或小户的"趁织"是建立在较为自由的基础上的关系。在这种关系中，尽管业主与织工可能还存在或多或少的宗法的或其他形式的封建隶属关系，但主要是资本与劳动的对抗关系，而不是师傅与帮工、徒弟之间温情脉脉的融洽关系。丝织业主和织工的这种关系，正是资本家和雇佣劳动者结合的关系，它形成"资本主义生产的起点"。这种资本主义生产关系，马克思认为萌芽于14、15世纪地中海沿岸的某些城市，开始于16世纪，到18世纪末叶完全形成。其萌芽相当于资本主义生产的简单协作形式⑤，"简单协作在那些大规模运用资

---

① 马克思：《资本论》，第1卷，第368页。
② 马克思：《资本论》，第1卷，第400页。
③ 马克思：《资本论》，第1卷，第367页。
④ 马克思：《资本论》，第1卷，第372页。
⑤ 同上。

本而分工或机器还不起重大作用的生产部门,始终是占统治的形式"①。这种形式,就是人们通常所说的明后期丝织业中的资本主义萌芽。

在明后期,除了上述简单协作式的资本主义作坊生产,商业资本与工业资本的结合似乎也曾在丝织业中露出端倪。据说崇德县人胡源,利用浙江崇德产丝和苏州多织工的有利条件,"往来二邑间,贸丝织缯绮,通贾贩易,竟用是起其家"②。胡源既买丝,又利用织工织绸,再出卖成品,获取商业和工业的双倍利润。为他织绸的织工,或为临时雇募的劳动力,或为领取报酬代织的家内织户。如系前者,则胡源兼具商业资本与工业资本的双重身份;如系后者,则胡源主要还只是定货生产的商业资本者。但即使是前者,在明后期既不多见,在清代也没有获得什么发展。

需要指出的是,以往探讨资本主义萌芽产生的条件,大多只注重诸如白银是否货币化、社会分工是否扩大、人身隶属关系是否解体等社会条件,而很少注意丝织业生产的本身特点。上述种种条件即使全部具备,也只是仅为丝织工匠从事商品生产减少了社会障碍,而生产者能否持续有效并扩大规模进行这种生产,还主要在于能否使获利的动机成为现实的可能。只有后一点,才是辨证丝织业较快获得发展,衡量该行业是否存在资本主义生产萌芽的决定性因素。

据载,明嘉靖时期苏州地区绸的市场价格为每两银八九分,而作为原料的丝价仅为每两二分。③ 依此计算,若丝织业主雇工经营,撇开生产设备及管理费用不计,其毛利润达百分之二百多(参见附表)。这样的利润率可能偏高,原因之一是丝的实际价格要高些。明末湖州沈氏的丝织经营规划,其利润率只有38%,但沈氏为了掩盖剥削量,很明显有意抬高了丝价,以致高达每两7分2厘5毫。④ 嘉靖十七年(1538),苏州府征收

① 马克思:《资本论》,第1卷,第372页。
② 陆师道:《陆尚宝遗文·友松胡翁墓志铭》,第7页,手稿本,收入《百爵斋丛刊》。
③ 乾隆《吴江县志》卷三八《风俗·生业》,第8页。
④ 陈恒力校释、王达参校:《补农书校释》,农业出版社,1983年,第84页。

的织染局丝改为征银,每两5分;万历十七年的折价为5分1厘。[①] 这应该是当时丝的最高市价,因为官府绝不会以低于市价的标准向民户折收。即使以这样的丝价计算,沈氏的利润率也达60％。杭州张瀚的先世经营丝织业,获纯利可20％,二旬中即可赚回主要的生产资料,利润率也不算低。因此,尽管没有详细的资料可以证明明后期经营丝织业的确切利润率,但其数量较为可观,则可推定。

明后期商业资本十分活跃,贩丝贩绸之风甚盛,丝绸海外贸易的利润率高达100％左右(参见本书第六章)。至于丝绸的国内贩运,未见确切盈利记载。明代岁造缎匹价格各地相差不大,正德、嘉靖年间,江西、湖广、山东、河南等省以折征代交应纳绸缎,每匹均在3两至3两5钱之间;[②]隆庆六年(1572),南北两京一万余名官员的官俸纻丝绫绸26593匹一律改发银每匹3两。[③] 说明当时的绸缎市价大致保持在这个区间,且各地差额不大,国内贩运丝绸的利润不会很高。如果考虑到运输的艰难和关税及勒索的繁重,商业利润率就更低。产业利润率的较高存在和从事丝绸贩运风险多端,必然稳定生产资本的投资,获利致富的可能也鼓励丝织业者增加生产资本,扩大生产规模,祈求上升为资本家。正是这较高的生产利润率,促使少数丝织生产者或因织品精好,或因经营得法,能够逐渐从众多的小生产者中分化出来,而上升为丝织业主。

入清以后,资本主义简单协作式的生产在清前期的江南丝织业中仍较为常见,发财致富者较明后期更多。

在南京,人称"金陵首尚贡缎,机坊致富十室而九"[④]。具体如王氏家族,"以织纴为业……东市丝于浙,西通币于晋"。嘉、万时人王叔文继承家业,"典客平善,客争归之,业以滋广。尝至馀杭,士人识不识,皆愿纳

---

① 乾隆《吴县志》卷一二《田赋》,第19页;卷一三《田赋》,第10页。

② 万历《明会典》卷二〇一《工部二十一·织造》,扬州广陵书社影印本,2007年,第2708页。

③《明神宗实录》卷五,隆庆六年九月丙戌,第3页,总第188—189页。

④ 金鏊:《金陵待征录》卷八《志事》,第10页,光绪二年刻本。

交,出则涂人聚观,所在成市"。① 财富不厚是不会引得江南士人争相结交、路人聚观的。这种致富的丝织业户,采用的是雇佣劳动。所以当地人程先甲说:"兵燹前,亦有雇机匠于屋内者。"②而这种机匠,按照地方官员的说法,"每坊辄有数十人,均系无籍之徒,乌合之众,虽系织机为生,而性情粗暴,好勇斗狠,动辄聚众凶殴"③。剔除了其间的污蔑成分,我们由此可以知道清代南京丝织机坊的生产规模较为可观,动用的织作人手是以出卖劳动力为生的无籍之人。

在苏州,这类采用雇佣劳动的丝织作坊和雇佣工匠在整个江南城市中较为突出。如前所述,康熙时,苏州各种丝织工匠"黎明立桥以待,缎工立花桥,纱工立广化寺桥,以车纺丝者曰车匠,立濂溪坊,什佰为群,延颈而望,如流民相聚,粥后散归"④。到了乾隆时,这种待雇工匠似乎更多,变为"日高始散"⑤了。后来失业工匠更多,待雇地点似乎更加分明,"花桥,每日黎明花缎织工群聚于此,素缎织工聚白蚬桥,纱缎织工聚广化寺桥,锦缎织工聚金狮子桥,名曰'立桥',谓之'叫找'"⑥。也有机工通过业织致富者。如皇甫通"家贫,以织工起家,力行善事,有惠乡里"⑦。

在手工业作坊内工匠的工价,已不同于明代的"日取分金",而是"按件而计,视货物之高下,人工之巧拙为增减"。在工价之外,工匠还按常例领取酒资,"纱机每只常例,给发机匠酒资一钱,二月朔日给付四分,三月朔日给付三分,清明给付三分,三次分给,共足一钱之数。缎机每只常例,亦给付机匠酒资一钱,六月朔日给付四分,七月朔日给付三分,中秋给付三分,三次分给,共足一钱之数"。这样的待遇,并没有使"铺匠

① 路鸿休:《帝里明代人文略》卷一六,"王叔文"条,第14页,道光三十年刻本。
② 程先甲:《金陵赋》,第2页,光绪二十三年刻本。
③ 俞德渊:《禁机匠匪徒人等聚集滋事示》,贺长龄辑:《皇朝经世文编补》卷九四《刑政·治狱下》,第44页,咸丰元年刻本。
④ 康熙《苏州府志》卷二一《风俗》,第7页。
⑤ 乾隆《长洲县志》卷一一《风俗》,第5页。
⑥ 顾震涛:《吴门表隐》卷二,第22页。
⑦ 顾震涛:《吴门表隐》卷一五,第210页。

相安"的局面维持多久,工匠与雇主之间的矛盾也渐趋突出,终于因雇主开除工匠,在雍正十二年(1734)爆发了工匠抗织,并要求增加工资的斗争。反映这次工匠叫歇情形的碑文称:"苏城机户,类多雇人工织。机户出资经营,机匠计工受值,原属相需,各无异议。惟有不法之徒,不谙工作,为主家所弃,遂怀妒忌之心,倡为帮行名色,挟众叫歇,勒加银,使机户停织,机匠废业。"于是在何君衡等61家机户联名禀控下,长洲县衙勒石示禁,强令机匠"各安其业,毋得聚众叫歇误工,致干照把持行市律究处,枷号示众"①(参考图版5-1　清雍正十二年《永禁机匠叫歇碑》)。

在这次事件中,雇主和工匠的身份是较为清楚的。工匠是"计工受值"的雇佣劳动者,机户是"出资经营"、"雇人工织"的资本的代表。这里的机户并不像有人认为的那样,是"比屋织作"或"列屋而居"的小生产者。如果全系一家一户式的丝绸小商品生产者,为何在叫歇碑中列名的机户只有区区61家呢?又如何会发生工匠起而反对他们要求增加工资的斗争呢?可以设想,在广大的个体小生产者中,有不少的人户如明代的一些机户一样,在长期的经营中获得了扩大再生产的条件,从事着较大规模的生产,剥削着工匠的剩余价值。由于工价的低廉和生活条件的恶化,雇工们一再地进行反抗斗争,以致作为雇主的机户要请求政府出面,依靠官府的淫威,来对付雇佣劳动者。地方政府也往往站在业主一边,维护业主的利益。那种对广大丝织生产者既无分化,也无贫富之分的描绘,恐怕不能适用于时刻面临破产的小商品生产者。从碑中列名的61家机业同人的具名来看,只有陆恒成、李兆昌等可能是日后丝织帐房的称号,而绝大部分是何君衡、王奕生、蔡其章等机户主人姓名,碑文具名反映出了大问题,即直到处于兴盛时期的雍正年间,苏州丝织业仍是简单协作式的生产方式占主导地位。

在杭州,庆春门北的机神庙,雍正年间凡"隶于局者与自为缯以鬻

---

①《长洲县永禁机匠叫歇碑》,雍正十二年十二月,《明清苏州工商业碑刻集》第16页。

者,率私钱拓而新之"①。仅凭此,我们很难知道其生产形式。又有人说,杭州"东城比户多业机杼"②,或说艮山门一带"晨籁宵络,手民皆列屋而居"③,说明清代杭州绝大部分丝织业者仍是一家一户式的小商品生产者。但同一材料又说,有"民之以鬻缯起家者",说明在广大的小生产者中有上升为业主的人户。对照同时期江南的其他城市和明时杭州的情形,清代杭州采用雇佣劳动的丝织手工工场是应该存在的。

在广大丝织市镇,与贫者自织的同时,同样存在着富者雇织的丝织业形式。如在"丝绸之利日扩,南北商贾咸萃"④的丝织巨镇如盛泽、震泽、黄溪等,贫者多自织,使其童稚挽花,殷实之家雇人织挽,因而一如苏州城中,待雇的工匠相当多。如前所述,在盛泽,"有力者雇人织挽,贫者皆自织,而令其童稚挽花"⑤。其人数,"四乡佣织多人及俗称拽花者约数千计",于中元夜汇集东西庙,"喧阗达旦"⑥。在黄溪,"为人佣织者立长春、泰安二桥,待人雇织,名曰'走桥',又曰'找做'。贫家妇为机户络丝,有竟日在其家者"⑦。在濮院,机工中有络工、拽工、织工、牵经工等,有运经、扎扣、接头、涑手等工匠,络工多由妇女充任,或在自己家中代机户加工,或直接在机户的作坊内生产。机户和织工贫富分化较为明显,彼此之间形成雇佣关系,"织工、拽工或遇无主,每早各向通衢分立,织工立于左,拽工立于右,来雇者一见了然,谓之'巷工'"⑧。太平巷口就是劳动力市场,"阖镇织工、拽工每晨集此以待雇"⑨。很清楚,这些佣工及挽花工,

① 厉鹗:《东城杂记》卷下"机神庙碑"条,第41—42页,《武林掌故丛编》第6集。
② 程锡龄:《武林东城孝慈庵附小云栖放生社集缘起》,第1页,见佚名:《孝慈庵集》,《武林掌故丛编》第7集。
③ 杨文杰:《东林记余》卷上"机神庙碑",第66页,《武林掌故丛编》第25集。
④ 同治《盛湖志》陶保廉序。
⑤ 乾隆《吴江县志》卷三八《风俗一·生业》,第7页。
⑥ 顺治十年仲沈洙纂、康熙五十五年仲枢增纂、乾隆二十五年仲同需再增纂:《盛湖志》卷下《风俗》,第1页。
⑦ 道光《黄溪志》卷一《风俗》,第4页。
⑧ 杨树本:乾隆《濮院琐志》卷七《杂流》,《中国地方志集成·乡镇志专辑》第21册,第501页。
⑨ 岳昭垲:同治《濮录》卷二《衢巷》,《中国地方志集成·乡镇志专辑》第21册,第814页。

决不是为学艺而到师傅那里去的徒弟或帮工,而是迫于活命的出卖劳力者。如震泽徐凤苞,既孤且贫,"为织缣家挽花,及长,颇自悔"①。

上述叙述表明,明后期开始出现的资本主义生产关系的萌芽,到清前期不但在江南各个城市丝织业中已普遍存在并有所发展,而且在江南的市镇丝织业中也已不同程度地有所表现。也就是说,处于相同条件下的同一发展水平下的江南各地城镇丝织业,其表现出来的生产形式大体上是相一致的。它决不能仅以举例子的方式来证明,同样也决不能以一时一地的例子来否定。

江南的民间丝织业,在道光到清末这一阶段,又以帐房领织制为普遍形式。道光时,生丝价格大幅提高,而绸价未能相应上涨,丝织业的利润大幅下降②,从而丝织生产方式发生变化。"帐房"又作"账房",其名始见于道光时顾震涛的《吴门表隐》。是书载,在道光十八、十九年间,苏州连年灾荒,机业停歇,机工失业,苏州绅士委托"经造纱缎帐房"大举赈恤机户③。帐房之名虽然出现较晚,但是其形式却早已有之。在苏州,根据1913年5月的调查,当时吴县有57家帐房,在鸦片战争前开设的有11家,即石恒茂英记、李宏兴福记、李宏兴禄记、李宏兴星记、杭恒富禄记、沈常泰、李宏兴祥记、朱仪和、李启泰、张义仁凤记和赵庆记。其中石恒茂英记开业于康熙四十一年(1702),可知帐房至迟在那时就已存在了。在南京,原来"机户不得逾百张,张纳税当五十金,织造批准,注册给文凭,然后敢织"。在康熙中后期曹寅任江宁织造时,奏免机户额税,"自此,有力者畅所欲为,至道光间遂有开五六百张机者"④。能够开设五六百张织机的,并非丝织工场,而只是领有织机的帐房。联系前后内容,可知南京至迟在康熙中后期即已有帐房存在。

---

① 道光《黄溪志》卷六《别录》,第16页。
② 道光《黄溪志》卷一《风俗》(第4页)载:"近年丝价每两制钱一百七八十文,绸价每两二百一二十文。此机户所以生计日微也。"
③ 顾震涛:《吴门表隐》附集,第352页。
④ 同治《续纂江宁府志》卷一五《拾补》,第74页。

帐房一直受到人们的重视,但对它的解释却至今各不相同。有的说它是经营纱缎商业的铺户,有的说它是工场手工业主,有的说是"苏州纱缎庄的俗称";其生产形式,有的说是工场手工业,有的说有商人和工场手工业主或自行设机督织和发放经纬领织两种,更有人说帐房有三种:"有的发放经纬丝给机户或机匠,到时收取织成品,完全是包买商的经营性质;有的进一步出租织机及其他工具给机户或机匠;有的直接经营手工丝织场,雇工多人,在其监督下生产。"①不能说这些看法没有各自的道理,但其缺陷不是忽略了帐房的时间性,就是忽略了帐房的普遍性。

帐房,在苏州是指纱缎庄;在南京、镇江等地,凡民间"开机者谓之账房,亦曰缎号"②,俗称"号家";在杭州指绸缎庄。可见,就地域而言,帐房是清代江南各地特别是城市民间丝织业中一种较为常见和普遍的形式,并不是苏州一地的特产,不经营纱缎的城市同样也采用帐房的形式。

当时人对帐房是这样解释的。1896 年间,苏省牙厘总局朱姓道员说:"凡商人自置经纬,发交机户领织,谓之'帐房'"③。同年,两江总督刘坤一也同样认为,"凡贾人自置经纬,发交机户领织,谓之'帐房'。机户之于'帐房',犹佃户之于业户"④。清末人解释道:"至于私人经营,往时无所谓工场。在丝织业发达之区,人民于家中置木机从事织造,普通多称机房。有自织代织之分,代人织者,原料由人供给。此种雇主,江浙等处称为帐房,皆饶有资本之绸商。各埠有代彼觅卖之店,名为分庄,惟总店则皆称帐房,而不称总庄。南京等处之规模较大者,称为大帐房。"⑤镇江的号家十余家,"向由号家散放丝经给予机户,按绸匹计工资,赖织机

① 赵冈:《明清江南市镇的丝业与棉业》,《大陆杂志》(台北)第 82 卷第 3 期。
② 程先甲:《金陵赋》,第 2 页,光绪二十三年刻本。
③ 署江苏巡抚奎俊《为机匠陶希法等抗捐毁局事》,光绪二十三年十一月初四日,载中国第一历史档案馆编:《光绪二十二年苏州纺织工人反抽收机捐史料》,《历史档案》1985 年第 3 期,第 29 页。
④ 刘坤一:《刘坤一遗集》卷二六《遵查被劾道员据实覆陈折》,中华书局,1959 年,第 939 页。
⑤ 刘锦藻:《清朝续文献通考》卷三八五《实业考八》,第 11329 页。

为生活者数千口"①。1900 年,苏州机业的报道更进一步说:"其所谓帐房者,贮藏织丝,自家不营机工,命他人随意制造织物。"②这些记载表明,直到 19 世纪末,当时人对帐房的认识还是比较一致的,即帐房是置买丝料、发给机户领织而本身不营机业的商业资本的代表。这样的帐房,并不带有如马克思所说的具有中世纪实业家同时又是商人的特征。在鸦片战争前,就绝不能视为直接从事丝织业生产的机户。

在帐房的发展问题上,有人认为,"鸦片战争前'帐房'虽已出现,但只是稀疏的萌芽,在苏州丝织业中所占比重微弱;战后,'帐房'数量激增",持此论者并依据民国 2 年 5 月的调查,计算出战前战后各开设了多少家后进而认为,"战后 67 年与战前 138 年相比,'帐房'数量由 11 家增为 57 家,增长 4.2 倍"。③ 事实上,帐房这种形式在鸦片战争前的江南丝织业中就已取得了支配地位。

在苏州,从道光二年元和县的禁碑可知,其时帐房已成为主要的生产形式。太平天国战争前,帐房的同业组织云锦公所就建立于祥符寺巷内,战乱结束后,即经重修。同治十三年(1874),帐房同业又集资建造轩辕宫大殿,以及山门、书院等,费银数千两。同年,帐房任司董、司月者即有张文树等 12 家④,全部帐房数量当更多。光绪二十五年(1899)帐房资本在 10 万元以上的有 100 余户,1 万元以上的有 500 余户,二三千元以上的有 600 余户,总数达 1200 余户。进入世纪之交,据当地人回忆,旧式帐房慢慢走下坡路。⑤ 时人则称,"然目下情势,帐房不但不能收到利润,却招损耗甚多。惟营业之久,不能一朝而罢废,故姑息之计,以徒消

---

① 徐珂:《清稗类钞·农商类》"镇江江绸业"条,中华书局,1984 年,第 2321 页。
②《苏州市情》,译东一月通商汇纂,转引自彭泽益编《中国近代手工业史资料》第 2 卷,第452 页。
③ 王翔:《晚清苏州丝织业"帐房"的发展》,《历史研究》1988 年第 6 期,第 112 页。
④ 重修云锦公所碑文,同治十三年十一月三十日,南京大学历史系藏。
⑤ 宋伯胤:《苏州丝织手工业历史的调查》,1982 年 6 月整理,中国纺织科学技术史编委会:《中国纺织科技史资料》第 15 集,1983 年 12 月。

日子耳"①。光绪二十四年,据日人小此木藤四郎说苏州帐房只有 40 余家,规模大而守信用的是阊门内的老人和、同人和和观前街的振源等。到光绪、宣统年间,"都凡五十八号",其中创设于乾、嘉年间的是石恒茂英记、李启泰等。② 1913 年,江苏实业司调查时,仍有帐房 57 家,其中 56家设于清代。在南京,当民间丝织业全盛的乾、嘉时期号称有 5 万台织机时,后人追记说有帐房 300 余家,各家租用织机多者至二百台,少者也在数十台。③ 大帐房李扁担、陈草苞、李东阳、焦洪兴等,各领有四五百张织机。太平天国战争期间,大多"风流云散"。同治末年因皇帝大婚所需绸缎量大,一度之间"缎机添至一万六千七百余张,其宋文茂、于启东、魏广兴、春生监等号每七八十具,然视嘉、道间才十之二三焉。甲戌、乙亥年间连遭晋、豫奇灾,销路阻塞,大帐房倒闭者不可胜计"④。光绪二十四年,最有名的帐房是介福昌等。到光绪末年,南京帐房领机 500—600 台的有 3 家,300—400 台的有 13 家,100—200 台的 9 家,50—100 台的 3家,20—40 台的 6 家,5—15 台的 10 家,共计 44 家,领机 8000 台左右。⑤在杭州,鸦片战争前,其"经纬各丝多发女工落纺"⑥,大约多为帐房领织制。道光二十五年,杭州帐房至少有汪乾星、陈永春等 20 家。同年,帐房为抵制机工成立行首,把持挟制,勒加工价,以"绸纱缎料房各业户"名义,拟订条款 9 条,呈文杭州知府,请求立碑谕禁。⑦ 光绪三十年,杭州有绉纱商董铺户傅玉瓒、余绍堃等,帐房只会减少不会增多⑧,其中较为有

① 《苏州市情》,译东一月东西汇纂,转引自彭泽益编《中国近代手工业史资料》第 2 卷,第452 页。
② 徐珂:《清稗类钞·工艺类》"织绸厂"条,第 2391 页。
③ 《南京丝织业调查》,《工商半月刊》第 3 卷第 1 号,1931 年 1 月。
④ 《申报·金陵机数》,光绪十二年二月十六日,2 版。
⑤ 南京博物院民族组:《清末南京丝织业的初步调查》,《近代史资料》1958 年第 2 辑。
⑥ 范祖述:《杭俗遗风》,《小方壶斋舆地丛钞》第 6 帙,第 19 页。
⑦ 《机神庙禁革各条碑》,道光二十五年十二月十二日,转引自陈学文《中国封建晚期的商品经济》,湖南人民出版社,1989 年,第 124—125 页。
⑧ 参见《机神庙禁革各条碑》,道光二十五年十二月十二日;《仁和县禁止机匠停工挟制告示》,光绪三十年十月,转引自陈学文《中国封建晚期的商品经济》,第 123—124 页。

名的是恒丰和锦昶等家。① 在镇江，原来"开设行号者十余家"，从事丝织业者为数千人，清末"销路顿滞，号家歇者已大半矣"②。

由上可见，帐房的数量变化，与清代江南民间丝织业的兴衰起伏相一致。早在鸦片战争前，至迟道光初年，帐房就在江南各个城市的民间丝织业中居于支配地位，根本不是什么"稀疏的萌芽"。如果仅就帐房的数量而言，可以说它的兴盛期似乎是在鸦片战争前，而不是在鸦片战争后，同整个民间丝织业一样，帐房的生产规模在战后虽有高低起伏和短暂的上升，但总的趋势是规模逐渐缩小，数量逐渐减少，所谓"大者减为十余户，中者降为小者，小者更降为现卖者"③。苏州如此，南京等地尤其如此。很明显，战后帐房"量的增加"云云恐怕不符实情。持此论者仅据民国初年的调查，就作前后比较。但调查时存在的帐房并不等于几百年间总共开设了那么多帐房。道理很简单，其间设而歇者不知凡几，难以计数。不但光绪后期苏州的1200余家帐房大多未在调查材料中出现，即如据回忆材料，同治年间开业的项恒茂，光绪初年开庄的刘恒泰，光绪十年开庄的周福昌、吴祥盛，光绪二十年开庄的庞正裕，三十年开设的洽兴昌等④，据新闻报道光绪二十六年存在的马姓帐房等，以及上述日人所见的老人和、同人和和振源等，调查材料中均不见其踪影。光绪初年就已如此，更遑论鸦片战争前。因此民国初年实存的帐房数，不能用以比较鸦片战争前后的开设数，若作不恰当的比较，结论只会与实际相去甚远。

现在我们来看帐房内部的经营方式。开机者，或谓置备织机供人领织者谓之帐房，而"代客买卖者曰缎行，机匠领织曰代料"⑤。放料领织而本身不营机业时代的帐房，采用的是单一的领织制。道光二年苏州府元

① 光绪年间苏州、南京、杭州的帐房情形，据日本农商务省商工局商事课《清国染织业视察报告》，东京：有邻堂，1899年。
② 徐珂：《清稗类钞·农商类》"镇江江绸业"条，第2321页。
③ 《苏州市情》，译东一月东西汇纂，转引自彭泽益编《中国近代手工业史资料》第2卷，第452页。
④ 宋伯胤：《苏州丝织手工业历史的调查》，中国纺织科学技术史编委会：《中国纺织科技史资料》第15集，1983年12月。
⑤ 程先甲：《金陵赋》，第2页，光绪二十三年刻本。

和县的禁碑解释这种领织制是,"民间各机户,将经丝交给机匠工织,行本甚巨,获利甚微"①。这里的机匠,分析其实际身份,是相通于机户的转称;而这里的机户,从碑中列名的 27 家多以兴、隆、昌、盛、茂、发、泰、顺为名来看,也绝对不同于雍正年间碑中列名的真名实姓的机户。这种特征只有商业店铺才有,而帐房正是以这类祈求发财的印记而不是以户名为印记的。帐房既以领织为形式,又以这类祥号为标记,而且在这时帐房早已存在,毫无疑问,这里的机户实际指的是帐房。

从碑文反映的情形来看,帐房和领织机户是在契约的约束和道义的限制下结成主雇关系的。帐房为了有效地控制广大领织机户在自己家中为其生产商品,一方面要和后者签订书面协议。这一协议在南京叫折子(也叫花股),折子式样见下。

```
光 绪     年     月     日 立
  一 切 根 据 本 号 号 规 办 理
    承      管 (签名盖章)
    贷 料 人 (签名盖章)
```

在苏州叫"承揽",承揽上规定领料、织造、工钱和时间等内容。如民国年间的一份承揽是这样的:

> 立承揽朱之伯,凭中鲁炳辉,今揽到客庄旧机一只,经纬全,左泛头,牵横作渠全副,领归在家,勤工织造,成匹交账,务要光结,不致粗松误客,倘有亏耗等情,即在工银上扣除。恐后无凭,立此承揽为照。
>
> 民国二十九年四月十四日
>   立承揽朱之伯 押
>   凭 中鲁炳辉 押②

① 《元和县严禁机匠借端生事倡众停工碑》,道光二年六月十一日,《明清苏州工商业碑刻集》第 25 页。
② 转引自小野忍:《蘇州の紗緞業》,《滿鐵調查月報》第 22 卷第 5 號,1942 年 5 月。

另一方面,帐房除了较为熟悉的机户外,一般不与领织机户直接发生关系,这样,在帐房和领织户之间就有一种中间人。这种中间人在南京称为"承管",并有内承管和外承管之分;在苏州,俗称帐房为"大叔",小机户为"二叔",一无所有的机工为"三叔",而专门为帐房寻找承织"二叔"的承揽人则叫"大二叔"、"老二叔"或称"红承揽"。承管或承揽在领织生产中的职责是,"须认真访察其人之行为手艺,可织何样缎匹,切勿以他人血本敷衍其事"①,要负责"放料"对象的行为和手艺。通过为帐房寻找可靠的领织机户,促成领织生产的开展,从而从帐房那里优先承领织机和获得必要的贷款,以及一定数量的手续费,在领织户那里也可索取到这样那样的好处。

"折子"和"承揽"的规定,以及其他相应条款的内容,大多只对帐房有利。如道光二年的禁示规定,"自示之后,各乡匠揽织机只,概向机房殿书立承揽,交户收纳。揽机之后,务宜安分工作,克勤克俭,计工授值,不得将货具经纬私行侵蚀,以及硬撮工钱,借词倡众停工。"②南京光绪十七年《机业公所行规碑》规定的 11 条条款中,就有 6 条是专门对领织户的,从领料的条件、时间到织造的要求,以及违规的处罚等,十分苛刻。

帐房凭借资本的权威,通过书立规条和道德约束两条途径,确立了对领织户的支配地位。帐房的责任和义务是,必须准备经纬丝等原料,向个体机户提供机壳以外的机具,以及在生产开始之前预付一小部分工资。领取帐房丝料的机户或机匠,则必须按照帐房的有关规定和要求生产,在成品上织上帐房的牌号,完工后送给帐房验收(南京称仇货)。如果各方面符合要求,就可获得工资的全部,并可继续为帐房生产。承领帐房机子的生产者主要是仅有机壳而缺乏资金购买丝斤的个体小生产者,但承管等中间人也多为帐房代织。帐房的机子是分散在各小生产者那里的,因此领织者可以承领一个帐房的一二张织机,也可同时承领不

---

① 南京《机业公所行规碑》,光绪十七年七月初七日,《近代史资料》1958 年第 2 辑,第 18 页。
② 《元和县严禁机匠借端生事倡众停工碑》,道光二年六月十一日,《明清苏州工商业碑刻集》第25 页。

同帐房的几张织机。如清末苏州的沈云鹗家有两台机子,一台是李祥记的,另一台是陈昌记的;钱仲甫家只有一台机子,是裕丰富正记的;陈义卿有一张素机壳,是王恒源帐房的;胡秋乔家有三台机子,其中两台是裕德隆的,一台是马祥和的。

立于光绪十七年七月初七日的南京《机业公所行规碑》所附条款,详细开列了帐房和领机户的权利关系,富有参考价值,故移录如下:

一、议各号料友,恐有拐带丝经、缎匹逃避地方,毋论远年近月归来,将前拐欠号内丝经、缎匹、钱文,偿还清楚,方可生易。倘或不还,不准开账交易。如别号承管被朦,与彼来往,察出公议,究罚无辞。

一、议各料友,开账时,必须询明前织何号之件,歇时有无亏空丝经钱文,是否算还清楚,查明方能交易。倘或前途不清,即不能开帐。如有有尾欠外,承管情愿代还者,方准其开帐。

一、议各号料友,如有做粉、发潮、抽头、换筘、蒸糕等弊,被号内察出,循照旧规,立时蠲歇无辞。

一、议各号料友,歇年开市秤丝,向章在清明以前,歇新丝至七夕为度,逾期不秤丝,照歇庄之式,号内贴料机每张钱十千文,丝五两。此款亦系乱前旧章无异。

一、议各号料友,倘或租机代窝代料者,其人素有劣迹,向不安分,易于走失亏折号本者,真难逆料,必须承管明察暗访,如有讹舛,立时将机范搬至号内,承管代觅料友接办。惟此款务须加意慎防,莫因获利,而反受大累为要。

一、议各号料银钱,统归九九七大钱,不准暗搭洋蚨抬价,私抹料银,察出公议究罚,仍照旧规一律。

一、议各号,无论生意好歹,如有机范出来,有无承管连环互保者,统归一律开帐,不准自行搭找料户,如不遵议,察出照规究罚。

一、议各号料机,无论元浅头数若干,门面阔窄,统归牌号付给料银,不得因生意稍滞,另改牌号,私抹料银,察出公同议罚。

一、议各号料友,如出入形迹有据,实系被窃,赔偿一半,生意照旧。设遇邻人不虞,协力救出,迪花范子,仍旧交易。倘救之不及,被煨生财衣物等件,亦照旧规,概不赔偿。

一、议各号料友,始织头匹,如有小过不歇。凡为承管者,须认真访察其人之行为手艺,可织何样缎匹,切勿以他人血本敷衍其事,自己受累。此款最为承管之要务,万勿疏忽,慎之切切。

一、议各号东料友,自今复整行规之后,谨守毋违。恐有无知之徒紊乱擅改,公同议罚。以前东友存欠未完,一切轇葛,此后概不追究。[①]

以上行规碑共 11 款,有 4 款是专门针对料友,也就是领机户的,规定领机户与号家即帐房不得有钱款丝经纠葛;承领机张前必须申明以前所领为何号之机,有无债务不清情节;领机户是否有造假作弊或等劣迹或质量不过关前情,察出退领;领机户是否有劣迹,易致亏折号本,察出另由承管寻觅其他人户承领。有 4 款主要是针对帐房的,开市秤丝如果逾期,补偿领机户钱文丝斤;帐房支付料银钱按规定标准,若违反公议究罚;无论生意好坏,帐房不得自行寻找领机户;帐房按所定牌号付给料银,不得因生意阻滞改牌减银。2 款是针对帐房和领机户的,以约束双方,若领机户来历清楚,其财物被盗被煨,予以一定赔偿;整顿行规后,双方不得擅改,若违背,公同议罚。另有一款是针对承管的,明确其物色领机户的责任所在。全部条款,自事前防范,到事后惩罚,采取补救措施,相当周详细致,颇具可操作性。行规中处处声明"系乱前旧章",或"察出照规究罚"、"仍照旧规一律"、"亦照旧规"等,说明鸦片战争以前,南京等地帐房领织制已经通行,并订有相关规章。

在此行规约束下,领织机户向帐房结算工钱,大多采用计件制。如光绪后期杭州,一般每尺工钱七八十文至 100 文,织花宁绸 1 匹为 4 元,

---

① 南京《机业公所行规碑》,光绪十七年七月初七日,《近代史资料》1958 年第 2 辑,第 18 页。

无花宁绸2元,花罗80文,素罗50文①;南京锦缎每件0.7—1.3元,建缎每件1200—1900文,素缎每件1800文②;苏州视品种和手艺而异,素缎每尺1.2钱银子,合钱84文,花缎每尺1.7钱,合119文,或者是好手艺的织1尺1角钱,手艺差的织1尺7—8分钱,也有的甚至高至1角2分钱。③

帐房预储丝经发放机户领织,并在必要时贷以机具等生产资料,使后者为领取一定的报酬而在自己家中为其生产,领织者既由帐房供给原料,在自己家中为帐房生产,成品也归帐房所有,而只领取工价,与原料市场和成品销售市场均无联系。换言之,帐房这一商业资本的代表以放料领机的形式切断了生产者机户与原料市场和商品销售市场的联系。这种形式正是列宁所说的商业资本的最高形式。在这种形式下,"包买主把材料直接分发给手工业者;使其为一定的报酬而生产。手工业者成了在自己家中为资本家工作的雇佣工人,包买主的商业资本在这里就变成了工业资本。于是资本主义的家庭劳动形成了"。帐房不但购买了丝经等原材料,事实上也购买了"对材料进行加工的劳动力"④,帐房构建了对于家庭机户的雇佣关系。

领织机户领了帐房的丝料和织机后,一般采用两种方式生产。一种是依靠家庭劳动力或偶尔招徒弟自织。如苏州范云甫家向小帐房刘永昌领料,其父母二人一织一捽,等到他12岁学捽,母就不织。又如马惠英家领了裕丰盛的两台机子,其父母各织一台,一个徒弟捽花,她7岁调丝,8岁摇纬,9岁就上机捽花。另一种是雇工织造。这又有两种情形。一种情形是领织户本身不参加生产,而全部靠雇工完成定织任务。如前述领了两家帐房3台机子的胡秋乔,自己不织,雇了3个雇工及3个徒

---

① 绪方南溟:《中国工商业考·杭州府》,第35页,光绪二十三年广雅书局刻本。
② 南京博物院民族组:《清末南京丝织业的初步调查》,《近代史资料》1958年第2辑。
③ 宋伯胤:《苏州丝织手工业历史的调查》,中国纺织科学技术史编委会:《中国纺织科技史资料》第15集,1983年12月。
④ 列宁:《俄国资本主义的发展》,《列宁全集》第3卷,人民出版社,1959年,第328—329页。

弟。这种雇工在清末苏州多称为"朋友"。胡秋乔以老板身份,付给雇工工钱。特别是那些承管等中间人,向帐房领料后,"自己不参加生产,雇机工织造"①,剥削雇工的劳动。这都是以雇工为主的领织机户的家内生产。另一种情形是领织户在家内劳力不敷使用时也兼用雇工从事织造。如马惠英家,当领了3台机子时,父母之外又用1个雇工织1台,领了6台机子后,雇工就更多。这些雇工大多是一无所有的人,他们要到固定的地方去待雇。在晚清苏州,这种待雇有两个地方,一个是城南葑门的东小桥,一个在城北的魏家桥。在这种情形下的领织户就兼具双重身份,在帐房那里,他是被雇者,处于从属的地位,他的家内生产是帐房场外生产的延伸;而在他的家庭作坊中,他又是雇主,处于支配的地位,剥削着机工。领织户的这种双重身份,显示出清后期江南民间丝织业生产关系的复杂性,不能简单地认为机户是处于支配还是被剥削的地位。而无论哪种情形,说明帐房通过领机放料的形式,不仅控制了广大的分散的丝织小生产者,而且还控制了无数一无所有的机工。

因为领织者是在自己家中为帐房生产,因而"每有匪匠,勒加工价。稍不遂欲,即以停工为挟制,以侵蚀为利数。甚将付织经纬私行当押,织下纱匹卖钱侵用。稍向理论,即倡众歇诈(作),另投别户"②。这种领织者正是在包卖主制形式下,即使不能满足工价要求,可以"另投别户",但也需以"倡众歇作"相要挟。因为他可以不为某一个包买主织作,却必须为另一个包买主织作。帐房总是想方设法联合起来对付领织者。如前所述,在道光二年帐房就曾获得地方官府的支持,作出不利于领织者的规定。道光十八九年间帐房在当地绅富的倡导下赈恤困穷机户,也以"嗣后倡众叫歇停工,永禁严究"③为条件。这种帐房以放织为职业,不断

① 宋伯胤:《苏州丝织手工业历史的调查》,中国纺织科学技术史编委会:《中国纺织科技史资料》第15集,1983年12月。
② 《元和县严禁机匠借端生事倡众停工碑》,道光二年六月十一日,《明清苏州工商业碑刻集》第25页。
③ 顾震涛:《吴门表隐》附集,第252页。

牟取利润,并联合起来对付领织生产者,后者以代织为生计,可以免除某一帐房的榨取,却无法避免所有帐房的控制与剥削的形式,完全不同于以前出现的个别包买商偶发的订货加工行为。包买商未必便是资本家式的包买主,而资本主义的家内劳动却为包买主制所特有。帐房就是这种包买主。

大约 19、20 世纪之交,帐房的经营方式似乎稍有变化。记事断到1911 年的民国《吴县志》称,"经营此项纱缎业者,谓之'帐房'","各帐房除自行设机督织外,大都以经纬交与织工,各就织工居处雇匠织造"。①帐房在采用领织的同时,又自设机张兼事织造了。有人将这一材料解释为少数帐房自行设机督织而"大多数'帐房'将经纬发放给代织机户,雇匠织造,存在着资本主义家庭劳动的经济现象"②。很明显,原文是指各帐房除了设机督织部分外,主要是以领织的形式来经营的,而根本不是说少数帐房如何多数帐房又如何。这还可从南京的情形得到印证。据当地丝织老工人的回忆,清末的号家"除了自己雇用工人织造外,大多数是通过放料来剥削零散机户的剩余劳动的"③。既放料领织又设机督织的帐房在清末民初较为常见。如在苏州,殿基巷的吴荣良的家里铺有 16台机子,还外放四五十台;赵庆记盛时有数百台织机,而其中只有 16 台设于帐房内。

帐房自设机张督织,不仅其生产规模较之明后期以来的资本主义简单协作式的丝织作坊有所扩大,而且其分工程度也要高得多。帐房从购储丝斤、分发络摇,到上机织造、整染加工、分类包装等一系列工序,即从原料到成品,往往是依次在工场内部完成的,这是典型的工场手工业的形式之一。在这种形式下,各个不同工种的丝织工匠都成了"局部工人",而"局部工人"的劳动力如果不卖给资本,就得不到利用,"它只有在一种联系中才发挥作用,这种联系只有在它出卖以后,在资本家的工场

① 民国《吴县志》卷五一《物产》,第 22 页。
② 段本洛、张圻福:《苏州手工业史》,江苏古籍出版社,1986 年,第 221 页。
③ 南京博物院民族组:《清末南京丝织业的初步调查》,《近代史资料》1958 年第 2 辑。

中才存在"。① 织上帐房牌号的丝织品,只是各种丝织工匠的共同产品。各种工匠以不同的劳动力出卖给帐房,而帐房则把工匠当作结合劳动力来使用。在帐房这一工场手工业的形式上,"形成了和独立手工业中,甚至和简单协作中完全不同的连续性、划一性、规则性、秩序性,特别是劳动强度"②。

帐房之所以要在放料领织的同时还兼营机业,很可能是它试图在商业利润之外获取产业利润的结果。说明为了扩大再生产,它并不满足于仅仅间接地控制广大小机户和个体工匠,还要直接地控制它们。另一个原因可能是领料代织的资本主义家庭劳动不利于帐房有力地控制生产者,将生产者有效地安排在秩序和计划的范围内。而雇工反对雇主、领织者反对帐房的苛刻剥削的斗争在清末始终未稍间断。如光绪二十二年,苏州帐房瞒报机张,机捐公所大事搜查,帐房以收料停工相抵制,危及机匠生计,又因帐房平日高抬洋银比价,克扣工钱,机匠生活无着,便在云锦公所汇集了三四十人,捣毁了苏省牙厘总局和苏城牙厘局。首义者机匠陶希法等被判秋后处决,地方政府也只得下令应按市价发给机匠工洋,不准再行高抬价格。③ 光绪二十六年,因散赈不均,机匠恃众闹事,"各帐房皆闭户而遁"④。同年,万余名丝织工人中,罢织者多达七八千人。光绪二十九年、宣统元年,苏州机匠又数次起事,要求帐房增加工价。直到辛亥革命前夕,苏州丝织工人与玉石工人因银根紧缩不堪剥削,罢工的多达1.2万余人,以致"丝织产品出口停顿,金融市场萧条",织机七千余张,"悉于是时停罢,失业者数千人"。⑤ 光绪三十年,杭州帐房主向仁和知县禀称:"伊等绉纱一业,时被机匠把持停工挟制,不准收

① 马克思:《资本论》第1卷,第399页。
② 马克思:《资本论》第1卷,第383页。
③ 署江苏巡抚奎俊《为机匠陶希法等抗捐毁局事》,中国第一历史档案馆编选:《光绪二十二年苏州纺织工人反抽收机捐史料》,《历史档案》1985年第3期,第34页。
④ 《各地来函汇录》,《中外日报》光绪二十六年七月二十四日。
⑤ 《宣统三年苏州口华洋贸易情形论略》,载《宣统三年通商各关华洋贸易总册》下卷,第88页,《中国旧海关史料》(1859—1948)第57册,第334页。

受学徒,禁远客货来杭接济,以致夥工日少,出货愈稀,直使各铺坐以待毙。"①光绪三十二年,杭州机户工匠数千人聚集观成堂绸业会馆前,要求增加工价,帐房让步后方才复工。宣统元年,镇江数千名丝织工匠为了增加工资,一致同盟罢工,冲击数家帐房,地方政府与帐房答应其条件后始归平静。上述情形,特别是杭州的情形典型而又清楚地反映出领织机户工匠的罢工对帐房经营的严重影响。帐房为了防止和对付机户工匠的这些反抗斗争,往往采用群体性行动而不是分散的形式,以求成效。

帐房由放料领织到放料兼营机业的这一变化,也即由商业资本向商业资本与工业资本结合的过渡,预示着它只要条件成熟就会完成这种过渡,但是这种过渡由于时间短促直到清朝灭亡还仅是开始,完成则是民国以后的事。在清末,帐房仍然主要采用领织的形式,自设机张兼事织造的只是极少数中的极小部分。几十乃至几百台织机中仅有十几台设于帐房内,其比例是很小的。更有甚者,如苏州的永兴泰帐房,有一百多台织机,"店里没有机子,全是放出去的"。说明直到清末,江南民间丝织业的生产形式,占绝对优势的仍是帐房这种包买主制的资本主义家内劳动。这还可从小机户与帐房的关系得到说明。

与帐房兼营机业的同时,一向自产自销的小机户也开始兼织帐房产品了。自产自销的小机户在苏州称"现卖机户",在南京称"小开机",原来"皆系自备工本织造纱缎货匹,零星现卖以为营业,其丝经原料既无须仰给于纱缎庄,而货品之织造亦不必假手于机工"②,是独立于帐房和承揽机户之外的小生产者,自备工本,自购原料,独立生产,直接出售商品。可到20世纪初,这类独立的小机户一定程度上受帐房的控制,苏州的"现卖机户"和南京"小开机"都兼领帐房丝经,织造帐房的牌号,成品交给帐房。所以当时人将现卖机户的定义更改为,"小本经纪,购备丝经,

①《仁和县禁止机匠停工挟制告示》,光绪三十年十月,转引自陈学文《中国封建晚期的商品经济》,第123—124页。
②《文锦公所代表呈苏州商务总会》,民国七年八月初九日,苏州档案馆藏档案。

自织或雇工帮织,兼织缎庄定货者,为现卖机户,俗名'小机户'"①。可见帐房放料领织制并没有随着帐房兼营机业而有所减弱,恰恰相反,帐房直接和间接控制丝织生产者的范围更广,人数更多,小机户独立地位的不断丧失,并自觉或不自觉地受帐房的摆布,反映出帐房领织制的继续发展。

上述考察表明,简单协作式的资本主义生产关系的萌芽,自明后期出现后,到清代不但没有发展成工场手工业,反而与包买主式的帐房领织制并峙了相当长一个时期后,逐渐退居次要地位,而让领织制成为主要的形式。这种局面可以说直到清末工场手工业出现后也未曾改变。

明清江南民间丝织业生产方式之所以发生由简单协作式的作坊生产到帐房领织制的上述变化,是有其深刻的社会根源的。

就利润率而言,明代嘉靖年间高达 200%,清代康熙中期还保持 160%以上,可到乾隆二十年前后,就迅速下降为 85%,迨到道光时,更降为 22%左右(参见附表)。利润率的急剧下降,为简单协作扩大生产增加了重重困难。朝廷的大肆掠夺,特别是明末清初的金派,使为数不多的富裕机户惨遭重损,机户扩大再生产的可能就更小。这就要求丝织业主并不扩大生产规模,而又握有相当雄厚的资财,靠薄利多销来取胜。这些不为刚刚崭露头角的小作坊主所具有的条件,却为帐房所拥有。即使拥有同样的经济实力,帐房也可以领织的方式来节约厂房等设备和管理人员等巨大开支,从而无形中扩大了生产规模。

帐房这种包买主,正是通过领织这一资本主义家内劳动,在使领织者从属于自己的过程中获得发展的。据民国二年(1913)统计,鸦片战争前开设的 11 家帐房,直到数十年或二百余年后的民国初年,仍然开张兴旺。57 家帐房平均拥有领织机户 135 人、年产量 542 匹,年产值 13135元,而 11 家帐房平均分别为 167 人、670 匹和 20450 元,远高于 57 家的

---

① 《文锦公所代表呈苏州商务总会》,民国七年八月初十日,苏州档案馆藏档案。

平均数,更高于鸦片战争后开设的另外 46 家。在整个帐房中,李宏兴禄记和李鸿兴星记分别拥有的机户占第 2 位和第 4 位,产量的第 3 位和第 6 位,产值的第 3 位和第 2 位。① 帐房经久不衰,显示了其生产方式带有一定程度的合理性和优越性。

就丝织业内部的分工而言,由于丝织技术要求高,长期以来只着意在某一工序上求得发展,从而分裂发展成许多各自独立的部门,场外分工的发达影响了其场内分工的发展。丝织业各个专业分工相当精细,赴织工匠"各有专能",这就决定了各个工种互相独立,各个作坊织造的品种各不相同,或者是不同的作坊经营同一种产品,从而客观上限制了同一作坊内生产专业化的分工和发展。这或许也是每个城市的丝织品种各有重点的原因。马克思所概括的工场手工业的两种不同形式,即在空间上同时进行生产同一产品的各个部件的混成式和在时间上前后继起的有机式②,就难以产生。简单协作手工业既然难以获得发展,就必然会失去其广泛存在的理由。与此相反,帐房却利用这种场外分工发达的特点,现成地将丝织生产从准备织造到成品后处理的各个工种纳入到它的生产体系,变形式上的分散劳动为实际上的集中生产。

就当时民间丝织业的生产特点而言,虽然两极分化的形现象较为常见,待雇的劳动大军自明迄清始终存在,而且有逐渐增大的趋势,但就整体而言,在丝织业者的群体中毕竟还只是极小的一部分,绝大部分仍是比户织作的小生产者,生产的个体性和分散性最为普遍,分化程度也相当缓慢。广大小生产者生产规模狭小,资金短缺,往往无力购买丝原料,所谓"机户若不向牙行收客定银,焉有资本织造现成货匹"③。这就为帐房采行领织制提供了天然有利的条件。领织制的形式也为多数丝织生

---

① 江苏实业司:《江苏省实业行政报告书》三编《工务·江苏省织造工厂统计表》,1913 年 5 月调制,1914 年刻本。

② 马克思:《资本论》第 1 卷,第 379—384 页。

③《杭州府仁和县告示商牙机户并禁地棍扰害碑》,康熙五十年十月,转引自陈学文《中国封建晚期的商品经济》,第 120 页。

产者所乐意接受。个体机户只要自备机壳,而没有必要的流动资金,也能开展生产。清末民初"现卖机户"在境况不佳时也兼织帐房缎匹就更是明证。如苏州机户程荣卿,生于咸丰元年(1851),出身机户家庭,自幼织绸。18 岁时,向间邱坊裕太丰纱缎庄领料织造,经三年惨淡经营,由代织机户变为现卖机户,自行备料和销售,与两位胞妹共同织造花素缎匹,后来因赢利,添机雇工,开设程荣记缎庄。光绪十二年(1886)时,已是有 7 台织机的作坊主了。宣统三年(1911),其织机增加至 12 台,雇工增加到了 10 人。① 因此,帐房领织制实际上又是现成地利用了当时丝织生产特点的结果。

　　就丝织业发展的社会条件而言,牙人的大量存在和经纪势力的相当强大,也为丝织主向工场手工业主发展设置了障碍。明后期吴县富牙钦允言,即是丝绸牙人,其"业主总商贾赀本,散之机杼家而敛其端匹,以归于商。计会盈缩低昂而出入之,刻时审度,彼此以济,皆信委帖服焉"②。钦允言所为,将互无关联的商业资本主和丝绸小生产者沟通起来,反映了丝织业牙人充当生产者机户和客户商人的中间人的重要地位。乾隆年间立碑反映康、雍之际苏州丝织业的文献记载,当时向吴县"请帖"的经纪就近一百户。这种牙人或经纪的产生,盖因"商客之来,必投行主,而造作之家,恒由机户",商人不知向谁购货,而机户不知销货给谁,"两者相须,而一时未必即能相遇",于是纱缎经纪应运而生。经纪势力无孔不入,包揽了商人与机户之间的一切供销事务。经纪行规定:"行家走帐及亲戚之人",一概不准"向机户私相对手买缎",而必须在纱缎行指定的行家那里购买成品。③ 杭州的情形也是如此。康熙后期,绸缎商铺解释当地置货过程道:"商等远来投寓店家,势必寻觅牙人,面同机户讲

────────
① 苏州市地方志编纂委员会编:《苏州市志》第 2 册,江苏人民出版社,1995 年,第 93 页。
② 祝允明:《怀星堂集》卷一九《承事郎钦君墓志铭》,《景印文渊阁四库全书》第 1260 册,第 635 页。
③《宪恩便民息事定例禁碑》,乾隆七年十月,苏州碑刻博物馆藏。

就价值,开定货色,将银交托牙人转付机户买丝,照定织交。"①牙人或经纪的活动,既切断了商客与生产者的联系,限制了其购买商品的自由,也切断了机户与市场的联系,限制了机户销售成品的自由。这样的结果,当然最适合于帐房开展业务。帐房有总店,有分店,从定货外发加工到成品后处理、运输销售,产销采用一条龙形式,跨过了各式牙人经纪,直接与原料和成品市场发生联系,显示出一般作坊主所不具备的经营优势。

此外,帐房领织制较之手工作坊生产,可能更易于保证产品质量,降低生产成本。诺思认为,"领料加工制实际上是一种'早期的企业',商人——制造业主试图在制造过程的每个阶段都实行不变的质量标准。由于在整个制造过程中保留了对材料的所有权,商人制造业主能够实行这种质量控制,而所付成本比在生产过程的连续阶段进行简单买卖的成本要低。"②帐房统一采购丝原料,统一制订成品标准,统一回收成品,广大生产者按其要求统一织作,自然在获得质量保证的同时,可以降低购买成本和集中成品后的后处理成本。

由上可见,帐房在生产活动中存在着潜在和固有的优势,所以能后来居上,而获得民间丝织生产的主导地位。但帐房领织制何以不在明代而在清代才出现?

如前所述,明代领织是按预领丝料和领取价银两种方式进行的。预领丝料这种形式在明代民间丝织业中并未取得支配地位,而且到后来愈形消失殆尽。明代领织主要是领取价银的一种形式。这种形式,名为领织,实为包织。领织者是在现有的条件下,通过既存的生产形式完成织造任务。其中狡黠者,一待"钱粮入手,则买民间油粉草段搪塞"③。无论

---

① 《杭州府仁和县告示商牙机户并禁地棍扰害碑》,康熙五十年十月,转引自陈学文《中国封建晚期的商品经济》,第 120 页。
② 道格拉斯·C. 诺思:《经济史上的结构和变革》,厉以平中译本,商务印书馆,1992 年,第166—167页。
③ 苏杭织造陈有明:《织造经制记》,顺治四年十二月,《明清苏州工商业碑刻集》第 5 页。

自织抑或买诸他人,都无需改变生产方式。这种保持原有生产形式的官营领织制,自然不会在民间丝织业中引起任何反响。

清代的买丝招匠是由官局预买丝料,按时给发,领机机户雇募匠役应织的,机户本身并不进局织造。这种形式与明代领织名同而实异。领机机户既要应付官差,又要同时使家中织机转动,是以随时需要雇募劳动力。前者占去了机户支配工匠、管理织作的时间和精力,后者令机户时常比较官营织造的领织形式和私营作坊式两者的优劣。他当然乐意减少用于织作房屋方面的投资,而参照局织生产形式,担起官局购买丝斤的职能,发放丝料给织作者,改作坊生产为领织生产,让织作者在自己家中为其生产,虽不增加生产性投资而可收得更大的收益。这样,领织机户就由官营织造那里的形式上的主人,变为资本主义家庭劳动的实际上的主人;由官营织造事务的中间人,变为民间织造的包买主。如果他不愿意摒弃一揽子作坊式的生产方式,在丝原料日渐看涨,成本愈益高昂,生产利润微乎其微的前提下(参见附表),就难逃倒闭关门的厄运。清后期,不少帐房正是由小生产者上升起来的。如谢柏森为帐房织作后自产自销,当织机添至 6 张时,自己不再上机织造,而采用放料形式,名为谢宏兴纱缎庄。① 同类情形应该适用清前期。将商业资本兼作产业资本的包买主,也很可能正是在官营领织的启发和影响下,利用领织的形式为自己服务的。

因此,民间领织的产生及其盛行,除了本身各方面的原因,其外部条件,便是当时早已采取的官营领织制。所有这些原因,导致了中国丝织业资本主义史前期的这一特色:它没有完成由简单协作到工场手工业的两个阶段,而是在资本主义生产关系的晨熹显露后,以工场手工业的附属形式——包买主制生产形式来结束其丽日中天的。

---

① 宋伯胤:《苏州丝织手工业历史的调查》,中国纺织科学技术史编委会:《中国纺织科技史资料》第 15 集,1983 年 12 月。

表 5-1　明清苏州民营丝织业利润率表

年代	每匹绸价（银）	每两丝价（银）	利润率（%）	资料出处
嘉靖中	8.5 分	2.5 分	206.88	乾隆《吴江县志》卷三八《风俗一·生业》;道光《黄溪志》卷一《风俗》
康熙中	10 分	3.5 分	165.24	乾隆《吴江县志》卷三八《风俗一·生业》
乾隆	13.33 分	7 分	85.29	乾隆《吴江县志》卷三八《风俗一·生业》
道光	215 文	175 文	22.51	道光《黄溪志》卷一《风俗》

注:表中利润率以工价占 6.67% 算。公式 $P' = \dfrac{m}{C+V}$

第六章　江南丝绸的国内市场和对外贸易

如果说直到元代江南丝绸贸易还较少记载,其具体情形更无从深究,那么到明清时期,江南丝绸贸易的记载已俯拾皆是,丝绸商品交换不但制约着其本身的发展,而且影响到全国社会经济生活的各个方面,甚至影响到世界相关地区。遗憾的是,对于明清时期江南丝绸的国内贸易,学界一向殊少探讨;对于江南丝绸的海外贸易,虽有严中平、全汉昇和张铠等先生作过研究,但主要集中在明清之际中国对东南亚及美洲的丝绸贸易,而对其他时期和其他海外地区的贸易特别是丝绸贸易,则论述不多。这显然与江南丝绸应有的历史地位不相符合。为此,本章拟较为系统考察江南丝绸的国内外市场及其相关问题。

一　广阔的国内市场

以往的研究容易给人这样一种印象:明清时期江南丝绸的市场主要是在国外。实际情形恐非如此。1897 年,日人松永伍作在考察了中国的蚕业后说:"今就广东、上海两口输出者,生丝约计八十万梱,而其内地消费共计,其详不可知,质之商贾,视之实情,殆三倍于出口者。其国中流以上,多衣绢帛,内地消费之多,可知也。"①20 世纪初年海关税务司赫德的助手马士曾作过统计,在 1905 年船运的 26926 担丝绸中,有 9793 担运向香港,2597 担运向各通商口岸,剩下 14536 担用于国内消费。② 19、20世纪之交是中国丝货特别是生丝出口的黄金时期,国内消费仍然如此之多,比例不在海外之下,通观明清两朝,则生丝和丝绸在国内消费的比例当更高。可以肯定地说,明清时期以江南丝绸为主体的中国丝绸消费市场主要是国内,而不是在国外。

(一) 国内丝绸贸易概况

明清时期江南丝绸的国内贸易盛况体现在本地丝绸交易之盛和其销路之广之远两方面。前者说明江南本身是个丝绸交易大市场,后者说明江南丝绸拥有的国内市场包括全国各地。

在明代,万历时杭州人张瀚曾得意地说:"余尝总览市利,大都东南之利莫大于罗、绮、绢、纻,而三吴为最。"说明在江南,丝绸的商品率最高,地位最为重要。张瀚又说,南京"三服之官,内给尚方,衣履天下,南北商贾争赴";杭州"桑麻遍野,茧丝绵苧之所出,四方咸取给焉。虽秦、晋、燕、周大贾,不远数千里而求罗绮缯币者,必走浙之东也"③。张瀚的话形象地概括了全国各地商人奔赴江南从事丝绸贸易的盛况,而且颇合实情。如南京,早在洪武时,城西清凉门外的上中下塌坊,为"屯卖段匹布帛茶盐纸蜡等货"④之地,丝绸贸易量于此为大。由前述正德时的众多丝绸铺户,可知其时南京的丝绸铺户贸易相当发达。又如杭州,在《金瓶

---

① 《松永伍作论清国蚕业》,原载日本《农会报》,译载《农学报》第 30 期,第 4 页,光绪二十四年闰三月下。

② H. B. Morse, The *Trade and Administration of China*(《中国政制考》), New Yeak, 1920, pp. 348 – 349.

③ 张瀚:《松窗梦语》卷四《商贾纪》,上海古籍出版社,1986 年,第 76、74、75 页。其中"三服之官,内给尚方,衣履天下,南北商贾争赴",原标点作"三服之官,内给尚方衣履,天下南北商贾争赴",疑有误,重新标点。

④ 王俊华:洪武《京城图志》,《北京图书馆古籍珍本丛刊》第 24 册,第 27 页,书目文献出版社。

梅》中,有多处描写到西门庆派下人携巨款赴杭州购买丝绸享用或开铺经营。再如苏州,当地人自诩各色丝绸,"转贸四方,吴之大资也"①,丝绸成为苏州富庶的大宗商品。即如区区一镇盛泽镇,明后期,《醒世恒言》描述,镇上"两岸绸丝牙行,约有千百余家,远近村坊织成绸匹,俱到此上市。四方商贾来收买的,蜂攒蚁聚,挨挤不开,路途无伫足之隙"②。这种小说家言虽不足尽信,但文学作品屡屡以苏、杭为丝绸之府,对照当时实际情形,相当逼真。由张瀚的话及其他描述,可知明代江南丝绸的销路已无远不届。

在北方和西北地区,早在永乐年间,"陕西、四川地方,多有通接生番",而关隘头目军士多不用心把守巡捕,往往透漏缎绢等物出境。③ 宣德时,军民客商贩带青红布帛缎匹过潼关以易私马。正统时,哈密等处朝贡使者将赏绢易换纱罗等物载归。景泰时,山西、河南、河北、山东等地军民客商往大同、宣府输纳粮草军装时,往往以内地之茶绢布等易换边地的马牛等。成化时,左都御史马文升也报告说,"各边无知军民及军职子弟,甚至守备官员,往往亦令家人将铁锅、食茶、段匹、铜器等货,买求守把关隘之人,公然私出外境,进入番族,易换彼处所产马匹等物"④。以致到嘉靖时北方边镇宣府的大市中,"贾店鳞比,各有名称",南京罗缎铺、苏杭罗缎铺,潞州绸铺,泽州帕铺,临清布帛铺、绒线铺、杂货铺等铺,各行交易,"铺沿长四五里许",商贾云集。⑤ 而按照梅国祯的说法,隆庆五年(1571)与蒙古互市后,张家口等地市场上的物品,"段布买自江南"⑥。江南丝绸源源输向广大的北方和西北地区,极大地丰富了当地人民的生活。如诗所云:"雁门关外野人家,不养蚕桑不种麻。说与江南人

---

① 嘉靖《吴邑志》卷一四《物货》,第1页。
② 冯梦龙:《醒世恒言》第18卷《施润泽滩阙遇友》,上海古籍出版社,1992年,第230页。
③ 杨一清:《关中奏议》卷三《茶马类》,《景印文渊阁四库全书》第428册,第69页。
④ 马文升:《禁通番以绝边患疏》,《明经世文编》卷六二,中华书局影印本,1962年,第511页。
⑤ 嘉靖《宣府镇志》卷二〇《风俗考》,第90页,《新修方志丛刊》,台北:学生书局,1969年。
⑥ 梅国祯:《请罢榷税疏》,《明经世文编》卷四五二,第4968页。

不信,早穿棉袄午穿纱。"①

在东北,成化年间"南方商人多携罗段易米中盐,以致俗尚奢侈"②。丝绸贸易能够转移俗尚,看来规模不小。到明末,辽东参将毛文龙占据皮岛,"通行商贾,南货缯布,北货貂貂"③,几年间称雄边地。

上述几个地区的江南丝绸大多是沿运河北上,由沿河交通重镇临清转输的。梅国祯说,张家口"市商段布、狐皮一切杂货,来自苏杭、湖广,由临清以至天津、芦沟、通湾,其税不知凡几"④。所以在贯通南北的大运河中,"吴艘越艘,燕商楚贾,珍奇重货,岁出而时至,言笑自若,视为坦途"⑤。北上的吴艘越艘,所载当主要是江南的丝绸和布匹。这可以北直隶河间府的情形为证,是地"行货之商皆贩缯、贩粟、贩盐铁木植之人,贩缯者至自南京、苏州、临清"⑥。专门列举各种骗术的故事书明人张应俞的《杜骗新书》卷二《京城店中响马贼》中就有南京丝绸贩往山东的故事。

在中原地区,文学作品中常有江南绸缎运往开封的记载。如《歧路灯》记,商人王春宇,"带了能干的伙计,单一在苏杭买货,运发汴城"⑦。江南丝绸市镇王江泾等地的丝绸,也多靠"一向贩绸走汴梁生理"的各地商贾贩运⑧。证之清代河南丝绸贩运商的情形,古城开封市场上的绸缎完全来自江南。

在川汉地区,天顺年间浙江有个蒋姓商人专门在湖广、江西一带从事丝绸贸易。明后期龙游商人李氏,两代人"所居积绮縠纻罽,穷四方之

---

① 傅衣凌《明清社会经济史论文集》(人民出版社,1982年,第23页)谓,此诗《天下水陆路程》所载,今查原书无。
② 《明宪宗实录》卷二六二,成化二十一年二月壬申,第6页,台湾"中史研究院"历史语言研究所校印本,1962年,总第4444页。
③ 文秉:《烈皇小识》卷二,第28页,《明季稗史初编》,上海书店影印,1988年。
④ 梅国祯:《请罢榷税疏》,《明经世文编》卷四五二,第4969页。
⑤ 张萱:《西园闻见录》卷三七《漕运前》,《续修四库全书》第1169册,第113页。
⑥ 嘉靖《河间府志》卷七《风土志·风俗》,第3—4页。
⑦ 李绿园:《歧路灯》第15回《盛希侨过市遇好友 王隆吉夜饮订盟期》,华夏出版社,2012年,第117页。
⑧ 天然智叟:《石点头》第四卷《瞿凤奴情愆死盖》,上海古籍出版社,1985年,第92页。

珍奇,轵舟转毂以百数,所冠带衣履,遍楚之十五郡,而善与时低昂"①。这些人在湖广地区从事丝绸贸易,范围广,规模大,声势赫。即使在四川建昌地区,"虽僻远万里,然苏杭新织种种文绮,吴中贵介未被而彼处先得"②,江南丝绸畅销。

在岭南,正德时张嶷说:"盖北货过南者,悉皆金帛轻细之物;南货过北者,悉皆盐铁粗重之类。"③江南的丝织品流向岭南广大地区乃至出口。在福建福建府,按照正德府志的说法,蚕桑差薄,"民间所需,皆资吴航所至"④,丝绸主要依赖江南。

入清以后,江南绸缎的销售范围更广更远,地位更为重要,国内的每一个角落,几乎都有江南丝绸在闪光。乾隆时人杭世骏说:"吾杭饶蚕绩之利,织纴工巧,转而之燕,之齐,之秦、晋,之楚、蜀、滇、黔、闽、粤,衣被几遍天下,而尤以吴阊为绣市。"⑤(参考图版6-1 清乾隆三十七年杭世骏撰《吴阊钱江会馆碑记》)这是说杭州绸缎畅销全国各地。南京绸缎的销路则是"北趋京师;东北并高句丽、辽沈;西北走晋绛,逾大河,上秦雍、甘凉,抵巴蜀;西南之滇黔;南越五岭、湖湘、豫章、两浙、七闽;溯淮泗,道汝洛"⑥,全国各地无远不至。苏州以生产纱缎出名,产品畅销全国各地。1902年成书的《清国商况视察复命书》称,据调查,机数大约在一万台内外(公开完纳机捐的不过三千台),特别是苏缎销路最多,向全国贩卖,今举其销路,满州第一,广东、福建、浙江、江苏、湖南、湖北各省次之,每年输出额三百万两,秋冬各省商贾前往该地购买,销路最多⑦。嘉兴人钱陈群说,嘉、湖"两郡至蚕桑所成,供三尚衣诸织局,衣被华夷,重

---

① 李维桢:《大泌山房集》卷四八《赠李汝衡序》,《四库全书存目丛书》集部第151册,第521页。
② 王士性:《广志绎》卷五《西南诸省》,中华书局,1981年,第107页。
③ 张嶷:《张东海集》卷二《梅岭均利记》,《四库全书存目丛书》集部第39册,第452页。
④ 乾隆《福州府志》卷二六《物产二·布帛之属》引正德府志,第18页,《中国地方志集成·福建府县志》第1册,第535页。
⑤《吴阊钱江会馆碑记》乾隆三十七年,苏州历史博物馆等编:《明清苏州工商业碑刻集》,江苏人民出版社,1981年,第19页。
⑥ 同治《上江两县志》卷七《食货》,第9页。
⑦ 日本外务省通商局编:《清国商况视察复命书》,东京:元真社,1902年,第247页。

洋绝岛,翘首企足,面内而仰章身者,惟嘉、湖两郡是赖"①。这是说嘉兴、湖州两府的蚕桑地位最为重要。这些概括性的描述是符合当时江南绸缎的流通情形的。清代全国各地几乎都有销售江南绸缎的店铺和商人。以临清为例,江南绸缎由彼过境者,甚于明代,人称"布帛亦皆来自济宁……精美轻赍之物附粮艘而麇至"②,贩运北上盛况空前。乾隆四十一年,经淮安关北上的绸布船多达 376 只。③ 这些船当再经临清继续北上。这还远不是当时北上绸布船全部。商人为透漏税款,往往绕越淮、扬正关,另择小道北上。如商人载运江南绸缎等货北上,"每从六合、江浦等处赶旱北上,偷越淮、扬两关正税",以致两关往往不能足额。④ 如果计入这些绕道船只,北运绸缎更难料算。所有这些,反映了江南绸缎销向全国的盛况,表明了江南绸缎拥有国内市场的广阔程度。

在丝绸产地,如杭州,"各路商贾来杭兴贩绸缎"。如苏州,乾隆时徐扬的一轴《盛世滋生图》,绘有丝绸店铺牌号十三四家,标出丝绸品种 20余个,丝绸交易兴盛无比。如盛泽镇,康熙时"富商大贾数千里辇万金而来,摩肩连袂,如一都会"⑤。乾隆时则出现"薄海内外寒暑衣被之所需,与夫冠婚丧祭黼黻文章之所用,悉萃而取给于区区一镇。入市交易,日逾万金,人情趋利如鹜,摩肩侧颈,奔走恐后,一岁中率以为常"的壮观景象⑥,当地人视为"四海九州之绸帛皆来取资之……苏、杭皆设局,天下之衣被资之盛泽"⑦。武昌李氏,就曾"往姑苏办置绸缎,约四千金"⑧。如濮院镇,明后期,"机杼之利日生万金,四方商贾负贩云集"⑨。清初,"一

① 钱陈群:《张东侯郡守屏风记》,光绪《嘉兴县志》卷三二《艺文二》,第 34 页。
② 乾隆《直隶临清州志》卷二《建置志·市衢》,第 35 页。
③ 参见吴建雍《清前期榷关及其管理制度》,《中国史研究》1984 年第 1 期。
④ 光绪《续纂淮关统志》卷六《令甲》,第 2 页,光绪刻本。
⑤ 乾隆《吴江县志》卷五《物产》,第 34 页。
⑥ 仲沈洙纂、仲枢增纂、仲周需再增纂:乾隆《盛湖志》,仲周需跋。
⑦ 仲沈洙纂、仲枢增纂、仲周需再增纂:乾隆《盛湖志》卷上《分野》,第 1 页。
⑧ 刘因之:《谰言琐记》"李氏痴儿"条,第 30 页,《金陵丛书》丁集之七。
⑨ 金淮等:嘉庆《濮川所闻记》卷一《开镇源流》,第 2 页。

镇之内,坐贾持衡,行商麇至,终岁贸易不下数十万金,居民籍此为利"①。清中期镇上有京行、建行、济宁行、湖广行、周村行等名目,"各以其地所宜之货售于客"②。所有这些,都反映了全国各地商人到江南采购绸锻的盛况,它从另一个侧面,同样说明了江南绸缎拥有广阔的国内市场。

综上所述,如果以江南为中心,明清时期商品流向大体上输出的是丝绸布匹,输入的是各地的土特产品和江南所需的粮食及手工业原料。江南丝绸北上沿运河,分运东北、西北,西向循长江,东面由海道,中部南向沿赣江、经南安、越梅岭、达珠江,北向水陆兼用,走遍江汉大地,输向全国各地。

由于苏、杭、宁、镇等城市所产绸缎档次较高,既富丽堂皇,又厚实耐用,特别适合于蒙古、满、藏、维吾尔等少数民族制作衣裙,装饰殿宇庙堂,以及制作祭垫、神袍、伞盖、帷幔等,因此其销路除了国外,尤以北方、西北和东北等地为多。这是江南绸缎销售地域上的一个显著特点。

(二) 国内丝绸贸易的形式

明清时期江南丝绸的国内贸易主要有两种类型:互市丝绸贸易和民间丝绸贸易。

1. 互市丝绸贸易

互市贸易是中央王朝与周边少数民族之间开展的贸易,大体上内地以丝绸易换边陲少数民族的马匹等。这种贸易又分两种形式。

一种形式是官营丝绸贸易。明初在西北开展茶马贸易,史称"茶市",其实自永乐年间开始,换易马匹者也多用绢。永乐三年(1405)三月,内地运茶有困难,河州卫指挥康寿请求以布绢易马 500 匹,获成祖允准,规定上马给绢 2 匹、布 2 匹,中马绢 1 匹、布 2 匹,下马绢 1 匹、布 1匹。其后就以此定例从事绢马贸易。明初又在辽东设马市,与蒙古族兀

---

① 金淮等:嘉庆《濮川所闻记》卷三《织作》,第 86 页。
② 同上书,第 91 页。

良哈三卫和女真族开展绢马贸易。其比价,永乐三年定为上上等马每匹换绢 8 匹、布 12 匹,上等马每匹绢 4 匹、布 4 匹,驹马每匹绢 1 匹、布 3 匹。次年冬,朵颜三卫地区饥荒缺粮,要求用马换米,明廷定为上等马每匹米 15 石、绢 3 匹,次上等马每匹米 12 石、绢 2 匹,中等马每匹米 10 石、绢 2 匹,下等马每匹米 8 石、绢 1 匹,驹马每匹米 5 石、布 1 匹。马的定价要比西北互市高得多。

然而这种易马的绢匹只是明朝向全国征收的农桑绢,蒙古、女真族人民更喜爱的是江南盛产的各色精美的丝织品,仅凭朝贡回赠得到的这类丝织品,远远不敷需要,于是官营互市中就增加了大量的江南绸缎。所谓"每年缎布买自江南"。如嘉靖三十年(1551),兵部尚书赵锦建议,延、宁等地解马处,令征折色十分之三,发各边镇"买段匹充易马之用",诏旨拟行。① 隆庆五年俺答封贡后,互市中更以江南绸缎为主,马是北方之利,绸缎是南方之利,内地以江南丝绸易换北地马匹,"以利易利"②,形成经济互补态势。万历十七年(1589),陕西巡抚沈子木禀诉,该镇互市缎匹等物,"发价银四万余两委官往各省收买……在苏、杭,其弊制于委官",要求今后"段布行应天、浙江抚臣先期审定机户织造"。③ 两年后,大同巡抚邢玠称,"该镇所赏货物,合选委府佐等官赍银前往浙、直,同彼处委官分发机户,照式立限完买,仍带机户一名到镇验对"④。三十四年宣大总督杨时亨抱怨,互市缎匹由于江南势豪包揽机户,价减而货愈低。万历末年,北边数镇又一次备银数万两到苏州收买缎匹,当地官府表散督织,以济机户年荒。由此数例,可知明后期互市缎匹主要来自江南,并由官方以定织或购买的方式组织货源。

在清代,这种官营互市丝绸贸易主要表现为清初至咸丰三年(1853)由清政府直接经营的江南与西北地区的丝绸贸易。在清政府统一天山

①《明世宗实录》卷三七八,嘉靖三十年十月庚申,第 2 页,总第 6713 页。
② 方逢时:《大隐楼集》卷一五《辕门记谈五》,李勤璞校注,辽宁人民出版社,2009 年,第 254 页。
③《明神宗实录》卷二一二,万历十七年六月丙戌,第 4 页,总第 3972 页。
④《明神宗实录》卷二四二,万历十九年十一月丁丑,第 8 页,总第 4517 页。

南北的乾隆二十年代之前,用于贸易的绸缎主要是由江南三织造向户部交纳,然后运向西北边陲的准噶尔等地区的。自后,贸易绸缎由三织造向民间定织,然后径行转交给陕甘总督运往新疆天山南北各贸易点,与哈萨克、柯尔克孜等族人交换。

明清官营互市贸易都是中央王朝与边疆各族之间的以物易物贸易,是维系内地与北方各少数民族的有力措施。但明代互市交易的规模完全由明廷硬性规定,并不随贸易的展开而变动。清代在新疆的丝绸贸易,完全取决于各族人民对丝绸的需要而相应提供货源。前者寓政治统治于经济交换中,后者则完全着眼于商品价值和商品交换。

另一种形式是民间互市。民间互市最初是作为官市贸易的补充形式而存在的。宣德九年(1434)十月,"广宁、开原等处立马市,置官主之,以便外夷交易……凡马到市,官买之余,听诸人为市"①。官买之余,才允许民间市买,看来交易规模不大,数量不多。隆庆时,宣大总督王崇古考虑到蒙古各"部落多,钱粮有限",官营一途不能满足需要,"因广召商贩贸易,号'民市',兼收其税,充诸将吏廪犒需"。② 当时交易货物,"蕃以金银、牛马、皮张、马尾等物,商贩以绸缎、布匹、釜锅等物"③,女真族则"以名马易锦绮"④,一时"真有胡越一家气象"⑤,看来交易量较为可观。通常情形下,官营互市时,边地将官也乘机从事私人贸易。弘治时,驻守大同的将官,每当与蒙古开市时,"皆令家人以段布市马……以违禁花云段与虏交易"⑥。由布帛来自江淮可知,同官营互市一样,民间互市的缎匹是由江南提供的。由其交易盛况,可知规模颇为壮观,这时的民市已不再是官市的补充,但它仍是由官方提倡并加以控制的一种民间贸易

---

① 《明宣宗实录》卷一一三,宣德九年十月丁巳,第 6 页,总第 2550 页。
② 黄景昉:《国史唯疑》卷八,上海古籍出版社,2002 年,第 232 页。
③ 《明史》卷三二七《鞑靼传》,中华书局,1974 年,第 8487 页。
④ 魏焕:《皇明九边考》卷二《辽东镇·疆域·经略考》,《四库全书存目丛书》史部第 226 册,第 40 页。
⑤ 黄景昉:《国史唯疑》卷八,第 232 页。
⑥ 《明孝宗实录》卷一五〇,弘治十二年五月壬午,第 6 页,总第 2652 页。

活动。

2. 民间丝绸贸易

民间丝绸贸易是纯粹意义的由民间经营的贸易活动,它同样也有两种形式。

一种形式是民间的走私丝绸贸易,它主要发生在汉族和少数民族相邻的边关地区。在明代,缎匹与铁及铁器、食盐等严禁私运出关与各民族交易,不是官为经营,就是由官方严加控制,因此边关地区的民间丝绸贸易就只能以走私的形式出现。前述西北和北方等地区的民间丝绸贸易,就大多属于这种形式。清代在展开与新疆各族官营丝绸贸易时,允许内地与新疆进行其他商品交换,而唯独严禁丝绸流向新疆。因此在乾隆至咸丰年间进行官营互市时,民间在新疆的丝绸贸易皆可视为走私贸易。自然这种走私贸易商业利润高,风险也大,是广大商民在冲破重重阻力的情形下进行的。

另一种形式是民间的合法丝绸贸易。这种形式在各种形式的丝绸贸易活动中历时最久、发生地域最广,交易量最大,从业人员也最为复杂,而尤以商人为最多(详见本章第四部分)。

经营者获得丝绸的途径一般来说有两种。一种是商人从生产者或绸缎行或帐房那里购买而得。清代的帐房和苏州的现卖机户、南京的小开机都是向商人出售丝绸的生产者或经营者。这种情形比较适合于临时性的和小规模的经营活动。另一种是商人预付定银给生产者,后者按照商人的要求织造绸缎,商人在规定时间内收取成品。由于各地对丝绸品种色彩及尺寸等要求不同,形成了丝绸经营的精细分工,各地域商人都有较为固定的经销线路和特殊的品种要求,因而商人获得丝绸更多的是采用定织的方式。这也更适合于规模经营。所以江南丝绸店户称,"客商置货必就彼处所宜,故花样轻重长短各有不同,势必交银定货","各路商贾来杭兴贩绸缎,一省有一省所行之货"。如山西商人"所行之货,其绸匹至长至重,其绫纱绢口至轻至短,例付牙行定织"。即使是同为山西商人,"置货必就彼处所宜,故花样轻重长短各有不同,势必交银定货",盖因"所行之货各有不同,若非发银预定,即不能合式,而货物不行"。① 可见定织的形式既是丝绸生产专业分工发达并满足各种不同需要的结果,也是丝绸贸易大规模长时期经营的必然要求。

然而无论哪一种途径,一般来说商人都不直接与生产者发生往来,如前所述,都必须经过丝绸牙人经纪的介绍。不但丝绸交易由牙人经纪撮合,而且货物定金也由牙人经纪转发给机户,牙人经纪因交易需要而自然产生。牙人经纪说合生意,收取一定量的牙佣。如系购买现成货,随银交易,牙佣为 1 分;如机户预领客银,牙人有经手收交亏缺及张罗之责,牙佣就为 2 分。而具体交易,在清后期的苏州,商人和机户买卖双方大多在茶馆见面,叫"茶会"。南京、杭州等地大率如此。

丝绸行业中牙人经纪特别活跃,是基于如下两方面的原因。从购销方面来说,由于丝绸业的分工极为精细,各地需要又各不相同,只有熟悉此项业务而又专司其职者,才能使买卖双方购销对路。这不但在城市丝绸业中表现得十分明显,而且在乡镇丝织业中同样如此。如在盛泽镇,在乡村丝织户和市镇绸庄之间担负中间职能的,最初是一种叫作"傲船人"的人,将生产者的绸匹带到镇中绸庄出售,获取低微的代劳费,后来发展成绸领头(又称绸领投,专门从事引领机户投卖和招揽客商的行当)。② 这种绸领头在江南各丝织市镇都十分活跃,并非是盛泽一镇独有的现象。从生产者机户方面来说,小本经营的商品生产者缺少资金,大多现产现卖,"若不向牙行收客定银,焉有丝本织造现成货匹",接受定金,"在机户亦利其银先到手可以通融",不必为无力购买丝原料而担忧,甚至可减少垫支资金,"通融生息"。③ 由此可见,丝绸经纪牙人为丝绸交易和生产本身所需要,是丝绸购销双方不可或缺的中介,在丝绸贸易乃

---

① 《杭州府仁和县告示商牙机户并禁地棍扰害碑》,康熙五十年十月;《杭州府告示商牙机户店家人碑》,康熙五十五年四月,转引自陈学文《中国封建晚期的商品经济》所附碑文,湖南人民出版社,1989 年,第 120、122 页。
② 参见宋伯胤《盛泽镇丝织手工业历史调查随笔》,《中国历史博物馆馆刊》1983 年第 5 期。
③ 《杭州府告示商牙机户店家人碑》,康熙五十五年四月,转引自陈学文《中国封建晚期的商品经济》所附碑文,第 122 页。

至丝绸生产过程中起到了积极的作用。盛泽镇，"镇之丰歉，固视乎田之荒熟，尤视乎商客之盛衰。盖机户仰食于绸行，绸行仰食于商客，而开张店肆者即胥仰食于此焉。倘或商客稀少，机户利薄，则怨咨者多矣"①。"凡销绸者曰绸领头，每日收至盛泽、王江泾牙行卖之。花样轻重必合北客意，否则上庄辄退。"②清人史在柱《黄溪竹枝词》谓："郎起金梭妾起花，丝丝朵朵著人夸。无端北客嫌轻去，贱煞吴绫等苎麻。"③经纪牙人的作用不可或缺。诚然，有些牙人强买挪放，勾结地痞白赖包揽业务，甚至侵吞客商定银，克扣机户工价，这说明在封建制度下，牙人在发挥其中间作用的同时，其落后黑暗的一面也极为明显。但从总体上说，兴盛的丝绸贸易是与牙人势力的活跃相辅相成、同步共趋的。

（三）国内丝绸贸易商品量的估算

在考察了江南丝绸国内贸易的概况及其主要形式后，现在再来探讨它的商品贸易量。

关于这个问题，只有吴承明先生有过表述。吴先生认为："明代官丝织局的生产能力大约为五点七万匹，这是按高级产品缎来计算。明后期，苏、杭一带民间机户的织机大约为官织局的三倍，生产不限于绫、缎，产量较高。嘉靖以后，官织多改为领机和市买，历次加派常达十万匹，即靠民机生产。还有，农家副业的丝织业生产，主要是绸和绢，也大部分是商品性生产。这样，粗略估计一下苏、杭一带的上市量，即参加长距离运销的丝织品，每年可达三十万匹左右。按各类平均每匹一两计，价值在三十万两左右。"④吴先生的估算富有开拓和启发意义。但先生所依据的官局产量实际上似乎没有这么高，而且全国官局产量好像也不能作为江南民机产量的推算依据，明廷常达 10 万匹的加派，是分若干年分织的，

---

① 顺治仲沈洙纂，康熙仲枢增纂，乾隆仲同需再增纂：《盛湖志》卷下《风俗》，第 1 页。
② 道光《黄溪志》卷一《风俗》，第 4 页。
③ 道光《黄溪志》卷九《集诗上》，第 11 页。
④ 吴承明：《中国资本主义与国内市场》，中国社会科学出版社，1985 年，第 237 页。

似乎不能作为民机产量的参考系数。我们试以明代江南官局的织机数和额定织造数以及民机的实际生产能力来估算其产量或商品量。

明代在江南的中央织染机构约有织机 500 张,额定织造每年约为 6000 匹;地方 6 个织染局额设织机约为 1150 张,额定岁造缎匹 10309 匹,闰年加织 685 匹。正常年景,中央和江南地方织染局每年额定织造约为 1.65 万匹。明后期向江南大规模加派丝织品,据估计自万历三年至天启四年的 50 年中,不计改造中的岁造部分,平均每年约为 1.6 万匹。加派缎匹虽然实际上由民机生产,但名义上是由官营织局完成的,也就是说可以视为官营生产部分。岁造和加派两项,合计约为 3.2 万匹。这类缎匹,如一律以江南岁造缎匹用银每匹 3.97 两计算,则高达 12.7 万余两,实际用银因加派缎匹均高于岁造缎匹而应该高一些,估为 13 万两当无大问题。明后期江南民间织机大约是官局织机的 3 倍,如果生产能力大体相当,则每年可能达 10 万匹左右,价值达银近 40 万两。考虑到民间生产的丝绸档次一般不会有官局高,每匹绸缎的实际造价和价格要低得多。如以明后期绢每匹为银 7 钱,绸约为 1 两计,那么明后期江南投入商品流通的近 40 万两银丝绸约为绢 57 万匹,或绸 40 万匹,或缎类织物 10 万匹。

清代江南丝绸商品量的估算,可以比明代具体可靠一些。

我们既已估算出清代江南丝织生产全盛时期的织机数,那么只要知道每张织机的单产量,就能算出总产量。由于各个时期的绸缎产量并无一定,因此我们用织机的绸缎日产量来估算总产量。苏州纱缎机,每机一天可织 5—8 尺。南京素缎 2 尺 2 寸门幅者,每天可织 7—8 尺;妆花缎、摹本缎等上等织匹,每天所织不过数尺。[①] 杭州缎,每天可织 4—5 尺,也有称织造缎、宁绸"其无花者一人一日能织三尺,其有纹并绸则壮幼二人一日可织六尺"[②],大致相当。日人小此木藤四郎的记载较为笼

---

① 东亚同文会:《支那省别全志》第 15 卷《江苏省卷》,日本大正六年(1917),第 788—799 页。
② 绪方南溟:《中国工商业考·杭州府》,光绪二十三年广雅书局刻本,第 35 页。

统,说江南苏杭宁织机每天可织花缎 6 尺、素缎 7—8 尺,宁绸 7—8 尺,纱类 2 丈,绸类 6—10 尺。[①] 濮院绸、盛纺,大约每天可织 20—25 尺。江南丝绸种类繁夥,长短不一,自 1 丈 8 尺至 5 丈者皆有,但上述几种品种大致以 4 丈为一匹。江南地区一般每机每年平均生产 200 天左右。以此而计,则每台织机每年可织苏州纱缎 40 匹,南京妆花等缎 20 匹,南京素缎 40 匹,杭州缎 23 匹,宁绸 40 余匹,纱 100 匹,绸 100 匹,湖绉、濮院绸、盛纺等 175 匹。假如前估清代江南丝绸生产兴盛时织机为 8 万张无大出入的话,那么其时江南民间织机每年约生产苏州纱缎 320 万匹,或南京妆花等缎 160 万匹,或南京素缎 320 万匹,或杭州缎 180 万匹,或宁绸 320 万匹,或纱类织物 800 万匹,或濮院绸、盛纺、湖绉等类织物 1400 万匹。又假如以乾隆时期濮院绸每匹值银 1.08 两计算,则每年绸缎价值达银 1500 万余两。综上所述,清代江南丝织业兴盛的乾、嘉时期,大约可以提供的丝绸商品量相当于绸类 1500 万匹,值银 1500 万两。较之明代,增加 35 倍以上。

再看生丝流通量。如前所述,1897 年日人松永伍作认为当时国内消费的生丝是出口生丝的 3 倍。我们试以当年的出口数来计算江南生丝的国内消费量。当年出口生丝 11.7 万担,价值 40993000 两(参见本章表 6-2)。如果松永氏之估算不离谱,则国内生丝商品量高达 1.2 亿余两银。我们再以松永氏所说内销与出口比例来推算乾、嘉时期江南丝织业兴盛时的国内生丝流通量。这个推算的缺陷在于鸦片战争前内销的比例要高得多,因此估算结果要比实际低得多。自乾隆三十年到乾隆五十九年,出口生丝每年平均 3326 担(参见本章表 6-1),则国内消费按 1:3 比例算,为 9978 担。当时丝价大约每担 209 两银[②],则总值银约为 210 万两。康熙中后期,唐甄说:"吴丝衣天下,聚于双林,吴越闽番至于海岛,皆来市焉。五月,载银而至,委积如瓦砾。吴南诸乡,岁有百十万

[①] 山内英太郎:《清国染织业视察报告书》,东京:有邻堂,1899 年,第 19 页。
[②] 以乾隆二十九年杨廷璋所奏丝每两平均 102 文,准之王庆云《石渠余纪》所述当时钱银比价为 1:1.2,得每担丝 196 两银,道光初年丝价每担 227 两,其中间值应为 209 两。

之益。"①当时丝价每两约银 0.06 两,110 万两银需丝 11458 担。扣除出口国外部分,与上述估算可以吻合。康熙中后期到乾隆中期江南蚕丝产量及总量不会有大的增长,因此上述估算虽然偏低,但当不致太离谱。如此说来,当丝织业兴盛时,江南大约有一万担左右二百余万两银的生丝投入国内市场。

(四)国内丝绸贸易兴盛的原因

明中期到清中期江南丝绸贸易的兴盛,是与江南丝绸生产的特有优势、各地对江南丝绸的依赖以及社会时尚对丝绸的追求等分不开的。

明清时期的江南,丝绸是与棉布同样价值量的大宗商品。当时人一致认为,江南是丝绸之府。明万历时人王士性论天下物货所聚,首列"苏杭之币"②。张瀚观察东南之利,以三吴罗绮绢纻为最。隆庆年间,徽商黄汴说苏州汇聚百货,而缎匹为首。清中期,纳兰常安曾感叹道:"绸缎纱绫,于苏大备,价颇不昂。"③清末日人绪方南溟考察中国工商情形后指出,苏、杭等江南城市商情"以绸缎为第一"④。江南城市汇集的这些堆积如山价格便宜的各色丝绸,完全是由本地生产的,而不像同时期南方的广州和北方的临清、济宁等地,主要是由外地输入。因此,江南丝绸贸易的繁盛,完全是建立在本地区丝绸生产的坚实基础之上的,或者说,江南丝绸繁荣的生产与兴盛的贸易是互为因果的。

江南丝绸量多质优价廉,是因为该地具备着他地所没有的地利优势。江南绸缎生产与优质湖丝产地相一致,成本远比其他地方低。官营织造设置最为集中且始终存在,集中了大批为他地所没有的优秀技术工匠,可以说江南丝织工匠的技术最为高超,其生产之普遍,规模之宏大,产量之高,总量之多,

---

① 唐甄:《潜书》下篇下《教蚕》,中华书局,1955 年,第 157 页。
② 王士性:《广志绎》卷一《方舆崖略》,中华书局,1981 年,第 5 页。
③ 纳兰常安:《宦游笔记》卷一八《江南三·南廠货物》,第 8—9 页,台北:广文书局影印本,1971
　年,总第 948—949 页。
④ 绪方南溟:《中国工商业考·杭州府》,第 33 页。

规模品种之全,质量之优,他地难以比匹。所有这些,都使江南丝绸在全国市场上富有竞争力,而居于绝对垄断不可动摇的地位。

江南丝绸由于具有各种优势,因而备受各地欢迎。苏、杭、宁、镇等大城市的高档锦缎,如当代美国学者伍若贤所论,"即使在 1910 年代,广东的上层阶级仍然需要从苏州和杭州进口丝织品,因为据说本地生产在质量上较次"。[1] 其时珠江三角洲丝织业发展迅速,尚且如此,其他丝绸生产落后地区对于江南丝绸之依赖度可以想见。即如湖州所产湖绸,《中国实业考·浙江省》称,到 19 世纪 80 年代,因"间有就地取材者,而绸质渐见良好。南至广帮,北至京津帮,制衣者欢迎湖绸,湖绸之销路,因之日广"。再如明后期发明的秋罗,特别适用于缙绅士夫做暑服,至清代仍受青睐。明崇祯时兴起的包头绉,适合妇女包头以避风沙,因而南北风行,长销长盛。诸如此类,不一而足。江南绸缎之所以独领风骚,销路畅达,又与它深受人们喜爱有关。

如前所述,相对于江南的兴盛局面,全国各地的蚕桑丝绸生产长时期内处于极不景气状态,需要从江南源源输入丝织品。前述明代北方边地所需绸缎,大多取自江南。清初山东兖州府,"服食器用,鬻自江南者十之六七矣"[2]。甘肃输入的江南绸缎,大部分又继续向西运销到了新疆。福建大部分地区不产丝绸,故谓"闽不畜蚕,不植木棉,布帛皆自吴越至"[3]。陕西自古为蚕桑之地,可乾隆时陈宏谋巡抚该地时,蚕桑之事早已废弛日久,"绸帛资于江浙"[4]。湖南常德府,境内不种桑,直到嘉庆时,"境内不种桑,皆野生,间出丝枲,悉供商贩。不工组织,锦绮之属,取之江、浙远方"[5]。同省保庆府邵阳县,不习机织,直到清末,绸缎由江、浙

① 伍若贤:《列强在中国》(Robert Eny, *Economic Enperialisn in China*),第 19 页。
②《古今图书集成·职方典》卷二三八《兖州府物产考》,第 81 册,第 48 页。
③ 王沄:《漫游记略》卷一,《笔记小说大观》第 2 辑。
④ 陈宏谋:《巡历乡村兴除事宜檄》,《清经世文编》卷二八《户政三》,中华书局影印本,1992 年,第 690 页。
⑤ 嘉庆《常德府志》卷一八《物产考》,第 12 页,嘉庆十八年刻本。

至,"杭绸、宁缎、湖绉,今市店所售者,皆江苏、浙江产也"①。四川的东部地区,在清初,未闻有致力于丝织者,"一丝一帛之需,上取给西川,下资之吴越"②,也有赖江南丝绸。

江南丝绸只有少数几个地方可以与之竞争。明代四川蜀锦仍然著名,但成本昂,价格高,限于王室宫殿使用,而且过于厚重,仅充床褥之用,不适合做衣料,非为民间所宜,其样只存在蜀王府中,故作为商品流通量极为有限。③ 四川所产丝绸在西部和北方地区市场较广,对江南丝绸有一定的竞争力。成都"妇女务蚕事,缫丝纺绩,比屋皆然"④。所产丝主要运往北方陕西、山西、甘肃及北京等地,西藏也是重要销场,也有部分经由汉中、沙市销往上海加工出口。清中期,所织绸缎有宫绸、宁绸、线缎、巴缎、倭缎、闪缎、线绉、湖绉、薄艳平纱、明机、蜀锦、天心锦、浣花绢、龟兹阑干等,销路较广。如前所述,嘉定府所产优质绸,精良耐久,"成为在四川本省贸易以及与北京和西藏的贸易中的一项大量物品"。据英国人观察,"川丝的买卖成交最大,它是成都府店铺中最特出的货品"⑤。成都等地在晚清时,出产蜀华缎、珍珠缎、锦霓缎、芙蓉缎、文明缎、清水大绸、里绸、明机里绸等各色绸缎,也由官府采办进京,以供官营织造机构生产之不足,民间贸易当也兴盛。仅在嘉定府合川县,经营各种丝绸的店铺,咸、同时为40多家,年约售银六七万两,到光绪初年,生意畅达,增至80余家,年约售银20余万两,清末更年销售银至40万两。⑥ 嘉定府,原产水波绫、乌头缕绫、绢绵等,

---

① 光绪《邵阳县乡土志》卷四《商务》,第77页,光绪三十三年刻本。
② 费密:《荒书》附《重庆府佛图关新建蚕神记》,抄本。
③ 王士性《广志绎》卷五《西南诸省》(第107页)载:蜀锦,"古今以为奇产。锦一缣五十金,厚数分,织作工致,然不可以衣服,仅充褥之用,只王宫用,非民间所宜也,故其制虽存,止蜀府中,而间阎不传"。
④ 同治《成都县志》卷二《舆地志·风俗》,第2页。
⑤ Letter by Baron von Richthofen on the Provinces of Chili, Shansi, Shensi, Sz'-Chwan, with notes on Mongolia, Kansu, Yunnan and Kwei-Chau, p. 65,转引自彭泽益编《中国近代手工业史资料》第2卷,中华书局,1962年,第90页。
⑥ 民国《合川县志》卷二三《掌录九·商业》,第11页。

到清中期"数种今亡",只有绵绸,其时出产颇佳。① 潼川府盐亭县,清中期,养蚕缫丝织绸者较多,号称"比户机声轧轧",所产川北绸,"远近商贾贩贸云集"。② 尽管如此,在全国范围,仍无法匹敌江南丝绸。

广州产粤缎、广纱,号称"甲于天下",如前所述,需赖湖丝织成。具体如线纱、牛郎绸、五丝缎、八丝缎、云缎、光缎,"皆为岭外京华东西二洋所贵"③,可以媲美江南绸缎,畅销海外,但清前期广缎的织造技术较之江南丝织技术,似乎稍逊一筹。现有研究成果表明,广州的丝织技术也是在江浙人的指导下提高的。雍正年间广州才有丝织机行,聘请江浙师傅前往传授丝织技术。④ 直到清中期,广州丝织技术有赖于江南,其所产绸缎难于与江南竞争,且行商仍要通过到江浙输入丝绸用于出口,说明广州所产仍不能满足海外市场的需要。

福建的泉州、漳州,有一定的丝绸生产能力。正德、嘉靖年间,漳州府每年向朝廷进贡光素缎二百五六十匹。泉州之绢,漳州之纱,号称"衣被天下",万历间,漳州引进外国织品天鹅绒,"殆夺天巧";又织陀罗尼,"工费浩繁"。所织土潞绸,逼真山西潞绸,只是稍簿而已。漳纱旧为海内所推,光素缎和绢等均较佳,还产绖绸等。但漳州蚕丝生产跟不上,除了绖绸用当地丝,"其他所织者俱用湖丝"。万历时漳纱"俱学吴中机杼织成者,工巧足复相当,且更耐久"⑤。漳州府属下的龙溪县,"绢、纱、罗、丝布,四者皆用湖丝织成者,非土丝。漳人巧善织,故名于天下,然近因和买少价,织者日粗纰"⑥。都说明明后期漳州较之江南丝绸水平已经相对落后。所以明后期福建商人走私贸易中的丝绸商品

① 嘉庆修、同治重修《嘉定府志》卷七《方舆志·物产》,第8、9页。
② 乾隆《盐亭县志》卷四《土地部·土产》,第29页。
③ 屈大均:《广东新语》卷一五《货语·纱缎》,中华书局,1985年,第427页。屈大均《广州竹枝词》赞道:"洋船争出是官商,十字门开向二洋。五丝八丝广缎好,银钱堆满十三行。"
④ 参见叶显恩《珠江三角洲社会经济史研究》,台北:稻禾出版社,2001年,第108页。
⑤ 万历(四十一年)《漳州府志》卷二七《风土志下·物产》,厦门大学出版社影印,2012年,第1833—1834页。
⑥ 万历(元年)《漳州府志》卷一三《龙溪县·舆地志·物产》,福建省地方志编纂委员会整理,厦门大学出版社,2010年,第411—412页。

大多取资于江浙。故嘉、万时太仓人王世懋说丝绸与其他福建商品"无日不走分水岭及浦城小关，下吴越如流水，其航大海去者，尤不可计，皆衣被天下"，但当地"所仰给他省独湖丝耳，红不逮京口，闽人货湖丝者，往往染翠红而归织之"①，不但需江南的丝，还要在江南染色。清华亭人王胜时也称，"闽不畜蚕，不植木棉，布帛皆自吴越至。泉人自织丝，玄光若镜，先朝士大夫恒贵尚之，商贾贸丝者大都为海航互市"②。漳纱、漳缎，到清代仍然"丝则取诸浙西"③。泉州府晋江县，出产的绢，有素织、花织、云织和金线织等，用湖州的土蚕丝织成；纱，有素纱、花丝、金绿丝等，也用湖丝织成；缎，织法如江南，名本机缎，也用湖丝织成。而且县中"丝缕绵絮由来仰资吴、浙"④，自明至清一直如此。

江西在明代上纳农桑丝绢，却因"丝非本省所产，必于浙杭等处购买"⑤。浙江台州府黄岩县，产绢颇佳，但直到清后期，"惟是蚕桑之利尚未能兴，机织作务之丝，大都市诸湖、绍"⑥。其他如山西潞绸、陕西秦纱、山东茧绸、河北饶绸，数量既少，质地稍显粗硬，适用范围有限，很少市场销售。

正是全国丝绸生产集中于江南，丝和丝绸生产区域不尽一致的这种特殊格局，为江南绸缎销向全国各地创造了十分有利的条件，换言之，江南绸缎在全国通行无阻，是全国丝绸生产不平衡和各地丝绸生产不景气的结果。直到清后期，各地丝绸生产兴起，江南丝绸的销售地域也有所收缩，但总体而言，仍处于领先地位。

江南绸缎有着畅达的销路，还在于社会各界崇尚服用丝绸。明清社

① 王世懋：《闽部疏》，《丛书集成初编》第 3161 册，第 12 页。
② 王胜时：《闽游纪略》，《小方壶斋舆地丛钞》第 9 帙，第 104 页。
③ 光绪《漳州府志》卷四八《纪遗上》，第 9 页。
④ 乾隆《晋江县志》卷一《舆地志·物产》、《舆地志·风俗》，晋江县政府重印本，1945 年，第 50、51 页。
⑤ 《两台奏议》卷五《复议丝绢折半疏》。
⑥ 光绪《黄岩县志》卷三二《风土志·土产》，第 16 页。

会生活由俭入奢,一变于明嘉、万时,再变于清乾隆时,三变于清后期。社会风尚的变化,首先体现在服饰上,服饰的变化,则体现在崇尚衣着丝绸,全社会服用丝绸,这就为江南绸缎的销路开辟了广阔而持久的市场。

为维护统治者的等级尊严,明廷对服装及其色样都有明确的规定,不得紊乱僭越,下层百姓无力也不能购买绸缎,穿着绫罗。可到成化时,据奏报,"军民服色器用,近多僭越,服用则僭大红织金罗段遍地锦",以致出现"四方丝贵金少"的局面。① 成化二年,礼科给事中丘弘题奏称,"近年民俗日事奢侈,富贵之族、食禄之家穷奢极巧,骄肆无度……军民僧道皆得以服锦绣之服,金线之靴,倡优下贱皆得以用宝石首饰、金织衣袍"。成化六年丘弘升任户科都给事中,又题奏,"近来京城内外,风俗多尚奢侈,不拘官民军匠倡优下贱,概用织金衣服"。以至宪宗一再应大臣的要求,颁旨严禁民间服用奢僭。成化十六年,礼部转奏锦衣卫亲军指挥司署同知赵承文条陈五事,中称"今军民富豪僭用禁色段匹奇异花样以为衣服,虽文官有不如,甚至倡优之贱而朱紫遍地,奴隶之卑而金线做靴。……今军民恃财多张锦绮,僭造床张及用浑金罗段做衣服以为嫁娶,而炫耀于通衢,至荣于大市",赵承文因而呈请如当年太监汪直所奏,备榜通行南京、苏杭等处禁约。② 由这些官员的奏请,可知明中期兴起的奢侈之风,违禁僭服织金锦缎之事在丝绸之府南京苏杭等地最为盛行。弘治时,周玺也上疏说当时"娼优下贱以绫缎为裤,市井光棍以锦绣绫袜,工匠技艺之人任意制造,殊不畏惮"③。然而其时所谓奢侈,所谓服用逾制绫锦为服,大都仅指京城的士宦之家及其仆役,一般的平民自难进入崇奢之列。即如繁华都会南京,正、嘉以前妇女尚工织纴,"珠翠绮罗之事少"④。甚至在丝绸之府湖州,顾箬溪见老家人之子穿绫子绵衣,骂他"不成人"。与江南一江之隔的通州,据说弘治、正德之时"犹有淳本务

① 余继登:《典故纪闻》卷五,中华书局,1981年,第268页。
② 戴金:《皇明条法事类纂》卷二二,日本古典研究会影印本,1966年,第546、552、554—555页。
③ 周玺:《垂光集·论治化疏》,《景印文渊阁四库全书》第429册,第272页。
④ 顾起元:《客座赘语》卷一"正嘉以前醇厚"条,中华书局,1987年,第25页。

实之风,士大夫家居多素练衣缁布冠,即诸生以文学名者,亦白袍青履游行市中,庶氓之家则用羊肠葛及太仓本色布"①。繁华闹市、丝绸产地及经济发达之区尚且如此,其他经济相对落后及偏僻地区,衣布俭朴之风概可想见。

　　到嘉靖、万历时期,商品经济广为增长,商人实力迅速增加,工匠应役制度松动代役银制实行,导致整个社会风气为之一变,崇奢黜俭视为时髦。对于这种时尚变化,各地文献多有描述,反映在服饰上,就是竞用丝绸之风大兴。如原来少着绮罗的南京,万历时期"衣丝蹑缟者多,布服菲屡者少"②。原来有淳朴之风的南通州,万历时"里中子弟谓罗绮不足珍,及求远方吴绸、宋锦、云缣、驼褐,价高而美丽者为衣,下逮裤袜,亦皆纯采。其所制衣,长裙阔领,宽腰细折,倏忽变易,号为'时样'。……故有不衣文采而赴乡人之会,则乡人窃笑之,不置之上座。向所谓羊肠葛、本色布者久不鬻于市,以其无人服之也"③。湖州在万历中期,按律令只能衣布食粗的贱役长工,也"皆好穿丝绸绉纱湖罗,且色染大类妇女"④。浙江温州则"富家子弟多以服饰为炫耀,逮舆隶亦穿绸缎,侈靡甚矣"⑤。这是江南及附近地区。他如北国的山西曲沃,"齐民服饰恣所好美,僭侈无度,男子冠巾丝履,女子珠翠金饰,但有财尽能索耳"⑥。沿运河的山东博平,嘉靖中叶起,"市井贩鬻厮隶走卒,亦多缨帽细鞋,纱裙细裤"⑦。南国的福建同安县,原来衣皆布素,万历时"人着彭段纺丝,无白布道袍者。往时市肆绸段纱罗绝少,今则苏段、潞绸、杭货、福机行市,无所不有者。……往时富贵人家里衣无不用布,今则市井少年无不着绸罗短衫、

---

① 万历《通州志》卷二《疆域志·风俗》,第 47 页。
② 顾起元:《客座赘语》卷二"民利"条,第 67 页。
③ 万历《通州志》卷二《风俗》,第 47 页。
④ 李乐:《见闻杂记》卷一〇,第 14 条,上海古籍出版社影印本,1986 年,第 914 页。
⑤ 万历《温州府志》卷二《舆地下·民事》,第 50 页,《四库全书存目丛书》史部第 210 册,第 516 页。
⑥ 万历《沃史》卷一三《风俗考》。
⑦ 道光《博平县志》卷五《民风解》,第 5 页。

绸纱裙、绸绫裤者"①。对丝绸的追求,不再限于某个阶层,而是涉及到社会各个层次,所以有人形容:"嘉靖以来,浮华渐盛,竞相夸诩,不为明冠明服,务为唐巾晋巾,金玉其相,锦绣其饰,扬扬闾里。"②张瀚则更为感慨,纻丝绫罗缎绢,往时皆有限制,如今却"男子服锦绮,女子饰金珠"③,僭拟无涯。可见嘉靖、万历时的社会风尚大变化,决不是一地或某些地区的变化,而是全国各地整个社会的变化。在这一变化过程中,丝绸变得更有魅力。

如果说,江南绸缎的销路受到了嘉靖、万历时期社会风尚大变化的刺激的话,那么这种刺激作用到清代就更大。清前期社会稳定,物力充裕,社会丰亨豫大,服用丝绸较为普遍。康熙时叶梦珠说:"自职官大僚而下至于生员,俱戴四角方巾,服各色花素绸纱罗道袍……其市井富民亦有服纱绸绫罗者,然色必用青黑,不敢从新艳也。"④对于偏好丝绸的风尚,康熙时的汤斌、雍正时的尹会一、乾隆时的陈宏谋等名臣巡抚地方,都曾颁布风俗条约,劝谕返朴还淳。如陈宏谋乾隆二十四年条约中有云:"身着绫罗绸缎,头带金银首饰,已云华美,何乃衣裙必绣锦织金……虽贩竖肩挑之辈,逐日营趁,生计艰难,而妻女亦皆绸缎金珠,不肯一着布素。"⑤由此禁约,可知当时民间丝绸服用程度。开风气之先的扬州,人称"扬郡着衣,尚为新样。十数年前,缎用八团,后变为大洋莲、拱璧兰。颜色在前尚三蓝、砝、墨、库火、泥金、黄,近用膏粱红、樱桃红,谓之福色"⑥。无论丝绸种类还是色彩,追求日新月异。在无锡,衣服"以布为耻,绫缎绸纱争为新色新样……间有老成不改布素者,则指目讪笑之"⑦。

① 蔡献臣:《清白堂稿》卷一七《同安县志·风俗志》,《四库未收书辑刊》第陆辑,第 22 册,第 529 页。
② 涂山:《明政统宗》卷二五,嘉靖三十二年六月,吴瑞登按语,万历四十三年刻本,第 19 页,台北:成文出版社影印,1969 年。
③ 张瀚:《松窗梦语》卷七《风俗纪》,第 123 页。
④ 叶梦珠:《阅世编》卷八《冠服》,上海古籍出版社,1981 年,第 174 页。
⑤ 陈宏谋:《培远堂文檄》卷四五《风俗条约》,第 2 页,《陈梧门先生遗书》本,1944 年铅印。
⑥ 李斗:《扬州画舫录》卷九《小秦淮录》,江苏广陵古籍刻印社,1984 年,第 185 页。
⑦ 黄印:《锡金识小录》卷一《备参·风俗变迁》,第 16 页,光绪二十二年刻本。

即如一向淳朴的湖南衡阳,乾隆时也"衣服半用绮罗"①。乾隆时,甚至连荷戈持矛的满洲兵丁,"所穿衣服,多用绸缎"②。在明代,一般人服用丝绸,还被地方文献目为"服妖",被乡居地主李乐斥为"天下第一件不好事",以致"惊心骇目",叹为"乱象",在清代则再也见不到同类的斥骂之词了,反而对不用丝绸者"目指讪笑之"了。尽管如此,由于丝绸价格昂贵,一般人仍以棉布为服,间有丝绸服装,平时也不穿着,所以乾隆初年尹会一说"寸丝之直可买尺布,衣布之人百倍于衣丝"③。这就是说,清前期丝绸的服用远比以前为多,但还远没有达到普遍的程度。

鸦片战争后,洋布洋呢纷纷涌入,又在崇奢的趋势中起了推波助澜的作用,竞用丝绸讲求新品新样蔚成风气。道光初年钱泳说,江浙地区"不论富贵贫贱,在乡在城,男子俱是轻裘,女人俱是锦绣"④。此话虽然过于夸大,但丝绸服用再度大增,则毫无疑问。试看同时的山东济宁州,地方官员称:"从前耕读贸易之家,所穿多系雅素棉布,充裕者亦不过茧绸、山绸、西机、沈绸之类,今则湖绉、洋呢,视为寻常,而且缨帽、缎靴,天青、元青色外褂,样样必备。至于女衣之装饰,更极踵事增华。"⑤湖州地区,"佻达少年,以红紫为奇服,以绫绒作祖衣罗绮。富贵家纵容仆隶,亦僭巾履,新巧屡更"⑥。不必细引缕述,清后期服用丝绸已达普及程度,殆无疑义。

追求新奇,竞夸新样,由俭趋奢,这是社会风气的发展趋向。明清时期上述社会风气的三次变化,一次比一次更多地迎合了人们对丝绸的服用要求。江南绸缎因其量多质优花样新颖,兼以社会风尚不断看好苏缎

---

① 陶易:《劝民节俭告示》,乾隆《衡阳县志》卷五《风俗》,第 161 页,《中国地方志集成·湖南府县志》第 36 册,第 161 页。

②《清高宗实录》卷一四九,乾隆六年八月庚申,第 11 页,总第 10071 页。

③ 尹会一:《敬陈农桑四务疏》,《清经世文编》卷三六《户政一》,第 891 页。

④ 钱泳:《履园丛话》丛话七《臆论·骄奢》,中华书局,1979 年,第 192 页。

⑤ 道光二十一年《劝民善俗谕》,道光《济宁直隶州志》卷三《风土志·风俗》,第 27 页。

⑥ 同治《湖州府志》卷二九《舆地略·风俗》,第 5 页。

吴绸宋锦,因而用量大增,销路日拓,独领风骚数百年。这就是为什么自明后期起江南绸缎的国内贸易不断获得大发展的重要原因。诚然,崇奢的始作俑者和积极推动者是明清帝后王公达官贵人,他们对江南绸缎表现出少有的贪婪,百般搜刮至穷凶极恶的程度。江南绸缎的销售对象主要是这些人。

二 兴盛的对外贸易

明清时期的江南绸缎,虽然其商品销售量国内部分占了较大比重,但其广阔的国外市场更令人瞩目。如果说,江南绸缎的国内贸易还只是反映了明清时期全国各地丝绸生产的情形,那么其对外贸易的兴衰实际上则是世界各国丝绸生产盛衰的结果。

由于明清时期中国的丝绸生产以江南为最,江南绸缎誉满海内,江南本地出口的绸缎系当地所产自不待言,即使福建、广东等地出口的丝绸也大多由江南转运而至;又由于各地虽有规模不等的丝绸生产,但大多有赖于江南的原料丝,出口生丝根本无从谈起,因此明清时期出口的中国丝和丝织品,可以视为基本上就是江南所产,至少在清中期前,中国的丝绸出口实际上就是江南的丝绸出口。

考虑到江南丝绸对外贸易的复杂性,以及明清中国政府对于各国所采取的不同政策等因素,又由于中国与有些国家的丝绸贸易材料十分缺乏,地位也不甚重要,因此本章仅分别考察江南与以下各国各地区之间的丝绸贸易。

(一) 江南与日本的丝绸贸易

明代前期,中日两国实行官方勘合贸易。自明永乐十七年到嘉靖二十六年(1419—1547),日本派遣勘合船共 17 次。这些勘合船每次载来日本特产,获得明朝作为回赏物的丝绸、书籍等日本所需的商品。日本使者也利用出使明朝的机会,尽量扩大贸易规模,大量购买丝绸。景泰

年间日本随贡使笑云瑞䜣,就在宁波购买生丝运回日本发卖。① 嘉靖十
八年(1539年,日本天文七年)日本副使策彦周良,在宁波收购缎子2尺,
收丝绸"金襕",收"缎匹一端,银壹两七钱。收改机一端,七钱八分",在
北京"买收北绢二端,价银各八钱",在清源驿"买收靓罗绵三端";嘉靖二
十七年,策彦以正使身份再次入明,在苏州预付银两定购生丝。②

　　明朝使者赴日也多带"赏赐"绸缎。如永乐二年明使带有纻丝50
匹,纱20匹,永乐四年带有织金及诸色彩绸200匹,绮绣衣60件;次年又
带有锦10匹,纻丝50匹,罗30匹,纱20匹,彩绢300匹;宣德八年
(1433)明廷回赠日本国王、王妃的有各色丝织品102匹。③ 这种官方勘
合贸易到嘉靖二年(1523)发生争贡之役后,虽然表面上维持,但实际上
已经大体结束。

　　官方勘合贸易之外,明廷严禁民间与日本等国发生贸易往来。明律
规定,"凡将马、牛、军需、铁货、铜钱、段匹、绸绢、丝绵私出外境货卖及下
海者,杖一百"④,丝绸贸易在禁止之列。隆庆元年(1567)部分开海,准贩
东、西二洋,但仍然禁止与日本贸易。民间开展对日丝绸贸易,就只能以
走私的形式出现。明代后期的中日贸易大势,基本上是商品与银、铜的
单向流动,中国向日本输出商品以生丝、丝绸和药材为主,而从日本输回
银和铜等。

　　到16世纪后期,日本的丝织业已经有了较大的发展,缎绢有花素之
分,但其养蚕业与丝织业仍是脱节的,原料生产远远不能满足需要。据
西班牙人记载,当时日本每年消耗生丝220500公斤,而本国在收成最好

①《唐船日记》,村井章介、须田牧子编:《笑雲入明記 日本僧の見た明代中國》附録二,東京:平凡社,2010年,第259页。
② 见牧田諦亮编《策彦入明記の研究》所附《策彦和尚再渡集》上、下,京都:法藏館,1955年,参见范金民《明代嘉靖年间日本贡使的经营活动——以策彦周良〈初渡集〉、〈再渡集〉为中心的考察》,《中国经济史研究》2012年第4期。
③ 木宫泰彦:《日中文化交流史》,胡锡年译,商务印书馆,1980年,第532,533页。
④《大明律》卷一五《兵律三·关津》"私出外境及违禁下海"条,怀效锋点校本,法律出版社,1999年,第119页。

的年份才出产生丝 94500 公斤至 126000 公斤,有一半左右的生丝需靠进口。因而人们说,"现在即使从中国或马尼拉运来所有的生丝,对他们来说也是不够的"①。供不应求,不但导致生丝价格上涨,而且绸缎价格也极为昂贵,每匹素绢值银 2 两,花绢值银三四两,大红绢缎更高达七八两,而且长度每匹不满 3 丈,每丝 1 斤,值银 2.5 两。② 这样的长度,这样的价格,较之中国市场上的同类货,贵达几倍,一般的日本人根本无力购买,所以生丝之外,价廉物美的中国丝织品也是日本的抢手货。

嘉靖后期人郑若曾同样认为,"丝,所以为织绢纻之用也,盖彼国自有成式花样,朝会宴享必自织而后用之,中国绢纻但充里衣而已。若番舶不通,则无丝可织"③。万历时姚士麟曾援引嘉靖时中国商人童华的话说:"大抵日本所须,皆产自中国。……他如饶之磁器,湖之丝绵,漳之纱绢,松之绵布,尤为彼国所重。"④崇祯时大学士徐光启总结谓:"彼中百货取资于我,最多者无若丝,次则磁;最急者无如药,通国所用,展转灌输,即南北并通,不厌多也。"⑤时人一致认为,中国输向日本数量最多的是生丝和丝绸。

其时明廷虽然准予部分开海,但赴日贸易仍在严禁之列,中国商人通过走私(时人谓之"通番")的形式,与日本商人展开贸易。叶权说:"浙东海边势家,以丝段之类,与番船交易,久而相习"⑥,对日走私贸易基本就是丝绸贸易。隆庆年间开海禁前,对日走私只能直接偷渡,开禁后,至日本仍属非法,但可以堂而皇之地到西洋贸易,于是商人出航时,先向西洋南行,到远离官府巡缉范围,就折而向东行驶,对日贸易较前事实上便利得多。这也就是隆庆以后中国对日丝绸贸易甚于往日的一个重要原因。

① 阿比拉·菲诺:《日本王国纪》第 66 页,转引自陈小冲《十七世纪上半叶荷兰东印度公司对华贸易扩张》,《中国社会经济史研究》1986 年第 2 期。
② 参见李言恭、郝杰《日本考》卷二《贸易》,第 26 页,《续修四库全书》第 744 册,第 740 页。
③ 郑若曾:《郑开阳杂著》卷四《倭好》,《景印文渊阁四库全书》第 584 册,第 542 页。
④ 姚士麟:《见只编》卷上,《丛书集成初编》第 3964 册,第 50—51 页。
⑤ 徐光启:《海防迂说》,《明经世文编》卷四九一,第 5442—5443 页。
⑥ 叶权:《贤博编》,《明史资料丛刊》第 1 辑,江苏人民出版社,1981 年,第 167 页。

从业的人数、经营的规模也颇为突出。就目前所知万历三十八年至四十二年(1610—1614)官方缉获的七起通番案件,所需商品绝大多数是在杭州等地采购的,或者主要是由江南生产的大宗商品。在严翠梧、方子定案中,李茂亭先期到杭州收货,严翠梧、朱三阳在杭城购买异货,方子定让杨二往苏、杭置买湖丝,并诱引郑桥、林禄买得毡毯。在林清、王厚案中,林清、王厚合造大船,招徕各贩,满载登舟,有买纱、罗、绸、绢、布匹者,有买白糖、瓷器、果品者,有买香、扇、箧、毡、袜、针、纸等货者;福建人揭才甫与杭州人张玉宇,都是贩买绸绢等货者。在赵子明一案中,周学诗是向织造缎匹的赵子明赊欠的货物。这个赵子明,浙江巡抚高举说他是"杭之惯贩日本渠魁"①。在沈文一案中,下海的 93 人,皆在杭州"收买丝绢杂货",案发后,官府将所带缎匹绸绢丝绵作为通倭的证据。在韩江一案中,下海的数十人各置丝货,韩江本人为置买缎匹 50 匹和药材 4 担,还卖房 2 间。② 所以丁元荐感慨地说:"今之通番者,十倍于昔矣。"③中国商船所载商品主要就是采购自苏、杭等地的丝织品和药材等物,江南所产的大量生丝和丝绸源源输向日本。

从日本一侧,也可看出这种走私贸易的势头。日本平户时代,将来自中国及东南亚各口岸的船只称为唐船。嘉靖以来,中国商船满载丝绸、书画等物,络绎不绝地驶往丰后、肥前、平户和萨摩等地,以致在平户"大唐和南蛮的珍品年年充斥,因而京都、堺港等各地商人,云集此地,人们称作西都"。据统计,1609 年明朝有 10 艘商船开到萨摩,其中已知所载货物的船主为薛荣具、陈振宇、何新宇的船,光陈振宇船就装有缎、绸等丝织品 603 匹,三船所载物品还有糖、瓷器、药材、矾、麻、毛毡、甘草、墨、书册、人参、扇、伞、布等。④ 庆长年间(1596—1614 年),"南蛮船装载

---

① 《明神宗实录》卷四九六,万历四十年六月戊辰,第 3 页,总第 9341 页。
② 王在晋:《越镌》卷二一《通番》,《四库禁燬书丛刊》集部第 104 册,第 495—501 页;刘一煜:《抚浙疏草》卷二《题覆越贩沈文等招疏》,景照明刻本;参见范金民《贩番贩到死方休——明代后期(1567—1644 年)的通番案》,台湾东吴大学《东吴历史学报》第 18 期,2008 年 2 月。
③ 丁元荐:《西山日记》卷上《才略》,《续修四库全书》第 1172 册,第 300 页。
④ 《异国日记》,转引自木宫泰彦《日中文化交流史》,第 662 页。

大量白丝开到长崎",后来"南蛮船又运来大批白丝,因而丝价暴跌"。据
日方资料载,"勘合不成,然南京福建商舶每岁渡长崎者,自此(指庆长十
五年,1610年)逐年多多"。1612年大约前半年中,"明朝商船和从吕宋
返航的日本商船共二十六艘,舳舻相接,同时开进长崎港,载来白丝二十
余万斤"①。1635年,日本限唐船于长崎一港贸易,中国商船就主要集中
在长崎。由废除勘合贸易后倭寇屡屡侵扰掠夺丝绸,也从一个侧面说明
日本对中国的贸易已经发展到公开抢劫的地步。

对于明清之际中国输日的生丝数,日本学者岩生成一曾作过统计②,
今移录如下。

表6-1　明末清初唐船输入日本生丝数量表

年次	生丝输入总数(斤)	唐船输入数(斤)	唐船输入占总数(%)
崇祯十	206639	15000	7.3
十二		60670	
十三	364428	91902	25.2
十四		113355	
十五	105500	57377	54.4
十六	119664	53046	44.3
十七	137432	46506	36
顺治二	188668	138261	73.3
三	174414	105075	60.2
五	65835	13559	20.6
六	168108	92564	55
七	235727	166886	70.8
八	143802	71157	49.5
九	225895	187500	83

① 木宫泰彦:《日中文化交流史》第618、622、664、626页。
② 岩生成一:《近世日支贸易に關する數量の考察》,《史學雜誌》第62编第11號,1953年11月。

年次	生丝输入总数(斤)	唐船输入数(斤)	唐船输入占总数(%)
十	195520	142481	72.9
十一	174980	139631	79.8
十二		177784	
十三	234664	188651	80.4
十四	127096	112384	88.4
十五		135720	
十六	263368	229891	87.3
十七		201383	
十八	254145	211427	83.2
康熙元	390647	359771	92.1
二		47614	
三		119208	
四	298271	163042	54.7
十		50000	
十三		220000	
十五		133282	
十九		190853	
二十一		173322	
二十二		11291	

　　上表缺少万历年间到崇祯十年以前的华丝输日量。这个期间的船数大约每年平均为 47 艘,而表中所列崇祯后 8 年的船数平均为 64 艘,每年平均输丝 54730 余斤。如果前后期每船载运的华丝大体相等,也就是说船数可以作为运日华丝的参考,则崇祯十年(1637)前的华丝年输入量大约是此后数年年平均量的 74%。又如果前后生丝输日总量变化不大,根据表中计算,崇祯十年后唐船输日生丝量占总数的 33%,前后通算,明后期输日华丝约占日本输入生丝总量的 29%。而由表可知,入清以后,

自顺治二年到康熙二十二年 26 年中，每年平均输丝 14.5 万余斤，唐船
输日生丝占了全部输日生丝的 61.18%。造成明后期和清初唐船输日生
丝量的比例的前后不同，可能是明后期日本所需生丝主要通过葡萄牙人
由澳门中转而获得，入清后，葡、荷势力相继退出，生丝又主要靠唐船获
得。因此，唐船输日生丝比例的前后变化，实质上反映了各国在中日丝
绸贸易中贩运势力的消长。而唐船地位的不断上升，则反映出中日丝绸
贸易虽然在明末清初的几十年中葡、荷等国的商船十分活跃，然而从长
期来看，它主要是由中国商人冲破重重阻力展开的。

　　民间商人敢于犯禁，履险蹈危，是因为从事对日丝绸贸易可以谋取
高额的利润。有关对日贸易的利润，由于材料缺乏，很少有人作过估算。
嘉靖时郑若曾说，中国之丝"每百斤值银五六百两，取去者其价十倍"①。
嘉、万间徽商许榖，"贩缯航海，而贾岛中，赢得百倍"②。万历时王士晋认
为，贩货日本可"以数十金之货得数百金而归，以百余金之船卖千金而
返"③。也有人说，"以中华之物，一倍而往，倍倍而返。……通吕宋则平
常之息，通日本则非常之利"④。然而所谓十倍、百倍、非常之息，大多只
是获利可观的形容之词，并不能信以为实有其事。据日本《大乘院寺社
杂事记》1480 年的记载，"唐船之利莫过于生丝，唐丝在日本每斤价约五
贯文，在西国备前、备中等地一驮价值十贯文的铜，于唐土明州、六州购
回生丝出卖可得四十至五十贯文左右。一棹重十两价值三十贯文的银
子，购回唐丝出卖则可得一百二十至一百五十贯文左右"。可知在成化
年间，中国和日本的生丝比价约 1∶4 至 1∶5。如果贩运生丝，利润率高
达 300%—400%。万历后期，王世懋处理的三件通番案中，贩运丝绸，
"计各商觅利，多至数倍"。自万历到顺治年间日本的生丝价格为：1622
年每百斤 280 两，1631 年 550 两，1641 年 225 两，1643 年 355 两，1649 年

① 郑若曾：《郑开阳杂著》卷四《倭好》，《景印文渊阁四库全书》第 584 册，第 542 页。
② 汪道昆：《太函集》卷四〇《许本善传》，《四库全书存目丛书》集部 117 册，第 499 页。
③ 王在晋：《越镌》卷二一《通番》，《四库禁毁书丛刊》集部第 104 册，第 498 页。
④ 庄若华：《信心草》卷四《海寇情弊》，《四库未收书辑刊》第肆辑，第 29 册，第 578 页。

516 两,1650 年 500 两,1660 年约 215 两。[①] 如果取平均值,则每百斤
377 两。明末生丝价格,按给事中傅元初所说,"中国湖丝百斤,值银百两
者,至彼(指吕宋——引者)得价二倍"[②]。明清之际中国生丝价格变动也
不大。两相核算,则其时中日生丝比价为 1∶3 至 1∶4 之间,贩运生丝
利润率可达 277％左右。如果考虑到上述日本丝价有不少是上等丝的价
格,次等丝价要便宜得多,则利润率仍有 200％。这个推算也大致与丁元
荐所说"浙以西造海船,市丝枲之利于诸岛,子母大约数倍"[③]和"东之利,
倍蓰于西"[④]的说法相符。

诚然,尽管每年载运生丝和丝织品赴日的唐船达数十艘,但仍远远
不能满足日本对丝的巨量需求,因而当欧人航海东来后,日本所需生丝
除了继续从中国商人手里获得外,先经葡萄牙人之手后经荷兰人之手
获得。

葡萄牙人自嘉靖三十六年(1557)在澳门纳租筑室居住后,以澳门为
贸易中转站,大力从事欧洲、中国和日本之间的三角贸易。他们在欧洲
装上西班牙银元,再装上印尼群岛的香料等货,到澳门出售这些货物并
换取出口到日本的丝绸等货,然后再运到日本出售,换取便宜的日本白
银回到澳门,再在澳门用从日本带回的白银购买来自广州而在欧洲市场
上受人欢迎的丝绸和瓷器等回国。对于葡人自澳门将中国丝绸等货贩
运往长崎的情况,万历二十二年许孚远说:"日本长岐地方,广东香山澳
佛郎机番,每年至长崎买卖,装载禁铅、白丝、扣线、红木、金物等货。"[⑤]

葡人从事这种三角贸易,获利极为丰厚。按照葡人的记载,1600 年
前后,在澳门上等丝价每 100 斤约为银 80 两,广州的各种绸缎约为每匹

---

① 山脇悌二郎:《長崎の唐人貿易》,東京:吉川弘文館,1972 年第 2 版,第 21 页;村上直次郎译:
　《長崎オランダ商館の日記》,第 1 集第 115 页,第 2 集第 25 页、313 页,東京:岩波書店;1660
　年依据觉罗雅布兰题本中商人出售生丝得价推算。
② 傅元初:《请开洋禁疏》,孙承泽《山书》卷一二,浙江古籍出版社,1989 年,第 309 页。
③ 丁元荐:《西山日记》卷上《才略》,《续修四库全书》第 1172 册,第 300 页。
④ 王沄:《漫游记略》卷一,《笔记小说大观》第 2 辑。
⑤ 许孚远:《疏通海禁疏》,《明经世文编》卷四〇〇,第 4336 页。

银 1.1—1.4 两,而同时日本的价格分别是 140—150 两和 2.5—3 两。葡人将中国丝绸从澳门贩运到日本,如果不计运输成本,利润率高达 80％和 120％。假如葡人将倍于成本的日本白银在澳门购买中国丝绸,再以成倍的价格在欧洲市场上出售,完成上述三角贸易的循环,那么保守点估计,其利润率高达 400％。

因为澳门和日本长崎之间贩运丝绸可获倍利,葡萄牙人便大力经营这种中转贸易。据估计,"在十六七世纪之交的若干年内,葡船每年运往长崎的中国货物约值银一百万两以上;及一六三七年,增加至2141468.05两;其后更超过三百万两"。在输日的货物中,生丝是价值特别大的一种,全汉昇先生估计,"在十六七世纪间的五十余年内,葡船每年自澳门运往长崎的华丝,少时约为一千五六百担,多时约达三千担。自一六三六年后,数量却显著减小"①。当时日本交换中国丝绸等货物,唯一依靠的是白银,结果是日本白银源源流入澳门。其数量在 16 世纪的最后 25 年内,大约每年为五六十万两,在 17 世纪的最初 30 年内,每年约为 100 万余两,有时则多至二三百万两。据另一个统计,自 1599 年至 1637 年的 38 年中,共有 5800 万两白银流入澳门,每年达 152 万余两。以致日本学者矢野仁一说葡萄牙人"每年在贩买中国绢于日本这宗生意上获得的银,年额达到二百二十五万两,以充作他们购买中国货往欧洲的资本"②。葡萄牙方面的材料则估计每年经由他们输入日本的生丝和丝织品达 1500毕克(1 毕克约等于 63 公斤)。根据上述各项材料统而计之,在明末清初的 50 余年内,葡船每年运往长崎的中国丝和丝织品大约 2000 担。按照前述日本本国生丝供求估算,则日本所需进口生丝在中国厉行海禁之时,主要是通过葡萄牙人由澳门转输的。

由于当时由马尼拉远销到南美的中国丝及丝货由广州出口,因此葡萄牙人"不仅独占了中国与欧洲间的贸易,而且独占了中国及日本与马

---

① 全汉昇:《明代中叶后澳门的海外贸易》,《中国文化研究所学报》第 5 卷第 1 期,1972 年。
② 矢野仁一:《長崎貿易に於ける銅及び銀の支那輸出に就いて(下)》,《經濟論叢》第 26 卷第 2號,1928 年 2 月。

尼拉之间的贸易"。日本所需中国丝及丝织品有不少就是来自马尼拉转输的。对此,明朝徐光启说:"我边海亦真实戒严,无敢通倭者。即有之,亦渺少商贩,不足给其国用。于是有西洋番舶者,市我湖丝诸物,走诸国贸易。若吕宋者,其大都会也。而我闽、浙、直商人,乃皆走吕宋诸国,倭所欲得于我者,悉转市之吕宋诸国矣。"①徐氏说因厉行海禁而无人赴日贸易,言过其实,但说因海禁而日本严重缺乏生丝转而求购于马尼拉则是事实。

　　然而葡萄牙人以澳门为基地的中转贸易日益受到另一殖民强国荷兰人的挑战。荷人航海东来虽比葡人为晚,但到 17 世纪已成了西方在东方海上最强大的势力。荷兰人充分认识到远东贸易的重要性,他们一直在寻找发展同中国和日本的贸易,打击西班牙和葡萄牙的贸易竞争并进而垄断贸易。他们在不断袭击葡西两国东方贸易船的同时,终于于1624 年占领了台湾,此后即以台湾为贸易基地,将中国的生丝、绢织物和瓷器运往日本和欧洲市场,从日本运来白银,自东南亚运来香料,用以交换中国商品。为了获得中国的丝绸等商品,他们派遣船只到漳州河口以香料和白银与中国商人交易,或将资金委托漳泉中国代理商预购商品,或以种种方式招诱中国海商远到大员贸易。在荷兰人的引诱和高额利润的驱使下,中国商人频频出海,冒险贸易,出现"滨海之民,惟利是视,走死地如鹜,往往至岛外区脱之地曰台湾者,与红毛番为市"②的走私局面。由于台湾位于澳门日本贸易线的中间,荷兰人以台湾为中转贸易基地的结果,使原先由葡萄牙人经营的澳门中转贸易迅速衰落。1636 年,当葡船运日的华丝锐减到 250 担的时候,荷船输日的华丝却增加到 1421 担,此后几年,当前者每年只运二三百担时,荷船却多至一千二三百担。当日本于 1639 年禁止葡人而允许荷人到长崎贸易后,中国与日本之间的中转贸易就完全转到了荷兰人之手。日本学者山脇

①　徐光启:《海防迂说》,《明经世文编》卷四九一,第 5438 页。
②　傅元初:《请开洋禁疏》,孙承泽:《山书》卷一二,第 309 页。

悌二郎曾估计荷兰人输日华丝年额达20万斤。可见在葡人之后,日本需要的中国生丝除了商人少量的直接走私贸易外,主要是从荷兰人手中获得的。

荷兰人经营中国与日本之间的中转贸易,同葡萄牙人一样获得了巨额利润。1625年台湾的生丝价每百斤约为150两银,而1623年日本生丝价每百斤为280两银,1631年平均高达550两,1641年荷兰船运日生丝价每百斤平均为225两,1643年为350两至360两,1649年为510两,1650年上等品为500两,1651年一等丝为350两,二等丝为300两,[①]年平均为每百斤丝392两,不计运输成本,利润率高达161%。如果考虑到荷兰船运日生丝价格较低,仅取1623年和1641年两年的平均数,则利润率为68%。通而计算,其贸易利润率大致与葡萄牙人澳门中转贸易相似,当在100%左右。不独如此,现有研究表明,随着贸易的发展,台湾商馆在荷兰东印度公司商业中的地位日益重要。据1649年的统计,在所有东印度商馆中,台湾商馆所获纯益仅次于日本商馆,达467534盾,占获利总额的25.6%,日本商馆所占比例虽居38.8%,但实际上其获利根源就在于台湾提供了大量的生丝和丝织品等中国商品,如在1637年,从各地航行至日本的荷兰船共14艘,货品总值为2460733盾,其中来自台湾的商品货值便高达2042302盾,占输入总值的85%以上。

荷兰人从事台湾的中转贸易时,正是明清王朝更迭之时,先后以郑芝龙郑成功父子为中心的庞大的贸易集团活跃于东南沿海,成为足可与荷兰殖民者抗衡的唯一一支商业力量。郑芝龙于1628年被明招抚后,"独有南海之利,商船出入诸国者,得芝龙符令乃行"[②],成为东南沿海首屈一指的海商集团。1640年,郑芝龙首次派遣两艘大型商船满载货物直航日本。次年郑氏派出的6艘大船所运日本的生丝及丝织品,

---

① 山脇悌二郎:《長崎の唐人貿易》第21—27页;《長崎オテンダ商館の日記》第1集第115页,第2集第25、313页。
② 邵廷采:《东南纪事》卷一一《郑芝龙》,《续修四库全书》第332册,第77页。

分别占了唐船生丝总输入量的三分之一和丝织品总输入量的三分之二,1642 年更占了近 30%,1643 年高达 80%。

如果说郑芝龙时荷兰赴日船还占有相当比例,中国丝绸还有相当大部分经由其输入日本,那么到了郑成功时代则荷兰中转贸易已经显得微不足道了。郑成功在其父于 1646 年降清后,揭起反清旗帜,并更加积极从事对日贸易。据荷兰商馆日记记载,1649 年和 1650 年各有郑成功的一艘大船抵日。1650 年的船装载生丝达 12 万斤。而当时唐船输日生丝不过 16 万斤,各地船只输日的生丝总量也不过 23 万多斤。荷兰东印度公司报告:"自一六五四年十一月三日最后一艘船启航到一六五五年九月十六日为止,由各地入港的中国商船为五十七艘,其中安海船四十一艘,大部分为国姓爷所有。另外还有泉州船四艘,大泥船三艘,神州船五艘,南京船一艘,漳州船一艘及广南船三艘。正如日本商馆日记所附载的详细清单显示的那样,上述各帆船除运载十四万零一百斤生丝外,还运来了大量的丝织品及其他货物。这些,几乎都结在国姓爷帐上。"[1]据山胁悌二郎估计,郑成功每年输日华丝为 7 万—8 万斤。郑成功通过征收牌饷和借贷资本等方式保护商人贸易,令荷兰等西方殖民者望而生畏。依据上述资料,准之当时输日生丝总数,则在 17 世纪 50 年代,郑成功属下或受郑氏保护的商船输日华丝已占了主要部分,可以说,到这时,荷兰人的中转贸易已为郑成功所取代。1662 年郑成功收复台湾后,直到清朝开海禁,以台湾为中转的中日丝绸贸易一直操于郑氏之手。换言之,其时日本的生丝来源除了中国内地与日本的直接贸易外,主要依靠郑氏的台湾中转贸易,而台湾中转的丝及丝货,则主要来自马尼拉。毋庸赘言,郑氏集团从事丝绸贸易的利润,大致应与荷兰人相同。

康熙二十二年(1683)清统一台湾,次年即开放海禁,民间丝绸贸易从

---

[1] 转引自岩生成一《近世日支贸易に關する数量的考察》,《史學雜誌》第 62 编第 11 號,1953 年 11 月。

此取得了合法地位,对日贸易盛况空前,赴日唐船急剧增加。实行海禁时,平均每年赴日唐船为37艘,开海禁的头5年,即增加到年平均96艘,为海禁时的近3倍。[①] 而且增长幅度甚大,开海当年为24艘,次年即达73艘,以后3年依次高达102、137、144艘,前后增长了471%。日本用以交换中国丝绸等商品的,与明代时一样,除了少量的刀、海产等,绝大部分为银、黄金、铜。早在清初的1648年到1672年的25年中,唐船自日本输出总额共32万余贯,其中白银一项就近20万贯,约占总额的61%,其余9%为黄金,货物仅占30%[②]。从1672年到1685年的12年中,唐船又自日本输出银共72400余贯,每年平均5900多贯。据1709年长崎官方报告,从1648年到1708年的60年中从日本流出的黄金约达2397600两,白银达374220余贯;从1662年到1708年的46年中,铜流出达114498700余斤。清朝开海禁的最初5年船数最多,若按年而论,其时流向中国的日本银、铜当也最多。

面对数量激增源源而来的唐船而日本银、铜、金大量外流这种严重入超的局面,日本幕府采取种种措施限制赴日唐船数量和贸易规模,制订《海舶互市新例》,规定只有持有信牌的船只才能入港从事贸易(参考图版6-2日《正德海舶互市新例》谕文;图版6-3 日享保十二年(1728)长崎贸易信牌)。贞享二年(清康熙二十四年,1685年),清开海的次年,即规定与中国贸易银额为6000贯,3年后唐船定为70艘,元禄十年(1697)虽然一度增为80艘,正德五年(1715)就急剧降为30艘,享保二年(1717)定为40艘,以后经8次规定一降再降为宽政二年(1790)的10艘。[③] 由于日本方面的严加限制,赴日唐船虽然并不完全如定额数,但确实迅速地大为减少。据统计,康熙时期赴日唐船每年平均71艘(含因限额而无信牌载回的382艘),雍正时期年均为32.5艘(含载回的船5艘),乾隆时期年均为13艘,

---

① 据木宫泰彦《日中文化交流史》第627—641页计算得出。
② 岩生成一:《近世日支贸易に關する数量的考察》,《史學雜誌》第62编第11号,1953年11月。
③ 木宫泰彦:《日中文化交流史》,第656—657页。

嘉庆时期年均近 10 艘,道光前 19 年年均仅为 8 艘左右。①

唐船数量减少,所载生丝减少更甚。日本学者山脇悌二郎曾对清代华丝输日数量作过统计②,今简化成下表。

表 6-2　清代唐船输日华丝数量表　　　单位:斤

年　次	数　量	年　次	数　量
1650	108120	1716	342
1655	140137	1719	7691
1660	198780	1724	6128
1665	162236	1728	8549
1680	50000	1732	23500
1688	40520	1736	10599
1689	11618	1737	849
1709	40800	1738	4499
1710	23850	1797	3930
1711	43280	1804	2413
1712	10122		

上表表明,进入康熙时期,唐船输日华丝的数量虽然不是直线下降,但不断下降的趋势已十分明显,到临近康熙开海,已大体上不到前此的三分之一。开海后,唐船数量激增,输日生丝却大减。到乾隆年间后,输日华丝更是微乎其微,乾隆三十二年、三十七年、三十八年、四十二年、五十年 5 个年头则全然没有输入。

就单条船的观察,所载生丝也是逐年下降的。按日本学者永积洋子的统计,宝历元年(1751)二号宁波船载钓丝 300 斤,四号宁波船白丝 3000 斤,五号宁波船白丝 1400 斤,八号宁波船生丝 7050 斤。宝历二年(1752)四号宁波船白丝 1200 斤,五号宁波船白丝 1560 斤,八号乍浦船白丝 1980 斤,九号乍浦船丝 2070 斤,十一号宁波船白丝 200 斤,十二号宁波船未带丝。宝历三年(1753)三号乍浦船未带丝,四号乍浦船丝 9 包,五号南京船白丝 2760 斤,八号宁波船钓丝 4500 斤,九号乍浦船未带

① 据木宫泰彦《日中文化交流史》第 639—646 页计算而得。
② 山脇悌二郎:《長崎の唐人貿易》,第 229 页。

丝,十一号乍浦船生丝 330 斤,十二号乍浦船未带丝,十三号乍浦船色生丝 280 斤,十六号乍浦船未带丝,二十一号乍浦船白丝 3000 斤,一号乍浦船未带丝,二十一号乍浦船白丝 3000 斤,五号宁波船未带丝,七号南京船未带丝。宝历四年(1754)八号南京船白丝 180 斤,各色绢缝丝 900 斤,九号南京船丝 1550 斤,十号乍浦船色丝 800 斤,白丝 200 斤,色绢丝 3 斤,钓丝 1 包,十一号南京船未带丝,十二号乍浦船丝 2300 斤,十三号宁波船白丝 2580 斤,十四号乍浦船白丝 1620 斤,十五号宁波船白丝 3000 斤,色丝 300 斤,并丝 1300 斤,十六号乍浦船白丝 6142 斤,色绢丝 250 斤,十七号乍浦船各种生丝 3480 斤,十八号乍浦船白丝 6400 斤,十九号、二十号南京船,二十一号、二十二号乍浦船未带丝;二十三号南京船钓丝 1230 斤,二十四号乍浦船未带丝,二十六号南京船未带丝,仅带各类织物 484 反,二十八号乍浦船和二十九号南京船均未带丝,南京船未带织物。[1] 永积洋子更在统计了 1637—1833 年的唐船输出入商品和数量后指出,直到元禄十三年(1700)时,贸易总额的三分之一是生丝,此后,依据荷兰记载的唐船输入商品的详细记录,1740 年白丝为 9540 斤,1750 年一度增加到 17750 斤,1761 年即激减为 3100 斤,1770 年以降几乎全无输入。[2] 刘序枫比较 1711 年和 1804 年唐船输日商品数量,其中生丝,1711 年 54 艘船共运载 50276 斤,每船平均 931 斤,而 1804 年 11 艘船共运载 2413 斤,每船仅 219 斤。[3]

即使数量日益减少以至微乎其微的生丝,元文年间(1736—1740)起,不少还是染色后的色丝。1740 年广东船载色绢丝 60 斤;1753 年十三号乍浦船载色生丝 280 斤,并色绢丝 300 斤,十六号乍浦船色绢丝 100 斤,二十一号乍浦船色绢丝 300 斤;1754 年八号南京船载各色绢缝丝 900 斤,十号乍浦船载中国色丝 800 斤,十五号宁波船载中国色丝 300

① 据永积洋子《唐船输出入品数量一览 1637—1833 年》,東京:創文社,1987 年,第 124—132 页。
② 永积洋子:《唐船输出入品数量一览 1637—1833 年》,第 25 页。
③ 刘序枫:《财税与贸易》:《日本"锁国"期间中日商品交易之展开》,台湾"中央研究院"近代史研究所社会经济史组编《财政与近代历史论文集》第 292 页,1999 年 6 月。

斤,十六号乍浦船载色绢丝 250 斤,十八号乍浦船载色绢丝 1150 斤;
1756 年三号宁波船载色毛丝 500 斤;1757 年二号宁波船载色绢丝 110
斤;1759 年南京船载各色中国绢丝,乍浦船载色绢丝 800 斤;1760 年南
京船载色绢丝 1466 斤;1762 年九号定海船载色绢丝 1600 斤;1763 年二
号宁波船载赤绢丝 3 斤,四号乍浦船载中国赤丝 6 斤;1766 年十三号乍
浦船载色绢缝丝 50 斤;1768 年一号乍浦船载色绢丝 100 斤;1772 年七
号乍浦船载切赤绢丝 600 斤;1776 年一号乍浦船载色绢丝 500 斤。以后
则已无色丝记载。[①] 这些"色生丝"、"色绢丝"、"赤丝"、"赤绢丝"、"色绢
丝",当指染色后的生丝。在中国江南,染色后的丝用来织造高档丝织
物,织品称"熟货",而用白生丝即未经染炼的丝织成的丝绸,称"生货",
乃是档次较低的一般织品。日本进口色丝,说明日本市场上需要的丝只
是熟丝,后来在 18 世纪连色丝也不再出现,说明其时日本的丝织业已完
全成长起来无需从中国输入生丝了。

至于丝绸,其数量也是大为下降的。山脇悌二郎指出,宽永十八年
(1641)97 艘唐船所载织物为 373479 反(日制,长 2 丈 8 寸,宽 9 寸——
引者),其中绢织物 134936 反,棉布 2070 反。江户时代中期以降和产甚
多,从此绝无输入。正德元年(1711),唐船输入织物 202046 反,其中绢
织物 188032 反,木棉布 7329 反。木棉布中 1680 反是原色布,3989 反是
染色布。织物的输入,幕末时激减。文化元年(1804)织物仅 14366 反,
其中还含木棉布 384 反,绢丝 2413 斤。同年,毛毡输入 14901 枚。唐绢
织物,品质优秀和花纹多样,最能保持人气,江户时代中期以后输入减
少。夏船内,13 艘配额 850 贯目,丝代银 238 贯目,织物的额度限制,江
户时代中期国产绢织物的增大事实,从而直接输入的绢织物减少。[②]

从每一艘船所载的丝绸,也能看出丝绸数量的下降。正德元年(1711)
南京钟圣玉卯十五号船装载商品,白丝 720 斤,大飞纹纱绫 1057 端,中飞

---

① 散见永积洋子《唐船输出入品数量一览 1637—1833 年》历年所载。
② 山脇悌二郎:《長崎の唐人貿易》第 197、231—232、234 页。

纹纱绫 188 端,并纱绫 291 端,绯并纱绫 154 端,岛纱绫 106 端,大白绉绸 165 端,尺长中白绉绸 110 端,中白绉绸 71 端,纹绉绸 40 端,尺长中绯绉绸 23 端,中卷绫子 30 端,黄绫子 2 端,多缎子 22 端,色缎子 59 端,色锦 26 端,色纹茶罗宇 32 端,[1]合计绫罗绸缎纱绉等各色丝绸 2376 端。同年南京 程方城卯五十一号船装载商品,白丝 6480 斤,大白纱绫 800 端,尺长中白 缩棉 720 端,中白绉绸 740 端,小白绉绸 800 端,色缎子 500 端,白纹纱 1 端,[2]不但生丝数量多,而且各类绸缎多达 3561 端。享保三年(1718)广东 二十六号李赤贤、吴光业船所载商品,大飞纹纱绫 1960 端,中飞纹纱绫 360 端,纹无纱绫 3 端,并纱绫 86 端,尺长中白缩缅 1775 端,中白缩缅 120 端, 中绯缩缅 540 端,中卷纶子 540 端,小卷纶子 50 端,缎子 110 端,绯繻(即彩 绸——引者)1 端,另有 11 端,[3]各色绸缎共 5556 端。可是宝历三年 (1753)南京高山辉等人的船,据申报"往广南置买沈香、药材、白糖等货装 载满船,于癸丑年七月初八日由广南开船前往长崎贸易",只带蚕丝 6 箱,[4] 在唐船船商的呈文中,连丝绸字样都未提及。

上述中国输日生丝和绸缎的减少,可能与日本政府因担心银铜外流 而限制唐船数量及其贸易总额有关,但输日生丝和丝绸数量的激剧减少 早在日本幕府于正德五年(1715)实施海舶新事例之前,甚至更早于清朝 开海的康熙二十三年,这就说明,中国输日生丝和丝绸数量的大量减少, 还应该有着更为深层的原因。

现有研究表明,在清朝开海禁前,日本市场上的华丝价格就开始下 跌。1649 年长崎输日华丝每斤银 5 两 1 钱,1672 年降为 4 两,1699 年降

---

① 大庭脩:《江户时代日中秘话》,徐世虹译,中华书局,1997 年,第 64 页;参考大庭脩《江户时代中 国典籍流播日本之研究》,戚印平等中译本,杭州大学出版社,1998 年,第 30 页。
② 大庭脩:《江户时代中国典籍流播日本之研究》第 31 页,参考《江户时代日中秘话》中译本, 第 65 页。
③ 《唐船货物改帐》,转引自松浦章《清代海外贸易史の研究》,京都:朋友书店,2002 年,第 367— 368 页。
④ 《巡海录》,大庭脩编著:《宝历三年八丈岛漂着南京船资料——江户时代漂着唐船资料集 一——》,关西大学出版部,1985 年,第 11、57 页。

为3.1两,1709年再降为2.9两,1763—1776年的年平均值为每斤2.835两,1778—1788年年均为2.811两。[1] 长崎市场上华丝价格下跌幅度最大的时期正是康熙初年到开海前一段时间。导致输日华丝价格一跌再跌的原因有两个可能,一是输日华丝数量激增供过于求,二是日本所需华丝数量的下降。但前一种可能由前述已可完全排除,这就需要我们从后一种可能来说明问题。

日本幕府实施正德海舶新事例后,又制定条例,告谕唐船商人。其谕文提到:

> 从来唐船所带货物,下品虽多,闻得所卖缺额,唐人狼狈,遂出不已,姑容买取。至于近来,视为泛常,药材自余物件,惟下品者多带前来,匹头等项地素尺寸及阔狭等止不宜者,是之载带,其于本处乃不中用。向后各船大约可带物件,合该年乔司等转相吩咐,须当遵守,药材自余物件下品毋带,匹头等项地素尺寸及阔狭等不相宜者,毋得载带。向后如有仍带下品物件,则于本处止中用者,准令贸易,无用之物着令载回。倘若临时不服,即当追牌。[2]

谕文透露出极为重要的信息,即当时幕府认为,唐船所载丝绸,是一些尺寸阔狭不适宜的素地丝绸,是"下品",这种品质的丝绸,在日本并"不中用";谕令强调,以后唐船应载运日本中用者,方准令贸易,若仍带此类下品,则着令载回,如届时不服,即将所发贸易信牌追缴。

日本自江户时代中期起丝织生产获得了迅速发展。其中输日商品由16世纪末年以前以绸缎为主转向17世纪前期以生丝为主,即已一定程度上反映出日本丝织生产的发展。当时幕府限制丝绸的入口而输入生丝,形成以"异国之蚕"织"本朝之机"的格局。1755年,京都的32家账

---

① 山脇悌二郎:《長崎の唐人貿易》第27、230页。

② 谕文见《漂海咨文》。该书系抄本,1函8册,京都大学文学部图书馆藏。书高24.1 cm,宽17 cm,封面墨书"漂海咨文"四字。收录有关长崎贸易中日双方的咨文,中文咨文大多附有日文译文。

房产量就达 859057 反。① 更为突出的是,原来跟不上丝织业的蚕丝业也迅速起步。古岛敏雄的研究表明,宽永(1625—1643)时,京都生丝的主要供应地是近江、美浓,随着生丝需要量的扩大,产地不断向东扩展。近世中后期,东山、关东、东北等地都成为重要的养蚕区。据《农业全书》载,继近江、美浓之后,先进的蚕业地区有丹后(今京都府北部)、但马(今兵库县北部)、武藏、上野、丹波(今分属京都府和兵库县)、越前(今属福井县)。享保、元文(1716—1740)时代,信州上田、总州(今千叶县)、结城、江州(近江)和播州(播磨)加古川成为中心。宽保(1741—1747)之际又转移到伊达、信夫地方(在今福岛县),关西蚕业渐为关东取代。文化(1804—1817)时,奥州(今福岛、宫城、岩手、青森四县)蚕业为全国之冠。此后,蚕业主要集中在关东、东山一带。② 其实早在贞享时代,将军纲吉就采取措施,奖励和丝生产,而限制华丝输入。③ 到明和四年(1767),13艘唐船的贸易额 3562 贯,其中规定用于购买白丝和织物的只有 850 贯,天明四年(1784)更降为 600 贯,④定额日益减少。永积洋子介绍日本丝织业的发展称,自 17 世纪末年开始到 18 世纪,国内的蚕丝业本质上开始发展。即 17 世纪中期,国内的生丝生产量不到 9 万斤,正德五年(1715)增加到 20 万斤,享保年间(1716—1736)到 30 万斤,由地方向京都西阵供给的蚕丝增加。在西阵,供给生丝的京都丝绢批发商,为了发展地方蚕丝业,不仅援助资金,而且传授养蚕技术。自 18 世纪后半叶开始,奖励蚕业的藩主也多了起来。其结果是,生丝的生产,从正德、享保期到 19 世纪开始的文政期(1818—1829)增加 4 倍,向京都输送的丝也在文政期达到 225 万斤,达到一世纪前的 7 倍。而且随着生产量的增加,品质也一点不劣于输入的白丝,完全与输入的白丝无异。其次,输入

---

① 山脇悌二郎:《長崎の唐人貿易》,第 204、235 页。
② 古岛敏雄:《日本封建农业史》,四海书房,1941 年,第 292—293 页;参见孙承《日本资本主义国内市场的形成》,东方出版社,1991 年,第 51—52 页。
③ 矢野仁一编:《長崎市史·通交貿易篇·東洋諸國部》,大阪:清文堂,1981 年复刻版,第 27 页。
④ 山脇悌二郎:《長崎の唐人貿易》,第 204 页。

的绢织物,流行的品种也有大变动。①

　　发达的丝织生产奠定在坚实的生丝基础之上,这必然减少中国丝及丝织品的输入。一个明显的特征就是赴日唐船运载的商品结构发生了很大的变化。如 1711 年 54 艘赴日唐船共运载生丝 50267 斤,丝棉织品 2002149 反(其中丝织品达 188032 反),糖 4475490 斤,药材 778860 斤,颜料、染料 570817 斤,矿物 332760 斤,皮革 85821 张,书籍 140 箱 2 部。可 1804 年 11 艘唐船共输日生丝 2413 斤,织物 14366 反,药材 909218 斤,糖 1285600 斤,颜料、染料 412298 斤,矿物 270543 斤,皮革 2294 张。② 两相比较,丝及丝织品比例下降,药材、矿物、颜料染料比例上升十分突出。在这种情况下,即使唐船数量不减少,生丝及丝织品也仍有不断减少的可能。这就是为什么开禁后唐船数量激增华丝输日并没有正比例增加的症结所在。所以山胁悌二郎推测,与和丝的生产增加也有关系。③ 输日生丝的迅速持续减少,正是当时中日丝绸生产大势发生变化的直接反映。

　　诚然,中国方面乾隆中期的限制丝斤出口也是耐人寻味的。乾隆二十四年(1759)清廷因国内丝价昂贵,担心影响丝织生产,下令严禁生丝及丝织品出口。④ 只是为了办铜需要,特准许"采办铜斤往贩东洋之官商范清洪岁带绸缎一百六十五卷,额商杨裕和等岁带二蚕糙丝二百担,绸缎三百卷"。次年又准"将绸缎抵换折算,每船配带绸缎绢匹三十三卷,每卷重一百二十斤,每年出东洋额船十六只,共携带五百二十八卷"。⑤ 二十九年再准"海洋内外船只,每年许配土丝一千斤、二蚕粗丝一千斤"。⑥ 有学者依据这一清廷限制丝斤出口和乾隆二十二年出口贸易地

---

① 永積洋子:《唐船輸出入品数量一覧 1637—1833 年》,第 25 页。

② 山脇悌二郎:《長崎の唐人貿易》,第 108—109、320 页。

③ 山脇悌二郎:《長崎の唐人貿易》,第 230 页。

④ 光绪《大清会典事例》卷五一一《礼部·朝贡·禁令》,《续修四库全书》第 806 册,第 139—140 页。

⑤ 两江总督尹继善等《奏为江苏丝斤出口弛禁事折》,乾隆二十九年三月初八日,《历史档案》1983 年第 4 期,第 31—32 页。

⑥ 闽浙总督钟音《奏为丝斤出口仍遵前例事折》,乾隆四十一年十一月十六日,《历史档案》1983 年第 4 期,第 33 页。

集中在广州一地的措施,认为清朝的海禁政策大力扼杀了中国商民对外贸易,影响了华丝的对日贸易,对中国丝绸业的发展极为不利。[1] 这或许有一定道理,但着眼点仅在清朝的海禁,恐怕无法说明这一问题。这是因为:(一)如前所述,输日华丝减少并不在乾隆限制丝斤出口之后,也不是在清初厉行海禁之时,减少最甚之时恰恰是在清朝开海之后。既然海禁时没有从根本上影响华丝出口,开海后华丝出口也没有相应增加,那么海禁影响华丝出口之说显然难以成立。(二)即使海禁确实影响华丝出口,按照清廷准许办铜船配带到日本的丝数额也在4万至6万斤,就算办铜船按当时日方规定只有10艘被允许贸易,可带丝的数量也应近4万斤。以后10艘商船准带2000斤,10艘船也可2万斤。又何止其时每年只有几千斤华丝输日。可见,不就数量作具体分析,而泛言海禁,似乎缺乏说服力。(三)如果我们扩大视野,看看其时中国与英国的丝绸贸易,就会发现直到乾隆四十六年,对英生丝出口量一直是上升的,后来到乾隆五十二、五十三年更达到鸦片战争前生丝出口的最高峰,达22.8万余斤。[2] 限制丝绸出口同样施于英国,为何中英生丝贸易就见不到中日生丝贸易的那种情形? 可见仅从中国方面入手而不从输入国一方寻找原因,确实无裨于问题的解决。对照其时日本的蚕丝生产能力和实际进口情形,到17世纪后期的康熙初年,实际上根本不需要从中国进口低档丝绸和生丝了,清廷的限制外销措施已失去了实际意义。

综上所述,16—19世纪前期中国对日丝绸贸易的种种事实表明,中国丝绸出口从明清之际到康熙年间的由盛转衰,其原因不能单从输出的中国一方去找,而还应从输入一方的日本去找,当时不仅清朝实行限制出口高档丝绸和生丝数量,日本幕府也采取措施限制中国生丝和绸缎的进口数量,中国生丝和丝绸的输日数量由盛而衰,持续下跌,其根本原因则在于随着日本蚕丝生产兴起和丝织生产的发展日方对华丝、绸需求的减少。输日

① 王翔:《论中国丝绸的外传》,《苏州大学学报》1991年第2期。
② 山脇悌二郎:《長崎の唐人貿易》,第231页。

华丝的由盛转衰,实质上反映了中日丝绸生产特别是生丝生产能力的前后变化,反映了日本随着生丝生产的发展逐渐减低了对华丝的依赖程度。到19、20世纪之交,中日丝绸生产的格局变化将更加清晰地显示出来。

(二) 江南与马尼拉——拉丁美洲的丝绸贸易

明清之际出现的以菲律宾马尼拉为中转地的中国和拉丁美洲之间的丝绸贸易,是西方殖民航海势力和中国民间航海势力在马尼拉相遇的结果,也是由当时世界丝绸生产格局的特点决定的结果。

经营中转贸易的西班牙人发现菲岛是在 1521 年麦哲伦船队环球航行的途中。1565 年西属墨西哥殖民当局派遣的官员黎牙实比(Mi guel Lopez de Legazpi)率领的远征队在菲岛建立了第一个殖民据点,并于同年派遣官员开辟了菲岛的墨西哥的北太平洋航线。1571 年西班牙殖民当局占领马尼拉后,积极创造条件谋求对华贸易。

中国与菲律宾之间的海上交通至迟在唐代已初步形成,宋、元两代双方交往逐渐增多。明初厉行海禁,"片板不许下海",但东南沿海商民"交通外番,私易货物"之事始终未断。中国商人通过菲律宾等国,将丝绸等物输向东南亚以至欧洲各国。葡萄牙人描述 16 世纪初年的贸易称:"中国输出的大宗商品为本色生丝,数量甚巨,大量散装的彩色丝绸,各种颜色的缎子,五颜六色带格子图案的'恩罗拉多斯'锦缎,塔夫绸与薄如蝉翼的'纱'(xaas),以及其他各种五色缤纷的丝绸。……他们将丝绸视作主要的商品。……这些商品的产地如下:本色生丝产自常州;彩色丝绸产自交趾支那;锦缎、花缎、织锦、纱、罗产自南京与侯官。"[①]在商品经济发展的大背景下,明廷于隆庆元年(1567)准许部分开放海禁,"准贩东、西二洋",东洋为吕宋、苏禄等国,西洋为交趾、占城、暹罗等国,而

---

① 托梅·皮雷斯:《1515 年葡萄牙人笔下的中国》,载《中外关系史译丛》第 4 辑,上海译文出版社,1988 年,第 286—287 页。

仍"严禁贩倭奴",不得与日本通商。① 商人只要申请文引,缴纳税饷,就可前往一定地点贸易。从此,中国与东南亚各国的海上贸易进入了一个新阶段,出现"熙熙水国,剡艅艎,分市东西路,其捆载珍奇,故异物不足述,而所贸金钱岁无虑数十万"②的兴旺景象。每当12月至次年1月东北信风吹动之际,集结在福建海澄月港的中国船队便扬帆启航,历时15至20天,便可抵达马尼拉港。

这时正值西班牙殖民者侵占菲岛并开辟太平洋航路之际。中国船货在马尼拉一经转卖,便立即被装上马尼拉帆船,待6月西南季风起时启航,乘风北上,直达墨西哥西岸的阿卡普尔科港,全程万余里,历时3个月。于是传统的中国与菲律宾之间的贸易就扩展为中国与经由菲律宾马尼拉的拉丁美洲之间的贸易。以江南丝绸为主的中国商品便源源不断地沿着这条航线驶向墨西哥,畅销于拉丁美洲。

当时拉丁美洲特别需要以丝绸为主的中国商品。由于中国丝绸精美绝伦,价格低廉,因而受到拉美各个阶层的普遍欢迎。对于当时运到马尼拉的生丝和丝织品,博巴迪拉(Diego de Bobadilla)赞叹道:"在中国人带来的所有丝织品中,没有任何东西可比之更白,雪都没有它白,在欧洲没有任何丝织品可比得上它。"③当时西属美洲的奢侈成风的贵族往往以穿中国丝绸为荣,墨西哥、秘鲁的上层社会把中国丝绸缝制的服装视为最荣耀体面的衣着,往往不惜一掷千金。妇女盛装打扮时喜穿"款式新颖和奢华的丝袍"④。因此,来自中国的"几千万的纯色或带刺绣的天鹅绒、纯色的琥珀织、缎子、薄罗纱以及此外各种各样的布料,每年都可销售一空,不分男女,都穿着各种各样带色彩的衣服,无论是少女还是未

---

① 张燮:《东西洋考》卷七《饷税考》,中华书局,2000年,第131—132页。

② 张燮:《东西洋考》,周起元序。

③ 舒尔茨:《马尼拉帆船》第72页,转引自李金明《明代海外贸易史》,中国社会科学出版社,1990年,第125页。

④ 奥罗斯科·贝拉:《来自中国之船》,转引自沙丁、杨典求:《中国和拉丁美洲的早期贸易关系》,《历史研究》1984年第4期,第121页。

婚姑娘,即使五十岁以上的妇人亦如此"①。在美洲拥有雄厚实力的传教士则常用中国的丝绸为自己缝制法衣和作为教堂里的饰物,特别是印第安人的教堂尤其如此,它们"多用中国丝绸来加以装饰,以便看起来比较庄重。在过去,因为买不起昂贵的西班牙丝织品来装饰,这些教堂都是非常简陋朴素的。现在只要中国丝货大量运来,秘鲁的供应便不虞缺乏,同时货价也比较低廉"②。在墨西哥,17世纪初一个爱尔兰修道士说:"男男女女,穿丝多于穿棉。"③18世纪初的材料说,中国仿制西班牙出产的绫子、缎子、斗篷、缎带等丝织品,"精致美观,遍销全境,以致墨西哥除中国丝织品外,不复消费其他丝织品。结果,西班牙的所有丝织工场全部都破产毁灭了,连经营对印度[美洲]贸易的商人也因损失巨大而破产了"④。在秘鲁,喜爱中国丝绸的风气似乎更甚于墨西哥,以致有人说,"从智利到巴拿马,到处都完全公开地出卖和穿着中国绸缎。西班牙人的衣料,主要都是东方货,从教士的法衣到利马人的袜子都是如此"⑤。人们特别夸赞南京出产的"亮绸",即一种"有光泽的白绸,精美绝伦","贡缎"和"宁绸"是"从中国贩来的最佳上品"。⑥ 以至于人称"南美的太平洋沿岸到处都可看到中国丝绸的踪迹"⑦。西属美洲各界喜爱中国丝绸,连当时的中国人都十分清楚。明末给事中傅元初就曾说,西葡两国之人皆喜中国丝绸,"惟藉中国之丝到彼(指吕宋——引者),能织精好缎

① 阿比拉·菲诺:《日本王国纪》,大航海时代丛书Ⅵ,岩波书店,1965年,第66页。
② 罗伯逊和布莱尔:《菲律宾群岛》第12卷第63—64页,转引自全汉昇《自明季至清中叶西属美洲的中国丝货贸易》,香港中文大学《中国文化研究所学报》第4卷第2期,1971年12月。
③ 舒尔茨:《马尼拉帆船》第365页,转引自严中平《丝绸流向菲律宾,白银流向中国》,《近代史研究》1981年第1期,第149页。
④ 罗伯逊和布莱尔:《菲律宾群岛》第12卷第255页,转引自严中平《丝绸流向菲律宾,白银流向中国》,《近代史研究》1981年第1期,第149页。
⑤ 舒尔茨:《马尼拉帆船》第369页,转引自严中平《丝绸流向菲律宾,白银流向中国》,《近代史研究》1981年第1期,第150页。
⑥ 奥罗斯科·贝拉,转引自沙丁、杨典求《中国和拉丁美洲的早期贸易关系》,《历史研究》1984年第4期,第121页。
⑦ 布雷德利:《拉丁美洲与太平洋周围地区的关系》,转引自沙丁、杨典求《中国和拉丁美洲的早期贸易关系》,《历史研究》1984年第4期,第121页。

匹,服之以为华好"。西属拉丁美洲各界如此嗜好中国丝绸,这是江南丝绸源源输向该地的一个原因。

另外一个原因则是当时西属美洲丝织业生产的相对不发展。西属美洲原来较为兴盛的种桑养蚕业,由于殖民者的重税榨取和开采金矿掠夺了大量劳动力,到中国丝绸大量输入前后已然衰落,原来颇为发达的丝织业也由于西班牙殖民者为推销宗主国产品而予以限制开始萧条①,1.4 万个丝织工人面临因无蚕丝原料而失业的危险。西属美洲社会各界急需丝织品而当地所产远远不敷供给,就必须依赖进口中国的丝绸。即使当地间有少量丝织品生产和由西班牙输入零星丝织品,但其价格昂贵,也非一般人所能承受。而中国的丝织品,新西班牙都护向国王腓力伯二世报告说,"其价格的低廉,西班牙产品简直不能和它相比,因为中国的织锦(damask)照例比西班牙的线缎(taffeta)为好,但前者的售价还不及后者的一半那么多。其他各种丝织品的情况,也都是这样"②。1640年左右,中国绸缎在秘鲁的售价只抵得上西班牙制品的三分之一。③ 所有这些,均说明中国丝绸在拉丁美洲有着畅达的销路决不是偶然的,它既是美洲金银大量开采后购买力急剧上升的结果,也是中国丝绸量多质有富有竞争力的结果。

中国丝绸既然在西属美洲有着广阔的市场,满载丝绸的中国商船也就络绎不绝驶往马尼拉。在西班牙殖民者占领马尼拉的次年,就有 3 艘中国商船驶抵该地,并另有 5 艘船抵临菲律宾南方诸岛。1573 年,马尼拉有帆船开往墨西哥,中国丝绸输往美洲的历史大概由此开始。1574 年又有 2 艘马尼拉帆船驶往墨西哥,船货中只有价值二三万比索(peso,又称"弗"、"八里拉银货",西属墨西哥铸造的本位货币,约合当时中国银两

---

① 参见张铠《明清时代中国丝绸在拉丁美洲的传播》,《世界历史》1981 年第 6 期。
② 舒尔茨《马尼拉帆船》第 72—73 页,转引自转引自全汉昇《自明季到清中叶西属美洲的中国丝货贸易》。
③ 罗伯逊和布莱尔:《菲律宾群岛》第 30 卷第 77 页,转引自严中平《丝绸流向菲律宾,白银流向中国》,《近代史研究》1981 年第 1 期,第 149 页。

1 两)的少量中国商品,其中有绸缎 712 匹。此后中国商船到马尼拉贸易的开始达 10 余艘。据记载,1575—1583 年航驶马尼拉的中国商船每年约为 20 艘,载运商品值 20 万比索。1587 年,中国帆船 30 多艘,运载大量丝绸到马尼拉,西班牙总督惊讶地说:"他们卖得这么便宜,以致我们只能作这样的想法:要不是他们国家里生产这些东西不需要劳力,即便是弄到这些东西不要本钱。"另一位长期生活在吕宋的神父也说:"从中国运来各种丝货,以白色最受欢迎,其白如雪,欧洲没有一种出品能够比得上中国的丝货。"[①]17 世纪初年,据西班牙记载,"每年有三十至四十艘中国商船前来贸易,他们运来的商品有,各种类型的生丝,大批天鹅绒、丝织品、锦缎、花缎、线缎、丝毛混纺品,各种颜色的衣料、亚麻布"[②]。有学者统计过明末到达马尼拉的中国商船,今移录如下表。[③]

表 6-3　明后期抵达马尼拉的中国商船数量表

年　次	船　数	年　次	船　数
1574	6	1604	13
1575	12 - 15	1605	18
1580	40 - 50	1606	35
1584	25 - 30	1616	7
1587	30	1621	30 - 40
1588	30	1626	100
1589	11 - 12	1629	40
1591	20 - 30	1631	50
1592	28	1634	40
1599	50	1636	33
1603	14	1643	3

① 菲律乔治:《西班牙与漳州的初期通商》,《南洋问题资料译丛》,1957 年第 4 期,转引自林仁川《明末清初私人海上贸易》,华东师范大学出版社,1987 年,第 38 页。
② 安东尼奥·摩尔加:《菲律宾群岛志》,大航海时代丛书Ⅶ,岩波书店,1973 年,第 387—388 页。
③ 李金明:《明代海外贸易史》,中国社会科学出版社,1990 年,第 121 页。

明廷对出海贸易的商船数目是有定额的。最初定为 50 艘,万历十七年增为 88 艘,东西洋各限 44 艘,东洋吕宋一国因水路较近,定为 16 艘,后因愿贩者多再增至 110 艘,万历二十五年共增至 137 艘。[1] 但是西洋各地因路途遥远,"商船去者绝少,即给领该澳文引者,或贪路近利多,阴贩吕宋"[2]。与此相反,每年前往马尼拉的商船却因路近利多大多超过了规定的限额。如表中 1599 年、1626 年、1631 年和 1634 年都是如此。

前往马尼拉的中国商船,载运的主要是在国际市场上享有盛誉的江南丝绸。这些丝绸除了部分销向东南亚各地和经由葡萄牙、荷兰人之手销往日本外,大部分由西属马尼拉当局的帆船输向西属美洲。在这些帆船上装载的中国丝绸,1636 年以前每艘约为 300—500 箱,但在 1636 年出发的船,1 艘登记载运的丝织品超过 1000 箱,另 1 艘则多至 1200 箱。如以 1774 年启航的大帆船 1 箱丝织品约重 250 磅为标准计算,则 1636 年的这 2 艘船装载的丝织品达近 50 万斤。西班牙议会曾于 1727 年规定自菲运美的丝及丝织品以 4000 包为最高限额,但实际上通常都多至 1000 包至 1.2 万包。如果以清代江南出口的生丝每包 80 斤来计算,则 1727 年的限额就达 32 万斤,实际输向美洲的生丝更为 90 万斤左右。所以 1701 年马尼拉大主教说,大帆船自菲运往墨西哥的丝货,通常约值 200 万比索。另据其他记载,在贸易特别兴旺时期,每年运往美洲的丝货总值更多至 300 万甚至 400 万比索。[3] 根据丝货数量和当时马尼拉丝价,这些记载是较为可信的。直到 1757—1758 年,在广州,英国东印度公司的信函称,"有一艘西班牙商船从马尼拉到此,运来西班牙银元约 20 万元。由潘启官经手购入大批南京布,丝织品和生丝等。本月 14 日,我们获悉另一艘

---

[1] 《明神宗实录》卷二一〇,万历十七年四月丙申,第 6 页,总第 3939 页;《明神宗实录》卷三一六,万历二十五年十一月庚戌,第 4 页,总第 5899 页;张燮《东西洋考》卷七《饷税考》,第 132 页。

[2] 《天启红本实录残叶》,《明清史料》戊编第一本,第 1 页,台湾"中央研究院"历史语言研究所,1953 年。

[3] 舒尔茨:《马尼拉帆船》第 189—190 页,转引自全汉昇《自明季到清中叶西属美洲的中国丝货贸易》。

到埠的西班牙单桅帆船,亦带来巨款订购上述货物"[①]。

由于长期的巨量对外输出,中国的丝货采购事实上已越来越困难,因而出现广州难以采买转向江南产地购买的现象。[②]

在这国际性的丝银贸易中,商业利润相当高。先看中国商人。博元初说:"是以中国湖丝百斤值银百两者,至彼得价二倍。"当时马尼拉的丝价大约确是广州丝价的 2 倍。如 1620—1621 年间在马尼拉 100 斤生丝的购买价就正好是 200 比索。[③] 由此可知,假如中国商人从广州贩运丝货到马尼拉,利润率为 100%。

再看西班牙马尼拉殖民当局。如果说中国商人的获利已经不低,那么西班牙殖民当局从贸易中得到的好处更是惊人。1599 年,一位驻马尼拉的西班牙官员上书,说如果由政府收购来自中国的丝货,运往墨西哥,可获 400% 的利润。17 世纪初期一位南美洲的主教说,在过去 20 年,当中国丝货贸易只由菲岛西班牙人经营的时候,往往赚取 1000% 的利润。1640 年一位耶稣会士叙述菲律宾情况时甚至说:"所有这些货物,都运往墨西哥,在那里就地出售,利润非常之大。我不相信世界上还有比这种买卖更可以令人致富的贸易。"[④]这些说法可能含有夸张的成分。全汉昇先生根据 1620—1621 年间马尼拉和利马两地丝货的不同价格,计算出其"净利润为二百万西元,即将近为投资额的两倍",因而认为"就大体上说,在菲、墨间经营丝货贸易的净利润,约为投资额百分之一百至百分之

[①] 马士:《东印度公司对华贸易编年史》(第四、五卷),区宗华译,中山大学大学出版社,1991 年,第 479 页。

[②] 乾隆二十年,福建巡抚钟音奏:"吕宋夷商供称广州货难采买,所带番银十五万圆要在内地置买绸缎等物,已择殷实铺户林广和、郑得林二人先领银五万圆带往苏广采办货物。"(乾隆二十年十一月十五日,《史料旬刊》第 12 期《乾隆朝外洋通商案》,第 427 页,1930 年故宫博物院文献馆铅印本。)

[③] 罗伯逊和布莱尔:《菲律宾群岛》第 19 卷第 304—306 页,转引自全汉昇《自明季到清中叶西属美洲的中国丝货贸易》。

[④] 罗伯逊和布莱尔:《菲律宾群岛》第 29 卷第 308 页,转引自全汉昇《自明季到清中叶西属美洲的中国丝货贸易》。

三百,其大小要因时间的不同而有差异"①。这个结论比较可靠。

当时西属美洲能够用来交换中国丝绸的唯一的是银币。1573年,菲律宾省督拉米沙礼斯报告西班牙国王说,无论西班牙,还是墨西哥,所有输出到中国的货物,"没有一样不是中国所已经具备的。所以,对华贸易必须向中国输送白银"。② 于是大量的银币又由美洲流向了马尼拉,最后流向了中国。这种贸易因而被人称为"丝银贸易"。严中平先生更将这一现象形象地称为"丝绸流向菲律宾,白银流向中国"③。我们甚至可以进一步说,丝绸流向美洲,白银流向中国。对此现象,1598年马尼拉大主教给西班牙国王的报告说:"这些钱都流入了中国异教徒的口袋"④。在这种历史上很少见的几乎是银货单向流动的中拉贸易中,有人估计,从马尼拉流向中国的美洲白银,1585年以前每年约30万比索,1586年超过50万比索,1596年达100万比索,1602年更高达200万比索,⑤到18世纪增加更多,可能高达三四百万比索。德科民(De Comyn)估计,1571—1821年的250年间,自西属美洲运往马尼拉的银子共约4亿比索,其中约四分之一或二分之一都流入了中国,而全汉昇估计,流入中国的银子2亿比索当更接近事实。⑥ 从其流通规模来说,至少有2亿左右白银流向中国则大概是完全可能的。

长时期的大规模的中国丝货输向美洲,不仅使巨量的白银流向中国,而且将西班牙丝织品从美洲市场中排挤出去。早在1586年,新西班

---

① 全汉昇:《自明季到清中叶西属美洲的中国丝货贸易》,香港中文大学《中国文化研究所学报》第4卷第2期,1971年12月。

② 罗伯逊和布莱尔:《菲律宾群岛》第3卷第212页,转引自严中平《丝绸流向菲律宾,白银流向中国》,《近代史研究》1981年第1期,第150页。

③ 严中平:《丝绸流向菲律宾,白银流向中国》,《近代史研究》1981年第1期。

④ 布莱尔和罗伯逊:《菲律宾群岛》第10卷第145页,转引自沙丁、杨典求《中国和拉丁美洲的早期贸易关系》,《历史研究》1984年第4期,第122页。

⑤ 罗伯逊和布莱尔:《菲律宾群岛》第6卷第269页、第10卷第179页、第16卷第178页、第25卷第143—144页,转引自严中平《丝绸流向菲律宾,白银流向中国》,《近代史研究》1981年第1期,第155页。

⑥ 全汉昇:《再论明清间美洲白银的输入中国》,《陶希圣先生八秩荣庆论文集》,台北食货月刊社,1979年。

牙都护就向国王报告说,有花纹的中国丝织品,价格之低廉,西班牙产品
简直不能和它相比,因为中国的织锦照例比西班牙的线缎为好,但前者
的售价还不及后者的一半,其他丝织品也大多如此。其后到 1640 年左
右,在秘鲁市场上,差不多一样的丝织品,中国货的价格只是西班牙货的
三分之一。中国丝绸物美价廉,使西班牙丝绸在美洲市场几乎绝迹,从
而导致其国内丝织工业因不景气而日益陷于衰落。

为了限制白银无止境地流出,又为了保护本国丝织工业,西班牙王
室不得不先后于 1593、1599、1601、1608、1609、1620、1634、1635、1636、
1639、1706、1718、1720、1724、1727 等年颁发了一系列禁令,禁止墨西哥
和秘鲁的西班牙商人对马尼拉经营丝绸贸易,并禁止或限制菲律宾运进
墨西哥的中国货物转销到其他美洲殖民地。西班牙王多次规定马尼拉
和阿卡普尔科之间的贸易额。1593 年规定从马尼拉运销到该地的货物
总值不得超过 25 万比索,从阿卡普尔科到马尼拉的货物和白银总值不
得超过 50 万比索。1702 年分别提高为 30 万和 60 万比索,1734 年再提
高到 50 万和 100 万比索,1776 年更增到 75 万和 150 万比索。[1] 同时,对
输入墨西哥的中国丝织品课以重税。起初按每吨征收 12 比索为标准,
后来一再提高税率,由 1591 年的 10% 增加至 1734 年的 16%-32%,
1808 年实际海关征税率高达 35%。[2]

但是由于西属美洲和马尼拉殖民当局能够从贸易中获得巨大利益,
西班牙王的这些禁令自始就没有什么约束力。1601 年沉没的圣·托马
斯号载货超过指标 200 万比索。1698 年圣·扎维尔号超过指标 207 万
比索。有人说,这个时候单是纺织品,"一般都上载二百万比索"。1732
年菲律宾总督说,长期以来自菲驶墨的帆船,没有一艘不装回 100 万或
150 万比索的。1784 年,圣·霍塞号就载回 279 万余比索。18 世纪 70
年代,有人估计从墨返航价值达 200 万比索是毫无疑问的,300 万比索以

[1] 罗伯逊和布莱尔:《菲律宾群岛》第 27 卷第 141—142 页,转引自严中平《丝绸流向菲律宾,白
　银流向中国》,《近代史研究》1981 年第 1 期,第 152 页。
[2] 参见沙丁、杨典求《中国和拉丁美洲的早期贸易关系》,《历史研究》1984 年第 4 期,第 119 页。

上也是十分可能的。[1] 直到中拉贸易已趋衰落的 1810 年,从马尼拉进口的美洲白银仍达 155 万比索,而由马尼拉输华的商品只有微不足道的 17.5 万比索。

(三) 江南与俄国的丝绸贸易

由于特殊的地理环境,中国和俄国的商品贸易不像中国和其他国家的贸易通过航海的方式进行,而全部是在陆上进行。商品交换的途径,先是俄国派遣商队到北京开展交易,后来则主要通过边界设立的贸易点完成。俄国人习惯用中国丝绸和布匹制作夏衣,俄国的欧洲部分,穿丝绸的只局限于有钱人和宫廷中人,因此丝绸同棉布、茶叶等一样,是俄国对华贸易所最为需要和交换最多的几种商品。

中国商品在 17 世纪 50 年代就由中亚商人贩运到了俄国的托博尔斯克和西伯利亚其他城市出售,因此清朝建立之初,"丝绸料子几乎是进入西伯利亚的第一种中国商品",在 1651—1653 年俄国的进口商品中经常能发现"中国的锦缎"。[2] 江南丝绸很可能就已出现在俄国的市场上。稍后,中俄之间的直接贸易关系也就建立起来。1653—1676 年期间,俄国政府曾先后派出两支商队和两个使团来北京,每次都卖掉了带来的全部货物,购买回所需的中国货,而且所得利润常在 100% 以上。特别是 1676 年的使团在向清政府提出的开放两国贸易的要求中,希望中国每年拨给俄国数万两白银的生丝熟丝等,说明丝绸是俄国非常需要的中国商品。1689 年的《中俄尼布楚条约》,规定了两国贸易互市的条款,从此俄国官方和民间私商频频来华,获利而归,丝绸是其大量采购的中国商品。俄国派遣北京的商队购买丝绸数量也很可观。如雍正五六年间俄莫洛可夫官商队在北京采购各色丝织品价银达 56113 两,占其采购总商品值

---

[1] 普什尔:《东南亚的华侨》第 614 页,转引自严中平《丝绸流向菲律宾,白银流向中国》。
[2] 特鲁谢费奇:《十九世纪前的俄中外交及贸易关系》,徐东辉、谭萍译,岳麓书社,2010 年,第 149 页。

的三分之一以上。[①]由同一时期朝鲜贡使在京所采购的丝织品皆为江南所产和北京商品绸缎几乎全部来自江南,可以推知俄国人所采购者当亦多为江南产品。1728年,中俄双方签订恰克图条约,规定开辟祖鲁海图、恰克图和尼布楚为两国贸易地点,并规定俄国政府每3年可以派一支200人的商队到北京贸易。恰克图对于中俄双方来说,位置适中,交通便利,因而自1741年起贸易就较为兴旺。1756年俄国又停止派商队到北京,中俄贸易集中于恰克图,贸易额愈益增加。

中俄贸易直到恰克图贸易前后,俄国进口的商品即以丝绸为主。俄国历史学家特鲁谢费奇描述:"最初的私人和官方的商队从北京输出的商品中多半是锦缎和其他的丝绸料子。因此,这些料子在当时的私人贸易中至少占了从中国进口商品的90%。官家于1657年、彼得·克拉西科夫于1670年从中国运出的商品中只有丝绸料子和丝(官家在贸易的最初期还运出过宝石和白银)。后来对这种料子的需求变得更加广泛。1727年,官家从北京进口了这种料子。1730年,官家在奇科伊狭长半岛购买的商品中,丝绸料子的数量大大超过了所有其余的商品(占49%,或者换句话说,价值为61700卢布)。"[②]在其时的中俄贸易中,丝绸占俄国进口商品的将近一半。

俄国从中国进口大量丝绸,是因为存在着巨大的差价利益。俄国学者的研究表明,从中国运进的丝绸主要是各种锦缎、缎子、花缎及其他绸料,一般是用生丝捻成丝线织成的,看来是一种先染后织的"熟货"。据说"在俄国丝绸经营长期为一些富人所垄断"[③]。俄商若在北京换易1000卢布的货物运回莫斯科,则可以卖出6000卢布的高价,"因为锦绸在中国的价格是每匹2卢布50戈比,到了莫斯科常常会卖到每匹7卢布或者更多"[④]。进口中国丝绸,利润高达数倍。

---

① 吉田金一:《ロシアと清の貿易について》,《東洋學報》第45卷第4號,1963年3月。
② 特鲁谢费奇:《十九世纪前的俄中外交及贸易关系》,徐东辉、谭萍译,第149页。
③ 阿·科尔萨克:《俄中商贸关系史述》,米镇波译,社会科学文献出版社,2010年,第31页。
④ 阿·科尔萨克:《俄中商贸关系史述》,米镇波译,第14页。

后来随着俄国丝织工业的兴起和从西欧进口丝绸①,以及中国丝绸价格的下降,俄国从中国进口的商品,主要是棉布,丝绸总体上比重逐年下降,但绝对量仍然较大,有些年份数量上甚至还有所增加。1751年,进口中国丝绸值价103000卢布,占总进口量的23.5%;1759—1761年为17.3万卢布,占总进口量的20.5%。在叶卡捷琳娜初期才出现真正的增加,达到21.1万卢布,但相对于进口总额来说,仅占12.4%。后来即减少到8.4万卢布,仅占贸易总额的2%,只用来满足西伯利牙人的需求。② 另一个统计材料则反映出,俄国进口的丝绸量,1758—1760年为996034卢布,其中从中国进口172933卢布,中国丝绸占17.4%;1778—1780年为915174卢布,其中从中国进口211174卢布,中国丝绸占23.2%;1790—1792年为1668330卢布,其中从中国进口101617,中国丝绸占6.1%。③ 无论如何计算,中国丝绸所占比重在逐年下降。

尽管如此,中国丝绸是仅次于棉布的输向俄国的主要商品。1727年,棉布的进口量超过了丝绸,价值占总进口额的39%(4.9万卢布)。④ 俄国统计材料载,从1775到1781年总共由中国输入价值175.88万卢布的商品,其中丝为16.18万卢布,占9.2%,锦缎为12.91万卢布,占7.3%,两项合计共为29.09万卢布,占总值的16.54%,仅次于占52.2%的棉布。⑤ 直到19世纪早期,丝绸仍是恰克图贸易中仅次于棉布的中国

---

① 特鲁谢费奇:《十九世纪前的俄中外交及贸易关系》(第149—151页)载:"1761年,丝绸厂已经有40家,贸易额达到了459000卢布。(亚麻厂有54家,其他生产领域的工厂只有1—36家),丝绸厂占当时工厂的五分之一,占总贸易额的四分之一。……到18世纪末,俄国境内的丝绸厂已经有320多家。此后,数量开始逐渐减少。70年代时,我们甚至开始少量地出口自己的丝绸产品:1778—1780年出口额为每年427卢布,1790—1792年出口额为每年680卢布。……1758—1760年,从西欧进口了25679卢布的丝绸;1778—1780年,仅彼得堡一个城市每年从西欧进口的丝绸就有168252卢布;1790—1792年从西欧进口的丝绸有985695卢布;1802—1804年为1191240卢布。因为进口的外国丝绸比中国丝绸更好地满足了国内的需求,所以,与中国之间的丝绸贸易额当然要下降。"
② 特鲁谢费奇:《十九世纪前的俄中外交及贸易关系》,徐东辉、谭萍译,第149页。
③ 米·约·斯拉德科夫斯基:《俄国各民族与中国贸易经济关系史》(1917年以前),宿丰林译,社会科学文献出版社,2008年,第192页。
④ 特鲁谢费奇:《十九世纪前的俄中外交及贸易关系》,徐东辉、谭萍译,第152页。
⑤ 雅可夫斯基:《封建农奴制时代俄国的商人资本》,科学出版社,1956年。

商品。1826—1830 年,每年进口的中国丝绸为 131161 卢布,其中只有 1830 年是 105495 卢布。[1]

丝绸之外,俄国也从中国进口较多的生丝和丝线。据说已经是生丝进口大量下降的年代,1780—1785 年每年能够换进 200—400 普特,纺成了的和染好了的丝线也能够换得 200—400 普特。[2]

在中俄贸易中,双方几乎完全是一种以货易货的方式,俄国用于交换中国商品的,清一色是毛皮和毛料。18 世纪后半叶,俄国用毛料换取的中国丝绸和棉布,两者的价值几乎等同。如丝绸与毛料,1759—1761年,每年价值分别为 17.3 万卢布和 17.9 万卢布;1775—1781 年每年为21.1 万卢布和 21.6 万卢布;1792 年为 16.1 万卢布和 10.9 万卢布。两者所占总交易额的百分比也几乎是等同的,即 1759 年分别为 20.5％和22.5％,1775—1781 年为 12.4％和 14％;1792 年为 6.6％和 5.8％。两者的贸易同样出现了显著的下降趋势。[3]

经营中俄丝绸等贸易的中国商人主要是晋商。他们从江南将绸缎贩运到张家口,再运往恰克图。可见恰克图市场上的中国丝绸也系江南所产。如汾阳县人朱成龙于雍正十一年(1733)就从张家口出塞,携带货物多达 20 货车,绸缎、黑纺丝、棉布、黄烟、茶叶俱全。[4]

清代末年,随着俄国丝织工业的不断发展,俄国政府限制中国丝绸进口。宣统元年(1909)俄国更定税收章程,重税中国丝绸。如畅销于俄国西境的曲绸,在莫斯科市价每匹 9 两上下,而按照新章程征税,每匹达25 两,连本带税每匹高达 34—35 两,"如此价值,谁复买用"[5]。苏州花累缎原来畅销于海参崴一带,"自受加税影响,竟至绝迹"[6]。从此,中国丝绸在俄国的销路受到了严重影响。

① 阿·科尔萨克:《俄中商贸关系史述》,米镇波译,第 95 页。
② 同上书,第 57 页。
③ 特鲁谢费奇:《十九世纪前的俄中外交及贸易关系》,徐东辉、谭萍译,第 171 页。
④ 查克丹奏,雍正十二年五月十七日,中国第一历史档案馆藏档案。
⑤ 蒙古办事大臣绷咨呈事,宣统元年闰二月二十三日,中国第一历史档案馆藏档案。
⑥ 吴县总商会呈北京农工商部函,1920 年 12 月 30 日,苏州档案馆藏档案。

(四) 江南与欧美各国的丝绸贸易

欧美各国是较日本、拉美诸国较为后起需求中国丝绸的又一大买主。16、17世纪之交,欧洲的丝织业有了长足的发展,丝织行业中的资本主义关系也有了进一步发展,欧洲自身十分有限的蚕丝生产根本无法满足迅速发展的丝织业对原料的需要,地理大发现使欧洲丝织业有可能利用中国丰富的生丝原料。因此,随着欧人东来,东西贯通,中国丝绸特别是生丝也就经由欧人之手运输到欧洲市场上。

前述葡萄牙人的三角贸易在中国沿海以澳门为中转,将中国丝绸输向日本,在印度则以其殖民据点果亚为基地,除将中国丝绸销向东南亚外,又沿着新开辟的非洲航线,载运回欧洲。据载,自澳门运往果亚的生丝,在1580—1590年每年约为3000余担;1630年为白丝1000担、大量细丝和各种颜色的绸缎1万—1.2万匹;1636年多至6000担。[1] 这些丝绸绝大部分当运往欧洲。葡萄牙人这样将中国生丝大量销往欧洲,是因为其时他们独占了华丝的对欧输出局面。当17世纪荷兰称霸海上后,这种垄断局面就由荷兰人取而代之。

荷兰人最初靠袭击葡西商船获得中国丝及丝织品。1603年荷兰殖民者在柔佛港外劫掠了葡萄亚商船圣凯撒林号,船上载有生丝1200大捆,这些生丝在阿姆斯特丹市场上卖价高达22.5万荷盾。1617年,在荷兰几种可能销售商品的价值中,17人委员会认为一年至少可销售中国生丝7.2万磅。1619年,荷兰东印度公司估计在欧洲生丝的总销售量是600担。1621年,荷兰东印度公司在宋卡购买了中国生丝1868荷磅,每磅买价3.81盾,而至欧洲售价为15.9盾,毛利达317%;1622年在台湾购买生丝1211荷磅,每磅买价4盾,在欧洲每磅售价16.88盾,毛利高达322%。在欧洲市场上,中国生丝也远比其他国家的生丝卖价高。以

---

① C.R.博克:《来自澳门的大帆船》,转引自全汉昇《明代中叶后澳门的海外贸易》,《中国文化研究所学报》第5卷第1期,1972年。

1624 年荷兰涵塘拍卖价为例,意大利丝每荷磅值 5.4 盾,波斯丝值 9.6
盾,而中国丝则值 16.2 盾,是意大利丝的整整 3 倍,波斯丝的 1.69 倍。
中国生丝如此走俏,贩运生丝利润奇高,因而荷兰殖民者想方设法获得
中国生丝。东印度公司董事会在一项指令中说:"我们必须用一切可能
来增进对华贸易,首要的是取得生丝,因为生丝利润优厚,大宗贩运能为
我们带来更多的收入和繁荣,如果我们的船只无法直接同中国进行贸
易,那么公司驻各地商馆就必须前往中国船只经常来往的地区(北大年
等地),购买中国生丝。"①以后董事会又两度训令巴达维亚总督必须设法
直接向中国购买生丝。

　　1619 年荷兰殖民者创建的巴达维亚殖民贸易点,为其直接购买中国
生丝提供了可能。17 世纪二三十年代,每年大约有 5 艘帆船驶抵巴达维
亚。1644 年 8 艘中国帆船载运 3200 吨货物抵达巴达维亚。② 这些船只
载来了荷兰殖民者最需要的蜚声欧洲的生丝,荷兰殖民者则从巴城输出
胡椒、檀香木、香料、象牙等,购入中国生丝运回欧洲。范·勒尔认为,每
年由印度人、波斯人和阿拉伯人从中国运到西方的生丝数量达 1500—
2000 担,而经由荷兰东印度公司运走的丝、绸、缎有几千匹,进口到印度
尼西亚的传统数量为 1 万—2 万匹。③ 可见荷兰在早期中欧丝绸贸易中
起了十分重要的作用。如前所述,荷兰殖民者在 17 世纪 40 年代侵占台
湾后,在巴达维亚之外又以台湾为基地从事丝绸贩运,只是在 1662 年被
郑成功逐出台湾后,才以巴城一地继续这种贸易。

　　康熙二十三年,清廷宣布设立四海关,开海贸易,大大促进了中国对
欧美各国的贸易进程。浙江地方官奏报,"今东西两洋商艘联樯而至,颇
称宁静"④。荷兰同其他国家一起,与中国广州建立了直接的贸易联系。

---

① 转引自黄文鹰等:《荷属东印度公司统治时期吧城华侨人口分析》,南洋研究所,1981 年,第
　 74 页。
② 鲍乐史:《荷兰东印度公司中国对巴达维亚的贸易》,《南洋资料译丛》1984 年第 4 期。
③《印度尼西亚贸易与社会》,转引自李金明《明代海外贸易史》第 126 页。
④ 浙江提督王世臣《奏报遵旨严檄沿海标营昼夜侦巡洋面折》,康熙四十七年八月初三日,《康
　 熙朝汉文硃批奏折汇编》第 2 册,档案出版社,1984 年,第 133 页。

1693 年,他们从中国商人手里购入价值 109923 银元的丝、丝织品和瓷器等,而出售了价值 194891 银元的胡椒和纺织品。据统计,到达巴达维亚的中国帆船 1690—1700 年为 11.5 艘,1700—1710 年为 11 艘,1710—1720 年为 13.6 艘,[①]个别年份超过 20 艘。如 1694 年就有 20 艘中国帆船抵达巴城,据说公司从中获得的利益比派 5 艘公司的船只到中国沿岸大得多。对此,当时访问过巴城的英国人伍德斯·罗杰斯评论道:“荷兰人支付给运到那里的所有中国商品的代价比他们自己到中国去贩运更便宜。由于荷兰人在香料贸易中处于有利的地位,运来的中国商品都落入他们的手中。”[②]不消说,落入荷兰人之手的中国丝及丝织品最后由他们运回了欧洲。

1727 年,清廷宣布废除南洋禁海令,荷兰东印度公司每年派 2 艘船到广州购买欧洲所需的商品。很明显,在此以前欧洲各国只能在东南亚或中国沿海各据点与中国商人进行间接贸易,此后,才开始了他们与中国直接贸易的历史。也正是在此前后,中国丝及丝织品的出口数量惊人。据统计,1717 年为 2000 余担,1731 年为 1650 担。[③]

继荷兰而起向欧洲出口丝绸的是英、法等国。英国自成立东印度公司之日起,就试图直接从中国进口丝绸等商品。1678 年,公司命令所属船只在厦门购买丝织品 1.2 万匹运回英伦。次年,公司命令在东京购买丝织品 1.85 万匹,生丝 40 捆。万丹有一艘船载运丝织品 9000 匹及生丝 10 箱直接运回英伦。同年,另外一个打算,他们希望在东京购得丝绒 300 匹,缎 1000 匹及其他丝织品 3.5 万匹。公司的船主在澳门听一位神父说:“南京是最好的生丝和丝织品的集散地。”[④]当时,“一条华美的刺绣袍褂,伦敦的买主会用一镑交换成本一两的货物——利润 200%。如果

---

① 李金明:《清康熙时期中国与东南亚的海上贸易》,《南洋问题研究》1990 年第 2 期。

②《环球航行》,转引自鲍乐史《荷兰东印度公司时期中国对巴达维亚的贸易》。

③ 华中蚕丝公司:《中支那重要国防资源生丝调查表》第 1155 页引东印度公司转销数。

④ 马士:《东印度公司对华贸易编年史》(第一、二卷),区宗华译,中山大学出版社,1991 年,第 40、46、47 页。

看得准,100 镑的投机在广州稳卖 200 镑,而那 200 镑的投机在伦敦会变成 400 镑,即每一次交业的利润是 100%。① 1694 年,公司派遣 200 吨的"多萝西号"到厦门,指令这艘小船除了购买"足够的粗重货物压舱"外,只投资于精细货品——在指定的购货项目中 3 万匹为丝织品,而生丝"在每磅不超过 6 先令的价钱内,尽量买入将你的船装满"②。1697 年,400 吨的"纳索号"从伦敦出发往厦门,公司命令回程投资的货单,其中有生丝 30 吨,丝织品 10.8 万匹,优质丝绒 600 匹。3 个月后,250 吨的单层船"特林鲍尔号"出发往厦门,它的投资商品中有丝织品 4.1 万匹及丝绒 150 匹。1698 年,280 吨的小战船"舰队号"从伦敦前往厦门,回程投资商品包括生丝 20 吨,丝织品 6.5 万匹,丝绒 1300 匹等。1699—1700 年,生丝上等每担 137 两,中等每担 127 两,公司决定购买 350 担。1700 年,公司的麦士里菲尔德号,装载从广州得来的货物,包括生丝 69.5 担,成本 9536.8 两,丝织品成本 13075.9 两。1700—1703 年,公司的伊顿号,订购货物总数是生丝 200 担,价值 3.9 万两,丝织品 7350 匹,价值 16.38 万两。③

　　1716 年,英国埃塞克斯号购入价值 2.2 万镑的瓷器,及 20750 匹丝织品。"汤森号"购入同一数量的瓷器和丝织品,另外 30 箱生丝。当时,"茶叶已开始代替丝成为贸易中的主要货品"④,但生丝和丝织品仍是主要商品。1730—1731 年,公司装运生丝及丝织品,改箱子包装为南京布包装,可以缩小体积,多装商品。⑤ 1739—1740 年,公司的"沃波尔号"和"霍顿号",装丝织品 7295 匹,生丝 20 担;"温切斯特号"和"埃梅莉亚公主号"两艘船,投资额中有丝织品 8588 匹。⑥ 1741 年,英、法、荷、瑞、丹国 14 艘船,运出生丝 278 担,丝绸 32204 匹,其中英国船运出生丝 28

① 马士:《东印度公司对华贸易编年史》(第一、二卷),区宗华译,第 76 页。
② 同上书,第 84—85 页。
③ 同上书,第 85、89、96、108 页。
④ 同上书,第 156 页。
⑤ 同上书,第 204—205 页。
⑥ 同上书,第 275 页。

担,丝织品11074匹,法国运出生丝250担,丝织品6000匹,瑞典和丹麦分别运出丝织品7000匹和7500匹。① 1750年,英、法、荷、瑞、丹国19艘船,运出生丝997担,丝绸18229匹,其中英国运出生丝586担,丝织品5640担;法国运出生丝200担,丝织品2530匹;荷兰运出生丝198担,丝织7460匹;瑞典运出生丝13担,丝品1790匹;丹麦运出丝织品809匹。② 1750年,英国公司与广州商人订约,"购入最好的南京生丝400担,每担175两银,缴清各项费用,一百天内船上交货。该商人等在广州没有这样大批的生丝存货,一定要到外地搜购,逼得我们预付款80%给他们"③。直到这时,英国的贸易量仍未超过法国或荷兰。

1753年,公司的6艘船载运生丝1192担,这就是以前签约的那批货。同时再次签约,订购丝织品1900匹。④ 1764年,荷、法、丹、瑞等国11艘船,运出生丝326担,丝绸11304匹。⑤ 1754年,英船从广州装运出口的货物中,有生丝1461担,丝织品7059匹。⑥

英、法等国商人为减低贩运成本,往往委托中国买办商人前往江南丝绸产地直接购买。1755年贸易季度,英国公司的"霍尔德内斯伯爵号"就曾被派往靠近出产优良生丝地区的宁波。⑦ 如前所述,据广东地方官奏报,"外洋各国夷船到粤,贩运出口货物,均以丝货为重。每年贩买湖丝并绸缎等货,自二十万斤至三十二三万斤不等。其货均系江、浙等省商民贩运来粤,卖与各行商,转售外夷"⑧。如前所述,乾隆时福建客商赴

---

① 马士:《东印度公司对华贸易编年史》(第一、二卷),区宗华译,第283页。

② 同上书,第296页。

③ 同上书,第290页。

④ 同上书,第294页。

⑤ 马士:《东印度公司对华贸易编年史》(第四、五卷),区宗华译,中山大学出版社,1991年,第538—540页。

⑥ 同上书,第432页。

⑦ 同上书,第440—441页。

⑧ 两广总督李侍尧:《奏请将本年洋商已买丝货准其出口折》,乾隆二十四年九月初四日,《史料旬刊》第5期《乾隆二十四年英吉利通商案》,第158页。

湖州一带买丝,用银三四十万至四五十万两不等,而广商买丝,所用银两动辄百万两,少亦不下八九十万两,江南的苏州和杭州商人将丝、绸贩入广东,更难以计数。洋商大量购买中国丝货,导致中国生丝价格大幅度上涨。自康熙末年到乾隆前期短短 40 年中,丝价大约涨了将近 50%。这种速度是以往从来没有过的。为抑制丝价,确保国内丝织生产,清廷严禁丝及丝织品出口,又因未能奏效,又改为只能搭配一定量的土丝和二蚕粗丝出口。在广州者,原为 5000 斤,后又增为 8000 斤,两广总督苏昌一边说此额已"有盈无绌",一边又奏请"准再各船各加带粗丝二千斤,连尺头一万斤为率"。① 而且仅限一船搭载数而不限出洋船数,丝货出口数是无法限制住的。因此对欧美贸易同对日本的贸易一样,禁令只是一纸具文,很难说有什么约束力。

乾隆二十二年(1757)清廷又规定对外贸易点减少为广州一地。于是原来由厦门、宁波、上海等地出口的丝货也转向广州,但这并不影响江南丝绸的出口。禁令之所以无效,不但在于禁令本身有漏洞,而且在于欧美各国对丝绸的渴求。清廷限制丝绸出口之时,正是始于纺织业的工业革命开始之日,织机上的飞梭已经发明,蒸汽动力织机不久也将用于纺织业。迅速发展的丝织业更需要源源不断的巨量生丝作原料。中国丝货出口数额不但无法限制,反而因需要增加和利益刺激而越来越大。鸦片战争后,中国更成了欧美工业包括丝织工业在内的原料产地。直到清亡,这种情形未曾稍为改变。这样,中国丝绸特别是生丝的海外市场,日益兴盛的欧美市场迅速填补了日益衰微的日本、俄国市场,继续维持着出口优势地位。

广州一口通商,直到鸦片争后五口通商,西方列强出口中国商品的记录较前系统详备得多,为观察其前后变化情形,今列表如下。

---

① 两广总督苏昌:《奏为请准运东南丝斤数量折》,乾隆二十九年三月初四日,《历史档案》1983年第 4 期,第 30 页。

表 6 - 4　1764—1911 年生丝丝绸出口数量表(1)

年次	生丝(担)	丝绸(匹)
1764	326	11304
1775	3724	
1776	1861＋?	
1777	3719	
1778	2961	
1779	4264	
1780	3591	
1781	2264	
1782	1205	
1783	1325	
1784	1089	
1785	2305	
1786	3565	
1787	2772	
1788	3908	
1789	5104	
1790	3096	
1791	2000	
1792	3400	
1793	1878	
1794	2702	
1795	1266	
1796	1974	
1797	2404	
1798	1608	
1799	1134	

年次	生丝(担)	丝绸(匹)
1800	1164	
1801	1000	
1802	582	
1803	2535	
1804	656	
1805	582	
1806	1360	
1807	1169	
1808	1727	
1809	1453	
1810	1635	
1811	912	
1812	912	360 担
1813	2062	463 担
1814	3093	542 担
1815	642	3169 担
1816	659	427 担
1817	2117	2982 担
1818	2242	
1819	4120	6119 担
1820	3625	3966 担
1821	6032	336614
1822	5248	419272
1823	3211	371000
1824	3690	612052
1825	7530	653326

续　表

年次	生丝(担)	丝绸(匹)
1826	4446	363885
1827	3837	460494
1828	7576	301310
1829	6467	267403
1830	7053	378457
1831	8560	318177
1832	6795	273902
1833	9920(仅英船所载)	66550(仅英船所载)
1834 - 1837	9998	
1838 - 1844	1664	
1843	1430	
1844	2083	
1845	10576	
1846	14997	
1847	17900	
1848	14582	
1849	13038	
1850	17238	
1851	18432	
1852	22540	
1853	50317	
1854	43386	
1855	44969	
1856	63357	
1857	47989	
1858	68776	

注:1775—1833 年根据 H. B. 马士《东印度公司对华贸易编年史》编成;1834—1844 年每年的平均数见施敏雄《清代丝织工业的发展》第 113 页;1843—1858 年根据马士《中华帝国对外关系史》第 1 卷(商务印书馆,1958 年)第 413 页。原单位为包,一律改算成担。

表 6-5　1764—1911 年生丝丝绸出口数量表(2)

年次	生丝		丝绸		总价值 (千两)	丝绸价值 比重(%)
	重量 (千担)	价值银 (千两)	重量 (千担)	价值银 (千两)		
1859	52	17549				
1860	63	21810	2	2398		
1861	51	17768				
1862	61	23857				
1863	30	10121				
1864	24	9455				
1865	41	16405				
1866	31	14226				
1867	45	16371	4	2172	18543	11.7
1868	57	25109	4	1947	27056	7.2
1869	48	19583	3	1695	21278	8
1870	49	21641	4	1877	23518	8
1871	60	25469	4	2353	27822	8.5
1872	65	27901	5	2607	30508	8.5
1873	61	28289	5	2203	30492	7.2
1874	75	22123	6	2375	24498	9.7
1875	80	20107	6	4023	24130	16.7
1876	79	30908	6	3986	35894	11.1
1877	59	17623	6	4432	22055	20.1
1878	67	19830	7	4507	24337	18.5
1879	81	23006	7	4499	27505	16.4
1880	82	22990	8	5422	28412	19.1
1881	66	20124	7	4612	24736	18.6

年次	生丝		丝绸		总价值（千两）	丝绸价值比重（%）
	重量（千担）	价值银（千两）	重量（千担）	价值银（千两）		
1882	65	17335	7	3396	20731	16.4
1883	65	17470	8	4023	21493	18.7
1884	68	16457	9	4427	20884	21.2
1885	58	13570	10	4556	18126	25.1
1886	77	19210	12	6754	25964	26
1887	79	20741	14	6723	27464	24.5
1888	77	20070	16	7894	27964	28.2
1889	93	24801	15	7175	31976	22.4
1890	80	20626	11	5320	25946	20.5
1891	102	26030	13	7465	32495	19.9
1892	101	27323	16	7372	34695	21.2
1893	94	25788	18	8253	34041	24.2
1894	99	29219	19	8415	37634	22.4
1895	111	14576	24	11331	45907	24.7
1896	88	28710	21	9723	38433	25.3
1897	117	40993	20	10095	51088	19.8
1898	109	40781	20	10044	50825	19.8
1899	148	65245	18	9893	75138	13.2
1900	97	36555	18	9028	45583	19.8
1901	129	46368	21	10227	56595	18.1
1902	120	62128	20	9652	71780	13.4
1903	95	51211	20	15785	64996	21.2
1904	125	61327	21	11764	73091	16.1

年次	生丝		丝绸		总价值 （千两）	丝绸价值 比重（%）
	重量 （千担）	价值银 （千两）	重量 （千担）	价值银 （千两）		
1905	106	53425	15	9939	63364	15.7
1906	111	56048	16	9754	65802	14.8
1907	116	67891	21	12927	80818	16
1908	129	62128	23	13728	75856	18.1
1909	130	64029	29	17892	81921	21.8
1910	139	71546	30	17998	89544	20.1
1911	130	64935	28	17051	81986	20.1

注：此表录自李明珠《中国近代蚕丝业及外销》(1842－1937)，徐秀丽译，上海社会科学院出版社，1996
　　年，第 85－86 页。其中 1860 年的丝绸量据马士《中国的贸易和管理》第 322 页补入。

　　上列二表清晰地表明，乾隆初年，广州出口的生丝和丝绸数量有限，
生丝每年数百担，最高不到 1000 担，丝绸每年一二万匹，最高不过三万
多匹。自乾隆中后期起，中国的生丝及丝绸出口总量基本上是不断上升
的，以鸦片战争为限，可以明显地分为两个阶段。在前一个阶段，平均每
年为 3678 担，其中 1820－1837 年的 18 年中，每年高达 6887 担，与后一
个阶段的平均数一样高。这可能与嘉、道年间水旱相继，国内丝织生产
不景气，生丝市场萧条有关。后一个阶段，平均每年为 6800 担。如果加
上丝绸数，则高达 8000 担。在后一个阶段，1845 年起，即超过 1 万担，
1853 年，更超过 5 万担，1871 年达到 6 万担，1891 年超过 10 万担，其后
20 年，每年平均均在 10 万担以上，最高的 1910 年竟达 13.9 万担。不消
说，这是西方列强用炮舰打开中国大门后，五口通商，并逐步深入内地，
变本加厉地掠夺中国生丝原料的结果。

　　在后一个阶段，有一点需要讨论，即如何看待太平天国期间的生丝
出口。上表显示出，太平天国自 1853 年定都南京到 1864 年覆灭前夕，
10 年中平均每年出口生丝达 5450 担，是在此前后几年的两倍多。对

此生丝出口不断增加,长期以来论者多认为是太平天国发展蚕桑生产而生丝产量增加,并重视对外贸易的结果。重视对外贸易千真万确,但生丝出口增加云云则完全相反。大量材料表明,太平天国期间,江南的蚕丝产量不但没有增加,反而因长期兵燹而不断减少。此时生丝出口的增加,是外国商人利用种种特权加紧掠夺生丝和中国国内丝织生产萎缩、生丝消费量减少的结果。说到底,它不是建立在蚕丝生产发展的基础上的,而是建立在国内丝织生产衰退的基础上的。诚如冯桂芬在1861年指出的那样:"中国积岁兵荒,丝市减十之六七,而夷船所购,数倍往昔。"①海关报告说得更直接,"洪杨之乱,兵燹所经,闾阎为墟,而出口生丝,不惟未见减少,反觉年有进步。夷考其故,实因南京及其他产绸城邑,纺织机杼,既被毁坏,而各处人民,复迁徙流离,不遑宁处,致各处所产生丝,国内需要为之锐减,不得不向国外推销以求出路也"②。太平天国期间生丝出口增加并不是蚕桑生产发展的结果,而是丝织生产普遍萧条的结果。清廷镇压太平天国后,国内局势渐趋稳定,丝织生产逐步恢复,生丝用量增加而产量不增,出口也就迅速下降。因此,不对当时的蚕桑和丝织生产加以具体分析,而仅从太平天国的政策方面考虑,就不可能对生丝出口的前后变化作出符合实际的解释。

鸦片战争后,生丝及丝货出口的地域也发生了变动。战前,对外贸易集中于广州,江南丝绸经翻山越岭跋涉而至。战后,邻近蚕桑产区的上海成了通商口岸,生丝出口十分便利,出口数量迅速增加,不久即取代广州而成为最大的生丝出口口岸。1844年前,生丝几乎全由广州出口,1845年上海占出口总量的54.2%,以后直到1853年皆在90%左右,

---

① 冯桂芬:《校邠庐抗议·筹国用议》,上海书店出版社,2002年,第32页。
② 班思德:《最近百年中国对外贸易史》,海关总税务司署统计科译印,民国十一年至二十年《最近十年各埠海关报告》上卷,第39页,中国第二历史档案馆、中国海关总署办公厅编:《中国旧海关史料》(1859-1948)第157册,第51页,京华出版社影印,2001年。

1854 年起达 100％。直到广州的蚕桑业兴起后,上海一地垄断生丝出口的格局才被打破,广州的生丝出口又由 1860 年的 8.3％上升到 1905 年的 42.6％。[1]

鸦片战争前后,中国丝及丝织品出口的结构也有所变化。战前,直到 18 世纪中叶左右,中国出口的丝织品大约占丝及丝织品总量的 63％。战后,自 1860 年起,由上表可知,生丝出口占 82.46％,而丝绸只占 17.5％。丝和绸出口的这一变化,再一次说明,鸦片战争后西方列强主要着眼于掠夺中国的生丝原料,而不是成品丝绸,到清末甚至以购销丝为目的,打击中国的丝织工业,这就是所谓的“引丝扼绸”。但丝绸的出口,1867—1911 年的 45 年中,平均每年 1.367 万担,其趋势也是逐年上升的,自 19 世纪 60 年代的每年 0.4 万担,持续增加到 1885 年的 1 万担、1895 年的 2.4 万担、1910 年的 3 万担。所谓引丝扼绸,在鸦片战争后直至清亡,大体上维持在丝 80％、绸 20％的比例,说明在掠夺丝原料的同时,西方列强仍然不放松对绸的贩销。由上表可知,只有在 1860—1876 年间,丝的出口比例尤其高,达 90％以上,而绸不足 10％。这可能是当时法国、意大利发生的微粒子蚕病影响了当地的蚕丝业而尤其需要中国生丝的结果。

在生丝出口中,随着 19 世纪 80 年代缫丝厂的建立,厂丝的比例迅速提高。厂丝以其拉力强、粗细均匀、规格统一等优点,适合欧美机织生产,因而在生丝出口中比重越来越高。1881－1882 年由广州出口的辑里丝 11526 担,还无厂丝,下年度出口的 9556 担生丝中仅有厂丝 1254 担,占 13％。1884—1885 年度,6553 担出口生丝中,厂丝已达 3437 担,超过了 3116 担的辑里丝,占 52％。[2] 以后厂丝的比例持续上升,到 1900—

[1] H. B. Morse,*The Trade and Administration of China*(《中国政制考》),New Yeak, 1920, p. 322.

[2]《海关十年报告,1882—1891 年》(Decennial Reports,1882—91),第 554 页,《中国旧海关史料》(1859—1948)第 152 册,第 566 页。

1901 年度,出口的 32075 担生丝中,辑里丝只有 1037 担,厂丝达 31038 担,占 97%。厂丝迅速取代土丝,说明缫丝行业中传统的落后的土法缫丝已远远不能适应近代丝织机器生产,而终究不得不让位于日益先进的机器缫丝。

在上述丝绸出口数中,英国商船输出最多,其次是美国,其余国家只占极小部分。英国东印度公司在它于 1834 年被撤销垄断贸易权利之前,输出的中国生丝约近 96%,美国商船在同期约占 3.4%。[①] 欧洲不少国家需要的中国生丝都是由英国转销去的。

丝绸特别是生丝在西方列强加紧掠夺的中国商品中占的比重也越来越高。中国出口商品一向以茶叶和生丝两项为大宗。鸦片战争前,茶叶约占出口总值的 77%,丝约占 17%,其余为土布、豆类、油料等,茶丝比例为 82:18。19 世纪二三十年代,丝绸比例迅速上升,约占出口总值的 27%,而茶叶下降为 69%,茶丝比例为 62:28,1821 年则不足 2:1。鸦片战争后丝绸和茶叶的升降比例更为明显,到 1880 年,茶叶占出口值 49%,丝占 39%,大约自 80 年代后期起,丝绸终于超过了茶叶,在出口货值中上升为第一位,而茶叶退居第二位。1890 年,丝占出口值 33.9%,茶叶仅为 30.6%。这种丝绸出口独重的地位直到清亡未变。[②]

中国向西方出口生丝及丝织品的量虽然一直呈增长趋势,但其幅度却极小。到 19 世纪末期,它遇到了日本生丝出口的严重挑战。为了说明问题,现将美国学者李明珠先生编制的中国和日本生丝出口表移录 1911 年前的部分于下。[③]

[①] 根据严中平主编《中国近代经济史统计资料选辑》(科学出版社,1955 年,第 16 页)计算而得。

[②] 根据《中国近代经济史统计资料选辑》第 14—16 页、马士《中华帝国对外关系史》第 1 卷(张汇文等译,商务印书馆,1963 年)第 233 页和《中国海关贸易报告统计册》(上海通商海关总税务司署,1923 年)所载资料计算而得。

[③] 李明珠:《中国近代蚕丝业及外销》(1842—1937),徐秀丽译,上海社会科学院出版社,1996 年,第 95 页。

表 6-6 中国和日本生丝出口比较表(1870—1911)　　　单位:千担

年次	中国	日本	年次	中国	日本	年次	中国	日本
1870	49	7	1884	68	21	1898	109	48
1871	60	13	1885	58	25	1899	148	59
1872	65	9	1886	77	26	1900	97	46
1873	61	12	1887	79	31	1901	129	86
1874	75	10	1888	77	47	1902	120	81
1875	80	12	1889	93	41	1903	95	76
1876	79	19	1890	80	21	1904	125	97
1877	59	17	1891	102	53	1905	106	72
1878	67	15	1892	101	54	1906	111	104
1879	81	16	1893	94	37	1907	116	94
1880	82	15	1894	99	55	1908	129	115
1881	66	18	1895	111	58	1909	130	135
1882	65	29	1896	88	39	1910	139	148
1883	65	31	1897	117	69	1911	130	145

表 6-6 表明,1870—1911 年的 42 年中,中国生丝出口增加了 1.65 倍,而日本却增加了将近 20 倍。1870 年日本生丝出口只是中国的 14%,1900 年最高也不过在 50% 左右,可在 20 世纪初的短短几年中就急起直追,并迅速于 1909 年超过中国,雄居世界第一,而中国反而由俯视日本到屈居日本之后。短短几十年中,中日生丝出口发生这种戏剧性的变化是有其深刻根源的。

为探讨这些原因,有必要先交待一下当时世界各国生丝及丝绸生产情形。19 世纪后期,欧美丝织生产最为兴盛的国家,依次是法国、美国、英国、德国、瑞士、匈牙利、西班牙等,法国的里昂、美国的波士顿和英国的曼彻斯特等地都是极为有名的丝织中心。产丝的国家为意大利、西班牙、法国、德国和瑞士等国。织绸所用生丝需要全部进口的国家为英、美等国,进口数多于自产者为法、德、瑞士等国,机业为全欧之冠的法国,只有 15% 的生丝能够自给,其余皆靠进口,只有意大利、西班牙因丝织生产不甚发达而有少量生丝出口。总计欧美各国所产生丝远远不能满足丝织生产需要。19、20 世纪之交的欧洲生丝产额,大约只能提供欧美丝织生产所需原料的三分之二,其余三分之一要从中国、日本和印度进口。①靠进口生丝的美国等后起丝绸大国,因系机器织造,经纬丝都用优质丝。因此同处东亚的中国和日本成了向欧美输出生丝的竞争对手,而谁能提高质量,谁就有可能在竞争中胜出。

如前所述,日本原来殊少产丝,直到 17 世纪仍主要依赖中国生丝维持丝织业。但随着蚕桑生产的发展,18 世纪中期起就几乎不再进口中国生丝。在收养蚕种方面,当欧洲 19 世纪五六十年代发生微粒子蚕瘟病发明 600 倍显微镜检验蚕病讲求留种方法后,日本立即引进显微镜检测方法,并设立制种场,统一发放种蚕,增加幼蚕抵御疾病的能力,蚕的成活率是未经校验蚕种的整整三倍。在养蚕方面,日本精确计算一张蚕种可得蚕多少、需用叶多少,在蚕三眠前,细切桑叶,均匀布叶。在上簇方面,日本茧簇稀疏,便于蚕结好茧。② 在缫丝方面,1855 起日本已出现使用水力的坐缫机缫丝手工工场。19 世纪 70 年代初,政府开办了富冈制丝所,分别从法国和意大利引进先进的技术设备,提倡和推广近代新的缫丝方法。70 年代中期以后,在富冈等新式进口缫丝机的传播影响下,在上州和信州等地进一步发展了改良的共捻式坐缫机,手工工场的发展又加快了步伐。据统计,1879 年全国已有 10 人以上的民间缫丝厂 666家,年产量 338129 斤。③ 由于采用共捻式缫丝机,缫出来的丝粗细均匀,改变了过去细而不整、多细毛多杂质等缺点,而且统一标准,改变品种混存情形,特别适合于欧美丝织工厂生产。在鼓励生丝出口方面,1868 年明治维新后,日本政府采取了一系列刺激措施。1884 年因出口不旺,农

①《世界生丝产额计算》,原载日本《新农报》,译载《农学报》第 42 期,光绪二十六年正月中。

②《中国蚕桑情形》,原载日本《农事新报》,译载《农学报》第 8 期;《杭州府林太守请筹款创设养蚕学堂禀》,《农学报》第 10 期。

③ 徐新吾:《中日两国缫丝手工业资本主义萌芽比较研究》,《历史研究》1983 年第 6 期。

商务省立即设法整顿,颁发联合章程,采取配套措施,鼓励出口。因中国丝价低廉而外销数多,日本又降低税收,到 90 年代后期,日本出口生丝的各种税收仅是中国出口丝的三分之一。[①] 此外,政府和社会团体又时时以中国为对手,如履薄冰,在派遣人员出国考察、掌握市场行情等方面都极为重视,为发展生产、增加出口创造了良好条件。

反观中国,自 16 世纪后期起,它一直是西方各国生丝原料的供应国。19 世纪后期,中国所产生丝是欧洲头号产丝大国意大利的整整三倍,供应了西方所需生丝的整整一半。[②] 中国自古注意留养蚕种,传统的用盐、石灰水以及霜、雪等方法,在发明显微镜检验之前,一直是较为先进的方法。但当西方和日本采用近代科学方法,用显微镜检验蚕病时,中国蚕农仍然沿用老办法而为蚕种不纯所困扰。江南虽然于乾隆年间就有蚕种出售,但制种农户只着眼于利益,对种茧并不精选,成活率极低,而一般农户仍以自留蚕种为主。无论自留抑或购买,来源既杂,病源又多,出蚁、食叶时间又参差不齐,孵化率虽有十分之七,但最后成活的却只有十分之三左右,以此抵抗力弱、疾病多的蚕结出的形制不规则的茧,需要六七斤才能缫出一斤丝。而经过显微镜检验的蚕种,成活率高达十分之七,结成的茧只需三四斤就可缫丝一斤。很明显,因为没有采用先进的检验方法,中国农民多用了一倍的桑叶而只能获得优良蚕种所得丝的四分之一。中国的养蚕之法也少讲究,在初则布叶太多,一半剩余,在后则桑叶往往不继,蚕多不能饱食,以致结茧太薄,用叶三倍于日本而得茧反少于人[③],养蚕方法是日本三四十年前的老办法。缫丝则沿用足踏手缫法,所缫之丝多者 25—26 个茧为一根,少则 5—6 个茧为一根,因而粗细不匀,除了湖丝,大多不适合西方现代织机之用。各地络车也车制不一,出丝尺寸大小不同;即使是新式缫丝厂,引进的机器也多为

① 松永伍作:《清国蚕业视察复命书》,东京:有邻堂,1898 年,第 156 页。

② H. B. Morse, *The Trade and Administration of China*(《中国政制考》), New Yeak, 1920, p. 323.

③《中国蚕桑情形》,原载日本《农事新报》,译载《农学报》第 8 期。

法国旧式,丝质不优,因而价低于日本。① 在出口方面,中国不是采取鼓励政策,而是采用重税政策,日本出口生丝每百斤征税仅为 17.4 两银,而同样数量的中国丝,各种税收高达 49 两银。征税如此之高,加上华丝质量不甚讲求,以致"华商之运丝者,亏倒时有所闻"②,"丝业各商日见折阅"③,严重影响了生丝出口。《中国通商贸易总册》统计,光绪五、六两年,从上海出口之丝,每年平均为 641.7 万斤,而光绪七八年至十四年,每年出口即减至 443.17 万斤,每年减少 200 万斤。④ 其他各种先进方法,中国政府和个人多不留意吸收学习。1897 年日人松永伍作考察中国蚕业后认为,中国蚕种粗恶,育法拙劣,较之日本,远远劣等,人民不思改良发达,政府怠于劝奖诱导。⑤ 同年,另一日人绪方南溟也认为,"中国茧丝质粗价廉,欧人素厌其粗而欲其精"⑥。这些看法是十分符合当时中国的蚕丝生产实情的。中国蚕丝,从育种到养蚕、缫丝,以至出口各个环节,均不讲究,丝质不如日本,税收又高于日本,出口自然只得逐渐让位于日本。

中日两国的生丝出口,虽然基础中国好于日本,历史长于日本,但是中国没有像日本一样注意及时吸收和采用先进的近代科学方法制种养蚕缫丝,而是因循守旧,沿用几百年的习惯方法,所产生丝粗细不匀,不适用机业,又炼染损耗大;在出口等方面,政府不予鼓励提倡,反而重税盘剥。由于这种种原因,丝绸出口的霸主地位在清亡以前终于为日本所夺得。中日丝绸出口的前后逆转,实际上是先进战胜落后,资本主义战胜封建主义,蒸蒸日上的日本战胜日薄西山的清朝的一个典型例证。

---

①《松永伍作论清国蚕业》,原载日本《农会报》,译载《农学报》第 30 期,第 4 页,光绪二十四年闰三月下。

② 贝思福:《保华全书》卷四《论商务和约税则》,上海广学会校印本,1902 年。

③ 杞庐主人辑:《时务通考》卷一六《农桑》,第 10 页,光绪二十三年上海点石斋石印本。

④ 杞庐主人辑:《时务通考》卷一六《农桑》,第 10 页。

⑤ 松永伍作:《清国蚕业视察复命书》,第 159 页。

⑥ 绪方南溟:《中国工商业考·苏州工商情形》,光绪二十三年广雅书局刻本,第 30 页。

三　经营丝绸贸易的地域商人

明嘉靖、万历时歙县人汪道昆说，徽州商人"首鱼盐，次布帛，贩缯则中贾耳"[①]，贩运丝绸布帛，是仅次于食盐的行业。万历时人谢肇淛说，山西商人的经营，"或盐或丝"[②]，食盐和丝绸，是最重要的两大行业。张瀚说山西、陕西商人千里跋涉到江南购买丝绸。可见这几支最有名的地域商帮，在明代时都以贩运丝绸为重要的经营活动。明代如此，清代仍然如此。明清时期国内丝绸贸易主要是由以下几支地域商人经营的。

安徽徽州、宁国商人。明正德年间，徽商王志仁寓居湖丝产地德清，赴苏贸易。天然智叟《石点头》卷八中描写，在苏杭一带购买了几千两银子的绫罗绸缎前往四川发卖的商人，就是徽州王姓富商。《龙图公案》中也有徽商宁龙带了仆人到苏州等地收买价值千余两银的缎绢到南京发卖的事例。徽商张元焕，则将苏州丝绸贩运到江西。在杭州近郊的塘栖镇，明后期，徽商与杭州等地商人，"开典、顿米、贸丝开车者骈臻辐辏"[③]。康熙年间，"善生理"的仲氏，已在丝绸名镇盛泽居住数世，可见仲家经营丝绸历年已久。徽商在江南各地的丝绸市镇，号称徽杭大贾，在丝绸名镇吴江县盛泽镇、嘉兴县濮院镇和钱塘县塘栖镇等地，都有会馆或同籍商人公益设施。仅盛泽镇上，清前期，"新安居斯土者，不下数十家"[④]。落成于道光十二年（1832）的《徽宁会馆碑记》载，在盛泽镇上，"凡江、浙两省之以蚕织为业者，俱萃于是。商贾辐辏，虽弹丸地，而繁华过他郡邑。皖省徽州、宁国二郡之人，服贾于外者，所在多有，而盛镇尤汇集之

---

① 汪道昆：《太函集》卷五四《明处士溪阳吴长公墓志铭》，《四库全书存目丛书》集部第 117 册，第 650 页。
② 谢肇淛：《五杂组》卷四《地部二》，上海书店出版社，2001 年，第 74 页。
③ 光绪《唐栖志》卷一八《事纪》引《栖溪风土记》，第 13 页。
④ 潘耒：《遂初堂文集》卷一二《新安义学记》，康熙刻本，《续修四库全书》第 1417 册，第 597 页。

处也"①。在这丝绸巨镇盛泽,徽州、宁国商人和江、浙两省经营绸缎的商人集中在那里竞争。徽、宁商人在镇上,有会馆,有义学,自嘉庆十三年到道光十年,二府七县商人共向会馆捐钱 17463 千文。道光十二年,捐款者又有 55 人,其中当主要是丝绸商人。在丝绸之府湖州,府城有宁国府旌德县人的会馆。在生产包头绢与包头绉著名的丝绸重镇湖州府双林镇上,泾县朱、胡、洪、郑、汪五姓长年在湖州经营的商人和旌德刘姓商人合建有式好堂,以作公益善举。② 早在康熙年间即建有泾县会馆,不仅在那里从事丝绸的贩销,而且还开设皂坊一类作坊从事丝绸加工,故民国《双林镇志》直接称他们为绢商。③ 徽宁商人特别是徽州商人,在明后期的丝绸出口贸易中,可能是最为活跃的地域商人势力,在从事国内贸易、明后期的走私贸易和清前期对日贸易,以及对"西洋"的生丝丝绸贸易中,徽商始终居于显赫地位;他们在长江流域与洞庭商人竞争,在运河区域与山陕商人竞争,在沿海和对外贸易中,与江浙闽粤商人竞争。

浙江杭州商人。在苏州,杭州绸商原与锡箔业一起,附于杭线业下,寄顿在杭线会馆内。到乾隆三十七年(1772),实力大增,建成钱江会馆,"为贮货公所",共有房屋 130 余间,耗银 7200 两。自乾隆二十三年到四十一年,26 家杭州丝绸铺号捐银达 11022 两,最多的开泰升记,捐银 168 两多,最少的恒隆靖记,也捐银 5 两 8 钱,显示出雄厚的实力。杭世骏撰写碑文谓:"吾杭饶蚕绩之利,织纴工巧,转而之燕、之齐、之秦晋、之楚蜀滇黔闽粤,衣被几遍天下,而尤以吴阊为绣市。"④杭州商人以苏州为据点,将老家的最大宗商品丝绸销向全国各地。

湖州商人。于乾隆五十四年在苏州建有吴兴会馆,碑记直接表明会

---

① 《徽宁会馆碑记》,道光十二年,江苏省博物馆编:《江苏省明清以来碑刻资料选集》,生活·读书·新知 三联书店,1959 年,第 446 页。
② 朱珔:《小万卷斋文稿》卷一八《式好堂兴复上坊义渡碑记》,第 16 页,光绪十一年刻本。
③ 民国《双林镇志》卷八《公所·旧公馆》,第 1 页。
④ 《吴阊钱江会馆碑记》,乾隆三十七年正月十五日,《江苏省明清以来碑刻资料选集》,第 24 页。

馆"为绉绸两业集事之所"①,说明他们的经营以本地特产湖绉为主。清代前期,湖州丝商就在生丝出口到西洋的过程中崭露头角。五口通商后,南浔辑里湖丝畅销西洋,湖州商人拥有地理之便,将辑里丝通过复杂的购销程序从上海出口,为整个江南的生丝出口起到了不可或缺的作用。其时南浔镇上略有资产者,皆由生丝贸易起家,"家财垒聚,自数万乃至数百十万者,指不胜屈,用能于兵燹板荡之余,转衰耗为盈阜,人文蔚起,炳然与巨邑相埒",光绪年间社会上乃有"四象、八牯牛、七十二只狗"的说法。②"象"指拥有家产百万两,50万至不到百万两者称为"牛",30万至不到50万两者称为"狗"。被称为"象"的刘、张、庞、顾四家,刘家财产达2000万两,张家1200万两,因而也有被尊称为"狮"的。被称为"牛"的是邢、周、邱、陈、金、张、梅、蒋八家。有人估计,他们的财产总额在6000万至8000万两。③温丰《南浔丝市行》就形象地描述这些丝商在出口贸易中的作用:"蚕事乍毕丝市起,乡农卖丝争赴市。市中人塞不得行,千声万声聋人耳。纸牌高揭丝市廛,沿门挨户相接连。喧哗鼎沸辰至午,骈肩累迹不得前。共道今年丝价长,番蚨三枚丝十两。市侩贩夫争奔走,熙熙而来攘攘往。一日贸易数万金,市人谁不利熏心。但教炙手即可热,街头巷尾共追寻。茶棚酒肆纷纷话,纷纷尽是买与卖。小贾收买交大贾,大贾载入申江界。申江鬼国正通商,繁华富丽压苏杭。番舶来银百万计,中国商人皆若狂。"④附近的双林等镇也崛起了不少丝商。如蔡兴源、陈义昌等以此起家,积资巨万。姚天顺、俞源元、施福隆、丁震源、陈三益、凌成记等生丝字号,前后继起。他们选择头号、二号白丝,运至上海,直接售于洋行,形成震源、凤云、三益、文鹿、成记、雪梅等生丝品

---

① 《吴县为盖印给发吴兴会馆公产照契抄册给示晓谕碑》,光绪十八年,《明清苏州工商业碑刻集》,第45页。

② 中国经济统计研究所:《吴兴农村经济》,上海文瑞印书馆,1939年,第122、123页。

③ 陈永昊、陶水木主编:《中国近代最大的丝商群体湖州南浔的"四象八牛"》,浙江人民出版社,2002年,第1页。

④ 温丰:《南浔丝市行》,周庆云《南浔镇志》卷三一《农桑二》,第38页。

牌。常年出口达 3000 余担。① 直到民国八年(1919),苏州的 5 家湖绉铺,就全由湖州人经营。

宁波商人。在盛泽镇上建有宁绍会馆,与安徽等地绸商竞争。嘉庆年间,宁波与绍兴商人一起,在嘉兴县濮院镇上建立宁绍会馆,光绪八年(1882)又添建东西殡房 20 余间,有葬地 8 亩。② 可见其丝绸贸易人数之多。道光后期,胡寿康捐济苏州绸缎同业,议定"其各店消货捐厘",苏城及吴县、吴江、震泽三县则"仍由浙庄按照苏店置货实数,扣交公局"。③可见浙江绸庄地位非同一般。

江苏洞庭西山商人。主要活跃于长江沿线,经营丝绸、棉布和米粮,洞庭西山人王维德说:"楚之长沙、汉口,四方百货之凑,大都会也,地势饶食,饭稻羹鱼,苏数郡米不给,则资以食;无绫罗绸缎文采布帛之属,山之人以此相贸易,裹至而辐凑,与时逐,往来车毂无算……故枫桥米艘日以百数,皆洞庭人也。"而且进一步说:"上水则绸缎布匹,下水惟米而已。"④可见洞庭西山商人自己就认为在长江流域从事米粮和绸布对流贸易是其最突出的活动区域及行业。湘潭的绸缎业,直到清末,据说就是由江南及苏州商人专营的,绸缎铺兼营外国棉布,重要的铺户有郑恒丰、仁昌、谦和等。⑤

南京商人。其较为后起,主要经营丝绸特别是江宁绸缎和从事玉器加工业。清代,南京绸缎生产特别发达,但所用生丝依靠湖州等地,每当新丝上市,在产丝地安吉等地,"南京贸丝者络绎而至"⑥。在安徽亳州,南京商人于乾隆五十七年建立了江宁会馆(今亳州市谯城区古泉路中段北侧)。道光十年的会馆碑文称,南京商人"在外贸易经营迹满天涯,而

---

① 民国《双林镇志》卷一七《商业·出口货之调查》,第 1 页。
② 夏辛铭:民国《濮院志》卷九《任恤》,第 15 页。
③《吴县为胡寿康等设局捐济绸缎同业给示立案碑》,道光二十四年,《明清苏州工商业碑刻集》第 27 页。
④ 王维德:《林屋民风》卷七《民风》,第 10 页,康熙五十二年刻本。
⑤ 日本外务省通商局编:《清国事情》第 2 辑,1907 年,第 253、257—258 页。
⑥ 乾隆《安吉州志》卷八《物产》,第 34 页,《故宫珍本丛刊》第 100 册,第 156 页。

于此为尤夥者也"①。在北京,南京人于康熙二十一年(1682)创设了元宁会馆,其中"东馆为缎行酬神议事之所"②,专门销售南京绸缎。南京丝绸商虽未必能与徽州、浙江、山陕丝绸商相比,但经营时间较早,分布广,又有地利之便,实不容忽视。清代苏州"花素缎机生业,向分京、苏两帮,各有成规,不相搀越"③。苏州的绸缎销售,看来一直主要是由苏州和南京商人一起经营的。

盛泽镇商人。在苏州,专以"接办绸绫为业",清中期建有绸庄码头,毁于太平天国期间,光绪十三年由王家鼎等十人重修④,可见其时盛泽绸商也颇具实力。

福建商人。明清两代将生丝丝绸输向华南以至出口的,闽、粤商人一直是主力。明末人周玄暐称:"闽广奸商,惯习通番,每一舶推豪富者为主,中载重货,余各以己资市物往,牟利恒百余倍。"⑤所谓重货,大多是江浙丝绸。明中后期从事日本通番贸易的,最初主要是福建商人,后来闽商与徽商、江浙商人一起,构成民间走私商的主体。嘉靖中期,提督军务王忬奏称:"漳、泉各澳之民,僻处海隅,俗如化外,而势豪数姓人家又从而把持之,以故羽翼众多,番船连络。"⑥万历十七年,福建巡抚周寀就曾称:"漳州沿海居民往贩各番,大者勾引倭夷,窥伺沿海,小者导引各番,劫掠商船。"⑦同时人称:"福建漳、泉滨海,人藉贩洋为生。"⑧福建商人是

---

①《江宁会馆碑》,道光十年,碑存安徽亳州江宁会馆原地,碑文抄录自 2002 年 12 月 6 日。

②《东元宁会馆缎行会馆碑》,嘉庆十年,李华编:《明清以来北京工商会馆碑刻选编》,文物出版社,1980 年,第 90 页。

③《元长吴三县为花素缎机四业各归主顾不得任意搀夺碑》,光绪二十四年,《明清苏州工商业碑刻集》第 46 页。

④《吴县永禁占泊绸庄船埠码头碑》,光绪十三年十一月十五日,《明清苏州工商业碑刻集》第 42 页。

⑤ 周玄暐:《泾林续记》,《丛书集成初编》第 2954 册,第 27 页。

⑥ 王忬:《条处海防事宜仰祈速赐施行疏》,《明经世文编》卷二八三,第 2994 页。

⑦《明神宗实录》卷二一〇,万历十七年四月乙未,第 6 页。

⑧《明神宗实录》卷三一六,万历二十五年十一月庚戌,第 4 页。

从事丝绸海外贸易的主力,而以漳、泉二府商人尤为活跃。前述万历三十八年至四十二年间官方缉获的七起通番案件,涉案者主要是这二府的商人。

明清易代之际,东南沿海人民从事中日走私贸易的仍然不少。顺治初年,浙江巡抚秦世祯说江南人贪射微利,蹈险私通,贩运绸布等物,所在多有。① 如商人曾定老等前后数次领了郑成功的十几万两银子在苏杭等地置买绸缎湖丝,或者将货交给郑成功,或者直接赴日贸易,获利后归还本息。这些商人因有反清复明的国姓爷郑成功作后台,丝绸生意做得特别大。顺治十八年(1661),浙江缉获走私船 1 艘,船上商人 30 余人于前一年置备货物到福建海澄下海赴日贸易。其中绍兴人王吉甫带了绍兴绫 10 匹,漳州人张瑞在杭州购买丝 260 斤、白绫 33 匹、红绉纱 4 匹,福州人王一在杭州买丝 40 斤,广州人高参在杭州买绉纱 50 匹,广州人李茂在苏州买轻绸 100 匹,广州人卢措在苏州买绉纱 150 匹②。这些事例说明,从事通番贸易的,主要是福建商人和江浙商人。在明清之际每年将十几万斤生丝和大量丝绸输向日本的运营中,福建商人发挥着重要的作用。

广东商人。广州市场用于出口的优质生丝,清代前期均来自江南。17 世纪末年,英国东印度公司主要前往厦门购买生丝和丝织品,并从日本东京市场上转手获得中国生丝。据英国东印度公司历年记录,18 世纪前半叶在广州市场上购买的生丝在 1000 担上下浮动,多则一千数百担,少则数十担。据福建地方官奏报,乾隆三年、六年及十二年,吕宋之船前往厦门贸易者曾有三次,乾隆二十年,又有吕宋商人夹板船一只,除了载运粮食外,"尚有番银一十五万圆,欲在内地置买绸缎等物"。因广州外国商船众多,"货难采买,是以来至厦门交易",先期"已择殷实铺户林广

① 秦世祯:《抚浙檄草·申严通海》,《清史资料》第 2 辑,中华书局,1981 年,第 172 页。
② 《刑部等衙门尚书觉罗雅布兰等残题本》,《明清史料》丁编第三本,第 258—259 页,1951 年铅印本。

和、郑得林二人先领番银五万圆带往苏广购办货物,取有连环保结,不致羁误"。① 这是西班牙商人委托广东商人前往产地购买苏杭丝绸。乾隆二十二年集中为广州一口通商后,丝绸出口总趋势数量有所上升。1764年仅326担,1775年为3724担,1779年为4264担。在1783年前后,为了获得交货迅速和价钱最为有利之机,公司预付购买生丝的定金多至十分之九,而同时茶叶的定金只要成本的一半。② 以后到1800年,一直在1000—3000担之间起伏。1801年降为1000担,1805年降为582担,为最少的年份。1806年起再次超过1000担,1813年超过2000担,1814年超过3000担,1819年超过4000担,1821年超过6000担,1830年超过7000担,1831年超过8000担,1833年最多,达9920担。至于丝织品,1694年,公司指令前往厦门的"多萝西号"购买丝织品3万匹,称"在每磅不超过6先令的价钱内,尽量买入将你的船装满"③。1697年,指令前往厦门的"纳索号"购买丝织品10.8万匹;指令"特林鲍尔号"购买丝织品4.1万匹及丝绒150匹。1698年,指令前往厦门的"舰队号"购买丝织品6.5万匹,丝绒1300匹。可见,其时,东印度公司大量收购江南丝绸。1750—1751年,各国从广州运出丝织品18229匹。1757—1758年,西班牙船大批收购南京布、丝织品和生丝。1764年,各国在广州出口丝织品11304匹。1768年,公司的船只购买计划均包括大量的生丝和丝织品,分别向各个行商订约购入2.96万匹,"每匹价格从7.5两—18两不等"④。1784年公司9艘船的回航货物,有丝织品3462匹;1784年,第一艘驶到中国的美国商船"中国皇后号"回程时载有丝织品490匹。1813年,各国船只运出丝织品463担,若以每担100匹计,当为46300匹;1820年将近40万匹。1824年超过60万匹,为最高,达612052匹。以后10

---

① 福建巡抚钟音《为恭报地方情形事》,乾隆二十年十一月十五日,《史料旬刊》第12期《乾隆朝外洋通商案》,第427页,1930年故宫博物院文献馆铅印本。
② 马士:《东印度公司对外贸易编年史》(第一、二卷),区宗华译,第411页。
③ 马士:《东印度公司对外贸易编年史》(第一、二卷),区宗华译,第84—85页。
④ 马士:《东印度公司对外贸易编年史》(第四、五卷),区宗华译,第557页。

年中,每年保持在 20 万—40 万匹。这每年数万匹至数十万匹的丝绸,是由江浙商人运往广州,并由广州行商代洋商采买而输出的。乾隆二十四年,广东地方官奏报:"丝货为外夷必需之物","惟外洋各国夷船到粤,贩运出口货物,均以丝货为重。每年贩买湖丝并绸缎等货,自二十万余斤至三十二三万斤不等。统计所买丝货,一岁之中,价值七八十万两或百余万两,至少之年,亦买价至三十余万两之多。其货均系江、浙等省商民贩运来粤,卖与各行商,转售外夷,转运回国,向无禁令"。①《乾隆上谕条例》第 108 册也载:"闽省客商赴浙江湖州一带买丝,用银三四十万至四五十万两不等。至于广商买丝银两,动至百万,少亦不下八九十万两。此外,苏、杭二处走广商人贩入广省尚不知凡几。"与苏松棉布的输出相类似,粤商是将江南丝绸输向广东乃至西洋各国的主力。

山西商人。明后期,"虽秦晋燕周大贾,不远数千里而求罗绮缯币者,必走浙之东也"②。康熙后期,在杭州,"四方商客来买绸绫纱绢者,西标为最"。所谓"西标",就是山西丝绸标商。康熙五十年,仅列名碑石的西标与店户,就有庞长春等 34 家,康熙五十五年更有梁日升等 48 家。他们每年于四五月间新丝初出之时,在杭州寻觅丝绸牙人,面同机户讲定价值,开定货色品种,将货银预先交托牙人转发机户,由机户为其织造绸缎。③ 乾隆初年,山西布政使严瑞龙奏称,西北各省"凡富商大贾前赴东南置买绸缎布匹等项,俱囊挟重赀,动至数万金,骑驮数十头,合队行走",专门雇请保镖护送④。可见直到清前期,江南丝绸一直是山西商帮贩运的重要商品。在清代,丝绸是俄罗斯从中国进口的重要商品,按照 19 世纪后期俄国人特鲁谢维奇的说法,丝绸是进入西伯利亚的第一种中

---

① 两广总督李侍尧《奏请将本年洋商已买丝货准其出口摺》,乾隆二十四年九月初四日,《史料旬刊》第 5 期《乾隆二十四年英吉利通商案》,第 158 页,1930 年故宫博物院文献馆铅印本。
② 张瀚:《松窗梦语》卷四《商贾纪》,第 75 页。
③《杭州府仁和县告示商牙机户并禁地棍扰害碑》,康熙五十年十月;《杭州府告示商牙机户店家人碑》,康熙五十五年四月,转引自陈学文《中国封建晚期的商品经济》所附碑文,湖南人民出版社,1989 年,第 119—123 页。
④《山西布政使为请严禁保镖胡作非为事奏折》,《历史档案》2001 年第 4 期,第 24 页。

国商品,在 1651—1653 年俄国的进口商品中也经常能发现中国的锦缎,最初俄国的私人和官方商队从北京输出的商品多半就是锦缎和各色丝绸,大约占到进口商品的 90%。[1] 所以苏联历史学家米·约·斯拉德科夫斯基认为,"在 17 世纪 50 年代俄国的进口商品中,中国丝织几乎是独一无二的货物。再如,1728 年商队运达俄国的丝织品为 61799 卢布,占这个商队输入的中国货物总值的 49%"。[2] 在 1780—1785 年间,每年进口绸料总计为 600—4000 块(即匹——引者);果里绸达到 102 万块,纺绸蜡布为 1700 块;生丝每年换进 200—400 普特,丝线也为 200—400 普特。其中的果里绸的价格相当于 3 块南京小土布(每块 7 钱)。1826—1830 年每年换进的丝绸的价值为 131161 卢布。[3] 如此,则早年俄国从中国输入的商品几乎全是丝织品,恰克图贸易开始时,则价值在 7 万两之谱,18 世纪后期达到每年 20 万两白银的规模,19 世纪二三十年代,每年约为白银十三四万两。对照上述材料,则山西商人经营江南丝绸,华北地区并非是其终点,真正的终点,恰克图贸易时代是在中俄边境。

陕西商人。按前引张瀚的说法,前往江南贩运丝绸的各地商人,不少就是"秦、晋、燕、周大贾",说明明代山西、陕西商人将江南丝绸贩往华北大地。清代陕商在苏州和丝绸巨镇盛泽均有会馆,说明陕商也远距离贩运江南丝绸。乾隆时期,就有陕西商人购买濮院绸贩往陕西的事例。四川是江南以外的另一个丝绸产地。在四川綦江县,道光时丝绸市极盛,所产上好双丝绸,匀细虽不及川绸,而绵密过之,佳者每匹长 5 丈余,宽 1 尺 2 寸,重 30 余两,值银 3 两许,远贩嘉裕关外西域、南洋等地,每年二三月间,"山陕之客云集,马驼舟载,本银约百余万之多。……攘(原文

---

[1] 特鲁谢维奇:《十九世纪前的俄中外交及贸易关系》(原著 1882 年版),徐东辉译,岳麓书社,2010 年,第 149 页。

[2] 米·约·斯拉德科夫斯基:《俄国各民族与中国贸易经济关系史》(1917 年以前)(原著 1974 年版),宿丰林译,社会科学文献出版社,2008 年,第 157 页。

[3] 阿·科尔萨克:《俄中商贸关系史述》(原著 1857 年版),第 95 页,译本中的"块",当即"匹"。

作"壤"——引者)往熙来,极为热闹。廿年来竟为川南开一大生广生世界矣"①。山陕商帮大概垄断了当地蚕丝的经营。在四川如此,江南当也不会退出。

山东商人。山东济宁帮和济南帮都集中在丝绸巨镇盛泽镇,说明他们经营的主要是丝绸业务。济宁绸布商,先后于道光二年、道光十二年和道光二十七年数次在当地重修济阳会馆,道光二十七年参与其事的就有源盛与来顺两家绸店。②

河南商人。河南的武安商人在本省开封、彰德、郑州、卫辉及全国其他地区主要经营绸布和药材。清末民初武安商人在河南经营绸布、山绸者 80 余家,约千余人。③ 在江南,河南商人则输出河南的棉花、煤炭、椒柿和北方的皮毛,输回江南的丝绸。武安商人自称:"武安一帮,向在苏城置买绸缎运汴销售,因店号众多,未能划一"④,于是在光绪十二年购房 10 间,创建了武安会馆。他们以苏州和开封为贩运的两端,专门从事丝绸生意,自称"吾豫武安之业锦绮纨縠者,置邸大梁,贾贸堩鬻于苏"⑤。光绪十五年,武安商人向会馆捐款的共有 31 家铺号。这么多武安商人经营丝绸,说明在清后期将江南丝绸贩向中原地区中起了重要作用。清末上海新闸大王庙后的丝绸业公所,就是由河南与山东两省丝绸商共建的,以主销山东茧绸,也说明河南商人在清后期的江南以经营丝绸为主。

明清时期经营江南丝绸的,除了各地商人,社会各个阶层也多有人涉足。永乐二年,都匀卫指挥佥事司华递送冬至贺表到南京后,并不按期返回,却在仪凤马外延住 20 余天,"收买纻丝花翠等项"⑥。这是官员利用差务之便在贩运江南丝绸。宣德六年,宁阳侯陈懋"遣军士二十人,

---

① 道光增修、同治补修《綦江县志》卷一〇《物产》,第 22 页。
② 冯德成:《重修济阳会馆记》。碑文承聊城大学王云教授见示,深致谢意。
③ 王兴亚:《明清河南集市庙会会馆志》,中州古籍出版社,1998 年,第 200—202 页。
④ 《长元吴三县严止地棍向武安会馆滋扰碑》,光绪十二年,《江苏省明清以来碑刻资料选集》第389 页。
⑤ 《苏州新建武安会馆碑记》,光绪十五年,《江苏省明清以来碑刻资料选集》,第 389 页。
⑥ 庞嵩:《南京刑部志》卷三《祥刑篇》,第 39 页,嘉靖三十五年刻本。

人给二马,赍银往杭州市货物"①。从北方边陲关山万里到杭州购物,当属轻盈价昂的丝绸之类。这是显贵在专程做丝绸生意。正统五年(1440),哈密等处进贡者将朝贡所获赏绢易换纱罗等物。成化六年(1470),哈密使臣又以随带货物易买纱罗缎布等物。弘治二年(1489),吐鲁番使者朝贡时赴临清收买彩缎50余柜。这是西北少数民族头人借进贡之便经营丝绸,而且始终不断,极为普遍。正统十二年,唐王婚礼所用纻丝纱罗等物,因当地偏僻,少有贩卖,特意"令人往江南出产去处用价两平收买,因府应用"②。次年,淮王奏请府中所缺丝绵罗缎,于产有地方市用,获得批准。说是自用,并不排斥经营的可能,而无论是否经营,江南绸缎是以商品形式出现的。占据辽东皮岛的明将毛文龙,招集流民,经营南货,商贾均于其处"输税挂号,然后敢发,不数年遂称雄镇"③。这是镇将支持或把持了丝绸贸易。前述自明初到明末始终未停的北方边镇官军人等与商民互相串通的丝绸贸易,参与者的身份就更为复杂。

清代达官显贵经营丝绸更为普遍,手段也更加多样。康熙五年,据说有"内外奸民违禁妄称显要名色,于各处贸易马匹缎匹及各项货物,河路霸占船只,关津恃强妄为"④。乾隆二十七年,参赞大臣富德西征时,令家人携带缎布烟茶等物,大做生意,"拥赀至三万余金"⑤。乾隆四十三年的高朴私鬻玉石案,身为叶尔羌办事大臣的高朴,委托家人偷运价值12万余两的玉石,一路上漏税过关,在苏州出卖玉石,又在苏州加工玉器,并购买大量丝绸,动用插有"兵部左堂旗号"的大太平船和尖头船,堂皇北上过扬州关。⑥ 当时清廷严禁内地绸缎到新疆贩卖,而这些封疆大吏却明目张胆,或偷运走私,利用禁私时机,牟取经营厚

---

① 《明宣宗实录》卷七六,宣德六年二月壬子,第9页,总第1768页。
② 《明英宗实录》卷一五五,正统十二年六月甲子,第2页,总第3025页。
③ 文秉:《烈皇小识》卷二,第28页,《明季稗史初编》本。
④ 《清通典》卷一五《食货十五·市籴》,浙江古籍出版社影印本,2000年,第2103页。
⑤ 《清高宗实录》卷六七四,乾隆二十七年十一月上,第13页。
⑥ 伊龄阿折,乾隆四十三年九月二十八日,《高朴私鬻玉石案》,《史料旬刊》第19期,第668页。

利。乾隆三十五年,原贵州巡抚良卿和布政使高积,伙同该省部分道府官员,私将藩库水银数万斤运往江苏高价贩卖,又从苏州贩回缎匹玉器等物,勒令通省属员高价收买,属员"不敢较量贵贱,照价领买"①。清代官员这种动用库银做资本,借用公差名色作掩护,经营规模之庞大,贩运路途之遥远,及其强卖商品手段之卑劣,牟取暴利之贪婪,真令明代官商自叹不如。至于开设店铺经营丝绸铺户贸易者更不知凡几,难以枚举。

明清时期社会各种势要之人经营丝绸,或奏请免税,或以私冒公,偷税漏税,或包揽勒索,要比一般商民有着种种便利条件,获利也要高得多,从而使这种贸易更显得斑驳陆离,也逸出贸易常规。但是,毫无疑问,江南丝绸贸易仍以广大商人的活动为主体。

---

① 云贵总督吴达善奏,乾隆三十五年正月,转引自韦庆远《明清史辨析》,中国社会科学出版社,1989年,第147页。

第七章　清代江南与新疆地区的丝绸贸易

　　自乾隆二十五年到咸年三年(1760—1853),江南与新疆地区开展了大规模的直接的官营丝绸贸易,在清代档案和令典中被称为"贸易绸缎"。这是清代商业贸易史和地区经济交流史上较为重要的一个问题,但长期来一直未引起人们的重视,即使中国、日本学者的论著中偶有涉及,也多误解。20世纪80年代中后期,林永匡和王熹先生利用满文档案,合撰了系列文章,①主要对乾、嘉年间的丝绸贸易,进行了具有开创意义的研究,加强了清代与新疆丝绸贸易史的研究。然而林、王二人的研究,集中在乾隆、嘉庆年间,利用的档案材料数量也极有限,未能展示丝绸贸易的全貌,对贸易数量的前后变化等判断,也与实际不符。

　　本章利用档案,系统辑录前后94年间的贸易数据,结合实录、政书及其他相关文献,试图揭示江南与新疆丝绸贸易的全过程,阐明"贸易丝绸"的性质,并对贸易绸缎的具体数量、来源、品种色彩,新疆贸易点的分布,以及丝绸贸易的影响等问题,较为全面地进行探讨。

---

① 文见《新疆大学学报》、《苏州大学学报》、《历史档案》1985 年第 4 期、《西北民族研究》1986 年第 1 期、《杭州大学学报》1986 年第 2 期、《辽宁师范大学学报》1986 年第 3 期、《中央民族学院学报》1987 年第 3 期。

一　丝绸贸易始末

乾隆二十二年六月,准噶尔阿睦尔撒纳在发动叛乱两年后,势穷力蹙,遁入哈萨克部。左部哈萨克首领阿布赉在清朝大臣的劝谕下遣其弟率兵协助清军追捕阿逆,并表示"愿率哈萨克全部归于鸿化,永为中国臣仆"[①]。随后,右部吐里拜等也归顺清朝。哈萨克位于伊犁、塔尔巴哈台西北,共有左、右、西三部。臣服清的左右两部,即中帐和大帐,左部在东,右部在西南。"其幅员辽阔,人户殷繁,牲畜众多。富者马牛以万计,羊无算",又酷爱内地丝绸,"以衣多为华美"[②],以前因准噶尔阻隔其间,难以与内地直接联系。准噶尔平定,中间阻隔因素被清除,阿布赉便向中央政府提出,"请于乌隆古地方,将马匹易换货物"[③],甚至"遣伊属人至乌鲁木齐恳求贸易"[④],要与内地贸易之情极为迫切。

清政府的反应及为迅速。定边右副将军兆惠当即回复阿布赉,乌隆古道远,"商贩不便,约于明年七月,在喀林哈毕尔噶、乌鲁木齐交易"[⑤],奉旨允准。负责转运事宜的陕甘总督黄廷桂认为在乌鲁木齐交易,运费浩繁,不如吐鲁番方便。但军机大臣考虑到既不失信远人,又不愿哈萨克在吐鲁番地方与回民熟习,故议定交易地点不变。作为最高统治者的乾隆帝,也亲自擘划,传谕"将来交易之际,不可过于繁苛,更不必过于迁就,但以两得其平为是"[⑥]。又指示"来年贸易,所到马匹,亦须多为购买"[⑦]。除了下达明确的指导思想,乾隆还十分重视具体的准备工作。首先是在同年十月下令,凡用于贸易的缎布,"著即速

---

① 傅恒:《皇舆西域图志》卷四四《藩属一·左部哈萨克》,《景印文渊阁四库全书》第500册,第834页。
② 椿园七十一:《西域闻见录》卷三《哈萨克》,嘉庆十九年刊本。
③《平定准噶尔方略》正编卷四四,《景印文渊阁四库全书》第358册,第735页。
④《清高宗实录》卷五七七,乾隆二十三年十二月癸酉,第17页,中华书局影印本,1986年。
⑤《平定准噶尔方略》正编卷四四,《景印文渊阁四库全书》第358册,第735页。
⑥《平定准噶尔方略》正编卷四五,《景印文渊阁四库全书》第358册,第756页。
⑦《平定准噶尔方略》正编卷四七,《景印文渊阁四库全书》第358册,第780页。

起运"。其次是选定了了解哈萨克情形、熟悉贸易业务的努三为贸易官员,调补出身商贾世家的范清旷为甘肃洮州同知辅助贸易。① 再次是特意调拨绿旗兵 500 名赶赴乌鲁木齐②,以确保贸易事务的顺利进行。努三更不负重托,先至巴里坤察收预备贸易的货物,又先期赶至乌鲁乌齐等候。时届约期,尚无哈萨克人前来贸易信息,便"行知台站官员,如有哈萨克贸易人等经过,即行送信"③。同时又派遣属员前往阿布赉处,以及让参赞大臣传示哈萨克人在乌鲁木齐的贸易日期。一切准备就绪,单等哈萨克人前来成交。

然而,哈萨克人并没有如约而行。据报告,七月间,哈萨克人两次经过台站共 70 余人,"俱在附近贸易,旋回游牧"④。两个月后,哈巴木拜才在遣其子押送布库察罕之子时顺便携"带马三百余匹,于九月十七日到乌鲁木齐贸易"⑤。直到将临年终,阿布赉也才"遣布鲁特昆都浑等十余人前来贸易,于十二月初四日至乌鲁木齐"⑥,而且成交额比预期的要少得多。据陕甘总督杨应琚报告,前后两次贸易,仅用过缎 292 匹,绢 54 匹,除了副将富德动用并解送阿克苏维吾尔族交易食品外,原先准备的各色缎 3477 匹,绢 1000 匹,尚存各色妆蟒缎 2673 匹,绢 436 匹。⑦ 可清廷毫不气馁。早在乾隆二十三年十月初九日,就由

---

① 《平定准噶尔方略》正编卷四七,《景印文渊阁四库全书》第 358 册,第 780 页。
② 《平定准噶尔方略》正编卷四六,《景印文渊阁四库全书》第 358 册,第 771 页。
③ 《平定准噶尔方略》正编卷五九,《景印文渊阁四库全书》第 359 册,第 107 页。
④ 同上。
⑤ 《平定准噶尔方略》正编卷六二,《景印文渊阁四库全书》第 359 册,第 141 页。
⑥ 《清高宗实录》卷五七七,乾隆二十三年十二月戊寅,第 29 页。
⑦ 陕甘总督杨应琚《奏筹办乌鲁木齐贸易情形折》,乾隆二十四年五月二十八日,中国第一历史档案馆编:《清代档案史料丛编》第 12 辑,中华书局,1987 年,第 47 页。有关"贸易绸缎"的档案,笔者于 1986 年春间较为系统地查检了中国第一历史档案馆所藏的内阁题本户科·工业类、军机处录副奏折、内务府·来文·织造、内务府·奏销、三织造·缴回档等,中国第一历史档案馆从军机处录副奏折中选辑成《乾隆朝内地与新疆丝绸贸易史料》,收入《清代档案史料丛编》第 12 辑,后来又从军机处录副奏折中选录遗漏者,辑成《乾隆年间新疆丝绸等贸易史料》,刊布于《历史档案》1990 年第 1、2 期。

广储司将陕督所开样缎单据"转发江、浙织造照样置办五千匹,解甘应用"①,以做好来年贸易的准备。

　　清廷之所以对哈萨克贸易抱有如此大的热忱,对哈萨克的要求作出迅速积极的反应,详细地做好各种准备,在初次失利后,仍对今后的贸易寄以厚望,是有其重要原因和难言的苦衷的。北疆初定,南疆又起烽火。曾支持过阿逆的小和卓霍集占正唆使其兄大和卓扯起反清大旗,企图割据南疆。清廷准备大举平叛,需要大量的军用马匹、运载粮械的牲只,以及军士食用的羊只。为满足征战所需,免除内地解运之劳,并从长治久安出发,清廷正规划在北疆大规模兴屯,又需要为数可观的马匹牛只。据不完全统计,仅自乾隆二十二年至二十四年的一年多时间,至少已从各地调拨了 5 万匹左右的马、1 万多头的骆驼、2000多头牛、3000 多头骡、6000 多头驴和 10 万多头羊到巴里坤等地。拟调出关及因长途解送而倒毙的尚未计入,其数甚多。如乾隆二十三年二月,副将军哈尚德仅从巴里坤送羊 2.5 万只到兆惠军营,竟倒毙了15600 多只,仅存 9300 余只。② 为解送这些牲只,搜罗范围广达蒙古、陕西、甘肃、直隶、河南、山东、四川等地,甚至拟从太仆寺上驷院牛马群内选取。由于需要量大,各地牲只为之一空,以致时值腾贵,购买维艰,蒙古等地,"一闻官买,即非情愿,往往藏匿"③。民间购买难敷其数,只好摘取营马,陕甘营伍仍难济事,只得忍痛裁减山东、河南、安徽、江苏、浙江、江西、湖南、湖北等地驿站马匹。临到解运,又要大量兵丁为之疲于奔命。总之,人民受骚扰抑勒之苦,官兵有解运跋涉之劳。要解决牲只需要与供应之间的这些矛盾,摆脱这种牵一发而动全局的困境,只有就近寻取可靠的牲只来源,而哈萨克愿以马匹换易缎布,正是清政府求之不得的事。因此,虽然哈萨克人失约,清廷仍不以

---

① 苏州织造安宁《为置办事》,乾隆二十五年十月初一日,内阁题本户科·工业类类,第 5325 函。中国第一历史档案馆藏。以下凡未指明出处者,同此。
②《平定准噶尔方略》正编卷五〇,《景印文渊阁四库全书》第 358 册,第 832 页。
③《平定准噶尔方略》正编卷六七,《景印文渊阁四库全书》第 359 册,第 220 页。

为意,翘首以待来年。

乾隆二十三年初次贸易并没有如估计的那么多,可能在于:一方面,清廷用于交易的绸缎,是陕西库贮存剩缎匹及临时采办者,从黄廷桂"若由本府办解,丝色精良,而官办后仍必招商,将来恐成色略减,致烦言论"①的主张来看,采办绸缎质量不会太高;而陕省库存缎系各商备办乾隆十八年准噶尔交易之货,解赴乌鲁木齐,未便接受退回的就有水湿缎 190 余匹,窄小丝松锻 900 余匹。② 哈萨克人则期望过高,既认为"马一匹,仅得缎一端"吃了大亏,故"众人闻知,俱不愿前往"③,又"欲以交易官缎与前发赏给阿布赉等缎匹相较",认为"所得缎匹,甚为纸薄",④还企图获赏贸易人等口粮马匹。⑤ 另外,交易伊始,清政府官员尚未吃准哈萨克人所需要绸缎的具体品种色彩,而后者也可能心存疑虑,踌躇观望。这可能也是初交不利的一个因素。

对清政府来说,这似乎是意料中事。早在当年二月,乾隆就传谕军机处,"现在所少缎匹及嗣后与哈萨克交易所需缎匹,陕省素非出产,恐一时难以购办。黄廷桂可酌量数目,先期开单奏明,或于内府库贮拨解,或于各织造处置办运送,自可照数应用,不必于该省竭蹶措办也"⑥。由内府拨解,显然没有江南三织造置办便捷,且内府之缎也几乎全取之于三织造。所以同年七月,军机处就批准黄廷桂所奏,由陕西开出清单,改由江南三织造置办各色妆缎 600 匹,石青、古铜、香色蟒袍料 200 件,各色锦缎 300 匹,各色闪缎 400 匹,红、黄、绿、石青片金 400 匹,石青金寿字缎 300 匹,各色大缎 1400 匹,各种彭缎 1400 匹,共 5000 匹,⑦以供解运甘肃转赴乌

---

① 《平定准噶尔方略》正编卷四五,《景印文渊阁四库全书》第 358 册,第 756 页。
② 陕西巡抚钟音《为遵旨议奏事》,乾隆二十三年七月二十五日,内务府·来文·织造,第 2433 包。
③ 《清高宗实录》卷五九三,乾隆二十四年七月甲子,第 1 页。
④ 《清高宗实录》卷五九四,乾隆二十四年八月己卯,第 3 页。
⑤ 《清高宗实录》卷五七七,乾隆二十三年十二月庚辰,第 30 页。
⑥ 《清高宗实录》卷五五七,乾隆二十三年二月癸未,第 23 页。
⑦ 陕西巡抚钟音《为遵旨议奏事》,乾隆二十三年七月二十五日,内务府·来文·织造,第 2433 包。

鲁木齐贸易。这些缎匹质量较高,产地在江南,由江南织造置办,是较为合适的。

乾隆二十四年,哈萨克商队的贸易马匹仍不多,贸易官员将上年余剩绸缎通融应用,结果"平常缎匹将及用完,绢绸等物亦已用竣"。永德于是奏请清政府饬令陕甘总督迅速办解贸易急需缎匹,计有杂色素花缎300匹,杂色小花线缎500匹,杂色濮院绸300匹,杂色里绸500匹,杂色荆花绢500匹。[①]

经过最初两年的贸易实践,吴达善得出"哈萨克交易以搭用平常绸缎为宜"的结论。但这些平常绸缎的生产基地是在江南,吴达善估计到陕甘地区"购买维艰",故同时"请饬江、浙织造制办交易缎匹时,将小花线缎、荆花绢及里绸、濮院绸各带办一千匹,附解来肃,搭配交易"。[②] 果然,来年交易时,陕甘地区只有荆素绢如数解赴,余皆亏缺。显然,惟一可能的途径是充分利用江南丝织生产最为发达的优势,预期由江南三织造按单置办,才能确保贸易的正常进行。江南丝绸由于它的地位自然地充当了贸易绸缎的角色。

乾隆二十五年,江南三织造于二十三年接文承办的5000匹绸缎先后解到,价值达银42342两,正好投入当年的贸易。江南与新疆地区的直接丝绸贸易正式形成。自此,内地与新疆的丝绸贸易进入了一个新的时期。由于专门由江南三织造承办贸易缎匹,主持贸易的官员得以根据交易的实际情形,预测下年度所需绸缎的具体数量和各色品种,既不致因大量积压而往返折腾,又不会因不敷所需而临时周章。

乾隆二十七年,伊犁和阿克苏两地由户部于二十六年直接行文江南置办的3000匹绸绫倭缎也投入交易。在此之前,这两地是否由甘肃直接解送过缎匹或经乌鲁木齐调过贸易缎匹,则不得而知。是年设伊犁将军,很可能与辟为直接贸易点是大体同时的。伊犁因系新疆南北总汇

---

① 陕甘总督吴达善《奏酌解缎绢以资交易折》,乾隆二十四年十二月初二日,《清代档案史料丛编》第12辑,第53页。

② 杭州织造西宁《为置办事》,乾隆二十五年十月十七日,内务府·来文·织造,第2433包。

之区,马匹需要量最大,丝绸贸易的规模也就日渐扩大。到乾隆二十七年下半年,据杨应琚报告,哈萨克人前往伊犁、乌鲁木齐等处贸易者接踵而至,"绸缎需用颇多"①。乾隆二十九年上半年,预备来年贸易的 7700匹绸缎,除了哈密 1500 匹,其余 6200 匹全部系伊犁所需。② 伊犁取代乌鲁木齐成为新的贸易中心,并一直保持到贸易结束。

在贸易实践中,主管官员意识到,临时咨调急如星火,绸缎置备工作难以如期完成,这决非长久之计。于是在乾隆二十八年六月,陕甘总督杨应琚奏准,今后"凡下年应需贸易绸缎,于上年二三月间,将各项数目色样预期咨询明确,奏请敕办"③。但预期一年咨调,如数量不大,自可应付,若额数较高,则实际上必须三年始能解到。如乾隆三十九、四十两年咨调的绸缎,就有 2.8 万匹未能如期解送。④ 因此,到乾隆四十年前后,凡贸易绸缎,两年前就正式发出咨调单,以免误期。以后直到咨调嘉庆三年的贸易缎时,经陕甘总督宜绵奏准,"嗣后新疆需用绸缎,除咨询数目过多者,仍行奏闻饬办以昭慎重外,若比较以前数目多寡不甚相悬,即由甘省照例具题,一面飞咨浙江各省织造暨山东、山西巡抚照单预备,毋庸专折具奏,以省案牍"⑤。陕甘总督咨调贸易绸缎不再每年专折上奏待议,而直接向该办省份去咨调。

随着贸易的持续进行,绸缎数量的不断增加,绸缎质量出现了问题。乾隆二十九年杭州解到缎匹中 200 匹有霉点,乾隆下令"著落原办人员赔补,并将公同点验之员交部议处。如验系中途水渍擦损,即著落解员赔补还项,以专责成"⑥。乾隆三十一、三十二两年三织造解到

---

① 陕甘总督杨应琚《奏筹办乌鲁木齐等处贸易绸缎折》,乾隆二十七年四月初九日,《清代档案史料丛编》第 12 辑,第 69 页。
② 杭州织造西宁《为置办事》,乾隆三十年四月初十日,内务府·来文·织造,第 2433 包。
③ 杭州织造西宁《为置办事》,乾隆三十一年十月三十日,内务府·来文·织造,第 2435 包。
④ 陕甘总督勒尔谨《奏请敕办丙申年新疆贸易绸缎折》,乾隆三十九年九月十三日,中国第一历史档案馆藏档案。
⑤ 山西巡抚伯麟《为置办事》,嘉庆三年八月初一日,内阁题本户科·工业类,第 5439 函。
⑥ 杭州织造西宁《为置办事》,乾隆三十年五月初三日,内务府·来文·织造,第 2434 包。

新疆的绸缎,与规定相比,轻 3—4 两的有 759 匹,轻 3—6 两的有 565 匹,轻 7 两以上的 397 匹。军机处为此专门议定了一个查验绸缎章程,规定每匹轻 3—6 两的照数核减,分别著赔,轻短 6 两以上者,除了发回另织补解外,所减之数责令 10 倍赔补。上述两年短缺者本来在章程订立之前,但乾隆认为这"明系草率浮冒,以至物料减恶,何以惠远人而通贸易"①,故令三织造 10 倍赔补短缺 6 两以上的缎匹,赔银高达 12551 两。为吸取教训,在乾隆三十四年的 1.25 万匹贸易绸缎下达时,乾隆即着传谕三处织造,即照吴达善所开数目清单上紧织办,"期颜色鲜明,质地厚重,毋得草率从事"②。以后则几乎每年派织便重申一次。嘉庆后期因贸易绸缎"仍多粗糙,颜色灰暗,分两轻薄"③,道光九年因当时"所解之缎匹丝绸往往抽丝减料"④,清廷不断下谕,今后务当加意经理,否则决不宽贷。这些禁令,一定程度上保证了缎匹质量,有利于贸易的正常进行。

乾隆三十三年,在内地与新疆的丝绸贸易史上具有重要意义。其一,新疆各贸易点形成了"每岁备文转咨陕甘总督于新疆咨调绸缎数目汇题敕派江宁、苏、杭三处织造办解"的制度。虽然实际上两年前这一制度就已形成,但根据惯例,当年咨调的绸缎要到两年后才能投入交易。在北疆,塔尔巴哈台虽于乾隆二十九年就设立参赞大臣,被辟为贸易点,但清政府规定,只有当雅尔地方马匹须补缺额时,才允许哈萨克的少量牲只在这里贸易,而大队牲只则必须仍在伊犁贸易。后虽获准可以大规模交易,但因清方规定狠狠杀价,交易额不会很大,而且所用绸缎一直"系由乌鲁木齐调拨"⑤。只有到这一年,于两年前直接调拨的 5000 匹绸

---

① 江宁织造舒文《为呈请事》,乾隆三十五年正月二十日,内务府·来文·织造,第 2435 包。
② 杭州织造西宁《为置办事》,乾隆三十三年十一月初六日,内务府·来文·织造,第 2435 包。
③ 陕甘总督长龄《为详请需办新疆备用绸缎事》,嘉庆二十三年九月二十三日,内阁题本户科·工业类,第 5439 函。
④ 杭州织造松龄《为置办事》,道光九年六月十三日,内务府·来文·织造,第 2455 包。
⑤ 永保纂、兴肇增纂:《乾隆塔尔巴哈台事宜》卷二《库藏·仓庾·积贮》,清刊本。

缎才投入交易。从此，每年夏秋，哈萨克"台吉头目等各率所属，分运牛羊马匹，并由安集延所贩毡片牛皮等物"，至伊犁、塔城两地易换绸缎布匹。① 在南疆，"各城应需售卖及赏赉绸缎向由哈密调取"②，而这一年，叶尔羌暨所属和阗、阿克苏、喀什噶尔等地交易用的绸缎，也是两年前直接咨调的了。③ 这样，整个新疆各贸易点结束了经哈密等地调取的历史，形成了丝绸贸易的独立系统。其二，自北而南环西而行，各贸易点形成弧形状态，北疆两地直接与哈萨克，南疆五地直接与布鲁特（柯尔克孜）、维吾尔等族人进行丝绸贸易。哈、布等族前来贸易的路程大为缩短，跋涉之劳大为减轻，有利于贸易的进一步展开。于两年前咨调而当年实际投入交易的江南绸缎高达 19235 匹，为历史最高记录，标志着江南与新疆地区各族人民的丝绸贸易发展到了一个新阶段。

乾隆三十八年，乌什与喀什噶尔两地贸易绸缎为 660 匹，其中南省绸缎为 460 匹。这批绸缎是两年前咨调的。④ 这是目前所见的乌什被辟为贸易点并直接咨调缎匹的最早记录。

乾隆五十九年，贸易点又新增了南疆的喀喇沙尔。当时该地"商贾稀少，并无绸缎售卖，该处每年赏项之需及土尔扈特人等穿用，购买维艰，经喀喇沙尔大臣具奏，需用各色绸缎三百五十匹，照依乌什等处调解绸缎之例，由内地织办解送备用"⑤。这样，到乾隆末年，南疆的五个或新疆的七个丝绸贸易点全部形成。嘉庆五年（1800）起，阿克苏则由不经常到每年咨调缎匹。七个贸易点一直维持到丝绸贸易结束的咸丰年间，而且各年之间的缎匹数额也相差无几。

综上所述，江南与新疆的丝绸贸易，到乾隆末年，其有关绸缎的来源、咨调的手续及年限、缎匹的种类及质量要求等规制已大体确立，贸易

---

① 松筠：《新疆识略》卷一二《外裔》，《续修四库全书》第 732 册，第 766 页。
② 西宁《为置办事》，乾隆三十一年二月二十日，内务府·来文·织造，第 2435 包。
③ 西宁《为置办事》，乾隆三十一年十月三十日，内务府·来文·织造，第 2435 包。
④ 杭州织造寅著《为置办事》，乾隆三十八年七月二十六日，内阁题本户科·工业类，第5373 函。
⑤ 山西巡抚蒋兆奎《为预办新疆甲寅年绸缎等事》，乾隆五十八年五月初二日，中国第一历史档案馆藏档案。

点也全部形成。嘉庆、道光年间在规章方面,多系因循旧例,再无大的更张,其时的贸易,也再无任何发展。

咸丰三年,太平军攻克南京,江宁织造局停织,民间机工星散。次年清廷下令,新疆各城岁需大运绸缎,因"军务未竣,饬令暂缓办解"①。从此,江南的丝绸不再解运到新疆各地。新疆所需的贸易缎匹,"均在伊犁盈余绸缎内通融调用"。可仅到咸丰五年,那里"库存绸缎无几,刻下不敷发放",伊犁将军要求按照前例补调各色绸缎740匹。遗憾的是,由于军务未竣,"库款支绌,此项银两无款支拨,而织库亦无款垫办"②,咨调要求只能成为具文。同治四年(1865),江南织造虽然次第得到恢复,但当时江南三织造承造的远远少于以前的进贡缎匹,有相当部分尚需到民间购买,就根本无力和无心来承办这种贸易绸缎。另一方面,新疆政治局势发生了根本性的变化,大片中国领土被沙俄侵占,哈萨克等族人或内迁,或被置于沙俄铁蹄之下,又使这种贸易显得没有可能和多大必要。历时近百年的江南与新疆的官方丝绸贸易也就寿终正寝了。

二 贸易绸缎的数量及其地区分配

江南与新疆各族的丝绸贸易既然始于乾隆二十五年,迄于咸丰三年,历时长久,则它到底以多大的规模展开,或者说其贸易量有多大? 有关文献记载既混乱,又不确切。撰于乾隆四十二年的椿园七十一的《西域闻见录》称,伊犁"每岁例解………缎数万匹,与哈萨克交易牛羊马匹,变价充饷";塔尔巴哈台"岁调………绸缎数万匹,与哈萨克交易牛羊驼马,变价充费"③。苏州地方志书则云,苏州织局"织办解新疆绸缎,岁无定额,应给银两,亦无定数,每年约办缎匹一千匹左右,领银四千两上下"④。这些记

---

① 户科抄出《清单》,咸丰十一年十二月二十日,三织造·缴回,织1036号。
② 江宁织造启裕《为咨复事》,同治元年,三织造·缴回,织49号。
③ 椿园七十一:《西域闻见录》卷一《伊犁》、《塔拉巴哈台》。
④ 道光《苏州府志》卷一七《田赋十·织造》,第34页。

载,因为均就其当时情形而言,所以前后出入甚大(椿园氏有所夸大)。彭泽益先生较为谨慎,说:"江南三局的生产还提供一部分'贸易绸缎',它是通过官府解往甘肃供新疆各城需用,每年并无定额。据档案资料表明,例如一七六七年份,办解甘肃新疆贸易绸缎,曾分派苏州织造局织办六四一二匹,所用料工价值及解员盘费等项共银三一○一二·八两。一七七○年份又织办各项绸缎三七六六匹,共用银一五八六二·七六两。一七七六年份又织各项绸缎四七三三匹,共用银一八六八一·一两。一七八三年份,军机处分办江宁、苏州、杭州三局造办贸易绸缎共六一六○匹,其中江宁局分派织解二○五四匹,料工等项银为四四四○·九五两,解运脚费银五○○两,共银四九四○·九五两。"彭先生还在引了道光《苏州府志》有关贸易绸缎的记载后推测,"看来,道光以后,此项贸易绸缎仍照旧织办"[1]。彭先生较早地注意到了江南三织造还提供解往新疆的贸易绸缎这一事实,但只列举了丝绸贸易较后时期四个年头的数据,据此看不出其规模和延续了多长时间。日人佐口透提到,与哈萨克交易用的丝织物由苏州、杭州和江宁各织造处特别织造,其数量不明确,在1769年度有1.2万匹的记录,平常则不下数千匹。[2]　而《新疆简史》则称,"统一之初,每年调入新疆的绸缎绫绢一千多匹到两千匹,以后逐年有所增加"[3]。徐仲杰先生在引用了彭泽益先生的看法后,补充了光绪《续纂江宁府志》卷十一《秩官》的记载,即新疆各处"应用绸缎,苏、杭、宁三织造分办,江宁例分一千二三匹。……青海郡王等处应用俸缎,江宁分办七十八匹,办解有年"[4]。看来,只有了解贸易绸缎的具体数量,才能全面观察这种贸易的发展演变,以免得出有悖于实际的结论。

　　至于各贸易点的分配额,只有林、王二人的系列文章稍有叙述,但据

---

[1] 彭泽益:《清代前期江南织造的研究》,《历史研究》1963年第4期,第102页。
[2] 佐口透:《十八—十九世紀東トルキスタソ社會史研究》,東京:吉川弘文館,1963年,第331页,相关内容收入《國際商業的展開》,《岩波講座》,《世界歷史》13,東京:岩波書店,1971年,第170—171页。
[3] 新疆社会科学院历史研究所编著:《新疆简史》第1册,新疆人民出版社,1980年,第303页。
[4] 徐仲杰:《南京云锦史》,江苏科技出版社,1985年,第44页。

此仍无从知晓其全貌及其前后变化。

现将摘录到的贸易绸缎数的资料整理成下表,以观丝绸贸易量的全豹。

表 7-1 贸易绸缎数量及其地区分配表　　　　单位:匹

| 年份 | 总数 | 南省绸缎 | | 伊犁 | 塔尔巴哈台 | 乌什 | 叶尔羌暨和阗 | 喀什噶尔 | 喀喇沙尔 | 阿克苏尔 |
		数量	占总数比例(%)							
乾隆二十五		5000								
二十六		8250								
二十七		7250		?						
二十八		8300								
二十九		9500								
三十	7700	7700	100	6200	哈密 1500					
三十一		14250								
三十二	19735	19235	97.5	12550	5000		550	540		1090
三十三	13852	13652	98.6	11312	1000		1240	300		
三十四	12050	12050	100	9950	2000		100			
三十五		11300		9300	2000					
三十六	7150	7030	98.3	4900	1500	230	200	320		
三十七		5100								
三十八	660	460	69.7			?		?		
三十九	4550	4550	100	2600	1300		200	450		
四十	5250	4970	94.7	2800	1500	400	200	350		
四十一	14200	14200	100	12000	1500	400	300			
四十二	11900	11650	97.9	11000			200	250	450	
四十三	6850	6650	97.1	6000			200	250	400	
四十四	6400	6130	95.8	3000	2500	200	300	400		
四十五		2900								

续 表

年份	总数	南省绸缎		伊犁	塔尔巴哈台	乌什	叶尔羌暨和阗	喀什噶尔	喀喇沙尔	阿克苏
		数量	占总数比例(%)							
四十六		7930								
四十七	3200	2750	85.9	1800		700	300	400		
四十八	5820	5300	91.1	2000	2570	500	350	400		
四十九	6680	6160	92.2	3000	2230	700	350	400		
五十	4400	3850	87.5	3000		500	500	400		
五十一	4820	4520	93.8	3000	170	800	450	400		
五十二	5780	5230	90.5	2000	2310	700	370	400		
五十三	4060	3510	86.5	2500	130	600	430	400		
五十四	6720	6720	100							
五十五	4260	3710	87.1	1500	1070	470	520	700		
五十六	2950	2650	89.8	1000	370	330	550	700		
五十七	4330	3980	91.9	900	1970	340	420	700		
五十八	2164	1814	83.8	600	110	350	404	700		
五十九	2950	2890	98.0	2600					350	
六十	2230	2030	91.0	600	270	300	360	700		
嘉庆元	2670	2610	97.8	700	400	440	380	400	350	
二	2395	2015	84.1	600	150	580	415	300	350	
三	3215	2765	86	1000	290	500	405	700	320	
四	3495	3075	88	1100	630	600	405	700	60	
五	4195	3655	87.1	1050	910	420	475	700	320	320
六	4210	3720	88.4	1100	770	350	650	700	320	320
七	3880	3310	85.3	1010	550	300	650	700	350	320
八	4280	3710	86.7	1510	530	200	650	700	350	340
九	3625	3135	86.5	1100	435	380	650	700		360
十	3965	3425	86.4							

续　表

年份	总数	南省绸缎		伊犁	塔尔巴哈台	乌什	叶尔羌暨和阗	喀什噶尔	喀喇沙尔	阿克苏尔
		数量	占总数比例(%)							
十一		3390								
十二		3540								
十三	3780	3240	85.7	1050	860	340	650	580		300
十四	3620	3090	85.4	900	630	150	310	650	330	150
十五	4100	3470	84.6	1500	485	380	700	550	275	210
十六	3805	3325	87.4	1500	610	415	700	370		210
十七	3493	2973	85.1	1280	530	351	700	365		267
十八	3760	3260	86.7	1450	460	312	700	286	300	252
十九	3512	3052	86.9	1420	610	246	700	310		226
二十	3225	2875	89.1	1480	425	235	700	385		
二十一	3292	2762	83.9	1010	610	129	700	291	300	252
二十二	3420	3000	87.7	1420	680	130	700	290		200
二十三	3646	3134	86.0	1480	680	200	700	396		190
二十四	3872	3272	84.5	1480	545	155	700	510	300	182
二十五	3570	3020	84.5	1480	465	175	700	550		200
道光元	3632	3042	83.8	1480	290	160	700	530	300	172
二	3747	3212	85.7	1480	215	281	700	552	300	219
三	3578	3093	86.4	1480	245	323	700	540		199
四	3509	3024	86.2	1480	375	276	700	570		171
五		2868								
六	3197	2697	84.4	1480	210	334	700	293		180
七	2738	2178	79.5	740	240	270	700	320	300	160
八	2888	2338	81	740	230	340	700	410	300	168
九	1860	1570	84.4	740	380	260			300	180
十		2204								

续　表

年份	总数	南省绸缎		伊犁	塔尔巴哈台	乌什	叶尔羌暨和阗	喀什噶尔	喀喇沙尔	阿克苏
		数量	占总数比例(%)							
十一	2490	2169	87.1							
十二		2149								
十三	2461	2291	93.1	740	287	299	625	450		60
十四		2674								
十五	2286	2096	91.7	740	210	326	250	570		190
十六	3234	3069	94.9	740	210	334	780	570	300	300
十七	3336	3101	93.0	740	210	336	780	570	300	400
十八	3072	2837	92.4	740	310	352	500	570	300	400
十九	3172	2937	92.6	740	210	430	550	570	300	372
二十		2486								
二十一	3018	2748	91.1	370	370	512	500	570	300	396
二十二	3405	3205	94.1	450	300	508	786	575	300	396
二十三	3244	3064	94.5	370	300	487	786	575	300	396
二十四	3328	3123	93.8	370	415	469	786	570	300	398
二十五	3253	3103	95.4	370	300	495	786	570	300	402
二十六		2973								
二十七	3389	3208	94.7	370	430	495	786	570	300	408
二十八	3694	3584	97	740	360	495	786	570	300	413
二十九	3809	3524	92.5	940	300	495	786	570	300	418
二十	3844	3529	91.8	940	300	495	786	570	300	423
咸丰元	3849	3534	91.8	940	300	495	786	570	300	428
二	3794	3484	91.8	940	240	495	780	570	300	433
三	3860	3550	92.0	940	300	786	570	200		495

本表据内阁·户科工业题本,内务府·来文,内务府·奏销,三织造·缴回,军机处录副奏折·财政类等档案编制而成。为节省篇幅,不一一注出。

在内地与新疆的丝绸贸易中,除了江南绸缎外,还有解送始于乾隆三十二年的山西泽绸、陕甘秦纱和始于乾隆三十三年的山东茧绸。但后四个省区的丝绸在乾隆时并非每年都有,如三十四、三十九、四十一和五十四等年就没有,而且一般每年仅为几百匹。由上表可知,南省绸缎无论在数量和质量上都占有绝对优势。大致说来,乾隆时在90％以上,嘉庆和道光前期在85％以上,道光后期到贸易结束在90％以上。可以说,内地与新疆的丝绸贸易,主要是江南与新疆的贸易。

依据上表可知,前后94年江南与新疆的丝绸贸易量,共为416072匹,平均每年为4426匹。因此,任何高于或低于此数的估计都将不符合实际。

如将江南贸易绸缎的数量依朝代划分阶段,则乾隆时最高,36年中共243351匹,平均每年为6760匹;咸丰时次之,3年共10634匹,每年为3545匹;嘉庆时第三,25年共77992匹,每年为3120匹;道光朝最低,30年共84095匹,年平均2803匹。总的说来,自乾隆四十五年起,贸易绸缎的数量在最先进行的20年中达到了最高峰,其后就上下起伏;从乾隆五十五年起,更迅速下降,到末年竟降为2000匹左右;自后直到结束,基本上维持在每年3000匹左右的水平。

如前所述,北疆的两个贸易点和南疆的五个贸易点的贸易对象是不同的。从上表可知,直到乾隆五十七年,北疆的绸缎数量占绝对优势,而南疆各点的总数仅为一千数百匹。可以说,当时的丝绸贸易主要是内地与哈萨克人在北疆的贸易。贸易之初,拥有数十万人口的哈萨克族,"携其羊马来伊犁易换绸缎布匹者,往来无虚日"①。可从乾隆五十八年起,北疆两地的绸缎反而逐渐不如南疆五地多,而且在总数下降的同时,南疆需用绸缎反而逐渐增多。这说明交易额减少的只是北疆而非整个新疆地区。也就是说,自乾隆五十七年起,哈萨克人需要的绸缎大量地减少了,而布鲁特等族需要的绸缎增加了。没有材料能直接揭示其中的

---

① 苏尔德:乾隆《回疆志》卷四《哈萨克》,乾隆三十七年纂,清博览堂抄本。

原委。

　　根据交易的实行情况,各贸易点何年需要绸缎、咨调多少,当地官员根据可能的成交额咨调,缺则多调,盈则少调,有时甚至不调。就清政府而言,每年提前做好准备,多则多易,少也不强迫。因此贸易绸缎的多少,取决于前来贸易的少数民族的需要,而与清中央乃至江南地区无关。哈萨克与内地丝绸贸易量的减少,原因应该在哈萨克那里。

　　哈萨克游牧区域在今巴尔喀什湖周围,介于沙俄和清朝之间,冬天向东移动过冬,夏天向西移动。雍正五年(1727),中俄双方订立条约,开始恰克图贸易。由于边境纠纷,贸易不时中断。当时清朝国力强大,清政府又严密注视沙俄动向,严厉防备在新疆贸易的哈萨克族等夹带进俄罗斯货物。直到乾隆五十七年,哈萨克汗之弟恳将带来的俄罗斯灰鼠等物交换绸缎布匹,还遭到贸易官员永保的当面议驳。后官员毓奇等仍上奏,"俄罗斯所产物件,禁止不准入卡"①。这是清朝对俄国物产的一贯政策。而哈萨克因"连界游牧","不免两边顾及"。② 俄罗斯对清朝的直接贸易既不可靠,走私贸易风险又太多,俄国商人便"将这些货物售与西伯利亚和中亚的商人,然后换回中国和亚洲其他国家出产的货物"。结果"俄国商人对在伊犁和塔尔巴哈台唯一享有贸易权力的哈萨克人的贸易一直在扩大"。③ 而哈萨克人以马匹交易到的江南绸缎就有不少被中转给了俄罗斯。

　　乾隆五十七年,中俄双方结束了最长一次的中断贸易,又重开恰克图贸易。自此,"互市如初,各守边圉,世相和好,数十年来毫无侵越"④。与此同时,"俄国政府命令该国官员沿额尔齐斯河加速发展与新疆之间

---

① 《清高宗实录》卷一三六一,乾隆五十五年八月丁丑,第 36 页。
② 伊犁将军庆祥折,道光四年八月十一日,故宫博物院编:《清代外交史料·道光朝二》,第 3 页,1932 年铅印本。
③ 费正清主编:《剑桥中国晚清史》上卷,中国社会科学院历史研究所中译本,中国社会科学出版社,1985 年,第 346、347 页。
④ 理藩院咨俄罗斯文稿,道光五年十二月十四日,《清代外交史料·道光朝二》,第 15 页。

的贸易"①,贪婪的清朝边防官员也大量购买俄罗斯货物。因此伊犁和塔城等地中俄之间的非法贸易近乎公开地在进行。通过合法和非法两途,俄罗斯越过哈萨克直接与清朝开展大批量交易,自然无须再经哈萨克人中转。这或许是哈萨克与内地丝绸贸易日衰一日的原因之一。

另一个更可能的原因是沙俄对哈萨克人的侵扰。乾、嘉之交,正是沙俄推行蚕食中亚政策大为得手的时候。到了 19 世纪末,沙俄已建立了所谓伊克河、奥伦堡,伊施姆河和额尔齐斯河防线。在沙俄"要塞和军队"的威胁下,哈萨克人大量迁入所谓的俄罗斯境。1789 年(乾隆五十四年),大帐有 4000 余户,1797 年(嘉庆二年)中帐有 1.5 万余户迁移过去。② 近 2 万户、10 万左右人口,对人数不多的哈萨克族来说不是个小数目。③ 丝绸贸易量减少,与此人口锐减当大有关系。也正是在这时,哈萨克用于交换的马匹往往"不敷拨解",而且"好者甚少"。④ 这从另一个侧面说明,在沙俄的不断侵袭下,哈萨克族的实力大为下降,再要维持原有贸易规模也就不可能。

南疆各贸易点的情形正好与北疆相反。南疆自西至南沿边是布鲁特、布鲁特而外是浩罕属下的安集延、塔什罕、布哈拉、鄂罗特拜等族。这些部族"总以贸易为生",到各贸易点贩卖牲畜皮张珠石等物。⑤ 清政府仅征取三十抽一的轻税,这就吸引了他们纷纷前来贸易。贸易之初,南疆各点即出现"西域贾人,自西土以及傍近诸国无不至"⑥的兴旺景象。乾隆中期,光浩罕一地,"在我新疆等处贸易者常数十百人,往来不断"⑦。到嘉庆年间,南疆与周边各族的丝绸贸易更呈现不断上升的趋势;当时

① 费正清主编:《剑桥中国晚清史》上卷,第 348 页。
② M. A. 捷连季耶夫:《征服中亚史》第 1 卷,商务印书馆,1980 年,第 107、104 页。
③ 苏尔德:乾隆《回疆志》卷四《哈萨克》云有数十万,而克莱特认为 200 万(包括小帐)较为可靠。
④《清高宗实录》卷一三九七,乾隆五十七年二月丁巳,第 8 页。
⑤ 松筠:《新疆识略》卷三《南路舆图》,《续修四库全书》第 732 册,第 603、604 页;祁韵士:《新疆要略》卷四《布鲁特源流》,《皇朝藩属舆地丛书》第 3 集。
⑥ 傅恒:《皇舆西域图志》卷三九《风俗》,《景印文渊阁四库全书》第 500 册,第 763 页。
⑦ 苏尔德:乾隆《回疆志》卷四《蒿汉》。

遣戍到新疆的洪亮吉吟诗描写道:"谁跨明驼半天回,传呼布鲁特人来。牛羊十万鞭驱至,三日城西路不开。"洪亮吉并且出注:"布鲁特每年驱牛羊及哈拉明镜等至惠远城互市。"①19世纪前后,大量的亚美尼亚人和印度人也来到新疆贸易,如"来自伊斯坦布尔的两位阿达拉修教派的教士在叶尔羌、和阗和阿克苏曾经商多年而未受限制"②。大量的俄国商队也绕过控制较严的伊犁和塔尔巴哈台来到六城地区,如名叫佩连科夫和波波夫的塞米巴拉金斯克的俄国商人,于19世纪第一个25年中在阿克苏、喀什噶尔等地进行了大量贸易。③

现在再看在总的贸易量和南北疆贸易情形发生变化的过程中各贸易点的具体情形。

南疆各点的贸易额依次是喀什噶尔、叶尔羌所属和阗(表中因系两地,故数量最高)、乌什、阿克苏、喀喇沙尔。这个顺序看来决定于它们所处的地理位置,越西,即越靠近边界,贸易量就越大。

北疆的伊犁一直是全疆最大的贸易点。其丝绸贸易量在乾隆年间占绝对优势,以后直到鸦片战争爆发仍占有相对优势,数量最多。鸦片战争后的八年间却突然下降,其数量竟在南疆除喀喇沙尔以外的各贸易点之下。只是到道光末年和咸丰年间才恢复为贸易量最高的点,但仍高出叶尔羌、喀什噶尔和乌什各点不多。北疆的另一贸易点塔尔巴哈台,在重开恰克图贸易前,一直是全疆第二大丝绸贸易点。其后则被南疆的喀什噶尔和叶尔羌暨所属和阗超过,但相去不远。自道光时起,几乎落到了最后,而只能与喀喇沙尔论高低了。

伊犁道光二十一年至二十七年的八年突变,有这样两个因素不容忽视,一是沙俄对哈萨克人的大肆蹂躏。由于沙俄利用军事工事控制哈萨克人和向他们征收帐户税,哈萨克人起而反抗,沙俄便自1838年起组织数千

---

① 洪亮吉:《洪北江诗文集·更生斋诗》卷一《万里荷戈集·伊犁纪事诗》,《四部丛刊初编》第381册,第758页。
② 费正清主编:《剑桥中国晚清史》上卷,第348页。
③ 费正清主编:《剑桥中国晚清史》上卷,第354—355页。

人的草原远征队对哈萨克人野蛮杀戮,给哈萨克族带来无比的灾难。[①] 二是 1845 年前后,清政府对伊犁、塔尔巴哈台的走私贸易加以合法化。

可见,无论是自乾隆末年起的总贸易量的衰减,还是伊犁贸易量在鸦片战争后的八年突降,都与沙俄对哈萨克的侵扰和中俄之间的走私贸易有关。清政府与哈萨克等族丝绸贸易的兴衰,取决于哈萨克等族需要量的大小,而哈萨克等族的需要,究其实质,则反映了中俄双方在该地区的政治势力的消长和中俄之间走私贸易的兴衰。

三 贸易绸缎的品种与色彩

浏览一下贸易绸缎的品种与色彩是饶有兴味的。品种繁多、色彩艳丽的贸易绸缎,不仅展示了江南与新疆地区丝绸贸易的丰富内容,而且为我们判定它的生产属性提供了间接依据,并为我们进一步研究清代江南丝织业提供了大量难得的资料。

江南每年输往新疆的丝织物,有缎、绸、绫、绢、纱五类。其品种,缎有近 20 种,绸有十几种,纱有 3 种,绫有 1 种。其长度,最长者达 4 丈,最短的仅 1.8 丈。其重量,最重者达 42 两,最轻者仅 5.5 两。其价值,最贵者每匹需银 16 两,最贱者仅 1.26 两(详见表 7-3)。很明显,这些绸缎是根据当地实际所需的品种而调拨的。

档案资料反映出,时间不同,地点不同,对绸缎的品种及比例的要求也有所不同。

大体说来,贸易之初,几乎全是优质厚重高价的缎类织物。可仅仅几年,平常绸缎的比例就迅速增多,甚至以绸等类织物为主。这是为了适应哈萨克等族人的实际爱好和需要而起的变化。哈萨克人用丝绸制作衣服、装饰帐幕等,需要量最大的就是平常绸缎。吴达善经最初两年的贸易,就吃准了这一点,指出“哈萨克交易以搭用平常绸缎为宜”[②]。在

---

① M. A. 捷连季耶夫:《征服中亚史》第 1 卷,第 124—128 页。

② 杭州织造西宁《为置办事》,乾隆二十五年十月十七日,内务府·来文·织造,第 2433 包。

平常绸缎中,"哈萨克最喜泽绸、纺丝绸、荆花绢、对子梭"①。泽绸产于山西泽州府的高平、凤台两县,对子梭产于陕西西安的泾阳、三原等县。纺丝绸和荆花绢产于江南,后者的需要量和提供量远远超过前者。每当交易额增大时,哈萨克最喜之荆花绢往往不敷,主办官员便奏请赶织。如乾隆四十六年,就赶织了2000匹。② 越到后来,平常绸缎的比例就越高。因此,江南与新疆贸易的丝织品,主要是比较常见的织物及品种。

就各贸易点而言,各地都需要缎、绸、纱、绢,但侧重点稍有不同。从档案资料反映的内容看,约略言之,伊犁最初以缎为主,后以绸为主;塔尔巴哈台和喀什噶尔缎的比例一直较高;而乌什和叶尔羌暨所属和阗则绸的比例最高。现选择数年编成表7-2。

江南与新疆贸易绸缎的色彩也是令人叹羡的。每个品种,少则数色,多达几十色。属于赤色和橙色系统的,有大红、桃红、木大红、水红、红色、泥金色等;属于黄色和绿色系统的,有古铜、黄色、鹅黄、米色、蜜合、香色、火香色、绿色、官绿、油绿、松花、沙绿、葱心绿等;属于青色和紫色系统的,有铜青,藕色、酱色、京酱、库灰、月白、鱼白、白色、墨色,库墨、紫色、棕色、真紫等。在所有品种中,伊犁、阿克苏等处"惟绫绸需用红、浅蓝、月白、真紫等外",缎匹则各地"惟喜好青、蓝、大红、酱色、古铜、茶色、棕色、驼色、米色、库灰,油绿等色,其月白、粉红、桃红、水红、黄色、浅色之缎,俱不易换"。③ 相关官员,根据各地风土好尚,事先准备。

为清晰起见。现将有关色彩整理成表7-3。

表7-3表明,哈萨克等族最为喜爱的色彩,几乎每个品种都有。而表中的官绿、深绿、深玉色、藕色、白串绸、深蓝、浅蓝等色,是乾隆四十年后新增加的,泥金色、玫瑰紫、葱心绿、铜青等是嘉庆初年新增的。说明其时他们的要求又更为广泛了。以后直到贸易结束,增加的品种不多。

① 杭州织造徵常《为置办事》,乾隆四十三年十二月二十七日,内务府·来文·织造,第2439包。
② 杭州织造四德《为钦奉上谕事》,乾隆四十七年五月十一日,内阁题本户科·工业类,第5412函。
③ 苏州织造萨载《为转行事》,乾隆二十七年九月初三日,内阁题本户科·工业类,第5329函。

表7-2　贸易绸缎品种比例表

单位：匹

地区	品种	乾隆二十五至二十六	乾隆二十七	乾隆三十	乾隆四十三	乾隆五十一	乾隆六十	嘉庆元	嘉庆二
总数	合计	12500 / 100							
	缎	9500 / 76							
	绸	2000 / 16							
	纱	1000（绢） / 8							
伊犁	缎			4100 / 66.1	3300 / 55	333 / 33.3	700 / 100	700 / 100	
	绸			1600 / 25.8	1700 / 28.3	500 / 50			
	绫			500 / 8.1	1000 / 16.7				
	纱					167 / 16.3			200 / 100
塔尔巴哈台	缎					100 / 100	100 / 100	170 / 54.8	7 / 13
	绸							140 / 45.2	35 / 65
乌什	缎				200 / 100	66 / 24.8	60 / 8.7	280 / 82.4	93 / 59.2
	绸					133 / 50	530 / 76.8	60 / 17.6	27 / 17.2
	绫					67 / 25.2			27 / 17.2
	纱						100 / 14.5		10 / 6.4
叶尔羌暨和阗什	缎				60 / 35.3	46 / 37.4		60 / 17.1	28 / 21.9
	绸				90 / 52.9	67 / 54.5		250 / 71.5	87 / 68
	绫				20 / 11.8	10 / 8.1		40 / 11.4	13 / 10.1

续　表

品种数量及比例% （地区／品种）\年份	乾隆二十五至二十六	乾隆二十七	乾隆三十	乾隆四十三	乾隆五十一	乾隆六十	嘉庆元	嘉庆二
喀什噶尔　缎				110　44	26　31	100　50	100　50	31　46.3
喀什噶尔　绸				120　48	51　60.7	60　30	60　30	26　38.8
喀什噶尔　绫				20　8		20　10	20　10	7　10.4
喀什噶尔　纱					7　8.3	20　10	20　10	3　4.5
喀喇沙尔　缎								10　10.5
喀喇沙尔　绸								77　81.1
喀喇沙尔　绫								5　5.3
喀喇沙尔　纱								3　3.2
资料出处编号	①	②	③	④	⑤	⑥	⑦	⑧

注：① 杭州织造西宁《为置办事》，乾隆二十五年正月十七日。
② 苏州织造萨载《为遵旨查奏事》，乾隆二十八年五月六日。
③ 苏州织造萨载《为钦奏上谕奏事》，乾隆三十一年四月二十七日。
④ 陕甘总督勒尔谨《为恭清救办新疆需用绸缎事》，乾隆四十一年八月二十二日。
⑤ 江宁织造成善《为呈送事》乾隆五十一年正月二十日。
⑥ 三织造《为会呈织办事》，乾隆五十九年十一月二十八日。
⑦ 苏州织造五德《为织办事》，乾隆五十九年十一月二十八日。
⑧ 杭州织造防额《为置办额《嘉庆办事》嘉庆二年六月二十二日。

表7－3 贸易绸缎品种色彩表

品种	类别	长度（丈）	重量（两）	销银/匹（两）	色彩
缎	妆缎	4	21	5.75	大红 绿色
	大缎	4 2	42 21	13 6.5	石青 天青 宝蓝 绿色 驼色 库灰 古铜 酱色 黑酱色 墨色 泥金色 木大红 库墨 元青 官绿 三色 月蓝
	锦缎	2	19 24	7.8 10.5	木大红 绿色 桃红 月白 红色 黄色
	金百蝶缎	2	24	10.5	木大红 绿色 藕色 宝蓝 石青 三蓝 酱色 泥金色 松绿
	字缎	2.2	24	10.5	木大红 绿色 藕色 宝蓝 石青
	闪缎	4	21	4.6 5.75	木大红 绿色 宝蓝 古铜 酱色 石青 大红 桃红 沙绿 红闪绿 绿闪红 石青 闪月白
	彭缎	4 2	26 13	6.4 6.65 3.2	木大红 绿色 酱色 桃红 三蓝 库灰 鹅黄 宝蓝 油绿 月蓝 大红 沙绿 墨色 古铜 官绿 元青 石青 月白 紫色 茶色 棕色 驼色 米色
	苏缎	4 2	28 14	6.6 3.4	大红 木大红 桃红 绿色 酱色 三蓝 宝蓝 库灰 古铜 鹅黄 墨色 天青 驼色 元青 石青 月白 紫色 茶色 米色 油绿 库墨 水红 松花 月蓝 铜青 棕色
	扬缎	4 2	27	6.6 3.3	木大红 绿色 宝蓝 古铜 酱色 三蓝
	倭缎	2		7.4	元青 石青 青色 绿色 红色
	小花线缎	2.3 2	9	2.76 2.4	大红 宝蓝 酱色 古铜 库灰 木大红 绿色 月白 紫色 石青 墨色
	蟒袍缎	2.1		11	酱色 三蓝 高粱红 香色
	片金	1.8		4	木大红 大红 绿色 黄色 石青

品种	类别	长度（丈）	重量（两）	销银/匹（两）	色彩
绸	宁绸	4	30	9.24	天青 元青 石青 宝蓝 三蓝 官绿 绿色 酱色 黑酱色 库灰 墨色 驼色 桃红 木大红 库墨
	串绸	2.4	9.3	2.22	元青 石青 三蓝 月蓝 白色 月白 鱼白 宝蓝 本色 驼色 库灰 酱色 墨色 库墨 玫瑰紫
	衣里绸	2.8	5.5	1.26	大红 木大红 桃红 月蓝 宝蓝 绿色 沙绿 松绿 白色 月白 鱼白 本色 深月白 深玉色 蜜合 米色
	纺丝绸	2.6	8	1.92	宝蓝 月蓝 白色 月白 鱼白 三蓝 绿色 库灰 木大红 本色 驼色 酱色 黑酱色 墨色 库墨 深蓝 浅蓝
	宫绸	4	30	9.24	元青 石青 天青 三蓝 宝蓝 驼色 库灰 酱色 京酱色 玫瑰紫
	濮院绸	2.8	6	1.54	大红 桃红 木大红 月蓝 宝蓝 元青 白色 月白 深月白 深玉色 库灰 古铜 本色 松绿 秋香 火香色 紫色 绿色 泥金色
	春绸	2.4		2.22	天青 本色 驼色 库墨 酱色
绫	花绫	2.8 / 2.2	6.5	1.68 / 1.68	木大红 大红 桃红 鱼白 月白 蓝色 月蓝 绿色 沙绿 黄色 鹅黄 红色 深玉色 葱心绿 米黄 泥金 真紫 库墨
绢		2.6	7.5	1.4	白色 月白 鱼白 密合 松绿 大红 绿色
纱		4	16	5.6	宝蓝 月蓝 三蓝 天青 元青 石青 灰色 库灰 酱色 京酱色 素色 米黄 泥金色 墨色

注：1. 出处：陕西巡抚钟音奏，乾隆二十三年七月二十五日；江南三织造会呈，乾隆二十五年六月；苏州织造萨载奏，乾隆二十八年五月六日；《户部为咨查事》，乾隆三十年正月；陕甘总督勒尔谨奏，乾隆三十九年九月十三日；陕甘总督勒尔谨奏，乾隆四十一年八月二十二日；江宁织造基厚呈，乾隆四十一年十二月；苏州织造舒文奏，乾隆四十二年十一月；苏州织造五德奏，乾隆五十九年十一月二十八日；江宁织造佛保等呈，嘉庆三年四月十五日。

2. 托，即庹，一人两臂平伸之长，约合五尺，八托即四丈。

3. 表中大缎、苏缎、宁绸、串绸、纺丝绸、荆绢、实地纱都不止一种，为简便起见，从略。

哈萨克最喜爱的色彩，从染色工艺来看，一般而言，并不复杂。大红用苏木或茜草,酱色、驼色也用苏木,古铜用薑黄或地黄或毛茛,茶色用木秋或杨梅、莲子壳等,棕色用紫杉,米色用栀子或黄檗、槐花,库灰用紫草,油绿用槐花,皆经媒染即成。而宝蓝、天青、石青、绿色、墨色、沙绿、松绿、秋香等色均须套染而成。然而由于不少色彩差异极小,因此染色时,染料成分、染炼时间、深浅程度等都必须严格掌握,只有经验丰富、技术娴熟的高手才能达到预期要求。尽管如此,对于技术高超的江南染色业来说,这并非难事。

除了品种色彩,江南贸易绸缎的纹样图样也是千姿百态、富于想象力的。贸易缎匹的图案一般多用四则和二则。"则"是指织料在一门幅宽度内团花的个数。则数少,团纹就大;则数多,团纹就小。二则或四则就是指在单位门幅里的花纹有二个或四个。贸易绸缎则数偏中,同样说明它是常见的丝织品。贸易绸缎的花纹素材常用八宝。八宝亦称杂宝,指珊瑚枝、珊瑚珠、金锭、银锭、万卷书,单犀角、双犀角、方胜、古钱、火珠(或称宝珠)、笔锭、如意头、法螺、磬、秋叶等。用时无论取其中几件,皆称为八宝。[①] 贸易绸缎中的图案尤以各类宁绸、宫绸和纱的变化为多。如黑酱色宁绸、三蓝宁绸、黑库灰宁绸、石青宁绸、蝴蝶梅宁绸等,多是万福万寿、江山万代、四则八宝、蝴蝶梅、四则拱璧、西番莲等象征吉祥的图案。宫绸则有四则八宝、三朵菊、拱璧花、江山万代、万福万寿、凌云百福等。实地纱又以拱璧花、三朵菊,四则八宝为常见。江山万代图案只有皇家可用,可见这是专供少数民族上层享用的。

如此品种齐全、色彩繁复、纹样丰富、图案美观的丝织品,体现了江南劳动人民的智慧。内地与新疆丝绸贸易得以持续进行,完全依赖于发达的江南丝织业。

四 贸易绸缎的来源与江南丝织业

江南解往新疆的贸易绸缎是由官局抑或民间生产的? 几十年来,几

---

① 参见徐仲杰《南京云锦史》第 137 页。

乎众口一词,认定是由江南三个官营织局生产的。如前所述,20 世纪 60 年代,彭泽益先生认为,江南三局的生产还提供一部分"贸易绸缎",由"南三局织造这一类产品",这种"贸易绸缎"是"属于织造局生产中的商品部分"。[①] 日人佐口透认为,与哈萨克交易用的丝织物,是"由苏州、杭州、江宁各织造处特别织造的"。80 年代,徐仲杰先生仍沿用彭先生的说法;《新疆简史》也称:"对于哈、柯等族所喜爱的绸缎,则由清政府下令江南等处织造生产。"[②]林永匡、王熹二人的系列文章,或云"织办",或云"采办",是织是办,未下断语。直到本世纪初,台湾学者赖惠敏教授仅依据乾隆四十二年杭州织造福海的一件奏折中的"派织"和"分织"字样,就认为"这些绸缎是由三织造局制造,织造局必须负担许多工匠的钱粮……匠役自必按机设立"。[③]

江南三织造在接到解交贸易绸缎的任务后,真的是要增加织机、提供匠粮、专门织造这种特殊商品吗?上述各家大多未提供材料依据。现从档案中辑出相关内容,引述如下。

乾隆二十五年,江南三织造承办当年贸易绸缎 8250 匹,按各承担三分之一做法,其中江宁认办 2750 匹,江宁织造託庸奏称,"业经遵照动支藩库银两,照数织办全完"[④]。次年,江宁认办当年的绸缎 2418 匹,织造彰保奏称,"业经遵照动支藩库银粮,照数织办全完"[⑤],其口气与前任织造完全一样。乾隆二十七年,两次派办江南三织造预备贸易绸缎 8300 匹,浙江巡抚庄有恭也上奏称,杭州织造分认的 2767 匹缎

---

① 彭泽益:《清代前期江南织造的研究》,《历史研究》1963 年第 4 期,第 102 页。

② 徐仲杰:《南京云锦史》第 44 页;《新疆简史》第 303 页。

③ 赖惠敏:《从高朴案看乾隆朝的内务府与商人》,《新史学》(台北)第 13 卷第 1 期,第 106 页,2002 年 3 月。

④ 江宁织造託庸《为织解哈萨克贸易绸缎事呈军机处文》,乾隆二十五年十二月初九日,《清代档案史料丛编》第 12 辑,第 58 页。

⑤ 江宁织造彰宝《为核销贸易绸缎用过银两事呈军机处文》,乾隆二十六年五月十七日,《清代档案史料丛编》第 12 辑,第 66 页。

匹，"现已发机置办，准于九月中旬齐全"①。江宁织造彰宝则奏，江宁应分织的 2766 匹，"现在钦遵谕旨，一面知会苏州、杭州织造公同分织，一面查照杨应琚所开色样，督令工匠上紧赞织"②，后来又奏报"业经照例动支江宁藩库银粮，按数织办全完"③。后来，江宁织造奏报织解贸易绸缎的口气基本大多如此。看来这些贸易绸缎是由织局织造的。乾隆三十年的贸易绸缎，杭州分办 2567 匹，杭州织造西宁奏报"钦遵谕旨，加意织办"④。乾隆三十一年，江宁分办 4750 匹，江宁织造永泰奏称"随即督率工匠选料织办"⑤。杭州分织的 4750 匹，杭州织造西宁"凛遵谕旨，加意织办，不敢草率"⑥。乾隆三十二年的缎匹，苏州分办 6412 匹，苏州织造萨载"遵照原定各项颜色名目，督令工匠上紧赶办"⑦。乾隆三十二年，大学士傅恒等奏："查此项贸易绸缎，原以酌定价值，令该织造等选料制造，以供新疆各处交易之用。"⑧乾隆四十年的绸缎，苏州应办 1656 匹，苏州织造舒文奏称："当即敬谨遵照核明定价，于苏州藩库移支银两，发给各匠上紧织办，一面严行催督，加意挑选，陆续秤量验收。"⑨为织办同批缎匹，杭州织造寅著奏："谨遵谕旨，严督工匠按

---

① 浙江巡抚庄有恭《为置办事》，乾隆二十七年十月十八日，内务府·来文·织造·织造，第 2433 包。

② 江宁织造彰宝《为核销贸易绸缎用过银两事呈军机处文》，乾隆二十六年五月十七日，《清代档案史料丛编》第 12 辑，第 66 页。

③ 江宁织造彰宝《为核销贸易绸缎用过银两事呈军机处文》，乾隆二十七年九月二十日，《清代档案史料丛编》第 12 辑，第 73 页。

④ 杭州织造西宁《奏解新办及赔补伊犁等处贸易绸缎折》，乾隆三十年五月初三日，《清代档案史料丛编》第 12 辑，第 93 页。

⑤ 江宁织造永泰《奏丙戌年新疆贸易绸缎业经办齐起解折》，乾隆三十一年二月十日，《清代档案史料丛编》第 12 辑，第 97 页。

⑥ 杭州织造西宁《奏丙戌年新疆贸易绸缎办竣解甘折》，乾隆三十一年二月十九日，《清代档案史料丛编》第 12 辑，第 98 页。

⑦ 苏州织造萨载《遵旨先行赶解丁亥年雅尔贸易绸缎折》，乾隆三十一年十月初六日，《清代档案史料丛编》第 12 辑，第 101 页。

⑧ 苏州织造萨载《为赔补轻减浇薄绸缎银两事呈军机处文》，乾隆三十二年十二月十五日，《清代档案史料丛编》第 12 辑，第 114 页。

⑨ 苏州织造舒文《奉派乙未年新疆贸易绸缎办竣解甘折》，乾隆三十九年十一月七日，内务府·来文·织造，第 2437 包。

照章程丈尺分两,加意织办,务期妥协,不敢稍有草率轻减。"①江宁织造基厚"遵即核照定价,动支藩库银两,严督匠工人等按照丈尺分两,加意织办"②。此后三年的贸易绸缎,江南三处织造的奏称,与前大体相同。乾隆四十三年的缎匹织办,杭州织造福海的奏文专门提到"随即分发在机,谨遵谕旨,严督工匠悉照章程丈尺颜色分两,敬谨织办,务期妥协"③。乾隆四十五年,为织办共 2900 匹的贸易绸缎,苏州织造"于苏州藩库移支银两,发匠织办"④;杭州织造徵瑞即"督匠按照章程丈尺颜色分两,如式妥协制办"⑤;江宁织造穆腾额"严督工匠人等按照丈尺分两,上紧织办"⑥。乾隆五十一年,杭州分织次年贸易绸缎 1743 匹,杭州织造额尔登布奏称,"谨遵谕旨,督饬机匠按照单开丈尺颜色分量,如式织办,陆续贮库,其在机赶织尚未完工者,奴才到任后即敬谨督饬赶办齐全"⑦。乾隆五十四年贸易绸缎,苏州分织 6720 匹,苏州织造四德"谨祗遵核明定价,于苏州藩库照数移支银两,分给各匠上紧赶办"⑧。接下来的数年,三处织造的奏报口气,同前相近。其中杭州织造基厚和全德分别奏报乾隆五十七年和五十九年的内容较详,前后基本一样:"谨遵谕旨,督率机匠,拣选丝料,遵照原单所开颜色丈尺分两,饬发各机赶紧如式织办";"谨遵谕旨,照

---

① 杭州织造寅著《奏乙未年新疆贸易绸缎办竣解甘折》,乾隆三十九年十二月十一日,《清代档案史料丛编》第 12 辑,第 154 页。
② 江宁织造基厚《奉乙未年新疆贸易绸缎办竣解甘折》,乾隆三十九年十二月十一日,《清代档案史料丛编》第 12 辑,第 155 页。
③ 杭州织造福海《奏戊戌年新疆贸易绸缎解甘日期折》,乾隆四十二年十二月二十六日,《清代档案史料丛编》第 12 辑,第 176 页。
④ 苏州织造全德《庚子年新疆贸易绸缎办竣解甘折》,乾隆四十四年十二月初四日,《清代档案史料丛编》第 12 辑,第 178 页。
⑤ 杭州织造徵瑞《奏庚子年新疆贸易绸缎办竣解甘折》,乾隆四十四年十二月初四日,《清代档案史料丛编》第 12 辑,第 179 页。
⑥ 江宁织造穆腾额《奏庚子年新疆贸易绸缎办竣即将解甘折》,乾隆四十四年十二月十二日,《清代档案史料丛编》第 12 辑,第 180 页。
⑦ 杭州织造额尔登布《奏为恭报办解新疆绸缎事》,乾隆五十一年十二月二十八日,《宫中档乾隆朝奏折》第 62 辑,第 757 页,台北故宫博物院印行,1987 年 6 月。
⑧ 苏州织造四德《奏为奏闻事》,乾隆五十四年正月初三日,《宫中档乾隆朝奏折》第 70 辑,台北故宫博物院印行,第 786 页,1988 年 2 月。

依原单所开颜色丈尺分两,拣选丝料,饬发各机赶紧如式织办"①。其后的奏文,更以杭州织造吉庆奏报乾隆六十年贸易绸缎的奏文为详,为:"谨遵谕旨,督饬局员、机匠,按照单开丈尺颜色分两,如式织办。……复饬织局妥为赶办,务使质地坚实,颜色鲜明,现已织办齐全。"②就现有材料来看,有关贸易绸缎由江南三织造局织的记载,大体不出此范围。

应该说,依据上述无论三织造如江宁织造"动支藩库银两,照数织办"、"动支江宁藩库银粮,按数织办"、"动支藩库银两,严督匠工人等按照丈尺分两,加意织办"、"督令工匠上紧赶织",杭州织造"加意织办"、"严督工匠按照章程丈尺分两加意织办"、"严督工匠悉照章程丈尺颜色分两敬谨织办"、"督匠按照章程丈尺颜色分两,如式妥协制办"、"督率机匠,拣选丝料,遵照原单所开颜色丈尺分两,饬发各机赶紧如式织办"、"督饬局员、机匠,按照单开丈尺颜色分两,如式织办"、"督饬机匠按照单开丈尺颜色分量,如式织办",苏州织造"督令工匠上紧赶办"、"于苏州藩库移支银两,发给各匠上紧织办"、"分给各匠上紧赶办",还是朝中官员如傅恒的"酌定价值,令该织造等选料制造"、浙江巡抚庄有恭的"发机置办"等说法,似乎可以论定:直到乾隆末年,贸易绸缎的织办,是动用地方藩库银两,织局严督机户匠工,按照章程要求,在局如式织造的。

然而贸易绸缎每次均是由江南织造督令机匠在局织造的吗? 实际情形则远为复杂。上述乾隆二十七年江宁织局分织的那批缎匹,江宁织造彰宝既奏称"动支江宁藩库银粮","督令工匠上紧赶织",又奏称"除有上年办过式样可循者,照前织办无庸酌议,其未经办过者,遵奏从前大人原奏三处会同酌量置办之案,织造等按市卖身分、式样,酌拟置办"。③ 按照其说法,

① 杭州织造基厚《奏壬子年新疆贸易绸缎办竣解甘折》,乾隆五十六年十二月十五日;杭州织造全德《奏甲寅年新疆贸易备赏绸缎办竣解甘折》,乾隆五十八年十二月初十日,分载《清代档案史料丛编》第 12 辑,第 196、205 页。
② 杭州织造吉庆《奏乙卯年新疆贸易绸缎办竣解甘折》,乾隆五十九年十二月初九日,《清代档案史料丛编》第 12 辑,第 213 页。
③ 江宁织造彰宝等《遵旨筹办壬午年新疆贸易绸缎折》,乾隆二十七年五月二十六日,《清代档案史料丛编》第 12 辑,第 72 页。

凡曾经织办过的缎匹,照例织办,而未经办过者,则按市卖身分式样置办,所谓"置办",实即市买。乾隆二十九年,江宁预办下年度贸易缎匹,内有镇江线缎 400 匹,织局官员"查镇江产出,因地致宜,惟有置造元青,并无别色"①,结果只置办了元青 100 匹,其余改办别样缎匹。缎匹办自未曾设局的镇江,且明言"置办",说明织造者非为官机。乾隆三十八年,江宁织造高晋奏销次年分办的贸易绸缎 1517 匹时禀称,"业经本织造任内循例于江宁藩库照数移支,委员前赴苏州、盛泽等处按款制办"②,明言非由织局自织,而是全部到盛泽等处"按款制办"。乾隆四十八年,江宁承接乾隆五十年三处分办绸缎 1284 匹,织造福海"核照定价,动支江宁藩库银两,委员前赴苏州等处按款制办",并于乾隆四十九年十一月内"绸、缎、绫、绢俱经织办齐全",验明质地、分两、丈尺、数目,"悉与定例相符"。③

其后,贸易绸缎的置办方式又有了变化。道光十二年,户部尚书禧恩题奏,道光十一年杭州织造织办的道光十一年贸易绸缎 723 匹,每匹重量和料工银,"均系笼统开造",共多销料工银 976 两多。④ 后来追查原由,大学士长龄过问其事,杭州织造英裕题称:"臣检查例案,此项绸缎,从前系就民间市买,指物估计料工,并非官局买丝织办,是以无从分晰开造细数",并声明此类绸缎,"乾隆三十二年曾经三处织造会同呈准,各种绸缎每匹重若干,每匹报销银若干,历来照此开报"。这次道光十一年"备用绸缎仍系遵照旧章办理,按照原定银数开销"。⑤ 英裕的题奏,明言贸易绸缎"系就民间市买","并非官局买丝织办",买价早在乾隆三十二年即由三织造会同呈准,后来报销即照此开报,"旧章"如此,"从前"直到现在一直如此。英裕的题奏,说出了江南三织造准备贸易绸缎的实际情

---

① 江宁织造彰宝《为候复办新疆贸易绸缎事》,乾隆二十九年十月十九日,《清代档案史料丛编》第 12 辑,第 85 页。

② 江宁织造高(晋)《为咨明事》,乾隆三十八年闰三月二十六日,内务府·来文·织造,第 2437 包。

③ 江宁织造成善《奏乙巳年新疆贸易绸缎办竣解甘折》,乾隆五十年正月十六日,《清代档案史料丛编》第 12 辑,第 187 页。

④ 户部尚书禧恩《题为置办事》,道光十二年九月三十日,内阁题本户科·工业类,第 5508 函。

⑤ 大学士长龄《为置办事》,道光十四年三月十五日,内阁题本户科·工业类,第 5513 函。

形：贸易绸缎的所谓织办，并不是由织局买丝动用局匠在局织造，而是动用藩库银两系就民间市买，按照核定的价银循例报销。

综观三织造的奏文，贸易绸缎可能最初立足于局织，后来可能未曾织办过的绸缎买诸市场；最初主要是江宁织造委员到苏、杭等地市场采买，后来为了方便，苏、杭二处也干脆直接从市场采办。由此看来，所谓贸易绸缎由"官局制造"，官局"织办"、"特别织造"、"织造生产"云云，只是表面现象或一种假象，恐非实际情形，至少不符合江南三处织造承办贸易绸缎的全过程。至于产生这种假象的原因，可能有二：一是受了档案和道光《苏州府志》等"织办"之类含糊其辞说法的影响；二是办理贸易绸缎的是织造官员，由织局织造似乎顺理成章。

事实上，从绸缎的生产量来看，官营织局也不可能生产贸易绸缎。清代江南三局的机张和匠役都是有固定额数的。乾隆十年，三局共有机杼1866张，匠役7055名（其中工匠仅5512名）。① 以后直到织局废撤，机张只减未增。其历年实际生产量，如本书第四章统计，自乾隆时起，约为1.3万匹（其中苏州3500匹、杭州5500匹、江宁4000匹），而贸易绸缎每年为4426匹，超过苏州或江宁一局的生产量。更为突出的是，贸易绸缎的数量极不固定，最多达近2万匹，最少不到2000匹，上下悬殊如此之大。固定不变的机张匠役是无法应织年年变化、为数可观的贸易绸缎的。织局未曾为贸易绸缎添置过一机一杼，又何以会织造贸易绸缎呢？如果说，上贡缎匹质地好，要求高，花工多，贸易绸缎难以与之相比，那么，根据销银数来判断织局有无织造贸易绸缎的可能，则就更为可靠。本书第四章依据档案统计，丝绸贸易时期的江南三局销银每年约为16.41万余两②，而贸易绸缎最多的乾隆三十一、三十二两年销银分别为8.2万余两和9.2万余两，是织局历年生产销银数的一半以上（见表7-4）。在织局正常生产时，应织少量的派织品或许尚可，要临时赶织原有生产

① 乾隆《大清会典则例》卷三八《户部·库藏》，《景印文渊阁四库全书》第621册，第182页。
② 关于清代江南三局的历年产量和报销银数，参见本书第四章。

量的一半以上，则断断不可能。

　　然而会不会由于有的缎匹民间无法和未曾生产，而必须由织局自己织造？这似乎也不可能。为明了起见。现将江南历年承办的贸易绸缎及其销银数整理成下表。

表7－4　江南三织造贸易绸缎销银数量表

年份	总数（匹）	苏州			杭州			江宁		
		绸缎数（匹）	销银数（匹）	每匹用银（两）	绸缎数（匹）	销银数（匹）	每匹用银（两）	绸缎数（匹）	销银数（匹）	每匹用银（两）
乾隆二十五	5000	1666	14107	8.49	1666	14109	8.47	1668	14126	8.47
二十六	8250	2750*			2750	11685	4.25	2750	11682	4.25
二十七	7250	2424*			2416	12119	5.02	2410	12125	5.03
二十八	8300	2766	12217	4.42	2766	12172	4.40	2767	12168	4.40
二十九	9500*	3167*			3167			3166*	16517	5.10
三十	7700	2565	14276	5.57	2567			2568*		
三十一	14250	4750*			4750	27895	5.87	4750	27901	5.87
三十二	19235	6412	31013	4.84	6411	30960	4.83	6412	30977	4.33
三十三	13512	4502*			4506	21674	4.81	4504	21666	4.31
三十四	12050	4016	17399	4.33	4017*			4017	17361	4.32
三十五	11300	3766	15863	4.21	3767	15810	4.20	3767		
三十六	7030	2334	10326	4.41	2343	10276	4.39	2344*		
三十七	5100	1700*			1700			1700	7113	4.18
三十八	460	153	802	5.24	153*	782		154	784	5.09
三十九	4550	1517	6450	4.25	1516	6379	4.21	1517	6393	4.21
四十	4970	1656	6996	4.22	1657	6939	4.19	1657	6951	4.19
四十一	14200	4733	18681	3.95	4734	18644	3.94	4733	18632	3.94
四十二	11650	3883	15233	3.92	3883			3884	15173	3.91

年份	总数（匹）	苏 州			杭 州			江 宁		
		绸缎数（匹）	销银数（匹）	每匹用银（两）	绸缎数（匹）	销银数（匹）	每匹用银（两）	绸缎数（匹）	销银数（匹）	每匹用银（两）
四十三	6650	2217	7630	3.44	2216	7574	3.42	2217	7571	3.41
四十四	6130	2044	7729	3.78	2043			2043	7890	3.86
四十五	2900	966*			967	3452	3.57	967	3457	3.57
四十六	7930	2643	6993	2.65	2643	6905	2.61	2644	6926	2.62
四十七	2750	916	3748	4.09	917	3668	4.00	917	3696	4.03
四十八	5300	1767*			1767	5489	3.11	1766*		
四十九	6160	2053*			2053			2054	4441	2.16
五十	3850	1284*			1283	4855	3.78	1283*	4846	3.78
五十一	4520	1506*			1507	4670	3.10	1507	4659	3.09
五十二	5230	1743	4407	2.53	1743	4335	2.49	1744*		
五十三	3710	1370	5094	3.72	1170	4064	3.47	1170	4053	3.46
五十四	6720	2240	5660	2.53	2240	5583	2.49	2240	5572	2.49
五十五	3710	1236*			1237	3392	2.74	1237	3377	2.73
五十六	2650	883	2710	3.07	883			884*		
五十七	3980	1327	3610	2.72	1326	3561	2.69	1327	3560	2.68
五十八	1814	605	2506	4.14	604	2456	4.07	605	2451	4.05
五十九	2890	963	3212	3.34	963			964*		
六十	2030	677	2525	3.73	677	2469	3.65	676	2487	3.68
嘉庆元	1900	633*			633	3232	5.11	634*		
二	2015	672	2883	4.29	671	2832	4.22	672*	2833	4.22
三	2765	922*			921	3939	4.28	922	3946	4.28

年份	总数 （匹）	苏　州			杭　州			江　宁		
		绸缎数 （匹）	销银数 （匹）	每匹用银 （两）	绸缎数 （匹）	销银数 （匹）	每匹用银 （两）	绸缎数 （匹）	销银数 （匹）	每匹用银 （两）
四	3058	1025	4132	4.03	1008	4030	4.00	1025	4088	3.99
五	3655	1219	4150	3.40	1235	4208	3.41	1201*		
六	3720	1240*			1240	4889	3.94	1240	4882	3.94
七	3310	1103	4712	4.27	1103	4651	4.22	1104	4656	4.22
八	3710	1236	4668	3.78	1237	4623	3.74	1237	4612	3.73
九	3135	1045*			1045			1045	4499	4.31
十	3425	1142	4525	3.96	1141	4467	3.91	1142*		
十一	3390	1130	4060	3.59	1130	4021	3.56	1130	2025	1.79
十二	3540	1180	4012	3.40	1180*			1180*		
十三	3240	1076	4445	4.13	1077	4407	4.09	1077	4395	4.08
十四	3090	1030	4055	3.94	1030	3981	3.87	1030*		
十五	3470	1157	4526	3.91	1157	4478	3.87	1156	4478	3.87
十六	3325	1108	4693	4.24	1109	4638	4.18	1108	4639	4.19
十七	2973	991	3867	3.90	991	3821	3.85	993*		
十八	3210	1070	4265	3.99	1069			1071	4194	3.92
十九	3002	1000	3456	3.46	1000	3421	3.42	1000	3413	3.41
二十	2875	958*			958	3513	3.67	959*		
二十一	2762	921	3738	4.06	920	3666	3.98	921	3705	4.02
二十二	3000	1000	4210	4.21	1000	4169	4.17	1000	4168	4.17
二十三	3134	1045*			1044*			1045	4368	4.18
二十四	3272	1093*			1090	4023	3.69	1089	4019	3.69

续　表

年份	总数（匹）	苏　州			杭　州			江　宁		
		绸缎数（匹）	销银数（匹）	每匹用银（两）	绸缎数（匹）	销银数（匹）	每匹用银（两）	绸缎数（匹）	销银数（匹）	每匹用银（两）
二十五	3016	1006*			1004	3872	3.86	1006*	3829	3.81
道光元	3042	1014	4491	4.43	1014	4425	4.36	1014	4437	4.38
二	3212	1071	4449	4.15	1070			1071*		
三	3093	1027*			1028	4333	4.21	1028	4374	4.25
四	3024	1008*			1008			1008	4706	4.67
五	2868	956*			956	4348	4.55	956	4355	4.56
六	2697	875	3993	4.56	876			876	3992	4.56
七	2178	726*			726*			726	2682	3.69
八	2338	779*			779*			780		
九	1570	523	1757	3.36	523	1709	3.27	524	1735	3.31
十	2204*	735*			734	3026	4.12	735	3013	4.10
十一	2169	723*			723	3963	5.48	723*		
十二	2149	713*			723	3415	4.72	713*		
十三	2291	759*			770	4025	5.23	762	4124	5.41
十四	2674	842	3614	4.29	923	3805	4.12	909	3815	4.20
十五	2096	648	2835	4.38	731	3075	4.21	717	3089	4.31
十六	3069	972*			1055	4848	4.60	1042	4860	4.66
十七	3101	983	4541	4.62	1066			1052	4832	4.59
十八	2837	895	4072	4.55	978	4293	4.39	964	4382	4.55
十九	2936	928*			1011	4736	4.68	997	4686	4.70
二十	2486	779	3559	4.57	862	3969	4.60	845	3946	4.67

续 表

年份	总数（匹）	苏 州			杭 州			江 宁		
		绸缎数（匹）	销银数（匹）	每匹用银（两）	绸缎数（匹）	销银数（匹）	每匹用银（两）	绸缎数（匹）	销银数（匹）	每匹用银（两）
二十一	2748	865	3943	4.56	942*			941*		
二十二	3205	1052*			1101			1052*		
二十三	3064	1005*			1054	5260	4.99	1005*		
二十四	3123	1025*			1073	5956	5.51	1025*		
二十五	3103	984	4790	4.87	1066	5167	4.85	1053*		
二十六	2973*	991*			991	4880	4.92	991*		
二十七	3208	1050*			1101	5504	5.00	1057*		
二十八	3584	1144	5039	4.40	1227	5412	4.41	1213	5453	4.50
二十九	3524	1124	4957	4.41	1207	5342	4.43	1193	5351	4.49
三十	3529	1126	5292	4.70	1208	5659	4.68	1195*		
咸丰元	3534	1127	5196	4.61	1210	5517	4.56	1197	5581	4.66
二	3550	1133	5328	4.70	1193	5344	4.48	1180	5374	4.55
三	3550	1167*			1215	5681	4.68	1168*		

注:1. * 为估计数,由于三局平均分办,因此估算结果最多只有一匹的误差,道光中期以后误差可能稍大,但出入不会太大。

2. 表中年份在乾隆四十年前,比实际交易要早一年。

3. 表中绸缎数量为实际置办数,而前表中为派织数,故稍有不同。

4. 出处同贸易绸缎数量及地区分配表。

　　上表表明,贸易绸缎的品种确如主持其事的官员所言,是一种平常绸缎。[①] 其核销银两(已包括运费)只有少数几年超过 5 两,而绝大部分为 4 两左右。这样价格的丝织品,生产工艺并不复杂,质量要求也不高。

---

① 陕甘总督吴达善奏称:"哈萨克交易,以搭用平常绸缎为宜。"(杭州织造西宁《为置办事》,乾隆二十八年四月二十二日,内阁题本户科·工业类,第5433函。)

明后期大量派织江南,由民间领织,清初陈有明说其报酬标准是"明季粉段,每匹三两八钱"①。明末如此,清代生产当然不成问题,民间生产每匹甚至有高至十数两的。

综上所述,无论是根据档案材料,还是考察官营织局的生产规模、生产能力,以及贸易绸缎的品种,可以肯定,贸易绸缎不是全部至少也是主要部分是由官局购自民间的,而不是由官局织造的,购买银两同官局织造所需料银则一样在藩库钱粮内报销。

表中也显示出,三局报销银数并不象绸缎那样平均分摊完全一样,而略有高低。总的说来,杭州与江宁相同,而苏州则稍高。这可能由于购买绸缎的地点不同,或者最初定价就有高低。这种细微差别,在官局织造品的报销中也是被允许和经常出现的。

新疆各地所需绸缎,"以中等缎匹为宜"②。表中所列的平常绸缎,对于发达的江南民间丝织业来说,是完全有能力承织或如数提供的。贸易绸缎没有购自他地,也没有织造于官营织局,而购诸于市场,置买于民间,是因为江南民间丝织业的生产能力能够提供充足的货源,产品品种尤宜于与新疆地区的交易,满足新疆各族人民的需要。江南与新疆地区丝绸贸易的顺利进行,实质上又依赖于江南的民间丝织业。

五 贸易绸缎与丝绸贸易的性质

江南与新疆之间这种前后展开了 94 年的官方组织的丝绸贸易,用于贸易的绸缎即所谓"贸易绸缎"到底具备怎样的属性呢? 彭泽益先生认为:"此项织解绸缎统称为'贸易绸缎',当系作为商品交换管理。实际上这种'贸易绸缎'是清朝中央政府供给新疆少数民族上层人物的一种'应用俸缎'。南三局织造这一类产品,只是作为一种派织任务承造,织

---

① 苏杭织造陈有明揭,顺治四年七月,转引自彭泽益《从明代官营织造的经营方式看江南丝织业生产的性质》,《历史研究》1963 年第 2 期。
② 苏州织造萨载《为转行事》,乾隆二十七年九月初三日,内阁题本户科·工业类,第 5329 函。

造除了所得仅是料工价银的结算,如同织造贡纳的缎匹在本质上并无差别。如果说,这种'贸易绸缎'是属于织造局生产中的商品部分,但这却又不是织造局为市场为利润所必需的一种生产,而只能是官营织造工业在以自给性生产为首要目的的条件下,把它作为一种特殊形式的商品而生产的。"①彭先生认为贸易绸缎是清廷供给给新疆少数民族头人的一种"应用俸缎"。果真如此吗?

江南与新疆各族之间丝绸贸易的兴起并持续进行,是由其各自的经济特点决定的。江南盛产丝绸,销路远及海内外,而地处西北边陲的哈萨克、柯尔克孜族游牧经济,盛产马牛羊,牧民们又极喜爱江南丝绸。这种地区之间不同商品的交换,实质上是两种不同经济的交换。只是这种交换,在特定的历史时期,被清政府以官营的手段作为交换的一方来进行,以达到调有余补缺,"化无用为有用"的目的。经过交易,江南绸缎和哈萨克等族的马匹都充分发挥了作用。

清政府参与或从事这种贸易,其出发点在于从中获取利益。它彻底放弃了不计得失盈亏的雍容大度,而完全以经商之道来考虑问题;在考虑如何做生意上,清政府显得内行而又老练。

首先,选择懂得贸易业务的官员主持其事。兆惠关于阿布赍请求贸易的奏折一上,军机大臣就"请官为经理,选派熟谙交易之人",主持贸易。乾隆帝更明确地意识到:"看来贸易之事,终不可全以官法行之,能办政务者,未必熟谙商贾。"②他选择了护军统领努三。努三此人刚从哈萨克返归,了解彼处情形,熟悉经商之道,由他负责贸易,符合清廷选派交易之人的原则。

其次,选派精于贸易事务的商人承办贸易。贸易前,黄廷桂上奏,"道员范清洪、同知范清旷二人,向曾承办军需,其余贸易之事,自必有熟练可委之人。仰请钦定一人,俾之带领旧时商夥先期来肃。臣将贸易各

---

① 彭泽益:《清代前期江南织造的研究》,《历史研究》1963 年第 4 期,第 102 页。
② 傅恒等:《平定准噶尔方略》正编卷四五,《景印文渊阁四库全书》第 358 册,第 756 页。

事宜与之讲论明白,届期前往承办,较之素不晓习经纪之员,实属有益"。乾隆深以为然,即"著妥议奏闻"。军机大臣即议道:"此次贸易各事宜,诚非熟谙经纪者不能办理,应如所请。"①两个月后,范清旷即被调补为甘肃洮州同知,承办哈萨克贸易事务。这里的范氏二人并不是现任官员,而是享有特权的山西介休的大商人。其父辈范毓馪、范毓馪、范毓馪三人,在康熙到乾隆初曾经营铜、盐业务和伐木业,清廷西征准噶尔时,又输送了大批军粮到前线。其同辈范清注、范清济也习于贸易,前者曾与其商伙在张家口、恰克图等处参与官方贸易,众多的商伙遍布全国。清廷任命这种出身商贾世家、深谙经商之道、商伙成群的人承办贸易事务,既表明了其企图通过贸易而获利的经济着眼点,又表明其确实不以官法来从事贸易。

再次,以等价交换的原则,以商人的身份展开正常贸易。贸易前一年,军机大臣议定,贸易时无论官员商人,皆"照商人一例,不必显露官办形迹"②。乾隆帝不但下令照此办理,而且简直利用一切机会申述贸易与官方无关。乾隆二十二年十月,乾隆帝即对即将展开的贸易事务定下原则,谓:"贸易之事,不过因其输诚内响,俾得懋迁有无,稍资生计,而彼处为产马之区,亦可以补内地调拨缺额,并非藉此以示羁縻,亦非利其所有而欲贱值以取之也。将来交易之际,不可过于繁苛,更不必过于迁就,但以两得其平为是。……贸易之事,终不可全以官法行之。"③乾隆二十三年九月,原约贸易日期早过,而哈萨克人尚未前来,乾隆帝下令撤回贸易人员,传谕努三"令台站人等于哈萨克经过时,以伊等行走迟滞,有渝定约,致商人不能守候,委曲晓示"④。初次交易后,哈萨克人嫌工料纰薄,要求增给,乾隆帝又要努三表明贸易与官方无关的样子,即行晓示,"缎匹皆商人货物,民间通用……尔等如不愿交易,亦听其便。岂能曲从所

<hr>

① 《清朝文献通考》卷三三《市籴二》,浙江古籍出版社影印本,2000 年,第 5163 页。
② 傅恒等:《平定准噶尔方略》正编卷四五,《景印文渊阁四库全书》第 358 册,第 756 页。
③ 傅恒等:《平定准噶尔方略》正编卷四五,《景印文渊阁四库全书》第 358 册,第 756 页。
④ 《清高宗实录》卷五七〇,乾隆二十三年九月癸巳,第 137 页。

请,转致累我商民"①。不久,乾隆帝又传谕满泰,若哈萨克仍执前词,即告谕,"尔等马匹,即不行贸易,仍可带回。若商人货物,则有往返运送之劳,倘利息有亏,亦难强其再至"②。乾隆二十五年五月,宴请阿布赉使臣时,敕中有云:"夫乌鲁木齐贸易之举,特念尔部难得内地之物,故招募商贩,远行交易,期有益尔等日用耳。或商货不能精好全备,谕令善为购办,尚属可行。若价值则在交易之人,因物计算,贵贱随时,未便官为减损。其或彼此不愿,亦难以相强也。"③如此不厌其烦地强调交易是商人事,系商人货,以打消对方担心官营会吃亏的顾虑,恰恰是清廷怕对方得知真相而少获利。在交易过程中,官员也始终以商人身份出现。乾隆二十五年十一月,哈萨克80余人带马500匹到乌鲁木齐贸易,参赞大臣阿桂即"令都司陈圣谟等作为商人,以缎布交易毕"④。

最后,在价格上,清政府锱铢必较,讨价还价。这在乾隆帝身上表现得最为突出。乾隆二十五年,参赞大臣舒赫德奏请贸易绸缎"较原价酌增运费",乾隆帝完全赞同其看法,而且一反平时不计价值的态度,指示道:"但所估价值,祇增运费,则未免太廉。即如绸缎,亦内地所贵重,行至外藩,自当酌量物情,以定价值。若初初价贱,则奸商回人等私行兴贩,徒为伊等之利。著舒赫德随时筹画,酌量定价,行之数年,再为平减亦可。惟不得任商贩私行携带,减价售卖。"⑤后来贸易绸缎除原价及运费外,每匹增银二三钱,但乾隆帝仍不满意,下谕称,"贸易缎匹,俱由内地远行运送,自应准照原价及运费酌量增加,视其情愿交易与否,再为通融减售。乃止议加银二三钱"⑥,以致他怀疑是贸易官员在弄弊作奸。酌量物情,随时筹画,分寸掌握在价格较高而又便于交易,这大概是乾隆帝对贸易的原则。因此,他虽计较价格乐而不疲,却也见好即收,适可而

---

① 《清高宗实录》卷五九三,乾隆二十四年七月甲子,第1页。
② 《清高宗实录》卷五九四,乾隆二十四年八月己卯,第4页。
③ 《清高宗实录》卷六一三,乾隆二十五年五月庚午,第16页。
④ 《清高宗实录》卷六二八,乾隆二十六年正月戊申,第10页。
⑤ 《清高宗实录》卷六一八,乾隆二十五年八月乙亥,第3—4页。
⑥ 《清高宗实录》卷六六九,乾隆二十七年八月甲寅,第9页。

止,显示出相当的灵活性。他将努三召进京师,面授机宜,将来交易,"不可多给价值",后因进剿和卓木叛乱尚未竣事,需马更多,又要努三将贸易马匹"不妨多为购办,即价值稍昂亦可"①。乾隆二十五年四月,论到贸易绸缎质量时,又传谕:"至寻常绸缎一项,乃贸易所必需。织造时,工料虽可照常办理,不必过于精好,所有每匹尺寸,务须如式宽足,俾制衣材料,不致短少,庶于贸易,更为有益。"②绸缎质量不精不劣,价格高低适中,便于贸易即可。高下进退,一如商人。

此外,为垄断贸易厚利,清政府还指定贸易地点。乾隆二十九年,雅尔筑城,伊犁将军明瑞估计到哈萨克商人必就近贸易。这样一来,缎匹要解往雅尔,所交换到的马匹又要解往伊犁,殊为烦琐,增加成本,而且不利于伊犁贸易。对此,明瑞主张禁止,禁止不住则压价,迫使哈萨克前往伊犁。③ 次年,乾隆帝也下谕:"哈萨克等在乌鲁木齐贸易时马价极贱,若在回疆贸易,于乌鲁木齐马价有碍。嗣后哈萨克带马至内地,严禁回众私买,须官为经理,较伊犁、乌鲁木齐多减价值,丝毫不令多得。仍晓谕伊等赴伊犁、乌鲁木齐贸易。"④

在贸易过程中,清政府以商人、商货为幌子,官商通力合作,收到了极好的经济效益。乾隆三十三年首批贸易的交换比例是,"马一匹,仅得缎一端"⑤。如前所述,首批缎匹质量不高,每匹能换马一匹,清朝得了厚利。次年,哈萨克之哈斯伯克等四队贸易人等到乌鲁木齐贸易,所到马匹,善者每匹作价 4.4 两,次者 3.8 两,成交马 1150 匹。⑥ 乾隆二十八年,"伊犁等处贸易,上等马匹,仅估价银三四两"⑦。到乾隆三十二年,伊犁将军阿桂报告,伊犁换马价本,头等每匹 4.8 两,二等 3.6 两,三等 2.5

① 傅恒等:《平定准噶尔方略》正编卷五六,《景印文渊阁四库全书》第 359 册,第 56 页。
②《清高宗实录》卷六一〇,乾隆二十五年四月丙子,第 2 页。
③《清高宗实录》卷七一一,乾隆二十九年五月甲戌,第 8—9 页。
④《清高宗实录》卷七四八,乾隆三十年十一月壬申,第 1—2 页。
⑤《清高宗实录》卷五九三,乾隆二十四年七月甲子,第 1 页。
⑥ 傅恒等:《平定准噶尔方略》正编卷七六,《景印文渊阁四库全书》第 359 册,第 369 页。
⑦《清高宗实录》卷六九二,乾隆二十八年八月壬辰,第 8 页。

两,折中核算每匹 3.06 两。① 这个平均数,正好等于上述几次交易的马价。乾隆三十六年伊犁将军伊勒图称,与哈萨克贸易,换获头等骟马 60匹,每匹摊银 4.8 两;二等骟马 90 匹,每匹摊银 3.7 钱,三等儿骟马 160匹,每匹摊银 2.52 两,牛 40 只,每只摊银 2.5 两;羊 600 只,每只摊银0.6两。② 这次交易,马价每匹平均 3.67 两。当时市价却高出许多。在南疆,乾隆二十五年因兵戈初罢,参赞大臣舒赫德奏报,天山南北"贸易之人络绎不绝",而叶尔羌、喀什噶尔羊一只价至银十余两,肥马一匹价至银五六十两。③ 后隔了几年,保守点估计,较至三四两,南疆则"加倍有余"④。牛的市价,据阿桂于乾隆二十六年奏称,"内地购办牛驴,较之哈萨克马价,一牛可值马四匹,一驴可值马二匹"⑤,可知每头约为 14 两。羊的市价,在宁夏等地每只为 1 两,解到南疆有的为银 2 两 5 钱,有的高达 4 两。⑥ 这些市价远远高于官定价格。官方规定,马每匹 8 两,牛 4.4两。后因买价不敷,兵丁赔补,马牛各加银 2 两⑦,但仍低于市价。换易比购买便宜三四倍,清廷当然乐意为之。所以乾隆三十年需屯田马匹,伍弥泰"拟派员购买,每匹估给价银八两"时,乾隆帝算了一笔账,"哈萨克贸易马匹,才值银二三两,今以银八两购马一匹,顿增三四倍",故训斥他"办理殊属错谬",要求他停止购买。⑧ 当时洮岷、青海、归化等地所所产马匹,"价银自七八两至十一二两不等"⑨,前往购买,往返费用每匹总在银 8 两以外。由此可见,在丝绸贸易中,哈萨克马价要低于陕甘等地市价三四倍,较之新疆地区马价就更低,而且"哈萨克马匹向多高大,即

---

① 《清高宗实录》卷七九三,乾隆三十二年八月庚辰,第 5 页。
② 伊犁将军伊勒图《呈与哈萨克贸易清单》,乾隆三十六年五月二十一日,《清代档案史料丛编》第 12 辑,第 145 页。
③ 《清高宗实录》卷六〇五,乾隆二十五年正月辛未,第 10 页。
④ 《清高宗实录》卷六九二,乾隆二十八年八月壬辰,第 8 页。
⑤ 傅恒等:《平定准噶尔方略》续编卷一〇,《景印文渊阁四库全书》第 359 册,第 646 页。
⑥ 《清高宗实录》卷六三三,乾隆二十六年三月戊午,第 5—6 页。
⑦ 傅恒等:《平定准噶尔方略》正编卷四八,《景印文渊阁四库全书》第 359 册,第 79 页。
⑧ 《清高宗实录》卷七二九,乾隆三十年二月戊戌,第 8—9 页。
⑨ 《清高宗实录》卷一四〇八,乾隆五十七年七月乙巳,第 14 页。

最小者,较之蒙古马匹,亦属差胜"①。价廉物美,清廷获利甚厚。

现在再看绸缎价格。在乾隆二十五、二十七两年经乾隆帝一再斥责丝绸定价太低后,乾隆三十四年总办大臣安泰奏准,喀什噶尔等处"变卖绸缎价值照依哈密估册所造原本运脚杂费银数外,其大缎、倭缎、锦缎每银一两加增银二钱,别色绸匹每银一两加增银一钱,俱二百文合钱"②。加增银由每匹改为每两计算,增了好几倍,在成本及运费外,缎价增20%,绸价增10%。这是变卖绸缎,在北疆当更高。

在这种绸缎马匹比价下,清廷实际得到的马牛羊要比定价更低。骟马、儿马、骒马,每匹均摊银 2.407 两,牛 1.5 两,羊 0.4 两。③ 定例,内地以绸缎交易到的哈萨克的牲畜,"每马一匹合银一两七八钱不等,牛一只合银一两六七钱不等,羊每只合银三钱五六分不等"④。平均则马每匹银2 两,牛每只 1.6 两,羊每只 0.38 两,分别低于市价的 6 倍和 10 倍左右。一匹绸缎如以前列表 7 - 4 所示为银 4 两,则由江南运到新疆后,可换马 2 匹,或牛 2.5 只、羊 10 余只。如清政府不以丝绸为交换商品而要在新疆购马,或由内地解运马匹,则必须以相当于 3 匹以上的绸缎价格才能得到马 1 匹。其间的比例至少是 1∶6!

清政府从丝绸贸易中得到好处,不但体现在贸易本身,而且还体现在流通后的分配过程中。经长期贸易,牲畜渐多,清政府又设法转手获利。一是拨补营伍,马每匹以 8 两计价。二是供应民屯,将骨力小的马户给一匹,折银 8 两。三是出售给官兵,乾隆四十六年,"每牛一只定价银三两三钱,每羊一只定价银五钱至七钱,听官兵商民请买"。乾隆五十九年又"酌量减偿售卖,每牛一只,骨力高大者定价三两,次等者二两五钱;羊每只递减,定价四钱至六钱"。⑤ 嘉庆十九年,察哈尔、厄鲁特两官

①《清高宗实录》卷一四〇八,乾隆五十七年七月乙巳,第 15 页。
② 和宁:《回疆通志》卷七《喀什噶尔》,第 15 页,1925 年外交部铅印本。
③ 松筠:《新疆识略》卷一〇《厂务·购买》,《续修四库全书》第 732 册,第 743 页。
④ 永保纂、兴肇增纂:《乾隆塔尔巴哈台事宜》卷四《贸易》,第 7 页。
⑤ 永保纂、兴肇增纂:《乾隆塔尔巴哈台事宜》卷四《官厂牲畜》,第 15、15—16 页。

营牧厂共出售牛 14640 只,每只价银 2.5 两。[①] 售价虽越来越低,但仍高于进价一半至一倍。自给盈余后转手出售,清政府将获利原则贯彻到底。

清政府正是这样在贸易的一切方面都体现了获利的宗旨,也正是这样以一切获利的手段进行了这种贸易。

然而,这种贸易却是对等的贸易,交易双方是平等的,价格是公道的。交易时,贸易官员与少数民族台吉头人同时估看牲畜等第,将绸缎布匹"合定价值,公平购买"[②]。交易双方都是自愿行为,"并无强卖强与之事"[③]。通观贸易的全过程,成交与否、交易额的大小,并不取决于清政府的需要和所具有的实力,而是取决于江南绸缎的质量品种,取决于哈、柯等族对绸缎的要求和愿意交易的程度。

至此可以这么说,清政府对新疆哈萨克等族的丝绸贸易,一方面从起点到终点,从指定人选到贸易地点,从规定价格到利益分配,一切官为经理,充分具有官办性质。另一方面,从指导思想到具体措置,从商品的购买到交换;从成本的核算到价值的增殖,从形式到内容,清政府不以官法行事,而按商业原则处置,又使它充分具有商品交换的性质。因此这是一种典型的官营商业贸易。这样的贸易有别于清廷施于周边各族及海外各国的恩惠性的朝贡贸易,它不在乎礼仪的得失、贡品的优劣、朝觐的次数,而计较价格的高低、价值的多少、获利的大小;它不看重表面,而注重实质;它不是想方设法、限制贸易规模,而是千方百计促成贸易的进行,来者不拒,多多亦善。这样的贸易也不同于以前的与准噶尔的贸易。以前,官督商办,清政府只是管理者,监督者,站在贸易活动的外面,对贸易的展开、规模的大小、盈利的厚薄,它毫无兴趣,充其量只是偶尔借帑予商,或代商采办,由商人在交易完了后归款。现在,清政府由监护人变为实践者,直接经营这种贸易,挖空心思,唯利是图,充满铜臭气,与进退

---

① 松筠:《新疆识略》卷一〇《厂务·购买》,《续修四库全书》第 732 册,第 744 页。
② 同上书,第 743 页。
③《清高宗实录》卷九三九,乾隆三十八年七月乙酉,第 53 页。

有术的商人毫无两样。

在这样的贸易中,作为贸易内容的江南绸缎,也就不能将它简单地视为仅是官方物品。在与准噶尔贸易时,它也曾作为商品,被清朝官员由江南采办到肃州①,但官方并没有将它作为商品而达到增殖的目的。现在,在江南织造官员的眼里,江南绸缎的终点仍在甘肃肃州。购买它解送它,纯系完成差遣,既不会盈利,也不会亏本,最终得到的只是等于买价和运输费的报销银。这同以前没有什么两样。然而,这次它却没有移到商人手里,而是由官方的一只手换到另一只手。清政府以肃州为贸易活动的真正起点,继续将江南绸缎远送到它的终点,即新疆的贸易点。在那里,江南绸缎除了成本和运费外,还包含了江南与新疆之间的地区差价,然后再用以交换马牛羊只。等到货物易手,马牛羊价值也就远远超过了江南绸缎的原有价值。因此,江南绸缎在投入交换时即具有了商品的性质,在交换中实现价值的增殖。这种商品运动形式虽然不同于民间商人的从货币到货币的运动形式,而基本上是一种从物到物的运动形式,但其实现价值增殖的结果,本质上却是一样的。

由此可见,江南绸缎并非如彭泽益等先生认为的"是清朝中央政府供给新疆少数民族上层人物的一种'应用俸缎'",而是与准噶尔贸易时期的江南绸缎一样,具有真正商品的意义。只是握有它的主人不是商人而是清政府。"应用俸缎"是有的,但仅指吐鲁番郡王与哈密郡王每年需要的各 15 匹缎匹和青海郡王、前藏辅国公每年需要的 231 匹(有时多几匹)缎匹,它与贸易绸缎是不同的,每年只是"附入甘缎内一并搭解",②从来没有作为贸易绸缎处理。而且从档案来看,只是到道光二十年前后才开始与贸易绸缎一并办解。清廷赏赐给阿布赍等少数民族头人的俸缎

---

① 据档案资料,准噶尔时期的贸易,"夷人每次交易俱要缎蟒、绫绸、茶封、线斤、绒等物",以绸缎为主。而这些绸缎多是由清朝官员从江南采购解送至肃州,然后转给商人的(《乾隆八至十五年准噶尔部在肃州等地贸易》,《历史档案》1984 年第 2、3 期)。

② 杭州织造松蔚《为置办事》,道光二十二年八月初一日,内务府·来文·织造·织造,第2460 包。

确也直接从贸易绸缎中拨付,但为数一般只有几十匹,而且只是为了免除从北京内库支取的麻烦。贸易绸缎置办并解送的出发点根本不是为了支付俸缎,实施过程也几乎完全不是支付俸缎。从档案可知,它虽然还有其他称谓如"应用绸缎"、"备用绸缎"、"贸易备赏绸缎"、"需用绸缎"等,但主要是作为商品用于交换的,而不是作为赏物"供给"的。

六　丝绸贸易的作用与影响

前后历时近百年的江南与新疆地区的丝绸贸易,具有重要的作用,产生了深远的影响。

这种贸易,有利于清政府有效经营新疆。清政府统一新疆之际,实行了一系列政治、军事和经济措施,其中尤以驻军和屯田两项最为重要。这两项的关键是解决马畜,而揆之当时实际情形,只有交换才是获得马匹的最有效途径。因此,从哈萨克等族交易来的马匹等牲畜,发挥出了重要作用。

一是拨赴征战前线。乾隆二十四年八月,清兵合剿小和卓木,刚由乌鲁木齐交易到的千余匹马,即由库车送赴富德军营。二是拨补当地台站营伍。乾隆二十五年首次酌量调用哈萨克马匹补给营伍。次年,从贸易马匹中挑选 1000 匹拨补给阿克苏。乾隆三十二年,伊犁、哈密等处于换获马内挑选了 2000 匹。乾隆四十五年,拨给绿营骑操马 608 匹,以后每年拨补各地骑操马 600—700 匹。到乾隆四十八年前后,"乌什、叶尔羌、喀什噶尔等处驿站卡座如有所需,即由伊犁取用"哈萨克多余马匹。[①]嘉庆时每年拨给军台骟马 90 匹,犍牛 23 只。总之,"伊犁驻防大兵,一切需用牲畜,全赖哈萨克贸易"[②]。三是拨给当地屯田。军屯民屯,皆取用。军屯:乾隆二十五年,昌吉、罗克伦等处屯田兵 3500 名,每 2 人给马 1 匹,后 3 人给马 2 匹,多是交易来的马。乾隆三十七年起,"伊犁铅厂并

---

① 《清高宗实录》卷一一八八,乾隆四十八年九月戊戌,第 9 页。
② 《清高宗实录》卷七七九,乾隆三十二年二月壬戌,第 18 页。

耕种地亩所需牛马在官厂拨给"①。嘉庆年间 18—20 屯兵屯,每屯给马20 匹,牛 60 只。乌鲁木齐每年咨调屯田骒马几百匹,犍牛上百只。民屯:北疆各城屯田回民六千户,或作价给马,或拨给马匹牛只,孳生后抵补。② 四是作为兵丁口粮,这主要是牛羊。在征战时,食用牛羊,充饥御寒。战事结束后,乾隆五十四年等三年,放给官兵食羊 138070 只。嘉庆时一次作价给官兵牛 6975 头。五是拨补给内地。因在伊犁换获哈萨克马匹,为数渐多,乾隆三十二年阿桂奏准:"嗣后将伊犁贸易马匹除将盈余解往甘省内地外,即由远及近,递次充补陕西、山西、河南、山东省缺额。"③拨补之数,最初每年数百匹到千余匹,后为 2000 余匹,至乾隆五十三年后为 3000 余匹。因而陕甘总督勒保奏称,"换获哈萨克马匹,拨付内地营马,裒多益寡,良有裨益"④。六是进贡内库。直到嘉庆十六年,皇帝说:"伊犁将军呈进马匹,以备天闲之选,自平定西域以来,历年遵办已久。"⑤这类马,岁选空群,称为"贡马"。据说"天闲内驯良得力者,多系伊犁所供"⑥,一直在送往天驷院。

清政府经与哈萨克等族的交易,改变了以前购买无术,摘取营马,马牛不敷,殃及驴头,口外难补,延及内地,而征战屯田着着被动的局面,再也无需从内地数省不择手段地调取马牛羊驴,结束了各地兵丁商民采买赔贴,解送跋涉之苦。相反,新疆 4 万余名驻防兵丁和 28 万余亩屯田所需马牛羊只,不但支取裕如,而且还年有余剩,可以调补内地马匹的不足。因大规模屯田,粮食问题又得以解决。一出一入,前后流向正好相反。江南丝绸以其价高物美,运输方便的特色,极大地减轻了清政府的财政负担。因此,丝绸贸易的作用不仅体现在交换牲畜本身,更体现在清政府通过它使一系列政治、军事、经济措施得以实施。江南绸缎的价

---

① 松筠:《新疆识略》卷一〇《厂务·拨补》,《续修四库全书》第 732 册,第 743 页。
② 松筠:《新疆识略》卷一〇《厂务·拨补》,《续修四库全书》第 732 册,第 745 页。
③《清高宗实录》卷七九五,乾隆三十二年九月己酉,第 3 页。
④《清高宗实录》卷一三九七,乾隆五十七年二月丁巳,第 8 页。
⑤《清仁宗实录》卷二四七,嘉庆十六年八月庚申,第 9 页。
⑥《清仁宗实录》卷二四八,嘉庆十六年九月己卯,第 4 页。

值远远超出了原有的价值。

这种贸易，同样有利于贸易的另一方哈萨克、柯尔克孜等族人民。按照相对有利条件理论，存在着"效率差异"的江南与新疆地区之间的交换，对双方都是有利的。虽然清政府想方设法从贸易中获得好处，但也从有利于对方出发，确保绸缎质量。清廷的指导思想是，贸易缎匹"自必令其可以适用，断无一任采办人员便宜减省，致所入不偿所出之理"①。在这指导思想下，一次次下令注重缎匹质量。而哈、柯等族贸易的出发点则是"图获利息"。乾隆二十四年贸易前就反复声称，"此次贸易，必须倍得利息"②。由于江南绸缎"丝色鲜明，质厚体重，是以哈萨克等俱乐于交易"③。巴达克山之苏勒坦沙遣伯德尔格在乾隆二十六年贸易后，就曾表示"甚获裨益，来年欲多携马羊物件前来"④。若哈、柯等族觉得无利可图，往往将牲畜带回。嘉庆十三年，哈萨克人违约往喀什噶尔贸易，"伊等无利可图，往往将牲畜带回"⑤，当地参赞还派人护送出境。即使有时哈萨克赶来的马羊不合要求，贸易官员为鼓励贸易的继续，也酌定价值，照旧收买。善于商贩的布鲁特等商人也正是利用这种有利可图的公平交易，来"喀什噶尔等处易换中国绸缎、瓷器等物，贩往别部取利"⑥的。贸易绸缎额虽然自乾隆末年起大幅度下降，但直到贸易结束，一直没有出现大起大落的现象，就是这种公平交易的反映。

哈、柯、维等族以其所有，易其所无，换回江南大量的色彩斑斓的丝织品，影响了他们的生活，丰富了其生活内容。自此则"绸缎绫绢不复爱重"⑦。晚清时萧雄见哈萨克各部"女则遍身丝缎"，而南疆各地人民"凡

① 西宁《为置办事》，乾隆三十年五月初三日，内务府·来文·织造·织造，第2434包。
②《清高宗实录》卷五九四，乾隆二十四年八月己卯，第3页。
③ 傅恒《为置办事》，乾隆三十二年四月初九日，内阁题本户科·工业类，第5347函。
④《清高宗实录》卷六五三，乾隆二十七年正月己未，第13页。
⑤《清仁宗实录》卷一九九，乾隆十三年七月甲申，第11页。
⑥ 苏尔德：乾隆《回疆志》卷四《蒿汉》。
⑦ 椿园七十一：《西域闻见录》卷三《哈萨克》。

表里各衣多用中国线绉、摹本缎"。① 说明长期的丝绸贸易,使他们的经济生活、习尚爱好发生了深刻变化,促使新疆各民族社会获得了进一步发展。

丝绸贸易点分布在新疆北西南沿边,贸易经历的时期正是清王朝由盛转衰的时期,当时沙俄势头咄咄逼人,因此贸易对于巩固我国边防,稳定边疆秩序同样有着巨大的作用。哈萨克阿布赉于清朝"倾心向化,不有二心"②。当沙俄出于分裂阴谋笼络他时,"出于预料之外,阿布赉以极不友好态度接待俄国官员,并拒绝交出他的儿子"。此后,他"公开对抗俄国政府"。③ 阿布赉的后裔多数一直通过贸易与清中央政府保持紧密的政治经济联系,承认是中国的牧民。甚至连沙俄殖民东侵的急先锋M. A. 捷连季耶夫也不得不承认,"在吉尔吉斯游牧地推行行政管理机构以前,中帐倾向中国比俄国更甚"④。1821 年,沙俄两名工程师率领 214名侵略军到图尔盖河和伊尔基兹河侦察铅矿,遭到 1500 名哈萨克人的袭击,损失惨重。⑤ 1825 年俄罗斯军官布尔昆德克带领 300 名侵略者窜到卡拉塔尔河的哈喇塔勒,擅盖房屋 10 间,准备选择水草肥美处筑城种地,并向哈萨克头人阿布拉转赠俄罗斯汗的腰刀金钱等物,宣称哈萨克"本其旧属,今来收取租赋"。阿布拉严正回答:"阿布拉以世受大皇帝厚恩,此系大皇帝境界之内,未便侵占。"⑥道光六、七年间,曾随张格尔叛乱的浩罕人依散屡次要阿布拉与其一起谋劫喀什噶尔兵丁,"阿布拉深知大义,并未允从",而且将依散的阴谋报告给当地驻军。⑦ 直到 19 世纪30 年代,处于沙俄统治下的一部分哈萨克的首领卡西姆父子,还希望回

---

① 萧雄:《听园西疆杂述诗》卷一《新疆四界》、卷三《衣服》,《丛书集成初编》第 3131 册,第 10,58 页。
② 椿园七十一:《西域闻见录》卷一《挞拉巴哈台》。
③ 霍渥斯:《蒙古史》第 2 分册,第 646 页(Henry H. Howorth, *History of the Mongols From the 9th to the 19th*, Part Ⅱ. Century, london: Longmans, Green, and Co. 1876, p. 646.)。
④ M. A. 捷连季耶夫:《征服中亚史》第 1 卷,第 105 页。
⑤ 同上书,第 119 页。
⑥ 伊犁将军庆祥折,道光五年九月初十日,《清代外交史料·道光朝二》,第 10 页。
⑦ 伊犁将军玉麟奏,道光十年五月二十五日,《清代外交史料·道光朝三》,第 30 页。

到阿布赉时代,率领其部族反抗沙俄。哈萨克等族密切注视侵略势力和分裂势力的动向,为保卫边疆作出了贡献。所以以长于制夷著名的魏源同意《皇舆西域图志》的说法,总结道:"新疆南北二路外夷环峙,然其毗邻错壤作我屏卫者,惟哈萨克、布鲁特两部落而已。"[1]这两个部落,正是与中央王朝贸易最频繁的部落。可见,清中央对哈、柯等族的丝绸贸易,增强了他们对统一的清朝的向心力和内聚力,一定程度上阻滞和延缓了沙俄东侵的步伐。

长时期的丝绸贸易,同其他贸易和屯田等措施的实施,促进了新疆经济的开发和发展。新疆不再是一个商旅罕至、令人生畏的苦寒之地,而是"商民辐辏,风景不殊内地"的可以谋生取利之地,大批内地商民前往营生。乌鲁木齐,是当时的经济和贸易中心。贸易之初,"屯田民人陆续前来,其贸易人等亦接踵而至"。城中开设市肆达 500 余间,开垦菜圃 300 余亩,出现生聚日繁、屯粮丰获、贸易日盈的局面。[2] 到乾隆三十一年,竟至于"商民云集,与内地无异"[3],迥非初时可比。其后则"字号店铺,鳞次栉比,市衙宽敞,人民辐辏,茶寮酒肆,优伶歌童,工艺之人,无一不备,繁华富庶甲于关外"。哈密是又一经济中心。乾隆时"商贾云集,百货俱备,居然一大都会矣"[4]。即使巴里坤,也是"城关内外,烟户铺面,比栉而居,商贾毕集",甚至奇台东格根吉布库,也成为"内地商贾、艺业民人俱前往趁食,骤集不少"[5]的谋生之地。伊犁是全疆政治、军事中心,也是最大的丝绸贸易点,官兵既众,人员庞杂,一直"商旅云集",成了"关外巍然重镇"。塔尔巴哈台是北疆的又一贸易点,虽系"极边要害之区",却成为"富厚安靖之边圉"。南疆的乌什,因外藩贸易人多,"数年以来,

---

① 魏源:《圣武记》卷四《乾隆绥服西属国记》,岳麓书社,2011 年,第 180 页。

②《清高宗实录》卷六七四,乾隆二十七年十一月戊辰,第 17 页;《清高宗实录》卷六九三,乾隆二十八年八月,第 20 页。

③《清高宗实录》卷七六五,乾隆三十一年七月甲午,第 15 页。

④ 椿园七十一:《西域闻见录》卷一《乌鲁木齐》、《哈密》条。

⑤ 文绶:《陈嘉裕关外情形疏》,《清经世文编》卷八一《兵政十二》,中华书局影印本,1992 年,第 1990 页。

渐有田园屋宇,果木成林,安于乐郊"。阿克苏,"内地商民,外番贸易,鳞集星萃,街市纷纭"。每逢八栅尔会期,"摩肩雨汗,货如雾拥"。叶尔羌在嘉庆后期是丝绸贸易额最高的城市。其地人丁七八万户,"山、陕、江、浙之人,不辞险远,货贩其地",而外藩安集延、浩罕、鄂罗拜特、克什米尔等地商人皆来贸易。"每当会期,货如云屯,人如蜂聚,奇珍异宝,往往有之,牲畜果品,尤不可枚举"①。喀什噶尔是南疆最西边的贸易点。直到嘉庆前半期,丝绸贸易额在南疆一直最高,外藩商人最为集中。贸易后仅十年,即出现"户口渐增,民安物阜,商旅聚集"②的繁盛景象。喀喇沙尔虽系偏僻小城,但也商贾杂沓,初具规模。以上各贸易点的兴盛,丝绸贸易起了极大的推动作用。

长期而又规模可观的丝绸贸易,也客观上促进了江南丝织业的发展。贸易绸缎既定织或购自民间,而且地点又较为固定,实际上拓宽了江南丝绸的市场,为江南丝织手工业者的产品转化为商品增加了一条流通渠道,贸易绸缎既为数可观,民间丝织业者就必须以扩大社会生产规模来发展丝织生产。这对富有的丝织业主来说,就多了一个发财致富的机会,而对小生产者来说,则又少了一份贫困潦倒的危险。贸易绸缎开有定单,质量品种式样色彩图案都有一定要求,这就迫使民间丝织业者讲究品种翻新,提高工艺水平,从而促进了丝织技术的提高。苏、杭、宁三大城市及盛泽等市镇丝织业之所以不断获得发展,正是因为它拥有了公私远近皆来市易的广阔市场。

江南与新疆地区间大规模的长期官方丝绸贸易,也有着一定的消极作用。这就是,这种商业贸易由官方经营,影响了江南与新疆地区之间民间丝绸商业的展开和发展。清政府统一天山南北后,大力鼓励民间商人在那里经营,却独独严禁内地民间丝绸在新疆市场上出现。乾隆二十五年乾隆帝就曾下谕,"惟不得任商贩私行携带,低价售买"③。私商绸缎

① 椿园七十一:《西域闻见录》卷一"伊犁"、"挞拉巴哈台"、"乌什"、"阿克苏"、"叶尔羌"条。
② 苏尔德:乾隆《回疆志》,苏尔德序。
③《清高宗实录》卷六一八,乾隆二十五年八月乙亥,第 4 页。

没有任何与官营贸易绸缎竞争的可能。这就使得江南与新疆之间的民间丝绸贸易无法正常进行，更不可能形成江南民间丝绸与新疆土特产的直接物资交流。民间丝绸商本可以利用这一漫长的销售线，沿着秦陇古道，来占领这一广阔的市场，组织起丝绸从生产、运输到交换的贸易体系，官营丝绸贸易使这种可能化为乌有。官营丝绸贸易的发展，正是以这两个地区之间民间丝绸贸易的萧条为代价的。尽管如此，江南丝绸还是以商品的资格出现在新疆市场上，官营贸易消极作用也受到相当程度的制约。

第八章　明清江南丝绸的工艺技术和品种色彩

　　明清时期,江南官民营丝织生产的兴盛是建立在丝织工艺技术获得长足发展的基础上的。明中期时上元人倪谦《游杏花村诗》赞颂:"阳春二月花正开,烂如云锦天机织。"清初太仓人吴伟业赞颂道:"江南好,机杼夺天工。孔翠装花云锦烂,冰蚕吐凤雾绡空,新样小团龙。"[①]分别描写了明清时期江南丝绸工艺成就。可以说,明清时期江南丝绸生产技术的革新,丝织机具的改进,大量精美绝伦的丝织品的组织结构的精致复杂,纹样色彩的绚丽多姿,品种的推陈出新,用料的贵重考究,织造技法的高超,都是前代所不能比拟的。所有这一切,显示出其时的江南丝绸业,工艺技术又有较大的发展,足可称道,达到了中国丝绸手工织造时代的最高水平,构成了明清江南丝绸的重要篇章。

一　织机的改进

　　如第一章所述,中国传统的木制丝绸织机,经过了原始织机、综蹑织机,发展到花楼提花机。明清时期,特别是明朝,丝织机具仍然处于不断

---

① 吴伟业:《吴梅村全集》卷二一《望江南十七首》,李学颖集评标校,上海古籍出版社,1990年,
　　第536页。

发展中。明中期新发明了改机,丝绸品种更有所增加。明末宋应星在其《天工开物》中记录了花机和腰机两种丝织机具。崇祯《吴县志》记录了明末苏州的绫机、绢机、罗机、纱机和绸机 5 种丝织机,而且每种织机的构造多不尽相同。① 说明其时织造不同的丝织物已各有专门的织机。丝绸名镇濮院镇织造濮绸的织机,乾隆《濮院琐志》记载:"机长二丈许,高一丈,坚木为之,首安转轴,去地咫尺,中渐高,尾长而削,掘地作坎,垂以竹盘。轴之前横毛竹半面,织者坐其上,持梭左右掷旋,掷旋推机身俱动。两脚相继踏竹片,札札成声。大约轻绸日可一匹,重者二三日不等。织轮转数,每转可得绸一尺三四寸,以之验时候,别迟速,十不爽一。至每机所需器物,不下数十件,虽老于机者未能一一数也。"②嘉庆《濮川所闻记》又载:"机之上有木架,谓之花楼,拽工坐其上。花样另有蓝本。业是者以世相传,需用时向其家赁之。拽者随其样,两手扯拽,令开。其后梭跳越而过,则丝浮而亮,凑合成花,或疏或密,无不毕肖。"③从其形制、规模和织品来看,可知这是一种小花楼机,而且挑花所需花本也有世家代代相传。《濮院琐志》又称"万历间改土机为纱绸",可知这种小花楼机万历时出现于濮院镇等市镇。从工艺技术来说,明清时期织造机具的改进和织造工艺的提高,最为突出的要数斜身式大花楼机的出现,它代表了中国古代丝织机具的最高水平。我们着重探讨这种织机及其织造工艺。

《天工开物》中记载了一种大型的斜身式小花楼机。这种织机的机架结构和功能已比较完善,是以前有关记载所未见的一种新式花楼织机。宋《耕织图》、《蚕织图》、元《梓人遗制》中的花楼提花机都是平身式的,而这台花楼提花机却是斜身式的,这种改变不只是织机外形的改变,更重要的是革新了织机的性能。斜身式小花楼机的出现,在我国古代纺织史上有着极为重要的进步意义,对明清丝织工艺的发展起到了极为关

---

① 崇祯《吴县志》卷二九《物产》,第 41 页。
② 杨树本:乾隆《濮院琐志》卷一《机杼》,第 28 页。
③ 同上书,第 29 页。

键的作用。

斜身式织机最大的特点是提高了打纬力。提高打纬力是将织机倾斜的直接目的。"自花楼向身一接斜倚低下尺许,则叠助力雄"①。叠助是打纬的主要部件,连接撞杆和筘框,它通过摆动打纬,当打纬的织口处于较低位置时,打纬部件便作倾斜向下运动,在重量、重力和运动中加速的冲力同时作用下,增大的打纬力就能在瞬间爆发出来。水平织机,全靠人拉框打纬,费力费工,特别是对厚重紧密的织物,打纬则更为困难。清代为进一步增强织机的打纬力,将机腿加高到 3 尺,织机斜身的效果因而更好。

斜身式织机的功能也日趋完善。提花机上新出现的机坑、隔幛、吊框子、羊角、搭角方、撞机石、鬼脸和顶机石等新的器件装置,产生出新的工艺技术和生产方法。这些新的器件装置有效地提高了织机的适应能力,完善了织机的结构和功能。如打纬机构上的吊框子,把原来固定长度的吊框绳变成可灵活调节长短的器件,这样扣框的托经,打纬就能随织口位置的变化而得以精细地调节。由于织机是长织口织造,这一改进就显得极有实用价值。又如眠牛木与机脚连接,使叠助的基盘坚实,避免筘框打纬的歪斜不正。拴在叠助上的撞机石,既可使叠助的重量增加,又便于重量的调节。再如送经机构的羊角,以前上经全靠人力搬动"的杠"卷经。楼璹《耕织图》上的细齿牙和《梓人遗制》上的明耳版,都不如羊角较好着力,所以用羊角上的经,平稳紧密。羊角与搭角方配合控制送经,织者毋需下机,只要坐在机前拉动放迪(迪花)绳,带动搭角方,拉出搭角口,羊角由经丝张力下转送经,然后放松迪绳,搭角方回落羊角搭角口,制动羊角。卷经的撬尺虽未记录,但用移动老鸦翅和隔幛来延长织口,减少使用功能上不完善的卷经器件,比之楼璹《耕织图》上无鸟坐木和《梓人遗制》上鸟坐木开口架穿轴,这种器件和工艺又向前发展了一步。

织机的斜身式改进,提高了织机性能,完善了织造工艺,使织物的内

---

① 宋应星:《天工开物》卷上《乃服第六》,上海古籍出版社,1993 年,第 257 页。

质逐渐坚固精致,外观更加光亮平挺,也促进了新的织物品种的发展和繁荣。如缎类织物,在我国早就有生产,宋元时期的暗花丝,就属此类。但在平身式提花机上生产,全靠织工用人力撞框,由于机平框轻,打一根纬须撞框数次,产量有限,纬密还不易控制精确。利用斜身式提花机,变人力撞框为机械的重力撞框,以撞框一次合其纬密的打纬力,调节撞机石的重量,工艺合理,劳动生产率得以提高,产量就大为增加。因此,明清时期缎类织物的盛行,是与斜身式花楼机的出现分不开的,而与此同时,用平身式织机织造的纱罗织物因缺乏竞争力而逐步减少。

织机的斜身式改进,也为妆花技术的快速发展提供了前提条件。妆花织物的特点是用彩色小纬管在门幅内分段织造,机身倾斜,使织造者的操作经面有个较好的斜面,这样,既便于看清起花纹样,又便于过管操作。在筘框打纬的撞击下,挖花的彩色纬管不会随震荡翻滚跳动,而沿经斜面垂落在机头挡棍上。即使是通常可在平身式织机上织造的纱罗类织物,若加织妆花,即妆花纱、妆花罗,也因为妆花织造的这一特点而需要使用斜身式织机。

妆花技术的运用,首先出现在斜身式小花楼织机上,由于受小花楼花本上机的限制,妆花纹样一般很小,所用色彩也不多。定陵出土的六则小团龙妆花罗匹料(参考图版8-1　明"明黄万字纹地六则妆花小团龙罗匹料"),就是较典型的一例,其妆花的小团龙纹样,直径只有1.5寸,用色4种,圆金包边,地为小万字纹,小花楼上机只须2个花本,匹料长10米。

用小花楼机织造的妆花,都是在大面积地纹暗花上妆点少量的鲜艳色彩,虽有一种锦上添花的效果,但远不如大花楼织机织造的妆花富丽堂皇,更能体现出妆花的特点,所以实际上妆花织物基本上是由大花楼机织造的。大花楼织机的主要区别为花楼柱的位置,是沿织机纬向排列,这种排列决定了提花纤线是单一起花的独幅式装造。其他方面全盘利用斜身式小花楼织机的机架与技术。可见斜身式大花楼提花机是由斜身式小花楼提花机演进而来的。从明代出现的大量妆花品种的织物来看,这种小花楼机过渡到大花楼机的时间并不长。在清康熙《御制耕织图》上,就有一种合装大小花楼的织机仍留有这种过渡的痕迹。这样的织机适应性更强,它可以通过改换织机的装造,自由变换更多的织物种类,但这可能是一种民间织机,不大可能是从事专业生产的官营织造中的机台型制。

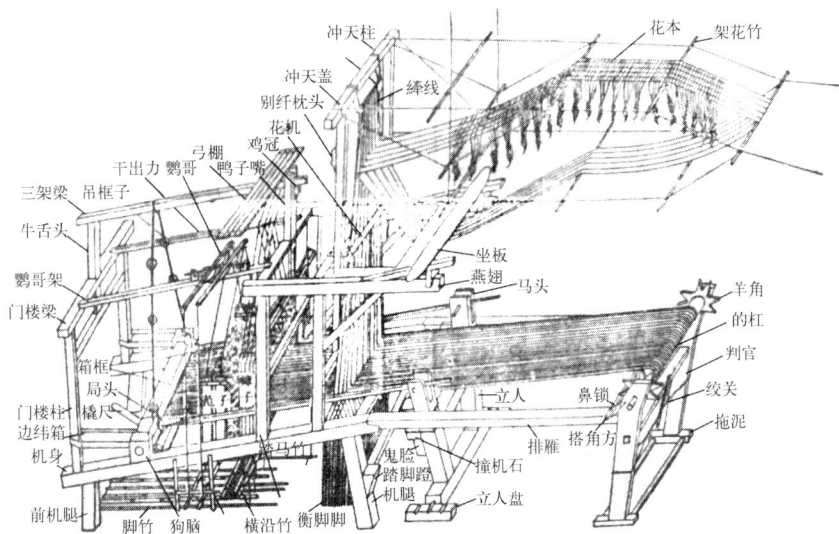

图 8-1　斜身式大花楼提花织机(旱机式)

大花楼提花机的织机功能已臻完善,除漳缎、金彩绒和特宽的阔幅织物,机架及配件需有较大变动外,一般只需配备相应的装置(如范、幛)就能织出妆花缎、大花织金绸、金宝地、妆花纱、妆花罗、妆花改机等各类大型的复杂提花织物。漳缎、金彩绒因是经绒线提花起绒,织机后部要排塔型筒子架,排雁缩短三分之二,迪花前置,经分三层,上为门丝经,中间绒经,下部地经,为避免将织出的绒头压伏,局头不卷入面料,锦面绕过局头直接卷绕在可层层架空的卷布转轮上。

清代出现的一些大型阔幅织物,都是用斜身式大花楼机织就的。如故宫博物院藏的"彩织极乐世界图轴",门幅宽 196.5 厘米,晚清苏州织作的"大红织金陀罗经被绸"(参考图版 8-2),门幅宽 145 厘米,图案秀丽,字迹清楚,小字只有 1 厘米见方,使用花本线及提花缂线很多,织造时须 3 人提花、3 人织造,提花者分段同时将花提起,织造者左右两边各一人投梭,中间一人专司扣框打纬。与一般织物相比,妆花织物生产时只多两种小工具纹刀和绒纬管。

斜身式大花楼提花织机可分为两种类型,即坑机型和旱机型。旱机是坑机的整体加高,机身斜度不变,在机坑湿度过大和砖石地、楼房等不适合作机坑的地势,可作旱机。旱机离地较高,生产较干净,但房屋也要高,机身两边排雁下须搭跳板,便于理经接头。

大花楼提花机的结构,大体可分为机身架部件、花楼提花机构、开口机构、打纬机构和送经卷取机构五大部分,各部位机件名目繁多。晚清江宁人陈作霖曾在《凤麓小志》里收录当时南京地区"织缎之机名目百余"[1],是极为珍贵的大花楼提花机史料。现将有关部分与《天工开物》中织机名目和现行称呼列表对照如下。为便于说明表中主要部件的在机位置,特绘制了斜身式大花楼提花织机图与之参照(图 8-1 为"旱机式"织机)。

表 8-1　花楼机织机部件名称对照表

《天工开物》名	《凤麓小志》名	今　名	注　解
门楼		门楼	门楼各部件总称
	鼎桩	顶桩	机后顶住枪脚的木桩
	跕桩		固定机腿的石桩
	鼎机石	顶机石	埋于机身顶端固定机身
	机头	机头	织机装局头这一端的泛称
	腰机脚	机腿	支撑机身
	腰机横档	机身横档	机身横档
	机颈子	机颈子	机身竹箶至局头间的部位
	江楔		
	坐板	坐板	织工和拽工坐位
	蜡尺	蜡子板	经丝、綵线等上蜡用
	蛹槽		

---

[1] 陈作霖:《凤麓小志》卷三《记机业弟七》,南京出版社,2008 年,第 75—76 页。

续 表

《天工开物》名	《凤麓小志》名	今 名	注 解
	伏辫绳	伏辫绳	局头上拴系的防止纬管滚出的绳子
	扣边绳	边锁	分开经边,阔幅避免缠绞
	胸闩		
	厢板	厢板	机身上范子障子的定位装置
	云棒	核棒	备做分经找断头等用的竹杆
	排檐	排雁	机后部连接机身与枪脚的构件
	排雁槽	排雁槽	排雁连接机身的燕尾形槽口
	边鹅眼	边鹅眼	纹刀头上小眼抽织零散扁金
	纬盆	纬盆	盛装纬管用
	洋灯钩		挂煤油灯用
	文刀头	纹刀头	纹刀为引片金和过管挖花辅助工具,头部包有金属丝
	渠撤竹	渠撤竹	
	仙鹤		
	楔障板		
	隔板		
花楼	花楼	花楼	提花装置机架泛称
	楼柱	楼柱	花楼支柱
	冲天柱	冲天柱	冲天盖支柱
	冲天盖	冲天盖	花楼顶上的横档,用以吊挂綜线、花本
	横档	楼柱横档	楼柱框架连接横档
	千斤筒	千斤筒	吊挂綜线的竹筒
			提花综线
	猪脚盆	柱脚盘	现多用竹制,由数根竹杆排列,编排柱脚用
衢脚	猪脚	柱脚	即衢脚,相当电力提花机下柱
	猪脚线	柱脚线	将柱脚吊挂并连接綜线的丝线
	猪脚坑	机坑	放衢脚和脚竹
	打丝板	打丝板	放在经面上竹片,随提花经运动,下落时可将浮挂经丝压下
衢盘	边关龙杆竹	龙杆竹	小花楼机横线两端的穿线竹
	渠楔竹	渠头竹	编在綜中的一组细竹棍,有今目板的部分功用
	三架梁	三架梁	安装弓蓬的架梁
	鹦哥架	鹦哥架	安装鹦哥的架梁

《天工开物》名	《凤麓小志》名	今　名	注　解
老鸦翅	鹦哥	鹦哥	范子提升杠杆
	仙桥	城墙垛	间隔鹦哥用
	穿心竹	过山龙	穿连鹦哥的轴心
	狮子		
木	弓蓬	弓蓬	障子回升装置
	鸽子笼	豆腐箱	固定弓蓬竹的方形木框,可移动
铁铃	菱角钩	菱角钩	鹦哥附件,用以吊挂范篾
	鸭子嘴	鸭子嘴	三架梁支柱之一
	鸡冠	鸡冠	鸭子嘴附件,用以调节三架梁高低
	障	障(障子)	起花部组织的伏综
	范子髁	范子腿	范子两边的框柱(杂木)
	障	障子腿	障子两边的框柱(杉木)
	范子梁	范子梁	范子上下边框(杉木)
	龙骨	龙骨	緟线编组定位的细竹棍,并用于转纤
	脊刺	范脊子	范子扣编组定位细竹丝,用于转范子
	合档竹	隔幛竹	装在范子幛子之间的竹杆,主要作用是便于分清断头的位置
	带障绳	带障绳	连接障子脚竹与肚带绳的绳子
	钓障绳	吊障绳	障子与弓蓬连接的绳子,又称八字绳
	络脚绳	连脚绳	范子脚竹与横按竹连接的绳子
	肚带绳	肚带绳	障子两腿下拴系的绳子
	钓篾	吊范篾	吊范子的竹片
	拽范绳	竖沿绳	连接鹦哥与横沿竹的绳子
	老鼠闩	老鼠尾	控制范子、幛子起落的踏杆组件
	脚竹钉	脚竹芯	穿在脚竹顶端的粗铁丝
	脚竹桩	脚竹桩	固定脚竹钉之用
	筐匣	筐匣	筘篾下边框
	筐盖	筐盖	筘篾上边框
	侏儒		
	底条	底条	筘篾附件,光滑厚竹制,用作托经走梭
	钓筐绳	吊筐绳	提吊筘篾
	牛眼睛	吊筐子	吊筐绳上的调节环
	燕子窝	燕子窝	筘篾筐闩后部凹陷处,由撞杆尖顶入

《天工开物》名	《凤麓小志》名	今　名	注　解
铁铃	护梭板	护梭板	筘安装在筘筐后,两端空余处镶嵌的薄板
	筐闩	筐闩	连接筐匣筐盖的部件
	篦	竹筘	打纬,固定门幅用
	篦齿	筘齿	竹筘里的细竹齿
	边齿	边齿	在竹筘两边、边齿用竹篦较粗
	篦门	筘门	细竹丝四根,分上下两组,用马尾线缝合在竹筘上
	核齿核档	黑齿黑档	竹筘每一百齿为一档,用一根深黑色的筘齿作标记,称为黑齿黑档
	筐门		
	樟杆	撞杆	打纬装置之一,连接立人和筘筐的长杆
	虾须绳	虾须绳	连接撞杆与筘筐的绳子
	搭马	高压板	横竹板,下压入锯子齿,控制撞杆向下滑动
	踏马竹	搭马竹	控制搭马起落的踏杆
	锯子齿	锯子齿	撞杆制动组件,撞杆上锯齿状木条,调节撞杆制动位置
	钓鱼杆	钓鱼杆	撞杆制动组件,竹制吊高压板的弹簧
	过梭板	搁梭板	织口下面搁置梭子的木板
叠助	立人	立人	撞杆支架及摆动装置的总称
	立人钉	立人芯	立人摆动的轴心,架在立人盘上
	立人笴	立人销	连接撞杆与马头的插销
眠牛木	立人盘	立人盘	立人定位的基座,原在石块上齿一槽,支承立人,今用木制
	鬼脸	鬼脸	钉在立人柱上支托撞机石的三角形厚木板
	撞机石	撞机石	拴在立人柱上,下依托鬼脸的石块
	立人桩	立人桩	立人定位的石桩
	局头	局头	卷布轴
	衬局	衬局	用纸衬垫于局头,使经面平服,张力均匀
	局头槽	局头槽	局头上用以固着经丝头的凹槽

续　表

《天工开物》名	《凤麓小志》名	今　名	注　解
眠牛木 的杠 称庄 羊角	穿扎	穿扎	竹篾制,穿在经丝内,嵌入局头槽,使经丝固着局头
	压伏	压伏	木条制,经丝用穿扎嵌入局头槽后,再用压伏压牢
	拖机布	拖机布	覆盖在局头货面上的布,保护货面
	狗脑	狗脑	局头轴座
	海底楔	海底楔	狗脑下部紧固件
	靠山楔	靠山楔	狗脑边侧部固件
	较尺	绞尺、耗尺	转动和绞紧局头的弯形杆件
	千斤桩	千斤桩	绞尺上绞后的支着点
	辫楔	辫楔(辫仁)	用以固装辫绳于局头上
	辫	辫绳(辫带)	用以缠拴耗尺
	遭线	遭线	计量织货长度用
	遭线管	遭线管	计量织货长度用
	迪花	迪花	经轴
	枪脚	枪脚	迪花支架,包括判官、拖泥、绞关等
	羊角	羊角	放经构件,控制迪花转角
	锁鼻		制动羊角的搭角方与枪脚连接绳的洞眼
	包迪布	包迪布	类似今经轴衬子布
	边爬	边扒	方形绕线框,卷绕边经用
	绺头爬		形状小于边扒,绕迪花上余丝线用
	拖泥	枪脚盘	枪脚底盘

二　花本的挑结

花本的制作,称为"挑花结本",技术难度很高,尤其是妆花花本的制作就更难。它实质上只是一种以线为材料进行的储存纹样程序的创造设计,不仅要把纹样按织物具体的规格要求计算"分寸秒忽",将纹样在每一根线上的细腻变化都表现出来,还要按纹样图的规律,把繁多的色彩进行最大限度的"同类项"合并,编结成一本能让织造工理解的程序语言。清末,江南等地丝织工匠,手艺精巧,"无论何等花样,想得出即画得出,挑得出即织得出。……提花挽�者听执梭人口中所唱,唱某字即知提某花,贯一梭,唱一声,三人手口合一,即无停梭"[1],挑花水平极为高超。

编结一本独幅花本,至少要分成四组分别挑结(每架挑花棚只能容下三五百根花本经线),然后通过拼花工艺将分别挑结好的花本拼合成完整的一本花本。拼花时,各组花本纬线要按原有程序顺序拼接,不能相隔一根线。由于妆花织物花多彩多,纹样不对称,时有时无是个变量,拼花的技术要求也就很高。然而这难不倒技术高超的丝织艺人,宋应星说:"画师先画何等花色于纸上,结本者以丝线随画量度,算计分寸杪忽而结成之。张悬花楼之上,即结者不知成何花色,穿综带经,随其尺寸、度数提起衢脚,梭过之后,居然花现。"[2]花本可以反复循环使用,也可以"翻倒"[3]和移入它机使用,把纹样作成花本,初期投入大,但使用效率高,是很经济的。

随着织机的变革演进,花本也相应地发生了很大的变化,并反过来促进织机的变革。大花楼提花工艺的实现,就是花本与织机的提花装造相配合共同完成的。大花楼的提花装造,如前所述是沿织机的纬向排列,这种排列决定了提花绒线是单一起花的结构。线与衢脚为1:1,若衢脚是1800根,则绒线也是1800根,独幅的花本与绒线配合也须1800根花本经线。这样,每一根提花线都可以单独运动,适合表现整个布幅的大纹样。表现大纹样是要以大型花本上机为前提的。大型花本无法沿用小花楼的上机工艺,新的大花楼上机工艺从而创制出来。它用花本经线兜连绒线,通过编有纹样程序的花本纬线将信息传递到提花绒上。这样,花本纬线的容量大小不和绒线关连,可从数百根到数万根而不受限制。这种大花楼的上机工艺,不仅为大型暗花织物提供了方便,也为妆花织物的孕育创造了有利条件。

大花楼花本的上机工艺的一个重要特点是可以自由更换花本,改变织花纹样,而不像小花楼机那样只能循环一个固定的纹样。这一条件又

---

① 卫杰:《蚕桑萃编》卷一〇《花纹类·提花口号》,第7页,光绪二十五年刻本。
② 宋应星:《天工开物》卷上《乃服第六》,第256页。
③ 花本制作的一种方法,通过"翻倒"可以复制出同样的花本。

是明代最高级的妆花织物——大型织成龙袍料设计制作的关键条件。明代袍服为件料设计,即将按袍服的各个部位所设计的适合纹样,依照服饰结构合理地排列在整段匹料中。定陵出土的十多件龙袍料都是这种形式。如其中的"红四合如意云龙纹地织金妆花云龙肩通袖龙襕缎袍料"(参考图 8-2),在整段匹料中纹样花本依照服饰结构顺序不断变换,所谓"织过数寸,即换龙形"。这样一匹料就是一件完整的衣料,只要按其裁剪线分割,再稍加修剪缝制便可成衣。

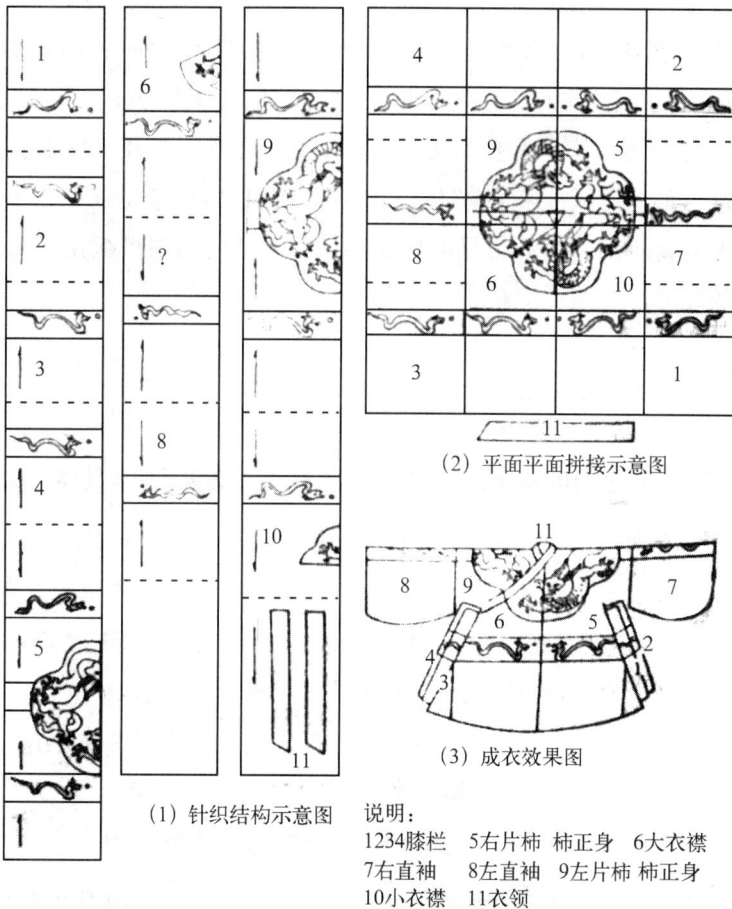

(1) 针织结构示意图

(2) 平面平面拼接示意图

(3) 成衣效果图

说明:
1234膝栏　5右片柿 柿正身　6大衣襟
7右直袖　8左直袖　9左片柿 柿正身
10小衣襟　11衣领

图 8-2　明万历"红四合如意云龙纹织金妆花云龙肩通袖龙襕缎袍料"面料结构及拼接成衣图

龙袍料的设计制作是一件浩大的工程,按明代皇帝通天冠冕服制,龙袍胸前、后背纹作柿蒂形,有2条过肩龙盘绕,衣领一正二侧3条小龙,两袖2条升龙对应,膝襕10条行龙戏珠,总共17条龙纹,姿态色彩各不相同。要求金彩衔接,花纹合一,缝接后,天衣无缝。因此,挑花结本的制作,从龙袍整体的布局设置,到具体纹样规格,都要精确计算(参考图版8-3 明万历"红四合如意云龙纹地织金妆花云肩通袖龙襕缎袍料"),重量仅有900克,而挑结的花本却重达几十公斤,首尾连接长达50多米,用线(耳子线)121370根,整件袍料共要挑结12本花本(9个妆花花本,3个地纹花本)。按各部位在衣料结构中的排列顺序,花纹的正反方向(图上→为花纹方向),依次上机织造。这件袍料共需上花37次,其中正上16次,反上21次,花本顺序及正反不能有丝毫差错。如此浩大工程的整体设计和实施,具体细节的推敲和制作,都是极为繁难的。由此可见明代织锦艺人非凡的规划组织技巧和高超精湛的技艺。

三 品种的不断创新

清末人对全国的丝绸品种类别有过总结,分为九大类,具体如下:

有绸缎、刺绣、丝带、丝线,惟绸缎品类最多。普通分为九类。一、绸,本丝织品之通称,惟今日此名多限于家蚕丝织成之绵绸、宁绸,野蚕茧织成之茧绸。又名绢绸,或本机。绵绸产于浙江之嘉、湖,宁绸本产于南京,今杭州、镇江均有。杭产精致柔顺,且有光泽。茧绸来自山东、奉天、热河、河南、陕西、四川、云南、贵州等省。山东绸,山西之潞绸、泽绸,河南之鲁山绸,均为野蚕丝织品。二、缎,以南京、苏州、杭州为最佳。漳缎本产福建漳州,南京、苏州皆仿之。巴缎及浣花缎产于四川。元青缎产南京。此外如花缎、斜纹缎、闪缎等,均为缎之别种。元青缎无纹,日本妇人喜以此为带,谓之南京繻子。三、绉,为绉缩丝织匹之通称,如湖州之湖绉,杭州之线绉,苏州之苏线绉,镇江之红线绉,及各处所制之绉纱、绉布等是。四、纱,指质薄而轻之丝织品。杭州、苏州为纱类之著名地,种类颇多。官纱专供夏服之用。五、绫,表面似缎而质轻薄,有汴绫、白绫等。汴绫产开封,白绫产镇江。有纹者称花绫,质厚者称板绫。六、纺,为略似绸类之丝织品,故称纺绸。产杭州者名杭纺,产吴江县盛泽镇者名盛纺,产四川者名川纺,以杭纺为最佳。七、罗,一种疏孔丝织品,有生罗、熟罗区别。秋罗专供夏季需品。杭州、吴江产品颇为著名。八、绒,有漳绒、建绒、金银丝绒等。漳绒本产漳州,今南京、苏州织造为最盛。建绒产福建。金银丝绒则南京、苏州皆有之。九、锦,为五色丝织品,以四川成都、福建建阳所产为最著名。此外如温州之瓯锦、荆州之方锦,亦颇见称于世。①

以上总结,大体上揭示出清后期江南及全国各地丝织生产的盛况及其精品名品,由此也可知其时江南各地各类丝绸无不织造,而且大多闻名于世,如绵绸、宁绸绸类织物,几乎全部集中在江南,而杭产最为柔顺有光泽;缎类织物江南各大城市均生产,南京元青缎更为日本妇女所钟爱;绉类织物以江南各地所产最有名;纱类织物以江南的杭州、苏州两地所产声名卓著;纺绸类织物以杭州和吴江盛泽镇所产最有名;原来不生产的漳绒,也以江南各地所出为盛。

江南各种丝织品,论其生产技术发展,大约在明初到正德这个阶段,就已达到甚至超过了原有水平。丝绸产地则主要集中在城市。

其时苏州丝织业的生产水平,已见本书第五章,于此不赘。杭州,成化间丝织品种有缎、罗、锦、剪绒、纻丝、绫、绸、绢、纱和縠(即绉纱)等类。② 南京,由成化年间的两起贡使定织违禁缎匹案,我们可以了解到当时民间丝织物品种。外国贡使共定织了价值 2000 余两银的各色缎、纻

---

① 刘锦藻:《清朝续文献通考》卷三八五《实业八》,浙江古籍出版社影印,2000 年,第 11328—11329 页。

② 成化《杭州府志》卷一七《风土·物产》,第 23—24 页,《四库全书存目丛书》史部第 175 册,第 261 页。

丝、罗、绢、绫、绸，以及由丝织品作成的女袄、手巾、槟榔袋等，其中绝大部分是纻丝。缎匹价格因品种色彩各异而有所不同：蟒龙大红缎每匹14.5两，青拱白锦纻丝每匹9.2两，间道抹绒纻丝每匹9两，五色抹绒幔边纻丝每匹7.76两，大红闪绿纻丝每匹7.5两，白闪红、绿闪白纻丝每匹6.43两，大红黄并八宝闪色抹绒花样、遍地金花帏幔各样缎每匹6.4两，遍地织金纻丝、闪色纻丝每匹7.78两，蓝红花各色纻丝每段1.1两，平均每匹7.18两。这么高的价格，在民间织品中是很少见的，它甚至超过了一般的官局织品。明代苏州、松江、徽州、镇江、宁国、嘉兴、湖州和温州8个地方织局的岁织纻丝平均每匹银3.63两，这里的缎匹价格比它高出1倍以上。这可能由于南京机户因贡使定织故意高定了价格，但至少说明这种缎匹的质地是相当好的。明中期江南民间丝织业者即能织出如此结构复杂、色彩品种繁多、价格昂贵的丝织品，应该引起人们的重视。到正德时，南京民间丝织业又有发展。正德《江宁县志》载，纻丝，俗称缎子，"有花纹，有光素，有金缕彩妆，制极精巧"；纱，原有花纱、绢纱、四紧纱，此时又有银条纱、绉纱、土纱、包头纱，银条纱和绉纱的"彩色妆花，亦极精巧"；罗，有府罗、刀罗、河西罗，"其彩色妆花，与纻丝同"，都有花素之分；绢，有云绢、素绢、生绢、熟绢，"彩色妆花，亦与纱同"①。

嘉靖以后，江南丝织业在品种技术上又有一个大的发展，不但城市丝织业精益求精，而且市镇丝织业也源源推出新品，形成丝绸发展史上的新的一大特色。

吴江地方文献称，当地丝织品，"其创于后代者，奇巧日增，不可殚纪"②。浙江双林镇，"正、嘉以前，南溪仅有纱绢帕，隆、万以来，机杼之家相沿比业，巧变百出，有绫有罗，有花纱、绉纱、斗绸、云缎，有花有素，有轻至三四两者，有重至十五六两者，有连至数丈者，有开为十方者，每方

---

① 正德《江宁县志》卷三《物产·帛之品》，第13页。
② 乾隆《吴江县志》卷五《物产》，第34页。

有四尺五尺至七八尺不等。其花样有四季花、西湖景致、百子图、八宝、龙凤,大小疏密不等。各直省客商云集贸易,里人贾鬻他方,四时往来不绝。又有生绢、官绢、灯绢、裱绢,俱付别工小机造之。今买者欲价廉,而造者愈轻矣。"①这段话虽然仅就双林一镇而言,但它大体上反映了明后期开始的江南丝绸品种花样新变化的过程,带有普遍性。桐乡濮院镇,"万历中改土机为纱绸,制造尤工,擅绝海内"②。看来自明后期为始,随着统治者奢侈需要的激增,社会风尚趋向新奇,江南丝绸业在生产方式开始变化的同时,品种花样更是琳琅满目,五彩纷陈。

明后期,各地出产的丝绸,除了前中期已有者外,还新增加了一系列新产品。苏州地区,绸共有绞线织的线绸,捻绵而成的绵绸,数根丝攒成的丝绸,俗称杜织的粗绸、绫机绸、瑞麟绸、绉绵绸等;绢类增了裱绢、榨袋绢、秋绢,锦有遍地锦和制作帐、褥、被的紫白、缕金、五彩等种类;绒有线绒、捻绒、纹绒等。前后比较,新品迭出的现象十分明显。杭嘉湖地区虽然种类仍为绫、罗、丝、纱、绢、绸、縠七类,但质量有所提高,新品增加。如皓纱,明末由杭州人蒋昆丑所创,创作者迎合浮华的时尚,注意到质量厚重并不受人欢迎,"乃易以团花、疏朵,轻薄如纸,携售五都,市廛一哄,甚至名重京师"③。看来蒋氏的创新在于质地轻盈,花样简洁而淡雅。如紫薇绸,又称天水碧,原为南唐以来宫禁织品,而明后期海宁"砑石人积梅雨水,以二蚕茧缫丝织绸,有自然碧色,名曰'松阴色',享上价"④。如绵绸,同苏州一样,杭嘉湖也广为生产。再如兜罗婆,原为日本等国贡品,杭州仿制而成,为"外方罕觏"之精品。

明后期江南绫的生产也颇有名。嘉靖时人都印记载,"吴绫为裳,暗

① 茅应奎:乾隆《东西林汇考》卷四《土产志·包头绢》,《中国地方志集成·乡镇志专刊》第 22 册上,第 778 页;参见民国《双林镇志》卷十六《物产》,第 7 页。其中"有重至十五六两者",乾隆《东西林汇考》作"有重至五六两者",据民国《双林镇志》改正。
② 康熙《濮川志略》卷一《开镇说》,第 7 页。
③ 黄士珣:《北隅掌录》卷下"张纱弄"条引《江皋杂识》,第 37 页,《武林掌故丛编》第 5 集。
④ 李日华:《紫桃轩杂缀》卷三,凤凰出版社,2010 年,第 294 页。

室中力曳,以手摩之,良久,火星星出,盖吴绫俗称为油段子"①。在定陵出土的织物中就有这类绫。如封签上有"织完上用月白暗苍龙云肩通袖龙栏直身袍暗线口口云地熟绫一匹,长五丈五尺四寸,龙领全"的字样。

入清以后,全国官营丝绸生产几乎全部集中到了江南,江南各地丝绸生产技艺续有提高。

城市丝绸生产技术最突出的还是精益求精不断提高。南京,到乾隆初年,人称"织造府近数十年来花样尤愈出愈奇。素者则以程姓为最,京师以及各省多行之,以其号'仰之',故称'仰素'。又线缎,亦有花素各种,厚实可观,统名'内造'"②。可见其时丝绸品种有前此所无者。杭州也因设有织造局,因此在浙江一省中,无论绫、绮、纱、绸、绢、绉,皆有花素不同,"然惟省城出者为佳"③,品种最多,质量最高。雍正时,厉鹗引朱稻孙《武林恭纪诗》:"十样西湖景,曾看上画衣。新图行殿好,试织九张机。"④织造这种西湖十景图的缎匹,需要9张织机同时运作,工艺难度可以想见。道光初年,仁和县人姚思勤对杭州丝绸生产技术进步大为感叹,赋诗道:"年来杼轴更翻新,罗绮搴香满屋春。"⑤说明当时丝绸花样翻新变化相当快。苏州,如前所述,明代生产的锦已经令名扬天下的蜀锦自渐逊色了,到清代因隶织造,"精妙绝伦,殆人巧极而天工错矣"⑥;缂丝,在明代品名繁多,已是四方公私集办的佳品,但清代"织造府所制上供平花、云蟒诸缎,尤极精巧,几夺天工"⑦;绢在明代类别已多,门幅阔者达4尺,"四方皆尚之",而清代织局"制上供绢,另置机杼三人运梭,有阔至二丈者"⑧。织造幅阔2丈的绢,估计须分二次开口,左边的人开口发

① 都印:《三馀赘笔》,《四库全书存目丛书》子部第101册,第456页。
② 乾隆《江宁县新志》卷八《民赋志·物产》,第36页。
③《古今图书集成·职方典》卷九四九《杭州府部汇考十五·杭州府物产考·织属》载各种丝织品,"以上数种皆有花素不同,然惟省城出者为佳,盖杭州会治,置立织造故也"。
④ 厉鹗:《东城杂记》卷下"织成十景图"条,第10页,《武林掌故丛编》第6集。
⑤ 姚思勤:《东河櫂歌》,第22页,《武林掌故丛编》第17集。
⑥ 康熙《长洲县志》卷五《物产》。
⑦ 康熙《苏州府志》卷二二《物产》,第18页。
⑧ 同上。

梭先抛，再由中间的人开口发梭至右边的人，一次抛梭长达 1 丈，难度极高。由于分二次开口，纬线的松紧较难掌握均匀，扣框打纬三人用力要统一，否则纬面就不平正，所以同时操作的三人各自要技术熟练，还需配合和谐。

清代江南官营织造品种之多，名目之繁，用料之精，化工之多，价银之高，绣做之考究，在《苏州织造局志》和三织造的历年奏销册中，都有具体而又详细的记载，不复枚举。

市镇丝织业主要在于创新。盛泽镇出纺绸，号盛纺，或花或素，或长或短，或轻或重，各有定式。镇志称："绸、绫、罗、纱、绢，不一其名，或花或素，或长或短，或重或轻，各有定式，而价之低昂随之。绸即绫也，花之重者曰庄院线绫，次曰西机脚踏；素之重者曰串绸惠绫，次曰荡北扁织。今则花纹叠翻新样。罗只有素而无花，曰秋罗、银罗、锦罗、生罗。纱则花者居多，素亦有米统、罗片、官纱之类。绢有元绢、长绢。其余巾带手帕亦皆著名。京省外国悉来市易。"①濮院镇，卢存心《嘉禾杂咏》谓："如今花样新翻出，海内争夸濮院绸。"②该镇盛产纺绸，名濮院绸，"练丝熟净，组织亦工"，尤以沈、陆两姓所制最负盛名。后陆氏衰而沈氏独擅其利，"凡贾客来购者，不曰濮绸而直曰沈绸矣"③。可见濮绸也以花样取胜。菱湖镇出产用丝织成的水绸和纺丝而成的纺丝绸。这两种绸后来杭州也大量生产，即所谓杭纺。乌青镇出产一种大环绵，"以头蚕茧造成，洁白如雪，如弓形，甚筋韧，他处所不及，故远方争宝之"④；绵绸则有斜纹、木犀等品种，以孙氏造者为工。唐栖镇也以生产这种绵绸为特色。王店镇以出产王店绸闻名。王店的褚绸创于万历间褚叔铭，"名重当时"，到清代褚氏子孙发扬光大祖业，"褚绸为最"；薛机绸，由薛廷文《梅里杂诗》"小娥学绣隔平楼，偷谱鸳鸯画并头。刺得榴红裙八幅，宫花新

---

① 同治《盛湖志》卷三《物产》，第 1 页。
② 金淮等：嘉庆《濮川所闻记》卷三《人物·织作》，第 88 页。
③ 光绪《桐乡县志》卷七《食货志下·物产》，第 1 页。
④ 康熙《乌青文献》卷三《土产》。

样薛机绸",大概以花样和绣工为特色。此外,该镇还产画绢,"亦甲于天下",褚家绫则"名云鸾唾碧,甚精彩"①。双林镇是著名的包头纱(绢、绸)的产地,各地妇女用以包头,"通行天下"。镇周围几十里皆织此类纱绢,镇中收绢处为绢巷,衣庄林立。

上述市镇各类丝织品,一般来说,门幅窄,份量轻,花样新,价格廉,颇富实用,比较适合中下层人士的消费水平,因而很受欢迎,销路畅达。可见这类丝织生产的兴盛,是与人民生活紧密相联的,一定程度上反映了当时社会人们的消费水平和消费观念。

清后期,江南丝绸的种类,按当时人的记载,主要有,缎:摹本缎、素累缎、花累缎、闪缎、罗缎、锦缎、洋缎、贡缎、浣花缎、巴缎、珍珠缎、锦霓缎、芙蓉缎、文明缎;锦:库金、圆金、福尔锦、五彩缎地百合绵、缎地织银带、蜀锦、回回(文)锦、天心锦;纱:西纱、局纱、纹纱、芙蓉纱、葛纱、回文素、如意纱、熟官纱、八吉纱、亮纱、芝地纱、官纱、实库纱、经间纱、京纱、春纱、条纱、绒纱、米通纱、炉飞片;罗:三丝罗、金银罗、七丝罗、花生罗、秋罗;绸:盛纺、介绸、杭纺、线春、春绸、宫绸、濮绸、绵绸、宁绸、川大绸、江绸、里绸;绢:帐绢、汉院绢、文水绢、大绢、小绢、生绢、熟绢、浣花绢;绉:线绉、平绉、湖绉;绫:界绫、花绫、素绫;绒:毛切纺天鹅绒、金枪绒、柳条金枪绒。具体如表8-2所示。

在花样翻新、技艺迅速提高的基础上,清代江南丝织业大体上形成了各具特色的名优产品。在江南内部,各地也均以一二类织物最为出名。杭州以杭绸(或杭纺)、花缎、纱等最为有名,所以官营织局在杭州织办此类物品最多。南京以玄缎即黑色缎、宁绸最为突出,其品种,绸有宁、宫、亮花之别,缎有锦缎、闪缎、妆花、暗花、五丝、线缎、摹本缎之别,纱有西纱、实地、芝地、直纱之别(参考图版8-4 清南京帐房所织"八宝纹库金锦")。南京谈见所和汪天然两家的黑绉包头,天下闻名。孝陵卫一带生产的毯等物,同西洋所出一样紧密,远近争购。苏州以花、素纱缎

---

① 杨谦纂,李富孙补辑,余懋续补:《梅里志》卷七《物产》,第20页。

表 8 - 2　清末江南丝绸品种规格表

地区	类别	品　种	宽（尺）	长（尺）	每尺价格（元）	用　途
苏州	缎	摹本缎 素累缎 闪缎	2.2—2.3	40—50	0.4—0.6	男女衣服
	锦	福儿锦 库金 冲圆金	2.2—2.3 2 1.9	40—50 20 18	0.52 3.6 0.65	儿童衣服 男滚帽、女滚衣襟袖 男滚帽、女滚衣襟袖
	纱	西纱 局纱 纹纱 芙蓉纱 葛纱 四素纱 如意纱 熟官纱 八吉纱	2.2 2.2 2.2 2.2(小) 2.8(大) 2.2 1.1 1.4 1.6 1.6	40 40 40 40 50 50 30 38 40 40—50	0.38 0.40 0.40 0.28 0.45 0.28 0.10 0.17 0.25 0.17	男衫裤马甲女衫 袄裤 男衫裤马甲女衫 袄裤 手巾被面 男女衫 男女衫 男袍褂衫 衣里等里子 男女衫 男女衫及蚊帐
	罗	三丝罗 金银罗	1.6 1.6	40 40—50	0.13 0.22	男女衫 男女衫裤
	绸	盛纺 介绸	1.6 1.1	40—50 30	0.20 0.09	衣里 衣里
	绢	帐绢	1.2	100	0.13	蚊帐
杭州	缎	摹本缎、累缎、罗缎、锦缎、洋缎、贡缎	2.05—2.52	4.6—4.7	0.81—1.2	男女衣服
	锦	五彩缎地百合锦 缎地织银带	2.2 0.15	23 20	6 0.05	女衣 女滚衣

地区	类别	品　种	宽(尺)	长(尺)	每尺价格(元)	用　　途
杭州	纱	亮纱、西纱、芝地纱、官纱、实库纱、经间纱、京纱、春纱、条纱	2—2.2	50	0.36—0.7	男女衫裤
	罗	七丝、三丝、花生罗、金银罗、秋罗	1.1—1.6	45	1.6—4.9	男女夏季衣服
杭州	绸	杭纺 线春 春绸 宫绸	1.6 2.2 2 2.2	45 30 40 50	0.34 0.59 0.42 0.77—1.2	男女衫裤 男女衣 男女衣 男女衣
	绉	线绉	1.65	50	0.48—0.84	男女衣
南京	缎	摹本缎、贡缎	2.5—3.3	50—60	0.9—1.3	男女衣
	漳绒	毛切纹 天鹅绒 金枪绒 柳条金枪绒	1.8 1.8 1.8	21 21 21	1.7 0.7 0.8	裤子、披风、男用 男女用 男女用
	纱	西纱	2.2	50	0.6	男女衣
湖州	绵绸	素湖绉、 花湖绉	1.4 2	44 50	0.49 0.145	男女衣 男女衫裤
	纱	线纱、 米通纱、 炉飞片	1.5	33	0.24—0.27	夏天衣用
	绢	濮院绢① 文水绢	22	30	0.18	衣里
	绫	界绫、花绫、素绫	1.2	30	0.15—0.26	衣里、书画用

资料出处:山内英太郎:《清国染织业视察报告》,东京:有邻堂,1899,第22—25页。

---

① 濮院绢,原文作汉院绢,有误,故改。

最享盛名。镇江以大小卷江绸名声最著,元青线缎也独领鳌头,所以贸易绸缎中的这类缎取自镇江。湖州以湖绉,嘉兴以绢与纱著名。[①]

　　明清时期,在上述丝织品中富有代表性和体现最高水平的是妆花。吴伟业"孔翠装花云锦烂"的诗文,实际上描写的就是妆花织物。妆花是一种色彩斑烂的纬锦织物,其工艺特点是通过局部挖花盘织,把各种彩色花纬线按纹样织入锦缎。这种工艺方法在前代织物中可能有过局部的少量运用,然而从整体纹样的妆彩织造并与花本织机配合形成一套完整的工艺技术,应是明代开始取得的丝织工艺的重大成就。

　　妆花工艺技术是在传统的织锦工艺基础上借鉴综合了多种不同丝织工艺技术的精华而形成的一种崭新工艺。妆花采用的挖花技术,来源于战国织成和唐宋缂丝,彩绒作纬源自宋元的"绒锦",大量用金,继承了元代织金锦的传统,大纹样则是改革小花楼提花技术的成果。各种工艺技术的吸收改进,使妆花织物以繁难复杂的生产工艺获得较为完美的组织结构和绚丽多彩的外观效果,成为古代提花织物高水平的代表。

　　目前还无确切的文献及实物可资确定妆花先在哪种品种上出现。估计是在宋元时,先在纱罗织物上尝试,以后随织机的改进,在逐步完善工艺的同时,普及到各类品种上去。纱罗织地稀透,通梭施金彩都会透于织物正面,而纱罗织物本身的暗花图案的轻盈特点都无法显现,运用挖花方法在织物上局部盘织妆,就能既保留纱罗特点,又能达到锦上添花的效果,通过织物地花的厚薄悬殊,达到一种立体的装饰效果。现藏于内蒙古博物馆的一件元代挖花纱罗织物,在1绞1平纹纱罗上,分别用小梭子挖花织入绿色、深黄色、米黄色的彩纬,装饰提花罗裙的镶边。这可以看作是妆花织物的雏型。

　　妆花织物虽然形成较晚,但发展却极为迅速。成化时,应天巡抚王恕奏报太监王敬扰乱江南地方,屡屡提及妆花织物,奏称,"彩装奇巧花

---

① 郑光祖《一斑录》杂述七"湖丝"条(中国书店影印海王邨古籍丛刊本,1990年,第15页)称:
　　"缎,苏州不及金陵;线绉,苏州不及杭州。易地弗能为良。"参见阙名《推广蚕桑以开利源论》,载浙东宜今室主人编《蚕桑新论》,上海宜今室石印本,光绪二十七年五月,第1页。

样绖丝纱罗,十余人忙碌半年以上,方才织得一件,所费物料难以数计"①;王敬威逼苏州府机户织彩妆五毒大红纱512匹,以五彩绒组织艾虎、吴蚣、蛤蟆、蛇、蝎所谓五毒者于大红纱两肩胸背通袖膝襕之上。② 弘治五年(1492)吏科都给事中张九功言:"迩者工部两奉旨,将新制各色彩妆绒褐画图下陕西镇巡三司并甘肃镇巡等官织造",而官员在南京城中雇佣巧匠,科买湖丝,创造织房织造。③ 弘治时英国公张懋等人也说:"改造织金彩妆闪色诸罗、段、纱,织造羊绒彩妆、闪色诸衣物,计其工料价银,所需不下百万。"④根据这些说法,可知至迟明中期妆花织造技术已运用于各种织物上,各色妆花织物大体齐备。以后则文献记载和实物都日见增多。江南地区的南京、苏州、嘉兴和松江等地都已生产,而尤以南京为最。明《天水冰山录》和清《苏州织造局志》都记载了大量的各种纹样颜色及用途的妆花织物。现今全国各地留存的数以万计的妆花实物,更为我们研究明清妆花织物提供了直接的实物依据。

妆花为重纬织物,显花的彩纬是在地纬上加织而成的。这样,织物就有一个坚实紧密的地部组织可依托;显花纹仅以稀松的间丝蒙罩,达到比缂丝更强的显色花效果,同时又避免了缂丝产品经纬稀、牢度差的弱点,成为一种实用价值很高的丝织品。而且缂丝织物必须把织作纹样画在经面上,所以一般尺幅较小,挑织速度也很慢,妆花织物是通过花本提花来显现花纹的,织造者一般不需要熟记纹样,只要掌握提花的程序,就能依次下色,织出花纹,这比看纹挑花的生产速度要快得多。

妆花以挖花作为表现纹样的主要手段,因而配色上极度自由,能达到逐花异色的效果,突破了宋元以来重纬织物"通梭织彩,分匹换色"的

---

① 王恕:《王端毅奏议》卷五《奏报灾伤因言织造进共劳民伤财奏状》,《景印文渊阁四库全书》第427册,第536页。

② 王恕:《王端毅奏议》卷五《纠劾奸人拨置中使扰乱地方奏状》,《景印文渊阁四库全书》第427册,第555页。

③《明孝宗实录》卷六一,弘治五年三月丙子,第1页,台湾"中央研究院"历史语言研究所校印本,1962年,总第1162页。

④《明孝宗实录》卷一三七,弘治十一年五月丙申,第1页,总第2387—2388页。

传统。一般妆花用色十到几十种,通过挖花,形成千变万化的色彩组合搭配。一幅二尺左右的连续花纹,织手能织出数丈通匹不同花色来。"妆花要花",虽然具体花纹的色晕有规律口诀,而相邻纹样的色彩搭配不受限制,织手一般都尽量将色绒下得繁杂花俏些。除了特定需要必须按要求织作的一些专用匹料外,普通妆花都可以自由配色,所以妆花织物相同的图案很多,却很少有配色一样的匹料。

妆花的配色是一种艺术的再创造,必须合理搭配各类色彩的深浅、冷暖(行业中称荤、素),达到"上下左右不同色,横竖斜向无色路"。这就要心思巧用,精确算度,做到心中有"数",才能眼明手快,下色果断,并得到完美的配色效果。

妆花织物图案取材广泛,布局严谨庄重,纹样变化概括性强,配色浓艳对比,多用金色勾边,与宫殿豪华的建筑装饰风格相呼应,具有很强的艺术感染力。

妆花的生产过程极为复杂。从纹样设计、挑花结本,到选料、染色、络丝、打线、摇纬、上机织造,要经过多道工序,各道工序间相互关联、衔接,配合密切而连贯性强。其中最关键的是织造。织造的操作难度和技术要求都很高。在明清江南各织造局中,都有一定数量的织造高手,专门从事最复杂品种的研制和生产。丝织行业中戏称织造为练"精心气力功",实际是说织造工作既耗力气,又费精神,织造时要手脚并用,心神专一。由于妆花生产是两人配合操作,稍有分心,就可能出错,抛梭时要用耳准确分辨花机声响,推断起花高度,在提花最高的瞬间将梭抛过,发梭早迟都会造成压梭断头。

在妆花织物中,最精美的无过于帝后御用袍服。这是一种有独特要求、必须绝对按原设计意图制作的专用面料,织造技术要求高,难度大。由于龙袍是整体设计,服装的各部位织造尺寸必须精确,才能拼接无误。然而龙袍各部位的织金妆花纹样都是适合纹样设计,在匹料中分布不均,这就造成妆彩部分和暗花部分厚薄悬殊,特别是在透薄的纱、罗地上织入厚重的金彩羽线,纬线粗细和纬密不统一,织造时往往是箱框打下,花部重纬处还没打平,而地部已打纬过紧,纱孔闭合。整件织料的地纬密必须一致,妆花部必须与地部在同一条纬平线上,否则对章的花纹就拼合不到一起。龙袍的色彩更计究,绝对不能在对章纹样两边接章处织出不同色。一般对章花纹彩纬都要专门留存到另一部分对章纹样出现时继续使用。一件袍料约要织入十多万根各种彩纬线,不能有一根多、漏、错色,甚至色彩明度上的细微差别也是不允许的。如果稍有差错,就会影响整件匹料的质量,使龙袍成型时难以"斗合",或色彩亮度不一。因此一件龙袍的织作,费时经年,耗资巨大,怪不得明人说"盘梭改妆及剜样暗花"等织物,"每机日织一寸二分,二机合织八月余,方成一袍"①。《天工开物》中称"龙袍"制作是"人工慎重与资本皆数十倍",其织造难度和技术要求可以想见。

　　妆花工艺技术,在明代运用十分普遍,可以运用在多种织物上,形成各具特色的高档丝绸新品,如妆花缎、妆花绢、妆花罗、妆花纱、妆花绸、妆花改机、妆花绒,甚至还有妆花布,几乎所有织物种类都可用妆花技术。这类妆花织物在明后期的加派丝织品中数量较多。如弘治五年,朝廷下旨新制各色彩妆绒;正德元年(1506),左少监崔果等往应天等府织造妆彩缎匹。嘉靖四十四年(1565)明廷籍没权臣严嵩家产,抄出各类妆花匹料及成衣多达14600余匹件,如妆花缎,有大红妆花五爪云龙古朴肩缎2匹,大红织金妆花蟒龙缎145匹,大红妆花过肩云蟒缎109匹,大红遍地金过肩云蟒缎6匹,大红妆花飞鱼云缎4匹,大红妆花斗牛云缎50匹等,多达近40种;妆花罗,有大红织金妆花蟒龙罗40匹,大红妆花过肩云蟒罗41匹,大红妆花遍地金蟒罗1匹等,达24种;妆花纱,有大红织金妆花蟒纱14匹,大红妆花过肩云蟒纱22匹,大红妆花过肩斗牛补纱4匹等23种;妆花绸,有大红妆花过肩云蟒绸1匹,大红妆花飞鱼补云绸5匹,大红妆花斗牛补绸29匹等21种;妆花改机,有大红妆花过肩云蟒改机3匹,大红妆花斗牛补改机18匹,大红妆花仙鹤补改机4匹等9种;妆花绒,有大红妆花过

①《明神宗实录》卷三六一,万历二十九年七月丙申,第1页,总第6733页。

肩云蟒绒 20 匹,大红妆花过肩飞鱼绒 2 匹,大红妆花斗牛补绒 13 匹等 11
种。① 可见当时妆花技术运用之普遍和生产量之大。

　　缎地是妆花技术应用最多的地组织,明清两代都有很大的产量。明
代多为五枚缎地,清代多为七枚、八枚缎地,质地厚实光亮,非常适合做
春秋和冬季服装(参考图 8-3)。

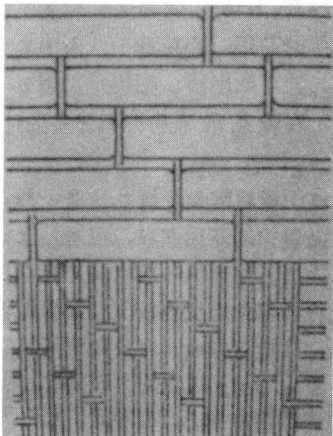

图 8-3　明七枚妆花缎组织图　　　　图 8-4　明"六则小团龙妆花罗"组织图

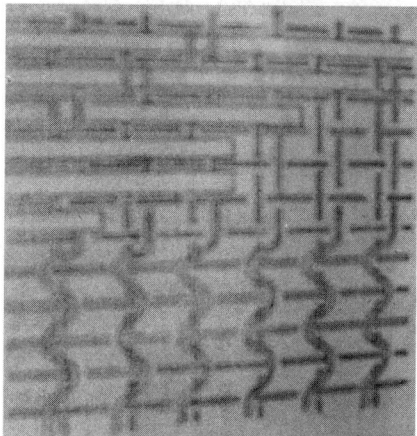

　　妆花罗地组织多为一绞一二经绞罗,妆花纱地组织为经纬稀疏的平
纹缎纱地,质地稀薄透明,适合做夏季服装(参考图 8-4)。

　　妆花绸地组织为斜纹,定陵出土实物有三枚变化斜纹和四枚斜纹两
种。妆花部微凸于织物表面,有浮雕装饰感。

　　妆花绒即为绒地起花织物,粗厚贵重,多为装饰用料,由于要边织边
割绒,需织物正面向上织造,提花较重,织造除织拽手外,还加一人戳花
分工,生产难度大于其他妆花品种。

　　妆花绢为平纹地,妆花改机为双层组织地,妆花布估计也是平纹,这
几种妆花尚无实物印证。

　　改机是一种较有特色的织物,在定陵出土的改机实物中有四种不同

———————
① 佚名:《天水冰山录》,《中国历史研究资料丛书》影印本,上海书店,1982 年,第 100—123 页。

图8-5 明万历"红地蓝落花流水纹改机上衣"组织图

的组织结构形式,多采用经二重组织,用一种经丝和一种或二种纬丝交织。特别是"红地蓝花落花流水上衣"(图8-5),是采用表里换层的双层平纹提花组织。织物花纹正反一样,颜色相反。《古今图书集成》织工部记事引《福州府志》云:"闽缎机故用五层,宏治间有林洪者,工杼柚,谓吴中多重锦,闽织不逮。遂改机为四层,名为'改机'。"改机与一般织锦相比,具有质薄、柔软的特点,花纹图案布局丰满,纹色沉稳淡雅,富于装饰效果。

在妆花品种里还有一些特殊的织物组织。如定陵出土的"红四合如意云纹地织金十二团龙妆花绸"(图8-6),由四种不同的组织合成。妆花部分也就是织物中团龙圆光部分,采用五枚缎织成,突出明亮,把五彩的妆花组织衬托得十分绚丽。地纹部分通过紧实无光的地部组织和纬长浮显花纹部组织,形成不同的色光效果,又成为妆花部分的陪衬,使得整体织物层次分明,变化丰富。然而它在织造上极其复杂,地纹组织和妆花地组织无法同时开口,要用绞刀将妆花地组织挖出再和地纹组织复合才能抛梭织造。此外团龙上的日、月纹是用另外挂经织出的平纹组织,浮

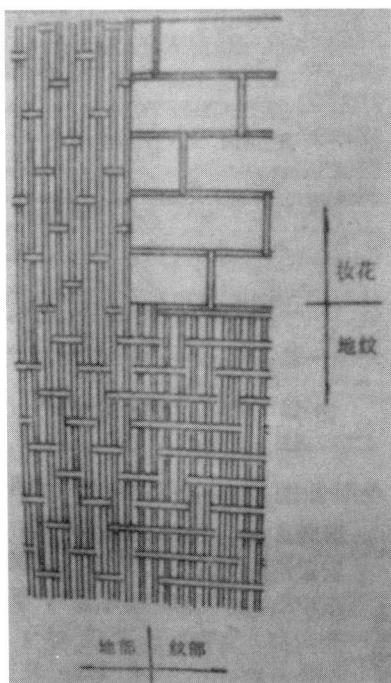

图8-6 明"红四合如意云纹地织金十二团龙妆花绸"组织图

凸在织物表面。在一件袍料上有如此丰富的效果，又如此地繁难考究，一方面反映了封建最高统治者的贪婪和奢侈，另一方面也反映了明清织锦艺人在艺术上的探求和技艺的高超。

织金是与妆花有着紧密联系的又一种丝织物。用金装饰丝织物，在我国丝织工艺上有悠久的历史。文献资料最早可追溯到汉代以前，现在所能见到的实物资料最早为唐代。陕西法门寺出土的丝织品中有不少织金锦，金线最细的仅 0.1 毫米，反映出当时的金钱加工已很精致。但从宋以前各个历史时期的丝织生产情况看，织金生产的规模和产量还很有限。织金真正盛行是在元代。元代大量生产的"纳石失"和"金搭子"，都是当时著名的织金锦。不仅帝王和百官的袍服用织金，三品以上的官员帐幕也用织金。马可·波罗在他的游记里记述了他在中国到过的金锦生产地和金锦使用情况，并见到用金锦制作的军营棚帐绵延达数里。元代盛行织金，对后世的丝织工艺产生了重大影响，几乎所有高档丝织品都或多或少地运用了织金工艺技术。

明清时期最高级的织物妆花，纹样都以金线勾边，俗称"金包边"。金线使妆花织物显得更加华丽高贵，同时又起着统一色调的作用，成为妆花织物的重要特征。明清的妆花织物名称常常直接冠以"织金"二字，如《天水冰山录》中"大红织金妆花蟒龙缎"、"青织金妆花飞鱼过肩罗"等，定陵出土的丝织物腰封上有"上用莺哥绿织金彩妆花龙云肩通袖龙襕直身袍"等。明清妆花织物用金不仅以金线勾边，还有不少是满金铺地的品种。《天水冰山录》中"青妆花过肩遍地金蟒缎"，苏州王锡爵墓出土的"明黄织金妆花斗牛方补纱"(参考图版 8-5)，地部全由扁金织出。南京地区生产的一种叫作"金宝地"的织物也是满金铺地，它是南京云锦的代表品种之一。早期的金宝地多用扁金织地，质地薄，牢度差，清代则多用双圆线织地，织物厚重而华丽。金宝地制作和云锦妆花缎相近，使用大花楼提花织机，七范八幛，门幅较窄，以七枚经缎或七枚加强缎纹为地组织，但地组织正反面全被纬浮所遮盖，以圆金线浮长作纹样背景，用多彩绒纬挖花，扁金勾边。虽然生产机具和方法与妆花几乎一样，但在纹样设计和成品效果上更强调织金锦的特点。金宝地和一般妆花相比，纹样较小，多为二则、四则，不用独幅，花形精细，不作大块花朵，以多留地部显金。在装饰手法上丰富多变，大量使用金线，除用双圆金织出厚重的地部外，还可用扁金、扁银（亦可用圆银线）并用装饰纹样，各色彩花可用扁金、扁银勾边，也可用扁金、扁银为花，各色彩绒勾边。织物色彩斑斓，层次丰富，圆金地光泽含蓄沉着，扁金、扁银光泽闪耀明亮。五彩缤纷的彩花如宝石般镶嵌其中，使得整体效果金彩交辉，瑰丽而华贵。

从织物的设计和成品的效果来看，金宝地应是"织金"和"妆花"两个品种结合运用的产物，也是对元代织金锦的丰富和发展。金宝地耗料费工，主色金黄，多为进贡之用。北京故宫博物院至今还藏有乾隆时期的金宝地实物（参考图版 8-6 清"金玉满堂金宝地"）。随着民间丝织业的发展，金宝地逐渐转向蒙、藏等喜金民族地区使用，成为当地寺庙和服饰装饰的贵重物品。

明清织金工艺的发展与金线加工技艺的发展有很大关系。织物用金主要分扁金和圆金两大类。制作金线，先要把金块锤打成金箔，将金箔粘裱在背纸上，经研光切成细条，即成扁金线。圆金线是将扁金线捻缠在一根芯线上做成的。扁金线宽窄一般在 0.5 毫米左右，最细可达 0.2 毫米，宽则达 1 毫米。圆金线的芯线有 1 根纱到 5 根纱多种规格。一般细圆金线用细扁金加工，粗圆金线则用宽扁金线加工。制作金线关键在金箔的打制，金箔锤打得越薄，金的效用发挥得就越大。明代金箔加工"每金七分造方寸金一千片，粘补物面，可盖纵横三尺"[1]。同时在金箔加工上，还可在纯金中分别加入不同比例的其他金属物质，主要有白银、黄铜、紫铜等，使金箔的成色和色调发生变化。定陵出土的一件"串枝葫芦寿字纹三色织金柿蒂龙缎"，其主体纹样用三色金织造，分别为纯银色的白金、含金 88% 银 12% 的黄金和含金 98% 银 2% 的大赤金。纹样上分布的各式龙纹、祥云、江崖、海水，全靠不同的金色色调来表现，视觉效果

---

① 宋应星：《天工开物》卷中《五金第八·黄金》，第265页。

强烈,既金碧辉煌,又层次分明,显示了明代帝王袍服的高贵华丽和独享天尊的气派。清末《蚕桑萃编》对"金丝缎"有金线亦分数色的描述。《清会典》中列有淡金、青金、赤金、大赤金、红金、紫金、黄金等多种金线。这些不同色调的金线大大丰富了织金、织锦的艺术表现手法,推动着明清丝织品种和工艺的发展。

四　纹样的丰富题材

明清江南丝绸品种繁多,图案纹样的取材也十分广泛,内容极为丰富,归纳起来,主要有以下七大类。

(一)代表皇权、象征皇帝皇后的龙凤纹。如天子万年、江山万代、万胜锦、大平富贵、万寿无疆、四季丰登、子孙龙、龙凤仙根、大云龙、如意连云、朝水龙、二龙二则、八结云龙、双凤朝阳等。

(二)取材于大自然植物方面的各种花卉、果实。花卉方面有牡丹、莲花、菊花、芙蓉、茶花、灵芝、兰花、玉兰、海棠、水仙、桃花、萱草、葫芦花、长春花、扶桑、梅花、鸡冠花、牵牛花、月季花、绣珠花、百合花、虞美人、秋葵、蔓草、芭蕉、长春藤、万年青、松树、竹子和宝相花等。其中宝相花是受佛教艺术影响了的花型,具有装饰味。果实方面有桃子、石榴、葫芦、佛手、莲蓬、藕、柿子、葡萄、南瓜和茨菇等。

(三)取材于大自然的动物、想象动物及禽鸟虫兽等。动物方面有羊、猴、仙鹤、蝙蝠、蟒、蝴蝶、蜜蜂、鹌鹑、螳螂、鱼、狮子、虎、豹、彪、熊、犀牛、鸡、锦鸡、孔雀、鹭鸶、鹏、鹇、象、大雁、海马、乌鹊、鸾鸟、鸳鸯、兔子、鹬、练雀及五毒(蜈蚣、蛇、蟾蜍、蜥蜴、蝎子)等。想象动物方面有飞鱼、斗牛、獬豸等。

(四)以民间传说中的仙道宝物、乐器及文房四宝组成图案。"暗八仙"以八仙手持的宝物象征八位仙人:宝扇(汉钟离)、宝剑(吕洞宾)、幽鼓(张果老)、拍板(曹国舅)、葫芦(铁拐李)、花篮(韩湘子)、荷花(荷仙姑)、笛子(蓝采和)。"八吉祥"指法轮、海螺、宝伞、天盖、莲花、宝壶、双鱼、盘长(亦称百结)。"八宝"也称杂宝,由古代一些常用宝物组成,象征吉祥,如珊瑚枝、珊瑚珠、金锭、银锭、万卷书、单犀角、双犀角、方胜、古钱、宝珠、如意头、笔锭、法螺、磬、秋叶等。运用这些图案时,可选用八件,也可选用其中六件或四件。"八音"为古代的八种乐器:钟、磬、笙、箫、古琴、埙、鼓、柷敔。"文房四宝"即琴、棋、书、画。

(五)以人物组成图案,包括群仙祝寿、玉女献桃、童子戏莲、百子、秋千仕女、官员出行、寿叟、仙女、仙童、婴孩等。

(六)以吉祥文字为图案。有"福"、"禄"、"寿"、"喜"、"万"字,"卍寿"、"万寿福喜"、"百事如意"、"万事大吉"、"招财进宝"等。

(七)在明清丝绸图案中,除了上述六种外,还有日、月、星辰、海水、江崖、星珠、祥云、瑞草、水藻、飘带、花瓶、宝灯、戟、太极纹、盔甲纹、连钱纹、龟背纹、冰梅纹、鱼鳞纹、方胜纹、曲水纹、大纹、回纹等。

这些不同的花纹素材,丝绸图案设计艺人大多运用借物象征和取物谐音的手法,将它们组合成各种具有特定寓意和吉祥主题的图案,流传于宫廷和民间。

"龙"历来代表一种至高无上的权势和威力,是宫廷御用图案中最主要的纹饰。根据御用服制的规定和宫廷装饰及不同实用要求,龙纹的姿态有多种多样,如正龙、团龙、盘龙、升龙、降龙、行龙、飞龙、侧面龙、七显龙、出海龙、八海龙、戏珠龙、子孙龙等各种不同姿态造型。龙纹图案设计时常用云纹、海水、火珠、江崖相陪衬,使龙翱翔于云海之间。如定陵出土的明代"红四合如意云龙纹地织金妆花云龙肩通袖龙襕缎袍料",在满铺暗花的云龙地上,共织有织金妆花大龙17条,小龙86条,为子孙龙织锦,升、降、盘、卧、行,群龙姿态各异,大龙威武矫健,小龙生动活泼,龙之间饰有云纹,四周江崖,特别富有生气。由大量丝绸实物可知,明清两代龙纹互有不同。明代的龙须倒竖,与火珠产生一种斗势,非常生动(参考图版8-7 明"红无极灵芝纹地四团龙织金孔雀羽妆花罗龙袍料"左肩团龙),清代龙发后飘,看上去雄健凶猛,气吞山河中透出几分狰狞(参考图版8-8 清"蓝地四合大云龙妆花缎")。即使清代前后各期,龙纹也有细微变化。康熙时期,正面龙龙嘴似元宝形;侧面龙张口,龙发从龙颈绕一周而向后飘,龙身细长。雍正时期,正面龙脸呈长方形;侧面龙龙发散落在头部,鼻梁较宽,大肿鼻,嘴似猪嘴。乾隆时期,正面龙脸较小,眼小而很有神;侧面龙鼻较小,嘴张不大。嘉庆时期龙纹与乾隆时期基本相似,只是在工艺上较粗糙。道光以后龙纹变化较大,龙脸较短,额头前扁平,眉毛竖立,舌尖上绕,龙眼较大。光绪时期的龙眼似鱼眼,了无生气。

"凤"在古代传说中,尊为百鸟之王,是羽虫中最为美丽者。凤纹在宫廷纹饰中象征皇后,与帝王的龙纹相对应。凤纹的陪衬花纹主要为牡丹、莲花纹,寓意吉意富贵,有时还饰有云纹、灵芝。如清代妆花"大凤莲"(参考图版8-9 清"大凤莲纹妆花缎")即很典型。龙凤纹在民间图案中,象征喜庆吉祥,有"龙凤呈祥"、"龙飞凤舞"、"串枝龙凤"等传统纹样。

明清丝绸纹样最常用的是花卉、果实、植物纹样,通过借物象征或取物谐音手法把各种花纹素材组合成有相关内容的吉祥纹样。借物象征的有:牡丹象征富贵,菊花象征长寿,桃子象征仙寿,石榴象征多子,灵芝象征如意;取物谐音的有:佛手与福谐音,柿与事谐音,瓶与平谐音。如菊花牡丹寓意"长寿富贵",由百合花、柿子、灵芝组成"百事如意",用四季花瓶意为"四季平安",松、竹、梅寓意为"岁寒三友"。这些纹样不少继承了前代的图案题材,而在造型、施色和立意上又有创新,丰富了纹样的外观和内容。如妆花织物"吉庆双鱼"(参考图版8-10 清"吉庆双鱼妆花缎"),主题是双鱼,双鱼背景为盘长(吉),鱼上饰磬(庆),吉祥寓意已明。然而在主题纹样四周通常用缠枝卷草纹的地方,设计成串枝果枝,枝上缀有佛手、寿桃、石榴,寓意多福、多子、多寿,又有"三多有余(鱼)"含意,使纹样生动内涵丰富,寓意更加美好。

取材于大自然的动物和想象动物,也是丝织图案通常表现的题材。与植物图案一样,动物图案也讲究象征和谐音的吉祥寓意组合,如"五福和合"、"六合同春"、"三羊开泰"、"一品当朝"等。明清两代独有的百官补服,在应用动物题材方面很有特色,各按品级缀以不同动物。明代文官依次为仙鹤、锦鸡、孔雀、云雁、白鹇、鹭鸶、鸂鶒、黄鹂、鹌鹑,杂职练鹊,风宪官獬豸;武官依次为狮子(一、二品)、虎豹(三、四品)、熊罴、(六、七品)、犀牛、海马。清代与明代略有差异,乾隆前后又稍有不同。康熙时的《苏州织造局志》说当时不用彪;《清史稿·舆服志》载乾隆以后不用黄鹂。此外,明代补服中还有两种独特的纹样:飞鱼和斗牛纹,都是蛇身有鳞而类龙,飞鱼长有双翅,斗牛两角弯作牛角状。明代斗牛方补实物有苏州王锡爵墓出土的"明黄织金妆花斗牛方补纱","斗牛"用红色织出,金色勾边铺地,附以彩云、江崖、海水,色调明快、强烈。在《天水冰山录》中记载了不少不同织地、颜色的飞鱼。斗牛纹饰织物,清代一再使用。

从六朝到唐宋,佛教、道教等宗教艺术对中国丝绸纹样题材产生了深刻影响。在丝绸图案中,暗八仙、八宝、八吉祥等纹饰,到明清两代更为盛行,出现了多种风格的由仙道宝物组成的纹样,如"八仙庆寿"、"八吉凤莲"、"五瑞"(手板、磬、鼓、葫芦、花篮构成图案)等。定陵出土的明代"红五湖四海纹织金缎女夹衣",纹样由两组花纹构成,一组为有五个暗八仙中的葫芦与花相间向内排列,中心为一葫芦叶,组成团花状纹样;另一组由四个内向的海螺及中心一轮形团花组成。整个纹样寓意"五湖四海"。

人物在丝织纹样中是运用比较少的题材,然而却十分生动,有独特的艺术魅力。明代"六合同春群仙祝寿织金妆花缎方领女夹衣",用鹤、仙女组成纹样,仙女或手捧寿桃,或手持灵芝,形象优美,婷婷玉立,头梳双螺髻,身著博袖衣,腰系长裙,带自两肩过,长施于地,足蹬行云,极为生动传神。童子攀枝也是传统纹样。清代"童子串枝莲妆花缎"(参考图版8-11),纹样由上下两组童子排列,童子头上梳三个小髻,身着肚兜,下着彩裤,颈系飘带,双手作攀藤状,显得十分活泼可爱。

文字题材,单独使用较少,一般都与其他图案题材组合,是中国古代织锦特有的一种图案形式,有提示寓意、画龙点睛的作用。明清时代的文字题材织物较多,如明代的"红地喜字并蒂莲妆花缎"(参考图版

8－12)、"卍寿福禄"妆花绸,清代的"五福捧寿"妆花库缎、"灵仙祝寿"妆花缎等,较为典型。

在古代丝织纹样中,日月、星辰、山石、海水、江崖、火珠等多为帝后的专用纹样。日月纹多在团龙袍的肩部,寓意肩挑日月,山石、海水、江崖、火珠多为龙纹的陪衬纹样,有四海清平、江山万代等寓意。盔甲纹、连钱纹、龟背纹、曲水纹、回纹、火纹、云纹、冰梅纹、鱼鳞纹、方胜纹,多为织金锦和主体纹样的背景纹样(参考图版 8－13　清"金锦地绣狮头鱼尾形蔽膝")。其中变化最丰富、使用最多的是各种云纹,如四合云、如意云、七巧云、蚕茧云、骨朵云、海潮云、大勾云、小勾云、行云、卧云等,而每一云式根据不同的图案设计构造要求,又有许多不同的造型变化,既丰富复杂,又有规律可循。

五　色彩的变化及染色方法的进步

丝绸色彩的变化,既与封建统治者的令典规定有关,又与人们的崇尚爱好有关。元代《大元毡罽工物记》载,元代上用色泽有绿、青、粉青、红、深红、肉红、柳黄、柿黄、赤黄、银褐等,其中不少色彩只有最高统治者能够享用,一般官民不得染指。《元史·舆服志》载,天子和百官所用质孙服色为大红、桃花、茜红、紫、蓝、绿、黄、鸦青、银褐、枣褐、驼褐等[1],其中不少色彩普通百姓不得服用。元代法律又规定,官吏平时只许穿棕褐等暗色。因此元代供官员服用的地方官营织染局的岁造纻丝基本只有褐、绿、青三种颜色,其中褐色为枯竹褐、稈草褐、驼褐、橡子竹褐,青为蓝青、鸦青,明为明绿。[2] 在延祐时还有枣红一色,到至正时就没有了。至于普通平民,服色大多只是砖褐、艾褐、荆褐、明茶褐、暗花褐、枣褐、金茶

---

[1]《元史》卷七八《舆服一》,中华书局,1976 年,第 1938 页。

[2] 至正《镇江志》卷六《赋税》(第 24 页)载:镇江每年织造的缎品,色彩有枯竹褐、稈草褐、驼褐、明绿、鸦青、橡子竹褐等;至正《四明续志》卷六《赋役》(第 22 页)载:四明织染局每年织造缎匹 3291 段,俱系六托,其中纻丝 1726 段,枯竹褐 584 段,稈草褐 259 段,驼褐 306 段,蓝青 128 段,鸦青 224 段,明绿 225 段。

褐、酱茶褐等深灰色。

明代取法汉、唐,以赤为尚,黄、黑二色只有帝王可用。因此天顺二年(1458)重申,官民衣服不得用"玄、黄、紫三色"。反之,其他颜色官民可以服用。按规定,官员四品以上可服绯色,五至七品可服青色,八品以下服绿色,红色中的大红,只有四品以上以及在京五品以上官和经筵讲官可以服用,所以供赏赐官员之用的地方织染局中的岁造纻丝大多只有红、青、绿三种颜色。对妇女服色,洪武五年(1372),"令民间妇人礼服惟紫绝,不用金绣,袍衫止紫、绿、桃红及诸浅淡颜色,不许用大红、鸦青、黄色,带用蓝绢布"。天顺二年朝廷又定,官民衣服"不得用玄、黄、紫及玄色、黑、绿、柳黄、薑黄、明黄诸色"。[①]

上述明廷种种规定,使得民间丝织生产只能在令典允许的范围内发展染色技艺。在明代,从江南丝绸染色发展过程看,虽然因存在为各级统治者服务的丝织机构而各种色彩都能染造,但官民可以服用的色彩和介于两类色彩之间的颜色创造得最多。

在明中期,仅由成化年间的安南贡使织造违禁缎匹案,可知当时至少已有青、青闪色、青闪白、青拱白、红拱白、红、矾红、闪红、闪色、大红、白、白闪红、官绿、鸭头绿、黄、蓝等十五六种颜色。嘉靖末年明廷籍没严嵩家产的14600余匹件丝绸及各色丝绸成衣,其色彩有大红、红、水红、红闪色、桃红、银红、黄、黄闪色、柳黄、青、青闪红、天青、黑青、柳丝、绿、绿闪色、柳绿、黑绿、油绿、墨绿、官闪绿、沙绿、蓝、蓝闪色、黄闪红、沈香色、褐色、芦花色、茶褐色、鼠色、西洋铁色褐、葱白、白、玉色、紫、紫闪色、黑、酱、茄花色等,色谱多达40种左右。加上明中期的色彩,虽然肯定还远不是全部,但已达50余种。这可以视为明后期早期的色彩。其中属红、绿、青、棕色系列的色彩特别多,而且大多介于两种色彩之间,反映出到明中后期,江南丝织业染色技术有了较大的发展。

同丝织生产规模、生产方式进一步发展相适应,明末江南的丝绸染

---

① 《明史》卷六七《舆服三》,中华书局,1974年,第1650、1638页。

色业更形发展。从染色规模来说,以苏州为例,万历时染坊中的染工已多达数千人①;从染色色彩来说,可谓新品迭出,争奇斗艳。今将有关色彩的记载②列为下表。

表 8 - 3　明末江南丝绸色彩表

色调	色　　彩
红	红、大红、二红、绛红、苏木红、灯红、东方晓、粉红、深桃红、浅桃红、出炉银红、金红、肉红、水红、银红、红闪色、藕色红、荔枝红、橘皮红
黄	黄、赭黄、金黄、鹅黄、姜黄、松花黄、象牙色
青	天青、真青、石青、豆青、柳青、浅青、佛头青、竹根青、燕尾青、青莲色、葡萄青、蛋青
蓝	天蓝、翠蓝、石蓝、莎蓝、浅蓝
绿	官绿、大绿、明绿、沙绿、油绿、黑绿、豆绿、柳绿、鹦哥绿、鸭头绿、大红官绿、水绿、沉绿、蓝色绿
棕	丁香、茶褐色、铁色、鼠色、羊绒色、藕合色、莺背色、蜜褐色、米色、鹰色、莲子色、糙米色、古色、沈香色
白	月白、葱白、鱼肚白、水毛白、玉色、月色、草白
黑	玄色、墨色、酱色、缁皂色、包头青
紫	真紫、紫、大紫、葡萄紫、红头紫、黑头紫、茄花色

上表中有 70 种色彩不见于以前的记载。当然并不是这 70 种色彩就是以前所没有的,因为我们根本不知道以前到底有哪些色彩。但是我们可以说,到明末,丝绸色彩至少达 120 余种。更值得注意的是,有不少色彩是明末新出现的。如按崇祯《松江府志》的记载,水红、金红、荔枝红、橘皮红、东方色红、水绿、豆绿、蓝色绿、天蓝、玉色、月色、浅蓝、墨色、米色、鹰色、沉香色、莲子色、铁色、玄色、鹅黄、松花黄、葡萄紫等 20 余种

---

① 《明神宗实录》卷三六一,万历二十九年七月丁未,第 5 页,总第 6741 页。

② 宋应星:《天工开物》卷上《彰施第七》,第 261—262 页;崇祯《松江府志》卷七《风俗》,第 27—28 页;朱之瑜:《朱舜水谈绮》卷下《衣服》,华东师范大学出版社,1988 年,第 358—362 页。

色彩都是当时新出现的流行色。① 按朱之瑜《谈绮》的说法,石蓝是明末南京新出现的色彩。② 这些新的色彩的产生,是与当时染色技术的发展有关的。

到明后期,染色技术发展具体表现在三方面。一,明前中期丝绸染色大多采用未经炼白的丝,因而无法染出鲜艳的浅色,后来采用白度好于以前的炼白丝,故所染浅色光亮润泽。这又与明末脱胶、炼白技术有较大发展有关。二,明前中期套染很少,后来则套染普及,有些色彩还经多次套染。此外,明后期所用的媒染剂也远较以前为多。三,明前中期染色最深只能染缁皂色,很难染出玄色、墨色,明末改进染色工艺,玄色墨色都能染就。详见表8-4比较。

清承明制,服色上也是如此。由《苏州织造局志》和历年江南织造进贡的缎匹和贸易绸缎等,可知清代前期江南丝绸色彩较之明后期基本没有什么变化。但大约自嘉、道年间起,色彩又迅速增多,如紫檀、中明、圆眼、茶叶绿、瓜绿、京绿、竹绿、蜜黄、蕃黄、砵墨、血乐、秧色、栗壳、鹰背、檀香、壳色、沙石、野花、蒲桃青、海棠红、双红、亮红、胶青、砖青、月酱、蟹青、虾青、青灰、墨灰、月灰、炉酱、猪肝、紫驼、菜驼、茶尾、茶灰、茶青、鼻烟、火驼、枣红、靛玉、品蓝、品绿、果绿、南松、葵绿、槐明、梨青、品月、洋灰、品红、洋红、莲灰、雪湖、妃色、荷花、韭菜、靛湖、银灰、雪青、湖色、竹灰、雪白、色绒、砵红、川香、洋绿、京驼、禾蓝等色,都是前所少见或新增加的色彩。清末按《雪宦绣谱》所载,色彩类别多达88种,"其因染而别者"多达745种,手艺高超者,"虽累千色可也"③。这上千种色彩中,增加最多的是浅色色彩。清末,江南丝绸业由浓重趋于浅淡,最多的是浅灰色、淡青色、菜白色、菜青色、木桃色、淡茶色、淡黑色等最为时兴。行情崇尚浅色,浅色色谱就大量增加。这是清代丝绸色彩上的一个特点。

① 崇祯《松江府志》卷七《风俗·俗变》,第27页。
② 朱之瑜:《朱舜水谈绮》卷下《衣服》,第360页。
③ 沈寿述、张謇录:《雪宦绣谱·线色表》,第20页,《喜咏轩丛书》甲编。

表 8－4　明代前后期染色比较表

明中期以前			明 后 期			比 较
色彩	染坯要求	工艺	色彩	染坯要求	工艺	
丁香	黄丝	莲子壳煎水,后用青矾水处理	墨色	黄丝	用栗壳或莲子壳煎煮一日,取出放入铁砂皂矾锅过煮一宵	1. 原来采用黄丝染深棕色,后染成深棕色后再用铁砂皂矾煮一夜,便成墨色
茶褐	黄丝	用杨梅皮	米色	白丝	用皂斗斛皮煎染	
酱	黄丝	煎染	鹰色	白丝	用倍子煎染,青矾处理	2. 明末采用白丝,并扩大染料应用,染出了理想的浅色
		用苏木五倍子煎染,后用白矾青矾青矾处理	沉香色	白丝	槐米煎水入倍子,白矾染色,青矾处理	
			莲子色	白丝	莲子壳煎水染	
缁皂	黄丝	用皂斗煎水入青矾广灰染色	铁	黄丝	苏木煎水入倍子、白矾染色,用青矾广灰水处理	原来仅能用皂斗染缁皂色,后还选用其他染料及工艺,染出了类同于缁皂色的铁、玄色
			玄	黄丝	入靛蓝水染成深蓝色,再用芦木和杨梅皮各一半煎水套染	
薑黄	黄丝	采用薑黄煎水染色	鹅黄	黄丝	用黄檗煎水染,再用靛蓝水套染	由于薑黄的耐牢度差,且不耐碱,故到明末改用黄檗、靛蓝套染,黄檗槐米拼染的鹅黄和松花黄,牢度较好
紫	黄丝	先用苏木水打底,后用青矾处理	葡萄紫	黄丝	先入靛蓝水深染,后用苏木水深染,青矾处理	明末在染柴工艺上发展染出了葡萄紫

续　表

明中期以前			明　后　期			比　　较
色彩	染坯要求	工　艺	色彩	染坯要求	工　艺	
大红	黄丝	先用芦木打脚,再用红花乌梅水染色	水红	白度很好的白丝	用红花乌梅水浅染	1. 明末浅色水红较明前中期浅色桃红、银红更浅,且鲜艳,因为染色所用白丝的白度更白 2. 明末红黄色套染,从而增加了红类色彩,如金红、橘皮红、东方色红等
桃红	白丝	用红花乌梅水煎染	金红	白丝	入槐花煎水染,再用红花乌梅水套染	
出炉银红藕色红	白丝	同上	橘皮红	白丝	同上	
	黄丝	用苏木煎水放入明矾浅染	东方色红	白丝	槐花煎水浅染,后用红花套染	
沉绿	黄丝	入靛蓝水深染,用黄檗水套染	水绿	白度很好的白丝	先入靛蓝水浅染,后用槐花套染	明末采用白丝染绿,较明初染得颜色鲜艳,能染出理想的浅色,从而增加了色彩
			豆绿	白丝	黄檗水染,靛蓝水套染	
			蓝色绿	白丝	靛蓝水深染,黄檗水套染	
竹根青翠蓝	黄丝	入靛蓝水深染	天蓝月色	白丝 白度很好的白丝	入靛蓝水微染 入靛蓝水浅染	明末采用白丝染多种浅色蓝,以前则仅用黄丝染深色蓝
			玉色	白度差的白丝	入靛蓝水浅染	
			浅蓝	白丝	入靛蓝水浅染,染时靛蓝用量稍有不同	

　　染色工艺上的另一个特点是染料的新变化。19世纪末,中国印染行业开始输入人造染料。人造染料色牢度好,色彩纯而鲜艳,因而原来用红花、苏木、靛蓝、薑黄、栗皮、五倍子、栢皮等植物染料作染料,逐渐改用

人造亚仁林染料，或植物染料和亚仁林染料混用。这是中国丝绸染料的根本性的新变化。由于采用人造染料，一大批新的色彩产生，丰富了丝绸的色彩世界。

清代有关染造工艺技术的记载也远比前代详实。成书于嘉庆、道光年间的《布经》[①]，虽然记载的是染布工艺，但对丝绸染色同样具有参考价值。《布经》记载的通过媒染、套染获得的色名高达 90 余种，有详细工艺配方的蓝以外的"杂色"达 70 余种。特别是在染色工艺配方中，记载了多种原材料的用量配比。元刘基《多能鄙事》只有染料配方 13 个，明宋应星《天工开物》染色法虽多达二十五六个，但缺少染料定量，《布经》的 70 余种配方都有定量配比，说明当时对色彩的要求已经很高，远远超过历代有关的记载。《布经》在染色质量的检验方面，还列有不少评判标准，可见当时在染色工艺上理性认识已经达到了相当高的程度。这是清代染色工艺记载方面的一个特点。

在染色的地域分布上，清代虽然乡镇丝绸生产获得大发展，但染色业仍然集中在城市，技术水平也以城市最为高超。南京、苏州和杭州三大城市是丝织生产最为兴盛水平最高之地，染色技术也以此三城为最高。清后期，江南三织造每年在江南城镇大量定购丝绸产品，在湖州、盛泽等地采购的丝织品总是先运到苏州炼染，然后再包装北运，否则颜色"不能鲜亮"[②]。

不独如此，江南丝绸染业还形成了一种自然分工，各地具有自己的特色。南京以玄色(纯黑色)、天青、元青最为著名，古铜、天蓝等色也较胜他处；苏州以天蓝、宝蓝、二蓝、葱蓝、玉色等为特色；镇江以大红、朱红、酱紫为上；杭州以湖色、淡青、玉色、雪青、大绿等为上；常州以果绿为特色。[③]这些特色都是各地利用特有的自然条件，在长期探求染色技艺基础上形成的。

---

① 范铜：《布经》，《四库未收书辑刊》第叁辑，第 30 册；不著撰人：《布经要览》，《四库未收书辑刊》第拾辑，第 12 册。

② 见历年江南织造采办缎匹折。

③ 参见卫杰《蚕桑萃编》卷六《染政·色泽类·辨水色》，第19页，光绪二十五年刻本；陈作霖《凤麓小志》卷三《志事·记机业弟七》，第77页。

后　记

人称"十年磨一剑",但我常想,即使花上十年功夫,磨出锋刃而剑口又不倒卷,不但需要时间,可能还需要得当的方法和持之以恒。如我这样生性驽钝,又常常心有旁骛的人,十年时间恐怕断难做出像样的东西。

本书的基本内容是笔者与金文合作署名的《江南丝绸史研究》(农业出版社,1993年),渊源于本人的硕士学位论文,随后是国家社会科学青年基金的结项成果。二十多年前的成果,以今天的眼光看,单就技术规范方面而言就存在很大的问题,笔者因而对原稿作了较大范围的调整、修改、充实和提高,并自我纠谬改错,特别是对引用的档案和文献等资料,尽量一一核对、做细坐实,俾便读者据以核查。诚然,有些档案原件和个别珍稀志书一时难以找到原件核对,也只能暂如其旧,留下遗憾。

三十多年前,业师洪焕椿先生将笔者的硕士论文范围匡定为明清苏州丝绸史,从此以后,笔者遵从老师擘划和教导,一直留心收集江南丝绸史资料,时断时续地关注江南丝绸史的研究进程,至今未曾停止。不知该说是幸运还是遗憾,直到现在,学界对于江南丝绸史乃至全国丝绸史的研究,从总体上说,并无什么新的进展和突破。这或许也是笔者愿意修订乃至改写旧作的动力。

翻出当年匆匆抄录下的档案等大量资料,回忆江南丝绸史研究的经历，真正是感慨万千！在撰写硕士学位论文前后，笔者不仅充分搜集和利用南京大学图书馆、南京图书馆、南京博物院、中国科学院南京地理研究所的收藏，而且前往外地，尽可能多途径搜集相关资料。自 1985 年至 1988 年，连续四年，每当春季，我即前往北京查阅资料，短或数天，长则兼旬连月，用铅笔或圆珠笔抄录原文。1985 年 4 月初，我首次到北京，经由中国社会科学院历史研究所周绍泉先生的介绍，住在中国社会科学院在崇文门的招待所。为了到中国第一历史档案馆和北京图书馆善本部查资料，先摸索到了中关园北京大学许大龄先生府上，许先生和许师母特别热心，为确保我能看到档案和善本，郑重其事，特意为我给一史馆编研部的朱金甫先生和当时在北图工作的万明女士写信。当时的一史馆对外开放阅览没几年，有关清代丝绸的档案原件还很少有人利用过。连同后来的数次查阅，我比较系统地查阅摘抄了户科题本、奏销档、三织造档、内务府档等档案中的丝绸材料。一史馆规定一天提档两次，上午十时一次，下午二时一次，每次可提十包。有时提取档案后，相关内容多，足够看，有时无相关内容，就会歇空。利用组组长邹爱莲女士，宅心仁厚，常常予以方便，对我基本上随时提档，盛情感人。北图善本部（文津街分馆）则一次持一张介绍信可看四种善本，工作人员通融，看了四种，还可再阅几种。我在那里查阅到了周孔教《江南疏稿》、《丝绢全书》等善本，隆庆《长洲县志》、崇祯《吴县志》等胶卷，特别是周孔教的奏疏，保留了较多江南丝绸和江南水利的材料，看后感觉特别开心。又到北图柏龄寺分馆查阅近代丝绸及相关经济史资料，也有收获。更利用到中国社会科学院经济研究所查找资料的机会，前往三里河拜见著名的中国经济史学家彭泽益先生，向他请教明清官营织造问题。就这样，奔波于几个图书学术机构，查档看书，时有收获。特别是在一史馆查档，由西华门进馆，中午到故宫博物院食堂用餐，餐后时不时到历代珍品陈列馆赏宝，中国历代工艺结晶尽收眼底，大长见识。在此前后，又在上海图书馆看到洪武《苏州府志》、崇祯《松江府志》等稀见方志；在苏州碑刻博物馆核对到十余块丝绸碑刻原碑，核实了已经收录在碑文集中的不少舛错处，似乎更有底气。

进入 90 年代后,笔者有了直接前往海外查阅资料的机会,阅读到了不少难以或无法在内地寻找的资料。1993 年春,笔者承蒙美国郡礼大学历史系谢正光教授的厚意,在该校作半年访学研究,其间前往美国国会图书馆和哈佛燕京图书馆、耶鲁大学图书馆查找资料,看到了雍正《大清会典》。1999—2000 年度,笔者又以访问学者身份,在哈佛燕京学社专事研究一年,得以较为充分地利用哈佛燕京图书馆的丰富典藏,其间又蒙普林斯顿大学韩书瑞(Susan Naquin)教授的邀请,得以浏览该校葛斯德图书馆的珍藏。1998 年起,笔者更承京都大学文学部夫马进教授、人文科学研究所岩井茂树教授、大阪市立大学井上徹教授及大阪经济法科大学华立教授、伍跃教授等人的盛情,连续十余次前往京都大学、大阪市立大学和大阪经济法科大学,或出席学术会议,或作学术报告,或作学术研究,利用这些机会,我得以系统地查阅了京都大学附属图书馆、文学部图书馆和人文科学研究所图书馆,东京大学东洋文化研究所等机构的收藏,浮光掠影式地检阅了日本国会图书馆和东洋文库的相关收藏,搜集到了内阁文库收藏的万历末年浙江巡抚刘一焜《抚浙疏草》和王洽《焚愈草》等,复制到了永积洋子的《唐船輸出入品数量一覽 1637—1833 年》一书,以及《漂海咨文》等资料,为研究明代的丝织品加派和对日丝绸贸易增加了丰富具体的材料。又承时为爱知县立大学校长森正夫先生的厚情,由他带领到蓬左文库,搜集了数种明清商人书资料;蒙著名明史学家山根幸夫先生和小浜正子教授的精心安排,在东洋文库参观将近半日,得睹清代浙江布政司衙门书吏"顶首"文书面貌;承岩井茂树先生厚意,带我到长崎市立图书馆和国会图书馆,搜集到了有关清代长崎贸易和江南田宅交易等丰富资料;依赖时为京都大学法学部博士生的加藤雄三先生的协助,两次在东京大学东洋文化研究所查阅江南土地买卖文书等珍稀资料。

自 1996 年以来的二十年,我也时时蒙受台湾明清史学界师友的恩泽,时为台湾大学历史系教授的徐泓先生、政治大学历史系教授的张哲郎先生、中研院人文社会科学研究中心研究员刘石吉先生、历史语言研究所研究员李孝悌先生、近代史研究所赖惠敏研究员、东吴大学历史系主任李圣光教授、暨南大学历史系主任王鸿泰教授等，先后为我提供了到台湾参加学术会议或访学研究或客席讲课的机会，使我得以多次在中研院傅斯年图书馆和台湾故宫博物院查找核对宫中档等资料。

　　三十年来，我也时时得到其他众多海内外学者的大力帮助。我的本科同学，现为北京工商大学教授的胡俞越，腾出他在北京商学院的住处，数次兼旬连月地容留我，为我在北京查阅资料提供容身之处。时为日本弘前大学的井上徹教授，为我从日本国会图书馆复印了《清国染织业视察报告书》《清国绢织物事情第三回报告》和小野忍的《清國の纱缎業》论文等，为我研究清末江南的丝织业增加了相当充实的材料。台湾政治大学历史系博士生许富翔则帮我复印了王范的《抚浙疏草》等，为我研究明末官营织造的停废问题充实了新材料。时为中国第一历史档案馆《历史档案》编辑的吕小鲜先生，帮我拍摄馆藏的江南织造敕谕等珍贵照片，实物加文字，珠联璧合。时为美国国会图书馆地区专家的居蜜博士，为我复印了台湾施敏雄的《清代丝织工业的发展》；时为美国斯瓦摩斯学院教授的李明珠女士，送我新著《中国近代蚕丝业及外销》英文原著，使我及时了解美国等地的丝绸史研究进程。很难想象，没有这些人的慷慨帮助和鼎力支持，我能从事这样一项跨时三十年的研究。

　　于此拙著出版之机，本人除了要向上述师友和图书文博机构的人士表示深深的谢意，还必须要向业师陈得芝老师和中国社会科学院历史研究所王戎笙先生表示敬意，感谢他们推荐我申请国家社科青年基金，并获得通过；向本系前辈老师魏良弢教授表示敬意，感谢他长期以来的激励和帮助，特别是将"贸易绸缎"的论文热心推荐到《新疆大学学报》以连载形式发表；向中国人民大学档案学院的已故教授韦庆远先生表示敬意，感谢他的不断鼓励和奖掖，并在赴日讲学前一周为拙著《江南丝绸史研究》撰写序言；向中国社会科学院历史研究所已故的周绍泉先生表示感激之情，感谢他的格外偏爱和多方提携；向老搭档、江苏省工艺美术大师金文先生表示谢意,感谢他长期以来在丝绸织造技术方面予以的指导和帮助;向中国社会科学院历史研究所阿风研究员表示谢意,感谢他数次与笔者一起前往东京大学东洋文化研究所、长崎市立图书馆等地查阅资料,拍摄原件;向时为农业出版社的资深编辑穆祥桐先生表示谢意,感谢他不计经济得失,出版拙著《江南丝绸史研究》,并且二十多年来不断赠送中国农业出版社出版的相关书籍;向内人张旦萍表示敬意,感念她几十年来不离不弃,而且凭藉化工染整专业的优势,帮我分析明清丝绸色谱及其染色方法;向南京大学图书馆、历史系资料室的师友表示谢意,感谢他(她)们三十多年来为我查阅资料提供的最大程度的便利和捷径。本书实际上也包含着上述人士的心血和劳动,本人实不能贪一己之力而掠他人之美。最后还要感谢江苏人民出版社的资深编辑王保顶先生,感谢他的信任和督促,才使得本书定稿付梓。

范金民

于金陵龙园北路寓所

2015 年 5 月 1 日

图版 1-1　宋"沈子蕃缂丝花鸟图"

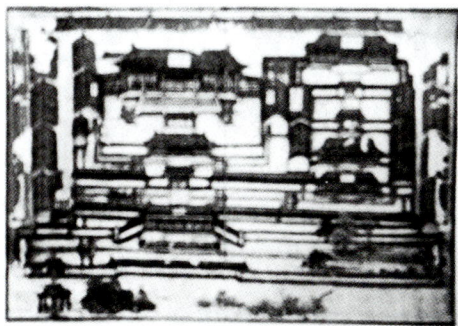

图版 4-1　清江宁织造汉府机房图

图版 4-2 清苏州织造署内《陈有明去思碑》

图版 4-3 清嘉庆帝任命苏州织造敕谕

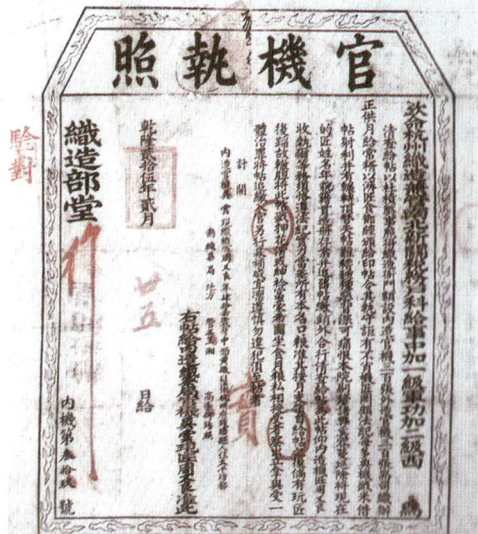

图版 4–4　清乾隆二十五年杭州内造官机执照

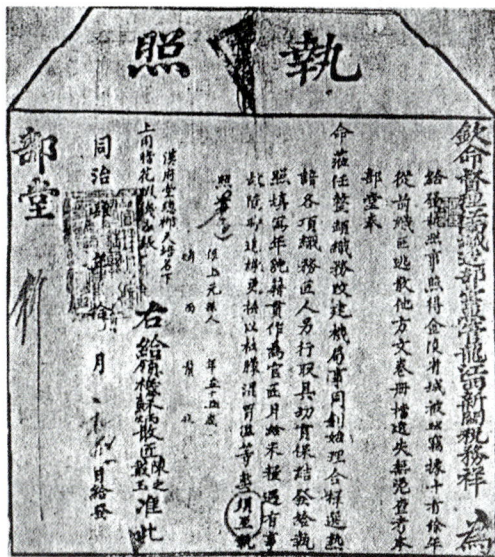

图版 4–5　清同治四年江宁织造领机执照

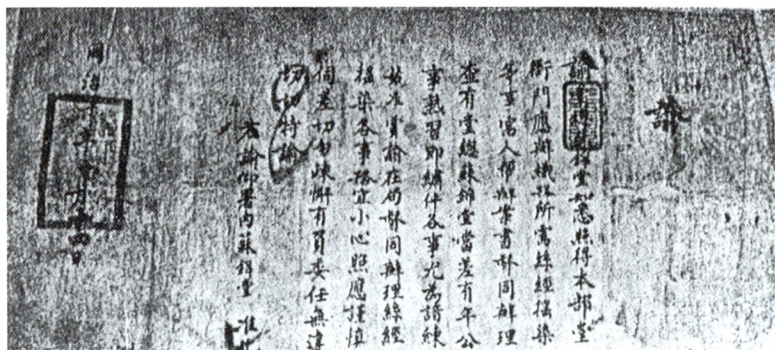

图版 4-6　清江宁织造谕帖

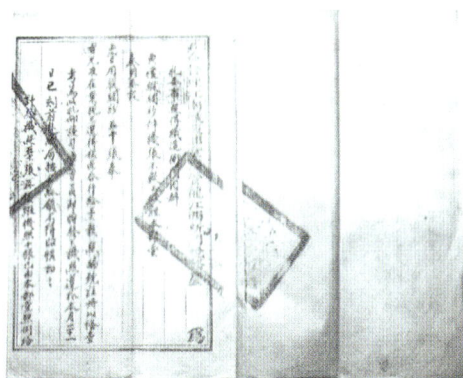

图版 4-7　清江宁织造委发机单札

图版 4-8　清杭州织造所织上用匹料腰封

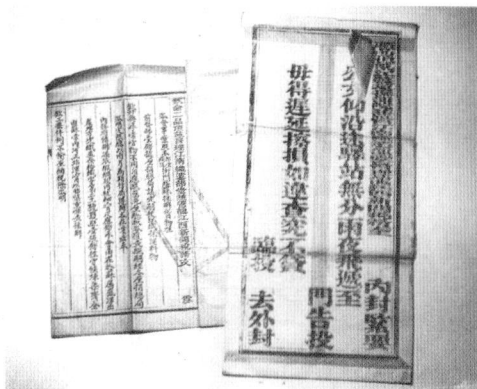

图版 4-9　清江宁织造采办绸缎护照

图版 5-1　清雍正十二年《永禁
机匠叫歇碑》

图版 6-1　清乾隆三十七年《吴阊
钱江会馆碑记》

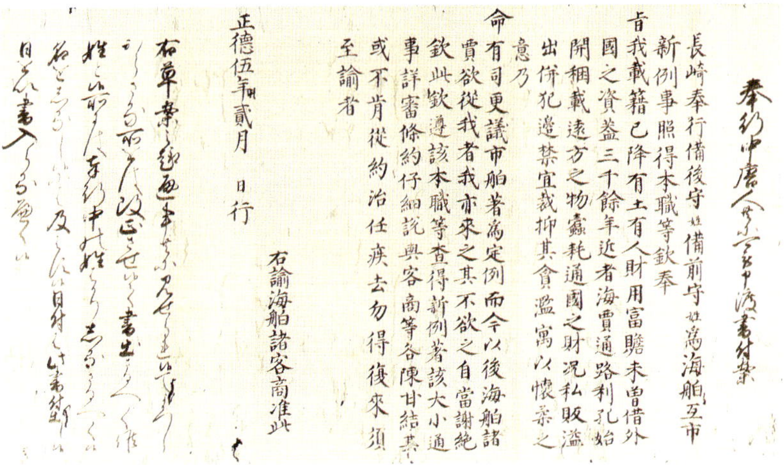

图版 6 - 2　日《正德海舶互市新例》谕文

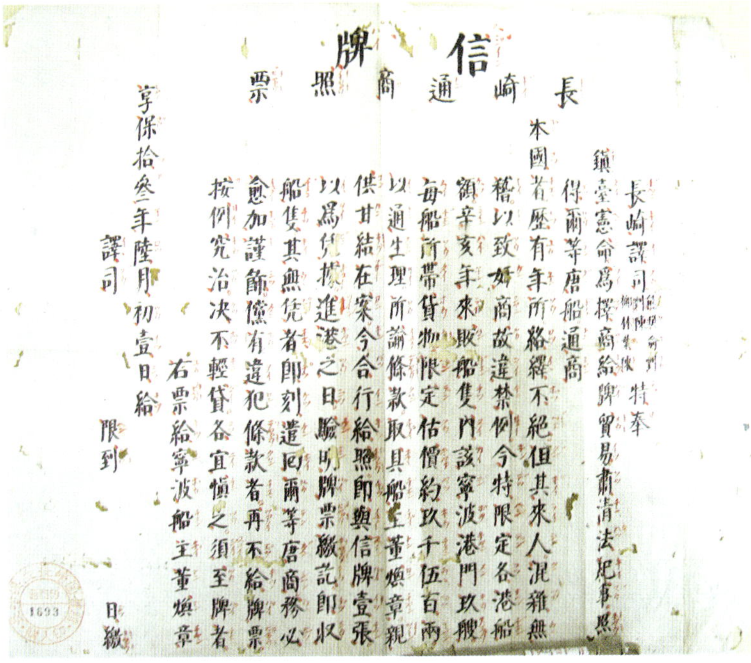

图版 6 - 3　日享保十三年(1728)长崎贸易信牌

图版 8 - 1　明"黄万字纹地六则
妆花小团龙罗匹料"

图版 8 - 2　晚清"大红织金陀罗经被绸"

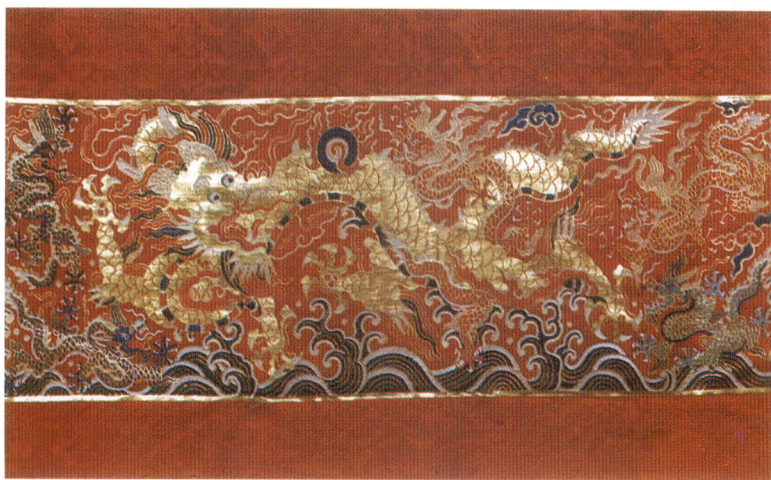

图版 8 - 3　明万历"红四合如意云龙纹织金妆花云龙肩通袖龙襕缎袍料"

图版 8-4 清南京帐房所织"八宝纹库金锦"

图版 8-5 明"黄织金妆花斗牛方补纱"

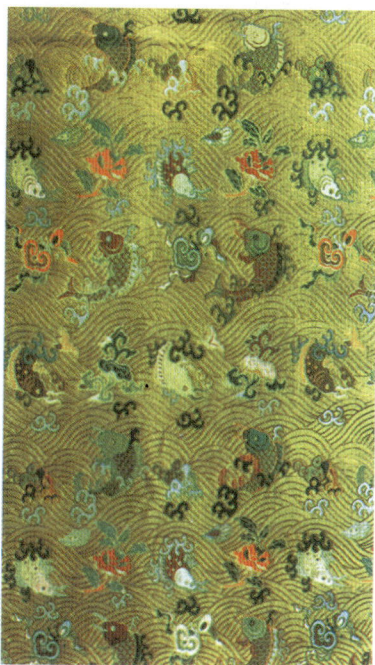

图版 8-6 清"金玉满堂金宝地"

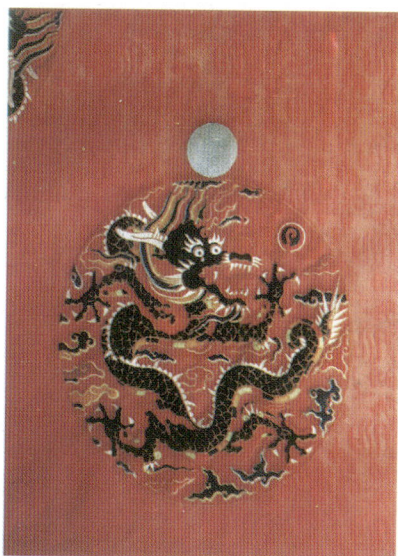

图版 8-7 明"红无极灵芝纹地四团龙织金孔雀羽妆花罗龙袍料"中左肩团龙

图版 8 - 8　清"蓝地四合大云龙妆花缎"

图版 8 - 9　清"大凤莲纹妆花缎"

图版 8‑10　清"吉庆双鱼妆花缎"

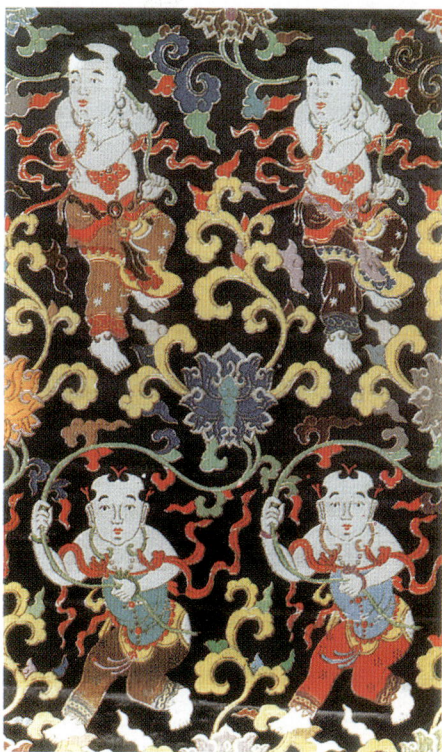

图版 8‑11　清"童子串枝莲妆花缎"

图版 8 - 12 明"红地喜字并蒂莲妆花缎"

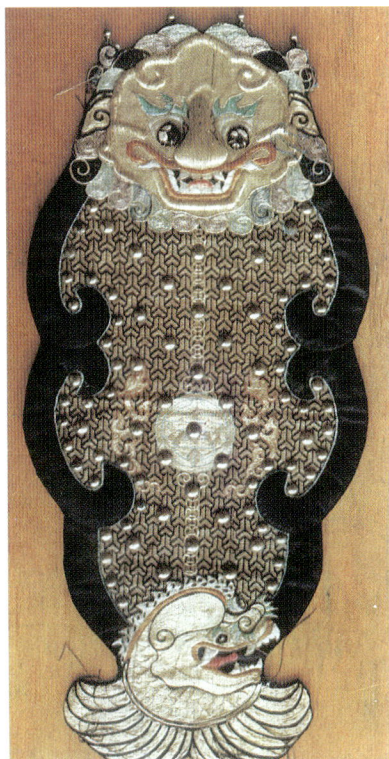

图版 8 - 13 清"金锦地绣狮头鱼尾形蔽膝"

凤凰文库书目

一、马克思主义研究系列

《走进马克思》 孙伯鍨 张一兵 主编

《回到马克思：经济学语境中的哲学话语》（第三版） 张一兵 著

《当代视野中的马克思》 任平 著

《回到列宁：关于"哲学笔记"的一种后文本学解读》 张一兵 著

《回到恩格斯：文本、理论和解读政治学》 胡大平 著

《国外毛泽东学研究》 尚庆飞 著

《重释历史唯物主义》 段忠桥 著

《资本主义理解史》（6卷） 张一兵 主编

《阶级、文化与民族传统：爱德华·P. 汤普森的历史唯物主义思想研究》 张亮 著

《形而上学的批判与拯救》 谢永康 著

《21世纪的马克思主义哲学创新：马克思主义哲学中国化与中国化马克思主义哲学》 李景源 主编

《科学发展观与和谐社会建设》 李景源 吴元梁 主编

《科学发展观：现代性与哲学视域》 姜建成 著

《西方左翼论当代西方社会结构的演变》 周穗明 王玫 等著

《历史唯物主义的政治哲学向度》 张文喜 著

《信息时代的社会历史观》 孙伟平 著

《从斯密到马克思：经济哲学方法的历史性诠释》 唐正东 著

《构建和谐社会的政治哲学阐释》 欧阳英 著

《正义之后：马克思恩格斯正义观研究》 王广 著

《后马克思主义思想史》 ［英］斯图亚特·西姆 著 吕增奎 陈红 译

《后马克思主义与文化研究：理论、政治与介入》 ［英］保罗·鲍曼 著 黄晓武 译

《市民社会的乌托邦：马克思主义的社会历史哲学阐释》 王浩斌 著

《唯物史观与人的发展理论》 陈新夏 著

《西方马克思主义与苏联：1917年以来的批评理论和争论概览》 ［荷］马歇尔·范·林登 著
周穗明 译 翁寒松 校

《物与无：物化逻辑与虚无主义》 刘森林 著

《拜物教的幽灵：当代西方马克思主义社会批判的隐性逻辑》 夏莹 著

《新中国社会形态研究》 吴波 著

《"崩溃的逻辑"的历史建构：阿多诺早中期哲学思想的文本学解读》 张亮 著

《"超越政治"还是"回归政治"：马克思与阿伦特政治哲学比较》 白刚 张荣艳 著

《无调式的辩证想象：阿多诺〈否定的辩证法〉的文本学解读》 张一兵 著

《马克思再生产理论及其哲学效应研究》 孙乐强 著

二、政治学前沿系列

《公共性的再生产：多中心治理的合作机制建构》 孔繁斌 著

《合法性的争夺：政治记忆的多重刻写》 王海洲 著

《民主的不满：美国在寻求一种公共哲学》 ［美］迈克尔·桑德尔 著 曾纪茂 译

《权力：一种激进的观点》 ［英］斯蒂芬·卢克斯 著 彭斌 译

《正义与非正义战争：通过历史实例的道德论证》 ［美］迈克尔·沃尔泽 著 任辉献 译

《自由主义与现代社会》 [英]理查德·贝拉米 著　毛兴贵 等译
《左与右:政治区分的意义》 [意]诺贝托·博比奥 著　陈高华 译
《自由主义中立性及其批评者》 [美]布鲁斯·阿克曼 等著　应奇 编
《公民身份与社会阶级》 [英]T. H. 马歇尔 等著　郭忠华 刘训练 编
《当代社会契约论》 [美]约翰·罗尔斯 等著　包利民 编
《马克思与诺齐克之间》 [英]G. A. 柯亨 等著　吕增奎 编
《美德伦理与道德要求》 [英]欧若拉·奥尼尔 等著　徐向东 编
《宪政与民主》 [英]约瑟夫·拉兹 等著　佟德志 编
《自由多元主义的实践》 [美]威廉·盖尔斯敦 著　佟德志 苏宝俊 译
《国家与市场:全球经济的兴起》 [美]赫尔曼·M. 施瓦茨 著　徐佳 译
《税收政治学:一种比较的视角》 [美]盖伊·彼得斯 著　郭为桂 黄宁莺 译
《控制国家:从古雅典至今的宪政史》 [美]斯科特·戈登 著　应奇 陈丽微 孟军 李勇 译
《社会正义原则》 [英]戴维·米勒 著　应奇 译
《现代政治意识形态》 [澳]安德鲁·文森特 著　袁久红 译
《新社会主义》 [加拿大]艾伦·伍德 著　尚庆飞 译
《政治的回归》 [英]尚塔尔·墨菲 著　王恒 臧佩洪 译
《自由多元主义》 [美]威廉·盖尔斯敦 著　佟德志 庞金友 译
《政治哲学导论》 [英]亚当·斯威夫特 著　佘江涛 译
《重新思考自由主义》 [英]理查德·贝拉米 著　王萍 傅广生 周春鹏 译
《自由主义的两张面孔》 [英]约翰·格雷 著　顾爱彬 李瑞华 译
《自由主义与价值多元论》 [英]乔治·克劳德 著　应奇 译
《帝国:全球化的政治秩序》 [美]麦克尔·哈特 [意]安东尼奥·奈格里 著　杨建国 范一亭 译
《反对自由主义》 [美]约翰·凯克斯 著　应奇 译
《政治思想导读》 [英]彼得·斯特克 大卫·韦戈尔 著　舒小昀 李霞 赵勇 译
《现代欧洲的战争与社会变迁:大转型再探》 [英]桑德拉·哈尔珀琳 著　唐皇凤 武小凯 译
《道德原则与政治义务》 [美]约翰·西蒙斯 著　郭为桂 李艳丽 译
《政治经济学理论》 [美]詹姆斯·卡波拉索 戴维·莱文 著　刘骥 等译
《民主国家的自主性》 [英]埃里克·A. 诺德林格 著　孙荣飞 等译
《强社会与弱国家:第三世界的国家社会关系及国家能力》 [英]乔·米格代尔 著　张长东 译
《驾驭经济:英国与法国国家干预的政治学》 [美]彼得·霍尔 著　刘骥 刘娟凤 叶静 译
《社会契约论》 [英]迈克尔·莱斯诺夫 著　刘训练 等译
《共和主义:一种关于自由与政府的理论》 [澳]菲利普·佩蒂特 著　刘训练 译
《至上的美德:平等的理论与实践》 [美]罗纳德·德沃金 著　冯克利 译
《原则问题》 [美]罗纳德·德沃金 著　张国清 译
《社会正义论》 [英]布莱恩·巴利 著　曹海军 译
《马克思与西方政治思想传统》 [美]汉娜·阿伦特 著　孙传钊 译
《作为公道的正义》 [英]布莱恩·巴利 著　曹海军 允春喜 译
《古今自由主义》 [美]列奥·施特劳斯 著　马志娟 译
《公平原则与政治义务》 [美]乔治·格劳斯科 著　毛兴贵 译
《谁统治:一个美国城市的民主和权力》 [美]罗伯特·A. 达尔 著　范春辉 等译
《论伦理精神》 张康之 著
《人权与帝国:世界主义的政治哲学》 [英]科斯塔斯·杜兹纳 著　辛亨复 译
《阐释和社会批判》 [美]迈克尔·沃尔泽 著　任辉献 段鸣玉 译

《全球时代的民族国家:吉登斯讲演录》 [英]安东尼·吉登斯 著 郭忠华 编

《当代政治哲学名著导读》 应奇 主编

《拉克劳与墨菲:激进民主想象》 [美]安娜·M. 史密斯 著 付琼 译

《英国新左派思想家》 张亮 编

《第一代英国新左派》 [英]迈克尔·肯尼 著 李永新 陈剑 译

《转向帝国:英法帝国自由主义的兴起》 [美]珍妮弗·皮茨 著 金毅 许鸿艳 译

《论战争》 [美]迈克尔·沃尔泽 著 任辉献 段鸣玉 译

《现代性的谱系》 张凤阳 著

《近代中国民主观念之生成与流变:一项观念史的考察》 闾小波 著

《阿伦特与现代性的挑战》 [美]塞瑞娜·潘琳 著 张云龙 译

《政治人:政治的社会基础》 [美]西摩·马丁·李普塞特 著 郭为桂 林娜 译

《社会中的国家:国家与社会如何相互改变与相互构成》 [美]乔尔·S. 米格代尔 著 李杨 郭
  一聪 译 张长东 校

《伦理、文化与社会主义:英国新左派早期思想读本》 张亮 熊婴 编

《仪式、政治与权力》 [美]大卫·科泽 著 王海洲 译

《政治仪式:权力生产和再生产的政治文化分析》 王海洲 著

《论政治的本性》 [英]尚塔尔·墨菲 著 周凡 译

三、纯粹哲学系列

《哲学作为创造性的智慧:叶秀山西方哲学论集(1998—2002)》 叶秀山 著

《真理与自由:康德哲学的存在论阐释》 黄裕生 著

《走向精神科学之路:狄尔泰哲学思想研究》 谢地坤 著

《从胡塞尔到德里达》 尚杰 著

《海德格尔与存在论历史的解构:〈现象学的基本问题〉引论》 宋继杰 著

《康德的信仰:康德的自由、自然和上帝理念批判》 赵广明 著

《宗教与哲学的相遇:奥古斯丁与托马斯·阿奎那的基督教哲学研究》 黄裕生 著

《理念与神:柏拉图的理念思想及其神学意义》 赵广明 著

《时间性:自身与他者——从胡塞尔、海德格尔到列维纳斯》 王恒 著

《意志及其解脱之路:叔本华哲学思想研究》 黄文前 著

《真理之光:费希特与海德格尔论 SEIN》 李文堂 著

《归隐之路:20 世纪法国哲学的踪迹》 尚杰 著

《胡塞尔直观概念的起源:以意向性为线索的早期文本研究》 陈志远 著

《幽灵之舞:德里达与现象学》 方向红 著

《形而上学与社会希望:罗蒂哲学研究》 陈亚军 著

《福柯的主体解构之旅:从知识考古学到"人之死"》 刘永谋 著

《中西智慧的贯通:叶秀山中国哲学文化论集》 叶秀山 著

《学与思的轮回:叶秀山 2003—2007 年最新论文集》 叶秀山 著

《返回爱与自由的生活世界:纯粹民间文学关键词的哲学阐释》 户晓辉 著

《心的秩序:一种现象学心学研究的可能性》 倪梁康 著

《生命与信仰:克尔凯郭尔假名写作时期基督教哲学思想研究》 王齐 著

《时间与永恒:论海德格尔哲学中的时间问题》 黄裕生 著

《道路之思:海德格尔的"存在论差异"思想》 张柯 著

《启蒙与自由:叶秀山论康德》 叶秀山 著

《自由、心灵与时间：奥古斯丁心灵转向问题的文本学研究》 张荣 著

《回归原创之思："象思维"视野下的中国智慧》 王树人 著

《从语言到心灵：一种生活整体主义的研究》 黄益民 著

《身体、空间与科学：梅洛－庞蒂的空间现象学研究》 刘胜利 著

《超越经验主义与理性主义：实用主义叙事的当代转换及效应》 陈亚军 著

四、宗教研究系列

《汉译佛教经典哲学研究》(上下卷) 杜继文 著

《中国佛教通史》(15卷) 赖永海 主编

《中国禅宗通史》 杜继文 魏道儒 著

《佛教史》 杜继文 主编

《道教史》 卿希泰 唐大潮 著

《基督教史》 王美秀 段琦 等著

《伊斯兰教史》 金宜久 主编

《中国律宗通史》 王建光 著

《中国唯识宗通史》 杨维中 著

《中国净土宗通史》 陈扬炯 著

《中国天台宗通史》 潘桂明 吴忠伟 著

《中国三论宗通史》 董群 著

《中国华严宗通史》 魏道儒 著

《中国佛教思想史稿》(3卷) 潘桂明 著

《禅与老庄》 徐小跃 著

《中国佛性论》 赖永海 著

《禅宗早期思想的形成与发展》 洪修平 著

《基督教思想史》 [美]胡斯都·L. 冈察雷斯 著 陈泽民 孙汉书 司徒桐 莫如喜 陆俊杰 译

《圣经历史哲学》(上下卷) 赵敦华 著

《如来藏经典与中国佛教》 杨维中 著

《儒佛道思想家与中国思想文化》 洪修平 主编

五、人文与社会系列

《环境与历史：美国和南非驯化自然的比较》 [美]威廉·贝纳特 彼得·科茨 著包茂红 译

《阿伦特为什么重要》 [美]伊丽莎白·扬布鲁尔 著刘北成 刘小鸥 译

《现代性的哲学话语》 [德]于尔根·哈贝马斯 著曹卫东 等译

《追寻美德：伦理理论研究》 [美]A. 麦金太尔 著宋继杰 译

《现代社会中的法律》 [美]R. M. 昂格尔 著吴玉章 周汉华 译

《知识分子与大众：文学知识界的傲慢与偏见，1880—1939》 [英]约翰·凯里 著吴庆宏 译

《自我的根源：现代认同的形成》 [加拿大]查尔斯·泰勒 著韩震 等译

《社会行动的结构》 [美]塔尔科特·帕森斯 著张明德 夏遇南 彭刚 译

《文化的解释》 [美]克利福德·格尔茨 著韩莉 译

《以色列与启示：秩序与历史(卷1)》 [美]埃里克·沃格林 著霍伟岸 叶颖 译

《城邦的世界：秩序与历史(卷2)》 [美]埃里克·沃格林 著陈周旺 译

《战争与和平的权利：从格劳秀斯到康德的政治思想与国际秩序》 [美]理查德·塔克 著罗炯
    等译

《人类与自然世界:1500—1800 年间英国观念的变化》 [英]基思·托马斯 著宋丽丽 译

《男性气概》 [美]哈维·C. 曼斯菲尔德 著刘玮 译

《黑格尔》 [加拿大]查尔斯·泰勒 著张国清 朱进东 译

《社会理论和社会结构》 [美]罗伯特·K. 默顿 著唐少杰 齐心 等译

《个体的社会》 [德]诺贝特·埃利亚斯 著翟三江 陆兴华 译

《象征交换与死亡》 [法]让·波德里亚著车槿山 译

《实践感》 [法]皮埃尔·布迪厄 著蒋梓骅 译

《关于马基雅维里的思考》 [美]利奥·施特劳斯 著申彤 译

《正义诸领域:为多元主义与平等一辩》 [美]迈克尔·沃尔泽 著褚松燕 译

《传统的发明》 [英]E. 霍布斯鲍姆 T. 兰格 著顾杭 庞冠群 译

《元史学:十九世纪欧洲的历史想象》 [美]海登·怀特 著陈新 译

《卢梭问题》 [德]恩斯特·卡西勒 著王春华 译

《自足语义学:为语义最简论和言语行为多元论辩护》 [挪威]赫尔曼·开普兰
[美]厄尼·利珀尔 著周允程 译

《历史主义的兴起》 [德]弗里德里希·梅尼克 著陆月宏 译

《权威的概念》 [法]亚历山大·科耶夫 著姜志辉 译

六、海外中国研究系列

《帝国的隐喻:中国民间宗教》 [英]王斯福 著 赵旭东 译

《王弼〈老子注〉研究》 [德]瓦格纳 著 杨立华 译

《章学诚思想与生平研究》 [美]倪德卫 著 杨立华 译

《中国与达尔文》 [美]詹姆斯·里夫 著 钟永强 译

《千年末世之乱:1813 年八卦教起义》 [美]韩书瑞 著 陈仲丹 译

《中华帝国后期的欲望与小说叙述》 黄卫总 著 张蕴爽 译

《私人领域的变形:唐宋诗词中的园林与玩好》 [美]王晓山 著 文韬 译

《六朝精神史研究》 [日]吉川忠夫 著 王启发 译

《中国社会史》 [法]谢和耐 著 黄建华 黄迅余 译

《大分流:欧洲、中国及现代世界经济的发展》 [美]彭慕兰 著 史建云 译

《近代中国的知识分子与文明》 [日]佐藤慎一 著 刘岳兵 译

《转变的中国:历史变迁与欧洲经验的局限》 [美]王国斌 著 李伯重 连玲玲 译

《中国近代思维的挫折》 [日]岛田虔次 著 甘万萍 译

《为权力祈祷》 [加拿大]卜正民 著 张华 译

《洪业:清朝开国史》 [美]魏斐德 著 陈苏镇 薄小莹 译

《儒教与道教》 [德]马克斯·韦伯 著 洪天富 译

《革命与历史:中国马克思主义历史学的起源,1919—1937》 [美]德里克 著 翁贺凯 译

《中华帝国的法律》 [美]D. 布朗 等著 朱勇 译

《文化、权力与国家》 [美]杜赞奇 著 王福明 译

《中国的亚洲内陆边疆》 [美]拉铁摩尔 著 唐晓峰 译

《古代中国的思想世界》 [美]史华兹 著 程钢 译刘东 校

《中国近代经济史研究:明末海关财政与通商口岸市场圈》 [日]滨下武志 著 高淑娟 孙彬 译

《中国美学问题》 [美]苏源熙 著 卞东波译 张强强 朱霞欢 校

《翻译的传说:构建中国新女性形象》 胡缨 著 龙瑜宬 彭珊珊 译

《〈诗经〉原意研究》 [日]家井真 著 陆越 译

《缠足:"金莲崇拜"盛极而衰的演变》 [美]高彦颐 著 苗延威 译

《从民族国家中拯救历史:民族主义话语与中国现代史研究》 [美]杜赞奇 著 王宪明 高继美
李海燕 李点 译

《传统中国日常生活中的协商:中古契约研究》 [美]韩森 著 鲁西奇 译

《欧几里得在中国:汉译〈几何原本〉的源流与影响》 [荷]安国风 著 纪志刚 郑诚 郑方磊 译

《毁灭的种子:战争与革命中的国民党中国(1937－1949)》 [美]易劳逸 著 王建朗 王贤知 贾
维 译

《理解农民中国:社会科学哲学的案例研究》 [美]李丹 著 张天虹 张胜波 译

《18世纪的中国社会》 [美]韩书瑞 罗有枝 著 陈仲丹 译

《开放的帝国:1600年的中国历史》 [美]韩森 著 梁侃 邹劲风 译

《中国人的幸福观》 [德]鲍吾刚 著 严蓓雯 韩雪临 伍德祖 译

《明代乡村纠纷与秩序》 [日]中岛乐章 著 郭万平 高飞 译

《朱熹的思维世界》 [美]田浩 著

《礼物、关系学与国家:中国人际关系与主体建构》 杨美慧 著 赵旭东 孙珉 译 张跃宏 校

《美国的中国形象:1931—1949》 [美]克里斯托弗·杰斯普森 著 姜智芹 译

《清代内河水运史研究》 [日]松浦章 著 董科 译

《中国的经济革命:20世纪的乡村工业》 [日]顾琳 著 王玉茹 张玮 李进霞 译

《明清时代东亚海域的文化交流》 [日]松浦章 著 郑洁西 译

《皇帝和祖宗:华南的国家与宗族》 科大卫 著 卜永坚 译

《中国善书研究》 [日]酒井忠夫 著 刘岳兵 何英莺 孙雪梅 译

《大萧条时期的中国:市场、国家与世界经济》 [日]城山智子 著 孟凡礼 尚国敏 译

《虎、米、丝、泥:帝制晚期华南的环境与经济》 [美]马立博 著 王玉茹 译

《矢志不渝:明清时期的贞女现象》 [美]卢苇菁 著 秦立彦 译

《山东叛乱:1774年的王伦起义》 [美]韩书瑞 著 刘平 唐雁超 译

《一江黑水:中国未来的环境挑战》 [美]易明 著 姜智芹 译

《施剑翘复仇案:民国时期公众同情的兴起与影响》 [美]林郁沁 著 陈湘静 译

《工程国家:民国时期(1927－1937)的淮河治理及国家建设》 [美]戴维·艾伦·佩兹 著 姜
智芹 译

《西学东渐与中国事情》 [日]增田涉 著 周启乾 译

《铁泪图:19世纪中国对于饥馑的文化反应》 [美]艾志端 著 曹曦 译

《危险的边疆:游牧帝国与中国》 [美]巴菲尔德 著 袁剑 译

《华北的暴力与恐慌:义和团运动前夕基督教传播和社会冲突》 [德]狄德满 著 崔华杰 译

《历史宝筏:过去、西方与中国的妇女问题》 [美]季家珍 著 杨可 译

《姐妹们与陌生人:上海棉纱厂女工,1919—1949》 [美]艾米莉·洪尼格 著 韩慈 译

《银线:19世纪的世界与中国》 林满红 著 詹庆华 林满红 译

《寻求中国民主》 [澳]冯兆基 著 刘悦斌 徐硙 译

《中国乡村的基督教:1860—1900江西省的冲突与适应》 [美]史维东 著 吴薇 译

《认知变异:反思人类心智的统一性与多样性》 [英]G. E. R. 劳埃德 著 池志培 译

《假想的"满大人":同情、现代性与中国疼痛》 [美]韩瑞 著 袁剑 译

《男性特质论:中国的社会与性别》 [澳]雷金庆 著 [澳]刘婷 译

《中国的捐纳制度与社会》 伍跃 著

《文书行政的汉帝国》 [日]富谷至 著 刘恒武 孔李波 译

《城市里的陌生人:中国流动人口的空间、权力与社会网络的重构》 [美]张骊 著 袁长庚 译

《重读中国女性生命故事》 游鉴明 胡缨 季家珍 主编
《跨太平洋位移:20世纪美国文学中的民族志、翻译和文本间旅行》 黄运特 著 陈倩 译
《近代日本的中国认识》 [日]野村浩一 著 张学锋 译
《性别、政治与民主:近代中国的妇女参政》 [澳]李木兰 著 方小平 译
《狮龙共舞:一个英国人眼中的威海卫与中国文化》 [英]庄士敦 著 刘本森 译
《中国社会中的宗教与仪式》 [美]武雅士 著 彭泽安 邵铁峰 译 郭潇威 校
《大象的退却:一部中国环境史》 [英]伊懋可 著 梅雪芹 毛利霞 王玉山 译
《自贡商人:早期近代中国的企业家》 [美]曾小萍 著 董建中 译
《人物、角色与心灵:〈牡丹亭〉与〈桃花扇〉中的身份认同》 [美]吕立亭 著 白华山 译
《明代江南土地制度研究》 [日]森正夫 著 伍跃 张学锋 等译 范金民 夏维中 审校
《儒学与女性》 [美]罗莎莉 著 丁佳伟 曹秀娟 译
《权力关系:宋代中国的家族、地位与国家》 [美]柏文莉 著 刘云军 译
《行善的艺术:晚明中国的慈善事业》 [美]韩德林 著 吴士勇 王桐 史桢豪 译
《近代中国的渔业战争和环境变化》 [美]穆盛博 著 胡文亮 译
《工开万物:17世纪中国的知识与技术》 [德]薛凤 著 吴秀杰 白岚玲 译
《权力源自地位:北京大学、知识分子与中国政治文化,1898—1929》 [美]魏定熙 著 张蒙 译
《忠贞不贰?——辽代的越境之举》 [英]史怀梅 著 曹流 译
《两访中国茶乡》 [英]罗伯特·福琼 著 敖雪岗 译
《古代中国的动物与灵异》 [英]胡司德 著 蓝旭 译
《内藤湖南:政治与汉学(1866—1934)》 [美]傅佛果 著 陶德民 何英莺 译

七、历史研究系列

《中国近代通史》(10卷) 张海鹏 主编
《极端的年代》 [英]艾瑞克·霍布斯鲍姆 著 马凡 等译
《漫长的20世纪》 [意]杰奥瓦尼·阿瑞基 著 姚乃强 译
《在传统与变革之间:英国文化模式溯源》 钱乘旦 陈晓律 著
《世界现代化历程》(10卷) 钱乘旦 主编
《近代以来日本的中国观》(6卷) 杨栋梁 主编
《中华民族凝聚力的形成与发展》 卢勋 杨保隆 等著
《明治维新》 [英]威廉·G.比斯利 著 张光 汤金旭 译
《在垂死皇帝的王国:世纪末的日本》 [美]诺玛·菲尔德 著 曾霞 译
《美国的艺伎盟友》 [美]涩泽尚子 著 油小丽 牟学苑 译
《戊戌政变的台前幕后》 马勇 著
《战后东北亚主要国家间领土纠纷与国际关系研究》 李凡 著
《战后西亚国家领土纠纷与国际关系》 黄民兴 谢立忱 著
《民国首都南京的营造政治与现代想象(1927－1937)》 董佳 著
《战后日本史》 王新生 著
《衣被天下:明清江南丝绸史研究》 范金民 著

八、当代思想前沿系列

《世纪末的维也纳》 [美]卡尔·休斯克 著 李锋 译
《莎士比亚的政治》 [美]阿兰·布鲁姆 哈瑞·雅法 著 潘望 译
《邪恶》 [英]玛丽·米奇利 著 陆月宏 译

《知识分子都到哪里去了:对抗 21 世纪的庸人主义》 [英]弗兰克·富里迪 著　戴从容 译
《资本主义文化矛盾》 [美]丹尼尔·贝尔 著　严蓓雯 译
《流动的恐惧》 [英]齐格蒙特·鲍曼 著　谷蕾 杨超 等译
《流动的生活》 [英]齐格蒙特·鲍曼 著　徐朝友 译
《流动的时代:生活于充满不确定性的年代》 [英]齐格蒙特·鲍曼 著　谷蕾 武媛媛 译
《未来的形而上学》 [美]爱莲心 著　余日昌 译
《感受与形式》 [美]苏珊·朗格 著　高艳萍 译
《资本主义及其经济学:一种批判的历史》 [美]道格拉斯·多德 著　熊婴 译 刘思云 校
《异端人物》 [英]特里·伊格尔顿 著　刘超 陈叶 译
《哲学俱乐部:美国观念的故事》 [美]路易斯·梅南德 著　肖凡 鲁帆 译
《文化理论关键词》 [英]丹尼·卡瓦拉罗 著　张卫东 张生 赵顺宏 译
《齐格蒙特·鲍曼:后现代性的预言家》 [英]丹尼斯·史密斯 著　佘江涛 译
《公共领域中的伦理学》 [英]约瑟夫·拉兹 著　葛四友 主译
《文化模式批判》 崔平 著
《谁是罗兰·巴特》 汪民安 著
《身体、空间与后现代性》 汪民安 著
《时间、空间与伦理学基础》 [美]爱莲心 著　高永旺 李孟国 译

九、教育理论研究系列

《教育研究方法导论》 [美]梅雷迪斯·D. 高尔等 著　许庆豫等 译
《教育基础》 [美]阿伦·奥恩斯坦 著　杨树兵等 译
《教育伦理学》 贾馥茗 著
《认知心理学》 [美]罗伯特·L. 索尔索 著　何华等 译
《现代心理学史》 [美]杜安·P. 舒尔茨 著　叶浩生等 译
《学校法学》 [美]米歇尔·W. 拉莫特 著　许庆豫等 译

十、艺术理论研究系列

《另类准则:直面 20 世纪艺术》 [美]列奥·施坦伯格 著　沈语冰 刘凡 谷光曙 译
《弗莱艺术批评文选》 [英]罗杰·弗莱 著　沈语冰 译
《当代艺术的主题:1980 年以后的视觉艺术》 [美]简·罗伯森 克雷格·迈克丹尼尔 著　匡
　晓 译
《艺术与物性:论文与评论集》 [美]迈克尔·弗雷德 著　张晓剑 沈语冰 译
《现代生活的画像:马奈及其追随者艺术中的巴黎》 [英]T. J. 克拉克 著　沈语冰 诸葛沂 译
《自我与图像》 [英]艾美利亚·琼斯 著　刘凡 谷光曙 译
《艺术社会学》 [英]维多利亚·D. 亚历山大 著　章浩 沈杨 译

十一、中国经济问题研究系列

《中国经济的现代化:制度变革与结构转型》 肖耿 著
《世界经济复苏与中国的作用》 [英]傅晓岚 编蔡悦等 译
《中国未来十年的改革之路》 《比较》 研究室 编

十二、公共管理系列

《更快 更好 更省?》 [美]达尔·W. 福赛斯 著　范春辉 译

《公共行政的行动主义》 张康之 著
《美国能源政策：变革中的政治、挑战与前景》 ［美］劳任斯·R.格里戴维·E.麦克纳布 著
    付满 译

十三、智库系列
《经营智库：成熟组织的实务指南》 ［美］雷蒙德·J.斯特鲁伊克 著 李刚 等译 陆扬 校